2026 선재국어

이것만은 기억하자

논리 연습장 & 문법 독해

이선재·선재국어연구소 편저

PART 1

이것만은 기억하자

논리

이것만은 기억하자

01 연역 논증과 귀납 논증

01 연역 논증

전제가 참일 때 결론이 필연적으로 참이 도출되는 논증

전제 ⟶ 결론

참 필연적으로 참

예 사람은 죽는다. 전제 1
소크라테스는 사람이다. 전제 2
따라서 소크라테스는 죽는다. 결론: 전제가 참일 때 결론은 항상 참

02 귀납 논증

전제가 참이라고 해도 결론이 필연적으로 참으로 도출되지 못하는, 개연적 가능성이 있는 논증

전제 ⟶ 결론

참 개연적으로 참

예 농장에서 평생을 보낸 칠면조는 다음과 같은 추론을 하였다.
- 나의 주인은 지금까지 매일 정성껏 나에게 먹이를 주었다.
- 그러므로 주인은 오늘도 나에게 정성껏 먹이를 줄 것이다.

그러나 성탄절 전날, 주인은 지금까지와는 달리 칠면조에게 먹이를 주지 않고 칠면조를 죽이고 말았다.

연습 문제

01~03 다음 논증의 유형을 판단하시오.

01 지금까지 해가 서쪽에서 뜬 적은 없었다. 따라서 내일도 해는 서쪽에서 뜨지 않을 것이다.

02 우리 등산 동우회 회원은 모두 여덟 명이다. 따라서 우리 동우회 회원 중 같은 요일에 태어난 사람이 적어도 두 명은 있다.

03 철수는 바로 아래 동생 영수와 닮았고, 영수는 막내 길수와 닮았다. 따라서 철수가 길수와 닮았음은 당연하다.

이것만은 기억하자

02 명제의 기호화

01 명제의 기호화

논리 연결사	복합 명제	논리 기능	일상적 표현	기호화
∧	연언문	연언	A 그리고(그러나, 그런데, 그럼에도 불구하고, 또한) B	$A \wedge B$
∨	선언문	선언	A 이거나(또는, 혹은) B	$A \vee B$
→	조건문	단순 함축	· 만약 A라면 B이다. · 단지 B인 경우에만 A이다.	$A \rightarrow B$ · A는 B이기 위한 충분조건이다. · B는 A이기 위한 필요조건이다.
≡	쌍조건문	단순 동치	만약 A라면 그리고 오직 그런 경우에만 B이다.	$A \equiv B$ A는 B이기 위한 필요충분조건이다.
~	부정문	부정	· A는 거짓이다. · A는 사실이 아니다.	~A

연습 문제

01~05 다음 명제를 기호화하시오.

01 철수는 일행직 공무원이거나 소방직 공무원이다.

02 만약 철수가 성실한 수험생이라면, 철수는 시험에 합격할 것이다.

03 철수는 수험생이지만, 성실한 학생은 아니다.

04 국어 시험이 지나치게 어렵거나 쉽다는 것은 사실이 아니다.

05 우리가 환경을 생각한다면, 우리는 물을 마음껏 쓰지 않거나 대중교통을 이용해야 한다.

이것만은 기억하자

03 진리표의 이해

01 복합 명제의 진리표

단순 명제		복합 명제				
P	Q	P∧Q	P∨Q	P → Q	P ≡ Q	~P
T	T	T	T	T	T	F
T	F	F	T	F	F	F
F	T	F	T	T	F	T
F	F	F	F	T	T	T

02 복합 명제의 특성

연언문 p∧q	· 선후나 인과의 의미를 지니지 않음. · p와 q가 모두 참일 경우에만 연언문인 'p ∧ q'가 참임. 예 철수는 결혼을 하고(A), (∧) 아이를 낳았다(B). (= 철수는 아이를 낳고(B), (∧) 결혼을 하였다(A).)
선언문 p∨q	· 포괄적 선언 VS 배타적 선언 · 포괄적 선언문은 p와 q 모두가 거짓일 때만 선언문인 'p ∨ q'가 거짓임. 예 · 철수는 국어를 만점을 받았거나 영어를 만점을 받았다. (철수는 국어와 영어 모두 만점을 받았을 수도 있다.) → 포괄적 선언 · 철수는 오후에 국어를 공부하거나 영어를 공부한다. (철수는 국어나 영어를 동시에 공부할 수는 없다.) → 배타적 선언
조건문 p → q	· 명제 논리의 조건문은 단순 함축[material implication]의 기능을 지니고 있음. · 전건이 참이고 후건이 거짓이면, 그 명제는 거짓이라는 것을 나타낸다(조건문이 참일 경우, p가 참이면서 q가 거짓일 수는 없다.). · 전건인 p가 거짓인 경우는 후건인 q가 참이든 거짓이든 관계없이, 조건문은 항상 참이 됨.
쌍조건문 p≡q	· 두 조건문을 연언 형태로 연결한 단순 동치 관계, '(A → B) ∧ (B → A)'를 나타냄. · p와 q가 모두 참이거나 모두 거짓일 때, 즉 두 구성 요소의 진릿값이 같으면 쌍조건문 'p ≡ q'는 참이 됨.
부정문 ~p	· 단순 명제 p의 부정은 항상 p와 반댓값을 가짐. · p가 참일 때 ~p는 거짓이고, p가 거짓일 때 ~p는 참임.

연습 문제

01~04 빈칸에 '참, 거짓'을 쓰시오.

01 '선재는 강사이다.'가 참이고 '철수는 학생이다.'가 거짓이면, '선재는 강사이고 철수는 학생이다.'는 ______ 이다.

02 '선재는 강사이다.'가 참이고 '철수는 학생이다.'가 거짓이면, '선재는 강사이거나 철수는 학생이다.'는 ______ 이다.

03 '선재는 강사이다.'가 참이고 '철수는 학생이다.'가 거짓이면, '선재가 강사이면 철수는 학생이다.'는 ______ 이다.

04 '선재는 강사이다.'가 거짓이고 '철수는 학생이다.'가 참이면, '선재가 강사이면 철수는 학생이다.'는 ______ 이다.

05~10 빈칸에 '참, 거짓, 알 수 없음'을 쓰시오.

05 A의 진릿값을 알지 못하고 B가 참일 때, '$A \lor B$'는 ______ 이다.

06 A가 거짓이고 B도 거짓일 때, '$A \to B$'는 ______ 이다.

07 A가 참이고 B의 진릿값을 알지 못할 때, '$A \land B$'는 ______ 이다.

08 A가 참이고 B는 거짓일 때, '$A \to B$'는 ______ 이다.

09 A의 진릿값을 알지 못하고 B가 거짓일 때, '$A \to B$'는 ______ 이다.

10 A가 참이고 B도 참일 때, '$A \to \sim B$'는 ______ 이다.

이것만은 기억하자

04 필수 추론 규칙 12

01 전건 긍정식[modus ponens]

형식	예시	
p → q	만약 비가 온다면, 땅이 젖을 것이다.	
p	비가 온다.	전건 긍정
∴ q	∴ 땅이 젖을 것이다.	결론: 타당함

주의! 후건 긍정의 오류: 후건을 긍정하여 전건 긍정의 결론을 도출하는 방식은 타당하지 않음.

02 후건 부정식[modus tollens]

형식	예시	
p → q	만약 비가 온다면, 땅이 젖을 것이다.	
~q	땅이 젖지 않았다.	후건 부정
∴ ~p	∴ 비가 오지 않았을 것이다.	결론: 타당함

주의! 전건 부정의 오류: 전건을 부정하여 후건 부정의 결론을 도출하는 방식은 타당하지 않음.

03 가언 삼단 논법[hypothetical syllogism]

형식	예시
p → q	만약 비가 온다면, 땅이 젖을 것이다.
q → r	만약 땅이 젖는다면, 길이 미끄러울 것이다.
∴ p → r	∴ 만약 비가 온다면, 길이 미끄러울 것이다.

04 연언지 단순화[simplification]

형식	예시
p ∧ q	철수는 국어를 잘하고 영어를 잘한다.
∴ p	∴ 철수는 국어를 잘한다. (철수는 영어를 잘한다.)

05 연언화[conjunction]

p q ∴ p ∧ q	철수는 국어를 잘한다. 철수는 영어를 잘한다. ∴ 철수는 국어를 잘하고, 영어를 잘한다.

06 선언 삼단 논법[disjunctive syllogism](선언지 제거법)

p ∨ q ~p ∴ q	오늘은 비가 오거나 눈이 올 것이다. 오늘은 비가 오지 않았다. ∴ 오늘은 눈이 올 것이다.

주의! **선언지 긍정의 오류**: 논증에서 쓰이는 선언문은 포괄적 선언문이기 때문에, 선언지 중 하나를 긍정한다고 해서 나머지가 부정되지는 않음.

07 단순 양도 논법[dilemma]

p ∨ q p → r q → r ∴ r	공무원 논리 시험은 쉽게 나오거나 어렵게 나올 것이다. 철수는 논리 시험이 쉽게 나와도 공부를 한다. 철수는 논리 시험이 어렵게 나와도 공부를 한다. ∴ 철수는 공부를 한다.

08 이중 부정[double negation]

~~p ≡ p	철수가 공무원이 아니라는 것은 거짓이다. ≡ 철수는 공무원이다.

09 교환 법칙[commutativity]

① $(p \land q) \equiv (q \land p)$	철수는 결혼을 하고, 아이를 낳았다 ≡ 철수는 아이를 낳고, 결혼을 하였다.
② $(p \lor q) \equiv (q \lor p)$	철수는 밥을 먹었거나 빵을 먹었다. ≡ 철수는 빵을 먹었거나 밥을 먹었다.

10 드모르간 법칙[De Morgan's rule]

① $\sim(p \land q) \equiv \sim p \lor \sim q$	철수가 월요일과 화요일에 모두 쉰다는 것은 거짓이다. ≡ 철수는 월요일에 쉬지 않거나 화요일에 쉬지 않는다.
② $\sim(p \lor q) \equiv \sim p \land \sim q$	철수가 월요일 또는 화요일에 쉰다는 것은 거짓이다. ≡ 철수는 월요일에 쉬지 않고 화요일에도 쉬지 않는다.

11 대우 규칙[transposition]

$p \to q \equiv \sim q \to \sim p$	비가 오면 땅이 젖는다. ≡ 땅이 젖지 않았다면 비가 오지 않았을 것이다.

12 단순 함축 [material implication](조건문의 정의)

$p \to q \equiv \sim(p \land \sim q)$ $\equiv \sim p \lor q$	비가 오면 땅이 젖는다. ≡ 비가 오면서 땅이 젖지 않았다는 것은 거짓이다.

TIP 1. '$p \to q \equiv \sim(p \land \sim q)$'이므로, 여기에 다시 드모르간 법칙을 적용하면 '$\sim p \lor q$'가 됨.
2. 따라서 '$p \to q \equiv \sim(p \land \sim q) \equiv \sim p \lor q$'가 성립함.

* 조건문과 연관된 동치 규칙

1. **조건문이 참인 경우** = 전건이 참이면서 후건이 거짓인 경우는 없다.

$A \rightarrow B \equiv \sim(A \wedge \sim B) \equiv \sim A \vee B$

2. **조건문이 거짓인 경우** = 전건이 참이면서 후건이 거짓인 경우이다.

$\sim(A \rightarrow B) \equiv A \wedge \sim B$

연습 문제

01~05 전제가 참이라고 할 때, 다음 논증들의 타당성을 판별하시오.

01 $A \rightarrow B$, B / 따라서 A O | X

02 $A \vee \sim B$, B / 따라서 A O | X

03 $A \rightarrow B$, $A \vee C$, $\sim C$ / 따라서 B O | X

04 $A \wedge B$, $B \rightarrow \sim C$ / 따라서 $A \wedge \sim C$ O | X

05 $\sim A \vee \sim B$, $C \rightarrow A$, $C \rightarrow B$ / 따라서 $\sim C$ O | X

이것만은 기억하자

05 삼단 논법의 이해

01 정언 명제의 표준 형식

표준 형식		양/질
모든 s는 p이다.	All A are B.	전칭 긍정
모든 s는 p가 아니다.	No A is B.	전칭 부정
어떤 s는 p이다.	Some A are B.	특칭 긍정
어떤 s는 p가 아니다.	Some A are not B.	특칭 부정

(1) 모순 관계: 전칭 긍정 명제와 특칭 부정 명제, 전칭 부정 명제와 특칭 긍정 명제의 관계

① 명제 A가 참이면 B가 거짓이고, A가 거짓이면 B가 참이다.

② 동시에 참과 거짓이 안 된다. 참이면 거짓, 거짓이면 참인 관계이다.

예 '모든 예술품은 진품이다.'가 참이면 → '어떤 예술품은 진품이 아니다.'는 항상 거짓이다.

(2) 반대 관계: 전칭 긍정 명제와 전칭 부정 명제의 관계

① 명제 A가 참이면 B가 거짓이지만, A가 거짓이면 B는 알 수 없다.

② 두 명제는 동시에 참일 수는 없지만, 동시에 거짓은 가능하다.

예 '모든 예술품은 진품이다.'가 참이면 → '모든 예술품은 진품이 아니다.'는 항상 거짓이다.

(3) 함축 관계: 전칭 명제와 특칭 명제의 관계

① 명제 사이에서 'A가 참이면 B도 반드시 참'일 때, 'A가 B를 함축한다.'라고 한다.

② 전칭 명제의 참은 특칭 명제의 참을 함축하지만, 특칭 명제의 참은 전칭 명제의 참을 함축하지 않는다.

예 '모든 예술품은 진품이다.'가 참이면 → '어떤 예술품은 진품이다.'는 항상 참이다.

02 정언 삼단 논법의 구성

(1) 정언 삼단 논법이란 대전제와 소전제에서 결론을 이끌어 내는 연역 논증의 유형이다.

(2) 정언 삼단 논법은 세 개의 정언 명제로 이루어져 있으며, 각기 다른 단어(개념) 세 개가 등장한다.

예 어떤 공무원은 경찰이다. (경찰: 매개념)
모든 경찰은 애국자이다.
따라서 어떤 애국자는 공무원이다. (애국자: 소개념, 공무원: 대개념)

어떤 P는 M이다. (M: 매개념)
모든 M은 S이다.
따라서 어떤 S는 P이다. (S: 소개념, P: 대개념)

TIP 매개념[middle term]: 결론에 포함되지 않은 개념으로, 전제에서만 중복되어 나타남.

연습 문제

01~05 **다음 삼단 논법의 타당성을 평가하시오.**

01 어떤 공무원은 경찰이다. 모든 애국자는 공무원이다. 그러므로 어떤 애국자는 경찰이다. 타당 | 부당

02 모든 토끼는 포유동물이다. 모든 토끼는 초식 동물이다. 그러므로 모든 초식 동물은 토끼이다. 타당 | 부당

03 영어 성적이 좋은 학생은 모두 국어 성적이 좋은 학생이다. 그러나 영어 성적이 좋은 학생 가운데는 수학 성적이 좋지 않은 학생도 있다. 따라서 국어 성적이 좋은 학생 가운데는 수학 성적이 좋지 않은 학생도 있다.

타당 | 부당

04 철수가 본 책은 모두 영희가 보지 않은 책이지만, 민수가 본 책 가운데는 영희가 본 책이 있다. 따라서 민수가 본 책 가운데 철수가 보지 않은 책이 있다. 타당 | 부당

05 모든 소설가는 작가이다. 어떤 작가는 화가가 아니다. 그러므로 어떤 화가는 소설가이다. 타당 | 부당

이것만은 기억하자

06 술어 논리의 기호화

01 '모든(전칭)'의 기호화

'**S는 모두 P이다.**'라는 문장은 '**만약 S라면 그것이 무엇이든 모두 P이다.**'라는 것을 의미한다.
따라서 이것은 '(∀) Sx → Px'로 기호화할 수 있다.

* 다양한 형태의 보편 일반화를 기호화하기

문장	기호화	수험적 기호화
S는 모두 P이다.	(∀) Sx → Px	국어를 좋아하는 사람은 모두 영어를 좋아한다. 예 국어 → 영어
S는 모두 P가 아니다.	(∀) Sx → ~Px	국어를 좋아하는 사람은 모두 영어를 좋아하지 않는다. 예 국어 → ~영어
S이면서 P인 것은 모두 R이다.	(∀) (Sx ∧ Px) → Rx	국어를 좋아하면서 영어를 좋아하는 사람은 모두 국사를 잘한다. 예 (국어 ∧ 영어) → 국사
S이거나 P인 것은 모두 R이다.	(∀) (Sx ∨ Px) → Rx	국어를 좋아하거나 영어를 좋아하는 사람은 모두 국사를 잘한다. 예 (국어 ∨ 영어) → 국사

02 '어떤(특칭)'의 기호화

'**S이면서 P인 것이 있다.**'라는 주장은 x의 자리에 어떤 한 사람을 넣었을 때, **적어도 하나는 성립한다는 것**을 의미한다.
따라서 이것은 '(∃) Sx ∧ Px'로 나타낼 수 있다.

* 다양한 형태의 존재 일반화를 기호화하기

문장	기호화	수험적 기호화
· 어떤 S는 P이다. · S이면서 P인 것이 있다.	(∃) Sx ∧ Px	철수는 국어를 좋아하고 영어도 좋아한다. 예 국어a ∧ 영어a
S이면서 P가 아닌 것이 있다.	(∃) Sx ∧ ~Px	국어를 좋아하면서 영어는 좋아하지 않는 사람이 있다. 예 국어a ∧ ~영어a

연습 문제

01~05 **다음에 제시된 추론의 타당성을 평가하시오.**

01 아침에 일찍 일어나는 모든 학생은 지각하지 않는다. 늦게 자는 모든 학생은 아침에 일찍 일어나지 않는다. 따라서 늦게 자는 모든 학생은 지각한다. 타당 | 부당

02 실업 급여의 수혜자는 모두 고용 보험에 가입한다. 어떤 근로자는 고용 보험 가입자가 아니다. 그러므로 어떤 근로자는 실업 급여의 수혜자가 아니다. 타당 | 부당

03 식구가 적은 어떤 집은 집안 행사가 많지 않다. A동의 어떤 집은 식구가 적은 집이다. 따라서 A동의 어떤 집은 집안 행사가 많지 않다. 타당 | 부당

04 모든 정책 입안자는 사회 제도에 대해 구체적으로 분석하는 자들이다. 사회 제도에 대해 구체적으로 분석하는 어떤 자들은 과학자가 아니다. 그래서 어떤 과학자는 정책 입안자가 아니다. 타당 | 부당

05 어떤 택시 운전사도 과속으로 적발되지 않는다. 과속으로 적발된 어떤 사람은 과태료를 낸다. 따라서 과태료를 내는 어떤 사람은 택시 운전사가 아니다. 타당 | 부당

이것만은 기억하자

07 배타적 선언과 귀류법

01 배타적 선언 문제 접근법

배타적 선언문이란 선언 기호 앞뒤의 명제가 모두 참이 되는 경우를 배제하는 선언문을 말한다.
배타적 선언문은 동시에 참이 되는 경우가 없으므로 경우의 수 등을 묻는 형태의 문제로 출제될 수 있다.

(1) 전제의 진술

- A이거나 B를 선택한다. 그러나 A와 B를 동시에 선택하지는 않는다.
- A와 B 가운데 정확히 하나를 뽑는다.

$$(A \lor B) \land \sim(A \land B)$$

(2) 상황의 판단

- (식사를 마친 뒤) 후식으로 커피를 드시겠어요, 아니면 차를 드시겠어요?
- 기차가 1번 선로나 5번 선로로 들어올 예정입니다.
- 이 버스는 서울역이나 김포공항역 중에서 한 곳에서만 정차합니다.

02 귀류법의 활용

(1) 귀류법이란 결론을 확립하기 위해서 그것의 부정을 가정한 뒤, 이로부터 모순을 이끌어 냄으로써 간접적으로 그 결론을 확립하는 추론 방법이다.

(2) 확정적 진술이나 좋은 정보를 선별하여 우선 적용하기 힘든 경우에 주로 사용된다.

* 결론 ~X를 증명하기 위해

① X를 참이라고 가정한 뒤 모순을 도출
② 가정된 X는 거짓이므로
③ 결론 ~X는 참임.

연습 문제

01~04 **다음에 제시된 추론의 타당성을 평가하시오.**

01 민수는 그림도 좋아하고 조각도 좋아한다는 것은 사실이 아니다. 그러나 민수는 그림을 좋아하거나 조각을 좋아한다. 그러므로 민수가 그림을 좋아하지 않으면 민수는 조각을 좋아하고, 민수가 조각을 좋아하면 민수는 그림을 좋아하지 않는다.

타당 | 부당

02 플라스틱이면서 재활용품인 물건은 모두 친환경 제품이다. 모든 재활용품은 친환경 제품이 아니다. 그러므로 플라스틱이면서 재활용품인 물건은 없다.

타당 | 부당

03 병이 국어 시험을 봤다면, 갑도 국어 시험을 봤다. 병이 국어 시험을 보지 않았다면, 을은 국어 시험을 봤다. 을이 국어 시험을 봤다면, 병도 국어 시험을 봤다. 따라서 갑은 국어 시험을 봤지만, 병은 국어 시험을 보지 않았을 것이다.

타당 | 부당

04 피자를 먹으면 치킨도 먹는다. 햄버거나 피자를 먹지만, 햄버거와 피자를 모두 먹지는 않는다. 치킨은 먹지 않는다. 그러므로 햄버거를 먹는다.

타당 | 부당

정답과 해설 64쪽

08 충분조건 · 필요조건 · 필요충분조건

01 조건문의 의미

논리학에서 조건문은 단순 함축의 기능을 한다. 즉 조건문은 '반드시'라는 의미만 가지고 있지, 일상적인 조건의 의미를 담고 있지 않다.

02 충분조건

p가 발생할 때마다 q가 발생한다. **p → q**

비가 오면 땅이 젖는다. p → q	· p가 존재하면 반드시 q가 존재한다. · p는 q이기 위한 충분조건이다. · p라는 전제하에 q도 성립한다.

03 필요조건

필요조건인 q의 발생 없이 p가 발생하지 않는다. **~q → ~p ≡ p → q**

땅이 젖지 않으면 비가 오지 않았다. ~q → ~p	· q가 존재하지 않으면 p도 존재하지 않는다. · q는 p이기 위한 {필요조건/필수적 요건}이다. · p이기 위해서는 q이어야만 한다. · q이어야만 p이다. · 오직 q인 경우에만 p가 성립한다.

04 필요충분조건

p가 발생할 때마다 q가 발생하며, p의 발생 없이 q가 발생하지 않는다.

(p → q) ∧ (~p → ~q) ≡ **(p → q) ∧ (q → p)**

수요는 공급의 필요충분조건이다. 수요가 있으면 공급이 있고 p → q 수요가 없으면 공급도 없다. ~p → ~q ≡ q → p	p이면 q이고 q이면 p이다.

연습 문제

01~05 **빈칸에 충분조건, 필요조건, 필요충분조건 중 알맞은 말을 넣으시오.**

01 소비 심리가 위축되는 것을 막으려면 앞으로 우리 경제가 양극화 없이 지속적으로 성장할 수 있는 신성장 전략을 제시해야 한다. 따라서 소비 심리의 위축을 막는 것은 신성장 전략을 제시하기 위한 ________ 이다.

02 산소만 있었다고 해서 화재가 발생할 수 있는 것은 아니지만, 산소가 없었다면 화재가 발생하지 않았을 것이라는 점에서 화재가 발생했을 때 산소가 있었음은 그 화재 발생의 ________ 이다.

03 '세 각의 크기가 각각 60도이다.'는 '정삼각형이다.'의 ________ 이다. 왜냐하면 세 각이 모두 60도이면 정삼각형이고, 세 각이 모두 60도가 아니면 정삼각형일 수 없기 때문이다.

04 인간 존엄성의 조건으로는 안전, 자유, 평화가 있다. 삶 속에서 안전이 확보되지 못한 상황에서는 인간 존엄성을 논할 수 없다. 또한 인간은 자유를 성취하고 동시에 평화를 실현할 때 비로소 인간 존엄성을 실현할 수 있다. 따라서 안전은 인간 존엄성의 ① ________ 이고, 자유와 평화는 인간 존엄성의 ② ________ 이다.

05 기원전 5세기경 손무(孫武)가 저술한 《손자병법》은 군사 운용의 기본적인 원리에서부터 실전에 적용 가능한 전략·전술들을 총망라하고 있다. 이에 따르면, 정보를 가지고 있다고 전쟁에서 반드시 이길 수는 없지만 정보는 전쟁에서 이기기 위한 핵심적인 조건이다. 즉 정보는 전쟁에 승리하기 위한 ① ________ 이 아니라 ② ________ 이다.

정답과 해설 64쪽

09 생략된 전제 찾기

01 명제 논리의 생략된 전제 찾기

갑: 설명회는 다음 달 셋째 주 목요일이나 넷째 주 목요일에 개최해야 합니다.

을: 설명회를 ____________________.

병: 설명회를 다음 달 셋째 주 목요일에 개최하면, 홍보 포스터 제작을 이번 주 안에 완료해야 합니다.

정: 여러분의 의견대로 하자면, 반드시 이번 주 안에 홍보 포스터 제작을 완료해야 하겠군요.

* 결론을 확보하기 위해, 논증 과정을 거꾸로 추론해야 함.

1. 결론과 일치하는 항을 찾는다.
2. 결론 항이 조건문의 후건에 있으면 전건을 확보한다.
3. 결론 항이 선언문에 있다면 선언지 제거법을 활용한다.
4. 생략된 전제를 추론 과정에 넣어 결론이 도출되는지 확인한다.

02 술어 논리의 생략된 전제 찾기

1. 문학을 좋아하는 사람은 모두 자연의 아름다움을 좋아하는 사람이다.
2. 자연의 아름다움을 좋아하는 어떤 사람은 예술을 좋아하는 사람이다.

______________________________.

따라서 예술을 좋아하는 어떤 사람은 문학을 좋아하는 사람이다.

* 결론을 도출하기 위해, 전칭과 특칭의 관계를 확인해야 함.

1. 결론이 전칭이면, 전제는 모두 전칭 명제임.
2. 결론이 특칭이면, 전제 중 하나는 특칭 명제임.
3. 특칭 명제를 연언문으로 기호화한 뒤, 연언지 단순화를 사용함.
4. 연언지 중 하나가 조건문의 전건에 있는지를 확인함.

TIP 추론 과정에서 좋은 정보란 무엇인가 → 경우의 수가 적은 정보

① **부정문:** p는 참이면 ⟶ ~p는 거짓이다

② **연언문:** p ∧ q가 참이면 ⟶ 좋은 정보 ○

p ∧ q가 거짓이면 ⟶ 경우의 수가 셋, 좋은 정보 ×

③ **선언문:** p ∨ q가 거짓이면 ⟶ 좋은 정보 ○

p ∨ q가 참이면 ⟶ 경우의 수가 셋, 좋은 정보 ×

④ **조건문:** p → q가 거짓이면 ⟶ 좋은 정보 ○

p → q가 참이면 ⟶ 경우의 수가 셋, 좋은 정보 ×

연습 문제

01~07 다음 추론 과정에서 생략된 전제를 찾으시오.

01

$A \wedge \sim B$

(   )

$\therefore C \wedge A$

02

(   )

$A \rightarrow B$

$\therefore A \rightarrow C$

03

$A \rightarrow B$

(   )

$\therefore C \rightarrow \sim A$

04

$\sim C \rightarrow \sim B$

(   )

$\therefore A \rightarrow C$

05

(   )

$\sim C \rightarrow B$

$\therefore C \wedge A$

06

$\sim (A \rightarrow B)$

(   )

$\therefore C \wedge \sim B$

07

$A \rightarrow \sim B$

$B \wedge C$

(   )

$\therefore A \rightarrow \sim C$

이것만은 기억하자

10 논리의 오류

01 주요 오류의 유형

유형	예문
전건 부정의 오류	연기가 나는 곳에는(전건) 불이 있다(후건). 그 지하실에서는 연기가 나지 않았다. - 전건 부정 → 그러므로 그 지하실에는 불이 없다.: 후건 부정의 결론 도출 → 오류
후건 긍정의 오류	비가 오면(전건) 땅이 젖는다(후건). 땅이 젖었다. - 후건 긍정 → 그러므로 비가 왔다.: 전건 긍정의 결론 도출 → 오류
선언지 긍정의 오류	그녀는 미인이든지 현명한 여인이다. 그녀는 미인이다. → 그러므로 그녀는 현명한 여인이 아니다. → 오류 * 이 논리의 '든지'는 배타적인 의미가 아니라 포괄적인 의미이다. 그녀는 미인이면서 현명한 여인일 수 있으므로 잘못된 결론이다.
성급한 일반화의 오류	하나를 보면 열을 안다고 했어. 이번에 한 네 실수를 보니, 넌 정말 신용할 수 없구나.
우연의 오류	거짓말을 하는 것은 죄악이다. 그러니 의사가 환자의 정신적 안정을 위해 환자에게 거짓말을 하는 것도 당연히 죄악이다.
잘못된 인과 관계의 오류	난 이번 시험을 잘 보기 위해 손톱을 깎지 않았어. 왜냐하면 손톱을 깎으면 시험 성적이 안 좋거든.
합성(결합)의 오류	5와 7은 홀수이다. 12는 5와 7의 합이다. 따라서 12는 홀수이다.
분할(분해)의 오류	물은 액체이다. 물은 수소와 산소로 구성되어 있다. 따라서 수소와 산소는 액체이다.
흑백 사고의 오류	현대 사회는 경쟁 사회이다. 그러므로 내가 살아남기 위해서는 남을 쓰러뜨려 경쟁에서 승리해야 한다.
무지에 호소하는 오류	당신은 이 범죄와 관련이 없다는 것을 증명하지 못했다. 그러므로 당신이 바로 범인이다.
순환 논증의 오류 (선결 문제 요구의 오류)	신은 존재한다. 왜냐하면 성경에 쓰여 있기 때문이다. 성경에 쓰여 있는 것은 모두 진리라고 신이 말했기 때문에 우리는 이를 믿어야 한다.
대중(다수)에 호소하는 오류	이 영화는 정말 훌륭해. 관객이 천만 명을 넘었으니까 말이야.
부적합한 권위에 호소하는 오류	이 세탁기는 정말 좋은 제품이야. 왜냐하면 어제 연예인 홍길동이 그렇게 말했거든.

연습 문제

01~06 **다음에 제시된 오류의 명칭을 쓰시오.**

01 지금 서른 분 가운데 열 분이 손을 들어 반대하셨습니다. 손을 안 드신 분은 모두 제 의견에 찬성하는 것으로 알겠습니다.

➔ ______________________________

02 다른 운전자에 대한 예의를 지키는 것은 운전의 기본이다. 따라서 응급 환자를 이송하는 구급차의 운전자도 다른 차량의 운전자를 배려하여 규정 속도 이하로 안전한 거리를 유지하며 주행해야 한다.

➔ ______________________________

03 국민의 67%가 사형 제도에 찬성했다. 그러므로 사형 제도는 정당하다.

➔ ______________________________

04 삼촌은 우리를 놀이공원에 데리고 간다고 약속했다. 삼촌이 이 약속을 지킨다면, 우리는 놀이공원에 갈 것이다. 우리는 놀이공원에 갔다. 따라서 삼촌이 이 약속을 지킨 것은 확실하다.

➔ ______________________________

05 A 마트에서 산 사과가 맛이 없었다. 그러니 A 마트에서 파는 과일은 모두 맛이 없을 것이다.

➔ ______________________________

06 중간고사를 보는 날 아침에 머리를 감았는데 그날 시험을 망쳤다. 그러니 기말고사를 망치지 않으려면 시험을 보는 날 아침에 머리를 감으면 안 된다.

➔ ______________________________

실전 문제

정답과 해설 65쪽

01 다음 중 옳지 않은 논증을 펼치는 사람을 모두 고르면?

> 갑: 컴퓨터 자격증이 없는 지원자는 모두 합격하지 못해. 그런데 25세 이하의 지원자는 모두 컴퓨터 자격증이 없거든. 그러므로 합격한 지원자는 모두 25세 이하가 아니야.
>
> 을: 사유할 수 있는 모든 존재는 행위를 할 수 있어. 그러나 행위를 할 수 없는 존재라면 자유 의지를 갖지 못해. 따라서 사유할 수 있는 존재라면 자유 의지를 가지고 있을 거야.
>
> 병: 감수성이 예민한 사람은 모두 눈물이 많아. 그런데 운동선수는 모두 감수성이 예민하지 않아. 그렇다면 운동선수는 모두 눈물도 많지 않겠지.

① 갑　　② 을
③ 갑, 병　　④ 을, 병

02 **다음 대화의 ㉠에 들어갈 말로 가장 적절한 것은?**

> 철수: 도일이가 말한 사실이 정확하다면, 미란이는 용의자가 아니야.
> 영희: 그래, 하지만 [㉠] 것은 확실해.
> 철수: 그렇지. 그러니까 결국 도일이가 말한 사실이 정확하다면, 장미는 용의자야.

① 미란이가 용의자이거나 장미가 용의자인
② 장미가 용의자이면, 미란이가 용의자가 아닌
③ 미란이가 용의자가 아니거나 장미가 용의자가 아닌
④ 장미가 용의자이면, 미란이도 용의자인

03 **동창회와 관련하여 다음과 같은 사실이 알려졌다. 이 사실이 참일 때, 동창회에 오는 사람은?**

> • 만일 갑이 동창회에 온다면 을도 동창회에 온다.
> • 갑이 동창회에 오거나 병이 동창회에 온다.
> • 만일 정이 동창회에 오지 않으면, 병도 오지 않는다.
> • 을은 동창회에 오지 않는다.

① 병
② 갑, 정
③ 병, 정
④ 갑, 병, 정

04 다음 진술이 모두 참일 때, 반드시 참이라고 할 수 없는 것은?

- 포도 수확량이 늘어나면, 포도 가격이 내려간다.
- 포도 소비량이 늘어나면, 포도 수확량이 늘어난다.
- 포도 수확량이 늘어나지 않으면, 와인 가격이 내려가지 않는다.

① 와인 가격이 내려가면, 포도 가격이 내려간다.
② 포도 가격이 내려가지 않으면, 와인 가격이 내려가지 않는다.
③ 포도 소비량이 늘어나지 않으면, 와인 가격이 내려가지 않는다.
④ 포도 수확량이 늘어나지 않으면, 포도 소비량이 늘어나지 않는다.

05 다음 글의 내용이 참일 때, ㉠에 들어갈 말로 가장 적절한 것은?

실험 결과, SNS 이용 시간이 긴 대상자는 모두 스트레스 수치가 높았다. 또한 운동을 즐겨 하지 않는 대상자는 모두 SNS 이용 시간이 길었다. 그리고 [㉠]는 사실이 발견됐다. 따라서 운동을 즐겨 하는 대상자가 있다는 결론이 나왔다.

① 스트레스 수치가 높은 대상자는 모두 SNS 이용 시간이 길었다
② 스트레스 수치가 높지 않은 대상자가 있다
③ SNS 이용 시간이 긴 대상자가 있다
④ SNS 이용 시간이 긴 대상자는 모두 운동을 즐겨 하지 않았다

06 **다음 글의 밑줄 친 결론을 이끌어 내기 위해 추가해야 할 것은?**

> 등산을 좋아하는 어떤 사람은 축구를 좋아하는 사람이다. 테니스를 좋아하는 사람은 모두 등산을 좋아하는 사람이다. 따라서 테니스를 좋아하는 어떤 사람은 축구를 좋아하는 사람이다.

① 테니스를 좋아하는 어떤 사람은 등산을 좋아하는 사람이다.
② 축구를 좋아하는 어떤 사람은 등산을 좋아하는 사람이다.
③ 등산을 좋아하는 사람은 모두 테니스를 좋아하는 사람이다.
④ 테니스를 좋아하지 않는 사람은 모두 등산을 좋아하는 사람이다.

07 **다음 글의 내용이 참일 때, '결정적 정보'에 해당하는 것은?**

> • 갑과 병 가운데 적어도 한 사람의 증언은 참이다.
> • 을과 정 가운데 적어도 한 사람의 증언은 참이다.
> • 병의 증언이 참이면, 정의 증언은 참이 아니다.
>
> 이때, '결정적 정보'가 추가된다면 '갑의 증언은 참이다.'라는 사실이 확실해진다.

① 병의 증언은 참이다.
② 을의 증언은 참이 아니다.
③ 정의 증언은 참이 아니다.
④ 정의 증언이 참이면, 을의 증언도 참이다.

08 **영희는 여행을 가기 위해 배, 비행기, 기차, 버스 중에서 이용할 교통수단을 정하려고 한다. 다음과 같은 조건에 따를 때, 영희가 이용할 교통수단의 수는?**

> • 배는 반드시 탄다.
> • 버스나 기차를 타지만, 버스와 기차 둘 다 타는 것은 아니다.
> • 비행기를 타지 않으면, 배와 기차 둘 다 타지 않는다.

① 1개　　② 2개
③ 3개　　④ 4개

09 **다음은 선재 상점의 새벽 배송 정보이다. 빈칸에 들어가야 할 정보는?**

> 선재 상점: 콜라비가 배송되지 않는 날 중에 브로콜리가 배송되는 날이 있습니다. 아스파라거스가 배송되는 모든 날에는 콜라비가 배송되지 않습니다. 그리고 [ ].
> 고객: 그렇다면 아스파라거스가 배송되는 날 중에 브로콜리가 배송되는 날이 있겠네요.

① 브로콜리가 배송되는 날은 모두 아스파라거스가 배송되지 않는 날입니다
② 콜라비가 배송되지 않는 날에는 모두 아스파라거스가 배송됩니다
③ 아스파라거스가 배송되지 않는 날에 브로콜리는 모두 배송됩니다
④ 아스파라거스가 배송되는 어떤 날은 콜라비가 배송되지 않습니다

10 **다음 글이 참일 때, 반드시 참인 것을 고르면?**

> 이번 체육 대회 경기의 종목은 축구, 농구, 테니스, 배드민턴 중에 정해진다. 이에 관해 다음과 같은 사실이 밝혀졌다.
>
> • 축구가 포함되면 배드민턴도 포함된다.
> • 배드민턴이 포함되면 테니스도 포함된다.
> • 축구가 포함되지 않으면 농구는 포함된다.
> • 농구가 포함되면, 축구가 포함되고 테니스는 포함되지 않는다.

① 포함된 종목은 축구와 농구뿐이다.
② 포함되지 않는 종목은 농구뿐이다.
③ 포함된 종목은 배드민턴과 테니스뿐이다.
④ 포함되지 않는 종목은 축구와 배드민턴뿐이다.

11 **가와 나를 전제로 결론을 이끌어 낼 때, 빈칸에 들어갈 말로 가장 적절한 것은?**

> 가 색맹인 어떤 사람은 그림을 잘 그린다.
> 나 그림을 잘 그리는 사람은 모두 상상력이 풍부하다.
> 따라서 [   ].

① 색맹인 사람은 모두 상상력이 풍부하다
② 상상력이 풍부한 어떤 사람은 색맹이다
③ 색맹인 어떤 사람은 상상력이 풍부하지 않다
④ 상상력이 풍부한 사람은 모두 그림을 잘 그린다

12 **다음 중 옳지 않은 진술은?**

① 오직 키가 큰 사람만이 패션모델이 될 수 있다. 따라서 큰 키는 패션모델이 되기 위한 필요조건이다.
② 시민권이 없다면 투표할 수 없지만, 투표할 수 있다면 시민권이 있는 것이다. 그러므로 시민권은 투표하기 위한 필요충분조건이다.
③ 열의 이동은 열의 동력을 얻기 위해 필요한 조건이지 충분한 조건이 아니다. 그러므로 열의 이동이 없다면 열의 동력도 얻을 수 없다.
④ 깨끗한 물이 좋은 물의 필요조건이라면, 건강한 물은 좋은 물의 충분조건이다. 따라서 건강한 물이라면 깨끗한 물이다.

13 **가와 나를 전제로 할 때, 빈칸에 들어갈 결론으로 가장 적절한 것은?**

가 음악에 뛰어난 소질을 보이는 사람은 모두 그림에 뛰어난 소질을 보이는 사람이 아니다. 나 수학에 뛰어난 소질을 보이는 어떤 사람은 음악에 뛰어난 소질을 보이는 사람이다. 따라서 [　　　　　　　　　　　　　　　　　　].

① 음악에 뛰어난 소질을 보이는 사람은 모두 수학에 뛰어난 소질을 보인다

② 수학에 뛰어난 소질을 보이는 어떤 사람은 음악에 뛰어난 소질을 보이는 사람이 아니다

③ 수학에 뛰어난 소질을 보이는 어떤 사람은 그림에 뛰어난 소질을 보이는 사람이 아니다

④ 그림에 뛰어난 소질을 보이는 사람은 모두 수학에 뛰어난 소질을 보이는 사람이 아니다

14 **빛나 아파트는 4층으로 이루어져 있다. 현재 이 아파트에는 지우, 민우, 현우, 철우 이렇게 4명의 입주민이 각 층에 1명씩만 거주하고 있다. ㉠~㉣이 참일 때, 반드시 참인 것은?**

㉠ 지우가 4층에 살거나 현우가 3층에 산다. ㉡ 민우가 1층에 살지 않으면, 철우가 2층에 산다. ㉢ 민우가 1층에 살면, 지우는 4층에 살지 않는다. ㉣ 철우는 2층에 살지 않는다.

① 민우는 지우보다 위층에 산다.
② 현우는 지우보다 아래층에 산다.
③ 현우는 철우보다 위층에 살고 있지 않다.
④ 지우는 철우보다 아래층에 살고 있지 않다.

15 **새로 발표된 정책에 대해 갑, 을, 병, 정, 무는 찬성이나 반대 중 한 의견을 제시하였다. 이들의 찬반 의견이 다음과 같을 때, 이들 중 찬성한 사람의 수는?**

• 만약 갑이 반대하면, 을은 찬성한다. • 을이 반대하면, 정이나 무 중 한 명만 찬성한다. • 갑이나 무가 찬성하면, 병도 찬성한다. • 을은 반대한다.

① 1명
② 2명
③ 3명
④ 4명

16 다음 글의 내용이 참일 때, 반드시 참인 것은?

> 겨울을 좋아하는 어떤 사람은 여름을 좋아한다. 가을을 좋아하지 않는 사람은 아무도 봄을 좋아하지 않는다. 여름을 좋아하는 모든 사람은 봄을 좋아한다.

① 여름을 좋아하는 사람은 모두 겨울을 좋아한다.
② 가을을 좋아하는 사람은 모두 여름을 좋아한다.
③ 겨울을 좋아하는 어떤 사람은 가을을 좋아한다.
④ 겨울을 좋아하지 않는 어떤 사람은 봄을 좋아하지 않는다.

17 다음 글의 밑줄 친 결론을 이끌어 내기 위해 추가해야 할 전제는?

> 이번 연구에서는 질문지 조사 방법과 면접 조사 방법 중 적어도 하나가 선택된다. 면접 조사 방법이 선택된다면, 박 교수가 연구에 참여한다. 만일 박 교수가 연구에 참여하면, 박 교수는 학과장이 되지 못한다. 그러므로 박 교수는 학과장이 되지 못할 것이다.

① 강 교수가 연구에 참여한다.
② 면접 조사 방법이 선택되지 않는다.
③ 질문지 조사 방법이 선택되지 않는다.
④ 질문지 조사 방법이 선택되면, 박 교수가 연구에 참여하지 않는다.

18 **선생님과 학생의 진술은 모두 사실이다. 다음 대화를 보고 ㉠에 들어갈 말로 가장 적절한 것은?**

> 선생님: 종이가 붉은색으로 변하지 않았다면, A 용액을 떨어트린 게 아니야. B 용액을 떨어트렸다면, 종이에서 연기가 났을 거야. 어제 실험에서는 A와 B 용액 중 적어도 하나를 떨어트렸어.
> 학생: 잠시만요, 어제는 [㉠]는 게 기억나요.
> 선생님: 맞아. 그렇다면 종이는 붉은색으로 변했겠네.

① 종이에서 연기가 났다
② B 용액을 떨어트렸다
③ 종이에서 연기가 나지 않았다
④ A 용액을 떨어트리지 않았다

19 **다음 결론을 도출하기 위해 전제 2에 들어갈 내용으로 가장 적절한 것은?**

> 전제 1. 어떤 매니저는 신입 사원이 아니다.
> 전제 2. [   ].
> 결론. 어떤 20대는 신입 사원이 아니다.

① 어떤 매니저는 20대이다
② 20대는 모두 신입 사원이 아니다
③ 매니저는 모두 20대이다
④ 어떤 매니저는 20대가 아니다

20 **A반 학생들의 수강 신청 내역은 다음과 같다. 이때 반드시 참인 것은?**

> 듣기를 신청한 학생 중 몇 명은 말하기를 신청하였고, 쓰기를 신청하지 않은 학생은 아무도 말하기를 신청하지 않았다.

① 듣기를 신청한 학생 중 몇 명은 쓰기를 신청하였다.
② 말하기를 신청한 모든 학생은 듣기를 신청하였다.
③ 쓰기를 신청하지 않은 학생 중 몇 명은 듣기를 신청하지 않았다.
④ 말하기를 신청하지 않은 학생은 모두 쓰기를 신청하지 않았다.

PART 2

이것만은 기억하자

독해를 위한 문법 개념

이것만은 기억하자

01 언어의 기호적 특성

최우선 개념 01 자의성, 사회성, 역사성, 분절성, 추상성

기호 = 형식 / 내용

언어 기호 = 음성 / 의미 = [bap] / 밥

1. 음성과 의미 중 하나가 변하면 →
2. 사회적 약속으로 고정되면 →
3. 시간이 흘러 변하면 →
4. 연속된 것을 끊어서 표현하면 →
5. 길이가 끝이 없거나 존재하지 않는 사물이나 추상적 개념을 표현하면 →
6. 공통점을 찾아 하나의 개념으로 묶어 주면 →

01 '종이가 찢어졌어.'라는 말을 배운 아이가 '책이 찢어졌어.'라는 새로운 문장을 만들어 내는 것은 언어의 창조성과 관련이 있다. O | X

02 표준어로 '부추'에 상응하는 표현이 지역에 따라 달리 나타나는 현상에서 언어의 자의성을 엿볼 수 있다. O | X

03 '무궁화, 진달래, 개나리' 등을 '꽃'이라고 부르는 것은 언어의 추상성과 관련이 있다. O | X

문법 지문 적용하기

실전 다음 글에서 추론한 내용으로 가장 적절한 것은? 2025 국가직 9급

> 언어에는 중요한 몇 가지 특징이 있다. 첫째, 언어의 형식인 말소리와 언어의 내용인 의미 간에는 필연적 관계가 없다. 이를 언어의 '자의성'이라 한다. 즉 어떤 내용을 나타내는 형식은 약속으로 정할 뿐이라는 것이다. 둘째, 언어에서 형식과 내용의 관계에 대한 사회적 약속은 한번 정해지면 개인이 쉽게 바꿀 수가 없다. 이를 언어의 '사회성'이라 한다. 셋째, 언어는 시간의 흐름에 따라 사회 구성원이 바뀌면서 끊임없이 변화한다. 이를 언어의 '역사성'이라 한다. 넷째, 하나의 언어 형식은 수많은 구체적 대상이 가진 공통적인 속성을 개념화하여 표현한 것이다. 예컨대 우리는 세상에 존재하는 여러 책상들의 공통적 속성을 추출하여 하나의 언어 형식인 '책상'으로 표현한다. 이를 언어의 '추상성'이라 한다.

① 같은 언어 안에도 다양한 방언 형태가 존재한다는 것은 언어의 자의성을 보여 주는 사례이다.
② 가족과 대화할 때는 직장 동료와 대화할 때와 다른 표현을 사용한다는 것은 언어의 사회성을 보여 주는 사례이다.
③ 유명인이 개인적으로 사용한 유행어가 시간이 지나도 표준어로 인정되지 않는다는 것은 언어의 역사성을 보여 주는 사례이다.
④ 새로운 줄임말이 끊임없이 만들어지고 있다는 것은 언어의 추상성을 보여 주는 사례이다.

이것만은 기억하자

02 국어의 음운 체계

최우선 개념 02 음운, 최소 대립쌍, 파열음, 마찰음, 파찰음, 비음, 유음

1. 최소 대립쌍

한 언어 내에서의 음운은 그 수효가 한정되어 있다. 다른 두 소리가 있을 때 이 둘이 별개의 음운인지 아닌지를 판단할 때에는 그 두 음성에 의해서만 뜻이 구별되는 단어의 쌍, 즉 최소 대립쌍[minimal pair]이 존재하는지를 살펴야 한다. '말[馬] - 발[足]'은 자음의 차이에 의한 최소 대립쌍의 예이고 '돌[石] - 둘[二]'은 모음의 차이에 의한 최소 대립쌍의 예이다. 이와 같이 최소 대립쌍을 성립하게 하는 말소리들은 모두 별개의 음운에 속한다.

2. 자음: 목 안 또는 입안에서 장애를 받고 나오는 소리

자음을 발음할 때 소리 나는 위치를 조음 위치라 하고, 소리 내는 방법을 조음 방법이라 하는데, 자음은 조음 위치와 조음 방법에 따라 분류할 수 있다.

먼저 조음 위치에 따라 자음을 분류하면, 두 입술 사이에서 나는 소리인 입술소리에는 'ㅂ, ㅃ, ㅍ, ㅁ'이, 혀끝과 윗잇몸이 닿아서 나는 소리인 잇몸소리에는 'ㄷ, ㄸ, ㅌ, ㅅ, ㅆ, ㄴ, ㄹ'이, 혓바닥과 센입천장 사이에서 나는 소리인 센입천장소리에는 'ㅈ, ㅉ, ㅊ'이, 혀의 뒷부분과 여린입천장 사이에서 나는 소리인 여린입천장소리에는 'ㄱ, ㄲ, ㅋ, ㅇ'이, 목청 사이에서 나는 소리인 목청소리에는 'ㅎ'이 있다.

다음으로 조음 방법에 따라 자음을 분류하면, 허파에서 나오는 공기의 흐름을 일단 막았다가 그 막은 자리를 터뜨리면서 내는 소리를 파열음, 입안이나 목청 사이의 통로를 좁히고 공기를 그 좁은 틈 사이로 내보내어 마찰을 일으키면서 내는 소리를 마찰음, 허파에서 나오는 공기를 막았다가 서서히 터뜨리면서 마찰을 일으켜 내는 소리를 파찰음이라 한다. 'ㄷ, ㄸ, ㅌ, ㅂ, ㅃ, ㅍ, ㄱ, ㄲ, ㅋ'이 파열음, 'ㅅ, ㅆ, ㅎ'이 마찰음, 'ㅈ, ㅉ, ㅊ'이 파찰음에 해당한다. 한편 입안의 통로를 막고 코로 공기를 내보내면서 내는 소리를 비음, 혀끝을 잇몸에 가볍게 대었다가 떼거나 혀끝을 윗잇몸에 댄 채 공기를 그 양옆으로 흘려 내보내면서 내는 소리를 유음이라 하는데, 'ㄴ, ㅁ, ㅇ'이 비음, 'ㄹ'이 유음에 해당한다.

01 음운은 의미를 구별해 주는 최소의 단위이므로 최소 대립쌍을 통해 한 언어의 음운 목록을 확인할 수 있다. ○ | ×

02 '사탕'의 첫 음절의 자음을 발음하기 위해서는 입안이나 목청 사이의 통로를 좁혀서 마찰시키는 방식으로 소리를 내야 한다. ○ | ×

문법 지문 적용하기

실전 다음 글을 읽고, 〈보기〉에서 최소 대립쌍을 찾아 추출한 음운에 대해 설명한 것으로 적절하지 않은 것은?

> 음운이란 말의 뜻을 구별해 주는 소리의 최소 단위를 말한다. 이러한 음운은 최소 대립쌍을 통해 파악할 수 있는데, 최소 대립쌍이란 의미를 구별하게 하는 음운을 가진 단어들의 쌍을 말한다. 최소 대립쌍은 오직 한 가지 요소에 의해서만 뜻이 구별된다. 가령 최소 대립쌍 '발'과 '불'은 'ㅏ'와 'ㅜ'로 인해 뜻이 달라지는데, 이때의 'ㅏ'와 'ㅜ'는 음운의 자격을 얻게 된다.
>
> 음운에 속하는 말소리들은 성격에 따라 음소와 운소의 두 가지로 구분하는데, 음소에 속하는 자음과 모음은 한국어에서 모두 단어의 의미를 변별해 주는 역할을 한다.
>
> 이 중 자음은 조음 방법과 조음 위치에 따라 분류할 수 있다. 조음 방법에 따라서는 파열음(ㄷ, ㄸ, ㅌ, ㅂ, ㅃ, ㅍ, ㄱ, ㄲ, ㅋ), 파찰음(ㅈ, ㅉ, ㅊ), 마찰음(ㅅ, ㅆ, ㅎ), 비음(ㄴ, ㅁ, ㅇ), 유음(ㄹ)으로 나눌 수 있고, 조음 위치에 따라서는 입술소리(ㅂ, ㅃ, ㅍ, ㅁ), 잇몸소리(ㄷ, ㄸ, ㅌ, ㅅ, ㅆ, ㄴ, ㄹ), 센입천장소리(ㅈ, ㅉ, ㅊ), 여린입천장소리(ㄱ, ㄲ, ㅋ, ㅇ), 목청소리(ㅎ)로 나눌 수 있다.

보기

> 구름, 포도, 추대, 바다, 무대, 기름, 보도

① 추출된 음운 중에는 2개의 파열음과 1개의 파찰음이 있다.
② 추출된 음운 중 입술소리이면서 비음인 것은 1개이다.
③ 최소 대립쌍인 '바다'와 '보도'는 모음의 차이로 인해 뜻이 구별된다.
④ 최소 대립쌍에서 추출할 수 있는 음운의 개수는 총 6개이다.

이것만은 기억하자

03 국어의 음운 변동

최우선 개념 03 교체, 축약, 탈락, 첨가

음운 현상		변화 양상	예시
교체	음절의 끝소리 규칙	끝소리는 'ㄱ, ㄴ, ㄷ, ㄹ, ㅁ, ㅂ, ㅇ'의 7개의 대표음으로 실현	부엌 [ ]①
	자음 동화	비음화: 파열음이나 유음이 비음을 만나서 비음인 [ㄴ, ㅁ, ㅇ]으로 발음되는 현상	국물 [ ]② 밥만 [ ]③
		유음화: 'ㄴ'이 'ㄹ'의 앞이나 뒤에서 'ㄹ'로 발음되는 현상	신라 [ ]④
	구개음화	'ㄷ, ㅌ'인 형태소가 모음 'ㅣ'나 'ㅑ, ㅕ, ㅛ, ㅠ'로 시작되는 형식 형태소와 만나면 'ㄷ, ㅌ'이 구개음인 [ㅈ, ㅊ]으로 변하는 현상	해돋이 [ ]⑤
	된소리되기	대표 유형: ㅂ, ㄷ, ㅈ, ㄱ+ㅂ, ㄷ, ㅈ, ㄱ → [ㅃ, ㄸ, ㅉ, ㄲ]	국밥 [ ]⑥
축약	자음 축약	ㅂ, ㄷ, ㅈ, ㄱ+ㅎ → [ㅍ, ㅌ, ㅊ, ㅋ]	낙하 [ ]⑦
	모음 축약	ㅗ, ㅜ + ㅏ/ㅓ → ㅘ, ㅝ	보아서 → 봐서
탈락	자음 탈락	자음군 단순화: 음절 말의 겹받침 가운데 하나가 탈락하고 나머지 하나만 발음되는 현상	밝다 [ ]⑧ 읊다 [ ]⑨
		ㄹ 탈락: 특정 어미(ㄴ, ㅅ 등)와 결합할 때 용언 어간의 끝소리인 'ㄹ'이 탈락하는 현상	날+는 → 나는
	모음 탈락	ㅡ 탈락: 'ㅡ'가 'ㅏ/ㅓ'로 시작하는 어미 앞에서 탈락하는 현상	따르+아 → 따라
		동일 모음 탈락: 똑같은 모음이 연속할 때 탈락	가+아서 → 가서
첨가	ㄴ 첨가	합성어와 파생어에서 앞 단어나 접두사의 끝이 자음이고 뒤 단어나 접미사의 첫음절이 '이, 야, 여, 요, 유'인 경우에 'ㄴ' 이 첨가되는 현상	한여름 [ ]⑩

01 '흙하고[흐카고]'는 두 가지 이상의 음운 변동 유형이 나타나는 경우에 해당한다. O | X

02 '늑막염'은 교체 및 첨가가 일어나며 음운의 개수가 2개 늘어난다. O | X

문법 지문 적용하기

실전 다음 글에서 추론한 내용으로 적절하지 않은 것은?

> 국어에는 받침 'ㄱ, ㄷ, ㅂ' 뒤에 비음인 'ㄴ, ㅁ'이 올 때 앞선 자음인 'ㄱ, ㄷ, ㅂ'이 뒤에 오는 비음의 조음 방식에 동화되어 각각 동일한 조음 위치의 'ㅇ, ㄴ, ㅁ'으로 바뀌는 음운 변동이 있다. 이러한 변동을 비음화 현상이라고 하며, 이는 예외 없이 적용될 만큼 강력하다.
>
> 비음화는 앞 음절의 받침이 'ㄱ, ㄷ, ㅂ'이 아닌 경우에도 나타난다. 즉 음운 변동의 결과 종성이 대표음인 [ㄱ, ㄷ, ㅂ] 중 하나로 발음되면 비음화 현상이 적용되는 것이다. 관련 규정에서 'ㄱ(ㄲ, ㅋ, ㄳ, ㄺ), ㄷ(ㅅ, ㅆ, ㅈ, ㅊ, ㅌ, ㅎ), ㅂ(ㅍ, ㄼ, ㄿ, ㅄ)'과 같이 'ㄱ, ㄷ, ㅂ' 옆의 괄호에 포함된 자음들은 이러한 사실을 반영한 것이다. 이에 따라 'ㄱ'의 경우 앞말이 'ㄲ, ㅋ, ㄳ, ㄺ'으로 끝나더라도 종성에서는 [ㄱ]으로 발음되기 때문에 비음화가 적용되며, 'ㄷ'이나 'ㅂ'도 마찬가지이다.
>
> 이는 비음화 현상이 음절의 종성 제약과 관련된 음운 변동이 일어난 후에 적용된다는 사실을 말해 준다. 즉 홑받침의 경우 장애음이 'ㄱ, ㄷ, ㅂ' 중 어느 하나로 바뀐 후에 비음화가 적용되며 겹받침의 경우 자음 중 하나가 탈락한 후에 이것이 적용되는 것이다.

① '흙만'은 '흑만 → 흥만'의 과정을 거쳐 [흥만]으로 발음된다.
② '젖멍울'에는 'ㄷ'이 비음으로 바뀌는 음운 변동 현상이 나타난다.
③ '읊는'의 겹받침은 자음 앞에서 [ㄹ]로 발음되므로 비음화 현상이 나타나지 않는다.
④ '놓는[논는]'에 비음화 현상이 나타나는 이유는 '놓는'에 비음이 있기 때문이다.

정답과 해설 70쪽

04 용언의 활용

최우선 개념 04 용언, 어간, 어미, 기본형, 활용

1. 용언의 규칙 활용

'ㄹ' 탈락	어간의 끝소리 'ㄹ'이 'ㄴ, ㅂ, ㅅ, -오, -ㄹ' 앞에서 탈락함. 예 하늘을 날 + 는 → ①
'ㅡ' 탈락	용언의 어간 'ㅡ'가 어미 '-아'나 '-어' 앞에서 탈락함. 예 바쁘+아 → ②

2. 용언의 불규칙 활용

어간 변화	'ㅅ' 불규칙	어간의 끝소리 'ㅅ'이 모음 앞에서 탈락함. 예 짓+어 → ①
	'ㄷ' 불규칙	어간의 끝소리 'ㄷ'이 모음 앞에서 'ㄹ'로 바뀜. 예 싣+어 → ②
	'ㅂ' 불규칙	어간의 끝소리 'ㅂ'이 모음 앞에서 '오/우'로 바뀜. 예 곱+아 → ③
	'르' 불규칙	어간의 끝소리 'ㅡ'가 탈락하면서 'ㄹ'이 덧생김. 예 흐르+어 → ④
	'우' 불규칙	어간의 끝소리 '우'가 모음 앞에서 탈락함. 예 푸+어 → ⑤
어미 변화	'여' 불규칙	어미의 '-아'가 '-여'로 바뀜. 예 하+아 → ⑥
	'러' 불규칙	어미의 첫소리 '-어'가 '-러'로 바뀜. 예 이르+어 → ⑦
	'오' 불규칙	'달다'의 명령형 어미가 '-오'로 바뀜. 예 달+아라 → ⑧
어간+어미 변화	'ㅎ' 불규칙	어간의 끝 'ㅎ'이 탈락하고 어미 '-아/-어'가 '-애/-에'로 변함. 예 파랗+아 → ⑨

01 용언은 활용을 하는 특성을 지니며, 어간과 어미로 구성된다. 이 중 어간은 중심 의미를, 어미는 다양한 문법적 특질을 드러낸다. O | X

02 용언의 불규칙 활용은 크게 어간이 불규칙하게 바뀌는 경우, 어미가 불규칙하게 바뀌는 경우, 어간과 어미 둘 다 불규칙하게 바뀌는 경우로 나눌 수 있다. '흐르다'는 어간이 불규칙하게 바뀌는 경우에 해당한다. O | X

03 '자정에 이르러 집에 도착했다.'의 '이르러'와 '내일까지 잔금을 치러야 한다.'의 '치러야'는 용언의 활용 유형이 같다. O | X

문법 지문 적용하기

실전 다음 글에서 추론한 내용으로 적절하지 않은 것은?

용언이 활용할 때 어간이나 어미의 기본 형태가 달라지는 현상을 일정한 규칙으로 설명할 수 있는 것을 규칙 활용이라고 하고, 설명할 수 없는 것을 불규칙 활용이라고 한다. 또한 불규칙 활용 현상을 보이는 용언은 불규칙 용언이라고 하고, 규칙 활용을 보이는 용언은 규칙 용언이라고 한다.

규칙 활용 현상으로 'ㅡ' 탈락, 'ㄹ' 탈락 등을 들 수 있다. 'ㅡ' 탈락은 어간에 있던 'ㅡ'가 일정한 어미 앞에서 항상 탈락하는 현상을 보이는 것으로, '따르-+-아 → 따라'처럼 어간의 'ㅡ'가 규칙적으로 탈락한다. 'ㄹ' 탈락은 어간에 있던 'ㄹ'이 일정한 어미 앞에서 규칙적으로 탈락하는 것인데, 만약 탈락시키지 않고 '날으는'으로 쓰게 되면 잘못된 것이다.

불규칙 활용에는 어간이 바뀌는 것, 어미가 바뀌는 것, 어간과 어미가 모두 바뀌는 것의 세 가지 종류가 있다. 어간이 불규칙하게 변하는 현상을 보이는 것에는 어간의 'ㅂ'이 이유 없이 반모음 '오/우'로 바뀌는 'ㅂ' 불규칙 등이 있다.

어미가 불규칙하게 변하는 현상을 보이는 것에는 어간 '하-' 뒤에 오는 어미 '-아'가 무조건 '-여'로 변하는 '여' 불규칙 활용과 '이르-+-어 → 이르러'처럼 어미 '-어'가 '-러'로 변하는 '러' 불규칙 활용 등이 있다.

어간과 어미가 동시에 불규칙하게 변하는 현상을 보이는 것에는 'ㅎ' 불규칙 활용이 있는데, 'ㅎ' 불규칙 활용은 '좋다'를 제외하고 어간이 'ㅎ'으로 끝나는 모든 형용사에서 발견된다.

① '잠그다'는 '잠가, 잠그니'와 같이 활용하므로 규칙 활용을 한다.
② 규칙 활용을 하는 'ㄹ' 탈락 현상에 따르면 '거리를 걸으는'의 '걸으는'은 잘못된 표기이다.
③ '눕다'는 '누워'와 같이 어간의 'ㅂ'이 이유 없이 반모음 '우'로 바뀌므로 'ㅂ' 불규칙 활용을 하는 용언이다.
④ 동사 '놓다'는 'ㅎ' 불규칙 활용을 하지 않는다.

이것만은 기억하자

05 조사

최우선 개념 05 조사, 격 조사, 보조사, 접속 조사

격 조사	선행하는 체언에 문법적 자격(문장 성분)을 부여하는 조사 · 주격 조사: ① · 서술격 조사: ② · 목적격 조사: ③ · 보격 조사: ④ + 되다, 아니다 · 부사격 조사: 에(에게, 한테, 에게서 등), 로서, 로써, 와/과, 비교(보다, 처럼, 만큼) · 관형격 조사: ⑤ · 호격 조사: 야, 여, 이여, 이시여
보조사	선행하는 체언, 부사, 활용 어미에 특정한 의미를 더해 주는 조사. 격 조사가 오는 자리에 두루 쓰인다. 예 은/는(대조), 도(동일, 첨가), 만/뿐(단독, 한정), 까지(미침), 조차(포함), 요(청자 존대) 등
접속 조사	단어나 문장을 대등하게 잇는 조사 예 와/과, 에(다), (이)며, (이)랑, 하고 등

01 조사는 주로 체언의 뒤에 붙어 문법적 관계를 나타내는 형식 형태소이다. O | X

02 '이번 계약은 우리 부서에서 맡기로 했다.'의 '에서'와 '철수는 학원에서 공부를 한다.'의 '에서'는 모두 부사격 조사이다. O | X

03 '철수는 영희와 친하다.'의 '는'과 '기선은 증기의 힘으로 달린다.'의 '은'은 서로 형태가 다르지만 모두 주격 조사이다. O | X

문법 지문 적용하기

실전 다음 글을 읽고 추론한 내용으로 적절하지 않은 것은?

> 조사는 그 기능과 의미 역할에 따라 '격 조사', '접속 조사', '보조사'로 나눌 수 있다. 격 조사는 앞에 오는 체언이 문장 안에서 일정한 문법적 자격을 가지도록 해 주는 것을 말한다. '{바깥이/날씨가} 덥다.'의 '이/가', '선생님께서 숙제를 내 주셨다.'의 '께서', '우리 학교에서 우승을 차지했다.'의 '에서'는 체언이 문장 속에서 주어로서의 자격을 가지도록 해 주는 주격 조사이다.
>
> 접속 조사는 두 단어를 같은 자격으로 이어 주는 구실을 하는 것을 말한다. 예를 들어, '나는 사과와 배를 좋아한다.'는 '나는 사과를 좋아한다.'와 '나는 배를 좋아한다.'라는 두 문장이 접속된 것으로 이때의 '와'는 접속 조사이다. 다만, '사과는 배와 다르다.'는 '사과는 배와 비교할 때 다르다.'라는 의미를 가지고 있으므로 이때의 '와'는 비교 부사격 조사로 쓰인 것이다.
>
> 보조사는 앞말에 특별한 뜻을 더해 주는 기능을 하는 것이다. 가령 '이곳에서는 취사를 하면 안 됩니다.'의 '에서는'과 같이 보조사와 격 조사가 함께 나타날 수 있는데, 이때 문법적 관계는 부사격 조사인 '에서'가 담당하고 보조사 '는'은 앞 체언에 '대조'의 의미를 더하는 기능을 한다.

① '회사에서 이번 연수의 경비를 두둑이 내주었다.'의 '에서'는 '회사'에 주어의 자격을 부여하는 주격 조사이다.

② '철수와 영수는 영어를 잘한다.'의 '와'는 부사격 조사이므로 이 문장은 두 문장으로 분리되지 않는다.

③ '영희가 국어는 좋아한다.'의 '는'은 다른 과목은 좋아하지 않는다는 의미를 더해 준다.

④ '이번 여름, 너와 나만의 추억을 만들자.'에서 '나만의'에 문법적 자격을 부여하는 것은 '의'이다.

이것만은 기억하자

06 단어의 형성

최우선 개념 06 어근, 접사, 단일어, 합성어, 파생어

1. 단일어: 하나의 실질 형태소 또는 어근으로 이루어진 단어

① 어근 하나로 형성된 경우 예 집, 하늘, 사랑

② 단순한 '어간+어미'의 활용형으로 형성된 경우 예 잡다, 잡았다

2. 복합어: 둘 이상의 형태소로 이루어진 단어

(1)

① 접두사에 의한 파생어 예 군식구, 날고기, 들국화, 막노동

② 접미사에 의한 파생어

· 어근에 뜻을 더해 주는 한정적 접미사 예 건축가, 비상구, 선생님, 한국인

· 품사를 바꾸는 지배적 접미사 예 지우개, 공부하다, 정답다, 자유롭다

(2)

① : 우리말의 일반적인 단어 배열법과 일치하는 합성어

· 명사+명사 예 집안, 눈물, 논밭, 이슬비

· 관형어+체언 예 첫사랑, 새해, 군밤, 어린이, 큰형

· 부사+부사 예 곧잘, 더욱더, 이리저리

· 부사+용언 예 잘나다, 그만두다, 못나다

· 조사가 생략된 경우 예 힘들다, 값싸다, 본받다, 애쓰다

· 연결 어미로 이어진 경우(어간+연결 어미+어간) 예 돌아가다, 스며들다, 게을러빠지다

② : 우리말의 일반적인 단어 배열법과 일치하지 않는 합성어

· 관형사형 어미의 생략(어근+명사) 예 검버섯, 접칼, 덮밥, 곶감

· 연결 어미의 생략 예 뛰놀다, 굳세다, 오르내리다

· 부사+명사 예 부슬비, 척척박사, 산들바람

· 한자어에서 우리말과 어순이 다른 경우 예 독서(讀書), 등산(登山), 귀향(歸鄕)

01 '회덮밥'은 파생어 '덮밥'에 새로운 어근 '회'가 결합된 합성어이다. O | X

02 '높푸르다'는 '용언의 연결형+용언 어간'의 구성을 취하는 통사적 합성어의 예에 해당하지 않는다. O | X

03 '코웃음'과 '줄넘기'는 구성 방식이 동일한 합성어이다. O | X

문법 지문 적용하기

실전 ㉠과 ㉡에 들어갈 말을 적절하게 나열한 것은? 2025 국가직 9급

> 두 개 이상의 형태소로 이루어진 단어를 복합어라 한다. 복합어를 처음 두 개로 쪼갰을 때의 구성 요소를 직접 구성 요소라고 한다. 이 직접 구성 요소를 분석한 결과, 둘 중 어느 하나가 접사이면 파생어이고, 둘 다 어근이면 합성어이다. 즉 합성어는 '어근+어근'의 구성인데, 이는 합성어를 구성하는 두 구성 요소 중 어느 것도 접사가 아니라는 말이다.
>
> 그런데 '쓴웃음'과 같은 단어에는 접사 '-음'이 있으니까 [㉠]가 아니냐고 반문할 수 있다. 그러나 이는 복합어 구분의 기준을 온전히 이해하지 못했기 때문에 나올 수 있는 진술이다. 전술한 바와 같이 복합어가 파생어인지 합성어인지를 결정하는 기준은 처음 두 개로 쪼갰을 때 두 구성 요소의 성격이며, 2차, 3차로 쪼갠 결과는 복합어 구분에 관여하지 않는다. 즉 '쓴웃음'의 두 구성 요소 중의 하나인 '웃음'은 파생어이지만 이 '웃음'이 또 다른 단어 형성에 참여할 때는 [㉡](으)로 참여하는 것이다.

	㉠	㉡
①	합성어	접사
②	합성어	어근
③	파생어	접사
④	파생어	어근

이것만은 기억하자

07 문장 성분의 갈래

최우선 개념 07 문장 성분 (주술목보 관부 독)

주성분	주어	· 문장의 주체가 되는 문장 성분 · 체언+주격 조사, 인원수+서, 단체 무정 명사+에서, 체언+보조사 예 꽃이 예쁘다. / 할아버지께서 오셨다. / 둘이서 갔다. / 우리 학교에서 우승을 했다.
	서술어	· 주어를 풀이하는 기능을 하는 문장 성분 · 동사·형용사의 종결형, 서술절·서술격 조사 '이다'로 끝나는 서술어 · 본용언+보조 용언: 하나의 서술어 예 밥을 먹어 버렸다. (서술어 1개)
	목적어	· 서술어의 대상이 되는 문장 성분 · 체언+목적격 조사, 체언+보조사, 체언+보조사+목적격 조사 예 나는 사과를 먹는다. / 그는 사과만 먹는다. / 그는 사과만을 좋아한다.
	보어	· '되다, 아니다'의 필수 성분이 되는 문장 성분 · 체언+보격 조사(이/가)+되다/아니다 예 영희는 선생님이 되었다. / 이것은 사실이 아니다.
부속 성분	관형어	· 체언을 수식하는 문장 성분 · 관형사, 체언+관형격 조사(의), 체언, 용언의 어간+관형사형 어미 예 새 모자 / 나의 책 / 그는 시골 풍경을 좋아한다. / 큰 것보다 작은 것
	부사어	· 용언, 부사, 문장 전체 등을 수식하는 문장 성분 · 부사, 체언+부사격 조사, 부사+보조사, 접속 부사, 부사절 예 나는 책을 매우 좋아한다. / 그는 도시에 산다. / 너 참 빨리도 왔구나.
독립 성분	독립어	· 다른 성분과 직접적인 관련이 없는 문장 성분 · 감탄사, 체언+호격 조사, 문장의 제시어 예 아, 벌써 겨울이구나. / 정윤아, 빨리 와라. / 사랑, 인생의 기쁨이여.

· 우리 학교에서 ______① 우승을 차지했다. vs 우리 학교에서 ______② 축구를 했다.

· 구름이 비가 ______③ 된다. vs 코끼리는 코가 ______④ 길다.

01 '소녀는 시골의 풍경을 좋아한다.'의 '시골의'는 관형어이지만, '군인인 형이 휴가를 나왔다.'의 '군인인'은 관형어가 아니다. O | X

02 '그는 밥도 안 먹고 일만 한다.'와 '그는 그녀에게 물만 주었다.'에서 '밥도'와 '물만'은 문장 성분이 같다. O | X

03 '철수가 학자가 되었다.'의 '학자가'와 '할아버지도 키가 큰 편에 속하신다.'의 '할아버지도'는 모두 주어이다. O | X

문법 지문 적용하기

실전 다음 글을 읽고 추론한 내용으로 적절한 것은?

> 문장은 일정한 문법적 기능을 하는 문장 성분들로 이루어진다. 문장 성분은 문장을 구성하는 데 골격이 되는 필수적인 주성분과, 주성분의 내용을 수식하는 부속 성분, 다른 문장 성분과는 직접 관련이 없는 독립 성분으로 나누어진다.
>
> 주성분에는 동작 또는 상태나 성질의 주체가 되는 주어(예 물이 맑다. / 우리 학교에서 우승했다.), 주어의 동작·상태·성질 등을 풀이하는 서술어(예 해가 솟는다.), 서술어의 동작 대상이 되는 목적어(예 철수가 책을 읽었다.), '되다, 아니다'와 같은 서술어가 요구하는 필수적인 문장 성분인 보어(예 나는 학생이 아니다.)가 있다. 부속 성분에는 체언을 수식하는 관형어(예 시골의 생활), 용언이나 다른 부사어 등을 수식하는 부사어(예 나는 도서관에서 친구를 만났다. / 물이 얼음으로 되었다.)가 있으며, 독립 성분에는 문장의 어느 성분과도 직접적인 관련이 없는 독립어(예 아, 정말 잘했다.)가 있다.

① '정부에서 시중에 비축미를 방출하였다.'와 '아이가 침대에서 예쁘게 자고 있다.'는 주성분의 개수가 같다.

② '정부에서 시중에 비축미를 방출하였다.'의 '정부에서'와 '아이가 침대에서 예쁘게 자고 있다.'의 '침대에서'는 형태는 비슷하지만 문장 성분은 다르다.

③ '아이가 침대에서 예쁘게 자고 있다.'의 부속 성분의 개수는 '나의 꿈이 물거품으로 되어 버렸다.'보다 많다.

④ '올챙이는 자라서 개구리가 된다.'의 '개구리가'와 '나의 꿈이 물거품으로 되어 버렸다.'의 '물거품으로'는 둘 다 보어로 주성분에 해당한다.

이것만은 기억하자

08 문장의 종류

최우선 개념 08 홑문장, 겹문장, 이어진문장, 안은문장

홑문장			· 주어와 서술어의 관계가 한 번만 이루어지는 문장 · '본용언+보조 용언'은 서술어가 하나이므로 홑문장이다. 예 철수는 밥을 많이 먹고 있다.
겹문장	이어진 문장	① 이어진 문장	철수는 김밥을 먹고 영희는 비빔밥을 먹었다. → 순서를 바꾸어도 성립함.
		② 이어진 문장	철수는 김밥을 먹고 배탈이 났다. → 인과적 관계이므로 순서를 바꿀 수 없음.
	안은 문장	명사절을 안은 문장	밥을 먹기가 어렵다. / 밥을 먹기를 좋아한다. / 밥을 먹기 전에 공부해라. / 밥을 먹기에는 배가 부르다. → 명사절을 안은 문장이 ③의 기능을 하고 있음.
		서술절을 안은 문장	이 식당은 밥이 맛있다. → ④의 형식
		관형절을 안은 문장	· 밥을 먹은 철수를 만났다. → ⑤ 관형절 · 밥을 먹은 사실을 알고 있다. → ⑥ 관형절
		부사절을 안은 문장	철수는 밥을 먹듯이 간식을 먹는다.
		인용절을 안은 문장	철수는 "밥이 참 맛있네."라고 말했다.

01 '내가 어제 책을 산 서점은 우리 집 옆에 있다.'는 주어와 서술어의 관계가 한 번만 이루어지는 문장이다. O | X

02 '아이들이 놀다 간 자리는 항상 어지럽다.'에서 안긴문장은 주성분으로 쓰였다. O | X

03 '그는 밥을 먹고 학교에 갔다.'는 나열을 나타내는 어미 '-고'로 연결되었으므로 대등하게 이어진 문장이다. O | X

문법 지문 적용하기

실전 다음 글에서 추론한 내용으로 적절한 것은?

> 문장은 주어와 서술어의 관계가 한 번 나타나는 홑문장과 두 번 이상 나타나는 겹문장으로 나뉘는데, 겹문장에는 이어진문장과 안은문장이 있다. 한 문장이 하나의 성분처럼 기능하는 다른 문장을 안고 있을 때 그것을 안은문장이라 하고, 이때 하나의 성분처럼 기능하는 문장을 안긴문장이라 한다.
>
> 안긴문장에는 명사절, 관형절, 부사절, 서술절, 인용절이 있다. 명사절은 '-(으)ㅁ', '-기'가 붙어 만들어지며 문장 안에서 조사와 결합하여 주어, 목적어, 부사어와 같은 다양한 기능을 한다. 관형절은 '-(으)ㄴ', '-는', '-(으)ㄹ' 등이 붙어 뒤의 체언을 꾸민다. 관형절에는 주어가 생략된 관형절, 목적어가 생략된 관형절, 부사어가 생략된 관형절 등이 있다. 부사어처럼 용언을 수식하는 기능을 하는 부사절은 '-이', '-게', '-도록' 등이 결합하여 이루어진다. 그리고 절 전체가 서술어의 기능을 하는 서술절은 다른 절들과 달리 특별한 표지가 붙지 않는다. 끝으로 다른 사람의 말이나 자신의 생각 등을 인용한 것을 인용절이라고 하는데, 문장을 그대로 인용하는 직접 인용절에는 '라고'와 같은 조사가, 말하는 사람의 표현으로 바꾸어 인용하는 간접 인용절에는 '고'와 같은 조사가 쓰인다.

① '예쁜 꽃이 활짝 피었다.'는 주어와 서술어의 관계가 한 번 나타나는 홑문장이다.

② '형은 그 아이가 정직함을 믿었다.'는 안은문장의 주어와 안긴문장의 주어가 같다.

③ '영희는 책을 좋아한다고 나에게 말했다.'는 문장을 그대로 인용하는 직접 인용절을 안은 문장이다.

④ '철수는 동생이 합격하기를 바라고 있다.'는 명사절이 목적격 조사와 결합하여 목적어의 기능을 하는 문장이다.

정답과 해설 72쪽

이것만은 기억하자

09 사동 표현·피동 표현

최우선 개념 09 사동, 피동

1. 사동 표현

파생적 사동	① 용언의 어간+사동 접미사(-이-, -히-, -리-, -기-, -우-, -구-, -추-) ② 명사+접미사 '-시키다' ③ 직접과 간접의 의미가 모두 있으므로 중의적 문장의 유형에 속함. 예 아이가 우유를 먹었다. (주동) → 어머니가 아이에게 우유를 먹였다. (사동) (아이가: 주어 / 우유를: 목적어 / 먹었다: 서술어 / 어머니가: 새로운 사동주 / 아이에게: 부사어 / 먹였다: 사동사(먹+이+었+다)) * 단, 학교 문법에서는 파생적 사동문은 직접 사동으로, 통사적 사동은 간접 사동으로 해석하되 상황에 따라 의미 해석이 달라질 수 있다고 보고 있다.
통사적 사동	① 용언의 어간+보조 용언 '-게 하다' ② 간접 사동의 의미만을 가짐. 예 아이가 우유를 먹었다. (주동) → 어머니가 아이에게 우유를 먹게 하였다. (사동) (아이가: 주어 / 우유를: 목적어 / 먹었다: 서술어 / 어머니가: 새로운 사동주 / 아이에게: 부사어 / 하였다: 보조 용언)

2. 피동 표현

파생적 피동	① 용언의 어간+피동 접미사(-이-, -히-, -리-, -기-) ② 명사+접미사 '-되다', '-받다', '-당하다' 예 경찰이 도둑을 잡았다. → 도둑이 경찰에게 잡혔다. (경찰이: 주어 / 도둑을: 목적어 / 잡았다: 능동사 / 도둑이: 주어 / 경찰에게: 부사어 / 잡혔다: 피동사(잡+히+었+다))
통사적 피동	용언의 어간+보조 용언 '-어지다, -게 되다' 예 글씨를 잘 쓴다. → 글씨가 잘 써진다. (글씨를: 목적어 / 쓴다: 서술어 / 글씨가: 주어 / 써진다: 쓰+어지다(보조 용언))

3. 사동형과 피동형이 같은 경우

- 철수에게 하늘을 보였다. → 사동
- 하늘이 보였다. → 피동

→ '보이다'는 사동형과 피동형이 같다.
일반적으로 목적어가 있으면 사동, 없으면 피동으로 구별한다.

01 접사 '-이-', '-히-', '-리-', '-기-'는 피동사를 만들기도 하고 사동사를 만들기도 하는데, '토끼가 사자에게 다리를 물렸다.'에서 '물렸다'는 피동사이다. O | X

02 '저쪽 복도에 놓여진 화분은 매우 예쁘구나.'에서 '놓여진'은 그 쓰임이 자연스럽다. O | X

03 '아이가 책을 읽다. → 아빠가 아이에게 책을 읽히다.'를 보면, 주동문을 사동문으로 바꾸어도 서술어의 자릿수는 변하지 않는다. O | X

문법 지문 적용하기

실전 다음 글에서 추론한 내용으로 잘못된 것은?

피동문은 '-이-, -히-, -리-, -기-'와 같은 파생 접미사에 의한 파생적 피동문과, '-어지다, -게 되다'에 의한 통사적 피동문으로 나눌 수 있다. 먼저, 능동문이 피동문으로 바뀔 때에는, 능동문의 목적어가 피동문의 주어가 되고, 능동문의 주어는 피동문의 부사어가 된다. 피동문에서는 피동사가 쓰이는데, 피동사는 '보이다, 박히다, 물리다, 끊기다'와 같이 능동사의 어간에 '-이-, -히-, -리-, -기-'가 결합하여 만들어진다.

그렇지만 국어에서는 모든 타동사 어간에 피동 접미사가 결합할 수 있는 것은 아니다. '주다' 등의 수여 동사, '얻다, 돕다' 등의 수혜 동사, '알다, 느끼다' 등의 경험 동사, '닮다' 등의 대칭 동사, '공부하다, 생각하다' 등의 '-하다' 동사 등은 피동사가 없는 능동사이다.

또한 파생적 피동문과는 달리, '-어지다, -게 되다'에 의해 피동문이 만들어지기도 하는데, 이를 통사적 피동문이라고 한다. '예뻐지다', '밝혀지다' 등이 여기에 해당한다.

한편 피동사와 사동사가 동일한 형태인 것들이 있다. 예를 들어, '아이가 엄마에게 안겼다.'에서 '안기다'는 피동사이고, '엄마가 아빠한테 아기를 안겼다.'의 '안기다'는 사동사이다. 이러한 단어의 경우, 문장에서의 의미나 쓰임 등을 통해서 구별해야 한다.

① '드러나다'의 피동 표현 '드러나게 되다'는 통사적 피동이다.
② '사랑하다', '드리다', '배우다'는 피동사가 없는 능동사이다.
③ '써지다'는 파생 접미사에 의해 피동사가 된 파생적 피동이다.
④ 능동문이 피동문으로 바뀔 때 주어와 목적어의 문장 성분은 모두 바뀐다.

이것만은 기억하자

10 높임 표현

최우선 개념 10 주체 높임, 객체 높임, 상대 높임

1. 주체 높임법

시	높임의 어휘나 조사, 선어말 어미 '-시-'를 통해 실현됨. 예 아버지께서 진지를 드신다. 조사 어휘 -시-
시+ 간접 높임	주체와 연관이 있는 대상을 높임. '있다'의 경우, 직접 높임은 '계시다'로, 간접 높임은 '있으시다'로 형태가 바뀜. 예 용건이 있으신 분, 계세요? ① ②
시- 압존법	가족이나 사제지간 같은 사적 관계에서 적용됨. 예 할아버지, 아버지가 왔습니다. → 청자를 고려하여 ③를 낮춤.

2. 객체 높임법

목적어나 를 높이는 것으로, 조사 '께'와 '뵙다, 드리다, 모시다, 여쭙다'를 통해 실현된다.

예 나는 할머니께 용돈을 드렸다.

→ 객체인 '할머니'를 조사와 특수 어휘를 통해 높임.

3. 상대 높임법

에 대한 높임법으로, 격식체와 비격식체를 나타내는 종결 어미로 표현된다.

(1) 격식체

예 손님 - 어서 오십시오. 어서 오오. 어서 오게. 어서 와라.

(2) 비격식체

예 어서 와요. 어서 와.

01 우리말에는 주체 높임, 객체 높임, 상대 높임 등이 있다. 주체 높임과 객체 높임의 경우 높임은 +로, 높임이 아닌 것은 -로 표시하고 상대 높임의 경우 반말체를 -로, 해요체를 +로 표시한다면, '영희야, 내가 선생님께 선물을 드렸다.'는 [주체 -], [객체 +], [상대 -]로 표시할 수 있다. O | X

02 '여러분, 아이들을 자리에 앉혀 주십시오.'는 청자를 높이는 표현이다. O | X

문법 지문 적용하기

실전 ㉠의 사례가 포함되어 있지 않은 것은? 인혁처 1차 예시 문제

> 존경 표현에는 주어 명사구를 직접 존경하는 '직접 존경'이 있고, 존경의 대상과 긴밀한 관련을 가지는 인물이나 사물 등을 높이는 ㉠ '간접 존경'도 있다. 전자의 예로 "할머니는 직접 용돈을 마련하신다."를 들 수 있고, 후자의 예로는 "할머니는 용돈이 없으시다."를 들 수 있다. 전자에서 용돈을 마련하는 행위를 하는 주어는 할머니이므로 '마련한다'가 아닌 '마련하신다'로 존경 표현을 한 것이다. 후자에서는 용돈이 주어이지만 할머니와 긴밀한 관련을 가진 사물이라서 '없다'가 아니라 '없으시다'로 존경 표현을 한 것이다.

① 고모는 자식이 다섯이나 있으시다.
② 할머니는 다리가 아프셔서 병원에 다니신다.
③ 언니는 아버지가 너무 건강을 염려하신다고 말했다.
④ 할아버지는 젊었을 때부터 수염이 많으셨다고 들었다.

정답과 해설

PART 1

논리

01 연역 논증과 귀납 논증

연습 문제

01 귀납 논증

해설 지금까지 그래 왔다고 하여 내일도 그럴 것인지는 확신할 수 없다. 내일도 해가 서쪽에서 뜨지 않을 것이라는 결론은 참일 개연성이 높은 것이지, 필연적으로 참이라고는 할 수 없다.

02 연역 논증

해설 등산 동우회 회원은 여덟 명이고, 일주일은 7일이다. 따라서 같은 요일에 태어난 사람은 적어도 두 명이다. 전제가 참일 때 결론이 필연적으로 참이므로, 이는 연역 논증이다.

03 귀납 논증

해설 '닮았다'는 '똑같다'가 아니므로, 철수가 영수와 닮고 영수가 길수와 닮았다고 하여 철수가 길수와 닮았을지는 알 수 없다. 결론이 필연적으로 참이라 할 수 없다.

02 명제의 기호화

연습 문제

01 일행직 ∨ 소방직 선언문

02 성실 → 합격 조건문

03 수험생 ∧ ~성실 연언문

04 ~(시험 어려움 ∨ 시험 쉬움) 주 논리 연결사로 판단하면 부정문

05 환경 → (~물 맘껏 씀 ∨ 대중교통 이용) 주 논리 연결사로 판단하면 조건문

03 진리표의 이해

연습 문제

01 거짓 **02** 참 **03** 거짓 **04** 참
05 참 **06** 참 **07** 알 수 없음 **08** 거짓
09 알 수 없음 **10** 거짓

04 필수 추론 규칙 12

연습 문제

01 × 후건 긍정의 오류

02 ○ 선언지 제거법

03 ○ 선언지 제거법, 전건 긍정식

04 ○ 연언지 단순화, 전건 긍정식, 연언화

05 ○ 대우 규칙, 단순 양도 논법

05 삼단 논법의 이해

연습 문제

01 부당

1. 공무원a ∧ 경찰a
2. 애국자 → 공무원

∴ 애국자a ∧ 경찰a

1에서 연언지 단순화로 [공무원a], [경찰a]가 도출되지만, 이를 2에 적용할 수 없다. [공무원a]를 2에 적용하면 후건 긍정의 오류를 범하는 것이다.
따라서 부당한 논증이다.

02 부당

1. 토끼 → 포유동물
2. 토끼 → 초식 동물

∴ 초식 동물 → 토끼

1과 2 모두 [토끼]가 전건에 있으므로 1과 2는 연결될 수 없다.
따라서 주어진 결론을 도출할 수 없는 부당한 논증이다.

03 타당

1. 영어 → 국어
2. 영어a ∧ ~수학a

∴ 국어a ∧ ~수학a

2에서 연언지 단순화로 [영어a], [~수학a]가 도출된다. [영어a]로 인해 1의 전건이 긍정되어 [국어a]가 도출되고, 이를 [~수학a]와 연언화하면 '국어a ∧ ~수학a'가 도출된다.
따라서 타당한 논증이다.

04 타당

1. 철수 → ~영희
2. 민수a ∧ 영희a

∴ 민수a ∧ ~철수a

2에서 연언지 단순화로 [민수a], [영희a]가 도출된다. [영희a]로 인해 1의 후건이 부정되어 [~철수a]가 도출되고, 이를 [민수a]와 연언화하면 '민수a ∧ ~철수a'가 도출된다.
따라서 타당한 논증이다.

05 부당

1. 소설가 → 작가
2. 작가a ∧ ~화가a

∴ 화가a ∧ 소설가a

2에서 연언지 단순화로 [작가a], [~화가a]가 도출되지만, 이를 1에 적용할 수 없다. [작가a]를 1에 적용하면 후건 긍정의 오류를 범하는 것이다.
따라서 부당한 논증이다.

06 술어 논리의 기호화

연습 문제

01 부당

1. 아침 일찍 일어남 → ~지각
2. 늦게 잠 → ~아침 일찍 일어남

∴ 늦게 잠 → 지각

1과, 2의 대우인 '아침 일찍 일어남 → ~늦게 잠'은 연결될 수 없다. 왜냐하면 [아침 일찍 일어남]이 모두 전건에 위치하기 때문이다.
따라서 부당한 논증이다.

02 타당

1. 실업 급여 → 고용 보험
2. 근로자a ∧ ~고용 보험a

∴ 근로자a ∧ ~실업 급여a

2에서 연언지 단순화로 [근로자a], [~고용 보험a]가 도출된다. [~고용 보험a]로 인해 1의 후건이 부정되어 [~실업 급여a]가 도출되고, 이를 [근로자a]와 연언화하면 '근로자a ∧ ~실업 급여a'가 도출된다.
따라서 타당한 논증이다.

03 부당

1. 식구 적음a ∧ ~집안 행사 많음a
2. A동a ∧ 식구 적음a

∴ A동a ∧ ~집안 행사 많음a

전제가 모두 특칭 명제일 때는 결론을 도출할 수 없다. 주어진 결론이 도출되려면 '식구 적음 → ~집안 행사 많음' 또는 '식구 적음 → A동'이라는 전제가 추가되어야 한다.
따라서 부당한 논증이다.

04 부당

1. 정책 입안자 → 사회 제도
2. 사회 제도a ∧ ~과학자a

∴ 과학자a ∧ ~정책 입안자a

1, 2는 서로 연결될 수 없다. 왜냐하면 1, 2에 공통적으로 존재하는 [사회 제도a]가 1의 후건에 있기 때문이다. 주어진 결론이 도출되려면 '과학자a ∧ ~사회 제도a'라는 전제가 추가되어야 한다. 또한 매개념인 [사회 제도]가 적어도 한 번은 주연되어야 하는데, 그러지 못했다.
따라서 매개념 부주연의 오류를 범한 부당한 논증이다.

05 타당

1. 택시 운전사 → ~과속 적발
2. 과속 적발a ∧ 과태료a

∴ 과태료a ∧ ~택시 운전사a

2에서 연언지 단순화로 [과속 적발a], [과태료a]가 도출된다. [과속 적발a]로 인해 1에서 후건이 부정되어 [~택시 운전사a]가 도출되고, 이를 [과태료a]와 연언화하면 '~택시 운전사a ∧ 과태료a'가 결론으로 도출된다. 이는 교환 법칙에 의해 '과태료a ∧ ~택시 운전사a'와 동치이다.
따라서 타당한 논증이다.

07 배타적 선언과 귀류법

연습 문제

01 타당

1. ~(그림 ∧ 조각)
2. 그림 ∨ 조각

∴ (~그림 → 조각) ∧ (조각 → ~그림)

민수가 그림과 조각을 모두 좋아하는 것은 아니지만, 그림이나 조각을 좋아한다고 한다. 이는 둘 중 정확히 하나를 선택해야 하는 배타적 선언 관계를 의미한다.
따라서 '(~그림 → 조각) ∧ (조각 → ~그림)'이라는 결론이 타당하게 도출된다.

02 타당

1. (플라스틱 ∧ 재활용품) → 친환경
2. 재활용품 → ~친환경

∴ ~(플라스틱 ∧ 재활용품)

1과, 2의 대우인 '친환경 → ~재활용품'으로부터 가언 삼단 논법에 의해 '(플라스틱 ∧ 재활용품) → ~재활용품'이 도출되는데, 이는 모순이다. '플라스틱이면서 재활용품인 물건이 재활용품이 아니다'는 성립이 불가능하기 때문이다.
따라서 귀류법에 의해 전제인 '플라스틱 ∧ 재활용품'이 거짓임을 알 수 있다. 즉 '~(플라스틱 ∧ 재활용품)'이 타당하게 도출된다.

03 부당

1. 병 → 갑
2. ~병 → 을
3. 을 → 병

∴ 갑 ∧ ~병

2, 3에서 가언 삼단 논법에 의해 '~병 → 병'이 도출되는데, 이는 모순이다. 따라서 귀류법에 의해 [병]이 도출된다. 이로 인해 1의 전건이 긍정되어 [갑]이 도출된다. 이를 연언화하면 '갑 ∧ 병'이 결론으로 도출된다. 따라서 부당한 논증이다.

04 타당

1. 피자 → 치킨
2. (햄버거 ∨ 피자) ∧ ~(햄버거 ∧ 피자)
3. ~치킨

∴ 햄버거

2는 햄버거와 피자 가운데 적어도 하나는 먹어야 하지만, 둘 다 먹을 수는 없다는 의미이다. 이것이 가능하려면, 햄버거와 피자 중 정확히 하나만 먹어야 한다. 즉 둘은 배타적 선언 관계이다. 확정적 정보인 3으로 인해 1의 후건이 부정되어 [~피자]가 도출된다. [~피자]이므로 [햄버거]가 도출된다.
따라서 타당한 논증이다.

08 충분조건 · 필요조건 · 필요충분조건

연습 문제

01 충분조건

해설 '소비 심리가 위축되는 것을 막으려면 신성장 전략을 제시해야 한다'는 '소비 심리 위축 막음 → 신성장 전략 제시'로 기호화할 수 있다. 조건문 'p → q'에서 p는 q이기 위한 충분조건이므로 [소비 심리 위축 막음]은 [신성장 전략 제시]의 충분조건이다.

02 필요조건

해설 '산소만 있었다고 해서 ~ 화재가 발생하지 않았을 것'은 '산소 → 화재'는 성립하지 않지만, '~산소 → ~화재'는 성립한다는 의미이다. '~산소 → ~화재'는 대우인 '화재 → 산소'와 동치이다. 따라서 [산소]는 [화재]의 필요조건이다.

03 필요충분조건

해설 '세 각이 모두 60도이면 ~ 정삼각형일 수 없기 때문이다'는 '(60도 → 정삼각형) ∧ (~60도 → ~정삼각형)'으로 기호화된다. 따라서 [60도]는 [정삼각형]의 필요충분조건이다.

04 ① 필요조건 ② 충분조건

해설 '안전이 확보되지 못한 상황에서는 인간 존엄성을 논할 수 없다'는 '~안전 → ~인간 존엄성'으로 기호화된다. 이의 대우는 '인간 존엄성 → 안전'이므로 [안전]은 [인간 존엄성]의 필요조건(①)이다. 또한 '자유와 평화가 동시에 실현될 때 인간 존엄성을 실현할 수 있다'는 '(자유 ∧ 평화) → 인간 존엄성'으로 기호화할 수 있다. 따라서 '자유 ∧ 평화'는 [인간 존엄성]의 충분조건(②)이다.

05 ① 충분조건 ② 필요조건

해설 '정보를 가지고 있다고 전쟁에서 반드시 이길 수는 없지만'은 '정보 → 전쟁 승리'에서 [정보]가 [전쟁 승리]의 충분조건(①)이 아니라는 의미이다. 또한 '정보는 전쟁에서 이기기 위한 핵심적인 조건'은 [정보]가 [전쟁 승리]의 필요조건(②)이라는 의미이다.

09 생략된 전제 찾기

01 명제 논리의 생략된 전제 찾기

정답 다음 달 넷째 주 목요일에 개최할 수 없습니다

해설 제시문을 기호화하면 다음과 같다.

1. 셋째 주 ∨ 넷째 주
2. [ ]
3. 셋째 주 → 홍보 포스터

∴ 홍보 포스터

주어진 결론인 [홍보 포스터]를 도출하려면, 3의 전건이 긍정되어야 하므로 [셋째 주]가 필요하다. [셋째 주]는 1에서 선언지가 제거되면 도출되므로 [~넷째 주]가 필요하다.
따라서 '다음 달 넷째 주 목요일에 개최할 수 없습니다'가 빈칸에 들어가야 한다.

02 술어 논리의 생략된 전제 찾기

정답 자연의 아름다움을 좋아하는 사람은 모두 문학을 좋아하는 사람이다

해설 제시문을 기호화하면 다음과 같다.

1. 문학 → 자연
2. 자연a ∧ 예술a
3. [ ]

∴ 예술a ∧ 문학a

전제에서 결론을 도출하기 위해서는 [자연a]와 [문학a] 개념의 관계가 밝혀지면 된다. 2에 '자연a ∧ 예술a'가 있으므로 '자연 → 문학'을 추가하면 '예술a ∧ 문학a'라는 결론이 도출될 수 있다.
따라서 추가해야 할 전제는 '자연의 아름다움을 좋아하는 사람은 모두 문학을 좋아하는 사람이다'이다.

연습 문제

01 ~B → C

해설 전제와 주어진 결론에 모두 [A]가 있으므로, [~B]와 [C]를 연결하는 전제가 필요하다.

02 B → C

해설 주어진 전제와 결론의 전건이 모두 [A]이므로, 생략된 전제에는 [B]와 [C]를 연결해 주는 명제가 들어가야 한다. 따라서 'B → C'가 추가되면 A → B와 가언 삼단 논법에 의해 결론인 'A → C'가 도출된다.

03 C → ~B

해설 주어진 전제의 대우가 '~B → ~A'이므로 [~B]와 [C]를 연결하는 전제가 필요하다. 따라서 'C → ~B'가 추가되면 '~B → ~A'와 가언 삼단 논법에 의해 연결되어 결론인 'C → ~A'가 도출된다.

04 A → B

해설 주어진 전제의 대우가 'B → C'이므로 [B]와 [A]를 연결하는 전제가 필요하다. 따라서 'A → B'가 추가되면 'B → C'와 가언 삼단 논법에 의해 결론인 'A → C'가 도출된다.

05 A∧~B

해설 주어진 전제는 전칭 명제이고 결론은 특칭 명제이므로, 생략된 전제에는 특칭 명제가 들어가야 한다. 결론의 [C]는 주어진 전제의 대우인 '~B → C'에 있으므로, [~B]와 [A]가 필요하다. 따라서 이를 연언화한 '~B ∧ A'가 전제로 추가되어야 한다.

06 A → C

해설 주어진 전제인 '~(A → B)'는 단순 함축에 의해 '~~(A ∧ ~B)'와 동치이다. 그리고 이는 이중 부정에 의해 'A ∧ ~B'와 동치이다. 이와 결론에 모두 [~B]가 있으므로, [A]와 [C]를 연결하는 전제가 필요하다.
따라서 생략된 전제는 'A → C'이다.

07 C → B

해설 주어진 전제가 2개이나, 결론이 전칭 명제이므로 'B ∧ C'는 고려할 필요가 없다. '~B → ~C'를 추가하면 'A → ~B'와 가언 삼단 논법에 의해 결론인 'A → ~C'가 도출된다. '~B → ~C'는 대우 규칙에 의해 'C → B'와 동치이다.

10 논리의 오류

연습 문제

01 흑백 사고의 오류

해설 손을 든 사람은 반대이고 손을 들지 않는 사람은 찬성이라고 단정하고 있으므로, 흑백 사고의 오류를 범한 것이다. 흑백 사고의 오류란 논의되는 집합의 원소가 세 개 이상인데 두 개밖에 없다고 판단하는 오류이다.

02 우연의 오류

해설 응급 환자를 이송하는 특수한 경우를 고려하지 않고 일반적인 규칙을 적용하고 있으므로, 우연의 오류를 범한 것이다. 우연의 오류란 일반적인 규칙이 특수한 경우에 그대로 적용될 수 없음에도 적용함으로써 빚어지는 오류이다.

03 대중에 호소하는 오류

해설 사형 제도를 찬성한 국민의 비율이 높다는 것을 근거로 사형 제도가 정당하다고 주장하고 있으므로, 대중에 호소하는 오류를 범한 것이다. 대중에 호소하는 오류란 논지를 따르는 대중의 규모에 비추어 참을 주장하거나, 대중의 편견 등을 자극하여 자신의 주장을 받아들이게 하는 오류이다.

04 후건 긍정의 오류

해설 조건문 '삼촌 약속 지킴 → 놀이공원 감'에서 [놀이공원 감]이 참이므로 [삼촌 약속 지킴]이 참이라고 결론내린 것이므로, 후건 긍정의 오류를 범한 것이다. 후건 긍정의 오류란 조건문에서 후건을 긍정하여 전건을 긍정하는 오류이다.

05 성급한 일반화의 오류

해설 A 마트에서 산 사과만을 근거로 A 마트의 과일 전체에 대해 판단하고 있으므로, 성급한 일반화의 오류를 범한 것이다. 성급한 일반화의 오류란 불충분한 통계 자료, 제한된 정보, 대표성을 결여한 자료 등을 부당하게 이용하여 특수한 사례를 일반화한 오류이다.

06 잘못된 인과 관계의 오류

해설 머리를 감은 것과 시험을 망친 것을 인과 관계로 잘못 파악하고 있으므로, 인과 관계의 오류를 범한 것이다. 인과 관계의 오류란 두 사건 사이에 인과 관계가 없음에도 단순히 시간상으로 선후 관계인 것을 인과 관계로 잘못 판단하는 오류이다.

실전 문제

01

정답 ④

해설 • 을의 논증을 기호화하면 다음과 같다.

1. 사유 → 행위
2. ~행위 → ~자유 의지

∴ 사유 → 자유 의지

1과, 2의 대우인 '자유 의지 → 행위'에 있는 [행위]가 둘 다 후건에 있기 때문에 [사유]와 [자유 의지]는 연결될 수 없으므로 '사유 → 자유 의지'라는 결론을 도출할 수 없다.

• 병의 논증을 기호화하면 다음과 같다.

1. 감수성 → 눈물
2. 운동선수 → ~감수성

∴ 운동선수 → ~눈물

1의 대우인 '~눈물 → ~감수성'과 2에 있는 [~감수성]이 둘 다 후건에 있기 때문에 [~눈물]과 [운동선수]는 연결될 수 없으므로 '운동선수 → ~눈물'이라는 결론을 도출할 수 없다.

오답 풀이 • 갑의 논증을 기호화하면 다음과 같다.

1. ~자격증 → ~합격
2. 25세 이하 → ~자격증

∴ 합격 → ~25세 이하

1과 2로부터 가언 삼단 논법에 의해 '25세 이하 → ~합격'이 도출된다. 따라서 이의 대우인 '합격 → ~25세 이하', 즉 '합격한 지원자는 모두 25세 이하가 아니다'는 타당한 논증이다.

02

정답 ①

해설 주어진 대화를 기호화하면 다음과 같다.

1. 도일 → ~미란
2. [㉠]

∴ 도일 → 장미

1과 결론에 모두 [도일]이 있으므로 [~미란]과 [장미]를 연결해 줄 조건문이 필요하다. 따라서 '~미란 → 장미'가 추가되면 가언 삼단 논법에 의해 주어진 결론이 도출된다. 이는 단순 함축에 의해 '미란 ∨ 장미'와 동치이다.

따라서 '미란이가 용의자이거나 장미가 용의자인'이 ㉠에 들어가야 한다.

오답 풀이 ② '장미 → ~미란'은 1과 연결되지 못하므로 주어진 결론이 도출되지 않는다.

③ '~미란 ∨ ~장미'는 단순 함축에 의해 '미란 → ~장미'와 동치이다. 이의 대우인 '장미 → ~미란'은 1과 연결되지 못하므로 주어진 결론이 도출되지 않는다.

④ '장미 → 미란'의 대우인 '~미란 → ~장미'와 1에서 가언 삼단 논법에 의해 '도일 → ~장미'가 도출된다. 이는 주어진 결론과 다르다.

03

정답 ③

해설 제시문을 기호화하면 다음과 같다.

1. 갑 → 을
2. 갑 ∨ 병
3. ~정 → ~병
4. ~을

4로 인해 1의 후건이 부정되어 [~갑]이 도출된다. 그러면 2에서 선언지가 제거되어 [병]이 도출되고, 이로 인해 3의 후건이 부정되어 [정]이 도출된다.

따라서 [~갑], [~을], [병], [정]이므로, 동창회에 오는 사람은 '병, 정'이다.

04

정답 ③

해설 주어진 진술을 기호화하면 다음과 같다.

1. 포도 수확량 늘어남 → 포도 가격 내려감
2. 포도 소비량 늘어남 → 포도 수확량 늘어남
3. ~포도 수확량 늘어남 → ~와인 가격 내려감

[~포도 소비량 늘어남]일 때 주어진 진술로 얻을 수 있는 정보가 없다. [~포도 소비량 늘어남]일 때 2에서 [~포도 수확량 늘어남]이 도출된다고 보는 것은 전건 부정의 오류를 범한 것이다.

따라서 '~포도 소비량 늘어남 → ~와인 가격 내려감'이 참일지는 알 수 없다.

오답 풀이 ① [와인 가격 내려감]이 참이면 3의 후건이 부정되어 [포도 수확량 늘어남]이 도출된다. 그러면 1의 전건이 긍정되어 [포도 가격 내려감]이 도출된다. 따라서 반드시 참이다.

② [~포도 가격 내려감]이 참이면 1의 후건이 부정되어 [~포도 수확량 늘어남]이 도출된다. 그러면 3의 전건이 긍정되어 [~와인 가격 내려감]이 도출된다. 따라서 반드시 참이다.

④ [~포도 수확량 늘어남]이 참이면 2의 후건이 부정되어 [~포도 소비량 늘어남]이 도출된다. 따라서 반드시 참이다.

05

정답 ②

해설 제시문을 기호화하면 다음과 같다.

1. SNS 이용 → 스트레스
2. ~운동 → SNS 이용
3. [㉠]

∴ 운동a

1과 2로부터 가언 삼단 논법에 의해 '~운동 → 스트레스'가 도출된다. 여기에서 결론인 [운동a]를 도출하기 위해서는 후건이 부정되어야 한다. 즉 [~스트레스a]가 필요하다.

따라서 ㉠에는 '스트레스 수치가 높지 않은 대상자가 있다'가 들어가야 한다.

오답 풀이 ① '스트레스 → SNS 이용'이 추가되어도, 결론을 도출하기 위해 필요한 [~스트레스a]가 있는지 알 수 없다.

③ 'SNS 이용a'가 추가되면, 1에 따라 [스트레스a]만 알 수 있을 뿐 [운동a]라는 결론을 도출할 수 없다.

④ 'SNS 이용 → ~운동'이 추가되어도, 결론을 도출하기 위해 필요한 [~스트레스a]가 있는지 알 수 없다.

06

정답 ③

해설 제시문을 기호화하면 다음과 같다.

1. 등산a ∧ 축구a
2. 테니스 → 등산
3. [ ]

∴ 테니스a ∧ 축구a

1, 2는 연결되지 않는다. 그런데 1과 결론에 모두 [축구a]가 있으므로, 이때 [등산a]에서 [테니스a]를 이끌어 내 줄 전제가 필요하다. 즉 '등산 → 테니스'라는 전칭 명제가 전제로 추가되면 주어진 결론을 도출할 수 있다.

따라서 '등산을 좋아하는 사람은 모두 테니스를 좋아하는 사람이다'가 추가되어야 한다.

오답 풀이 ① '테니스a ∧ 등산a'가 추가되면, 2와 연결되어 '등산a ∧ 등산a'가 도출될 뿐이다.

② '축구a ∧ 등산a'는 교환 법칙에 따라 1과 동치인 명제이다.

④ '~테니스 → 등산'이 추가되면, 1, 2 어느 것과도 연결되지 않는다.

07

정답 ②

해설 제시문을 기호화하면 다음과 같다.

1. 갑∨병
2. 을∨정
3. 병 → ~정
4. 결정적 정보

∴ 갑

[갑]을 도출하려면, 일단 1에서 선언지가 제거되어야 하므로 [~병]이 필요하다. [~병]을 도출하려면 3의 후건이 부정되어야 하므로 [정]이 필요하다. [정]을 도출하려면 2에서 선언지가 제거되어야 하므로 [~을]이 필요하다.

따라서 '을의 증언은 참이 아니다'가 결정적 정보이다.

오답 풀이 ① [병]이면 3의 전건이 긍정되어 [~정]이 도출되고, 이로 인해 2에서 선언지가 제거되어 [을]이 도출된다. 이 정보와 1만으로 [갑]을 도출할 수는 없다.

③·④ [~정]이면 2에서 선언지가 제거되어 [을]이 도출된다. 또한 '정 → 을'이 추가되면 2와 연결되어 '을∨을', 즉 [을]이 도출된다. [을]과 1, 3만으로 [갑]을 도출할 수는 없다.

08

정답 ③

해설 제시문을 기호화하면 다음과 같다.

1. 배
2. (버스∨기차)(배타적 선언)
3. ~비행기 → (~배∧~기차)

1로 인해 3의 후건이 부정되어 [비행기]가 도출된다. 또한 2는 [버스]와 [기차] 중 정확히 하나만 참이라는 의미이다.

따라서 [배], [비행기]이고 버스와 기차 중 단 하나를 탈 것이므로, 영희가 이용할 교통수단의 수는 '3개'이다.

09

정답 ②

해설 주어진 정보를 기호화하면 다음과 같다.

1. ~콜라비a∧브로콜리a
2. 아스파라거스 → ~콜라비
3. [ ]

∴ 아스파라거스a∧브로콜리a

1과 2는 연결되지 않는다. 1과 결론에 모두 [브로콜리a]가 있으므로 [~콜라비a]와 [아스파라거스a]를 연결할 전제가 필요하다. 즉 '~콜라비 → 아스파라거스'가 필요하다.

따라서 빈칸에는 '콜라비가 배송되지 않는 날에는 모두 아스파라거스가 배송됩니다'가 들어가야 적절하다.

오답 풀이 ① '브로콜리 → ~아스파라거스'가 추가되면 1과 연결되어 '~콜라비a∧~아스파라거스a'가 도출되는데, 이는 주어진 결론과 다르다.

③ '~아스파라거스 → 브로콜리'가 추가되면, 2의 대우와 가언 삼단 논법에 의해 '콜라비 → 브로콜리'가 도출되는데, 이는 주어진 결론과 다르다.

④ '아스파라거스a∧~콜라비a'가 추가되면, 2와 연결되어 [~콜라비]가 도출된다. 이는 주어진 결론과 다르다.

10

정답 ②

해설 제시문을 기호화하면 다음과 같다.

1. 축구 → 배드민턴
2. 배드민턴 → 테니스
3. ~축구 → 농구
4. 농구 → (축구∧~테니스)

3, 4로부터 가언 삼단 논법에 의해 '~축구 → (축구∧~테니스)'가 도출된다. 이는 '(~축구 → 축구)∧(~축구 → ~테니스)'와 같다. 여기서 연언지 단순화로 '~축구 → 축구'가 도출되는데, 이는 모순이므로 귀류법에 의해 [축구]가 도출된다. 이로 인해 1의 전건이 긍정되어 [배드민턴]이 도출되고, 그러면 2의 전건도 긍정되어 [테니스]가 도출된다. 또한 4의 후건이 부정되므로 [~농구]까지 도출된다.

따라서 [축구], [배드민턴], [테니스], [~농구]이므로, '포함되지 않는 종목은 농구뿐이다'가 참이다.

11

정답 ②

해설 제시문을 기호화하면 다음과 같다.

가 색맹a∧그림a
나 그림 → 상상력

∴ [ ]

가에서 연언지 단순화로 [색맹a], [그림a]가 도출된다. [그림a]로 인해 나의 전건이 긍정되어 [상상력a]가 도출되고, 이를 [색맹a]와 연언화하면 '상상력a∧색맹a'가 도출된다.

따라서 '상상력이 풍부한 어떤 사람은 색맹이다'가 결론으로 가장 적절하다.

12

정답 ②

해설 '시민권이 없다면 투표할 수 없지만, 투표할 수 있다면 시민권이 있는 것이다'는 곧 '투표 → 시민권'을 뜻한다. 즉 [시민권]이 [투표]의 필요조건임은 알 수 있으나, 충분조건인지는 알 수 없다. 따라서 필요충분조건이라고 보는 것은 옳지 않다.

오답 풀이 ① '오직 키가 큰 사람만이 패션모델이 될 수 있다'는 '패션모델 → 큰 키'로 기호화할 수 있다. 따라서 [큰 키]는 [패션모델]의 필요조건이다.

③ 열의 이동이 열의 동력을 얻기 위해 필요한 조건이라면, '열의 동력 → 열의 이동'으로 기호화할 수 있다. 따라서 그 대우인 '~열의 이동 → ~열의 동력'은 참이다.

④ '좋은 물 → 깨끗한 물'과 '건강한 물 → 좋은 물'로부터 가언 삼단 논법에 의해 '건강한 물 → 깨끗한 물'이 타당하게 도출된다.

13

정답 ③

해설 제시문을 기호화하면 다음과 같다.

가 음악 → ~그림
나 수학a∧음악a

∴ [ ]

나에서 연언지 단순화로 [수학a], [음악a]가 도출된다. [음악a]로 인해 가의 전건이 긍정되어 [~그림a]가 도출되고, 이를 [수학a]와 연언화하면 '수학a ∧ ~그림a'가 도출된다.
따라서 '수학에 뛰어난 소질을 보이는 어떤 사람은 그림에 뛰어난 소질을 보이는 사람이 아니다'가 결론으로 가장 적절하다.

14

정답 ③

해설 ㉠~㉣을 기호화하면 다음과 같다.

㉠ 지우 4층 ∨ 현우 3층
㉡ ~민우 1층 → 철우 2층
㉢ 민우 1층 → ~지우 4층
㉣ ~철우 2층

㉣로 인해 ㉡의 후건이 부정되어 [민우 1층]이 도출된다. 이로 인해 ㉢의 전건이 긍정되어 [~지우 4층]이 도출된다. 이로 인해 ㉠에서 선언지가 제거되어 [현우 3층]까지 도출된다. 즉 [~철우 2층], [민우 1층], [~지우 4층], [현우 3층]이므로, 지우는 2층, 철우는 4층에 산다는 것을 알 수 있다.
따라서 '현우는 철우보다 위층에 살고 있지 않다'가 반드시 참이다.

1층	2층	3층	4층
민우	지우	현우	철우

15

정답 ③

해설 제시문을 기호화하면 다음과 같다.

1. ~갑 → 을
2. ~을 → (정 ∨ 무)
3. (갑 ∨ 무) → 병
4. ~을

4로 인해 1의 후건이 부정되어 [갑]이 도출된다. 이로 인해 3의 전건도 긍정되어 [병]이 도출된다. 또한 4로 인해 2의 전건이 긍정되어 '정 ∨ 무'가 도출된다. 이때 정이나 무 중 누가 찬성할지는 알 수 없으나, 배타적 선언 관계이므로 단 한 명만 찬성할 것이라는 것은 알 수 있다.
따라서 [갑], [병], 그리고 [정]이나 [무] 중 한 명이므로, 찬성한 사람은 총 '3명'이다.

16

정답 ③

해설 제시문을 기호화하면 다음과 같다.

1. 겨울a ∧ 여름a
2. ~가을 → ~봄
3. 여름 → 봄

2의 대우인 '봄 → 가을'과 3으로부터 가언 삼단 논법에 의해 '여름 → 가을'이 도출된다. 1에서 연언지 단순화로 [겨울a], [여름a]가 도출된다. [여름a]로 인해 '여름 → 가을'의 전건이 긍정되어 [가을a]가 도출되고, 이를 [겨울a]와 연언화하면 '겨울a ∧ 가을a'가 도출된다.
따라서 '겨울을 좋아하는 어떤 사람은 가을을 좋아한다'가 반드시 참이다.

오답 풀이 ① 1에서 '겨울a ∧ 여름a'임을 알 수 있을 뿐, '여름 → 겨울'이 참인지는 알 수 없다.
② 2와 3으로부터 '여름 → 가을'이 도출될 뿐, '가을 → 여름'이 참이라고 말할 수는 없다. 이는 후건 긍정의 오류를 범한 것이다.
④ 1과 3으로부터 '겨울a ∧ 봄a'가 도출될 뿐, '~겨울a ∧ ~봄a'가 참인지는 알 수 없다.

17

정답 ③

해설 제시문을 기호화하면 다음과 같다.

1. 질문지 ∨ 면접
2. 면접 → 박 연구
3. 박 연구 → ~박 학과장
4. [ ]

∴ ~박 학과장

[~박 학과장]을 도출하려면 3의 전건이 긍정되어야 하므로 [박 연구]가 필요하다. [박 연구]를 도출하려면 2의 전건이 긍정되어야 하므로 [면접]이 필요하다. [면접]은 1에서 선언지가 제거되면 도출되므로 [~질문지]가 필요하다.
따라서 '질문지 조사 방법이 선택되지 않는다'가 추가되어야 할 전제이다.

오답 풀이 ④ '질문지 → ~박 연구'가 추가되면 1, 2와 연결되어 '~박 연구 ∨ 박 연구'가 도출될 뿐이다. 둘 중 어느 것이 참일지는 알 수 없으므로, 주어진 결론이 도출되지 않는다.

18

정답 ③

해설 주어진 대화를 기호화하면 다음과 같다.

1. ~붉은색 → ~A
2. B → 연기
3. A ∨ B
4. [㉠]

∴ 붉은색

1의 대우인 'A → 붉은색'과 2, 3으로부터 양도 논법에 의해 '붉은색 ∨ 연기'가 도출된다. 여기서 결론으로 [붉은색]을 도출하는 방법은 두 가지이다. '붉은 색 ∨ 연기'에서 [~연기]이면 선언지가 제거되어 [붉은 색]이 도출된다. 또한 [A]가 추가되면 1의 후건이 부정되어 [붉은 색]이 도출된다. 즉 [~연기]나 [붉은 색]을 추가하면 되는데, 선택지에는 [~연기]가 있다.
따라서 '종이에서 연기가 나지 않았다'가 ㉠에 들어가야 적절하다.

오답 풀이 ① [연기]일 때 새롭게 도출할 수 있는 사실이 없다.
② [B]이면 2에서 전건 긍정에 의해 [연기]만 도출될 뿐이다.
④ [~A]라면 3에서 선언지 제거에 의해 [B]가 도출되고, 이어 2에서 [연기]까지 도출될 뿐이다.

19 정답 ③

해설 제시문을 기호화하면 다음과 같다.

1. 매니저a ∧ ~신입a
2. [ ]

∴ 20대a ∧ ~신입a

[~신입a]는 전제와 결론에 모두 있으므로 [매니저a]와 [20대a]를 연결해 주어야 한다. 즉 '매니저 → 20대'라는 전제가 필요하다.
따라서 '매니저는 모두 20대이다'가 전제 2에 들어가야 한다.

오답 풀이 ①·④ 1이 특칭 명제이므로 2에는 특칭 명제가 들어갈 수 없다.

20 정답 ①

해설 제시문을 기호화하면 다음과 같다.

1. 듣기a ∧ 말하기a
2. ~쓰기 → ~말하기

1에서 연언지 단순화로 [듣기a], [말하기a]가 도출된다. [말하기a]로 인해 2의 후건이 부정되어 [쓰기a]가 도출되고, 이를 [듣기a]와 연언화하면 '듣기a∧쓰기a'가 도출된다.
따라서 '듣기를 신청한 학생 중 몇 명은 쓰기를 신청하였다'가 반드시 참이다.

PART 2 독해를 위한 문법 개념

01 언어의 기호적 특성

최우선 문제

1. 자의성	2. 사회성	3. 역사성
4. 분절성	5. 개방성	6. 추상성

OX 문제

01 O 인간이 동물과 달리 기존의 단어를 배열하여 새로운 문장을 만들어 낼 수 있다는 것은 언어의 창조성과 관련이 있다.

02 O '부추'의 의미는 동일하지만 지역마다 다른 이름으로 불리는 것으로 언어의 자의성을 확인할 수 있다.

03 O '무궁화, 진달래, 개나리' 등에서 '꽃'이라는 공통 개념을 묶어 낸 것은 언어의 추상성과 관련이 있다.

실전 문제

정답 ①

해설 같은 언어 안에도 다양한 방언 형태가 존재하는 것은, 하나의 언어 의미에 다양한 말소리가 나타난다는 의미이다. 이는 말소리와 의미 간에 필연적 관계가 없다는 것을 의미하므로, 언어의 자의성을 보여 주는 사례로 적절하다.

오답 풀이 ② 언어의 사회성은 언어에서 형식과 내용의 관계에 대한 사회적 약속은 한번 정해지면 개인이 쉽게 바꿀 수가 없다는 것이다. 대화 대상에 따라 다른 표현을 사용하는 사례는 이와 무관하다.
③ 언어의 역사성은 언어는 시간의 흐름에 따라 끊임없이 변화한다는 것이다. 유행어가 시간이 지나도 표준어로 인정되지 않는 사례는 이와 무관하다.
④ 언어의 추상성은 언어 형식은 수많은 구체적 대상이 가진 공통적인 속성을 개념화하여 표현한 것임을 의미한다. 줄임말이 끊임없이 만들어지고 있는 현상은 이와 무관하다.

02 국어의 음운 체계

OX 문제

01 O

02 O '입안이나 목청 사이의 통로를 좁혀서 공기가 그 사이를 비집고 나오는 소리'는 '마찰음'으로 'ㅅ, ㅆ, ㅎ'이 있다. '사탕'의 첫 음절의 자음은 'ㅅ'이므로 이에 해당한다.

실전 문제

정답 ③

해설 최소 대립쌍이란 하나의 음운에 의해서만 의미가 구별되는 단어들의 쌍을 말한다. 〈보기〉에서 최소 대립쌍을 찾으면, '구름-기름'에서 'ㅜ-ㅣ', '포도-보도'에서 'ㅍ-ㅂ', '추대-무대'에서 'ㅊ-ㅁ'에 의해 뜻이 구별되므로 이 단어들이 최소 대립쌍이다. 그런데 '바다'와 '보도'는 '바'와 '보'의 'ㅏ, ㅗ', '다'와 '도'의 'ㅏ, ㅗ'에 차이가 있어 한 가지 요소에 의해서만 의미가 구별되는 것이 아니다. 따라서 최소 대립쌍이 아니다.

오답 풀이 ① 추출된 음운 중 파열음은 'ㅂ, ㅍ' 2개, 파찰음은 'ㅊ' 1개이다.
② 입술소리이면서 비음인 것은 'ㅁ' 1개이다.
④ 추출할 수 있는 음운의 개수는 'ㅜ-ㅣ', 'ㅍ-ㅂ', 'ㅊ-ㅁ'으로, 6개이다.

03 국어의 음운 변동

최우선 문제

① 부억	② 궁물	③ 밤만	④ 실라	⑤ 해도지
⑥ 국빱	⑦ 나카	⑧ 박따	⑨ 얄:따	⑩ 한녀름

OX 문제

01 ○ '흙하고'는 '[흑하고](자음군 단순화-탈락) → [흐카고](자음 축약-축약)'로 발음되므로 탈락과 축약, 두 가지의 음운 변동 유형이 나타난다.

02 × '늑막염'은 '[능막염](비음화-교체) → [능막념](ㄴ 첨가-첨가) → [능망념](비음화-교체)'으로 발음된다. 교체 및 첨가가 일어나며 음운의 개수는 1개 늘어난다.

실전 문제

정답 ③

출전 국립국어원, 〈표준 발음법〉 제18항 해설, 수정

해설 2문단에 따르면, '읊는[읖는 → 읍는 → 음는]'의 겹받침 'ㄿ'은 대표음 [ㅂ]으로 발음된다. 그러면 'ㅂ'이 뒤의 비음인 'ㄴ'의 영향을 받아 'ㅁ'으로 발음되는 비음화 현상이 나타난다.

오답 풀이 ① 비음화 현상은 음절의 종성 제약과 관련된 음운 변동이 일어난 후에 적용된다. '흙만'은 겹받침의 자음 중 하나가 탈락하는 [흑만]이 먼저 일어난 뒤에, 'ㄱ'이 'ㅁ' 앞에서 'ㅇ'으로 변하는 비음화 현상이 나타나 [흥만]으로 발음되는 것이다.
② '젖멍울[젇멍울 → 전멍울]'의 종성 'ㅈ'은 [ㄷ]으로 발음된다. 이 'ㄷ'이 뒤의 'ㅁ'의 영향을 받아 비음인 'ㄴ'으로 바뀌는, 비음화 현상이 나타난다.
④ 비음화 현상은 받침 'ㄱ, ㄷ, ㅂ' 뒤에 비음인 'ㄴ, ㅁ'이 올 때 나타난다. 즉 '놓는'에는 'ㅎ[ㄷ]' 받침 뒤에 비음인 'ㄴ'이 오기 때문에 비음화 현상이 나타나는 것이다.

04 용언의 활용

최우선 문제

1. ① 나는 ② 바빠
2. ① 지어 ② 실어 ③ 고와 ④ 흘러 ⑤ 퍼 ⑥ 하여 ⑦ 이르러 ⑧ 다오 ⑨ 파래

OX 문제

01 ○

02 ○ '흐르다'는 '흘러-흐르니'로 활용하는 '르' 불규칙 용언이다. '르' 불규칙 용언은 어간의 끝음절 '르'가 어미 '-아', '-어' 앞에서 'ㄹㄹ'로 바뀌는 불규칙 활용을 하므로 어간이 불규칙 하게 바뀌는 경우에 해당한다.

03 × '이르러(이르다)'는 '이르러 - 이르니'로 활용하는 '러' 불규칙 용언이다. '러' 불규칙 용언은 어미의 첫소리 '-어'가 '-러'로 바뀌는 불규칙 활용을 한다. 반면, '치러야(치르다)'는 '치러-치르니'로 활용하는 'ㅡ' 탈락 용언이다. 'ㅡ' 탈락 용언은 어간의 'ㅡ'가 어미 '-아'나 '-어' 앞에서 탈락하는 규칙 활용을 한다.

실전 문제

정답 ②

출전 이관규, 《국어 교육을 위한 국어 문법론》, 수정

해설 '걸으는(×)'은 '걷는'을 잘못 표기한 것으로 기본형은 '걷다'이다. '걷다'는 '걸어-걸으니-걷는'과 같이 활용하는 'ㄷ' 불규칙 용언이므로 규칙 활용을 하는 'ㄹ' 탈락 현상을 따른다는 추론은 적절하지 않다.

오답 풀이 ① '잠그다'는, 2문단의 '따르-+-아 → 따라'와 마찬가지로 '잠그-+-아 → 잠가'로 활용하는 'ㅡ' 탈락 용언으로, 'ㅡ' 탈락 용언은 규칙 활용을 한다.
③ 'ㅂ' 불규칙 용언은 어간의 'ㅂ'이 이유 없이 반모음 '오/우'로 바뀐다. '눕다' 또한 '눕-+-어 → 누워'와 같이 어간의 받침 'ㅂ'이 반모음 '우'로 바뀌므로, 'ㅂ' 불규칙 활용을 한다는 추론은 적절하다.
④ 'ㅎ' 불규칙 활용은 '좋다'를 제외하고 어간이 'ㅎ'으로 끝나는 모든 형용사에서 발견된다. 따라서 동사 '놓다'는 'ㅎ' 불규칙 활용을 하지 않는다는 추론은 적절하다.

05 조사

최우선 문제

① 이/가, 께서, 인원수+서, 단체+에서
② 이다 ③ 을/를 ④ 이/가 ⑤ 의

OX 문제

01 ○

02 × '철수는 학원에서 공부를 한다'의 '에서'는 장소를 뜻하는 부사격 조사이다. 그러나 '이번 계약은 우리 부서에서 맡기로 했다'의 '에서'는 단체를 나타내는 명사 뒤에 붙어 앞말이 주어임을 나타내는 주격 조사이다.

03 × '는'과 '은'은 모두 주격 조사 자리에 쓰였지만 보조사이다. 보조사는 격 조사가 오는 자리에 두루 쓰인다.

실전 문제

정답 ②

출전 임지룡 외, 《학교 문법과 국어 교육》, 수정

해설 2문단에 따르면, 접속 조사 '와'로 연결된 문장인 '나는 사과와 배를 좋아한다'는 '나는 사과를 좋아한다'와 '나는 배를 좋아한다'로 나눌 수 있다. 이와 마찬가지로, '철수와 영수는 영어를 잘한다'는 '철수는 영어를 잘한다'와 '영수는 영어를 잘한다'의 두 문장으로 분리할 수 있으며, 이때의 '와'는 접속 조사이다.

오답 풀이 ① 1문단에 따르면, '우리 학교에서 우승을 차지했다'의 '에서'는 주격 조사이다. '회사에서'의 '에서' 또한 '회사'에 주어의 자격을 부여하는 주격 조사이다.

③ 마지막 문단에 따르면, 보조사 '는'은 앞 체언에 '대조'의 의미를 더하는 기능을 한다. '국어는'의 '는' 또한 영희가 국어를 좋아하지만 다른 과목은 좋아하지 않는다는 의미를 더해 준다.

④ 마지막 문단에 따르면, 문법적 관계는 격 조사가 담당한다. 따라서 '나만의'에서 문법적 자격을 부여하는 것은 관형격 조사인 '의'이다.

06 단어의 형성

최우선 문제

2. (1) 파생어 (2) 합성어 ① 통사적 합성어 ② 비통사적 합성어

OX 문제

01 × '회덮밥'은, 관형사형 어미가 생략된 비통사적 합성어인 '덮밥'에 새로운 어근 '회'가 결합한 합성어이다.

02 ○ '높푸르다'는 용언을 이어 주는 연결 어미가 생략된 비통사적 합성어이다.

03 ○ · 코웃음[코+(웃-+-음)]: 명사를 만드는 접미사 '-음'이 결합한 파생어 '웃음'에 새로운 어근 '코'가 결합한 합성어
· 줄넘기[줄+(넘-+-기)]: 명사를 만드는 접미사 '-기'가 결합한 파생어 '넘기'에 새로운 어근 '줄'이 결합한 합성어

실전 문제

정답 ④

해설 ㉠ 1문단에 따르면, 직접 구성 요소를 분석한 결과, 둘 중 하나가 접사이면 파생어이다. '쓴웃음'에는 접사 '-음'이 있으니까 ㉠이라는 문맥이므로, ㉠에는 '파생어'가 들어가야 한다.

㉡ '웃음'은 파생어이지만 '쓴웃음'이라는 단어 형성에 참여할 때는 ㉡으로 참여하는 것이므로 '쓴웃음'이 파생어가 아니라는 문맥이다. 1문단에 따르면, 합성어는 '어근+어근'의 구성이므로, ㉡에는 '어근'이 들어가야 한다.

07 문장 성분의 갈래

최우선 문제

① 주어 ② 부사어 ③ 보어 ④ 주어

OX 문제

01 × '시골의'는 '시골(체언)+의(관형격 조사)'의 형태로, 뒤에 오는 체언 '풍경'을 수식하는 관형어이다. '군인인' 또한 '군인(체언)+이(서술격 조사)+-ㄴ(관형사형 어미)'의 형태로, 뒤에 오는 체언 '형'을 수식하는 관형어이다.

02 ○ 두 문장 모두 '밥도(밥을) 안 먹다', '물만(물을) 주다'와 같이 보조사 자리에 목적격 조사가 들어가는 것이 자연스러우므로, '밥도'와 '물만'의 문장 성분은 둘 다 목적어이다.

03 × '할아버지도'는 문장에서 주어로 쓰였다. 보조사 '도'가 붙었지만 그 자리에 격 조사를 넣어 보면 쉽게 문장 성분을 구별할 수 있다. 그러나 '되다' 앞에 놓인 '학자가'는 보어이다.

실전 문제

정답 ②

출전 임지룡 외, 《학교 문법과 문법 교육》, 수정

해설 '정부에서'의 '에서'는 단체를 나타내는 명사 뒤에 붙어 앞말이 주어임을 나타내는 주격 조사이므로 '정부에서'는 주어이다. 그러나 '침대에서'의 '에서'는 부사격 조사이므로 '침대에서'는 부사어이다.

오답 풀이 ① 주성분에는 주어, 서술어, 목적어, 보어가 있다. '정부에서 ~ 방출하였다'의 주성분의 개수는 '정부에서(주어), 비축미를(목적어), 방출하였다(서술어)'로 3개이다. 그러나 '아이가 ~ 자고 있다'의 주성분의 개수는 '아이가(주어), 자고 있다(서술어)'로 2개이다.

③ 부속 성분에는 부사어, 관형어가 있다. '아이가 자고 있다'의 부속 성분의 개수는 '침대에서(부사어), 예쁘게(부사어)'로 2개이고, '나의 꿈이 물거품으로 되어 버렸다' 또한 부속 성분의 개수는 '나의(관형어), 물거품으로(부사어)'로 2개이다.

④ '올챙이는 자라서 개구리가 된다'의 '개구리가'는 보어로 주성분이지만, '나의 꿈이 물거품으로 되어 버렸다'의 '물거품으로'는 부사어로 부속 성분이다. '되다, 아니다' 앞에 오는 성분은 무조건 보어로 생각하기 쉽다. 그러나 '이, 가'는 보격 조사로 쓰이지만, '으로'는 부사격 조사로 쓰이기 때문에 주의해야 한다.

08 문장의 종류

최우선 문제

① 대등하게 ② 종속적으로 ③ 주어/목적어/관형어/부사어
④ 주어+(주어+서술어) ⑤ 관계 ⑥ 동격

OX 문제

01 × '[내가 어제 책을 산] 서점은 우리 집 옆에 있다'는 관형절을 안은 문장이므로 겹문장이다. 주어와 서술어의 관계가 한 번만 이루어지는 문장은 홑문장이다.

02 × '아이들이 놀다 간'이라는 안긴문장이, 뒤에 오는 체언인 '자리'를 수식하는 관형어의 역할을 한다. 관형어는 부속 성분이다.

03 × '나는 밥을 먹고 학교에 갔다'에서 '-고'는 시간의 선후 관계가 존재하여 행위를 시간 순서에 따라 연결함을 나타내는 종속적 연결 어미로 사용되었다. 따라서 이 문장은 종속적으로 이어진 문장이다.

실전 문제

정답 ④

해설 **철수는 [동생이 합격하기]를 바라고 있다.**: 명사절로 안긴 문장인 '동생이 합격하기'가 목적격 조사 '를'과 결합하여 안은문장의 목적어로 쓰이고 있다.

오답 풀이 ① **[예쁜] 꽃이 활짝 피었다.**: '예쁜'은 뒤의 체언 '꽃'을 꾸미는 관형절로 주어 '꽃이'가 생략된 형태이다. 즉 이 문장은 관형절을 안은 문장으로 주어와 서술어의 관계가 두 번 나타난다.

② **형은 [그 아이가 정직함]을 믿었다.**: 안은문장의 주어는 '형은'이고, 명사절로 안긴 문장인 '그 아이가 정직함'의 주어는 '그 아이가'이므로 안은문장의 주어와 안긴문장의 주어는 서로 다르다.

③ **[영희는 책을 좋아한다]고 나에게 말했다.**: 인용절 중에서 '고'가 쓰인 것은 말하는 사람의 표현으로 바꾸어 인용하는 간접 인용절이다.

09 사동 표현·피동 표현

OX 문제

01 ○ '다리를 물렸다'의 '물렸다(물리다)'는, '윗니와 아랫니 사이에 끼인 상태로 상처가 날 만큼 세게 눌리다'의 의미로, '물다'의 피동사이다.

02 × **놓여진(×) → 놓인(○)**: '놓여진(×)'은 피동 접사 '-이-' 뒤에 다시 통사적 피동문의 표현인 '-어지다'를 사용한, 이중 피동의 오류를 보이는 표현이다.

03 × '아이가 책을 읽다'의 '읽다'는 두 자리 서술어이지만, 사동문인 '아빠가 아이에게 책을 읽히다'의 '읽히다'는 세 자리 서술어이다. 이렇듯 주동문이 사동문으로 바뀔 때에는 서술어의 자릿수가 변할 수 있다.

실전 문제

정답 ③

출전 **임지룡 외, 《학교 문법과 문법 교육》**

해설 3문단에 따르면, '-어지다'에 의해 만들어지는 피동은 통사적 피동이다. '써지다'는 '쓰다'의 어간 '쓰-'에 '-어지다'가 붙어 피동이 된 것이므로, 통사적 피동이다.

오답 풀이 ① 3문단에 따르면, '-게 되다'에 의해 피동이 만들어지는 것을 통사적 피동이라고 한다. '드러나게 되다'는 '드러나다'에 '-게 되다'가 붙어 피동이 된 것이므로 통사적 피동이다.

② 2문단에 따르면, 수여 동사, 경험 동사, '-하다' 동사 등은 피동사가 없는 능동사이다. 따라서 '-하다' 동사인 '사랑하다', 수여 동사인 '드리다', 경험 동사인 '배우다'는 모두 피동사가 없는 능동사이다.

④ 1문단의, 능동문이 피동문으로 바뀔 때, 능동문의 목적어는 피동문의 주어가 되고, 능동문의 주어는 피동문의 부사어가 된다는 내용에서 알 수 있다.

10 높임 표현

최우선 문제

1. ① 간접 높임 ② 직접 높임 ③ 주어
2. 부사어 3. 청자

OX 문제

01 ○ · 주체인 '나(내가)'에 대한 높임이 나타나지 않으므로 [주체-]이다.
· '선생님께'에서 '께'라는 객체 높임을 나타내는 조사가 쓰였고, '드렸다'에서 '드리다'와 같이 특수 어휘가 사용되었으므로 [객체+]이다.
· 상대 높임은 주로 종결 어미로 표현되는데 '드렸다'의 '-다'는 반말체(반말 격식 해라체)이다. 제시문에 '반말체는 -'로 표시하라는 조건이 있으므로 [상대-]이다.

02 ○ '주십시오'의 '-십시오'는 정중한 명령이나 권유를 나타내는 종결 어미로, 청자인 '여러분'을 높이는 표현이다.

실전 문제

정답 ③

해설 ㉠ '간접 존경'은 주체 높임법 중 간접 높임을 말한다. 문장의 주체와 밀접하게 연관이 있는 주어를 높임으로써 주체를 간접적으로 높이는 표현법이다. '아버지가 너무 건강을 염려하시다'에서 주어는 '아버지'이고 서술어인 '염려하시다'는 '염려하다'에 주체 높임 선어말 어미 '-시-'가 쓰인 것이다. 따라서 ㉠ '간접 존경'이 아니라 주어를 직접 존경하는 직접 존경이 쓰인 것이다. 나머지 ①·②·④는 모두 ㉠의 사례에 해당한다.

오답 풀이 ① **고모는 자식이 있으시다**: '자식'이 주어이지만 존경의 대상인 '고모'와 긴밀한 관련을 가지는 인물이므로 '있다'가 아니라 '있으시다'로 간접 존경 표현을 했다.

② **할머니는 다리가 아프셔서**: '다리'가 주어이지만 존경의 대상인 '할머니'와 긴밀한 관련을 가지는 신체 부위이므로 '아프다'가 아니라 '아프시다'로 간접 존경 표현을 했다.

④ **할아버지는 수염이 많으셨다고**: '수염'이 주어이지만 존경의 대상인 '할아버지'와 긴밀한 관련을 가지는 신체 부위이므로 '많다'가 아니라 '많으시다'로 간접 존경 표현을 했다.

2026 선재국어

한 권으로 끝장내는

올인원

공무원 국어

이선재·선재국어연구소 편저

저자의 글

개념의 최소화, 문제 풀이의 일상화 강력한 훈련형 커리큘럼으로 합격을 앞당기자

2025년은 공무원 9급 국어의 출제 기조가 전환된 첫 번째 해였습니다. 그리고 이번에 실시된 국가직 시험과 지방직 시험은 체계적인 개념 학습과 이후 지속적으로 수행되는 문제 풀이의 중요성을 다시 한번 일깨워 주었습니다.

합격선이 높아진 국어, 이제 전 영역이 중요하다

〈출제 문항별 분석표〉

출제 영역		2025 국가직	2025 지방직
공문서 바로 쓰기		1	1
논리		3	3
어휘		2	2
문법 지문 독해		3	1
독해	기본 독해	9	11
	강화 · 약화	2	2

〈최고 난도 분석표〉

2025 국가직		2025 지방직	
출제 영역	오답률	출제 영역	오답률
문법 지문 독해	67%	내용 일치 독해	61%
논리	77%	논리	66%
한자 어휘	83%	논리	68%
공문서 바로 쓰기	84%	공문서 바로 쓰기	77%
언어학 지문 독해	84%	한자 어휘	80%

위의 출제 문항 분석표(왼쪽)에서 알 수 있는 것처럼, 공무원 시험에서 가장 많이 출제되는 영역은 독해입니다. 따라서 독해력을 향상하지 않고서는 이제 공무원 시험에서 좋은 점수를 받을 수 없습니다. 그러나 우리는 다른 영역의 중요성을 간과해서는 안 됩니다. 2025년 국가직과 지방직 시험의 최고 난도 분석표(오른쪽)를 보면 알 수 있듯이, 수험생들이 가장 어려워하는 영역은 주로 논리, 공문서 바로 쓰기, 한자 어휘 등에 집중되어 있습니다. 즉 2025년 공무원 시험은 독해 영역의 문제가 평이하게 나와 합격선이 높아진 시험이기 때문에 나머지 영역의 문제에서 고득점 여부가 결정되었던 것입니다.

따라서 공무원 시험의 합격을 위해 우리가 명심해야 할 것은 **독해를 중심으로 훈련하되, 논리 등을 비롯한 변별력 있는 유형의 문제를 놓치지 말아야 한다는 것**입니다. 그렇다면 전 영역을 고루고루, 쉽지만 체계적으로 학습하는 가장 효율적인 방법은 무엇일까요. 바로 《2026 한 권으로 끝장내는 올인원 공무원 국어》로 전 영역을 빠르고 강력하게 정리하는 것입니다.

최소화된 개념으로 효율적인 학습을 하자

이제 국어는 더 이상 예전처럼 지엽적인 내용을 암기하는 것이 필요하지 않습니다. 시험에서 가장 높은 비중을 차지하는 독해는 추론형 문제가 더욱 강화되었습니다. 문법 역시 지엽적인 지식을 달달 외우는 방식이 아니라 지문에서 제시된 개념을 바탕으로 선택지를 고르는 문제 위주로 출제되고 있습니다.

결국 지금 수험생들에게 필요한 것은 핵심 개념과 유형을 압축적으로 학습하는 것, 그리고 추론 능력을 바탕으로 올바른 정답을 도출하는 과정을 훈련하는 것입니다. 이를 위해 《2026 한 권으로 끝장내는 올인원 공무원 국어》는 **국어의 전 범위를 한 권으로 압축**하여 기본 개념을 빠르게 습득하고, 이를 실전 문제에 바로 적용하여 실전 감각을 높일 수 있도록 구성하였습니다.

또한 많은 수험생들이 낯설어하는 논리는 부록의 《논리 연습장》을 통해 반복적으로 학습하며 정리할 수 있도록 하였습니다. 문법 역시 학습량에 대한 부담 때문에 자칫하면 놓치기 쉬운 영역입니다. 따라서 부록의 《문법 독해》는 시험 직전, 핵심적인 내용을 정리해서 독해 속도를 높이는 데 도움을 줄 수 있도록 구성하였습니다. 이 책의 부록은 시험 직전, 가장 빠르고 압축적으로 논리와 문법을 정리하는 데 큰 도움을 줄 것입니다.

일상화된 문제 풀이로 시간을 단축하자

- 독해력 강화 훈련 → 《독해야 산다 1일 1독》
- 일상적 실전 훈련 → 《매일 국어 1~4》

올해 공무원 국어 시험의 주요 화두로 떠오른 것은 바로 시간 단축의 문제였습니다. 5쪽이나 되는 지문, 논리를 비롯한 추론형 문제의 출제 등으로 인해, 수험생들은 더욱더 시간의 압박을 받을 수밖에 없었습니다. 그래서 똑같은 점수를 받았다고 하더라도 국어에 투입되는 시간에 따라 타 과목의 점수가 흔들리는, 안타까운 사례도 발생했습니다.

결국 **훈련의 최종 목표는 문제 푸는 시간을 단축하는 것입니다.** 그런데 이러한 시간 단축이라는 목표는 개념 학습을 바탕으로 **일상적인 문풀 훈련을 통해야만 달성**할 수 있습니다.

《2026 한 권으로 끝장내는 올인원 공무원 국어》는 시간을 단축하여 합격을 앞당기는 목표를 실현하기 위한 첫걸음입니다. 이후 우리의 시간 단축 훈련은, 더욱더 강력해진 독해력 강화 프로그램 《독해야 산다 1일 1독》과 일상적인 실전 훈련 《매일 국어 1~4》를 통해 계속될 것입니다. 합격할 때까지 멈추지 않고 제공되는 선재국어의 문제 풀이 시스템, 이는 합격을 위한 최고의 조력자가 될 것입니다.

합격의 그 순간까지 함께할 수 있는 지속적이고도 체계적인 학습 시스템의 구축, 이것은 선재국어의 변치 않는 지향점이었습니다. 앞으로도 선재국어는 여러분의 합격을 앞당기는 역할을 충실히 수행하겠습니다. 수험의 본질을 잊지 않는 진지한 마음가짐으로, 합격의 그날까지 여러분들과 함께하겠습니다. 이제 《2026 한 권으로 끝장내는 올인원 공무원 국어》를 시작으로, 합격을 위한 가장 체계적이면서도 효율적인 훈련을 함께 시작합시다.

2025년 6월 이선재 씀

학습 동영상 gong.conects.com
카페 cafe.naver.com/sjkins
인스타그램 @sj_ssam
유튜브 선재국어TV

커리큘럼

개념의 최소화, 문풀의 일상화

선재국어 훈련형 커리큘럼

기본

- 수비니겨 독해
- 수비니겨 논리
- 수비니겨 공문서와 문법 독해

기출 & 문제 풀이

- 예상 기출서 기출과 실전 훈련

파이널

- 실전 동형 모의고사
  - 출발선 … 결승선 … 최우선

핵심 유형	전 영역	Daily 문제 풀이	Daily 독해 훈련
이렇게 나온다 공무원 국어	개념과 문제 풀이를 한 번에 한 권 올인원	하프 모의고사 매일 국어	신유형 독해야 산다 1일 1독

차례

제1편 사고의 힘 **논리**

제2편 추론 강화 **독해**

차례

* 개념 확인 문제의 해설은 선재국어 네이버 카페에서 확인하실 수 있습니다.

제 1 편

사고의 힘

논리

제 1 장 논증의 개념과 유형

제 2 장 명제 논리

제 3 장 정언 논리

제 4 장 술어 논리

제 5 장 귀납 논증

제 6 장 논리의 오류

CHAPTER 01

논증의 개념과 유형

1 논증의 개념

추론이란 어떤 생각을 근거로 다른 생각을 도출해 내는 사고 과정을 말하며, 이러한 추론 과정의 언어적 표현을 논증이라고 한다.

논증	=	전제	+	결론
		전제 지시어		결론 지시어

논증은 전제[premise]와 결론[conclusion]으로 구성되어 있다. 전제란 결론에 대한 근거를 제시하는 명제를 말하고, 결론이란 전제가 지지한다고 주장하는 명제를 말한다. 이때 결론은 전제보다 앞에 위치할 수도, 뒤에 위치할 수도 있다. 즉 전제와 결론의 순서가 중요한 것이 아니라 논리적 상관관계가 중요하다.

전제나 결론을 나타내기 위해 특정한 표현을 사용하는데, 전제를 나타내는 말[전제 지시어: premise indicator], 결론을 나타내는 말[결론 지시어: conclusion indicator]에는 다음과 같은 형태들이 있다.

- 전제 지시어: 왜냐하면, ~이므로, ~인 까닭에, ~이기 때문에, ~에서 알 수 있듯이 등
- 결론 지시어: 따라서, 그러므로, 그래서, 그 결과 ~을 함축한다, 그 결과 ~이다 등

이러한 논증은 설명과 다르다. 설명은 사건이나 현상을 알기 쉽게 제시하려는 목적으로 문장들을 나열하는 것이다. 이와는 달리 논증은 전제를 바탕으로 새로운 결론을 도출하는 것이다. 그러므로 단순히 믿음을 나타내는 진술이나, 상황의 묘사, 사실적 보고 등도 논증과는 구별된다.

개념 확인

[01~02] 다음 진술에서 전제와 결론을 구분하여 표시하시오.

01
A: 철수는 죽는다.
B: 왜냐하면 모든 사람은 죽기 때문이다.

02
A: 열심히 공부하면 성적이 오른다.
B: 그러므로 철수 역시 성적이 오를 것이다.

정답 01 전제: B 결론: A
02 전제: A 결론: B

보충 자료 논리학의 기본 단위: 개념

논리학에서 사유의 기본 단위는 개념이며, 이를 구성하는 두 가지 요소는 내포와 외연이다.

개념의 내포란 개념이 담고 있는 대상의 특수한 속성을 말하고, 외연이란 개념이 반영하고 있는 대상의 범위를 말한다. 이러한 개념의 내포와 외연은 반비례 관계를 지닌다. 즉 외연이 클수록 내포는 적고, 외연이 작을수록 내포는 많게 된다.

예 과일 : 사과 : 빨간 사과 → '과일'이 외연은 가장 크지만, 내포는 가장 적다.

논리학은 개념 간의 모든 관계를 연구하는 것이 아니라 개념의 외연적 측면으로부터 개념 간의 관계를 연구한다. 따라서 두 개념 간의 관계는 외연의 범주에 따라 동일 관계, 상하 관계, 반대 관계, 모순 관계 등으로 나눌 수 있다.

2 논증의 유형

01 연역 논증

연역 논증[deductive argument]이란 전제가 참일 때 결론이 필연적으로 참이 도출되는 것을 말한다. 결론의 내용은 전제의 내용 속에 이미 함축되어 있으므로, 연역 논증에서는 전제가 참이라면 결론도 필연적으로 참이 도출된다.

예 사람은 죽는다. 전제 1
소크라테스는 사람이다. 전제 2
따라서 소크라테스는 죽는다. 결론: 전제가 참일 때 결론은 항상 참

타당한 논증이란 전제가 참일 때 결론이 필연적으로 참이 보증되는 논증을 말한다. 연역 논증의 전제는 결론을 필연적으로 함축하는데, 이렇듯 전제와 결론의 지지 관계가 절대적인 경우는 타당한 것이고, 그렇지 못하면 부당한 것이다. 즉 논증이 타당하다면 전제가 모두 참인데 결론이 거짓이 되는 경우는 존재하지 않는다.

이러한 논증의 타당성은 논증 형식과 맞물려 있는데, 이를 보통 '타당한 논증은 타당한 형식 때문에 타당하다[Valid arguments are valid in virtue of their forms].'라고 표현한다.

타당한 논증	VS	부당한 논증
전제가 참인 경우, 필연적으로 결론도 참		전제가 참인 경우에 결론이 거짓인 경우 등

논증 형식으로 평가함.

02 귀납 논증

귀납 논증[inductive argument]이란 전제가 참이라고 해도 결론이 필연적으로 참으로 도출되지 못하는 논증, 개연적 가능성이 있는 논증을 말한다. 전제들이 모두 참이라고 하더라도 결론은 참이 도출될 개연성이 높은 것이지, 필연적으로 참이 도출되지는 않는다.

예 농장에서 평생을 보낸 칠면조는 다음과 같은 추론을 하였다.
– 나의 주인은 지금까지 매일 정성껏 나에게 먹이를 주었다.
– 그러므로 주인은 오늘도 나에게 정성껏 먹이를 줄 것이다.
그러나 성탄절 전날, 주인은 지금까지와는 달리 칠면조에게 먹이를 주지 않고 칠면조를 죽이고 말았다.

이렇듯 귀납 논증은 전제들이 결론을 옹호하는 강도에 따라 '귀납적으로 강한 논증'과 '귀납적으로 약한 논증'으로 분류될 수 있을 뿐이다. 따라서 귀납 논증은 전제가 참이라고 해도 결론이 거짓일 가능성이 항상 존재하며, 특히 반례가 나올 경우 결론이 언제나 바뀔 수 있는 불안정성이 존재한다.

연역 논증

전제 → 결론
참 → 필연적으로 참

논증의 타당성

논증 A는 타당하다. = A의 전제들이 모두 참이면, A의 결론은 참이다.

논증의 건전성

논증 A는 건전하다. = A는 타당하고, 또한 A의 전제들이 모두 참이다.

귀납 논증

전제 → 결론
참 → 개연적으로 참

논증의 특성

- 연역 논증: 타당성, 건전성
- 귀납 논증: 개연성, 전제와 결론의 지지 강도

읽기 자료 **연역 논증 · 귀납 논증**

01~02 **다음 글을 읽고 물음에 답하시오.**

모든 논증에서 전제가 하는 일은 결론을 지지하는 것이다. 그런데 그 지지하는 정도에 따라 ㉠ 연역 논증과 ㉡ 귀납 논증을 구분할 수 있다.

연역 논증은 알고 있는 전제로부터 결론을 추출하는 것이며 명제 간의 관계로 논리적 타당성을 밝히는 추론이다. 일반적 명제를 대전제로 하고, 특수한 사실에 관한 명제를 소전제로 하여 특수한 결론을 낸다. 예를 들어, '모든 사람은 죽는다.'라는 일반 명제를 대전제(p는 q이다.)로 하고, '소크라테스는 사람이다.'라는 특수한 사실을 소전제(r은 p이다.)로 삼아 필연적인 결론인 '소크라테스는 죽는다.'라는 결론(r은 q이다.)을 도출한다. 연역 논증에서는 대전제와 소전제가 참이고 추론의 형식이 옳다면 결론은 반드시 참이다. 논리학자들은 전제가 참이면 결론이 거짓일 논리적 가능성이 전혀 없는 논증을 타당하다고 말한다. 연역 논증의 타당함에는 더 타당하고 덜 타당하고 하는 어떤 정도가 없다. 전제가 참이면 결론이 반드시 참일 때 타당하다고 했는데 결론이 조금 참이고 덜 참이고 할 수는 없기 때문이다. 따라서 이미 올바른 연역 논증에서는 나와 있는 전제 말고 다른 전제가 더해진다고 해서 그 논증이 더 타당해지는 것은 아니다.

왜 연역 논증은 전제가 참이면 결론이 반드시 참일까? 그것은 연역 논증의 결론에서 말하고 있는 정보나 내용이 모두 전제들 속에 이미 들어 있거나 암암리에 숨어 있기 때문이다. 가령 "비가 올 때는 언제나 길이 미끄럽다. 그런데 지금은 비가 오고 있다. 그러므로 지금은 길이 미끄러울 것이다." 이 논증은 전제가 참이라면 결론이 거짓일 논리적 가능성이 없는 연역 논증이다. 지금은 길이 미끄러울 것이라는 결론은 비가 올 때는 언제나 길이 미끄럽고 지금은 비가 오고 있다는 전제들 속에 들어 있는 내용을 분명하게 말하거나 다시 설명하고 있을 뿐이다. 그래서 연역 논증의 결론은 전제에 없는 새로운 정보를 내놓지는 않는다. 그렇지만 전제에 이미 들어 있었던 내용이라도 새로운 관점을 보여 주고, 결론이 말하고 있는 내용은 참이 아닐 수 없다는 점에서 연역 논증은 쓸모가 있다.

반면 **귀납 논증**에서 특수한 것으로부터 일반적인 결론을 도출하는 것을 귀납적 일반화라고 한다. 이것은 여러 가지의 다른 것을 모아서 하나로 일반화한다는 뜻이다. 귀납 논증에서는 대부분의 사람이 참이라고 생각하는 논증마저도 전제가 참인데 결론이 참이 아닌 일이 있을 수 있다. 데이비드 흄은 모든 것을 경험으로 확인할 수 없기 때문에 귀납의 오류가 있다고 지적했다. 가령 "내가 그저께, 어제, 오늘 본 까마귀는 검었다. 따라서 모든 까마귀는 검다." 이 논증은 내가 보지 못한 까마귀나 앞으로 태어날 까마귀가 검지 않을 가능성을 무시할 수 없으므로 결론은 반드시 참이지 않고 그 참인 정도가 아주 높을 뿐이다. 귀납 논증은 연역 논증과 달리 논증의 결론이 전제로부터 엄밀하게 따라 나오지 않으며, 전제는 결론을 그럴듯한 것으로 만들 뿐이다. 이 '그럴듯함'을 전문 용어로 개연성이라 부른다. 귀납 논증은 전제가 더 많아지면 많아질수록 결론은 더욱더 그럴듯해진다. 이를 '개연성이 높아진다.'라고 말한다. 귀납 논증의 결론은 전제들에서 말하고 있는 내용보다 훨씬 더 많은 것을 말하고 있다. 귀납 논증의 결론은 반드시 참이 아니기 때문에 확실하지 않지만, 대신에 전제가 말하고 있지 않은 내용까지 덧붙여 말하고 있어 지식을 넓혀 가는 데 도움을 줄 수 있다.

이러한 특징에도 불구하고 실제로 어떤 논증을 보고 연역인지 귀납인지 구별하는 것은 그리 쉬운 일이 아니다. 전제가 결론을 지지하는 정도로 연역과 귀납을 구분한다고 했으므로 '~임에 틀림없다', '확실히', '필연적으로' 등의 표현이 나오면 연역, '아마도', '거의', '~일 가능성이 높다' 등의 표현이 있으면 귀납이라고 말할까? 그러나 이런 표현이 없는 논증도 많을 뿐만 아니라, 더 문제되는 것은 실제로 전제가 결론을 얼마나 지지하는가와 상관없이 논증을 펼치는 이의 의지에 따라 그런 표현을 붙이기 때문에 그런 표현은 그리 믿을 만한 징표가 되지 못한다는 것이다. 따라서 표현에 개의치 말고 실제로 논증에서 전제와 결론을 찾아보고 그다음에 전제가 결론을 어떻게 지지하는지 그 관계를 이해해야 전제가 결론을 지지하는 정도를 알아차릴 수 있을 것이다.

– 최훈, 《논리는 나의 힘》/김승환, 《인문학 개념어 사전》

01 이 글을 바탕으로 할 때, 가와 나에 대한 이해로 적절하지 않은 것은?

> 가 위험한 동물을 애완용으로 기르는 것은 다른 반려동물보다 가정에서의 사고 발생 빈도가 높다. 독사나 식인 물고기 등은 위험한 동물이다. 그러므로 독사나 식인 물고기를 애완용으로 기르는 것은 가정에서 사고를 일으킬 수 있어 위험하다.
>
> 나 진달래꽃은 봄에 핀다. 개나리꽃도 봄에 핀다. 모란꽃도 봄에 핀다. 그러므로 모든 꽃은 봄에 핀다.

① 가와 나는 마지막 문장이 결론인 논증이다.
② 가는 전제가 모두 참이고 추론의 형식이 옳으므로 타당한 논증이다.
③ 나에서 결론의 개연성이 낮은 이유는 전제가 모두 거짓이기 때문이다.
④ 가는 연역 논증, 나는 귀납 논증의 예로 볼 수 있다.

02 ㉠과 ㉡에 대한 평가로 가장 적절한 것은?

① 전제가 많으면 많을수록 ㉠은 더 타당해지고, ㉡은 개연성이 높아진다.
② 전제가 모두 참이라면, ㉠과 ㉡의 결론은 항상 참일 것이다.
③ ㉠과 달리 ㉡은 전제에 포함되지 않은 새로운 지식을 생성할 수 있다.
④ ㉡과 달리 ㉠은 전제에 특수한 사실이 포함되어 있지 않다.

01

나는 귀납 논증의 예이다. 4문단에 따르면, 전제가 참인데 결론이 참이 아닌 귀납 논증은 개연성이 낮다. 나는 봄에 피는 일부의 꽃만을 전제로 들어 일반적 결론을 도출하고 있으므로 개연성이 낮다. 그러나 진달래꽃 등이 봄에 핀다는 전제가 거짓인 것은 아니다.

오답 풀이 ①·④ 가의 결론은 마지막 문장이고, 나머지 문장들은 일반 명제와 특수한 사실로 구성되어 있으므로, 가는 연역 논증의 예이다. 또한 나는 '진달래꽃' 등의 특수한 사실로부터 '모든 꽃은 봄에 핀다'라는 일반적인 결론을 도출하고 있으므로, 귀납 논증의 예이다.

02

㉠의 결론은 전제에 없는 새로운 정보(지식)를 내놓지 않는다. 반면 ㉡의 결론은 전제가 말하고 있지 않은 내용까지 덧붙여 말하고 있으므로 새로운 지식을 생성할 수 있다.

오답 풀이 ① ㉠은 전제가 더해진다고 해서 더 타당해지는 것은 아니다.
② 전제가 모두 참이라도 ㉡의 결론은 참이 아닐 수 있다.
④ ㉠ 또한 전제에 특수한 사실이 포함되어 있다.

정답 01 ③ 02 ③

CHAPTER 02

명제 논리

1 명제 논리의 개념과 명제의 유형

명제 논리의 구성 요소
단순 명제, 논리 연결사, 괄호

01 명제 논리의 개념

명제 논리란 명제의 배열 형식과 관계에 따라 타당성이 결정되는 논증 체계를 말한다. 즉 일상 언어를 참과 거짓을 판단하기 쉬운 일종의 인공 언어 체계로 변환한 뒤, 논리적 형식을 사용하여 결론을 도출하는 방식을 말한다. 이때 명제는 기호를 사용하여 표현하기 때문에 기호 논리 체계라고도 한다. 명제 논리 체계는 기호[symbol: 명제를 나타내거나 명제들을 연결함.]와 괄호로 구성되어 있다.

괄호의 기능
수학 문제를 풀 때, 괄호의 기능을 생각해 보자. 풀이 순서의 애매함이 사라진다.
예 • 2 + (3 × 4) = 2 + 12 = 14
• (2 + 3) × 4 = 5 × 4 = 20

02 명제의 유형

명제 논리의 기본 단위는 명제이고, 하나의 단순 명제를 알파벳 대문자를 사용하여 기호화한다. 이러한 명제를 연결해서 쓰는 경우를 복합 명제라고 하며, 두 개 이상의 명제를 연결할 때는 다섯 개의 '논리 연결사[logical connectives]'를 사용한다. 즉 단순 명제에 논리 연결사가 결합되면 복합 명제가 된다. 또한 괄호는 명제 간의 애매함을 피하기 위하여 명제의 구조를 간결하고 확실하게 보여 주기 위해 사용한다.

단순 명제 + 단순 명제 = 복합 명제

(1) **단순 명제**: 다른 명제나 논리 연결사를 포함하지 않는 명제로, 명제 논리의 가장 기본적인 단위이다. 예 선재는 강사이다.

(2) **복합 명제**: 단순 명제와 논리 연결사가 연결된 명제로, 일상 언어로 설명하자면 이어진문장과 부정문이 이에 해당한다. 예 선재는 강사이고, 철수는 수험생이다.

03 논리 연결사와 명제의 기호화

(1) 논리 연결사[logical connective]의 논리 기능

단순 명제를 묶어 복합 명제를 구성하게 하는 표현을 논리학에서는 연결사라고 한다. 명제 논리에서 쓰는 논리 연결사에는 '∧, ∨, →, ≡, ~'의 다섯 개가 있다. 즉 단순 명제에 논리 연결사를 결합하면 연언, 선언, 조건, 쌍조건, 부정 등의 복합 명제를 구성할 수 있는 것이다.

논리 연결사	복합 명제	논리 기능	일상적 표현	기호화
∧	연언문	연언	A 그리고(그러나, 그런데, 그럼에도 불구하고, 또한) B	A∧B
∨	선언문	선언	A이거나(또는, 혹은) B	A∨B
→	조건문	단순 함축	• 만약 A라면 B이다. • 단지 B인 경우에만 A이다.	A→B • A는 B이기 위한 충분조건이다. • B는 A이기 위한 필요조건이다.
≡	쌍조건문	단순 동치	만약 A라면 그리고 오직 그런 경우에만 B이다.	A≡B A는 B이기 위한 필요충분조건이다.
~	부정문	부정	• A는 거짓이다. • A는 사실이 아니다.	~A

- 철수는 학생이다(단순 명제). ➡ 기호화 방식: A
- 선재는 국어 강사이다(단순 명제). ➡ 기호화 방식: B

㉠ 철수는 학생이고, 선재는 국어 강사이다(복합 명제). ➡ A∧B
㉡ 철수는 학생이거나, 선재는 국어 강사이다(복합 명제). ➡ A∨B
㉢ 철수가 학생이라는 것은 거짓이지만, 선재는 국어 강사이다(복합 명제).
➡ ~A∧B
㉣ 철수가 학생이고 선재는 국어 강사라는 것은 거짓이다(복합 명제).
➡ ~(A∧B)
㉤ 철수가 학생이라면, 선재는 국어 강사일 것이다(복합 명제). ➡ A→B

(2) 주 논리 연결사[main logical connectives]의 파악

구조가 복잡한 복합 명제에서는 경우에 따라 두 개 이상의 논리 연결사와 괄호가 쓰이기도 한다. '주 논리 연결사'란 주요 부분을 연결해 주어, 복합 명제를 두 부분으로 구성해 주는 기능을 한다. 즉 '주 논리 연결사'를 어떻게 파악하는지에 따라 복잡한 구조의 복합 명제도 다섯 가지의 간단한 구조로 파악할 수 있다.

㉠ (A∨B)∧(C∨D) 주 논리 연결사가 연언 기호 → 연언문
㉡ A∨(B→C) 주 논리 연결사가 선언 기호 → 선언문
㉢ A→(B∨C) 주 논리 연결사가 조건 기호 → 조건문
㉣ (A∨B)≡(C∧D) 주 논리 연결사가 쌍조건 기호 → 쌍조건문
㉤ ~(A∨B) 주 논리 연결사가 부정 기호 → 부정문

주관식 확인 58~59쪽

개념 확인

[01~04] 다음 복합 명제의 종류를 밝히고, 이를 기호화하시오.

01 철수는 일행직 공무원이거나 소방직 공무원이다.

02 만약 철수가 성실한 학생이라면, 철수는 좋은 성적으로 합격할 것이다.

03 철수는 수험생이지만, 성실한 학생은 아니다.

04 국어 시험이 지나치게 어렵거나 지엽적이라는 것은 사실이 아니다.

정답 01 선언문, A∨B
02 조건문, A→B
03 연언문, A∧~B
04 부정문, ~(A∨B)

2 논증의 타당성 판단 ① — 진리표를 이용하기

복합 명제의 진릿값
단순 명제들의 진릿값으로 결정됨. 단순 명제의 진릿값을 알면 바로 판단할 수 있고, 모르는 경우에도 모든 조합을 고려하여 진릿값을 추론할 수 있음.

명제 논리는 진리 함수적[truth-functional]이라는 특성을 지닌다. 즉 명제 논리에서 복합 명제의 진릿값은 단순 명제들의 진릿값에 의해 결정된다. 예를 들어 수학의 함수에서 함숫값이 각각의 독립 변수의 값에 의해 결정되는 것처럼, 복합 명제의 참과 거짓은 단순 명제의 진릿값에 의해 결정된다. 이처럼 복합 명제의 참과 거짓은 단순 명제의 참과 거짓에 의해 결정되므로 우리는 복합 명제의 진릿값을 계산할 수 있는 것이다.

예 • $f(x) = 2x + 1$: x의 값이 3일 때, $f(x) = 7$
• $(A \wedge B) \rightarrow C$: A와 B가 참이고 C가 거짓일 때, '$(A \wedge B) \rightarrow C$'는 무조건 거짓

이때 단순 명제의 진릿값이 복합 명제의 진릿값을 결정하는 경우를 표로 나타낸 것이 바로 진리표이다. 진리표는 단순 명제의 진릿값을 통해 복합 명제의 진릿값이 결정되는 경우를 보여 주는 표이다. 즉 단순 명제가 가지는 진릿값에 대한 모든 조합을 고려하여 복합 명제의 진릿값을 알 수 있는데, 복합 명제의 진리표는 다음과 같이 정리된다.

진리표의 조합 줄의 수
n 종류의 단순 명제 = 2^n(2의 n승)
예 • 2개의 단순 명제 = 2^2 = 4줄의 진리표
• 3개의 단순 명제 = 2^3 = 8줄의 진리표

P	Q	R
T	T	T
T	T	F
T	F	T
T	F	F
F	T	T
F	T	F
F	F	T
F	F	F

* 복합 명제의 진리표

단순 명제		복합 명제				
P	Q	$P \wedge Q$	$P \vee Q$	$P \rightarrow Q$	$P \equiv Q$	$\sim P$
T	T	T	T	T	T	F
T	F	F	T	F	F	F
F	T	F	T	T	F	T
F	F	F	F	T	T	T

01 연언문($p \wedge q$)

(1) 연언 기호의 특성

일상 언어에서 쓰이는 연언문(그리고, 그러나, 또한 등)은 연결의 의미뿐만이 아니라 시간의 선후 관계나 인과적 의미를 나타낼 때가 있다. 그러나 명제 논리에서의 연언문은 선후나 인과의 의미를 지니지 않는다.

㉠ 왕이 죽고, 왕비가 죽었다. (= 왕비가 죽고, 왕이 죽었다.)
A ∧ B　　B ∧ A

㉡ 철수는 결혼을 하고, 아이를 낳았다. (= 철수는 아이를 낳고, 결혼을 하였다.)
A ∧ B　　B ∧ A

일상 언어에서 ㉠은 단순한 시간적 순서를 나타낼 수도 있지만, '왕이 죽었고, (슬픔으로 인해) 왕비가 죽었다.'라는 인과 관계를 나타낼 수도 있다. 또한 ㉡ 역시 결혼을 한 다음에 아이를 낳았다는 선후 관계를 나타내므로 앞뒤 문장의 순서를 바꾸면 의

미가 달라진다. 그러나 명제 논리에서는 연언지 앞뒤의 순서를 고려하지 않으므로, 두 명제는 동일한 의미를 갖는 것이다.

(2) 연언문(p ∧ q)의 진리표

연언 기호 앞뒤의 단순 명제(p, q)의 진릿값에 의해 연언문의 진릿값이 결정된다. p와 q가 모두 참일 경우에만 복합 명제인 'p∧q'가 참이다.

p	q	p∧q
T	T	T
T	F	F
F	T	F
F	F	F

① '선재는 강사이다.'가 참이고 '철수는 학생이다.'가 참이면, '선재는 강사이고 철수는 학생이다.'는 **참**이다.

② '선재는 강사이다.'가 참이고 '철수는 학생이다.'가 거짓이면, '선재는 강사이고 철수는 학생이다.'는 **거짓**이다.

02 선언문(p ∨ q)

(1) 선언 기호의 특성

선언 기호는 포괄적으로 넓게 해석될 수도 있고, 배타적으로 좁게 해석될 수도 있다.

㉠ 철수는 국어 시험에서 만점을 받았거나 영어 시험에서 만점을 받았다. (철수는 국어 시험과 영어 시험에서 모두 만점을 받았을 수도 있다.)

㉡ 철수는 오후에 국어를 공부하거나 영어를 공부한다. (철수는 국어와 영어를 동시에 공부할 수는 없다.)

㉠은 선언 기호 앞뒤의 명제가 모두 참이 되는 경우를 허용하는 선언문으로, 이를 포괄적 선언문이라고 한다. 반면 ㉡은 선언 기호 앞뒤의 명제가 모두 참이 되는 경우를 배제하는 배타적 선언문이다. 일상 언어에서는 포괄적 선언문과 배타적 선언문을 모두 사용하지만, 명제 논리에서는 일반적으로 포괄적 선언문을 사용한다. 즉 두 선언지가 모두 참이 되는 경우를 허용하는 것이다.

(2) 선언문(p ∨ q)의 진리표

p 또는 q 중에서 적어도 하나가 참이면 복합 명제 'p∨q'는 참이 된다. 즉 p와 q 모두가 거짓일 때만 선언문인 'p∨q'는 거짓이다.

p	q	p∨q
T	T	T
T	F	T
F	T	T
F	F	F

① '선재는 강사이다.'가 참이고 '철수는 학생이다.'가 참이면, '선재는 강사이거나 철수는 학생이다.'는 **참**이다.

② '선재는 강사이다.'가 참이고 '철수는 학생이다.'가 거짓이면, '선재는 강사이거나 철수는 학생이다.'는 **참**이다.

개념 확인

[01~06] 다음 복합 명제의 '참, 거짓, 알 수 없음'을 판단하시오.

01 A가 참이고 B가 거짓일 때, 'A∧B'는?

02 A의 진릿값을 알지 못하고 B가 참일 때, 'A∨B'는?

03 A가 거짓이고 B도 거짓일 때, 'A→B'는?

04 A가 참이고 B의 진릿값을 알지 못할 때, 'A∧B'는?

05 A의 진릿값을 알지 못하고 B가 거짓일 때, 'A→B'는?

06 A가 거짓이고 B도 거짓일 때, '~A∧~B'는?

정답 01 거짓 02 참 03 참 04 알 수 없음 05 알 수 없음 06 참

일상 언어와 명제 논리의 의미 차이

	일상 언어	명제 논리
연언문	선후 ○, 인과 ○	선후 관계 × 단순 연결 ○
선언문	포괄적, 배타적	포괄적 선언만 인정
조건문	논리적 함축 등	단순 함축
쌍조건문	실제적인 함축 등	단순 동치

03 조건문(p → q)

(1) 조건 기호의 특성

조건문은 전건, 후건, 논리적 연결사의 세 부분으로 구성되어 있다. 명제 논리의 조건문은 단순 함축[material implication]의 기능을 지니고 있다. 즉 명제 논리의 조건문은 인과나 논리 등의 실제적인 함축 관계를 나타내는 것이 아니라, 단지 전건이 참이고 후건이 거짓이면, 그 명제는 거짓이라는 것을 나타낸다(p가 참이면서 q가 거짓일 수는 없다.). 즉 전건이 참이면서 후건이 거짓인 경우에, 그리고 오직 그러한 경우에만 조건문은 거짓이 된다는 것이다.

또한 조건문을 상황의 유무 측면에서 조건의 성격을 본다면, 조건은 충분조건, 필요조건, 필요충분조건으로 나눌 수 있다.

(2) 조건문(p → q)의 진리표

전건인 p가 참이고 후건인 q가 거짓일 때만 조건문 'p → q'의 진릿값은 거짓이다. 이때 전건인 p가 거짓인 경우는 후건인 q가 참이든 거짓이든 관계없이, 조건문은 항상 참이 된다는 점을 주의해야 한다.

p	q	p → q
T	T	T
T	F	F
F	T	T
F	F	T

① '선재는 강사이다.'가 참이고 '철수는 학생이다.'가 참이면, '선재가 강사이면 철수는 학생이다.'는 **참**이다.

② '선재는 강사이다.'가 참이고 '철수는 학생이다.'가 거짓이면, '선재가 강사이면 철수는 학생이다.'는 **거짓**이다.

③ '선재는 강사이다.'가 거짓이고 '철수는 학생이다.'가 참이면, '선재가 강사이면 철수는 학생이다.'는 **참**이다.

보충 자료 **전건이 거짓이면, 왜 조건문의 진릿값은 무조건 참일까**

수험생들이 가장 어려워하는 내용 중의 하나이다. 조건문의 정의에 따라, **전건이 참이고 후건이 거짓이면 조건문의 진릿값은 거짓**이 된다. 그런데 왜 **전건이 거짓일 때 조건문은 항상 참이 되는 것일까.** 다음의 예를 생각해 보자.

> 어느 날 복권방을 지나가면서 선재가 영호에게 약속을 했다.
> "영호야, 내가 복권 100억 원에 당첨이 되면(전건), 내가 너에게 1억 원을 줄게(후건)."

(1) 전건이 참인 경우

① 선재가 진짜 100억 원짜리 복권에 당첨이 되었다고(전건이 참) 하자. 선재가 약속대로 영호에게 1억 원을 주면, 선재의 말은 참이 된다. (T → T ➡ T)

② 그런데 선재가 100억 원짜리 복권에 당첨되었는데도 영호에게 1억 원을 주지 않았다면, 선재의 말은 거짓이 된다. (T → F ➡ F)

(2) 전건이 거짓인 경우

① 선재가 100억 원짜리 복권에 당첨되지 않았지만(전건이 거짓), 다른 곳에 투자하여 대박이 났다. 그래서 선재는 기분이 좋아서 영호에게 1억 원을 주었다. (F → T)

② 그리고 선재가 100억 원짜리 복권에는 당첨되지 않았고, 영호에게 1억 원을 주지도 않았다. (F → F)

그렇다면 이 경우, 선재는 거짓말을 한 것일까? 선재가 100억 원짜리 복권에 당첨되었다는 것이 거짓인 경우, 즉 전건이 거짓인 경우에는 영호에게 1억 원을 주든 말든, 선재가 거짓말을 한 것은 아닌 것이다. 따라서 조건문의 진릿값은 전건이 거짓이면 무조건 참이 된다.

04 쌍조건문(p ≡ q)

(1) 쌍조건 기호의 특성

명제 논리의 쌍조건문은 두 조건문을 연언 형태로 연결한 것으로서, 단순 동치 관계를 나타낸다.

(2) 쌍조건문(p ≡ q)의 진리표

쌍조건문은 '(A → B) ∧ (B → A)'를 나타낸다. 따라서 p와 q가 모두 참이거나 모두 거짓일 때, 즉 두 구성 요소의 진릿값이 같으면 쌍조건문 'p ≡ q'는 참이 된다.

p	q	p ≡ q
T	T	T
T	F	F
F	T	F
F	F	T

① '선재는 강사이다.'가 참이고 '철수는 학생이다.'가 참이면, '선재는 강사이고, 그리고 오직 그러한 경우에만 철수는 학생이다.'는 **참**이다.

② '선재는 강사이다.'가 참이고 '철수는 학생이다.'가 거짓이면, '선재는 강사이고, 그리고 오직 그러한 경우에만 철수는 학생이다.'는 **거짓**이다.

05 부정문(~p)

(1) 부정 기호의 특성

부정문은 복합 명제이다. 복합 명제란 '단순 명제 + 논리 연결사'의 구성을 취한다. 따라서 "철수가 학생이라는 것은 사실이 아니다(~A)."라는 문장은 단순 명제 'A'와 부정 기능의 논리 연결사 '~'로 구성되므로, 복합 명제에 속하는 것이다.

또한 연언의 부정은 선언, 선언의 부정은 연언으로 나타난다는 특성이 있다.

개념 확인

01 ㉠~㉢ 중 틀린 판단을 모두 고른 것은?

> ㉠ '훈민이 논리를 듣는다.'가 참이고 '정음이 영어를 듣는다.'가 거짓이면, '훈민은 논리를 듣고 정음은 영어를 듣는다.'는 참이다.
> ㉡ '훈민이 논리를 듣는다.'가 거짓이고 '정음이 영어를 듣는다.'가 참이면, '훈민이 논리를 듣거나 정음이 영어를 듣는다.'는 참이다.
> ㉢ '훈민이 논리를 듣는다.'가 거짓이고 '정음이 영어를 듣는다.'가 참이면, '훈민이 논리를 들으면 정음은 영어를 듣는다.'는 거짓이다.

① ㉠ ② ㉠, ㉡
③ ㉠, ㉢ ④ ㉡, ㉢

정답 ③

(2) 부정문(～p)의 진리표

부정 기호는 단순 긍정 명제와 결합하여 부정의 진릿값을 지닌 복합 명제를 만드는 기능이 있다. 따라서 단순 명제 p의 부정은 항상 p와 반댓값을 갖는다. 즉 p가 참일 때 ~p는 거짓이고, p가 거짓일 때 ~p는 참이다.

P	～P
T	F
F	T

① '선재는 강사이다.'가 **참**이면,
'선재가 강사라는 것은 거짓이다.'는 **거짓**이다.

② '선재는 강사이다.'가 **거짓**이면,
'선재가 강사라는 것은 사실이 아니다.'는 **참**이다.

주관식 확인 60～61쪽

보충 자료 진리표로 논증의 타당성을 평가하기

만약 철수가 열심히 공부했다면, 철수는 국어 시험을 잘 봤을 것이다. 그런데 철수는 국어 시험을 잘 봤다. 그러므로 철수는 열심히 공부했을 것이다.

위의 논증은 두 개의 단순 명제로 구성된 복합 명제이므로, 진리표의 줄은 2^n, 즉 2^2이니까 네 줄이 필요하다.

- 철수가 열심히 공부했다.: A
- 철수가 국어 시험을 잘 봤을 것이다.: B

A	B	A → B 전제 1	B 전제 2	A 결론
T	T	T	T	T
T	F	F	F	T
F	T	T	T	F
F	F	T	F	F

세 번째 줄을 보면, 전제 1과 전제 2가 모두 참인데 결론이 거짓인 경우가 있으므로, 이 논증은 타당하지 않다.

읽기 자료 형식 논리학의 기본 법칙 — 동일률 · 모순율 · 배중률

01 다음 글에서 추론한 내용으로 적절하지 않은 것은?

> 아리스토텔레스는 논리 추론에서 세 가지 추론 또는 사유의 원칙인 동일률(同一律), 모순율(矛盾律), 배중률(排中律)을 지켜야 한다고 말했다.
>
> 첫째, 긍정 판단인 동일률은 'A는 A이다.' 또는 'A=A, A≡A, A⊂A(부분 동일)' 등으로 표시되며 '모든 대상은 그 자체와 같다.'라는 형식 논리학의 근본 원리이다. 또한 동일률은 내용과 표현이 같은 것, 즉 의미와 지시 대상이 같은 것을 의미한다. 가령 '플라톤은 플라톤이다(A=A).'는 분명한 진술이다. 그런데 '플라톤은 철학자이다(A⊂A).'는 외연과 층위를 따진 다음에 부분 동일률이라는 것을 알 수 있다. 반면 '플라톤은 소크라테스이다.'는 동일률을 어긴 것이다.
>
> 둘째, 부정 판단인 모순율은 '~(p∧~p)'로 표시되는데, '어떤 명제와 그 명제의 부정이 동시에 참이거나 동시에 거짓일 수 없다.'라는 추론의 원리이다. 가령 '죽은 것이면서 동시에 사는 것은 불가능하다.'와 같은 부정 판단에서 '죽는다'와 '산다'는 동시에 참이 될 수 없다. 또한 '삼각형은 네 변으로 구성되어 있다.'라는 것은 모순이다. 삼각형이라는 주어에 이미 세 변이라는 것이 함의되어 있으며 주어와 술어가 상치되기 때문이다. 둘 다 거짓일 수 있는 반대와 달리 모순은 하나가 참이면 다른 하나는 거짓이며, 하나가 거짓이면 다른 하나는 참이다. 모순율을 논리 기호로 표시한 '~(p∧~p)'는 모든 명제 p에 대해서, p와 비(非) p가 동시에 참일 수 없다는 것이다. 따라서 동일률의 부정인 'p는 p가 아니다.'는 언제나 거짓인 모순율이다.
>
> 셋째, 선언 판단인 배중률은 '명제의 참과 거짓만 있고 중간은 없다.'라는 추론의 원리이다. 'p or ~p'나 'p∨~p'로 표시되는 배중률에서 상호 모순되는 명제 중 하나는 반드시 참이다. 그 외에 제3의 논릿값이 없다. 바꾸어 말하면, 모순되는 명제의 중간을 없애야 한다는 논리 추론의 방법이다. 가령 '나는 배가 고프다.'라는 명제와 이를 부정한 '나는 배가 고프지 않다.'는 배중률이므로 중간은 없다. 그런데 배중률은 두 명제 중 하나가 참이라고 주장할 뿐, p가 '어떤 내용의 진리인가.'에 대해서 주장하지 않는다.
>
> — 김승환, 〈동일률 · 모순율 · 배중률〉, 《인문학 개념어 사전》

① '거울은 거울이다.'가 참일 경우, 이의 부정은 언제나 거짓인 모순율의 예이다.
② '정삼각형은 삼각형이다.'는 부분 동일률의 예이다.
③ '크지도 않고 작지도 않은 것은 없다.'는 '~(p∧~p)'로 표시되는 모순율이다.
④ '내일 비가 오거나 오지 않을 것이다.'는 '내일 비가 오는 것'과 '내일 비가 오지 않는 것' 중 하나는 반드시 참이다.

01
3문단에 따르면, 모순율은 '~(p∧~p)'로 표시된다. 이는 모든 명제 p에 대해서, p와 ~p가 동시에 참일 수 없다는 것이다. 하지만 '크지 않음'과 '작지 않음'은 동시에 참일 수도 있으므로 ~(p∧~p)로 표시되는 모순율이 아니다.

오답 풀이 ① 동일률은 'A는 A이다.'로 표시되고, 동일률의 부정인 'p는 p가 아니다.'는 언제나 거짓인 모순율이라는 데에서 추론할 수 있다.
② 2문단의 '플라톤은 철학자이다.'에서 '정삼각형은 삼각형이다.'가 부분 동일률임을 추론할 수 있다.
④ '내일 비가 오거나 오지 않을 것이다.'는 'p∨~p'로 표시되는 배중률이다. 마지막 문단을 통해 배중률에서 상호 모순되는 명제 중 하나는 반드시 참임을 알 수 있다.

정답 ③

3 논증의 타당성 판단 ② — 추론 규칙

앞에서 우리는 진리표를 사용하여 논증의 타당성을 확인하는 방식에 대해 학습하였다. 이제 정해진 추론 규칙[rule of inference]에 따라 논증의 타당성을 증명하는 과정을 학습할 차례이다.

논증의 타당성을 판단하는 추론 규칙에는 함축 규칙과 동치 규칙이 있다.
함축 규칙이란 타당한 논증 형식을 통해 전제들로부터 함축된 결론을 이끌어 내는 규칙을 말한다. 이 추론 규칙은 우리의 일상적 사고방식을 형식화한 것으로, 매우 직관적인 추론 방식이다.
또한 동치 규칙이란 제시된 명제를 논리적으로 동치인 명제로 바꾸는 데 사용되는 것으로, 대치 규칙이라고도 한다.

추론 능력을 키우려면 다음에 제시된 함축 규칙과 동치 규칙을 사용하여 타당한 결론을 도출하는 연습을 많이 해야 한다. 또한 이를 위해서는 어떤 전제를 추가해야 하는지도 논리적으로 판단하는 연습을 꾸준히 해야 한다.

함축 규칙
명제 논리 형태로 된 옳은 추론은 함축 규칙만 사용해도 대부분 증명이 됨.

01 타당한 논증 형식 ① — 함축 규칙

(1) 전건 긍정식 제거	(2) 후건 부정식	(3) 가언 삼단 논법
$p \to q$ p ─── $\therefore q$	$p \to q$ $\sim q$ ─── $\therefore \sim p$	$p \to q$ $q \to r$ ─── $\therefore p \to r$
(4) 연언지 단순화 제거	**(5) 연언화 도입**	**(6) 선언 삼단 논법(선언지 제거법)**
$p \land q$ ─── $\therefore p$ $p \land q$ ─── $\therefore q$	p q ─── $\therefore p \land q$	$p \lor q$ $\sim p$ ─── $\therefore q$
(7) 선언지 첨가법 도입	**(8) 단순 양도 논법**	**(9) 흡수 규칙**
p ─── $\therefore p \lor q$	$p \lor q$ $p \to r$ $q \to r$ ─── $\therefore r$	$p \to q$ ─── $\therefore p \to (p \land q)$

(1) 전건 긍정식[modus ponens]: 조건언 제거

p → q p	만약 비가 온다면, 땅이 젖을 것이다. 비가 온다.	 전건 긍정
∴ q	∴ 땅이 젖을 것이다.	결론: 타당함

① 조건문의 앞 문장인 전건을 긍정하여 뒤 문장인 후건을 도출하는 추론 규칙이다. 앞에서 학습한 진리표에 따르면, 'p → q'가 참일 경우, 전건이 참이면 후건이 거짓일 수는 없다. 따라서 전건 p가 참이므로, 결론 q가 참으로 도출되는 것이다.

② 그러나 후건을 긍정하면 반드시 참인 결론을 도출할 수 없으므로, 후건 긍정을 통한 결론 도출은 타당하지 않다.(후건 긍정의 오류)

예 만약 비가 온다면, 땅이 젖을 것이다. — 전제 1
땅이 젖었다. — 전제 2: 후건 긍정
그러므로 비가 왔을 것이다. — 결론: 타당하지 않음. 후건 긍정의 오류

(2) 후건 부정식[modus tollens]

p → q ~q	만약 비가 온다면, 땅이 젖을 것이다. 땅이 젖지 않았다.	 후건 부정
∴ ~p	∴ 비가 오지 않았을 것이다.	결론: 타당함

① 조건문의 후건을 부정하여 전건의 부정을 도출하는 추론 규칙이다. 첫 번째 전제가 p라는 조건이 주어지면 q라는 결과가 나온다고 주장하는데, q라는 결과가 나오지 않았으므로 결론적으로 p라는 조건도 주어지지 않았다고 추론하는 것이다.

② 그러나 전건을 부정하여 결론을 도출하는 방식은 타당하지 않다. (전건 부정의 오류)

예 만약 비가 온다면, 땅이 젖을 것이다. — 전제 1
비가 오지 않았다. — 전제 2: 전건 부정
그러므로 땅이 젖지 않았을 것이다. — 결론: 타당하지 않음. 전건 부정의 오류

(3) 가언 삼단 논법[hypothetical syllogism]

p → q q → r	만약 비가 온다면, 땅이 젖을 것이다. 만약 땅이 젖는다면, 길이 미끄러울 것이다.
∴ p → r	∴ 만약 비가 온다면, 길이 미끄러울 것이다.

가언 삼단 논법(가정적 삼단 논법)은 조건 명제에 의존한다. 이 규칙은 조건 삼단 논법과 연쇄 논법이 결합한 것으로, 조건 삼단 논법의 발전된 형식이라고 할 수 있다.

개념 확인

01 다음 진술이 모두 참일 때 반드시 참인 것은? 인혁처 1차 예시 문제

- 오 주무관이 회의에 참석하면, 박 주무관도 참석한다.
- 박 주무관이 회의에 참석하면, 홍 주무관도 참석한다.
- 홍 주무관이 회의에 참석하지 않으면, 공 주무관도 참석하지 않는다.

① 공 주무관이 회의에 참석하면, 박 주무관도 참석한다.
② 오 주무관이 회의에 참석하면, 홍 주무관은 참석하지 않는다.
③ 박 주무관이 회의에 참석하지 않으면, 공 주무관은 참석한다.
④ 홍 주무관이 회의에 참석하지 않으면, 오 주무관도 참석하지 않는다.

정답 ④

(4) 연언지 단순화[simplification]

p∧q	철수는 국어를 잘하고 영어를 잘한다.
∴ p	∴ 철수는 국어를 잘한다. (철수는 영어를 잘한다.)

말 그대로 논증을 단순화하는 것이다. 앞에서 학습한 진리표에 따르면, 연언문인 'p∧q'가 참이 되는 경우는 p와 q가 모두 참인 경우이다. 따라서 이 전제로부터 우리는 각각의 단순 명제가 참임을 추론할 수 있다.

(5) 연언화[conjunction]

p q	철수는 국어를 잘한다. 철수는 영어를 잘한다
∴ p∧q	∴ 철수는 국어를 잘하고, 영어를 잘한다.

연언화는 두 개의 전제를 하나로 묶는 논증 방식이다. 이 규칙은 연언문을 결론으로 얻기 위해, 연언문을 구성하는 각각의 단순 명제가 참이라는 전제를 확보해야 한다는 것을 말해 준다. 즉 'p∧q'가 참이 되기 위해서는 p와 q 각각이 참이라는 전제를 확보해야 하는 것이다.

(6) 선언 삼단 논법[disjunctive syllogism](선언지 제거법)

p∨q ~p	오늘은 비가 오거나 눈이 올 것이다. 오늘은 비가 오지 않았다.
∴ q	∴ 오늘은 눈이 올 것이다.

① 이 논증 형식은 두 개의 조건이 주어지고 그중 하나가 부정되므로 나머지 하나의 조건이 결론적으로 긍정된다는 것을 보여 준다.

② 선언문의 정보는 연언문의 정보에 비해 상대적으로 약한 정보이다. 왜냐하면 '눈이 오고 비가 온다.'라는 연언문이 참이라면 우리는 바로 '따라서 눈이 오는 것은 참이다.'라는 정보를 추론할 수 있다. 그러나 '눈이 오거나 비가 온다.'라는 선언문이 참이라고 해서 '눈이 오는 것이 참이다.'라는 정보를 추론할 수는 없다.
이처럼 우리는 선언문만 가지고는 확정적인 정보를 도출할 수는 없다. 따라서 선언문이 나올 때는 선언지 제거나 양도 논법 등을 통해서 확정적 정보를 얻는 과정을 취하는 것이 일반적이다.

③ 또한 논증에서 쓰이는 선언문은 포괄적 선언문이기 때문에, 선언지 중 하나를 긍정한다고 해서 나머지가 부정되지는 않는다. (선언지 긍정의 오류)

예 오늘은 비가 오거나 눈이 온다.
오늘은 비가 온다. 따라서 오늘은 눈이 오지 않는다. → 선언지 긍정의 오류

(7) 선언지 첨가법[addition]

p	오늘은 비가 온다.
∴ p∨q	∴ 오늘은 비가 오거나 눈이 온다.

선언지 첨가법은 전제에 또 다른 명제를 더해서 결론을 도출하는 방식이다. 진리표에 따라, 결론인 'p∨q'가 참임을 증명하기 위해서는 p나 q 중 하나만 참이라는 정보를 확보하면 된다.

(8) 단순 양도 논법[dilemma]

p∨q p→r q→r	공무원 논리 시험은 쉽게 나오거나 어렵게 나올 것이다. 철수는 논리 시험이 쉽게 나와도 공부를 한다. 철수는 논리 시험이 어렵게 나와도 공부를 한다.
∴ r	∴ 철수는 공부를 한다.

① 양도 논법은 전건 긍정식 두 개가 복합적으로 결합된 형식이다. 이 규칙은 전건 긍정식 두 개를 연접해 놓은 것이다.

② 양도 논법(딜레마)은 다양한 형식으로 변형될 수 있다(구성적 양도 논법, 파괴적 양도 논법 등).

예 철수는 일행직을 준비하거나 소방직을 준비한다. p∨q
만일 철수가 일행직을 준비한다면, 일행직 공무원이 될 것이다. p→r
만일 철수가 소방직을 준비한다면, 소방직 공무원이 될 것이다. q→s
∴ 철수는 일행직 공무원이 되거나 소방직 공무원이 될 것이다. ∴ r∨s

(9) 흡수 규칙[absorption]

p→q	비가 오면 땅이 젖는다.
∴ p→(p∧q)	∴ 만약 비가 오면, 비가 오고 땅이 젖을 것이다.

조건문은 후건에 전건을 연접해도 타당하다는 추론 형식을 말한다.

주관식 확인 62~65쪽

보충 자료 **선언 기호를 이용하여 경우의 수를 표현하기**

A와 B 중의 하나를 선발하는 것에 대한 정보를 기호화하는 방법은 다음과 같다.

1. A와 B 가운데 적어도 하나는 참이다(성립한다). ➡ A∨B
2. A와 B 가운데 적어도 한 사람은 뽑는다. ➡ A∨B 또는 ~(~A∧~B)
3. A와 B 가운데 정확히 한 사람을 뽑는다. ➡ (A∨B)∧~(A∧B)
또는 (A∧~B)∨(~A∧B)

파괴적 양도 논법

~p∨~q
r→p
s→q
∴ ~r∨~s

개념 확인

01 가~다를 전제로 할 때 빈칸에 들어갈 결론으로 가장 적절한 것은?
2025 국가직 9급

가 인공 일반 지능이 만들어지거나 인공 지능 산업이 쇠퇴한다.
나 인공 일반 지능이 만들어지면, 인간의 생활이 편리해지는 동시에 많은 사람이 직장을 잃는다.
다 인공 지능 산업이 쇠퇴하면, 많은 사람이 직장을 잃는 동시에 세계 경제가 침체된다.
따라서 [ ].

① 세계 경제가 침체된다
② 인간의 생활이 편리해진다
③ 많은 사람이 직장을 잃는다
④ 인간의 생활이 편리해지고 세계 경제가 침체된다

정답 ③

02 타당한 논증 형식 ② — 대치 규칙

논리적 동치[logically equivalence]는 **각 명제의 진릿값이 모든 경우에 일치하는 명제들의 관계**를 말한다. 이 명제들은 진릿값이 모든 경우에 똑같기 때문에 언제든지 바꾸어 사용할 수 있다. 이러한 논리적 동치 관계를 이용하여 서로 대치하는 경우를 **대치 규칙**이라고 하는데, 시험에서 유용하게 쓰이는 열 가지를 소개하도록 한다.

(1) 이중 부정	(2) 동어 반복(한마디법)	(3) 교환 법칙(치환)
$\sim\sim p \equiv p$	① $p \equiv (p \wedge p)$ ② $p \equiv (p \vee p)$	① $(p \wedge q) \equiv (q \wedge p)$ ② $(p \vee q) \equiv (q \vee p)$
(4) 결합 법칙	**(5) 분배 법칙**	**(6) 수출입 법칙(전건 규칙)**
① $(p \wedge q) \wedge r \equiv p \wedge (q \wedge r)$ ② $(p \vee q) \vee r \equiv p \vee (q \vee r)$	① $p \wedge (q \vee r) \equiv (p \wedge q) \vee (p \wedge r)$ ② $p \vee (q \wedge r) \equiv (p \vee q) \wedge (p \vee r)$	$(p \wedge q) \rightarrow r \equiv p \rightarrow (q \rightarrow r)$
(7) 드모르간 법칙	**(8) 대우 규칙**	**(9) 단순 함축(조건문의 정의)**
① $\sim(p \wedge q) \equiv \sim p \vee \sim q$ ② $\sim(p \vee q) \equiv \sim p \wedge \sim q$	$p \rightarrow q \equiv \sim q \rightarrow \sim p$	$p \rightarrow q \equiv \sim(p \wedge \sim q)$ $p \rightarrow q \equiv \sim p \vee q$
(10) 쌍조건문(단순 동치)		
$p \leftrightarrow q \equiv (p \rightarrow q) \wedge (q \rightarrow p)$		

(1) 이중 부정[double negation]

$\sim\sim p \equiv p$	철수가 공무원이 아니라는 것은 거짓이다. ≡ 철수는 공무원이다.

이중 부정은 명제를 부정한 다음에 이를 다시 부정해서 얻어진 명제는 원래의 명제와 진릿값이 같다는 것이다. 즉 전제인 '~~p'는 p가 거짓인 것은 아님을 나타내므로, 이러한 전제로부터 p가 참이라는 것을 추론할 수 있다.

(2) 동어 반복[tautology]

① $p \equiv (p \wedge p)$ ② $p \equiv (p \vee p)$	철수는 공무원이다. ≡ 철수는 공무원이고 그리고 철수는 공무원이다. ≡ 철수는 공무원이거나 철수는 공무원이다.

같은 명제 형식을 연언과 선언에 의해서 되풀이해도 진릿값은 변하지 않는다는 것을 말한다.

개념 확인

01 먼 은하계에 X, 알파, 베타, 감마, 델타 다섯 행성이 있다. X 행성은 매우 호전적이어서 기회만 있으면 다른 행성을 식민지화하고자 한다. 다음 진술이 참이라고 할 때, X 행성이 침공할 행성을 모두 고르면?

2005 국가공무원 5급 PSAT

> ㉠ X 행성은 델타 행성을 침공하지 않는다.
> ㉡ X 행성은 베타 행성을 침공하거나 델타 행성을 침공한다.
> ㉢ X 행성이 감마 행성을 침공하지 않는다면 알파 행성을 침공한다.
> ㉣ X 행성이 베타 행성을 침공한다면 감마 행성을 침공하지 않는다.

① 베타 행성
② 감마 행성
③ 알파와 베타 행성
④ 알파와 감마 행성
⑤ 알파와 베타와 감마 행성

정답 ③

(3) 교환 법칙[commutativity]

① $(p \wedge q) \equiv (q \wedge p)$	철수는 결혼을 하고, 아이를 낳았다. ≡ 철수는 아이를 낳고, 결혼을 하였다.
② $(p \vee q) \equiv (q \vee p)$	철수는 밥을 먹었거나 빵을 먹었다. ≡ 철수는 빵을 먹었거나 밥을 먹었다.

교환 법칙이란 연언지와 선언지의 위치를 바꾸어도 논리적 동치가 성립한다는 추론 형식이다. 단, 조건문은 전건과 후건의 위치를 바꾸면 논리적 동치가 성립되지 않는다.

(4) 결합 법칙[associativity]

① $(p \wedge q) \wedge r \equiv p \wedge (q \wedge r)$	(비가 오고 눈이 오고) 그리고 길이 미끄럽다. ≡ 비가 오고 그리고 (눈이 오고 길이 미끄럽다.)
② $(p \vee q) \vee r \equiv p \vee (q \vee r)$	(비가 오거나 눈이 오거나) 또는 길이 미끄럽다. ≡ 비가 오거나 또는 (눈이 오거나 길이 미끄럽다.)

연언 기호만으로 또는 선언 기호만으로 연결되어 있는 복합 명제는 어떤 방식으로 연합해도 그 진릿값은 같다는 규칙이다.

(5) 분배 법칙[distribution]

① $p \wedge (q \vee r) \equiv (p \wedge q) \vee (p \wedge r)$	비가 오고 그리고 눈이 오거나 길이 미끄럽다. ≡ 비가 오고 눈이 오거나, 비가 오고 길이 미끄럽다.
② $p \vee (q \wedge r) \equiv (p \vee q) \wedge (p \vee r)$	비가 오거나 또는 눈이 오고 길이 미끄럽다. ≡ 비가 오거나 눈이 오고, 비가 오거나 길이 미끄럽다.

연언과 선언을 모두 포함하는 명제 형식을 재정렬하는 방식을 나타내는 규칙이다.

(6) 수출입 법칙[exportation]: 이출, 이입 원리

$(p \wedge q) \rightarrow r$ $\equiv p \rightarrow (q \rightarrow r)$	비가 오고 눈이 오면, 길이 미끄럽다. ≡ 만약 비가 오는 경우, 눈이 온다면 길이 미끄럽다.

조건언의 전건을 구성하고 있는 연언문 중 하나의 연언지를 후건으로 보내는 방식이다. 즉 p와 q라는 조건하에서 r이라는 주장을 하는 것은, p라는 조건하에서 'q이면 r이다.'라는 조건부 주장을 하는 것과 같다.

개념 확인

01 다음 중 부당한 추론인 것은?

① 만약 민수가 기독교인이라면, 민수는 교회에 다닐 것이다. 따라서 민수가 교회에 다닌다면 민수는 기독교인일 것이다.
② 외교 관계가 불안정하면 경제 성장률은 상승하지 않을 것이다. 그러나 경제 성장률이 상승했으므로 외교 관계가 안정되었음이 틀림없다.
③ 농구 선수가 달리기 속도가 느리거나 높은 점프가 불가능하면 경기에서 이길 수 없다. 농구 선수가 경기에서 이겼다. 그러므로 농구 선수는 점프를 높게 할 수 있을 것이다.
④ 아빠의 말이 사실이라면 엄마의 말도 사실이다. 왜냐하면 아빠의 말이 사실이라면 동생의 말도 사실이기 때문이다. 또한 엄마의 말이 사실이 아니라면 동생의 말이 사실이 아니기 때문이다.

정답 ①

조건문과 연관된 동치 규칙

→ 18쪽 참고

① 조건문이 참인 경우 = 전건이 참이면서 후건이 거짓인 경우는 없다.

$A \rightarrow B = \sim(A \wedge \sim B)$ $= \sim A \vee B$

② 조건문이 거짓인 경우 = 전건이 참이면서 후건이 거짓인 경우이다.

$\sim(A \rightarrow B) = A \wedge \sim B$

(7) 드모르간 법칙[De Morgan's rule]

① $\sim(p \wedge q) \equiv \sim p \vee \sim q$	철수가 월요일과 화요일에 모두 쉰다는 것은 거짓이다. ≡ 철수는 월요일에 쉬지 않거나 화요일에 쉬지 않는다.
② $\sim(p \vee q) \equiv \sim p \wedge \sim q$	철수가 월요일 또는 화요일에 쉰다는 것은 거짓이다. ≡ 철수는 월요일에 쉬지 않고 화요일에도 쉬지 않는다.

연언 명제의 부정은 선언 명제로, 선언 명제의 부정은 연언 명제로 나타낼 수 있다.

① $\sim(p \wedge q) \equiv \sim p \vee \sim q$

둘 다 참인 것은 아니다, 적어도 하나는 거짓이다, 둘 다는 아니다(not both)

② $\sim(p \vee q) \equiv \sim p \wedge \sim q$

적어도 하나가 참인 것은 아니다, 둘 다 거짓이다, ~도 아니고 ~도 아니다(neither, nor)

(8) 대우 규칙[transposition]

$p \rightarrow q \equiv \sim q \rightarrow \sim p$	비가 오면 땅이 젖는다. ≡ 땅이 젖지 않았다면 비가 오지 않았을 것이다.

교환 법칙은 연언과 선언에는 성립하지만 조건문에는 적용되지 않는다. 조건문에 대하여 교환식이 성립하기 위해서는 전건과 후건을 모두 부정해야 한다.

(9) 단순 함축[material implication](조건문의 정의)

$p \rightarrow q \equiv \sim(p \wedge \sim q)$	비가 오면 땅이 젖는다. ≡ 비가 오면서 땅이 젖지 않았다는 것은 거짓이다.

조건문 '$p \rightarrow q$'의 의미는 p인 경우, 반드시 q가 도출된다는 것이다. 즉 전건인 p가 참이면서 후건인 q가 거짓인 경우는 없다는 것이다. 이것을 기호화한 것이 바로 '$\sim(p \wedge \sim q)$: p이면서 q가 아닌 경우는 거짓이다.'이고, 이를 단순 함축(실질 함축)이라고 한다.

즉 '$p \rightarrow q \equiv \sim(p \wedge \sim q)$'이므로, 여기에 다시 드모르간 법칙을 적용하면 '$\sim p \vee q$'가 된다. 따라서 '$p \rightarrow q \equiv \sim(p \wedge \sim q) \equiv \sim p \vee q$'가 성립하는데, 이 대치 규칙은 조건문을 선언문으로, 선언문을 조건문으로 바꿀 때 유용하게 쓰인다.

(10) 쌍조건문[material equivalence](단순 동치)

$p \leftrightarrow q$ $\equiv (p \rightarrow q) \wedge (q \rightarrow p)$ $\equiv (\sim p \vee q) \wedge (\sim q \vee p)$	비가 오면, 오직 그러한 경우에만 땅이 젖는다. ≡ 비가 오면 땅이 젖고, 그리고 땅이 젖으면 비가 온다.

쌍조건문의 명제를 조건문과 선언의 명제로 바꾸는 방식을 말한다.

주관식 확인 66~69쪽

보충 자료 부정 도입 규칙(귀류법)

만약 A를 참이라고 가정하고 추론을 진행했을 때, 모순적인 결론이 도출되면 어떤 판단을 할 수 있을까.

그렇다면 전제에서 가정한 A가 참이 아니라는 판단을 내릴 수 있을 것이다. 즉 A를 참이라고 가정했을 때, B가 참이면서 ~B도 참이라는 결론을 얻었다면, 전제인 A가 거짓이라고 판단할 수 있는 것이다.

귀류법이란 어떤 결론을 확립하기 위해서 그것의 부정을 가정한 후, 이로부터 모순을 이끌어 냄으로써 간접적으로 그 결론을 확립하는 추론 방법이다.

즉 부정 문장 '~X'를 증명하기 위해서 'X'를 가정한 뒤, 여기서 모순을 이끌어 낸 후 '~X'를 타당한 결론으로 판단하는 것이다.

연습 ①~③에 들어갈 알맞은 내용을 쓰시오.

$p \rightarrow q$
$\sim q$
―――――
$\therefore \sim p$

이 논증은 다음의 과정을 통해 타당성을 증명할 수 있다.

1. $p \rightarrow q$	전제
2. $\sim q$	전제
3. p	가정
4. q	①
5. $q \wedge \sim q$	②
6. $\sim p$	③

정답
① 1, 3, 전건 긍정식(조건언 제거)
② 2, 4, 연언화(연언지 도입)
③ 부정 도입(모순적 결론 도출이므로, 가정된 p는 거짓임.)

03 충분조건과 필요조건

조건문에서 상황의 유무 측면으로 조건의 성격을 본다면, 조건은 충분조건, 필요조건, 필요충분조건으로 나눌 수 있다.

(1) 충분조건

전건 p가 존재한다면 후건 q가 필연적으로 존재할 때, p는 q의 충분조건이라고 한다. 그런데 전건 p가 존재하지 않는다면, 후건 q는 존재할 수도 있고 존재하지 않을 수도 있다.

비가 오면 땅이 젖는다. p → q	• p가 존재하면 반드시 q가 존재한다. • p는 q이기 위한 충분조건이다. • p라는 전제하에 q도 성립한다.

(2) 필요조건

후건 q가 존재하지 않는다면 전건 p도 필연적으로 존재하지 않을 때, q는 p의 필요조건이라고 한다. 즉 전건 p이기 위해서는 q가 반드시 필요하다는 것을 의미한다.

땅이 젖지 않으면 비가 오지 않았다. ~q → ~p	• q가 존재하지 않으면 p도 존재하지 않는다. • q는 p이기 위한 {필요조건/필수적 요건}이다. • p이기 위해서는 q이어야만 한다. • q이어야만 p이다. • 오직 q인 경우에만 p가 성립한다.

(3) 필요충분조건

만일 p가 존재하면 q도 존재하고, 만일 p가 존재하지 않으면 q도 존재하지 않을 때, 전건 p를 후건 q의 필요충분조건이라고 한다. 그러므로 필요충분조건은 'p이면 q'와 'q이면 p'를 동시에 주장하는 것, 즉 '$(p \to q) \land (q \to p)$'로 기호화할 수 있으며, 이를 간단히 '$p \leftrightarrow q$'로 나타낸다.

예 수요는 공급의 필요충분조건이다. 수요가 있으니 공급이 있게 되고, 수요가 없으면 공급도 없게 되기 때문이다.

주의 다음의 두 문장은 구별해서 기호화해야 한다.

❶ 고온에서 저온으로 열의 이동이 발생할 경우, 열에서 동력을 얻을 수 있다.
p → q　p는 q의 충분조건이다.

❷ 고온에서 저온으로 열의 이동이 발생할 경우에만 열에서 동력을 얻을 수 있다.
p ← q　p는 q의 필요조건이다.

❶은 '$p \to q$'로 기호화하면 되지만, ❷는 이렇게 기호화하면 안 된다. 왜냐하면 ❷는 '고온에서 저온으로 열의 이동이 발생하지 않는다면, 열에서 동력을 얻을 수 없다.'라는 의미이기 때문이다. 따라서 이 문장은 '$\sim p \to \sim q$'로 기호화해야 하며, 이는 대우 규칙에 따라 '$q \to p$'로 나타낼 수 있다.

개념 확인

01 다음 중 옳지 않은 진술은?

① 날씨가 추워지기 위한 필요충분조건은 폭우가 내리는 것이다. 그러므로 날씨가 추워지지 않으면, 폭우도 내리지 않는다.
② 철수의 주장이 참이 아니면, 영희의 주장도 항상 참이 아니다. 그러므로 철수의 주장이 참인 것은 영희의 주장이 참이기 위한 필요조건이다.
③ 내 일을 끝마치는 것은 나가서 놀기 위해 충분한 조건이지 필요한 조건이 아니다. 따라서 나가서 놀지 못했다면 내 일을 끝마치지 못한 것이다.
④ 증인이 법정에서 증언한다면, 피고의 혐의는 인정되지 않을 것이다. 따라서 피고의 혐의가 인정되는 것은 증인이 법정에서 증언을 하는 것의 필요조건이다.

정답 ④

연습 문제

01 '충분조건, 필요조건, 필요충분조건' 중 ㉠과 ㉡에 들어갈 알맞은 말을 넣으시오.

> 충분조건과 필요조건은 수학이나 논리학에 나오는 개념이지만 일상생활에서도 자주 쓰인다. 단일화를 한다고 해서 곧바로 승리하는 것은 아니지만 승리하기 위해서는 단일화를 해야만 한다는 말은 단일화를 하는 것은 승리하기 위한 [㉠]이지만, [㉡]은 아니라는 뜻이다.

02~04 빈칸에 '충분조건, 필요조건, 필요충분조건' 중 알맞은 말을 넣으시오.

02 마찰하면 반드시 열이 발생하게 되지만 마찰하지 않았다 하여 열이 발생하지 않는 것은 아니다. 왜냐하면 열은 마찰 외에 전기, 태양광선, 불 등에 의해 발생할 수 있기 때문이다. 따라서 '마찰'은 '열이 발생'하는 [ ]이/가 된다.

03 공부를 잘하지 않는다면 필연적으로 대학에 합격할 수 없다. 하지만 또 공부를 잘했다 하여 꼭 대학에 합격하는 것은 아니다. 따라서 '공부를 잘하는 것'은 '대학에 합격'하기 위한 [ ]이/가 된다.

04 '삼각형의 세 각은 같다.'는 '삼각형의 세 변은 같다.'의 [ ]이다. 왜냐하면 삼각형의 세 각이 같으면 삼각형의 세 변도 같게 되고, 삼각형의 세 각이 같지 않으면 삼각형의 세 변도 같지 않게 되기 때문이다.

05~06 다음 명제를 참이라고 전제할 때, 도출되는 명제의 참과 거짓 여부를 판단하시오.

05

> 뇌의 특정 부위에 활동이 증가하면 산소를 수송하는 헤모글로빈의 비율이 그 부위에 증가한다.

① 뇌의 특정 부위에 활동이 증가했다는 사실만으로도 그 부위에 산소를 수송하는 헤모글로빈의 비율이 증가한다는 것을 알 수 있다. 참 | 거짓

② 헤모글로빈의 비율이 증가하지 않았다면 뇌의 특정 부위의 활동 역시 증가하지 않았을 것이다. 참 | 거짓

③ 오직 뇌의 특정 부위에 활동이 증가해야만 그 부위에 산소를 수송하는 헤모글로빈의 비율이 증가할 것이다. 참 | 거짓

06

> 경제 원리라는 과학적 요소만 고려해서는 현실의 경제 정책은 성공할 수 없다.

① 현실의 경제 정책이 성공하려면 경제 원리라는 과학적 요소를 포함한 다른 것도 고려해야 한다. 참 | 거짓

② 경제 원리라는 과학적 요소의 고려는 현실의 경제 정책이 성공하기 위한 충분조건이 아니다. 참 | 거짓

정답

01 ㉠ 필요조건 ㉡ 충분조건
02 충분조건
03 필요조건
04 필요충분조건
05 ① 참 ② 참 ③ 거짓
06 ① 참 ② 참

CHAPTER 03

정언 논리

1 정언 논리의 개념과 구성

01 정언 논리의 개념

명제 논리는 논증을 구성하는 기본 단위인 명제를 바탕으로 논증의 타당성이 결정된다. 정언 논리[categorical logic] 체계는 명제 자체가 아니라 명제를 이루는 주어나 술어 같은 명제의 구성 요소의 형식에 따라 논증의 타당성을 판단하는 것으로, 명제를 구성하는 단어들의 관계와 배열을 살펴보는 논리 체계를 말한다.

02 정언 명제의 구성

정언 명제[categorical proposition]란 주어와 술어 간의 포함과 배제 관계를 서술하는 명제로, 대상이 어떤 성질을 가지고 있다(또는 가지고 있지 않다)고 판단한다. 즉 주어에 의해 지시되는 집합의 전부 또는 일부가 술어에 의해 지시되는 집합에 의해 포함되거나 배제되어 있음을 주장하는 진술이다.

예를 들어 '모든 사람은 동물이다.'라는 명제는 '모든 사람'이 '동물'이라는 성질을 가지고 있다고 단정하는 판단을 하는 정언 명제이다. 즉 주어인 '사람'에 의해서 지시되는 집합의 전체가 술어인 '동물'에 의해서 지시되는 집합에 포함되어 있음을 나타내는 것이다.

정언 명제는 주어, 술어, 연결사, 양화사로 구성된다. 이때 주어(s)는 판단의 대상을, 술어(p)는 판단의 성질을 나타낸다. 연결사는 대상과 성질과의 관계를 표시하는 것으로, 긍정과 부정(이다/아니다)을 나타낸다. 양화사는 주어의 수량이나 범위를 나타낸다.

주부: 양(전칭, 특칭)		술부: 질(긍정, 부정)	
(모든/어떤)	s는	p	(이다/아니다)
양화사	주어	술어	연결사

03 정언 명제의 유형

(1) 정언 명제의 표준 형식

정언 명제는 양과 질에 따라 네 가지의 표준 형식으로 나타낼 수 있다.

표준 형식		양/질	명제 유형	
모든 s는 p이다.	All A are B.	전칭 긍정	A	*affirmo(긍정)
모든 s는 p가 아니다.	No A is B.	전칭 부정	E	*nego(부정)
어떤 s는 p이다.	Some A are B.	특칭 긍정	I	*affirmo(긍정)
어떤 s는 p가 아니다.	Some A are not B.	특칭 부정	O	*nego(부정)

개념 확인

[01~05] 다음의 일상적 문장들을 정언 명제의 표준 형식으로 바꾸시오.

01 어느 누구도 영원히 젊지 않다.
→ ______

02 수험생들은 다 선재국어 수업을 듣는다.
→ ______

03 여학생들만 논리 수업을 듣는다.
→ ______

04 욕심이 많은 사람들이 있다.
→ ______

05 오직 친구들만 초대되었다.
→ ______

정답 01 모든 사람은 영원히 젊은 사람이 아니다.
02 모든 수험생은 선재국어 수업을 듣는 사람이다.
03 모든 논리 수업을 듣는 사람은 여학생이다. / 어떤 남학생도 논리 수업을 듣는 사람이 아니다.
04 어떤 사람들은 욕심이 많은 사람들이다.
05 모든 초대된 사람들은 친구들이다.

① 전칭 긍정 명제는 대상의 전부가 어떤 성질을 가지고 있다고 판단하는 명제이다. 즉 주어 집합의 전체가 술어 집합에 포함되어 있음을 주장한다.

예 모든 사람은 동물이다.

② 전칭 부정 명제는 대상의 전부가 어떤 성질을 가지고 있지 않다고 판단하는 명제이다. 즉 주어 집합의 전체가 술어 집합에 포함되어 있지 않다는 것을 주장한다.

예 • 모든 사람은 무생물이 아니다.
• 어떤 사람도 무생물이 아니다.

③ 특칭 긍정 명제는 일부 대상이 어떤 성질을 가지고 있다고 판단하는 명제이다. 즉 주어 집합의 원소 중 한 개 이상의 원소가 술어 집합에 포함되어 있음을 주장한다.

예 어떤 사람은 공무원이다.

④ 특칭 부정 명제는 일부 대상이 어떤 성질을 가지고 있지 않다고 판단하는 명제이다. 즉 주어 집합의 원소들 중 한 개 또는 그 이상의 원소가 술어 집합에 속해 있지 않다는 것을 주장한다.

예 어떤 사람은 공무원이 아니다.

일상 언어의 변형

① 주어에 양화사(모든/어떤)가 없거나 표준 형식이 아닌 경우
→ 양화사 넣기

예 • 에메랄드는 녹색 보석이다.
→ 모든 에메랄드는 녹색 보석이다.
• 그 동물원에는 사자가 있다.
→ 어떤 사자는 그 동물원에 있는 사자이다.
• 몇몇 군인은 애국심이 있다.
→ 어떤 군인은 애국심이 있는 군인이다.
• 철수는 공단기 수강생이다.
→ 철수와 동일한 모든 사람은 공단기 수강생이다.

② 술어가 명사(형)가 아닌 경우
→ 명사형으로 바꾸기

예 • 어떤 학생은 성실하다. → 어떤 학생은 성실한 학생이다.
• 어떤 강아지는 잠이 많다.
→ 어떤 강아지는 잠이 많은 강아지이다.

③ 조건 명제일 경우
→ 전칭 긍정 명제와 전칭 부정 명제로 바꾸기

예 • 모든 토끼는 빠른 동물이다.
→ 만약 그것이 토끼라면 그것(토끼)은 빠르다.
• 모든 거북이는 빠른 동물이 아니다. → 만약 그것이 거북이라면 그것(거북이)은 빠르지 않다.

보충 자료 **전칭 명제에 대한 입장의 차이: 존재 함축**

아리스토텔레스의 전통적 해석은 전칭 명제의 주어에 해당하는 집합 s의 원소가 실제로 존재한다고 가정한다. 이를 존재 함축[existential import]이라고 한다.

반면 현대적 해석은 전칭 명제의 주어 집합 s의 존재 여부에 대해서 중립적인 태도를 취한다. 예를 들어 '모든 용은 뿔이 있는 동물이다.'라는 명제를 살펴보자. 용이 실제로 존재한다면 이 명제는 '어떤 용은 뿔이 있다.'를 함축하지만, 용이 실제로 존재하지 않는다면 함축 관계는 성립되지 않는다.

또 다른 예를 보자. '이 땅을 침범하는 모든 사람들은 재판에 넘겨진다.'라는 명제는 어떤 사람이 땅을 침범한다면 처벌된다는 의미이지, 반드시 어떤 침범자가 실제로 존재한다는 의미는 아니다.

따라서 현대적 해석은 전칭 긍정 명제와 전칭 부정 명제를 조건 명제로 이해한다. 즉 "만약 어떤 것이 s의 원소라면, 그것은 p의 원소[이다/아니다]."로 이해하는 것이다.

이러한 존재 함축의 가정 여부에 따라 정언 명제들 간의 함축 관계가 다르게 정의되는데, 수험에서 사용하는 대당 사각형은 일반적으로 전통적 관계(존재 함축)를 기반으로 출제된다.

2 대당 사각형

대당 사각형

정언 명제들의 논리적 관계를 도식화하여 보여 줌.

01 정언 명제들의 진리 관계 — 대당 사각형

정언 명제들 사이의 진위 관계를 대당 관계라고 한다. 대당 사각형이란 네 가지 형식의 정언 명제를 도식화한 것으로, 각 정언 명제들의 논리적 관계를 직관적으로 파악할 수 있게 한다(여기서는 전통적 관점에 따른 대당 사각형을 소개한다.).

* 대당 사각형

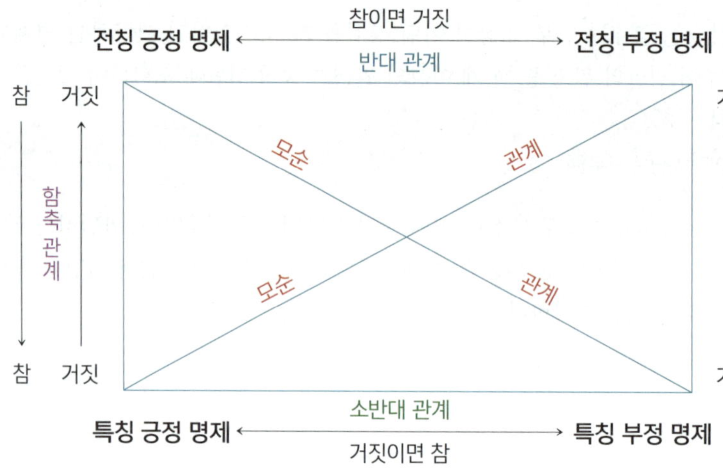

- 전칭 긍정 명제와 특칭 부정 명제는 모순 관계 ⟶ 참이면 거짓, 거짓이면 참
- 전칭 긍정 명제와 전칭 부정 명제는 반대 관계 ⟶ 참이면 거짓, 거짓이면 알 수 없음(동시에 참일 수 없다.).
- 특칭 긍정 명제와 특칭 부정 명제는 소반대 관계 ⟶ 거짓이면 참, 참이면 알 수 없음(동시에 거짓일 수 없다.).
- 전칭 긍정 명제와 특칭 긍정 명제는 함축 관계 ⟶ 전칭 긍정 명제가 참이면 특칭 긍정 명제도 참, 특칭 긍정 명제가 거짓이면 전칭 긍정 명제도 거짓
- 전칭 부정 명제와 특칭 부정 명제는 함축 관계 ⟶ 전칭 부정 명제가 참이면 특칭 부정 명제도 참, 특칭 부정 명제가 거짓이면 전칭 부정 명제도 거짓

02 대당 사각형의 논리적 관계

(1) 모순[contradictory] 관계: 두 명제가 서로 상반된 진릿값을 지님.

전칭 긍정 명제와 특칭 부정 명제, 그리고 전칭 부정 명제와 특칭 긍정 명제는 모순 관계이다. 즉 두 명제가 서로 상반된 진릿값을 가지기 때문에, 동시에 참일 수도, 동시에 거짓일 수도 없다.

- '모든 s는 p이다.'와 '어떤 s는 p가 아니다.'는 동시에 참일 수도, 동시에 거짓일 수도 없다.
- '모든 s는 p가 아니다.'와 '어떤 s는 p이다.'는 동시에 참일 수도, 동시에 거짓일 수도 없다.

개념 확인

[01~04] 다음 빈칸에 알맞은 내용을 쓰시오.

01 '모든 s는 p가 아니다.'가 참이면 '어떤 s는 p가 아니다.'는 [①] 관계이므로, 무조건 [②]이다.

02 '어떤 s는 p가 아니다.'가 참이면 '모든 s는 p가 아니다.'는 [ ] 관계이므로, 참과 거짓을 알 수 없다.

03 '모든 s는 p이다.'가 참이면 '어떤 s는 p가 아니다.'는 [ ]이다.

04 '모든 s는 p이다.'가 참이면 '모든 s는 p가 아니다.'는 [ ]이다.

정답 01 ① 함축 ② 참 02 함축 03 거짓(모순 관계) 04 거짓(반대 관계)

예 • 모든 공무원은 성실한 사람이다. ⟷ 어떤 공무원은 성실한 사람이 아니다.
• 모든 공무원은 성실한 사람이 아니다. ⟷ 어떤 공무원은 성실한 사람이다.

모순 관계
: 동시에 참과 거짓이 안 됨. 참이면 거짓, 거짓이면 참

(2) 반대[contrary] 관계: 두 명제가 동시에 참일 수는 없음.

전칭 긍정 명제와 전칭 부정 명제는 반대 관계로, 동시에 참일 수는 없지만, 동시에 거짓일 수는 있다.

• '모든 s는 p이다.'와 '모든 s는 p가 아니다.'는 **동시에 참일 수는 없다.**
• '모든 s는 p이다.'와 '모든 s는 p가 아니다.'는 **동시에 거짓일 수는 있다.**

예 모든 공무원은 성실한 사람이다. ⟷ 모든 공무원은 성실한 사람이 아니다.

반대 관계
: 동시에 참일 수는 없지만, 동시에 거짓은 가능함.

* **'모든 공무원이 성실한 사람이다.'가 거짓일 경우:** '모든 공무원이 성실한 사람이다.'가 거짓이라고 할 때, 모든 공무원이 성실하지 않을 수도 있고, 일부만 성실하지 않을 수도 있다. 이것은 실제로 조사를 해 봐야 알기 때문에, 전칭 긍정 명제가 거짓이라고 할 때 전칭 부정 명제가 참인지 거짓인지를 단정할 수 없다. 이것은 전칭 부정 명제가 거짓이어도 마찬가지이다. 따라서 반대 관계는 동시에 참일 수는 없지만, 동시에 거짓은 가능한 것이다.

(3) 소반대[sub-contrary] 관계: 두 명제가 동시에 거짓일 수는 없음.

특칭 긍정 명제와 특칭 부정 명제는 소반대 관계이다. 이에 따르면 두 명제는 동시에 참일 수는 있지만, 동시에 거짓일 수는 없다.

• '어떤 s는 p이다.'와 '어떤 s는 p가 아니다.'는 **동시에 참일 수는 있다.**
• '어떤 s는 p이다.'와 '어떤 s는 p가 아니다.'는 **동시에 거짓일 수는 없다.**

예 어떤 공무원은 성실한 사람이다. ⟷ 어떤 공무원은 성실한 사람이 아니다.

소반대 관계
: 동시에 참은 가능, 동시에 거짓은 불가능

보충 자료 'sub-contrary'라는 명칭을 사용하는 이유

소반대 관계를 'sub-contrary'라고 하는 이유는 위에서 학습한 반대 관계와 모순 관계를 활용하여 두 명제의 관계를 도출하기 때문이다.

특칭 긍정 명제가 거짓이면 이것과 모순 관계인 전칭 부정 명제는 참이다. 전칭 부정 명제가 참이면 반대 관계인 전칭 긍정 명제는 거짓이다. 그리고 전칭 긍정 명제와 모순 관계인 특칭 부정 명제는 반드시 참이다. 즉 반대 관계와 모순 관계를 이용하면, 특칭 긍정 명제가 거짓이면 반드시 특칭 부정 명제가 참이라는 판단(반대도 마찬가지임.)을 도출할 수 있다. 따라서 이러한 관계에 'sub-contrary'라는 명칭을 붙인 것이다.

모순 관계 VS 반대 관계

모순 관계	반대 관계
동시에 참일 수 없다.	동시에 참일 수 없다.
동시에 거짓일 수 없다.	동시에 거짓일 수 있다.

개념 확인

[01~06] 다음 명제들의 관계를 쓰고, 타당성을 판단하시오.

01 • 모든 예술품은 모조품이 아니다. → 참
• 어떤 예술품은 모조품이다.
→ ____________

02 • 모든 토끼는 빠른 동물이다. → 참
• 모든 토끼는 빠른 동물이 아니다.
→ ____________

03 • 모든 공무원은 사업가가 아니다. → 참
• 어떤 공무원은 사업가가 아니다.
→ ____________

04 • 어떤 공무원은 사업가가 아니다. → 참
• 모든 공무원은 사업가가 아니다.
→ ____________

05 모든 음악가들은 예술가라는 것은 참이다. 그러므로 모든 음악가들은 예술가가 아니라는 것은 거짓이다.

06 어떤 의사가 희생적 사람이라는 것은 참이다. 그러므로 모든 의사는 희생적 사람이라는 것은 참이다.

정답 01 모순 관계, 거짓
02 반대 관계, 거짓
03 함축 관계, 참
04 함축 관계, 알 수 없음
05 반대 관계, 참
06 함축 관계, 알 수 없음

(4) **함축[imply, entail] 관계:** 전칭 명제의 참은 특칭 명제의 참을 함축하고, 특칭 명제의 거짓은 전칭 명제의 거짓을 함축함.

명제 사이에서 'A가 참이면 B도 반드시 참'일 때, "A가 B를 함축한다."라고 말한다.

① **전칭 긍정 명제와 특칭 긍정 명제**는 함축 관계이다.

즉 **전칭 긍정이 참**일 때는 **특칭 긍정은 무조건 참**이지만, 전칭 긍정이 거짓일 때는 특칭 긍정의 참 · 거짓은 알 수 없다.

또한 특칭 긍정이 참일 때는 전칭 긍정의 참 · 거짓을 알 수 없지만, **특칭 긍정이 거짓**일 때는 전칭 긍정은 **무조건 거짓**이다.

- '모든 s는 p이다.'가 **참**이면 '어떤 s는 p이다.'는 **무조건 참**이다.
- '모든 s는 p이다.'가 **거짓**이면 '어떤 s는 p이다.'는 **알 수 없다.**
- '어떤 s는 p이다.'가 **참**이면 '모든 s는 p이다.'는 **알 수 없다.**
- '어떤 s는 p이다.'가 **거짓**이면 '모든 s는 p이다.'는 **거짓**이다.

예 • 모든 공무원은 성실한 사람이다. ⟷ 어떤 공무원은 성실한 사람이다.
함축 관계
: 전칭이 참일 때, 특칭은 무조건 참 / 전칭이 거짓이면 특칭은 알 수 없음.

• 어떤 공무원은 성실한 사람이다. ⟷ 모든 공무원은 성실한 사람이다.
함축 관계
: 특칭이 참일 때, 전칭은 알 수 없음. / 특칭이 거짓이면 전칭은 무조건 거짓

② **전칭 부정 명제와 특칭 부정 명제**는 함축 관계이다.

즉 **전칭 부정이 참**일 때는 **특칭 부정은 무조건 참**이지만, 전칭 부정이 거짓일 때는 특칭 부정의 참 · 거짓은 알 수 없다.

또한 특칭 부정이 참일 때는 전칭 부정의 참 · 거짓은 알 수 없지만, **특칭 부정이 거짓**일 때는 **전칭 부정은 무조건 거짓**이다.

- '모든 s는 p가 아니다.'가 **참**이면 '어떤 s는 p가 아니다.'는 **무조건 참**이다.
- '모든 s는 p가 아니다.'가 **거짓**이면 '어떤 s는 p가 아니다.'는 **알 수 없다.**
- '어떤 s는 p가 아니다.'가 **참**이면 '모든 s는 p가 아니다.'는 **알 수 없다.**
- '어떤 s는 p가 아니다.'가 **거짓**이면 '모든 s는 p가 아니다.'는 **거짓**이다.

예 • 모든 공무원은 성실한 사람이 아니다. ⟷ 어떤 공무원은 성실한 사람이 아니다.
함축 관계
: 전칭이 참일 때, 특칭은 무조건 참 / 전칭이 거짓이면 특칭은 알 수 없음.

• 어떤 공무원은 성실한 사람이 아니다. ⟷ 모든 공무원은 성실한 사람이 아니다.
함축 관계
: 특칭이 참일 때, 전칭은 알 수 없음. / 특칭이 거짓이면 전칭은 무조건 거짓

개념 확인

01 세 문장 중 첫 번째 문장이 참이라면, 다른 문장은 각각 참인가, 거짓인가?

· 모든 예술가는 낭만주의자가 아니다.
· 어떤 예술가는 낭만주의자이다.
· 모든 예술가는 낭만주의자이다.

① 두 번째 문장 - 알 수 없음
세 번째 문장 - 참
② 두 번째 문장 - 참
세 번째 문장 - 알 수 없음
③ 두 번째 문장 - 알 수 없음
세 번째 문장 - 거짓
④ 두 번째 문장 - 거짓
세 번째 문장 - 거짓

정답 ④

③ 함축 관계는 방향이 있다는 것을 주의해야 한다. 다음의 예를 볼 때, 앞의 명제가 뒤의 명제를 함축하는 것이지, 뒤의 명제가 앞의 명제를 함축하는 것은 아니다.

예 a. 철수는 20대 공시생이다.
b. 철수는 공시생이다.
→ a 명제가 b 명제를 함축하는 것이지, 그 역은 아니다.

그런데 이 두 주장을 각각 부정하면, 이번에는 'b 명제가 a 명제를 함축한다.'라는 것을 알 수 있다.

예 a. 철수는 20대 공시생이 아니다.
b. 철수는 공시생이 아니다.
→ 부정을 하면, b 명제가 a 명제를 함축하게 된다.

그러므로 'A가 B를 함축하면, B의 부정은 A의 부정을 함축한다.'라는 사실을 알 수 있다.

주관식 확인 70~73쪽

보충 자료 대당 사각형의 논리적 관계

1. 모순 관계: 동시에 참도, 동시에 거짓도 안 됨.
→ 참이면 거짓, 거짓이면 참

2. 반대 관계: 동시에 참은 안 되지만, 동시에 거짓은 됨.
→ 참이면 거짓, 거짓이면 알 수 없음.

3. 소반대 관계: 동시에 참은 되지만, 동시에 거짓은 안 됨.
→ 참이면 알 수 없음, 거짓이면 참

4. 함축 관계: 전칭이 참이면 특칭은 무조건 참, 특칭이 거짓이면 전칭은 무조건 거짓
→ 참이면 참

개념 확인

01 다음 명제 사이의 관계에 대한 올바른 추론이 아닌 것은?

> ㉠ 모든 학생은 논리 공부를 하고 있다.
> ㉡ 모든 학생은 논리 공부를 하고 있지 않다.
> ㉢ 어떤 학생은 논리 공부를 하고 있다.
> ㉣ 어떤 학생은 논리 공부를 하고 있지 않다.

① ㉠과 ㉡은 동시에 참일 수는 없지만 동시에 거짓일 수는 있다.
② ㉢이 거짓이면 ㉣은 참이고, ㉢이 참이면 ㉣은 거짓이다.
③ ㉡이 참이면 ㉢은 거짓이고, ㉢이 참이면 ㉡은 거짓이다.
④ ㉠이 참이면 ㉢은 참이지만, ㉢이 참이면 ㉠이 참인지는 알 수 없다.

정답 ②

3 다이어그램

정언 명제들 간의 진위 관계를 파악하기 위해서 다이어그램을 이용하기도 한다. 시험에서 가장 많이 응용될 수 있는 다이어그램은 벤 다이어그램과 라이프니츠 다이어그램이다. 그러나 실제 시험에서는 많은 경우 효율성이 떨어질 수 있으므로, 문제를 푸는 보조적 수단으로 익혀 두거나 논리적 개념을 학습하는 과정에서 도움을 주는 도구로 이용하도록 한다.

벤 다이어그램
주어 집합과 술어 집합 사이의 포함과 배제 관계를 동일한 크기의 원을 사용하여 나타냄.

01 벤 다이어그램으로 나타내기

*이 책에서는 전통적 관점(존재 함축을 인정함.) 입장에서 다이어그램을 사용한다.
빗금은 비어 있는 자리를 나타낸다는 점에 주의한다.

(1) 벤 다이어그램의 특성

영국 수학자인 벤(John Venn, 1834~1923)은 동일한 크기의 원을 자유롭게 움직여 여러 경우들이 나오도록 하는 다이어그램을 고안했다. 벤 다이어그램은 정언 명제에 나오는 주어 개념과 술어 개념을 하나의 집합을 가리키는 표현으로 본다. 즉 각각의 정언 명제는 주어와 술어의 두 집합 사이에 일정한 관계가 있다고 주장하는 것이 된다.

이러한 벤 다이어그램은 정언 진술들의 주장을 도형으로 나타내기 때문에 정언 진술들로 이루어진 논증들의 타당성을 판별하는 데 매우 유용하다. 특히 이 방법은 어떤 삼단 논법이 부당하다는 것, 즉 전제로부터 결론이 도출되지 않는다는 것을 입증하는 편리한 방법이다.

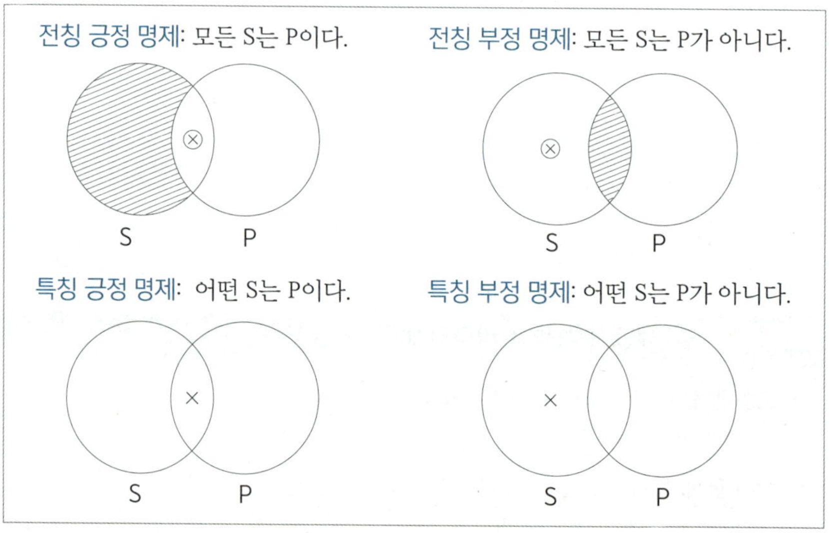

(2) 벤 다이어그램의 이해

① 벤 다이어그램에서 어떤 영역에 표시를 한다는 것은 그것이 그 정언 명제가 참이 되는 조건임을 의미한다. 즉 벤 다이어그램은 정언 명제가 참이 되는 조건, 즉 정언 명제의 진리 조건을 시각적으로 표시한 것이다.

② 벤 다이어그램에서 아무런 표시가 없는 영역은 그 명제가 아무런 명시적 정보도 제공하지 않는다는 의미이다. 즉 해당 영역에 빗금 표시가 있을 경우에만 그 영역이 공집합임을 알 수 있고, 해당 영역에 × 표시가 되어 있을 때에만 그 영역이 공집합이 아님을 알 수 있는 것이다.

02 라이프니츠 다이어그램으로 나타내기

라이프니츠 다이어그램은 S와 P의 포함과 배제 관계를 선분으로 표현하여 매우 직관적으로 나타낸다. 정언 명제의 형식을 통해 간단한 결론을 도출하는 문제를 풀 때나, 선택지의 내용을 검토할 때 사용하면 효율적이다.

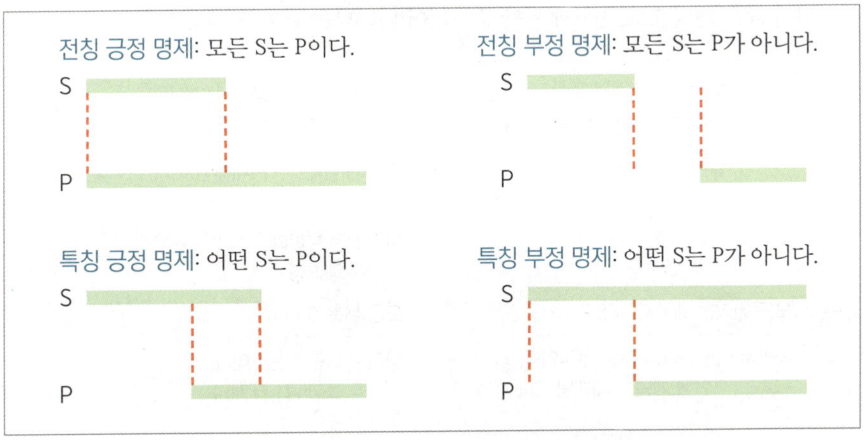

라이프니츠 다이어그램
두 개의 선분을 사용하여 포함과 배제 관계를 매우 직관적으로 나타냄.

보충 자료 정언 명제의 환위[conversion]

정언 명제의 주어와 술어의 자리를 바꾸는 것을 환위라고 하며, 이러한 조작을 한 명제를 환위문이라고 한다. 환위는 표준 정언 명제를 사용하여 명제의 진위를 판단하고자 할 때, 명제의 주어가 일치하지 않는 경우에 사용할 수 있다.

이때 전칭 부정 명제와 특칭 긍정 명제는 환위문을 사용할 수 있다. 그러나 전칭 긍정 명제와 특칭 부정 명제는 환위하여 판단을 내릴 수 없다.

이러한 환위문은 논리 문제를 풀 때도 사용할 수 있지만, 독해의 내용 일치 유형을 풀 때에도 유용하게 쓰일 수 있다.

예 1. • 모든 토끼는 빠른 동물이 아니다. ⇔ 모든 빠른 동물은 토끼가 아니다.
• 어떤 토끼는 빠른 동물이다. ⇔ 어떤 빠른 동물은 토끼이다.
→ 환위를 해도 논리적 동치임. 환위를 하여 판단을 내려도 됨.

〈술어 논리〉로 표현하면,
· $A \rightarrow \sim B$
[대우] $B \rightarrow \sim A$
· $A \land B$
[교환] $B \land A$

2. • 모든 토끼는 빠른 동물이다. ⇎ 모든 빠른 동물은 토끼이다.
• 어떤 토끼는 빠른 동물이 아니다. ⇎ 어떤 빠른 동물은 토끼가 아니다.
→ 환위를 하면 범주가 달라지므로, 환위문을 사용할 수 없음.

개념 확인

01 가와 나를 전제로 결론을 이끌어 낼 때, 빈칸에 들어갈 말로 가장 적절한 것은? 인혁처 2차 예시 문제

> 가 축구를 잘하는 사람은 모두 머리가 좋다.
> 나 축구를 잘하는 어떤 사람은 키가 작다.
> 따라서 [ ].

① 키가 작은 어떤 사람은 머리가 좋다
② 키가 작은 사람은 모두 머리가 좋다
③ 머리가 좋은 사람은 모두 축구를 잘한다
④ 머리가 좋은 어떤 사람은 키가 작지 않다

정답 ①

4 정언 삼단 논법

01 정언 삼단 논법의 개념

정언 삼단 논법
대전제와 소전제에서 결론을 도출하는 연역 논증. 세 개의 정언 명제와 세 개의 개념으로 구성됨.

정언 삼단 논법이란 대전제와 소전제에서 결론을 이끌어 내는 연역 논증의 유형이다. 정언 삼단 논법은 세 개의 정언 명제로 이루어져 있으며, 각기 다른 단어(개념) 세 개가 등장한다.

결론인 명제는 소개념과 대개념이 포함되어 있는데, 이때 결론의 주어를 소개념[minor term], 술어를 대개념[major term]이라고 한다. 그리고 소전제는 소개념을 포함한 전제를, 대전제는 대개념을 포함한 전제를 말한다. 매개념[middle term]은 결론에 포함되지 않는 개념으로, 전제에서만 중복되어 나타나는 단어를 가리킨다.

대전제	대개념 포함	모든/어떤	P(대개념)는	M이다/아니다.
소전제	소개념 포함	모든/어떤	S(소개념)는	M이다/아니다.
결론	그러므로	모든/어떤	S(소개념)는	P(대개념)이다/아니다.

예 어떤 공무원은 경찰이다. ························ 어떤 P는 M이다.
(경찰: 매개념) (M: 매개념)
모든 경찰은 애국자이다. ························ 모든 M은 S이다.
따라서 어떤 애국자는 공무원이다. ························ 따라서 어떤 S는 P이다.
(애국자: 소개념, 공무원: 대개념) (S: 소개념, P: 대개념)

02 삼단 논법의 타당성 검토

삼단 논법의 타당성을 판별하는 데 필수적인 요건 중 하나는 각각의 명사들이 대상을 어느 범위까지 언급하는지 확인하는 일이다. 가령 전제에서는 '일부 수험생들만 성실하다.'라고 하고, 결론에서는 '모든 수험생들이 성실하다.'라고 하면 이 주장은 타당하지 않다.

주연(周延, distribution)
주어와 술어에서 사용된 개념의 범주를 확인하기 위해 사용함. 주어는 전칭 명제에서 주연되고, 술어는 부정 명제에서 주연됨.

이때 한 명제에서 주어와 술어가 전체를 지시하는지 아니면 일부만 지시하는지 확인하기 위해서 사용하는 개념이 '주연(周延, distribution)'이다. 예를 들어 명사가 전체 대상을 언급하면 그 명사는 주연되었다고 한다.

표준 정언 명제를 주연 관계에 따라 정리하면 주어는 전칭 명제에서 주연되고, 술어는 부정 명제에서 주연된다는 것을 알 수 있다.

명제		주어 주연	술어 주연
전칭 긍정 명제	모든 S는 P이다.	○	×
전칭 부정 명제	모든 S는 P가 아니다.	○	○
특칭 긍정 명제	어떤 S는 P이다.	×	×
특칭 부정 명제	어떤 S는 P가 아니다.	×	○

따라서 삼단 논법의 타당성은 다음과 같은 사항을 검토해서 판단한다.

(1) 매개념은 적어도 한 번은 주연되어야 한다

매개념은 결론에는 나오지 않고 전제에만 두 번 등장하는 개념인데, 적어도 한 번은 반드시 주연되어야 한다. 즉 매개념이 주어에 있다면 전칭 명제가, 매개념이 술어에 있다면 부정 명제가 와야 하며, 이 규칙을 어기면 '매개념 부주연의 오류'를 범했다고 말한다.

예 어떤 공무원은 경찰이다.
모든 애국자는 공무원이다.

그러므로 어떤 애국자는 경찰이다.
→ '공무원'이라는 매개념은 대전제나 소전제에서 주연되고 있지 않다.

(2) 전제에서 주연되지 않은 명사가 결론에서 주연되어서는 안 된다

대개념이 전제에서는 주연되지 않고 결론에서만 주연되는 경우를 '대개념 부당 주연의 오류'라고 한다. 또한 소개념이 전제에서는 주연되지 않고 결론에서만 주연되는 경우를 '소개념 부당 주연의 오류'라고 한다.

① 대개념 부당 주연의 오류

예 모든 생물학자는 과학자이다.
어떤 철학자도 생물학자가 아니다.

그러므로 어떤 철학자도 과학자가 아니다.
→ 결론의 대개념이 주연됨에도 불구하고 전제의 대개념, 즉 '과학자'가 주연되지 않고 있다.

② 소개념 부당 주연의 오류

예 모든 토끼는 포유동물이다.
모든 토끼는 초식 동물이다.

그러므로 모든 초식 동물은 포유동물이다.
→ 결론은 모든 '초식 동물'에 관해서 말하고 있는데, 전제는 모든 '초식 동물'에 관해서 말하고 있지 않다. 따라서 결론은 전제가 말하는 바를 부당하게 넘어서고 있는 것이다.

(3) 두 전제가 모두 부정 명제일 수 없다

삼단 논법은 전제들 중 하나는 반드시 긍정 명제이어야 한다. 두 전제가 모두 부정 명제이면 결론에 어떤 명제가 오더라도 모두 부당한 삼단 논법이 된다는 것이다. 이 규칙을 어겼을 경우에는 '양부정 전제의 오류'를 범했다고 말한다.

예 모든 영화배우는 바보가 아니다.
어떤 예능인은 바보가 아니다.

그러므로 어떤 예능인은 영화배우가 아니다.
→ 이 예시는 전제가 모두 부정 명제이기 때문에 부당하다.

삼단 논법의 오류 정리

① 매개념의 주연 여부 검토(매개념 찾기 → 주어는 '모든', 술어는 '부정' 확인)

② 긍정 + 긍정 = 긍정 결론, 그렇지 않으면 부정 결론

③ 어떤 + 어떤 = ×

④ 결론의 주어가 '모든'이면 전제에도 '모든', 결론의 술어가 '부정'이면 전제에도 '부정'

→ 삼단 논법의 타당성은 '술어 논리'로도 판단할 수 있다.

개념 확인

[01~04] 다음 논증의 타당 또는 부당을 판단하시오.

01 모든 철학자는 논리학자이다.
모든 시인은 논리학자가 아니다.
따라서 모든 시인은 철학자가 아니다.

02 모든 철학자는 예술가가 아니다.
어떤 시인은 철학자이다.
따라서 어떤 시인은 예술가가 아니다.

03 모든 사상가는 철학자이다.
모든 사상가는 음악가가 아니다.
따라서 모든 음악가는 철학자가 아니다.

04 모든 공무원은 예술가가 아니다.
어떤 공무원은 철학자이다.
따라서 어떤 철학자는 예술가이다.

정답 01 타당 02 타당 03 부당 04 부당

(4) 전제 중 부정이 있으면 결론도 부정이어야 한다

전제 가운데 하나가 부정 명제이면 결론도 부정 명제이어야 하고, 결론이 부정 명제이면 전제 가운데 하나가 부정 명제이어야 한다. 이 규칙을 어겼을 경우에는 '부당 긍정의 오류' 또는 '부당 부정의 오류'를 범했다고 말한다.

예 모든 개그맨은 예능인이다.
어떤 예능인은 운동선수가 아니다.
그러므로 어떤 운동선수는 개그맨이다.
→ 전제에 부정 명제가 있는데 결론은 긍정 명제이므로 '부당 긍정의 오류'를 범한 것이다.

주관식 확인 74~75쪽

보충 자료 정언 삼단 논법의 표준 형식

정언 삼단 논법의 형식은 식과 격에 따라 유형화될 수 있다. 식이란 대전제, 소전제, 결론의 명제 유형(A, E, I, O)을 밝혀 배열한 것이고, 격이란 매개념의 위치에 따라 배열한 것이다. 따라서 명제의 유형과 매개념의 위치에 따라 정언 삼단 논법을 배열하면 다음의 네 가지로 정리할 수 있다.

제1격	제2격	제3격	제4격
M–P	P–M	M–P	P–M
S–M	S–M	M–S	M–S
S–P	S–P	S–P	S–P

대전제, 소전제, 결론에 각각 4개의 정언 명제의 형식이 나타나고(4 × 4 × 4 = 64), 여기에 네 가지 다른 격이 있으므로, 정언 삼단 논법의 유형은 모두 256개이다. 그러나 이 중에서 무조건 타당한 정언 삼단 논법의 형식은 15개 정도밖에 없다.

1격	2격	3격	4격
AAA	EAE	IAI	AEE
EAE	AEE	AII	IAI
AII	EIO	OAO	EIO
EIO	AOO	EIO	

예 모든 공무원은 성실한 사람이다. – A 명제
모든 사기꾼은 성실한 사람이 아니다. – E 명제
따라서 모든 사기꾼은 공무원이 아니다. – E 명제
→ 2격의 AEE 형식의 정언 삼단 논법: 무조건 타당함.

그런데 타당한 정언 삼단 논법의 형식을 외워서 푸는 것은 그다지 효율적인 방법이 아닐 것이다. 따라서 시험 문제를 풀 때에는 **술어 논리 체계**를 사용하거나 **다이어그램**을 사용하여 타당성을 증명한다.

개념 확인

01 다음 삼단 논법 중 타당한 것은?

① 춤추는 것을 즐기는 사람은 모두 음악 감상을 좋아하는 사람이다. 그런데 도서관을 자주 가는 사람은 모두 춤추는 것을 즐기는 사람이 아니다. 그러므로 도서관을 자주 가는 모든 사람은 음악 감상을 좋아하는 사람이 아니다.

② 어떤 공직자는 복지 제도에 관심이 많고, 어떤 공직자는 문화 예술 지원 제도에 관심이 많다. 따라서 복지 제도에 관심이 많은 공직자 가운데는 문화 예술 지원 제도에 관심이 많은 공직자도 있다.

③ 문학을 좋아하는 어떤 사람은 예술을 좋아한다. 자연의 아름다움을 좋아하는 모든 사람은 문학을 좋아하는 사람이 아니다. 따라서 자연의 아름다움을 좋아하는 어떤 사람은 예술을 좋아한다.

④ 진화론을 믿는 어떤 사람은 신을 믿는 사람이 아니다. 진화론을 믿는 모든 사람은 실증주의자이다. 어떤 실증주의자는 신을 믿는 사람이 아니다.

정답 ④

읽기 자료 정언 삼단 논법

01 다음 글에 대한 설명으로 적절하지 않은 것은?

> **가** 모든 [어머니]는 [여성]이다. 〈전제 1〉
> 어떤 [직장인]은 [어머니]이다. 〈전제 2〉
> 그러므로 어떤 [직장인]은 [여성]이다. 〈결론〉
>
> **가**는 연역 논증의 하나로 세 개의 정언 문장으로 구성된 정언 삼단 논증의 예이다. [ ] 안에 들어 있는 명사들에 주목할 때, '어머니', '여성', '직장인'이라는 세 개의 구별되는 명사들이 있음을 알 수 있다. 결론에는 등장하지 않고 전제들에만 한 번씩 등장하는 명사를 아리스토텔레스는 중명사(M)라고 불렀다. 또한 결론에서 술어의 위치를 차지하고 있는 명사를 대명사(P), 주어의 위치를 차지하고 있는 명사를 소명사(S)라고 불렀다. 만약 술어가 '걷는다'와 같이 명사가 아닐 경우에는 '걷는 존재'와 같은 명사로 나타낼 수 있다. 그리고 전제들 중에서 대명사가 포함된 전제를 대전제, 소명사가 포함된 전제를 소전제라고 불렀다. 이와 같이 정언 문장을 대명사, 중명사, 소명사로 분석한 전통 논리학을 명사 단위의 논리학이라 한다.
>
> 이제 논증이 타당한 논증인지를 알아내기 위해서 전통 논리학에서 고려할 요소는 'S'와 'P' 그리고 'M'의 관계를 살피는 것뿐이다. 이들 명사들이 삼단 논법에서 어떤 형태로 배열되어 있는지에 따라서 어떤 논증은 타당한 것이 되고, 다른 논증은 부당한 논증이 된다는 것이다. 정언 삼단 논증에서 중명사는 전제들 사이에서 소명사와 대명사를 연결시키는 역할을 맡는다. 만약 전제에 중명사가 없으면 소명사와 대명사를 연결시킬 수 없으므로 논증을 구성할 수 없다. 그런데 결론에 해당하는 'S－P'의 배열은 어떤 경우든 고정되어 있으므로 전제들에 해당하는 명사들의 배열만 고려하면 정언 삼단 논증의 네 가지 유형을 만들 수 있다. 이를 아리스토텔레스는 제1격에서부터 제4격이라고 명명하였다.
>
> 결국 생각해 볼 수 있는 삼단 논법의 형태들은 크게 4개의 격으로 나누어지겠지만, 사실 각각의 문장 앞에 붙어 있는 '모든'이나 '어떤'과 같은 요소를 고려하고, '이다'와 같은 긍정문과 '아니다'와 같은 부정문을 고려하면, 명사들의 배열에 따라 우리가 고려해야 할 삼단 논법은 무려 256개의 유형이 있음을 알 수 있다. 그런데 전통 논리학에서는 이들 256개 중에서 단 24개의 유형만이 타당한 논증임을 밝혀냈다.
>
> – 박병철, 《쉽게 읽는 언어 철학》

① 정언 삼단 논증에서 중명사는 전제에만 등장하고 결론에는 등장하지 않는다.
② **가**에서 '어머니'는 중명사, '여성'은 대명사, '직장인'은 소명사에 해당한다.
③ 정언 삼단 논증에서 각각의 문장의 앞에는 '모든' 또는 '어떤'이 붙는다.
④ 전통 논리학에 따르면, 제1격에서부터 제4격까지의 형태를 갖추면 타당한 논증이다.

01

3~마지막 문단에 따르면, 전통 논리학은 정언 삼단 논증을 제1격~제4격으로 나누고 이를 총 256개의 유형으로 구분하는데, 이 중 단 24개의 유형만이 타당한 논증이라고 주장한다. 즉 제1격~제4격의 형태를 취하지만 타당하지 않은 논증도 있는 것이다.

오답 풀이 ① 2문단의 "결론에는 ~ 중명사(M)라고 불렀다"에서 알 수 있다.
② 2문단의 내용에 따르면, **가**의 〈전제 1〉과 〈전제 2〉에 나타나는 '어머니'는 중명사(M)이고, 〈결론〉에 나타나는 술어인 '여성'이 대명사(P), 주어인 '직장인'이 소명사(S)이다.
③ 마지막 문단의 '사실 각각의 ~ 요소를 고려하고'에서 알 수 있다.

정답 ④

CHAPTER

04 술어 논리

1 술어 논리의 개념

명제 논리 체계에서는 명제의 배열에 따라 논증의 타당성이 결정되고, 정언 논리 체계에서는 단어의 배열 관계에 따라 논증의 타당성이 결정된다.

명제 논리 체계	정언 논리 체계
만약 비가 온다면 땅이 젖을 것이다. A → B 비가 온다. A 따라서 땅이 젖을 것이다. B 조건문에서 전건이 참이면 후건은 무조건 참. 따라서 이 논증은 타당함.	어떤 공무원은 경찰이다. 대개념 매개념 모든 경찰은 애국자이다. 매개념 소개념 따라서 어떤 애국자는 공무원이다. 소개념 대개념

이와는 달리 어떤 논증에서는 정언 논리와 명제 논리의 명제들이 뒤섞인 경우들도 있다. 삼단 논법과 벤 다이어그램은 넷 이상의 명사적 표현들이 나오는 경우나 일상적 언어들의 구조를 분석하기에는 사용하기가 적절하지 않다.

술어 논리[predicate logic]는 이를 위해 고안된 논리 체계로, 논증의 분석 단위를 명제 자체의 구조에까지 확장하여 명제의 배열과 단어의 배열 모두를 고려해서 더욱 심층적인 분석을 할 수 있게 한다. 이 새로운 논리는 술어들을 고려하기 때문에 문장 논리와 대비하여 술어 논리라고 불린다. 수험에서는 프레게와 러셀 등에 의해서 개발된 양화 논리[quantification logic]를 학습한다.

보충 자료 명제 논리 VS 정언 논리 VS 술어 논리

1. **명제 논리:** 명제의 배열에 의해 논증의 타당성이 결정됨.
2. **정언 논리:** 단어의 배열에 의해 논증의 타당성이 결정됨.
3. **술어 논리:** 단어와 명제 모두의 배열에 의해 논증의 타당성이 결정됨.

개념 확인

[01~03] 다음 논증의 타당성을 평가하시오.

01 모든 고양이는 포유류이다. 어떤 동물은 고양이이다. 따라서 어떤 동물은 포유류이다. 타당 | 부당

02 어떤 계약은 법적 구속력이 없다. 지켜야 할 의무가 있는 것은 모두 법적 구속력이 있다. 그렇다면 지켜야 할 의무가 없는 계약이 있다. 타당 | 부당

03 실업 급여의 수혜자는 모두 고용 보험에 가입한다. 어떤 근로자는 고용 보험 가입자가 아니다. 그러므로 어떤 근로자는 실업 급여의 수혜자가 아니다. 타당 | 부당

정답 01 타당 02 타당 03 타당

2 양화 논리 — 개별 사례와 일반화에 담긴 논리

01 양화 논리의 개념

양화 논리에서는 일반 명제가 뜻하는 바가 분석된 논리적 구조 속에서 그대로 드러날 수 있게 하기 위해 양화의 방법을 도입한다. 다음 내용을 살펴보자.

* 논의 영역[우리 반 학생들] = 수험생 총 100명

*논의 영역[the universe of discourse]: x가 취할 수 있는 모든 가능한 대상들의 집합

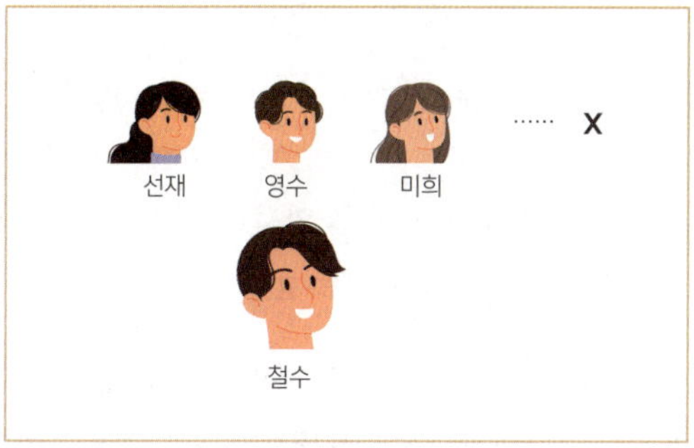

x는 수험생이다. (수험생 x)
술어
⋮
철수는 수험생이다. (수험생 철수)

예를 들어 [우리 반 학생들 = 수험생]을 논의 세계로 잡아 보도록 하자. '철수는 수험생이다.'는 논의 세계에 있는 특정 대상인 '철수'에 대한 주장이다. 이 문장에서 철수를 지워 보면, '____는 수험생이다.'가 되는데, 이렇게 주어를 제거하고 남은 부분을 양화 논리에서는 술어[predicate]라고 한다. 이 생략된 주어 자리에 x를 넣어 보면, 'x는 수험생이다(수험생 x).'라는 문장을 얻게 된다.

이처럼 술어는 문장에서 이름을 제거한 나머지 부분으로, 술어 논리는 이 술어를 일종의 문장 함수로 간주하는 것이다. 이 x의 자리에는 '철수, 영희, 민선……' 등이 들어갈 수 있고, 이 문장들은 모두 주어가 '수험생'이라는 술어의 성격을 갖는 명제가 된다.

그렇다면 이번에는 이 논의 영역 내에 얼마나 많은 대상들이 '수험생 x'를 만족하는지 알아보도록 하자. 즉 논의 영역 내의 모든 대상들이 '수험생 x'를 만족하는지, 또는 이를 만족하는 적어도 하나의 대상이 존재하는지 알아보는 것이다.

이를 위해 양화 논리에서는 양화의 방법을 도입하는데, 개별 사례를 일반화하는 방법은 보편 일반화와 존재 일반화의 두 가지가 있다.

(1) 보편 일반화[universal generalization]

'S는 모두 P이다.'라는 문장은 '만약 S라면 그것이 무엇이든 모두 P이다.'라는 것을 의미한다.

따라서 이것은 '(∀) Sx → Px'로 기호화할 수 있다.

논증 A는 술어 논리에서 타당하다.
= 논의 세계 M에 대하여, 전제들이 M에서 모두 참인 경우에 결론도 반드시 M에서 참이다.

개념 확인

[01~02] 다음 논증의 타당성을 평가하시오.

01 모든 정책 입안자는 사회 제도에 대해 구체적으로 분석하는 자들이다. 사회 제도에 대해 구체적으로 분석하는 어떤 자들은 과학자가 아니다. 그래서 어떤 과학자는 정책 입안자가 아니다. 타당 | 부당

02 미래를 약속한 어떤 사이는 영원한 사이이다. 모든 연인은 미래를 약속한 사이이다. 그러므로 영원한 어떤 사이는 연인 사이이다. 타당 | 부당

정답 01 부당 02 부당

보편 일반화란 '철수, 영희, 민선……' 등의 개별 사례가 모두 수험생임을 주장하는 일반화로, 이를 통해 얻어 낸 문장을 보편 명제라고 한다. 즉 'x는 수험생이다.'의 x 자리에는 무엇이 들어가도 모두 '수험생'이라는 술어의 성격을 갖게 된다.

따라서 'S는 모두 P이다.'라는 문장은 '만약 S라면, 그것이 무엇이든 모두 P이다.'라는 의미이므로, 이것은 '(∀) Sx → Px'로 기호화할 수 있다.

(2) 존재 일반화[existential generalization]

> 'S이면서 P인 것이 있다.'라는 주장은 x의 자리에 어떤 한 사람을 넣었을 때, 적어도 하나는 성립한다는 것을 의미한다.
> 따라서 이것은 '(∃) Sx ∧ Px'로 나타낼 수 있다.

존재 일반화란 '철수, 영희, 민선……' 등의 개별 사례 중 적어도 하나는 수험생임을 주장하는 일반화로, 이를 통해 얻어 낸 문장을 존재 명제라고 한다.

예를 들어 '철수는 수험생이고, 철수는 성실하다.'라는 문장을 생각해 보자. 이 문장을 기호화하면 '수험생 x ∧ 성실 x'로 나타낼 수 있다. 이 명제는 'x에 들어갈 수 있는 것이 적어도 하나는 성립한다.'라는 것을 의미한다.

따라서 'S이면서 P인 것이 있다.'라는 주장은 '(∃)Sx ∧ Px'로 나타낼 수 있다.

문장	일반화	예문	수험적 기호화
S는 모두 P이다.	보편 일반화	모든 수험생은 성실하다.	수험생 → 성실
• 어떤 S는 P이다. • S이면서 P인 것이 있다.	존재 일반화	• 어떤 수험생은 성실하다. • 수험생이면서 성실한 사람이 있다.	수험생a ∧ 성실a

개념 확인

01 가와 나를 전제로 할 때 빈칸에 들어갈 결론으로 가장 적절한 것은?

인혁처 1차 예시 문제

> 가 노인 복지 문제에 관심이 있는 사람 중 일부는 일자리 문제에 관심이 있는 사람이 아니다.
> 나 공직에 관심이 있는 사람은 모두 일자리 문제에 관심이 있는 사람이다.
> 따라서 [ ].

① 노인 복지 문제에 관심이 있는 사람 중 일부는 공직에 관심이 있는 사람이 아니다
② 공직에 관심이 있는 사람 중 일부는 노인 복지 문제에 관심이 있는 사람이 아니다
③ 공직에 관심이 있는 사람은 모두 노인 복지 문제에 관심이 있는 사람이 아니다
④ 일자리 문제에 관심이 있지만 노인 복지 문제에 관심이 없는 사람은 모두 공직에 관심이 있는 사람이 아니다

정답 ①

02 양화 논리의 기호화

(1) 다양한 형태의 보편 일반화(보편 주장)를 기호화하기

문장	기호화	수험적 기호화
S는 모두 P이다.	(∀) Sx → Px	국어를 좋아하는 사람들은 모두 영어를 좋아한다. 예 국어 → 영어
S는 모두 P가 아니다.	(∀) Sx → ~Px	국어를 좋아하는 사람은 모두 영어를 좋아하지 않는다. 예 국어 → ~영어
S가 아닌 것은 모두 P가 아니다.	(∀) ~Sx → ~Px	국어를 좋아하지 않는 사람은 모두 영어를 좋아하지 않는다. 예 ~국어 → ~영어
S이면서 P인 것은 모두 R이다.	(∀) (Sx ∧ Px) → Rx	국어를 좋아하면서 영어를 좋아하는 사람은 모두 국사를 잘한다. 예 (국어 ∧ 영어) → 국사
S이거나 P인 것은 모두 R이다.	(∀) (Sx ∨ Px) → Rx	국어를 좋아하거나 영어를 좋아하는 사람은 모두 국사를 잘한다. 예 (국어 ∨ 영어) → 국사

(2) 다양한 형태의 존재 일반화(존재 주장)를 기호화하기

문장	기호화	수험적 기호화
• 어떤 S는 P이다. • S이면서 P인 것이 있다.	(∃) Sx ∧ Px	철수는 국어를 좋아하고 영어도 좋아한다. 예 국어a ∧ 영어a
S이면서 P가 아닌 것이 있다.	(∃) Sx ∧ ~Px	국어를 좋아하면서 영어는 좋아하지 않는 사람이 있다. 예 국어a ∧ ~영어a

다음의 문장은 모두 '(∃) Sx ∧ Px'로 기호화할 수 있다.

- 어떤 S는 P이다.
- S이면서 P인 것이 있다.
- S 가운데 일부는 P이다.
- (논의 세계에서) S이면서 P인 것이 적어도 하나는 있다.

03 양화 논리의 추론 규칙

* 명제 논리의 추론 규칙을 양화 논리에서 사용하기 위해서 양화사 제거 규칙과 도입 규칙을 사용해야 한다. 그러나 수험에서는 이 과정을 생략하는 것이 효율적이므로, 본 책에서는 설명을 생략하였다.

(1) 양화 논리는 명제 논리의 확장이다. 따라서 명제 논리에서 학습한 추론 규칙과 파생 규칙을 그대로 사용할 수 있다.

(2) 보편 명제의 부정은 존재 명제와 동치이고, 존재 명제의 부정은 보편 명제와 동치이다.

- (∀) Sx → Px ≡ ~(∃) (Sx ∧ ~Px)　　[간략화] S → P ≡ ~(S ∧ ~P)
  - 예 국어를 좋아하는 수험생들은 모두 영어를 좋아한다.
    ≡ 국어를 좋아하면서 영어를 좋아하지 않는 수험생은 존재하지 않는다.
- (∀) Sx → ~Px ≡ ~(∃) (Sx ∧ Px)　　[간략화] S → ~p ≡ ~(S ∧ P)
  - 예 국어를 좋아하는 수험생들은 모두 영어를 좋아하지 않는다.
    ≡ 국어를 좋아하면서 영어를 좋아하는 수험생들은 존재하지 않는다.

(3) 존재 양화사 제거 규칙과 보편 양화사 도입 규칙을 사용할 때, 전제에 존재 명제와 보편 명제가 함께 있을 경우에는 존재 명제를 우선적으로 활용한다.

(4) 전제에 여러 개의 존재 명제가 나온다면, 각각의 존재 명제를 활용하기 위한 임의의 이름을 각기 다르게 잡아야 한다.

주관식 확인 76~79쪽

개념 확인

01 다음 글의 밑줄 친 결론을 이끌어 내기 위해 추가해야 할 것은?

인혁처 1차 예시 문제

> 문학을 좋아하는 사람은 모두 자연의 아름다움을 좋아하는 사람이다. 자연의 아름다움을 좋아하는 어떤 사람은 예술을 좋아하는 사람이다. 따라서 예술을 좋아하는 어떤 사람은 문학을 좋아하는 사람이다.

① 자연의 아름다움을 좋아하는 사람은 모두 문학을 좋아하는 사람이다.
② 문학을 좋아하는 어떤 사람은 자연의 아름다움을 좋아하는 사람이다.
③ 예술을 좋아하는 어떤 사람은 자연의 아름다움을 좋아하는 사람이다.
④ 예술을 좋아하지만 문학을 좋아하지 않는 사람은 모두 자연의 아름다움을 좋아하는 사람이다.

정답 ①

CHAPTER

05 귀납 논증

01 귀납 논증의 개념과 강도

귀납 논증[inductive argument]이란 개별적이고 특수한 관찰이나 사례를 통해 보다 일반화된 결론을 이끌어 내는 논증 방식이다. 귀납 논증은 전제가 참이라고 해도 결론이 필연적으로 참으로 도출되지 못하고 단지 개연적 가능성이 있는 논증이다. 즉 전제는 결론의 참을 필연적으로 도출하지 못하고, 개연적으로(또는 그럴듯하게) 지지해 준다.

예 내가 오늘 본 구름은 하얗다.
내가 어제 본 구름도 하얗다.
내가 그저께 본 구름도 하얗다.
따라서 모든 구름은 하얗다.

연역 논증은 타당성과 부당성 둘 중의 하나의 경우이므로 강도(정도)를 따지지 않는다. 이에 반해 귀납 논증은 전제와 결론의 관계에서 더 강하게 지지하는 경우와 그렇지 않은 경우, 즉 강도의 문제를 논할 수 있다.

귀납 논증 중에서 전제가 참일 때 결론이 참일 개연성이 높은 논증을 강한[relatively strong] 논증이라고 한다. 반대로 전제가 참이라고 하더라도 결론을 그럴듯하게 보장해 주지 못하는 논증을 약한[relatively weak] 논증이라고 한다. 그러므로 귀납 논증은 적절한 전제를 보충할 경우, 기존의 약한 논증이 더 강한 논증으로 보강될 수 있다.

02 귀납 논증의 종류

귀납 논증에는 귀납적 일반화, 통계적 삼단 논법, 유비 논증, 인과 논증이 있다.

(1) 귀납적 일반화

귀납적 일반화는 가장 단순한 형태의 귀납 논증으로, 표본에 관한 앎으로부터 집단 전체에 대한 주장으로 진행하는 논증이다. 표본의 구성원들이 일정한 특성을 가지고 있기 때문에 집단 전체의 구성원들도 동일한 특성을 가지고 있다고 주장하는 것으로, 보통 "모든 X는 Y이다."라는 형식을 가진다.

귀납적 일반화의 신뢰도를 높이는 법

① 전체를 포괄하는 충분한 분류여야 한다.
② 분류는 중복되어서는 안 된다.
③ 다른 조건들이 같다면 표본이 커야 한다.
④ 표본은 무작위로 추출되어야 한다.

① **보편적 일반화**: "모든 까마귀는 검다.", "물은 높은 곳에서 낮은 곳으로 흐른다."처럼 전체 구성원의 특징을 기술하는 일반화이다.

예 상자에 가득 들어 있는 사과 몇 개를 꺼내어 먹어 본 다음, 이 상자에 들어 있는 사과는 모두 맛있다고 결론을 내렸다.

② **통계적 일반화**: 표본의 전체가 아닌 일부 구성원의 특징으로 전체 중에서 그 성질을 갖는 것이 어느 정도의 비율인가를 추론하는 방법이다. 여론 조사와 같은 것이 대표적인 통계적 일반화에 해당한다.

예 선거 결과를 예측하기 위해 1,000명의 유권자 표본을 추출하자 500명은 A 후보를, 300명은 B 후보를 지지하고, 나머지 200명은 유보하는 것으로 나타났다. 이것을 일반화하여 전체 유권자의 50%가 A 후보를 지지할 것이고 결국 당선되리라고 예측했다.

(2) 통계적 삼단 논법

통계적 삼단 논법은 전제가 둘인 논증으로, 전제에 통계 명제가 포함되어 있다. 통계적 일반화는 표본 집단을 서술하는 정보에서 전체 집단에 관한 결론을 도출하는 논증인 데 반해, 통계적 삼단 논법은 전체 집단에 대한 정보에서 그 전체 집단의 한 원소나 부분 집합에 대한 결론을 도출한다. 이 논증의 첫 번째 명제는 통계에 의한 일반화이지만 논증의 형식은 전건 긍정식과 유사하다.

예 독감 예방주사를 맞지 않은 노약자 90%가 이번 겨울에 독감에 걸렸다.
우리 할머니는 독감 예방주사를 맞지 못했다.
그러므로 우리 할머니는 이번 겨울에 독감에 걸리셨을 것이다.

(3) 유비 논증

유비 논증은 두 개의 서로 다른 대상을 비교함으로써 결론을 이끌어 내는 방법이다. 하나의 대상이 몇 가지 점에서 다른 대상과 유사하기 때문에 다른 점에서도 유사할 것이라고 주장한다. 유사성이 높을수록 유비 논증은 강력해진다.

예 A는 a, b, c, d, e, f를 갖고 있다.
B는 a, b, c, d, e를 갖고 있다.
그러므로 B는 아마 f도 갖고 있을 것이다.

(4) 인과 논증

인과 논증은 전제와 결론에서 인과적 관계를 주장하는 논증이다. 대표적인 유형으로는 영국의 철학자 밀(Mill. J. S.)이 제시한 일치법, 차이법, 일치 차이 병용법, 잉여법, 공변법을 들 수 있다.

① **일치법**: 조사 중인 사례들이 공통적인 요인을 가질 때 이 요인을 사례의 원인이라고 추정하는 방법이다.

선행 요소	결과
A B C D	E
D F G H	E

→ 일치법에 따라, 결과 E의 원인은 D이다.

예

학생	증상	먹은 음식
A	복통 있음.	**돼지 불고기**, 김치, 파전, 생선조림
B	복통 있음.	**돼지 불고기**, 뭇국, 파전, 야채샐러드
C	복통 있음.	**돼지 불고기**, 감잣국, 생선조림, 김치
D	복통 있음.	**돼지 불고기**, 뭇국, 감자조림, 김치

→ 복통이 있는 학생들이 모두 돼지 불고기를 먹었으므로 복통의 원인이 돼지 불고기라고 결론 내릴 수 있다.

② **차이법**: 특별한 요인이 주어졌을 때 특정한 결과가 발생하고, 그 요인이 주어지지 않았을 때 그 결과가 발생하지 않는다면, 그 요인을 원인이라고 추정하는 방법이다.

선행 요소	결과
A B C D	E
A B C	–

→ 차이법에 따라, 결과 E의 원인은 D이다.

예

학생	증상	먹은 음식
A	복통 있음.	스파게티, 식빵, 생선, **스테이크**
B	복통 없음.	스파게티, 식빵, 생선

→ 스파게티, 식빵, 생선을 모두 먹은 두 학생 중 복통이 있는 학생과 달리 복통이 없는 학생은 스테이크를 먹지 않았으므로 스테이크가 복통의 원인이라고 결론 내릴 수 있다.

③ **일치 차이 병용법**: 일치법과 차이법이 합쳐진 것으로, 일치법에 따라 추정한 인과 관계를 차이법으로 확정하는 데 쓰인다.

선행 요소	결과
A C G	E
B C G	E
A B C	–

→ 일치 차이 병용법에 따라, 결과 E의 원인은 G이다.

예

학생	증상	먹은 음식
A	복통 있음.	햄버거, 샐러드, 수프, **프렌치프라이**
B	복통 있음.	샐러드, 수프, **프렌치프라이**
C	복통 있음.	햄버거, 수프, 아이스크림, **프렌치프라이**
D	복통 없음.	샐러드, 수프
E	복통 없음.	햄버거, 아이스크림, 수프

→ 복통이 있는 학생들이 공통으로 먹은 음식은 수프와 프렌치프라이이고, 복통이 없는 학생들은 수프를 먹고, 프렌치프라이는 먹지 않았다. 따라서 프렌치프라이가 복통의 원인이다. 일치차이 병용법은 일치법만을 사용하거나 차이법만을 사용하는 것보다 더 신뢰할 만하다고 할 수 있다.

④ 잉여법: 이미 알려져 있는 선행 상황과 어떤 현상들 간의 인과 관계를 빼고 나서 남은 선행 상황과 다른 현상들 사이에 인과 관계가 있다고 추론하는 방법이다.

AB는 ab의 선행 요소이다.
A는 a의 원인으로 알려져 있다.

그러므로 B는 b의 원인이다.

예 피로연에 참석하고 돌아온 사람이 현미밥, 스테이크, 콜라, 당근 케이크를 먹고 두통, 복통, 두드러기 증상을 보였다. 이 음식들 가운데 그는 현미밥을 먹고 복통을 일으킨 적이 있었고, 스테이크를 먹고 가끔 두드러기 증상이 나타났다. 콜라를 먹고 문제가 나타난 적은 없다. 결국 그는 당근 케이크를 먹은 것이 두통의 원인이라고 추정했다.

⑤ 공변법: 어떤 조건일 때 어떤 유형의 사건 발생 빈도와, 다른 조건일 때 그와 동일한 유형의 사건 발생 빈도를 비교해서 두 현상 간의 인과 관계를 확인하는 방법이다.

A, B, C가 일어나자 X, Y, Z가 발생했다.
A, B 증가(↑), C가 일어나자 X, Y 증가(↑), Z가 발생했다.
A, B 감소(↓), C가 일어나자 X, Y 감소(↓), Z가 발생했다.

그러므로 B는 Y의 원인이다.

예 혈압이 오름에 따라 뇌파의 강도가 증가하였고, 혈압이 내림에 따라 뇌파의 강도가 감소하였다. 심장 전문의는 혈압과 뇌파가 인과적으로 연결되어 있다고 결론지었다.

CHAPTER 06

논리의 오류

1 오류의 개념

논리의 오류란 논증의 과정에서 잘못된 결론을 도출하는 것을 말한다. 오류는 크게 형식적 오류[formal fallacy]와 비형식적 오류[informal fallacy]로 나뉜다. 오류를 제대로 파악한다면, 다른 사람의 논증을 더 잘 평가할 수 있고 자신의 논증을 구성할 때 잘못을 저지르지 않을 수 있다.

2 오류의 유형

01 형식적 오류

논증의 형식에 잘못이 있는 것으로, 연역 논증에만 적용된다.

(1) 전건 부정의 오류

전건을 부정하여 후건 부정의 결론을 도출하는 오류이다.

예 연기가 나는 곳에는(전건) 불이 있다(후건).
그 지하실에서는 연기가 나지 않는다. – 전건 부정
→ **그러므로 그 지하실에는 불이 없다.**: 후건 부정의 결론 도출 → 오류

(2) 후건 긍정의 오류

후건을 긍정하여 전건 긍정의 결론을 도출하는 오류이다.

예 비가 오면(전건) 땅이 젖는다(후건).
땅이 젖었다. – 후건 긍정
→ **그러므로 비가 왔다.**: 전건 긍정의 결론 도출 → 오류

(3) 선언지 긍정의 오류

선언적으로 제시한, 배타성 없는 전제의 어느 한 부분이 다른 부분과 배타적인 것이라고 생각하는 데서 생기는 오류이다. 주로 포괄적 의미의 '또는'과 배타적 의미의 '또는'을 혼동해서 생긴다.

예 그녀는 미인이든지 현명한 여인이다.
그녀는 미인이다.
→ 그러므로 그녀는 현명한 여인이 아니다. → 오류
– 이 논리의 '든지'는 배타적인 의미가 아니라 포괄적인 의미이다. 그녀는 미인이면서 현명한 여인일 수 있으므로 잘못된 결론이다.

개념 확인

01 〈보기〉와 같은 유형의 논리적 오류에 해당하는 것은?

보기
네가 내게 한 약속을 지키지 않은 것은 곧 나를 사랑하지 않는다는 증거야.

① 항상 보면 이등병들이 말썽이더라.
② 내 부탁을 거절하다니, 넌 나를 싫어하는구나.
③ 김 씨는 참말만 하는 사람이다. 왜냐하면 그는 거짓말을 하지 않는 사람이기 때문이다.
④ 거짓말을 하는 것은 죄악이다. 그러므로 의사가 환자에게 거짓말을 하는 것은 당연히 죄악이다.

정답 ②

02 비형식적 오류

논증의 형식은 준수하였지만, 잘못된 내용 등으로 인해 논증의 과정에서 오류가 생긴 경우이다.

(1) 언어적 오류

① 모호한 문장의 오류: 애매하고 모호한 문법 구조 때문에 뜻이 모호해짐으로써 발생하는 오류이다.

예 아내는 나보다 드라마 보는 것을 더 좋아한다.

② 애매어 사용의 오류: 의미가 두 가지 이상인 단어를 한 문장 안에서 동시에 사용함으로써 발생하는 오류이다.

예 모든 죄인은 교도소에 가야 한다. 모든 사람은 죄인이다. 그러니 모든 사람은 감옥에 가야 한다.
→ '원죄를 지닌 인간'이라는 뜻과 '범죄자'의 의미를 같이 사용하고 있다.

③ 은밀한 재정의의 오류: 단어의 사전적인 의미에 자의적인 뜻을 마음대로 덧붙여 재정의함으로써 생기는 오류이다.

예 • 미친 사람은 정신 병원에 수용되어야 해. 요즘 세상에 뇌물을 받지 않다니, 그 사람은 미쳤음이 틀림없어. 그 사람은 정신 병원에 보내 버려야 해.
→ '미치다'의 의미를 '정신에 이상이 생기다'라는 사전적 의미로 사용하지 않고, 자의적으로 재정의하여 사용하고 있다.
• 앞으로의 세계는 지식 사회다. 지식 사회는 지식 공유 사회라고 말할 수 있다. 지적인 재산을 공유할 수 있어야 한다는 말이다. 따라서 소프트웨어는 얼마든지 그냥 복제해서 써도 된다.

④ 강조의 오류: 문장의 한 부분을 부당하게 강조함으로써 생기는 오류이다.

예 • 성경에서 '네 이웃을 사랑하라'라고 했지? 그런데 너와 나는 이웃이 아니니까 나는 너를 사랑하지 않아도 되겠네.
• 폭탄 세일 – 80~5%(일부 품목 제외)

⑤ 범주의 오류: 단어의 범주를 잘못 인식한 데서 생기는 오류이다.

예 • 아버지, 저는 과학자가 되기보다는 물리학자가 되고 싶습니다.
→ 물리학자는 과학자에 포함되는데, 이의 범주를 혼동하고 있다.
• 난 그리 오래 살고픈 생각이 없어. 그냥 내 손자의 환갑이나 보고 죽었으면 좋겠어.

(2) 자료적 오류

① 성급한 일반화의 오류: 불충분한 통계 자료, 제한된 정보, 대표성을 결여한 자료 등을 부당하게 이용하여 특수한 사례를 일반화한 오류이다.

예 • 하나를 보면 열을 안다고 했어. 이번에 한 네 실수를 보니, 넌 정말 신용할 수 없구나.
• 지은희 선수가 한국 골프 선수로는 네 번째로 US 여자 오픈 우승을 차지했다. 따라서 한국 여자는 모두 골프에 소질이 있다.

② 우연의 오류: 일반적인 규칙이 특수한 경우에 그대로 적용될 수 없음에도 적용함으로써 빚어지는 오류이다. 일반과 특수의 관계를 잘못 파악하는 데서 빚어지는 오류로서 예외를 인정하지 않아서 발생한다.

개념 확인

01 오류와 그 유형이 가장 적절하게 연결된 것은?

① 우연의 오류: 모든 사람은 죽는다. 소크라테스는 사람이다. 그러므로 소크라테스는 죽는다.
② 애매어의 오류: 부패하기 쉬운 것들은 냉동 보관해야 한다. 세상은 부패하기 쉽다. 고로 세상은 냉동 보관해야 한다.
③ 결합의 오류: 미국 아이스하키 선수단이 이번 올림픽에서 금메달을 차지했다. 그러므로 미국 선수 각자는 세계 최고 기량을 갖고 있다.
④ 분해의 오류: 그 학생의 논술 시험 답안은 탁월하다. 그의 답안에 있는 문장 하나하나가 탁월하기 때문이다.

정답 ②

예 • 거짓말을 하는 것은 죄악이다. 그러니 의사가 환자의 정신적 안정을 위해 환자에게 거짓말을 하는 것도 당연히 죄악이다.
• 모든 사람은 표현의 자유를 가졌다. 그러므로 판사도 자신의 정치적인 견해를 법정에서 마음대로 말할 수 있다.

③ **잘못된 인과 관계의 오류(거짓 원인의 오류)**: 두 사건 사이에 인과 관계가 없음에도 단순히 시간상으로 선후 관계인 것을 인과 관계로 잘못 판단하는 오류이다.

예 난 이번 시험을 잘 보기 위해 손톱을 깎지 않았어. 왜냐하면 손톱을 깎으면 시험 성적이 안 좋거든.

④ **공통 원인의 오류**: 발생한 두 사건의 공통 원인을 파악하지 못하고, 어느 한 사건을 다른 사건의 원인이라고 생각하는 오류이다.

예 간이 나빠 눈에 황달이 생기고 얼굴이 까맣게 되었다. 얼굴이 까만 것은 눈에 황달이 왔기 때문이다. → '간이 나쁘다'라는 원인의 결과가 황달이 생기고 얼굴이 까맣게 된 것이지만, 이의 공통 원인을 파악하지 못하고 있다.

⑤ **논점 일탈의 오류**: 논점과 관계없는 문제들을 거론하여 논쟁을 회피하거나 본래 논의되던 논지와 무관한 결론을 이끌어 내는 오류이다.

예 너희들은 텔레비전 채널을 가지고 하루 종일 싸우는구나. 그만 들어가서 공부나 해.

⑥ **합성의 오류(결합의 오류)**: 각각의 원소들이 개별적으로 어떤 성질을 지니고 있다는 내용의 전제로부터, 그 원소들을 결합한 집합 전체도 역시 그 성질을 지니고 있다는 결론을 도출하는 오류이다.

예 • 우리 구단의 선수는 모두 뛰어나다. 그러므로 우리 구단은 훌륭한 구단이다.
• 5와 7은 홀수이다. 12는 5와 7의 합이다. 따라서 12는 홀수이다.
• 머리카락 하나 뽑는다고 대머리가 안 된다. 머리카락 두 개를 뽑아도 대머리가 안 된다. 그러니 머리카락을 아무리 많이 뽑아도 대머리가 되지는 않는다.

⑦ **분할의 오류(분해의 오류)**: 집합이 어떤 성질을 지니고 있다는 내용의 전제로부터 그 집합의 각각의 원소들 역시 개별적으로 그 성질을 지니고 있다는 결론을 도출하는 오류이다.

예 • 독일은 경제적 부국이다. 그러므로 독일 사람들은 모두 부자이다.
• 물은 액체이다. 물은 수소와 산소로 구성되어 있다. 따라서 수소와 산소는 액체이다.

⑧ **의도 확대의 오류**: 의도하지 않은 행위의 결과에 대해 의도가 작용했다고 판단하는 오류이다.

예 담배를 피우면 폐암에 걸려 죽을 확률이 높아진다는 것도 모르니? 아니, 정말 그렇게도 죽고 싶어?

⑨ **흑백 사고의 오류**: 논의되는 집합의 원소가 두 개밖에 없다고 판단하는 오류이다. 논의되는 대상은 세 가지 이상으로 나뉠 수 있는데 두 개밖에 인정하지 않아서 발생한다.

예 • 네가 나를 좋아하지 않는다고? 그럼 나를 싫어한다는 거야?
• 현대 사회는 경쟁 사회이다. 그러므로 내가 살아남기 위해서는 남을 쓰러뜨려 경쟁에서 승리해야 한다.

⑩ **무지에 호소하는 오류**: 증명할 수 없거나 알 수 없는 사실을 근거로 들어 자신의 주장을 정당화하는 오류이다. 반증(反證)을 제시하지 못했다고 하여 그 논제가 참이라고 단정하는 것이다.

예 • 당신은 이 범죄와 관련이 없다는 것을 증명하지 못했다. 그러므로 당신이 바로 범인이다.
• 외계의 생명체는 존재하지 않는다. 왜냐하면 과학이 발달한 현대 사회에서 아직까지 외계의 생명체가 존재한다는 확실한 신호가 잡히지 않았기 때문이다.

⑪ **잘못된 유비 추리(기계적 유비 추리의 오류)**: 유비 추리(유추)를 적용할 때 서로 다른 사물의 우연하고 비본질적인 속성을 비교하여 결론을 이끌어 내는 오류이다. 본질적인 유사성을 결여한 일부분의 유사성을 바탕으로 나머지의 유사성을 추론하는 것이다.

예 • 철수는 얼굴이 희고 안경도 끼었는데 공부를 잘한다. 영희도 얼굴이 희고 안경을 끼었다. 그러므로 영희도 공부를 잘할 것이다.
• 컴퓨터와 사람은 비슷한 점이 많다. 그러므로 컴퓨터도 인간처럼 감정을 지녔음에 틀림없다.

⑫ **복합 질문의 오류**: 둘 이상의 질문이 하나의 답을 요구할 때 발생하는 오류이다. 서로 상반된 두 개 이상의 전제가 있어 긍정도 부정도 할 수 없게 된다.

예 A : 너 어제 도둑질했지?
B : 아뇨, 전 어제 도둑질하지 않았어요.
A : 그래? 그럼 그 이전에 도둑질한 것을 자백해.
B : ……?
→ 도둑질을 했다는 사건에 대한 질문과 어제 도둑질을 했다는 시간에 대한 질문이 복합적으로 포함되어 있다. 따라서 한 가지 질문에만 답변하면 결국 나머지 질문에 대해 긍정하게 되는 애매한 대답이 되어 버린다.

⑬ **순환 논증의 오류(선결 문제 요구의 오류)**: 증명하고자 하는 결론이 참인 근거는 전제에 의존하고, 그 전제가 참인 근거는 결론에 의존하여 순환적으로 논증하게 되는 오류이다. 같은 내용을 말만 바꾸어 되풀이하게 된다.

예 • 규칙적인 생활을 하고 운동을 열심히 하는 사람은 건강합니다. 왜냐하면 건강한 사람은 규칙적인 생활을 하고 운동을 열심히 하기 때문입니다.
• 신은 존재한다. 왜냐하면 성경에 쓰여 있기 때문이다. 성경에 쓰여 있는 것은 모두 진리라고 신이 말했기 때문에 우리는 이를 믿어야 한다.

⑭ **발생학적 오류**: 어떤 대상의 기원이 갖는 속성을 그 대상 역시 갖고 있다고 추측하는 오류이다.

예 • 그가 발표한 새로운 이론은 믿을 수가 없다. 그는 후진국에서 온 학자이기 때문에 그런 사람을 신뢰할 수는 없다.
→ 그가 발표한 이론에 대해 비판하는 것이 아니라, 그 학자의 출신과 정황을 들어 비판한 것이므로, '발생학적 오류'와 '정황에 호소하는 오류'를 동시에 범하고 있다.
• 예술은 원시 제천 의식에서 나왔다. 그러니까 현대의 음악도 제사의 목적을 띠고 있다고 할 수 있다.

개념 확인

01 논증의 과정에서 범할 수 있는 오류와 그 예를 연결한 것으로 적절하지 않은 것은?

① 정선, 김홍도, 신윤복, 강희안, 장승업 등은 모두 탁월한 화가들이다. 그러므로 한민족은 세계에서 가장 뛰어난 미술적 재능을 지닌 민족이다. → 성급한 일반화의 오류
② 지난 학기에 학사 경고를 받은 학생은 모두 26명이다. 그중 남학생이 18명이고 여학생이 8명이다. 그러므로 남학생들이 여학생들보다 학업에 소홀했다. → 원천 봉쇄의 오류
③ 참된 능력은 언제나 드러나기 마련이다. 능력 있는 자는 자신이 내세우지 않아도 그 재능을 인정받는다. 그러므로 능력 있는 자는 자신의 재능을 알리려고 애쓸 필요가 없다. → 순환 논증의 오류
④ 우리 사회 특히 산업 현장에서는 대학이 유능한 전문 기능인을 길러 주기를 원한다. 다시 말해 전인 교육보다 기능 교육이 중시되기를 사회는 대학에 요청하고 있다. 그러나 대학이 기능 교육만을 담당할 수는 없다. 대학은 학문을 하는 곳이며, 학문이란 진리를 탐구하는 일이다. 대학이 진리 탐구를 포기하고 권력의 시녀가 되었을 때 상아탑의 이념은 없어지고 만다. → 논점 일탈의 오류

정답 ②

⑮ **미끄러운 경사면의 오류**: 만일 어떤 것이 행해진다면 그 결과로 어떤 다른 것이 연쇄적으로 발생할 것이고 최종적으로는 명백하게 바람직하지 않은 상황이 발생하기 때문에 어떤 것을 받아들여서는 안 된다고 주장하는 오류이다.

예 복장 자율화를 해 달라는 고등학생들의 요구를 거절해야 합니다. 복장 자율화를 허용하면 학생들은 외모에만 신경을 쓰고 공부에는 손을 놓게 되어 결국 대학 진학을 할 수 없게 되기 때문입니다.

⑯ **수레를 말 앞에 놓는 오류(본말전도의 오류)**: 먼저 해야 할 일이 있고 나중에 해야 할 일이 있는데, 그 일의 순서를 혼동함으로써 발생하는 오류이다. 마치 수레를 말 앞에 놓고 마차를 몰려 하는 것과 같은데, 우리말의 '신발에 발 맞추기', '침대에 키 맞추기' 등과 비슷하다.

예 우리 몸은 병에 걸림으로써 면역 체계가 생긴다. 따라서 다양한 병에 많이 걸리는 것이 좋다.

⑰ **허수아비 공격의 오류**: 상대방의 본래 주장을 왜곡하여 약하게 만들고 그 약해진 주장을 공격할 때 발생하는 오류이다. 즉 허수아비를 세워서 쓰러뜨리고 진짜 사람이 쓰러졌다고 주장하는 격이다.

예 국회 의원 박○○은, 정부가 저소득층에 대한 복지를 강화해야 한다고 주장한다. 박○○은 민주주의 국가에서 사회주의를 옹호하는 주장을 한 것이나 마찬가지이다. 그는 동유럽에서 시도된 사회주의 실험이 실패하여 나라 경제가 위기에 처했었다는 사실을 모르는 것인가? 따라서 그의 주장은 절대 채택되어서는 안 된다.

⑱ **주의를 딴 데로 돌리는 오류**: '훈제 청어 오류[the red herring fallacy]'라고도 하는 이 오류는 주제를 미묘하게 바꿈으로써 상대방의 주의를 돌릴 때 발생하는 오류이다. 상대방의 주의를 성공적으로 딴 데로 돌리기 위해서 흥미로운 화젯거리나 원래 주제와 미묘하게 연결된 내용으로 주제를 변경하기도 한다.

예 환경론자들은 과다한 플라스틱 사용에 대해 경고한다. 무엇이든 과다한 것은 문제가 있다. 최근 개발된 비만 치료제의 폭발적 인기도 우려할 점이 있다. 임상 실험에서 안전성을 검증받았다고는 하지만 부작용이 발생할 가능성을 배제할 수는 없다. 따라서 우리는 비만 치료제의 사용에 신중을 기할 필요가 있다.

(3) 심리적 오류

① **공포(위력)에 호소하는 오류**: 공포나 위력 등의 감정을 이용하여 자신의 논지를 받아들이게 하는 오류이다.

예 이 권고를 받아들이지 않을 경우, 이후 발생하는 모든 책임은 귀하에게 있다는 것을 통지하는 바입니다.

② **연민(동정)에 호소하는 오류**: 연민이나 동정 등의 감정을 이용하여 자신의 논지를 받아들이게 하는 오류이다.

예 사장님, 저를 해고하시면 안 돼요. 저에게는 아직 학교를 마치지 못한 어린 자식들과 부양해야 할 노모가 있습니다.

개념 확인

01 다음 글의 논리적 오류와 같은 종류의 오류가 있는 것은?

> 규칙적인 생활을 하고 운동을 열심히 하는 사람은 건강합니다. 왜냐하면 건강한 사람은 규칙적인 생활을 하고 운동을 열심히 하기 때문입니다.

① 분열은 화합으로 극복할 수 있다. 화합한 사회에서는 분열이 일어나지 않는다.
② 미확인 비행 물체[UFO]가 없다는 주장이 입증되지 않았으므로 미확인 비행 물체는 존재한다.
③ 지금 서른 분 가운데 열 분이 손을 들어 반대하셨습니다. 손을 안 드신 분은 모두 제 의견에 찬성하는 것으로 알겠습니다.
④ A 지역에서 생산한 사과도 맛이 없고, B 지역에서 생산한 사과도 맛이 없습니다. 따라서 올해는 맛있는 사과를 맛볼 수 없을 것입니다.

정답 ①

③ **정황에 호소하는 오류**: 어떤 사람의 직업, 직책, 과거의 행적 등과 같은 개인적 주변 정황을 이유로 그 주장이나 행위를 비판하는 오류이다.

예 • 노동자가 사장에게 면담을 요청하다니, 임금 인상을 요구하려나 보다.
• 정부 정책에 대한 박 의원의 비판은 들어 보나 마나다. 그는 야당 의원 아닌가?

④ **대중(다수)에 호소하는 오류**: 논지를 따르는 대중의 규모에 비추어 참을 주장하거나, 대중의 편견 등을 자극하여 자신의 주장을 받아들이게 하는 오류이다. 주로 군중 심리를 자극한다.

예 • 이 식당은 요즘 SNS에서 굉장히 뜨고 있어. 그러니까 음식이 엄청 맛있을 거야.
• 이 영화는 정말 훌륭해. 관객이 천만 명을 넘었으니까 말이야.

⑤ **부적합한 권위에 호소하는 오류**: 논지와 관계없는 분야에 있는 전문가의 의견을 빌려 와 논지가 참임을 주장하는 오류이다.

예 • 여기는 유명한 개그맨이 맛있다고 한 식당이니까 당연히 정말 맛있을 거야.
• 이 세탁기는 정말 좋은 제품이야. 왜냐하면 어제 연예인 홍길동이 그렇게 말했거든.

⑥ **인신공격의 오류**: 어떤 사람의 인품, 성격, 직업, 과거의 행적 등을 빌미로 그 사람을 공격하는 오류이다.

예 • 그 사람은 과거에 범죄를 저지른 적이 있으므로 그가 하는 말은 모두 믿을 수 없다.
• 베이컨의 철학은 훌륭하지 못하다. 왜냐하면 그는 대법관으로 재직할 시절, 뇌물 수수 사건에 연루되었기 때문이다.

⑦ **피장파장의 오류(역공격의 오류)**: 비판받는 내용이 비판하는 사람에게도 해당된다는 것을 근거로 하여 비판을 모면하고자 하는 오류이다.

예 **아버지**: 철수야, 왜 학용품을 아껴 쓰지 않고 낭비하니?
철수: 아버지, 저만 나무라지 마시고 아버지도 좀 물건을 아껴 쓰세요. 아버지도 낭비가 심하잖아요.

⑧ **원천 봉쇄의 오류(우물에 독 뿌리기)**: 반론의 가능성을 원천적으로 봉쇄하여 반론의 제기 자체를 불가능하게 하는 오류이다.

예 • 나의 주장은 정의에 입각한 것이다. 그러므로 내 주장에 반대하는 사람들은 불의의 편이다.
• 제정신을 가진 사람이라면 나의 주장에 반대하지 않을 것입니다.
• 얘, 누리야, 지금이 벌써 아홉 시다. 착한 아이가 되고 싶으면 이제 네 방에 가서 자야 하지 않겠니?

개념 확인

01 다음 예문과 같은 유형의 논리적 오류가 나타난 것은?

> 이 식당은 요즘 SNS에서 굉장히 뜨고 있어. 그러니까 엄청 맛있을 거야.

① 이 식당 음식을 꼭 먹어 보도록 해. 만나는 사람들마다 이 집 이야기를 하는 걸 보니 맛이 괜찮은가 봐.
② 누구도 이 식당이 맛없다고 말한 사람은 없어. 그러니까 엄청 맛있는 집이란 소리지.
③ 여기는 유명한 개그맨이 맛있다고 한 식당이니까 당연히 맛있겠지. 그러니까 꼭 여기서 먹어야 해.
④ 이번에는 이 식당에서 밥을 먹자. 내가 얼마나 여기서 먹어 보고 싶었는지 몰라. 꼭 한번 오게 되기를 간절하게 바랐어.

정답 ①

주관식 확인

01 명제의 기호화

14~15쪽 참고

01~10 **다음 명제를 기호화하시오.**

01 갑이 공무원이라면, 그는 성실하다.

02 그녀가 수업시간에 졸았다는 말은 사실이 아니다.

03 을의 봉사 정신이 투철하지 않다면, 그는 공직에 종사하는 사람이 아니다.

04 현재 취업률이 높고 물가도 높은 상황이다.

05 UFO가 있거나 외계 생명체가 있을 것이라는 주장은 터무니없다.

06 내가 공부를 열심히 한다면 시험에 합격할 것이고, 내가 공부를 열심히 하지 않는다면 시험에 합격하지 못할 것이다.

07 병이 열정적이면서 융통성 있는 직원이라는 것이 거짓이라면 그의 평판은 나쁠 것이다.

08 우리가 환경을 생각한다면, 우리는 대중교통을 이용하거나 물을 마음껏 쓰지 말아야 한다.

09 햇빛이 쨍쨍하면 그리고 오직 그런 경우에만 날씨가 따뜻해진다.

10 술을 마시지 않고 담배를 피우지 않는 사람이라면, 그리고 오직 그런 경우에만 건강하다.

정답 / 해설

01 갑이 공무원이라면, 그는 성실하다.

A → B

02 그녀가 수업시간에 졸았다는 말은 사실이 아니다.

~A

03 을의 봉사 정신이 투철하지 않다면, 그는 공직에 종사하는 사람이 아니다.

~A → ~B

04 현재 취업률이 높고 물가도 높은 상황이다.

A ∧ B

05 UFO가 있거나 외계 생명체가 있을 것이라는 주장은 터무니없다.

~(A ∨ B)

06 내가 공부를 열심히 한다면 시험에 합격할 것이고,

(A → B) ∧

내가 공부를 열심히 하지 않는다면 시험에 합격하지 못할 것이다.

(~A → ~B)

07 병이 열정적이면서 융통성 있는 직원이라는 것이 거짓이라면 그의 평판은 나쁠 것이다.

~ (A ∧ B) → C

08 우리가 환경을 생각한다면, 우리는 대중교통을 이용하거나 물을 마음껏 쓰지 말아야 한다.

A → (B ∨ ~C)

09 햇빛이 쨍쨍하면 그리고 오직 그런 경우에만 날씨가 따뜻해진다.

A ≡ B

10 술을 마시지 않고 담배를 피우지 않는 사람이라면, 그리고 오직 그런 경우에만 건강하다.

(~A ∧ ~B) ≡ C

02 논증의 타당성 판단 - 진리표

16~20쪽 참고

01~05 다음 복합 명제의 진리표를 완성하시오.

01

연언문(p ∧ q)의 진리표

p	q	p ∧ q
T	T	
T	F	
F	T	
F	F	

① '선재는 강사이다.'가 참이고 '철수는 학생이다.'가 참이면, '선재는 강사**이고** 철수는 학생이다.'는 ______이다.

② '선재는 강사이다.'가 참이고 '철수는 학생이다.'가 거짓이면, '선재는 강사**이고** 철수는 학생이다.'는 ______이다.

02

선언문(p ∨ q)의 진리표

p	q	p ∨ q
T	T	
T	F	
F	T	
F	F	

① '선재는 강사이다.'가 참이고 '철수는 학생이다.'가 참이면, '선재는 강사**이거나** 철수는 학생이다.'는 ______이다.

② '선재는 강사이다.'가 참이고 '철수는 학생이다.'가 거짓이면, '선재는 강사**이거나** 철수는 학생이다.'는 ______이다.

03

조건문(p → q)의 진리표

p	q	p → q
T	T	
T	F	
F	T	
F	F	

① '선재는 강사이다.'가 참이고 '철수는 학생이다.'가 참이면, '선재가 강사**이면** 철수는 학생이다.'는 ______이다.

② '선재는 강사이다.'가 참이고 '철수는 학생이다.'가 거짓이면, '선재가 강사**이면** 철수는 학생이다.'는 ______이다.

③ '선재는 강사이다.'가 거짓이고 '철수는 학생이다.'가 참이면, '선재가 강사**이면** 철수는 학생이다.'는 ______이다.

04

쌍조건문(p ≡ q)의 진리표

p	q	p ≡ q
T	T	
T	F	
F	T	
F	F	

① '선재는 강사이다.'가 참이고 '철수는 학생이다.'가 참이면, '선재는 강사**이고, 그리고 오직 그러한 경우에만** 철수는 학생이다.'는 ______이다.

② '선재는 강사이다.'가 참이고 '철수는 학생이다.'가 거짓이면, '선재는 강사**이고, 그리고 오직 그러한 경우에만** 철수는 학생이다.'는 ______이다.

05

부정문(~p)의 진리표

P	~P
T	
F	

① '선재는 강사이다.'가 참이면 '선재는 강사**라는 것은 거짓이다**.'는 ______이다.

② '선재는 강사이다.'가 거짓이면, '선재는 강사**라는 것은 사실이 아니다**.'는 ______이다.

06~15 다음 [ ] 안에 '참, 거짓, 알 수 없음' 중 알맞은 것을 넣으시오.

06 A가 참이고 B가 거짓일 때, 'A ∧ B'는 [ ]이다.

07 A의 진릿값을 알지 못하고 B가 참일 때, 'A ∨ B'는 [ ]이다.

08 A가 거짓이고 B도 거짓일 때, 'A → B'는 [ ]이다.

09 A가 참이고 B의 진릿값을 알지 못할 때, 'A ∧ B'는 [ ]이다.

10 A가 참이고 B가 거짓일 때, 'A → B'는 [ ]이다.

11 A의 진릿값을 알지 못하고 B가 거짓일 때, 'A → B'는 [ ]이다.

12 A가 거짓이고 B도 거짓일 때, '~A ∧ ~B'는 [ ]이다.

13 A가 참이고 B가 거짓일 때, '~(A ∨ B)'는 [ ]이다.

14 A가 참이고 B도 참일 때, 'A → ~B'는 [ ]이다.

15 A가 거짓이고 B도 거짓일 때, 'A ≡ B'는 [ ]이다.

정답

06 거짓	**07** 참	**08** 참	**09** 알 수 없음	**10** 거짓
11 알 수 없음	**12** 참	**13** 거짓	**14** 거짓	**15** 참

주관식 확인

03 추론 규칙 ① - 함축 규칙

22~25쪽 참고

01~09 다음 빈칸에 올바른 추론 규칙을 넣어 추론을 완성하시오.

01 전건 긍정식[modus ponens]: 조건언 제거

p → q

∴

만약 비가 온다면, 땅이 젖을 것이다.

________________ 전건 긍정

∴ ________________ 결론: 타당함

02 후건 부정식[modus tollens]

p → q

∴

만약 비가 온다면, 땅이 젖을 것이다.

________________ 후건 부정

∴ ________________ 결론: 타당함

03 가언 삼단 논법[hypothetical syllogism]

p → q

∴

만약 비가 온다면, 땅이 젖을 것이다.

____

∴ ________________, 길이 미끄러울 것이다.

04 연언지 단순화[simplification]

p ∧ q

∴

철수는 국어를 잘하고 영어를 잘한다.

∴ ________________. (철수는 영어를 잘한다.)

05 연언화[conjunction]

p q ∴	철수는 국어를 잘한다. 철수는 영어를 잘한다. ∴

06 선언 삼단 논법[disjunctive syllogism](선언지 제거법)

p ∨ q ∴	오늘은 비가 오거나 눈이 올 것이다. ∴

07 선언지 첨가법[addition]

p ∴	오늘은 비가 온다. ∴

08 단순 양도 논법[dilemma]

p ∨ q p → r ∴	공무원 논리 시험은 쉽게 나오거나 어렵게 나올 것이다. 철수는 논리 시험이 쉽게 나와도 공부를 한다. ∴

09 흡수 규칙[absorption]

p → q ∴	비가 오면 땅이 젖는다. ∴

10~14 전제가 참이라고 할 때, 다음 논증들의 타당성을 판별하시오.

10 A → B, B / 따라서 A 타당 | 부당

11 A ∨ ~B, B / 따라서 A 타당 | 부당

12 A → B, A ∨ C, ~C / 따라서 B 타당 | 부당

13 A ∧ B, B → ~C / 따라서 A ∧ ~C 타당 | 부당

14 ~A ∨ ~B, C → A, C → B / 따라서 ~C 타당 | 부당

15~19 다음에 제시된 명제가 참이라고 할 때, 도출할 수 있는 타당한 결론을 쓰시오.

15 A가 참이거나 B가 참이다. B는 거짓이다. 따라서 ______.

16 A가 참이면, B도 참이다. A가 참이다. 따라서 ______.

17 A가 참이거나 B가 참이다. A가 참이라면 C가 참이다. B가 참이라면 C가 참이다. 따라서 ______.

18 세계 경제 침체가 지속되면 실업난이 발생할 것이다. 실업난이 발생하지 않았다. 따라서 ______.

19 철수는 시험에 대한 걱정을 하거나 걱정을 안 한다. 철수는 걱정을 해도 공부를 안 한다. 철수는 걱정을 안 해도 공부를 안 한다. 따라서 철수는 ______.

정답

10 부당 후건 긍정의 오류
11 타당 선언지 제거법
12 타당 선언지 제거법, 전건 긍정식
13 타당 연언지 단순화, 전건 긍정식, 연언화
14 타당 대우, 단순 양도 논법
15 A가 참이다 선언지 제거법
16 B가 참이다 전건 긍정식
17 이러나저러나 C가 참이다 단순 양도 논법
18 세계 경제 침체는 지속되지 않았다 후건 부정식
19 이러나저러나 공부를 안 한다 단순 양도 논법

20~24 전제들이 참이라고 할 때, 다음 논증들을 기호화하여 그 타당성을 판별하시오.

20 세종 대왕은 존경받는 왕이었다. 그러므로 세종 대왕은 존경받는 왕이었거나 또는 존경받는 학자였다.

타당 | 부당

21 정치인들의 부정부패가 없어진다면, 국가 경제는 활성화될 것이다. 그런데 정치인들의 부정부패가 없어지지 않았다. 따라서 국가 경제는 활성화되지 못한다.

타당 | 부당

22 철수가 냉철한 성격이라면, 그는 최선의 선택을 했을 것이다. 철수가 최선의 선택을 했다면, 그는 돈을 많이 벌었을 것이다. 그러나 철수는 돈을 많이 벌지 못했다. 그러니 철수는 냉철한 성격이 아님이 틀림없다.

타당 | 부당

23 그 회사의 주식값이 상승하거나 그 회사가 매각될 것이다. 그런데 그 회사는 매각될 것이다. 따라서 그 회사의 주식값은 상승하지 않을 것이다.

타당 | 부당

24 철수와 영희 가운데 적어도 한 사람은 공무원이다. 그런데 철수가 공무원이 아니다. 따라서 영희가 공무원이다.

타당 | 부당

정답

20 타당 선언지 첨가법
[기호화] A / ∴ A ∨ B

21 부당 전건 부정의 오류
[기호화] A → B, ~A / ∴ ~B

22 타당 가언 삼단 논법, 후건 부정식
[기호화] A → B, B → C, ~C / ∴ ~A

23 부당 선언지 긍정의 오류
[기호화] A ∨ B, B / ∴ ~A

24 타당 선언지 제거법
[기호화] A ∨ B, ~A / ∴ B

04 추론 규칙 ② - 대치 규칙

26~29쪽 참고

01~10 **다음 빈칸에 알맞은 대치 규칙을 쓰고, 올바른 추론을 완성하시오.**

01 이중 부정[double negation]

~~p ≡ ______	철수가 공무원이 아니라는 것은 거짓이다. ≡ ______

02 동어 반복[tautology]

① p ≡ ______ ② p ≡ ______	철수는 공무원이다. ≡ ______ ≡ ______

03 교환 법칙[commutativity]

① (p ∧ q) ≡ ______	철수는 결혼을 하고, 아이를 낳았다. ≡ ______
② (p ∨ q) ≡ ______	철수는 밥을 먹었거나 빵을 먹었다. ≡ ______

04 결합 법칙[associativity]

① (p ∧ q) ∧ r ≡ ______	(비가 오고 눈이 오고) 그리고 길이 미끄럽다. ≡ ______
② (p ∨ q) ∨ r ≡ ______	(비가 오거나 눈이 오거나) 또는 길이 미끄럽다. ≡ ______

05 분배 법칙[distribution]

① p ∧ (q ∨ r) ≡ ______	비가 오고 그리고 눈이 오거나 길이 미끄럽다. ≡ ______
② p ∨ (q ∧ r) ≡ ______	비가 오거나 또는 눈이 오고 길이 미끄럽다. ≡ ______

06 수출입 법칙[exportation]: 이출, 이입 원리

$(p \wedge q) \rightarrow r \equiv$	비가 오고 눈이 오면, 길이 미끄럽다. ≡ ______

07 드모르간 법칙[De Morgan's rule]

① $\sim(p \wedge q) \equiv$	철수가 월요일과 화요일에 모두 쉰다는 것은 거짓이다. ≡ ______
② $\sim(p \vee q) \equiv$	철수가 월요일 또는 화요일에 쉰다는 것은 거짓이다. ≡ ______

08 대우 규칙[transposition]

$p \rightarrow q \equiv$	비가 오면 땅이 젖는다. ≡ ______

09 단순 함축[material implication](조건문의 정의)

$p \rightarrow q \equiv$	비가 오면 땅이 젖는다. ≡ ______

10 쌍조건문[material equivalence](단순 동치)

$p \leftrightarrow q$ ≡ ≡	비가 오면, 오직 그러한 경우에만 땅이 젖는다. ≡ ______

11~15 **다음 논증의 타당성을 추론 규칙과 기호화를 이용하여 판단하시오.**

11 철수와 영희 둘 다 공무원이 아니라는 것은 사실이 아니다. 따라서 철수와 영희 가운데 적어도 한 사람은 공무원이다. 타당 | 부당

[기호화]

12 민수의 증언이 사실이라면 철수의 증언도 사실이야. 민수가 한 증언이 사실이라면 영희가 한 증언도 사실이고, 철수가 한 증언이 사실이라면 영희가 한 증언도 사실이기 때문이지. 타당 | 부당

[기호화]

13 야구 선수인 갑이 제구력이 약하거나 체력이 약하다면 선발에서 제외된다. 야구 선수인 갑이 선발에서 제외되지 않았다. 따라서 야구 선수인 갑은 체력이 약하지 않음이 분명하다. 타당 | 부당

[기호화]

심화

14 코페르니쿠스의 지동설이 옳다면 행성의 운동을 설명하기 위해서 주전원의 존재를 가정해야만 한다. 그런데 주전원의 존재를 가정하지 않았다. 그러므로 행성의 운동을 설명할 수 없다. 타당 | 부당

[기호화]

심화

15 오직 고온에서 저온으로 열의 이동이 발생할 때에만 열에서 동력을 얻을 수 있다. 따라서 열에서 동력을 얻을 수 있다면 고온에서 저온으로 열의 이동이 발생한 것이다. 타당 | 부당

[기호화]

정답 / 해설

11 철수와 영희 둘 다 공무원이 아니라는 것은 사실이 아니다. 따라서 철수와 영희 가운데 적어도 한 사람은 공무원이다. **타당** | 부당

[기호화]

~(~A ∧ ~B)

∴ A ∨ B

드모르간 법칙: ~~A ∨ ~~B

[A]의 이중 부정은 [A]와, [B]의 이중 부정은 [B]와 논리적 동치이므로 결론적으로 'A ∨ B'를 도출할 수 있음.

12 민수의 증언이 사실이라면 철수의 증언도 사실이야. 민수가 한 증언이 사실이라면 영희가 한 증언도 사실이고, 철수가 한 증언이 사실이라면 영희가 한 증언도 사실이기 때문이지. 타당 | **부당**

[기호화]

1. A → B
2. C → B

∴ A → C

결론을 도출한 전제를 확보하지 못함.

13 야구 선수인 갑이 제구력이 약하거나 체력이 약하다면 선발에서 제외된다. 야구 선수인 갑이 선발에서 제외되지 않았다. 따라서 야구 선수인 갑은 체력이 약하지 않음이 분명하다. **타당** | 부당

[기호화]

1. (A ∨ B) → C
2. ~C

∴ ~B

대우: ~C → ~(A ∨ B)

전건 긍정식으로 '~(A ∨ B)'가 도출되는데, '~(A ∨ B)'는 드모르간 법칙에 따라 '~A ∧ ~B'가 되고 여기에 연언지 단순화를 적용하면 [~B]를 결론으로 도출할 수 있음.

14 코페르니쿠스의 지동설이 옳다면 행성의 운동을 설명하기 위해서 주전원의 존재를 가정해야만 한다. 그런데 주전원의 존재를 가정하지 않았다. 그러므로 행성의 운동을 설명할 수 없다. 타당 | **부당**

[기호화]

1. A → (B → C)
2. ~C

∴ ~B

1의 후건의 복합 명제 전체를 부정해야 함. 함축 규칙을 명제에 부분적으로 적용해서는 안 됨.

15 오직 고온에서 저온으로 열의 이동이 발생할 때에만 열에서 동력을 얻을 수 있다. 따라서 열에서 동력을 얻을 수 있다면 고온에서 저온으로 열의 이동이 발생한 것이다. **타당** | 부당

[기호화]

1. A → B
2. A

∴ B

'열의 이동[B]'이 '열 동력[A]'의 필요조건이 되므로 'A → B'로 나타낼 수 있음.

05 정언 명제와 대당 사각형

34~37쪽 참고

01 다음 대당 사각형을 보고 명제들 간의 관계와 특징을 쓰시오.

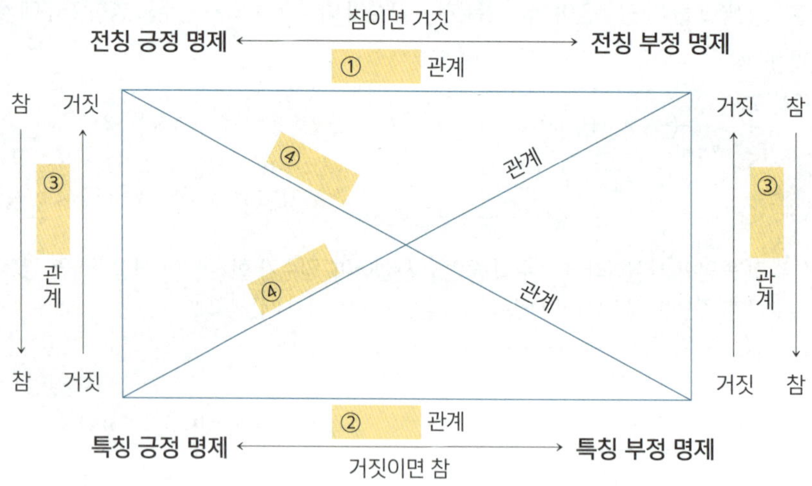

02~06 다음 명제들의 관계를 파악하고, 참과 거짓 여부를 판단하시오.

02 '모든 s는 p이다.'와 '모든 s는 p가 아니다.'는 ① ______ 관계이므로, ② ______ 일 수는 없지만, ③ ______ 일 수는 있다.

03 '어떤 s는 p가 아니다.'가 참이면 '모든 s는 p가 아니다.'는 ______ 관계이므로, 참과 거짓을 알 수 없다.

04 '모든 s는 p가 아니다.'가 참이면 '어떤 s는 p가 아니다.'는 ① ______ 관계이므로, 무조건 ② ______ 이다.

05 '모든 s는 p이다.'가 참이면 '어떤 s는 p가 아니다.'는 참/거짓 이다.

06 '모든 s는 p가 아니다.'가 참이면 '어떤 s는 p가 아니다.'는 참/거짓 이다.

정답 / 해설

01

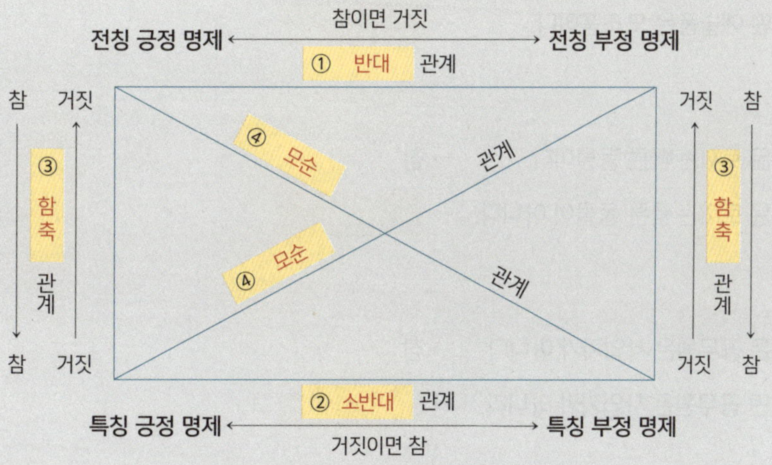

02 '모든 s는 p이다.'와 '모든 s는 p가 아니다.'는 ① 반대 관계이므로, ② 동시에 참 일 수는 없지만, ③ 동시에 거짓 일 수는 있다.

03 '어떤 s는 p가 아니다.'가 참이면 '모든 s는 p가 아니다.'는 함축 관계이므로, 참과 거짓을 알 수 없다.

04 '모든 s는 p가 아니다.'가 참이면 '어떤 s는 p가 아니다.'는 ① 함축 관계이므로, 무조건 ② 참 이다.

05 '모든 s는 p이다.'가 참이면 '어떤 s는 p가 아니다.'는 참/거짓 이다.

06 '모든 s는 p가 아니다.'가 참이면 '어떤 s는 p가 아니다.'는 참/거짓 이다.

07~11 정언 논리 체계에 따라 ___ 안에 '참, 거짓, 알 수 없음' 중 알맞은 것을 넣으시오.

07
- 모든 예술품은 모조품이 아니다. → 참
- 어떤 예술품은 모조품이다. → ___

08
- 모든 토끼는 빠른 동물이다. → 참
- 모든 토끼는 빠른 동물이 아니다. → ___

09
- 모든 공무원은 사업가가 아니다. → 참
- 어떤 공무원은 사업가가 아니다. → ___

10
- 어떤 공무원은 사업가가 아니다. → 참
- 모든 공무원은 사업가가 아니다. → ___

11
- 어떤 토끼는 빠른 토끼이다. → 거짓
- 어떤 토끼는 빠른 토끼가 아니다. → ___

12 다음 글을 읽고 '마크 트웨인'이 수정한 명제가 무엇을 의미하는지, 정언 명제와 대당 사각형의 관계를 이용하여 설명하시오.

> 미국의 저명한 작가 **마크 트웨인**은 한 연회석상에서 기자의 질문에 "미국 국회의 어떤 의원은 썩어 빠진 사람이다."라고 답했다. 그 기자는 마크 트웨인의 말을 그대로 신문에 발표해서 큰 파장을 일으켰다. 워싱턴 정가의 국회 의원들은 크게 화를 내며 마크 트웨인에게 잘못을 인정하는 성명을 신문에 발표하지 않으면 명예 실추 등을 이유로 법률적인 제재를 가하겠다고 위협했다. 며칠 후 마크 트웨인은 이 요구를 받아들여 《뉴욕 타임스》에 정정 성명을 게재했다. 그 내용은 다음과 같다.
>
> "며칠 전에 나는 '미국 국회의 어떤 의원은 썩어 빠졌다.'라고 말했다. 그 후 어떤 사람들은 나에게 잘못을 인정하라고 나를 계속 위협했다. 그래서 나는 다시 이 내용을 생각해 보았는데, 그 결과 내가 한 말은 그리 타당한 표현이 아니었다. 그러므로 나는 오늘 특별히 성명을 발표하여 나의 말을 다음과 같이 수정한다.
>
> '<u>미국 국회의 어떤 의원은 썩어 빠지지 않았다.</u>'"

정답 / 해설

07 · 모든 예술품은 모조품이 아니다. → 참
· 어떤 예술품은 모조품이다. → 거짓
→ 전칭 부정 명제와 특칭 긍정 명제는 모순 관계이므로, 동시에 참일 수도 없고, 동시에 거짓일 수도 없다.

08 · 모든 토끼는 빠른 동물이다. → 참
· 모든 토끼는 빠른 동물이 아니다. → 거짓
→ 전칭 긍정 명제와 전칭 부정 명제는 반대 관계이므로, 동시에 참일 수는 없다.

09 · 모든 공무원은 사업가가 아니다. → 참
· 어떤 공무원은 사업가가 아니다. → 참
→ 전칭 부정 명제와 특칭 부정 명제는 함축 관계이므로, 전칭이 참이면 특칭은 무조건 참이다.

10 · 어떤 공무원은 사업가가 아니다. → 참
· 모든 공무원은 사업가가 아니다. → 알 수 없음
→ 특칭 부정 명제와 전칭 부정 명제는 함축 관계이므로, 특칭이 참일 때 전칭은 알 수 없다.

11 · 어떤 토끼는 빠른 토끼이다. → 거짓
· 어떤 토끼는 빠른 토끼가 아니다. → 참
→ 특칭 긍정 명제와 특칭 부정 명제는 소반대 관계이므로, 동시에 거짓일 수는 없다.

12 '미국 국회의 어떤 의원은 썩어 빠졌다'는 **특칭 긍정 명제**이고, 수정된 '미국 국회의 어떤 의원은 썩어 빠지지 않았다'는 **특칭 부정 명제**이다. **특칭 긍정 명제와 특칭 부정 명제는 소반대 관계**이므로 동시에 거짓은 될 수 없지만, 동시에 참은 될 수 있다. 즉 수정된 내용인 '미국 국회의 어떤 의원은 썩어 빠지지 않았다'라는 판단이 참이라고 해서 '미국 국회의 어떤 의원은 썩어 빠졌다'라는 판단이 거짓이라는 것을 의미하지는 않는 것이다.
따라서 마크 트웨인의 수정은 실상 여전히 국회 의원들을 비판하는 의미를 담고 있는 것이지 **자신의 의견을 번복한 것이 아니다.**

06 정언 삼단 논법

40~42쪽 참고

01~04 다음 삼단 논법의 타당성을 검토하고, 부당하다면 그 이유를 쓰시오.

01 모든 생물학자는 과학자이다.
어떤 철학자도 생물학자가 아니다.
―――――――――――――――
그러므로 어떤 철학자도 과학자가 아니다.

타당 | 부당

02 모든 토끼는 포유동물이다.
모든 토끼는 초식 동물이다.
―――――――――――――――
그러므로 모든 초식 동물은 포유동물이다.

타당 | 부당

03 모든 영화배우는 바보가 아니다.
어떤 예능인은 바보가 아니다.
―――――――――――――――
그러므로 어떤 예능인은 영화배우가 아니다.

타당 | 부당

04 모든 개그맨은 예능인이다.
어떤 예능인은 운동선수가 아니다.
―――――――――――――――
그러므로 어떤 운동선수는 개그맨이다.

타당 | 부당

정답 / 해설

〈술어 논리〉 학습이 끝난 뒤, 한 번 더 풀어 보세요.

01 모든 생물학자는 과학자이다.
어떤 철학자도 생물학자가 아니다.

그러므로 어떤 철학자도 과학자가 아니다. 타당 | **부당**

→ 대개념 부당 주연의 오류를 범한 것이다. 결론의 대개념이 주연됨에도 불구하고 전제의 대개념, 즉 '과학자'가 주연되지 않고 있다.

02 모든 토끼는 포유동물이다.
모든 토끼는 초식 동물이다.

그러므로 모든 초식 동물은 포유동물이다. 타당 | **부당**

→ 소개념 부당 주연의 오류를 범한 것이다. 결론은 모든 '초식 동물'에 관해서 말하고 있는데, 전제는 모든 '초식 동물'에 관해서 말하고 있지 않다. 결론은 전제가 말하는 바를 부당하게 넘어서고 있는 것이다.

03 모든 영화배우는 바보가 아니다.
어떤 예능인은 바보가 아니다.

그러므로 어떤 예능인은 영화배우가 아니다. 타당 | **부당**

→ 양부정 전제의 오류를 범한 것이다. 삼단 논법에서는 두 전제가 모두 부정 명제일 수 없다.

04 모든 개그맨은 예능인이다.
어떤 예능인은 운동선수가 아니다.

그러므로 어떤 운동선수는 개그맨이다. 타당 | **부당**

→ 부당 긍정의 오류를 범한 것이다. 삼단 논법에서는 전제가 부정이면 결론도 부정이어야 한다.

07 술어 논리

44~47쪽 참고

01~05 **다음 삼단 논법의 타당성을 증명하시오.**

01 식물을 키우는 사람들은 모두 비 오는 날을 좋아하는데, 야구 선수는 어느 누구도 비 오는 날을 좋아하지 않는다. 따라서 야구 선수는 모두 식물을 키우는 사람들이 아니다.

02 우리 모임 회원들은 모두 경제학과 출신이고, 우리 모임 회원들 중에는 공무원도 있다. 따라서 경제학과 출신 중에는 공무원도 있다.

03 친절한 자는 모두 배려심이 많은 자이고, 배려심이 많은 자는 계산적인 자가 아니다. 따라서 계산적인 자는 모두 친절한 자가 아니다.

04 영어 성적이 좋은 학생은 모두 국어 성적이 좋은 학생이다. 그러나 영어 성적이 좋은 학생 가운데는 수학 성적이 좋지 않은 학생도 있다. 따라서 국어 성적이 좋은 학생 가운데는 수학 성적이 좋지 않은 학생도 있다.

05 철수가 본 책은 모두 영희가 보지 않은 책이지만, 민수가 본 책 가운데는 영희가 본 책이 있다. 따라서 민수가 본 책 가운데 철수가 보지 않은 책이 있다.

정답 / 해설

01 식물을 키우는 사람들은 모두 비 오는 날을 좋아하는데, ... 1. 식물 → 비 오는 날
야구 선수는 어느 누구도 비 오는 날을 좋아하지 않는다. .... 2. 야구 선수 → ~비 오는 날
따라서 야구 선수는 모두 식물을 키우는 사람들이 아니다. .... ∴ 야구 선수 → ~식물

➜ 1의 대우와 2에서 가언 삼단 논법에 의해 주어진 결론이 도출되므로, 타당한 논증이다.

02 우리 모임 회원들은 모두 경제학과 출신이고, ... 1. 우리 모임 → 경제학과
우리 모임 회원들 중에는 공무원도 있다. .... 2. 우리 모임a ∧ 공무원a
따라서 경제학과 출신 중에는 공무원도 있다. .... ∴ 경제학과a ∧ 공무원a

➜ 연언지 단순화, 전건 긍정, 연언화에 의해 주어진 결론이 도출되므로, 타당한 논증이다.

03 친절한 자는 모두 배려심이 많은 자이고, ... 1. 친절한 자 → 배려심 많은 자
배려심이 많은 자는 계산적인 자가 아니다. .... 2. 배려심 많은 자 → ~계산적인 자
따라서 계산적인 자는 모두 친절한 자가 아니다. .... ∴ 계산적인 자 → ~친절한 자

➜ 1, 2에서 가언 삼단 논법, 대우에 의해 주어진 결론이 도출되므로, 타당한 논증이다.

04 영어 성적이 좋은 학생은 모두 국어 성적이 좋은 학생이다. .... 1. 영어 성적 좋음 → 국어 성적 좋음
그러나 영어 성적이 좋은 학생 가운데는 수학 성적이 좋지 않은 학생도 있다.
.... 2. 영어 성적 좋음a ∧ ~수학 성적 좋음a
따라서 국어 성적이 좋은 학생 가운데는 수학 성적이 좋지 않은 학생도 있다.
.... ∴ 국어 성적 좋음a ∧ ~수학 성적 좋음a

➜ 2의 연언지 단순화, 1의 전건 긍정, 연언화에 의해 주어진 결론이 도출되므로, 타당한 논증이다.

05 철수가 본 책은 모두 영희가 보지 않은 책이지만, ... 1. 철수 본 책 → ~영희 본 책
민수가 본 책 가운데는 영희가 본 책이 있다. .... 2. 민수 본 책a ∧ 영희 본 책a
따라서 민수가 본 책 가운데 철수가 보지 않은 책이 있다. .... ∴ 민수 본 책a ∧ ~철수 본 책a

➜ 2의 연언지 단순화, 1의 후건 부정, 연언화에 의해 주어진 결론이 도출되므로, 타당한 논증이다.

06~10 **다음 삼단 논법의 타당성을 평가하시오.**

06 모든 사람들은 늙는다. 나는 사람이다. 그러므로 나는 늙는다. 타당 | 부당

07 미래를 약속한 어떤 사이는 영원한 사이이다. 모든 연인은 미래를 약속한 사이이다. 그러므로 영원한 어떤 사이는 연인 사이이다. 타당 | 부당

08 편리하지 않은 도구는 모두 의미 없는 도구이고, 쓸모없는 도구는 모두 의미 없는 도구이다. 따라서 쓸모 있는 도구는 모두 편리한 도구이다. 타당 | 부당

09 어떤 계약은 법적 구속력이 없다. 지켜야 할 의무가 있는 것은 모두 법적 구속력이 있다. 그렇다면 지켜야 할 의무가 없는 계약이 있다. 타당 | 부당

10 모든 정책 입안자는 사회 제도에 대해 구체적으로 분석하는 자들이다. 사회 제도에 대해 구체적으로 분석하는 어떤 자들은 과학자가 아니다. 그래서 어떤 과학자는 정책 입안자가 아니다. 타당 | 부당

정답 / 해설

06 모든 사람들은 늙는다. ······ 1. 사람 → 늙음
나는 사람이다. ······ 2. 나 → 사람
그러므로 나는 늙는다. ······ ∴ 나 → 늙음

타당 | 부당

→ 가언, 삼단 논법에 의해 주어진 결론이 도출되므로, 타당한 논증이다.

07 미래를 약속한 어떤 사이는 영원한 사이이다. ······ 1. 미래a ∧ 영원a
모든 연인은 미래를 약속한 사이이다. ······ 2. 연인 → 미래
그러므로 영원한 어떤 사이는 연인 사이이다. ······ ∴ 영원a ∧ 연인a

타당 | **부당**

→ 1과 2는 연결되지 않으므로, 주어진 결론도 도출되지 않는다. 따라서 부당한 논증이다.

08 편리하지 않은 도구는 모두 의미 없는 도구이고, ······ 1. ~편리 → ~의미
쓸모없는 도구는 모두 의미 없는 도구이다. ······ 2. ~쓸모 → ~의미
따라서 쓸모 있는 도구는 모두 편리한 도구이다. ······ ∴ 쓸모 → 편리

타당 | **부당**

→ 1과 2는 연결되지 않으므로, 주어진 결론도 도출되지 않는다. 따라서 부당한 논증이다.

09 어떤 계약은 법적 구속력이 없다. ······ 1. 계약a ∧ ~법적 구속력a
지켜야 할 의무가 있는 것은 모두 법적 구속력이 있다. ······ 2. 의무 → 법적 구속력
그렇다면 지켜야 할 의무가 없는 계약이 있다. ······ ∴ ~의무a ∧ 계약a

타당 | 부당

→ 1의 연언지 단순화, 2의 후건 부정, 연언화에 의해 '~의무a ∧ 계약a'가 도출되므로, 타당한 논증이다.

10 모든 정책 입안자는 사회 제도에 대해 구체적으로 분석하는 자들이다. ······ 1. 정책 입안자 → 사회 제도
사회 제도에 대해 구체적으로 분석하는 어떤 자들은 과학자가 아니다. ······ 2. 사회 제도a ∧ ~과학자a
그래서 어떤 과학자는 정책 입안자가 아니다. ······ ∴ 과학자a ∧ ~정책 입안자a

타당 | **부당**

→ 1과 2는 연결되지 않으므로, 주어진 결론도 도출되지 않는다. 따라서 부당한 논증이다.

신유형 익히기 실전 문제

정답과 해설 324쪽

진릿값 판별

01 ㉠~㉢에 들어갈 말을 알맞게 짝 지은 것은?

> • '물가가 오른다.'가 참이고 '임금이 오른다.'도 참일 때, '물가가 오르지 않으면 임금이 오른다.'는 [㉠]이다.
>
> • '물가가 오른다.'가 참이고 '임금이 오른다.'는 거짓일 때, '물가가 오르거나 임금이 오른다.'는 [㉡]이다.
>
> • '물가가 오른다.'가 거짓이고 '임금이 오른다.'도 거짓일 때, '물가가 오르지 않으면 임금이 오르지 않는다.'는 [㉢]이다.

	㉠	㉡	㉢
①	참	참	참
②	참	참	거짓
③	거짓	참	거짓
④	거짓	거짓	참

선재 쌤's Talk

02 다음 진술이 참일 때, 〈보기〉에서 반드시 참인 것을 모두 고르면?

> "갑이 박람회에 참가한다면, 을도 참가한다."는 거짓이다.

보기

㉠ "갑이 박람회에 참가하거나 을이 참가한다."는 참이다.

㉡ "을이 박람회에 참가하는 경우에만 갑이 참가하지 않는다."는 참이다.

㉢ "갑이 박람회에 참가하고, 을은 참가하지 않는다."는 거짓이다.

① ㉠, ㉡　　② ㉠, ㉢

③ ㉡, ㉢　　④ ㉠, ㉡, ㉢

선재 쌤's Talk

추론 규칙

선재 쌤's Talk

03 전제가 참일 때, 결론이 반드시 참인 논증을 펼친 사람만을 모두 고르면?

영희: 갑이 A 부처에 발령을 받으면, 을은 B 부처에 발령을 받아. 그런데 을이 B 부처에 발령을 받지 않았어. 그러므로 갑은 A 부처에 발령을 받지 않았어.

철수: 갑이 A 부처에 발령을 받으면, 을도 A 부처에 발령을 받아. 그런데 을이 A 부처에 발령을 받았어. 따라서 갑은 A 부처에 발령을 받았어.

현주: 갑이 A 부처에 발령을 받지 않거나, 을과 병이 C 부처에 발령을 받아. 그런데 갑이 A 부처에 발령을 받았어. 그러므로 을과 병 모두 C 부처에 발령을 받았어.

① 영희　　② 영희, 철수
③ 철수, 현주　　④ 영희, 현주

04 〈보기〉와 동일한 논증 형식을 가지고 있는 것은?

보기
나는 작곡가가 아니거나 가수이다. 나는 작곡가이다. 그러므로 나는 가수이다.

① 혜지는 요리하는 것을 좋아한다. 따라서 혜지는 요리하는 것을 좋아하거나 운동하는 것을 좋아한다.
② 이번 채용 절차에는 제시문 기반 면접이나 토론 면접이 시행될 것이다. 이번에는 토론 면접이 시행되었다. 따라서 이번에 제시문 기반 면접은 시행되지 않았다.
③ 기계가 발전하면 사람들은 일자리를 잃을 것이다. 사람들은 일자리를 잃지 않았다. 따라서 기계는 발전하지 않았다.
④ 그는 사랑을 믿지 않거나 운명을 믿지 않는다. 그는 사랑을 믿는다. 그러므로 그는 운명을 믿지 않는다.

05 다음 글에 대한 분석으로 적절한 것만을 〈보기〉에서 모두 고른 것은?

- Ⓐ그는 지하철로 출근하거나 자동차로 출근한다. Ⓐ를 거짓이라고 가정하면, ㉠그는 자동차로 출근하지 않는다. 그런데 Ⓐ가 참이고 그는 지하철로 출근하지 않는다고 가정하면, ㉡그는 자동차로 출근한다.
- Ⓑ그는 자동차로 출근하면 지각한다. Ⓑ를 거짓이라고 가정하면, ㉢그는 자동차로 출근해도 지각하지 않는다.

보기

㉮ ㉠을 추론하는 데는, 'A이거나 B'의 형식을 가진 문장이 거짓이면 A도 B도 모두 반드시 거짓이라는 원리가 사용되었다.

㉯ ㉡을 추론하는 데는, 'A이거나 B'라는 형식이 참인 문장에서 A가 거짓이면 B는 반드시 참이라는 원리가 사용되었다.

㉰ ㉢을 추론하는 데는, 'A이면 B'라는 형식을 가진 문장이 거짓이면 A가 참이면서 B는 거짓이라는 원리가 사용되었다.

① ㉮, ㉯ ② ㉮, ㉰

③ ㉯, ㉰ ④ ㉮, ㉯, ㉰

선재 쌤's Talk

명제 논리 — 타당한 결론의 도출

선재 쌤's Talk

06 다음 진술이 모두 참일 때 반드시 참인 것은? 2025 지방직 9급

- 영희가 친구 혹은 선생님을 만났다면, 영희는 커피를 마셨다.
- 영희는 친구 혹은 선배를 만났다.
- 영희는 커피를 마신 적이 없다.

① 영희는 선배를 만났다.
② 영희는 친구를 만났다.
③ 영희는 선생님을 만났다.
④ 영희는 선배와 선생님을 모두 만났다.

07 다음 조건에 따를 때 문을 연 곳을 모두 고르면?

㉠ 은행이 문을 열지 않았다.
㉡ 병원이 문을 열었다면, 은행도 문을 열었다.
㉢ 병원이 문을 열지 않았다면, 약국은 문을 열었다.
㉣ 경찰서가 문을 열지 않았다면, 약국도 문을 열지 않았다.

① 약국
② 약국, 경찰서
③ 병원, 경찰서
④ 약국, 병원, 경찰서

08 김 행정관은 다음 조건에 따라 유럽 출장을 갈 예정이다. 김 행정관이 출장을 갈 나라를 모두 고른 것은?

> ㉠ 스웨덴에는 가지 않는다.
> ㉡ 스웨덴에 가거나 네덜란드에 간다.
> ㉢ 크로아티아에 가지 않는다면 벨기에에 간다.
> ㉣ 네덜란드에 간다면 크로아티아에는 가지 않는다.

① 네덜란드
② 네덜란드, 벨기에
③ 벨기에, 크로아티아
④ 네덜란드, 벨기에, 크로아티아

선재 쌤's Talk

09 클래식 대축제에서 연주될 곡의 작곡가에 대해 논의하고 있다. 다음 조건이 모두 참일 때, 연주될 곡의 작곡가는?

- 바흐의 곡은 연주된다.
- 슈베르트의 곡이 연주되지 않으면 바흐의 곡도 연주되지 않는다.
- 베토벤의 곡이 연주되면 비발디의 곡은 연주되지 않는다.
- 베토벤의 곡이 연주되거나 슈베르트의 곡이 연주되지 않는다.

① 바흐, 슈베르트
② 바흐, 비발디
③ 바흐, 슈베르트, 베토벤
④ 바흐, 슈베르트, 비발디, 베토벤

선재 쌤's Talk

10 **다음 세 진술이 모두 참일 때, 김, 이, 박, 정 사무관 중에서 회의에 참석하는 사무관의 총 인원은?**

> • 김 사무관이 참석하지 않으면 이 사무관이 참석한다.
> • 이 사무관과 박 사무관 중 적어도 한 명이 참석하면, 정 사무관은 참석하지 않는다.
> • 정 사무관은 참석한다.

① 1명　　② 2명
③ 3명　　④ 4명

선재 쌤's Talk

11 **상철, 지연, 민서, 현우는 올해 승진 후보이다. 다음 조건에 따라 승진이 결정된다고 할 때, 승진하게 되는 사람은 총 몇 명인가?**

> ㉠ 상철이나 현우 중 적어도 한 명은 승진한다.
> ㉡ 상철이 승진하지 않으면 민서가 승진한다.
> ㉢ 상철이 승진하면 지연이 승진하지 않는다.
> ㉣ 지연이 승진한다.

① 1명　　② 2명
③ 3명　　④ 4명

12 **다음 조건에 따를 때, □□ 아파트에서 수리할 공간의 수는?**

> ㉠ 주민 체육관은 수리한다.
>
> ㉡ 주차장을 수리하지 않거나, 주민 체육관을 수리하지 않는다.
>
> ㉢ 관리 사무소를 수리하면, 놀이터도 수리한다.
>
> ㉣ 주차장을 수리하거나, 관리 사무소를 수리한다.

① 1곳　　② 2곳

③ 3곳　　④ 4곳

선재 쌤's Talk

13 다음은 피의자 갑, 을, 병에 대해 보고된 내용이다. 이를 보고 검사가 유죄라고 판단할 사람을 모두 고른 것은? (이때 피의자는 유죄 혹은 무죄 둘 중 하나만 가능하다.)

- 을이 무죄이거나 병이 유죄이다.
- 을이 무죄라면 갑은 유죄이다.
- 갑이 유죄라면 을도 유죄이다.
- 병이 유죄라면 갑도 유죄이다.

① 을
② 갑, 병
③ 을, 병
④ 갑, 을, 병

선재 쌤's Talk

14 **지하철에서 지갑을 잃어버린 영희는 급하게 분실물 센터에 찾아갔다. 다음의 대화에서 ㉠에 들어갈 올바른 내용은 무엇인가?**

> 분실물 센터 직원: 무슨 일 때문에 오셨어요?
>
> 영희: 제가 지하철에서 지갑을 잃어버려서 분실 신고를 하려고요.
>
> 분실물 센터 직원: 아, 그러면 잃어버린 지갑에 대해서 알려 주세요.
>
> 영희: 너무 놀라서 지금 정확히 제 지갑에 대해 기억나지가 않아요. 음……. 제가 잃어버린 지갑은 흰색이거나 동전 지갑이에요. 만약 흰색 지갑이라면 가죽 지갑이에요. 그러나 만약 가죽 지갑이 아니라면, 동전 지갑이 아니에요.
>
> 분실물 센터 직원: 그렇다면 고객님이 잃어버린 지갑은 [㉠].

① 흰색 지갑이겠군요

② 가죽 지갑이겠군요

③ 동전 지갑이겠군요

④ 동전 지갑이자 흰색 지갑이겠군요

선재 쌤's Talk

15 다음 조건에 따를 때, 열차가 지나갈 곳을 모두 고르면?

- 대전역을 지나면 목포역도 지난다.
- 서울역이나 광주역을 지나지만, 서울역과 광주역을 모두 지나지는 않는다.
- 목포역은 지나지 않는다.
- 광주역을 지나지 않으면 대전역은 지난다.

① 서울역
② 광주역
③ 광주역, 대전역
④ 서울역, 광주역

16 철수는 펜싱, 양궁, 배구, 테니스 중에서 관람할 종목을 정하기 위해 ㉠~㉢과 같은 기준을 세웠다. 이를 따를 때, 반드시 참이라고 할 수는 없는 것은?

㉠ 펜싱을 관람하면, 양궁을 관람한다.
㉡ 배구를 관람하면, 테니스를 관람한다.
㉢ 펜싱이나 배구 가운데 적어도 한 종목은 관람한다.

① 펜싱을 관람하지 않으면, 배구와 테니스만 관람한다.
② 테니스를 관람하지 않으면, 양궁을 관람한다.
③ 적어도 두 종목은 관람한다.
④ 양궁을 관람하지 않으면, 배구를 관람한다.

선재 쌤's Talk

명제들의 대당 관계

17 **다음 대화의 ㉠에 들어갈 말로 적절한 것은?** 2025 지방직 9급

> 갑: 공무원은 공직자이고 공직자는 그 직책만으로 국가나 사회에 영향을 미치는 공인이야. 모든 공무원은 공인이니까 공인으로서의 사명감을 가질 의무가 있어. 하지만 공무원이 아닌 사람이라면 그게 누구든 그런 사명감을 가질 의무는 없지.
>
> 을: 모든 사람이 죽는다고 죽는 것들이 모두 사람인 것은 아니잖아. 네가 "공무원이 아닌 모든 사람은 공인으로서의 사명감을 가질 의무가 없다."라는 주장을 하려면 "[㉠]."가 참이어야 해.

① 몇몇 공인은 공인으로서의 사명감을 가질 의무가 없다

② 모든 공무원은 공인으로서의 사명감을 가질 의무가 없다

③ 공인으로서의 사명감을 가질 의무가 있는 사람은 모두 공무원이다

④ 공인으로서의 사명감을 가질 의무가 없는 사람은 모두 공무원이 아니다

선재 쌤's Talk

18 다음 명제 사이의 관계에 대한 올바른 추론이 아닌 것은?

> ㉠ 모든 학생은 논리 공부를 하고 있다.
> ㉡ 모든 학생은 논리 공부를 하고 있지 않다.
> ㉢ 어떤 학생은 논리 공부를 하고 있다.
> ㉣ 어떤 학생은 논리 공부를 하고 있지 않다.

① ㉠과 ㉡은 동시에 참일 수는 없지만 동시에 거짓일 수는 있다.
② ㉢이 거짓이면 ㉣은 참이고, ㉢이 참이면 ㉣은 거짓이다.
③ ㉡이 참이면 ㉢은 거짓이고, ㉢이 참이면 ㉡은 거짓이다.
④ ㉠이 참이면 ㉢은 참이지만, ㉢이 참이면 ㉠이 참인지는 알 수 없다.

19 ㉠이 참이라면, ㉡과 ㉢의 참 · 거짓은?

> ㉠ 모든 공학자는 실용주의자가 아니다.
> ㉡ 모든 공학자는 실용주의자이다.
> ㉢ 어떤 공학자는 실용주의자가 아니다.

	㉡	㉢		㉡	㉢
①	알 수 없다	참	②	거짓	알 수 없다
③	거짓	참	④	참	거짓

선재 쌤's Talk

충분조건과 필요조건

선재 쌤's Talk

20 다음 중 옳지 않은 진술은?

① 철수가 부적을 지니는 것이 승리를 위한 필요조건이지 충분조건은 아니라면, 철수가 부적을 지닌다고 해서 반드시 승리하는 것은 아니다.

② 음주 운전은 교통사고 발생의 충분조건이다. 따라서 교통사고가 일어나지 않았다면 음주 운전을 하지 않은 것이다.

③ 흐린 날씨의 충분조건이 기압계 수치의 강하라면, 기압계의 수치가 떨어지는 경우 반드시 날씨가 흐려진다.

④ 영희가 전시회에 가지 않았더라면 그 남자를 만나지 않았을 것이다. 따라서 영희가 전시회를 간 것은 그 남자를 만나게 된 충분조건이다.

21 다음 중 논리적으로 옳은 말을 하는 사람은?

갑: 운전면허증은 버스 기사로 일하기 위한 필요조건이다. 따라서 운전면허증이 있다면, 누구든 버스 기사로 일할 수 있다.

을: 자존감의 존재가 자신감 존재의 충분조건이다. 따라서 자신감이 있기 위해서는 자존감이 있어야 한다.

병: 기온이 33도에 이르면 폭염 주의보가 발령되고, 기온이 33도에 이르지 않으면 폭염 주의보는 발령되지 않는다. 따라서 폭염 주의보는 기온이 33도에 이르는 것의 충분조건이다.

정: 내가 자격증을 딴다면 나는 원하는 직장에 들어갈 수 있다. 그러니 내가 자격증을 따는 것은 내가 원하는 직장에 들어갈 수 있는 필요조건이다.

① 갑　　② 을

③ 병　　④ 정

22 다음 글의 내용이 참일 때, 추론한 내용으로 적절하지 않은 것은?

> 경제가 불확실하면 소비 심리가 위축될 수밖에 없다. 현재 우리 경제는 불확실성에 노출되어 있다. 즉 대외적으로는 미국의 보호 무역으로 수출이 줄 것으로 전망되며, 대내적으로도 주력 산업의 중국 이전으로 제조업 공동화가 우려되고 있다. 여기에 정치적인 불안정까지 가세하면서 우리 경제는 저성장 국면에서 벗어나기 어렵다는 비관론이 팽배해 있다. 이러한 상황들 각각은 우리 경제를 불확실하게 한다. 소비 심리가 위축되지 않으려면 앞으로 우리 경제가 양극화 없이 지속적으로 성장할 수 있는 신성장 전략을 제시해야 한다.

① 미국의 보호 무역으로 인한 수출 감소는 소비 심리를 위축시킨다.

② 신성장 전략을 제시하는 것은 소비 심리 위축을 막기 위한 충분조건이다.

③ 현재 우리 경제는 불확실성에 노출되어 있으므로 소비 심리가 위축될 것이다.

④ 우리 경제의 불확실성을 해소하기 위해서는 제조업 공동화를 방지할 대책이 요구된다.

선재 쌤's Talk

술어 논리+복합 문제

23 가와 나를 전제로 할 때, 빈칸에 들어갈 말로 가장 적절한 것은?

> 가 프랑스어를 사용하는 어떤 사람은 통역관이 아니다.
>
> 나 회담에 참석하지 않은 모든 사람은 통역관이다.
>
> 따라서 [　　　　　　　　　　　　].

① 회담에 참석한 모든 사람은 통역관이 아니다

② 프랑스어를 사용하는 어떤 사람은 회담에 참석한 사람이다

③ 회담에 참석한 모든 사람은 프랑스어를 사용하는 사람이다

④ 프랑스어를 사용하고 통역관인 어떤 사람은 회담에 참석한 사람이다

선재 쌤's Talk

선재 쌤's Talk

24 가와 나를 전제로 할 때 빈칸에 들어갈 결론으로 가장 적절한 것은?

> 가 논리력이 탄탄한 모든 사람은 성격이 급한 사람이 아니다.
>
> 나 맞춤법을 잘 지키는 어떤 사람은 논리력이 탄탄한 사람이다.
>
> 따라서 ( ).

① 성격이 급한 어떤 사람은 맞춤법을 잘 지키는 사람이다
② 맞춤법을 잘 지키는 모든 사람은 성격이 급한 사람이 아니다
③ 맞춤법을 잘 지키는 어떤 사람은 성격이 급한 사람이 아니다
④ 논리력이 탄탄하지만 맞춤법을 잘 지키지 않는 어떤 사람은 성격이 급한 사람이다

25 다음 중 전제가 모두 참일 때, 결론이 반드시 참인 논증을 고르면?

① 공직자들은 모두 자신감이 있고 예의가 바르다. 자신감이 있지만 공직자가 아닌 사람이 있다. 따라서 자신감이 있지만 예의가 바르지 않은 사람이 있다.
② 갑과 을이 경기에 나간다면 두 사람은 서로 싸워야 한다. 갑과 을은 자신들끼리 싸우기를 원하지 않는다. 따라서 둘은 모두 경기에 나가지 않을 것이다.
③ 어학 성적이 좋은 지원자는 신입 사원으로 선발된다. 직무 자격증이 없는 지원자는 신입 사원으로 선발되지 않는다. 따라서 어학 성적이 좋은 지원자는 직무 자격증도 있다.
④ 사회에 기여하고 싶은 사람은 모두 공직을 지망한다. 사회에 기여하고 싶은 사람은 모두 봉사 정신도 강하다. 따라서 봉사 정신이 강한 사람은 모두 공직을 지망한다.

26 **다음 중 부당한 논증을 고르면?**

① 모든 총명한 자는 분별력이 있는 자다. 가치를 인정받는 어떤 자는 총명하다. 따라서 가치를 인정받는 어떤 자는 분별력이 있는 자다.

② 모든 광물은 반짝인다. 그런데 어떤 광물은 금이 아니다. 그러므로 어떤 반짝이는 것은 금이 아니다.

③ 종교인들은 모두 창조론자들이고, 유신론자들은 모두 종교인이다. 그러므로 창조론자들은 모두 유신론자임이 틀림없다.

④ 전망 좋은 방은 모두 희귀한 매물이다. 어떤 희귀한 매물도 싼값으로 팔리지 않는다. 따라서 싼값으로 팔리는 방은 모두 전망이 좋은 방이 아니다.

선재 쌤's Talk

27 **세계 통화 가치와 관련해 다음과 같은 사실이 밝혀졌다. 이에 따를 때, 반드시 참인 것은?**

- 원화가 상승하면, 달러도 상승한다.
- 달러와 파운드 중 적어도 하나는 상승한다.
- 달러가 상승하면, 유로는 상승하지 않는다.
- 유로가 상승하지 않으면, 달러도 상승하지 않는다.

① 유로는 상승하지 않는다.

② 달러와 유로 중 적어도 하나는 상승한다.

③ 파운드와 원화는 둘 다 상승하지 않는다.

④ 달러와 원화 중 적어도 하나는 상승하지 않는다.

28 **다음 조건이 주어졌을 때, 반드시 참인 진술은?**

- ○○시에는 '사랑 보호소', '행복 보호소' 단 두 개의 유기견 보호소만 있다.
- '사랑 보호소'에서 보호하는 개들은 모두 대형견이다.
- 5세 이상의 개들은 모두 '행복 보호소'에서 보호하고 있다.
- 어떤 대형견은 5세 이상이다.

① 대형견들은 모두 5세 이상이다.
② '사랑 보호소'에서 보호하지 않는 대형견이 있다.
③ '행복 보호소'에서 보호하는 개들은 모두 5세 이상이다.
④ 대형견이 아닌 개들은 모두 '사랑 보호소'에서 보호하고 있다.

선재 쌤's Talk

29 **다음 글의 내용이 참일 때, 반드시 참인 진술은?**

- ○○ 호텔에는 한식과 양식, 두 개의 레스토랑만 있다.
- 양식 요리사들은 모두 남성이다.
- 한식 요리사들 중 서울에 사는 사람들은 모두 요리 학교를 졸업했다.
- 양식 요리사들 중 서울에 사는 사람들은 모두 결혼을 했다.
- 은우는 ○○ 호텔 요리사이며, 여성이다.

① 은우가 서울에 살지 않는다면, 은우는 요리 학교를 졸업하지 않았다.
② 은우가 서울에 산다면, 은우는 결혼을 했다.
③ 은우가 서울에 산다면, 은우는 요리 학교를 졸업했다.
④ 은우가 요리 학교를 졸업했다면, 은우는 결혼을 하지 않았다.

선재 쌤's Talk

30 ㉠~㉣의 조건이 주어졌을 때, 반드시 참인 진술은?

㉠ 우리 회사의 모든 사원은 내근과 외근 중 하나만 한다. ㉡ 외근을 하면서 미혼인 사원은 모두 재테크를 한다. ㉢ 내근을 하면서 미혼인 사원은 모두 자동차로 출근한다. ㉣ 우리 회사의 김 사원은 미혼이다.

① 김 사원이 내근을 한다면, 그는 재테크를 하지 않는다.
② 김 사원이 자동차로 출근하지 않는다면, 그는 내근을 한다.
③ 김 사원이 재테크를 한다면, 그는 외근을 한다.
④ 김 사원이 재테크를 하지 않는다면, 그는 자동차로 출근한다.

선재 쌤's Talk

31 다음 글의 내용이 참일 때, 반드시 참인 진술은?

• 재호는 ○○ 아파트에 살고 있으며, 직장에 다니지 않는다. • ○○ 아파트에는 A동과 B동, 단 두 개의 동만 있다. • A동에 살면서 직장에 다니지 않는 사람은 모두 단지 내의 마트를 이용한다. • B동에 살면서 직장에 다니지 않는 사람은 모두 동호회 활동을 하지 않는다.

① 재호는 단지 내의 마트를 이용한다.
② 만약 재호가 동호회 활동을 하면, 재호는 단지 내의 마트를 이용한다.
③ 재호는 단지 내 마트를 이용하지 않고, 동호회 활동도 하지 않는다.
④ 만약 재호가 B동에 산다면, 재호는 동호회 활동을 한다.

32 ㉠~㉢을 참이라고 가정할 때, 반드시 참인 것은?

> ㉠ 도시락을 싸 오지 않는 어떤 직원은 채식주의자이다.
>
> ㉡ 인사부 직원들은 모두 도시락을 싸 온다.
>
> ㉢ 인사부 직원 중에 채식주의자가 아닌 사람이 있다.

① 인사부 직원이 아닌 사람 중에 채식주의자가 있다.

② 인사부 직원이 아닌 사람은 모두 도시락을 싸 오지 않는다.

③ 채식주의자가 아닌 어떤 사람은 인사부 직원이 아니다.

④ 인사부 직원이 아닌 사람은 모두 채식주의자이다.

선재 쌤's Talk

33 ㉠~㉣에 따라 출장을 가는 사람이 정해진다고 할 때, 반드시 참인 것은?

> ㉠ 김 주무관이 출장을 가면, 윤 주무관도 출장을 간다.
>
> ㉡ 윤 주무관이 출장을 가면, 박 주무관은 출장을 가지 않는다.
>
> ㉢ 김 주무관과 정 주무관 중 적어도 한 명은 출장을 간다.
>
> ㉣ 박 주무관이 출장을 가지 않으면, 윤 주무관도 출장을 가지 않는다.

① 박 주무관은 출장을 가지 않는다.

② 정 주무관과 김 주무관은 둘 다 출장을 가지 않는다.

③ 윤 주무관과 박 주무관 중 적어도 한 명은 출장을 간다.

④ 윤 주무관과 김 주무관 중 적어도 한 명은 출장을 가지 않는다.

34 다음은 이 부장의 여행 계획이다. 이에 따를 때, 이 부장이 반드시 여행할 계절을 모두 고르면?

- 가을에는 여행하지 않는다.
- 봄에 여행하거나 여름에 여행한다.
- 봄에 여행하거나 가을에 여행한다.
- 여름에 여행하면 겨울에도 여행한다.
- 봄에 여행하지 않거나 여름에 여행하지 않는다.

① 봄 ② 봄, 겨울
③ 여름, 겨울 ④ 봄, 여름, 겨울

선재 쌤's Talk

심화

35 다음은 약사의 처방이다. 이 처방에 따를 때, 복용해야 할 약을 모두 고르면?

약사: 알레르기 약을 복용하면, 코감기 약은 복용하지 않아도 됩니다. 해열제를 복용하거나 코감기약과 알레르기 약을 둘 다 복용해야 합니다. 만약 해열제를 복용하면 기침약은 복용하지 않아도 되지만, 코감기 약은 복용해야 합니다.

① 기침약 ② 알레르기 약, 코감기 약
③ 알레르기 약, 해열제 ④ 코감기 약, 해열제

생략된 전제 찾기

36 다음 대화의 빈칸에 들어갈 말로 가장 적절한 것은? 2025 국가직 9급

> 갑: 설명회는 다음 달 셋째 주 목요일이나 넷째 주 목요일에 개최해야 합니다.
>
> 을: 설명회를 [ ].
>
> 병: 설명회를 다음 달 셋째 주 목요일에 개최하면, 홍보 포스터 제작을 이번 주 안에 완료해야 합니다.
>
> 정: 여러분의 의견대로 하자면, 반드시 이번 주 안에 홍보 포스터 제작을 완료해야 하겠군요.

① 다음 달 넷째 주 목요일에 개최해야 합니다
② 다음 달 셋째 주 목요일에 개최할 수 없습니다
③ 다음 달 넷째 주 목요일에 개최할 수 없습니다
④ 다음 달 넷째 주 목요일에 개최하면, 이번 주 안에 홍보 포스터 제작을 완료하지 않아도 됩니다

선재 쌤's Talk

37 **다음 글의 밑줄 친 결론을 이끌어 내기 위해 추가해야 할 것은?** 2025 지방직 9급

> 마라톤을 하는 사람은 모두 식단을 조절하거나 근력 운동을 한다. 근력 운동을 하는 사람은 모두 건강하다. 따라서 마라톤을 하는 사람은 모두 건강하다.

① 건강한 사람은 모두 식단을 조절한다.
② 식단을 조절하는 사람은 모두 건강하다.
③ 식단을 조절하는 사람 중에 근력 운동을 하는 사람은 없다.
④ 식단 조절과 근력 운동을 병행하는 사람 중에 건강하지 않은 사람은 없다.

선재 쌤's Talk

38 **형사 콜롬보의 진술이 참일 때, ㉠에 들어갈 말로 가장 적절한 것은?**

> 콜롬보: 당신이 범행을 저지르지 않았다면, 어제 친구와 같이 있었을 겁니다. 그런데 조사해 보니 당신이 어제 친구와 있으면서 집에 있지 않았다는 것은 불가능하더군요.
> 용의자: 어쨌든 아직 아무것도 확실하지 않은 상태가 아닙니까?
> 콜롬보: 하지만 방금 CCTV를 확보해 [㉠] 것을 알았습니다. 그러므로 당신은 그날 범행을 저지른 것이 확실합니다.

① 당신이 어제 친구와 같이 있었다는
② 당신이 어제 집에 있지 않았다는
③ 당신이 어제 집에 있었다는
④ 당신이 어제 친구와 함께 집에 있지 않았다는

39 **철수는 어머니의 지시를 따라야 한다. 빈칸에 들어갈 말로 가장 적절한 것은?**

어머니: 재활용 쓰레기를 버리지 않는다면, 창고 정리를 해야 해. 창고 정리와 옷장 정리 둘 중에 하나만 하면 되고, 옷장 정리를 할 경우에만 베란다 청소를 해야 해. 그리고 ______________.

철수: 아, 그럼 재활용 쓰레기를 버려야 하겠네요.

① 옷장 정리는 하지 않아도 돼
② 베란다 청소를 해야 해
③ 창고 정리를 해야 해
④ 옷장 정리를 하면, 창고 정리는 하지 않아도 돼

선재 쌤's Talk

40 **다음 글의 밑줄 친 결론을 이끌어 내기 위해 추가해야 할 것은?**

수학 수업을 듣는 사람은 모두 국어 수업을 듣지 않는 사람이다. 국어 수업을 듣는 어떤 사람은 영어 수업을 듣지 않는 사람이다. 따라서 영어 수업을 듣는데 수학 수업은 듣지 않는 사람도 있다.

① 수학 수업을 듣는 어떤 사람은 영어 수업을 듣는 사람이다.
② 국어 수업을 듣지 않는 사람은 모두 수학 수업을 듣는 사람이다.
③ 국어 수업을 듣는 어떤 사람은 영어 수업을 듣는 사람이다.
④ 영어 수업을 듣지 않지만 수학 수업을 듣는 사람은 모두 국어 수업을 듣는 사람이다.

41 **결론을 도출하기 위해 전제 1에 들어갈 내용으로 가장 적절한 것은?**

> 전제 1. ______________________.
>
> 전제 2. 인구가 많은 모든 곳은 대기질이 깨끗한 곳이 아니다.
>
> 결론. 인구가 많은 모든 곳은 교통사고 발생 건수가 적은 곳이 아니다.

① 교통사고 발생 건수가 적은 곳은 모두 대기질이 깨끗한 곳이다

② 대기질이 깨끗한 어떤 곳은 교통사고 발생 건수가 적은 곳이 아니다

③ 대기질이 깨끗한 곳은 모두 교통사고 발생 건수가 적은 곳이다

④ 교통사고 발생 건수가 적은 어떤 곳은 대기질이 깨끗한 곳이다

선재 쌤's Talk

42 **다음 글의 내용이 참일 때, 빈칸에 들어갈 말로 가장 적절한 것은?**

> 건강을 중요시하는 어떤 사람도 흡연자가 아니다. 그리고 ＿＿＿＿＿＿＿＿＿＿. 따라서 운동을 자주 하는 어떤 사람도 흡연자가 아니다.

① 어떤 흡연자는 운동을 자주 하지 않는다

② 건강을 중요시하는 사람은 모두 운동을 자주 한다

③ 운동을 자주 하는 어떤 사람은 건강을 중요시한다

④ 운동을 자주 하는 사람은 모두 건강을 중요시한다

43 **다음 글의 내용이 참일 때, 빈칸에 들어갈 말로 가장 적절한 것은?**

> 회사에 취업하지 않은 사람 중에 혼자 사는 사람이 있다. 또한 ＿＿＿＿＿＿＿＿＿＿. 그러므로 혼자 사는 사람 중에 만 20세 이하의 청년들이 있다.

① 혼자 사는 사람은 모두 만 20세 이하의 청년들이다

② 만 20세 이하의 청년이 아닌 사람은 모두 회사에 취업하지 않았다

③ 만 20세 이하의 청년들 중에 회사에 취업하지 않은 사람이 있다

④ 회사에 취업하지 않은 사람은 모두 만 20세 이하의 청년들이다

선재 쌤's Talk

44 다음 글의 밑줄 친 결론을 이끌어 내기 위해 추가해야 할 것은?

- 월요일에 출근하는 직원 중 몇 명은 수요일에 출근한다.
- 화요일에 출근하는 직원은 모두 목요일에 출근한다.
- 따라서 월요일에 출근하는 직원 중 몇 명은 목요일에 출근한다.

① 화요일에 출근하지 않는 직원은 아무도 수요일에 출근하지 않는다.
② 목요일에 출근하는 직원 중 몇 명은 수요일에 출근한다.
③ 수요일에 출근하는 모든 직원은 월요일에 출근한다.
④ 수요일에 출근하지 않는 직원 중 몇 명은 화요일에 출근하지 않는다.

선재 쌤's Talk

45 다음 대화 내용이 참일 때, 빈칸에 들어갈 말로 적절한 것은?

선재 쌤's Talk

> 철수: 집을 구하려고 했는데, 위치와 가격 둘 다 만족스러운 집이 있었어. 또한 ____________.
>
> 영희: 그럼 가격은 만족스럽지만 구조는 만족스럽지 않은 집이 있겠구나.

① 위치와 구조 둘 다 만족스러운 집은 없었어

② 구조가 만족스러운 집은 모두 위치도 만족스러웠어

③ 가격과 구조 둘 다 만족스러운 집이 있었어

④ 위치가 만족스러운 집은 모두 구조도 만족스러웠어

46 다음 대화의 내용이 참일 때, 빈칸에 추가해야 할 내용은?

> 홍 과장: 요새 동호회 활동이 유행이잖아? 그래서 나도 마라톤 동호회에 가입하려고.
>
> 한 과장: 맞아. 자네, 인사부 맞지? 인사부 직원 중에 마라톤 동호회에서 활동하는 사람이 있다고 들었어. 그런데 축구 동호회 사람들은 모두 인사부 직원들이래. 그리고 ________________________.
>
> 홍 과장: 그럼 축구 동호회 사람들 중에 마라톤 동호회에서 활동하는 사람이 있다는 거구나.

① 축구 동호회의 어떤 사람은 인사부 직원이다

② 인사부 직원은 모두 축구 동호회 소속이다

③ 마라톤 동호회의 어떤 사람은 인사부 직원이다

④ 축구 동호회에 소속되지 않은 사람은 모두 마라톤 동호회 소속이다

47 **다음 대화 내용이 참일 때, ㉠으로 적절한 것은?**

> 기찬: 이건 확실해. 선별적 복지와 보편적 복지를 같이 지지하는 정치인은 없어.
>
> 민지: 그렇지, 또한 선별적 복지를 지지하는 어떤 정치인은 세금 인상은 지지하지 않는대.
>
> 기찬: 그럼 ㉠박 교수님의 말이 참이라면, 세금 인상을 지지하는 어떤 정치인은 선별적 복지를 지지하지 않겠구나.

① 세금 인상을 지지하지 않는 정치인은 모두 보편적 복지를 지지한다.

② 세금 인상을 지지하는 어떤 정치인은 선별적 복지를 지지한다.

③ 보편적 복지를 지지하는 어떤 정치인은 세금 인상도 지지한다.

④ 선별적 복지도 지지하지 않고 보편적 복지도 지지하지 않는 정치인이 있다.

선재 쌤's Talk

제 2 편

추론 강화

독해

제 1 장 독해의 원리

제 2 장 독해와 논증

제 3 장 실전 독해 훈련

한눈에 보기

독해의 힘을 길러 주는 필수 훈련법

공무원 시험 고득점을 위해 독해 훈련이 필요한가요?
독해 스킬만 익히면 되는 것이 아닌지요?

공무원 강의를 하면서 생각보다 많은 수험생들이 독해가 약하다는 것을 알게 되었어요. 한 문단도 제대로 요약하지 못하는 수험생이 무턱대고 긴 지문을 읽으며 문제를 푸는 모습도 봤고, 자신의 실력을 객관적으로 점검하지 못한 채 '독해를 잘'하는 '스킬'에 대해서만 조급하게 질문하는 모습도 종종 보고는 했지요.

독해 기술은 당연히 필요해요. 그런데 이것은 기본적으로 '독해력'이 갖춰져 있을 때만 그 힘을 발휘할 수 있어요. 즉 제한된 시간에 집중해서 지문을 읽고 요약하는 기본 능력이 갖춰지지 않는 한, 그 어떤 스킬도 큰 효과를 거둘 수는 없는 거지요.

시험장에 가면 긴장을 해서 집중을 못 하고,
그러다 보니 자꾸 시간이 모자라게 됩니다. 이런 것을 극복하는 방법이 있을까요?

독해 수업 시간에 항상 말씀드리는 내용인데요, 독해력과 집중력은 별개의 것이 아니에요. 독해력은 '지문에 집중하는 능력'에서부터 시작됩니다. 따라서 짧은 시간 동안 집중해서 지문을 읽는 훈련을 반드시 해야 합니다. 그래서 선재국어 독해 강의는 지문 분석을 할 때 타이머를 켜 두고 훈련합니다. 시험이 시작되는 순간부터 집중력이 발휘되는 것을 목표로 계속 연습해야 돼요.

그럼 선재국어에는 독해를 훈련하기 위한 프로그램으로 어떤 것이 있나요?

선재국어의 독해 훈련 시스템은 크게 두 가지로 구성되어 있어요.

첫 번째, 《독해야 산다 1일 1독》은 독해력 향상을 위한 훈련 프로그램입니다. 매일 1강의씩 꾸준히 들으며 지문을 요약하는 훈련을 하다 보면, 어느덧 글을 읽는 속도가 빨라지고 글의 구조가 보이는 경지에 이르게 될 거예요.

두 번째, 《수비니겨 독해》를 비롯한 독해 특강은 기출 지문의 구조와 유형을 분석하여 문제 푸는 시간을 줄이는 기법을 익히는 프로그램입니다. 공무원 시험에 딱 맞게 훈련하는 과정이지요.

선재국어만의
독해에 특화된 강의와 교재

1. 독해 기본기를 다지기 위한 기초 특강 무료

선생님 전체강좌 >

국어 이선재 NEW 완강 BEST

[기본] 2026 선재국어 절망 독해 (독해가 절망스러운 수험생을 위한)

학습단계	테마	수강기간	10일
교안	PDF 제공		

[선재국어 절망 독해]

- 독해가 절망스러운 수험생을 위한 지문 분석 훈련 특강
- 지문 분석 10계명으로, 지문 분석의 원리를 파악하자!!

2. 독해력 향상을 위한 최고의 훈련

독해야 산다 1일 1독

- 공무원 시험 최고의 독해력 강화 프로그램
- 수많은 합격생들이 입증한 독해 정복 비법
- 추론 강화형 문제로 신유형 완벽 대비

CHAPTER 01

독해의 원리

독해 고수가 되기 위한 기본 스킬

독해력은 단시간에 길러지지 않습니다. 다음에 제시된 주요 독해 스킬을 익힌 뒤에, 이를 바탕으로 지문 분석을 꾸준히 연습하는 것이 필요해요.

지금부터 이 책에 제시된 지문 분석법을 단계적으로 익히고, 이후《독해야 산다 1일 1독》 훈련에 꾸준히 참여하기를 바랍니다.

1 주요 정보 파악하기

연습 다음 문장을 읽고 주요 정보를 표시하시오.

예❶ 철수는 공무원이고, 영희는 군인이다.

예❷ 철수는 공무원일 뿐만 아니라, 한 집안의 가장이기도 하다.

예❸ 철수는 공무원이지만, 철수는 공적인 일을 하지 않는다.

예❹ 철수는 공무원이기 때문에, 그는 공적인 일을 처리한다.

예❺ 철수는 공무원이므로 일반 직장인들과 달리 정년이 보장된다.

예❻ 철수는 공적인 일을 처리하는데, 이는 그가 공무원이기 때문이다.

예❼ 철수가 공무원인 것처럼 영희도 공무원이다.

예❽ 철수는 공무원이어서 공공 기관에서 일한다.

예❾ 철수가 공무원만 된다면, 집안 형편도 한결 나아질 것이다.

예❿ 우공이산이라는 말을 증명하듯이, 철수는 우직하게 노력하여 공무원이 되었다.

이 문장들은 공통적으로 '철수는 공무원이다.'라는 내용을 포함하고 있다. 하지만 이 내용이 항상 주요 정보의 기능을 하는 것은 아니다. 즉 문장 안의 연결 관계가 예❶과 예❷처럼 대등하게 이어질 때에는 주요 정보로 기능하지만, 문장 안의 연결 관계가 예❸과 예❹처럼 종속적으로 이어질 때에는 주요 정보를 도와주는 부차적인 정보로 기능하는 것이다.

이를 통해 우리는 **정보의 내용 자체가 아니라도 정보와 정보 간의 연결, 즉 문장 안의 연결 관계를 통해** 주요 정보의 위치를 파악할 수 있다는 사실을 알 수 있다.

다음은 문장 안의 연결 관계를 나타내는 표현(조사, 어미 등), 그리고 문장과 문장의 연결 관계를 나타내는 표현(접속어, 부사 등)을 기준으로 간략하게 문장의 구조를 유형화한 것이다. 연결 관계를 나타내는 표현들의 기능과 성격에 대한 이해를 바탕으로 문장 안에서 주요 정보가 놓이는 위치를 파악해 보자.

01 'A and B' 유형

이 유형은 '~고, ~와/과, ~뿐만 아니라, ~ 동시에, 그리고, 또한' 등의 표현으로 문장이 연결된 구조이다. 이때 A와 B는 양쪽이 모두 주요 정보일 수도 있고, 아니면 둘을 일반화하는 다른 개념이 주요 정보일 수도 있다.

> ❶ 그녀는 구두와 운동화를 좋아한다.
> ❷ 전략적인 독서는 읽는 글의 내용이나 성격에 따라, 그리고 자신의 배경지식 여부에 따라 독서 방법을 달리하는 것을 말한다.

- 주요 정보는 '구두와 운동화'일 수도 있고, 이를 포괄하는 '신발'이 될 수도 있다.
- 주요 정보는 '전략적 독서 방법'이다.

02 'A but B' 유형

가장 많이 볼 수 있는 유형 중 하나로, 앞의 내용을 부정하거나 반대되는 내용이 이어지는 것(역접)을 나타내는 '~지만, ~에도 불구하고, ~ 아니라, ~라기보다는, ~와 달리, 그러나, 하지만, 그런데' 등의 표현으로 문장이 연결된 구조이다. 이때에는 뒤에 나오는 B가 주요 정보일 확률이 높다.

> ❶ 역사는 때때로 정지한 듯이 보이지만, 그 흐름은 멈추지 않는다.
> ❷ 이처럼 중요한 언어적 기반에 공통되는 점이 많음에도 불구하고, 남북한의 언어생활의 현실은 점점 더 이질화의 길을 걸어가고 있는 실정이다.

- 주요 정보는 '역사의 흐름은 멈추지 않는다'이다.
- 주요 정보는 '남북한 언어는 점점 이질화되어 가고 있다'이다.

03 'A이다. 물론 B이다(일 수 있다). 그러나 C이다' 유형

이 경우, 주요 정보는 A에 있다. B에서 예상되는 반론을 미리 제시하고 C에서 이를 재반박함으로써, 결론적으로 C는 A의 논지를 강화하는 역할을 한다. '그러나' 다음에 놓였다고 해서 주지와 역접 관계라고 판단하면 안 되는 구조이다.

> 아침에 일찍 일어나 일하는 것은 업무 효율성을 높이는 데 탁월한 효과가 있다. 물론 모든 사람들이 아침에 더 높은 작업 효율성을 보이는 것은 아니다. 그러나 대다수의 직장에서 조기 출근자의 업무 효율성이 높다는 것은 이미 입증된 사실이다.

- 주요 정보는 '조기 출근은 업무의 효율성을 높인다'이다.

04 'A 그래서(~므로, ~어서, ~니까, 그러니까) B' 유형

'원인, 이유, 근거(A)'와 '결과, 결론(B)'으로 연결된 구조이다. 결과 · 결론에 해당하는 B에 주요 정보가 제시된다.

> 식사문은 기념사, 환영사 등에서 낭독하는 공적인 글이므로 공식성을 갖추어야 한다.

- 주요 정보는 '식사문은 공식성을 갖추어야 한다'이다.

05 'A 그러므로(따라서, 이처럼) B' 유형

'원인, 이유, 근거(A)'와 '결과, 결론(B)'이 연결된 구조이다. 결과 · 결론에 해당하는 B에 주요 정보가 제시되는데, '따라서, 이처럼' 등 지시적인 말 뒤에 주요 정보가 요약되어 나오는 경우가 많다.

주요 정보는 '한나라는 절대주의적 권력을 확립하기 위해 촌락 공동체의 유가적 윤리나 규범을 국가 차원에 적용하였다'이다.

> 공동체 내부의 인간관계는 흡사 가족생활이 연장된 것과 같은 모습이었다. 즉 촌락 공동체에서는 자연 발생적으로 유가적인 윤리나 규범이 지켜지고 있었다. 따라서 한나라는 절대주의적인 황제 권력을 확립하기 위해서 유가적 권위를 승인하고 촌락 공동체에서 행해지고 있는 윤리나 규범을 국가 차원까지 횡적으로 확대 적용하였다.

06 'A 때문에 B이다', 'B인 것은 A 때문이다' 유형

'원인, 이유, 근거(A)'와 '결과, 결론(B)'으로 연결된 구조이다. 이러한 경우에는 결과 · 결론에 해당하는 B가 주요 정보가 된다.

주요 정보는 '새로운 프레임을 위해서는 새로운 언어가 요구된다'이다.

주요 정보는 '역사가 옛날로 올라갈수록 개인의 비중이 사회보다도 컸다'이다.

> ❶ 프레임은 언어로 작동되기 때문에, 새로운 프레임을 위해서는 새로운 언어가 요구된다.
> ❷ 역사가 옛날로 올라갈수록 개인의 비중이 사회보다도 컸던 것 같다. 사회 구조가 개인 중심으로 이루어졌고, 산업과 정치가 현대와 같은 복합 사회를 필요로 하지 않았기 때문이다.

07 'A 즉(다시 말하면) B' 유형

'즉, 다시 말하면' 등은 앞의 내용을 다시 설명하거나 보충하는 역할을 하므로 대개 A에 주요 정보가 제시된다. 다만 A가 부정문으로 진술되거나 모호한 혹은 난해한 내용을 담고 있을 경우, A에 제시된 예시를 B에서 일반화하여 설명하는 경우에는 B가 주요 정보가 된다.

주요 정보는 '소리가 변하는 가장 중요한 원인은 노력 경제와 표현 효과이다'이다.

> 소리가 변하는 원인 중 가장 중요한 것은 '노력 경제'와 '표현 효과' 두 가지이다. 즉 소리는 발음할 때 힘이 덜 드는 방향으로 바뀌거나 아니면 표현을 더 효과적으로 할 수 있는 방향으로 변한다는 것이다.

08 'A 예를 들어(가령, 이를테면, 예컨대) B' 유형

'예를 들어, 가령, 이를테면, 예컨대' 등은 주요 정보에 대한 예시가 나온다는 표지이므로 A나 B에 주요 정보가 제시된다. 예시는 문장이든 문단이든, 항상 (　　)로 표시하는 습관을 들이는 것이 좋다.

(　　)로 묶인 부분이 예시에 해당하고 그 앞뒤 내용인 '나는 과일을 좋아한다'가 주요 정보이다.

> 나는 과일을 좋아한다.(봄철의 딸기, 여름의 수박, 가을의 감과 겨울의 홍시까지)내가 좋아하지 않는 과일은 없다.

09 'A ~듯이(~처럼, ~같이) B' 유형

비교, 비유, 유추 등으로 연결된 구조이다. B에 주요 정보가 올 가능성이 높다.

주요 정보는 '권력은 오래가지 못한다'이다.

> 꽃이 십 일 동안 붉지를 못하듯이, 권력도 십 년을 가지는 못한다.

10 'A ~(으)면(~인 경우) B' 유형

가정(조건)과 결과로 연결된 구조이므로 B에 주요 정보가 올 가능성이 높다.

주요 정보는 '지방의·위험성'이다.

> 지방을 너무 많이 섭취하면, 각종 성인병에 걸릴 확률이 높아진다.

연습 문제 **주요 정보 파악하기**

01~07 다음 중 주요 정보가 있는 곳에 밑줄을 치시오.

01 뚝배기는 금속이나 유리로 만든 서양의 그릇에 비해 모양은 투박하지만, 흙으로 두껍게 빚어져서 열을 오래 보존시켜 준다.

02 산업 발전의 원동력인 에너지는 식물이 적절한 햇빛과 물이 없으면 살아갈 수 없듯이 우리 생활 수준을 향상시키는 데 필수적인 요소이다.

03 특히 중요한 것은 다문화 가족이 그들이 가지고 있는 강점을 활용하여 취약 계층이 아닌 주류층으로 설 수 있도록 지원해야 한다는 것이다. 뿐만 아니라 이민자에 대한 지원 시기를 놓치거나 차별과 편견으로 내국인에게 증오감을 갖게 해서는 안 된다.

04 현대인들은 과학 기술이 주는 혜택 때문에 인류의 미래를 낙관적으로 전망한다. 그러나 낙관적 미래 전망이 얼마나 가벼운 것인지 깨닫게 해 주는 심각한 현상들이 많다.

05 애를 낳으면 엄마는 정신이 없어지고 지적 능력이 감퇴한다는 것이 일반 여성들의 고정 관념이었다. 그런데 올봄 퓰리처상 수상 작가인 캐서린 엘리슨이 《엄마의 뇌: 엄마가 된다는 것이 우리의 뇌를 얼마나 영리하게 하는가》라는 책을 써서 뉴욕타임즈 등의 기사가 되고, CBS, NBC, BBS 등의 기사가 된 바 있다.

06 언어의 기능은 의사소통이다. 즉, 우리가 일상생활을 할 때 주위의 사람들과 의사소통을 하게 하는 것이 언어의 주요 기능이며 실상 언어 발생의 동기와 목적이 의사소통의 필요성에 있었다고 볼 수 있다.

07 조선 시대는 입법, 사법, 행정의 권력 분립이 제도화되어 있지 않았기에 재판관과 행정관의 구별이 없었다. 즉 독립된 사법 기관이 존재하지 않았으므로 재판은 중앙의 몇몇 기관과 지방 수령인 목사, 부사, 군수, 현령, 현감 등과 관찰사가 담당하였다.

정답

01 뚝배기는 금속이나 유리로 만든 서양의 그릇에 비해 모양은 투박하지만, 흙으로 두껍게 빚어져서 열을 오래 보존시켜 준다.

02 산업 발전의 원동력인 에너지는 식물이 적절한 햇빛과 물이 없으면 살아갈 수 없듯이 우리 생활 수준을 향상시키는 데 필수적인 요소이다.

03 특히 중요한 것은 다문화 가족이 그들이 가지고 있는 강점을 활용하여 취약 계층이 아닌 주류층으로 설 수 있도록 지원해야 한다는 것이다. 뿐만 아니라 이민자에 대한 지원 시기를 놓치거나 차별과 편견으로 내국인에게 증오감을 갖게 해서는 안 된다.

04 현대인들은 과학 기술이 주는 혜택 때문에 인류의 미래를 낙관적으로 전망한다. 그러나 낙관적 미래 전망이 얼마나 가벼운 것인지 깨닫게 해 주는 심각한 현상들이 많다.

05 애를 낳으면 엄마는 정신이 없어지고 지적 능력이 감퇴한다는 것이 일반 여성들의 고정 관념이었다. 그런데 올봄 퓰리처상 수상 작가인 캐서린 엘리슨이 《엄마의 뇌: 엄마가 된다는 것이 우리의 뇌를 얼마나 영리하게 하는가》라는 책을 써서 뉴욕타임즈 등의 기사가 되고, CBS, NBC, BBS 등의 기사가 된 바 있다.

06 언어의 기능은 의사소통이다. 즉, 우리가 일상생활을 할 때 주위의 사람들과 의사소통을 하게 하는 것이 언어의 주요 기능이며 실상 언어 발생의 동기와 목적이 의사소통의 필요성에 있었다고 볼 수 있다.

07 조선 시대는 입법, 사법, 행정의 권력 분립이 제도화되어 있지 않았기에 재판관과 행정관의 구별이 없었다. 즉 독립된 사법 기관이 존재하지 않았으므로 재판은 중앙의 몇몇 기관과 지방 수령인 목사, 부사, 군수, 현령, 현감 등과 관찰사가 담당하였다.

2 주요 정보 요약하기 — 구조화 10개념

글 읽는 속도가 느리거나 내용을 잘 정리하지 못하는 수험생들에게 추천하는 방법은, 아예 글의 사고 구조를 유형화해서 먼저 암기하자는 것입니다. 즉 일반적인 글에서 가장 많이 쓰이는 방식을 개념어로 정리해 놓고, 역으로 이를 글에서 찾는 방식이죠. 물론 모든 제시문이 이러한 구조화 방식으로 이해되는 것은 결코 아닙니다. 글의 수준이 높을수록, 배경지식을 요구하는 전문적인 글일수록 이러한 방식으로만 이해하는 것은 한계가 명확합니다.

그러나 공무원 시험이 중급 정도의 중단문 위주의 지문으로 출제된다는 것을 감안한다면, 이 방법은 분명 수험적 기술로 가장 효과적일 것입니다. 그리고 이 방법은 이후 고급 독해로 나아가는 초석이 될 수도 있습니다.

먼저 다음의 구조화 10개념(일반적인 글에서 가장 많이 사용하는 개념)을 암기하도록 합시다. 그리고 독해 실력이 올라갈수록 구조화를 위한 나만의 개념은 다양해지게 되니, 구조화 10개념을 바탕으로 점차 요약 개념어를 풍부하게 늘려 가야 한다는 것을 잊지 마세요.

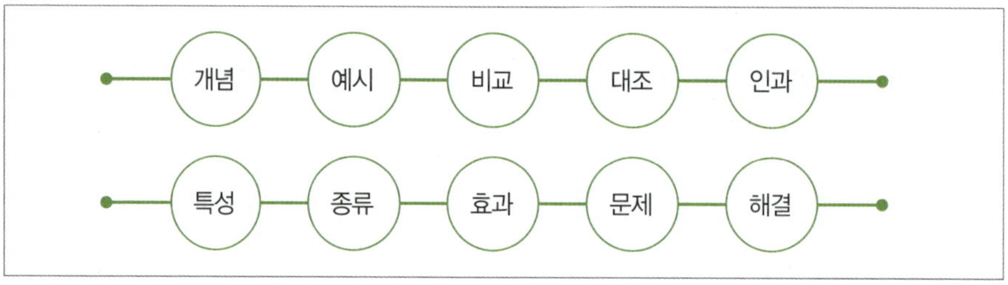

01 개념: 정의, 명칭, 의미 등

대상의 개념, 정의, 지정 등을 의미한다. 개념은 주로 글의 화제어, 즉 토픽(topic)이 된다.

> 역사의식이란 무엇인가. 그것은 비판 의식이며 문제를 해결하는 실천 의식이다. 따라서 역사적 지성이란 인간의 역사적 존재를 해명하며, 그것의 발전과 변화와 또한 그 속에 포함된 법칙성 같은 것을 밝히는 지성이다. 역사적 지성은 구체적이며, 실천적이다. 이러한 지성은 당연히 주체적 지성으로 나타난다. 남의 나라의 지성 · 방법론을 기계적으로 도입하는 것이 아니라, 주체적 입장에서 실천적 과제로서 비판적으로 섭취하는 지성이다.

➔ '역사의식', '역사적 지성', '주체적 지성'의 개념

02 예시: 사례, 구체화 등

부차적 내용으로, 주지를 뒷받침하는 역할을 한다. 글을 읽을 때 (　　)로 표시하는 습관을 들이자.

> 누구나 자유롭게 자기를 표현할 수 있는 인터넷의 쌍방향성은 독자와 작가의 구별을 없애 버렸다. 또 독자 스스로 이야기의 중요 지점에 개입하여 뒷이야기를 선택할 수 있는 하이퍼텍스트 픽션이 등장했다. 미국에서 CD로 출판된 (셸리 잭슨의 하이퍼텍스트 픽션 〈패치워크 걸(Patchwork Girl)〉은) 상업적으로 성공했을 뿐만 아니라 다중 인격의 역동성과 여성적인 몸의 상징성을 잘 표현한 걸작이라는 찬사를 받고 있다. 소설은 빠른 속도로 시뮬레이션 게임에 가까워지고 있는 것이다.
>
> ↳예시

➔ 인터넷 시대의 소설 ← 예시: 〈패치워크 걸〉

03 비교: 공통점, 일치 등

주된 논의 개념을 설명하기 위해 다른 대상과의 공통점을 제시하는 것이다.

> 집단생활을 하는 것은 물론 인간만은 아니다. (유인원, 어류, 조류, 곤충류 등)도 일정한 영토를 확보하고 집단생활을 하며, 그 안에는 계층적 차이까지 있다. 특히 유인원은 혈연적 유대를 기초로 하는 가족이나 가족 집단이 있고, 성(性)에 의한 분업이 행해지며, 새끼를 위한 공동 작업도 있어, 인간의 가족생활과 유사한 점이 많다.
>
> 공통점

➔ 인간과 동물의 공통점(집단생활)

04 대조: 차이, 대비, 차별점 등

비교와 함께, 대상의 특징을 설명하기 위해 가장 많이 사용된다.

> 학교를 통해서 사회 평등을 실현할 수 있다는 믿음은 진보주의자 또는 자유주의자들에 의해 신봉되어 왔다. 그들은 교육 기회의 평등한 분배를 통하여 계층 이동이 원활해지고 결과적으로 사회 평등이 실현될 수 있다고 생각한다. 특히 하류 계층에게도 능력에 따라 적절한 수준의 학교 교육을 받게 하여 능력과 학력에 의한 사회적 계층 이동의 기회를 제공함으로써 사회 평등을 실현할 수 있다고 한다. 말하자면 학교 교육을 통하여 불평등의 세대 간 재생산을 감소시킬 수 있다는 것이다.
>
> VS 갈등론자들은 이와 달리 교육을 통하여 사회 평등을 실현하는 것은 불가능하며 오히려 교육이 기존의 불평등 구조를 재생산한다고 주장한다. 그들에 따르면, 교육은 지배 계급의 이익을 보장해 주는 장치이기 때문에 학교 교육의 기회가 확대된다고 하더라도 결코 사회 평등의 실현에 기여할 수 없다.

➔ 진보주의자(자유주의자) VS 갈등론자

> 집단 사고는 강한 응집력을 보이는 집단의 의사 결정 과정에서 나타나는 비합리적인 사고방식이다. 이는 소수의 우월한 엘리트들이 모여서 무언가를 결정하는 과정에서 흔히 발생한다. 이것의 폐해는 반대 시각의 부재, 다시 말해 원활하지 못한 소통에서 비롯된다.
>
> VS
>
> 집단 지성은 집단 사고와 비슷한 것 같지만 전혀 다른 개념이다. 집단 지성이란 다수의 개체들이 협력하거나 경쟁함으로써 얻어지는 고도의 지적 능력을 말한다. 위키피디아는 집단 지성의 대표적인 사례이다. 서로 이해와 입장이 다른 수많은 참여자가 콘텐츠를 생산하거나 수정하고 다시 그것을 소비하면서 지식의 빈자리를 함께 메워 가는 소통의 과정 그 자체가 위키피디아의 본질이다. 이처럼 집단 지성은 참여와 소통의 수준 면에서 집단 사고와는 큰 차이가 있다.

➔ 집단 사고 VS 집단 지성

05 인과: 원인, 이유, 배경 / 결과, 영향 등

일의 원인과 결과를 의미한다. 인과 관계는 반드시 화살표(→)로 표시하며 글을 읽는 습관을 들이자.

> 자유란 인간의 특성 중의 하나로서 한 개인이 스스로 판단하고 행동하며 그 결과에 대해 책임질 수 있는 능력을 의미한다. 그러한 능력을 극대화하기 위해서는 개인이 사회적인 여러 제약들, 가령 정치적, 경제적 및 문화적 제도나 권위, 혹은 억압으로부터 어느 정도의 거리를 유지하지 않으면 안 된다. 그러나 그 거리가 확보되면 될수록 개인은 사회로부터 고립되고 소외당하며 동시에 안정성과 소속감을 위협받을 뿐만 아니라 새로운 도전에 적나라하게 노출될 수밖에 없다. 이와 같이 새롭게 나타난 고독감이나 소외감, 무력감이나 불안감으로부터 벗어나기 위해 '자유로부터의 도피'를 감행하게 된다.

→ 자유로부터 도피하게 되는 이유

> 과거에 커다란 언어였던 독일어나 스페인어는 왜 몰락해서 자신들의 국경 안에 갇혀 있게 됐는가? 그 이유 가운데 하나는 이 언어들이 정치적으로 '타락한' 국가와 문화의 언어라는 데에 있다. 한 언어가 민족주의, 인종주의, 전체주의 같은 이데올로기의 전달자가 될 때, 사람들은 그 언어에서 그 이데올로기의 흔적을 상상한다. 한 언어가 부당한 특권을 향유하는 민족이나 영토의 표현이 됐을 때, 또 그 언어가 인종적 순수성을 고취하는 도구로 사용됐을 때, 그 언어는 보편성을 주장할 근거를 잃어버린다.
>
> – 고종석, 《감염된 언어》

→ 독일어나 스페인어가 보편성을 상실하게 된 이유

06 특성: 특징, 성질(성격), 요건, 중요성, 중요도 등

대상이 지닌 특징적인 면을 의미한다.

> 1 첫째, 우월성의 추구는 유아기의 무능과 열등에 뿌리를 두고 있는 기초적 동기이다. 2 둘째, 이 동기는 정상인과 비정상인에게 공통적으로 존재한다. 3 셋째, 추구의 목표는 긍정적 또는 부정적 방향이 있다. 긍정적 방향은 개인의 우월성을 넘어서 사회적 관심, 즉 타인의 복지를 추구하며, 건강한 성격이다. 부정적 방향은 개인적 우월성, 즉 이기적 목표만을 추구하며, 이를 신경증적 증상으로 본다. 4 넷째, 우월성의 추구는 많은 힘과 노력을 소모하는 것이므로 긴장이 해소되기보다는 오히려 증가한다. 5 다섯째, 우월성의 추구는 개인 및 사회 수준에서 동시에 일어난다.

→ 우월성의 추구가 지닌 다섯 가지 특성

> 분노는 공격과 복수의 행동을 유발한다. 분노의 감정을 느끼게 되면 상대방에 대해 공격적인 행동을 하고 싶은 공격 충동이 일어난다. 동물의 경우, 분노를 느끼면 이빨을 드러내게 되고 발톱을 세우는 등 공격을 위한 준비 행동을 나타내게 된다. 사람의 경우에도 분노를 느끼면 자율 신경계가 활성화되고 눈매가 사나워지며 이를 꽉 깨물고 주먹을 불끈 쥐는 등 공격 행위와 관련된 행동들이 나타나게 된다. 특히 분노 감정이 강하고 상대방이 약할수록 공격 충동은 행동화되는 경향이 있다.

→ 분노가 야기하는 행동의 특성

07 종류: 유형, 분류 등

대상의 종류, 유형, 분류 등을 의미한다.

> 한 국가의 경쟁력을 말할 때 흔히 그 나라가 사회적 자본을 얼마나 가지고 있느냐로 가늠한다. 사회적 자본에는 (영토, 부존자원, 인구) 등 물질적인 것은 물론 (교육, 기술, 정보화) 등이 포함된다. 그러나 우리가 선진국이라고 부르는 나라에는 무엇보다도 (자발적 사회성)이라는 사회적 자본이 풍부하다. 자발적 사회성이란 사회 구성원 간에 자율적 신뢰 관계가 형성되어 있는 상태를 말한다.

→ 사회적 자본의 종류

> 국가유산 중 문화유산은 (국보, 보물, 사적) 등으로 구분할 수 있다. 1 국보는 보물에 해당하는 문화유산 중 그 가치가 크고 유례가 드문 것이고, 2 보물은 건조물 · 전적 · 서적 · 회화 · 공예품 등의 유형 문화유산 중 국가에서 법률로 보호하는 것이다. 3 사적은 기념물 중 유적 · 신앙 · 정치 · 국방 · 산업 등으로서 중요한 것이다. 이 외에도 천연기념물, 명승, 국가 무형유산도 국가유산에 속한다.

→ 국가유산의 종류

08 효과: 효능, 효용성, 의의, 기능, 역할, 필요성 등

화제가 지닌 효용이나 의의, 화제의 필요성 등을 의미한다.

> 익숙한 것과의 결별, 낯설고 새로운 것에 용기를 가지고 진입하는 힘이 인문학에서 나온다. 사람도 동물인지라 남의 살을 먹어야 산다. 하지만 생존에 머물지 않고, (생존의 의미를 따지고 새로운 눈으로 길을 찾는 것)이 인문학이다. 가난함과 부유함, 곧 삶과 살림의 의미 그리고 사람됨을 뒤집어 보고 깊이 바라보는 안목이 인문학의 주제이다. 인문(人文)이라, '사람다움의 무늬'를 발견하는 공부가 인문학인 것이다.

→ 인문학의 효용성(의의)

> 억양은 소리의 높낮이의 이어짐으로 이루어지는 일정한 유형이라고 할 수 있다. 동일한 문장이라도 억양을 상승 조로 하느냐 하강 조로 하느냐에 따라 의문문도 되고 평서문도 된다. 이 경우 1 억양은 문장의 유형을 결정하는 문법적 기능을 담당한다. 또 억양은 이러한 문법적 기능 이외에 2 화자의 태도와 의미를 드러내기도 한다. 하강 억양은 완결의 뜻을, 상승 억양은 비판의 뜻을 나타낸다. 억양에는 이처럼 발화 태도와 의미가 드러나 있기 때문에, 이를 잘 이해해야 정확한 뜻을 전달할 수 있다.

→ 억양의 기능

09 문제: 폐해, 폐단, 부정적 영향, 위험성

어떤 일의 문제, 폐해, 폐단, 부정적 영향 등을 의미한다.

> 신이 생각하건대, 나라에 인재가 부족한 지 실로 오래였습니다. 전국의 인재를 모조리 선발하여 등용한다 하더라도 오히려 그 부족함을 느낄 것인데, 도리어 그 열에 아홉은 버리고 있으며, 전국의 인구를 모두 다 간부로 양성한다 하더라도 오히려 넉넉하지 않을 것인데, 도리어 그 열에 아홉은 버리고 있습니다. [중략] 무릇 일체 버림을 받은 자들은 모두 자포자기하여 학문 · 정치 · 경제 · 군사 등 방면에 유의하지 않고 다만 세정(世情)에 대한 불평만을 품고 술이나 마시기를 즐겨하여 방탕한 세월을 보내고 있습니다. 그러므로 나라의 인재들이 장성할 수 없습니다.

➔ 인재가 버림받아 생기는 폐해

> 인공 지능[AI]이 사람을 게으르게 만들 수도 있지 않을까? 인공 지능[AI]이 앱을 통해 좀 더 편리한 삶을 제공하여 사람의 뇌를 어떻게 바꾸는지를 일상에서 보여 주는 대표적 사례가 바로 GPS다. 불과 몇 년 전만 해도 지도를 보고 스스로 거리를 가늠하고 도착 시간을 계산했던 운전자들은 이 내비게이션의 등장으로 어디에서 어떻게 가라는 기계 속 음성에 전적으로 의존하기 시작했다. 이와 같이 기계에 의존해서 인간이 살아가는 사례는 오늘날 우리의 두뇌가 게을러진 것을 보여 주는 여러 사례 가운데 하나일 뿐이다. 삶을 더 편하게 해 준다며 지름길을 제시하는 도구들이 도리어 우리의 기억력과 창조력을 퇴보시키고 있다. 인간을 태만하고 나태하게 만들어 뇌의 가장 뛰어난 영역인 상상력을 활용하지 않도록 만드는 것이다.

➔ 인공 지능의 문제점(부정적 영향)

10 해결: 대안, 대책, 방안, 전망, 예측, 영향 등

문제에 대한 해결, 대안, 대책, 방안, 전망 등을 의미한다.

> 빈곤과 환경 문제는 전 세계가 처한 문제로, 이는 해가 갈수록 더욱 심각해지고 있다. 이러한 문제들을 장바구니에 담아 덜어 낼 수 있다면 세계를 더 좋게 만들 수 있을 것이다. 소비자는 자신의 장바구니에 무엇을 담을지 결정함으로써 세계를 지킬 수 있다. 윤리적 소비자가 증가하면 기업은 이들을 의식하고 이들의 힘을 두려워하게 된다. 그 결과 동아시아와 남아메리카에서 생산된 옷에는 그 옷을 생산하는 노동자가 생계를 유지하는 데 충분한 임금이 포함될 것이고, 축산물 생산자는 저렴한 축산물을 생산하면서도 동물 복지에 신경을 쓸 것이다. 소비자가 물건을 구매할 때 윤리적 문제를 고려하는 것은 이러한 파급을 불러일으키는 데 드는 비용을 저축하는 것이다.

➔ 빈곤, 환경 문제의 해결 방안

> 현재의 모순과 문제를 파헤치고 이를 개혁하여 새로운 미래로 나아가는 구체적 방안을 모색하는 임무는 누가 져야 할 것인가? 그것은 지성의 임무이다. 지성은 거의 영구불변의 기능이라고 할 수 있는 문화 창조의 기능을 가져야 한다. 현대의 지성은 전문 지식과 기술을 제공하는 데 그치지 말고, 현실을 비판하며 실현 가능한 구체적 방안을 모색하여 새로운 미래를 제시하는 혁신적 성격을 상실해서는 안 될 것이다.

➔ 현대 지성의 임무

연습 문제 **다음 글을 읽고 이를 구조화 10개념을 사용하여 요약하시오.**

01 책 읽기에는 상당량의 정신 에너지와 훈련이 요구되며, 독서의 즐거움을 경험하는 습관 또한 요구된다.

➔ ______________________________

02 유전자 조작 식품은 오래 저장할 수 있게 해 주는 유전자, 제초제에 대한 내성을 길러 주는 유전자, 병충해에 저항성이 높은 유전자 등을 삽입하여 만든 새로운 생물 중 채소나 음식으로 먹을 수 있는 식품을 의미한다.

➔ ______________________________

03 전화도 녹음기도 비디오도 없었던 시절, 발성하자마자 한 리도 못 가 자취 없이 사라져 버리는 음성은 간접적인 의사소통에는 전혀 부적당한 매개체였다. 그리하여 시간과 공간의 장애를 초월해서 의사를 전할 수 있는 언어의 매개체를 모색하였고, 그 결과 문자가 나오게 되었다.

➔ ______________________________

04 프레임(frame)이란 우리가 세상을 바라보는 방식을 형성하는 정신적 구조물이다. 프레임은 우리가 추구하는 목적, 우리가 짜는 계획, 우리가 행동하는 방식, 그리고 우리 행동의 좋고 나쁜 결과를 결정한다.

➔ ______________________________

05 그런 비운을 직접 전면적으로 목격하는 일, 또 더구나 스스로 직접 그것을 겪는 일이라는 것은 너무나 끔찍한 일이기에, 그것을 간접 경험으로 희석한 비극을 봄으로써 '비운'이란 그런 것이라는 이해와 측은지심을 갖게 되고, 동시에 실제 비극이 아닌 그 가상적인 환영 속에서 비극에 대한 어떤 안도감도 맛보게 된다.

➔ ______________________________

06 환경 오염을 그대로 방치해 두면 환경 재앙을 맞게 될 것이 불을 보듯 뻔한 것처럼 언어 오염도 인간의 영혼과 정신을 멍들게 할 뿐만 아니라 궁극적으로는 아예 의사소통 자체를 불가능하게 만들지도 모른다.

➔ ______________________________

07 이른바 원격지 교역이나 역외 교역의 경우에는 상호 간의 서로 다른 교환 규칙을 매개해 줄 수 있는 제3의 완충 장치가 요구되었는데, 그러한 필요성의 결과로 탄생한 것이 바로 화폐 거래 시스템이라는 설명이다.

➔ ______________________________

정답

01 책 읽기의 요건
02 유전자 조작 식품의 개념
03 문자 언어의 출현 배경
04 프레임의 정의와 기능
05 비극 감상의 효용(비극의 기능)
06 언어 오염이 인간에게 미치는 영향 / 언어 오염의 폐해
07 화폐 거래 시스템의 형성 배경

3 지문 분석의 원리

구조화 10개념을 사용해서 글의 핵심 내용을 요약하는 것은 글 읽는 속도를 높이고 글의 내용을 기억하는 데 매우 효과적인 방법입니다. 이와 함께 글을 구조적으로 분석하기 위해서는 대비항을 사용하여 주요 내용을 정리하는 방법을 익히는 것이 필요합니다.

시험에 출제되는 지문은 대비(비교) 구조로 조직화된 경우가 많습니다. 이때 대비 구조를 이용하여 글의 내용을 정리하면, 설령 어려운 지문이 나오더라도 한눈에 논지를 파악할 수 있어서 문제를 푸는 속도를 높일 수 있습니다.

01 대비 구조로 되어 있는 지문의 특성

(1) **A but B 구조:** 'A가 아니라 B', 'A라기보다는 B', 'A와 달리 B', 그러나, 하지만 등의 역접 구조를 사용하여 문단을 구성한다.

(2) **반대 진술:** '있다 - 없다', '낮다 - 높다', '크다 - 작다', '찬성 - 반대', '양립 - 대립' 등의 반대 진술을 사용하여 문단을 구성한다.

(3) **부정 진술:** '~가 아니다', '~지 않다', '~지 못하다', '~가 없다' 등의 부정 진술을 사용한다.

'크로노토프'는 그리스어로 시간과 공간을 뜻하는 두 단어를 결합한 것으로, 시공간을 통합적으로 이해하기 위한 개념이다. 크로노토프의 관점에서 보면 고소설과 근대 소설의 차이를 명확하게 파악할 수 있다.

고소설에는 돌아가야 할 곳으로서의 원점이 존재한다. 그것은 영웅 소설에서라면 중세의 인륜이 원형대로 보존된 세계이고, 가정 소설에서라면 가장을 중심으로 가족 구성원들이 평화롭게 공존하는 가정이다. 고소설에서 주인공은 적대자에 의해 원점에서 분리되어 고난을 겪는다. 그들의 목표는 상실한 원점을 회복하는 것, 즉 그곳에서 향유했던 이상적 상태로 돌아가는 것이다. 주인공과 적대자 사이의 갈등이 전개되는 시간을 서사적 현재라 한다면, 주인공이 도달해야 할 종결점은 새로운 미래가 아니라 다시 도래할 과거로서의 미래이다. 이러한 시공간의 배열을 '회귀의 크로노토프'라고 한다.

근대 소설 〈무정〉은 회귀의 크로노토프를 부정한다. 이것은 주인공인 이형식과 박영채의 시간 경험을 통해 확인된다. 형식은 고아지만 이상적인 고향의 기억을 갖고 있다. 그것은 박 진사의 집에서 영채와 함께하던 때의 기억이다. 이는 영채도 마찬가지기에, 그들에게 박 진사의 집으로 표상되는 유년의 과거는 이상적 원점의 구실을 한다. 박 진사의 죽음은 그들에게 고향의 상실을 상징한다. 두 사람의 결합이 이상적 상태의 고향을 회복할 수 있는 유일한 방법이겠지만, 그들은 끝내 결합하지 못한다. 형식은 새 시대의 새 인물이 되어야 한다고 생각하며 과거로의 복귀를 거부한다.

인혁처 1차 예시 문제

OX 문제

01 〈무정〉과 고소설은 회귀의 크로노토프를 부정한다는 점에서 공통적이다. O | X

02 〈무정〉에서 이형식이 박영채와 결합했다면 새로운 미래로서의 종결점에 도달할 수 있었을 것이다. O | X

정답 01 × 02 ×

02 대비항 구성하기

갑: 오늘날 사회는 계급 체계가 인간의 생활을 전적으로 규정하지 않는다. 실제로 많은 사람이 사회 이동을 경험하며, 전문직 자격증에 대한 접근성 또한 증가하였다. 인터넷은 상향 이동을 위한 새로운 통로를 제공하고 있다. 이에 따라서 전통적인 계급은 사라지고, 이제는 계급이 없는 보다 유동적인 사회 질서가 새로 정착되었다.

을: 지난 30년 동안 양극화는 더 확대되었다. 부가 사회 최상위 계층에 집중되는 것에 대한 우려가 커지고 있다. 과거 계급 불평등은 경제 전반의 발전을 위해 치를 수밖에 없는 일시적 비용이었다고 한다. 하지만 경제 수준이 향상된 지금도 이 불평등은 해소되지 않고 있다. 오늘날 세계화와 시장 규제 완화로 인해 빈부 격차가 심화되고 계급 불평등이 더 고착되었다.

병: 오랫동안 지속되었던 계급의 전통적 영향력은 확실히 약해지고 있다. 하지만 현대 사회에서 계급 체계는 여전히 경제적 불평등의 핵심으로 남아 있다. 사회 계급은 아직도 일생에 걸쳐 개인의 삶에 큰 영향을 미친다. 특정 계급의 구성원이라는 사실은 수명, 신체적 건강, 교육, 임금 등 다양한 불평등과 관련된다. 이는 계급의 종말이 사실상 실현될 수 없는 현실적이지 않은 주장이라는 점을 보여 준다.

인혁처 2차 예시 문제

OX 문제

03 갑의 주장과 을의 주장은 대립하지 않는다. O | X

04 을의 주장과 병의 주장은 대립하지 않는다. O | X

두 개 이상의 형태소로 이루어진 단어를 복합어라 한다. 복합어를 처음 두 개로 쪼갰을 때의 구성 요소를 직접 구성 요소라고 한다. 이 직접 구성 요소를 분석한 결과, 둘 중 어느 하나가 접사이면 파생어이고, 둘 다 어근이면 합성어이다. 즉 합성어는 '어근+어근'의 구성인데, 이는 합성어를 구성하는 두 구성 요소 중 어느 것도 접사가 아니라는 말이다.

VS

그런데 '쓴웃음'과 같은 단어에는 접사 '-음'이 있으니까 ㉠ 가 아니냐고 반문할 수 있다. 그러나 이는 복합어 구분의 기준을 온전히 이해하지 못했기 때문에 나올 수 있는 진술이다. 전술한 바와 같이 복합어가 파생어인지 합성어인지를 결정하는 기준은 처음 두 개로 쪼갰을 때 두 구성 요소의 성격이며, 2차, 3차로 쪼갠 결과는 복합어 구분에 관여하지 않는다. 즉 '쓴웃음'의 두 구성 요소 중의 하나인 '웃음'은 파생어이지만 이 '웃음'이 또 다른 단어 형성에 참여할 때는 ㉡ (으)로 참여하는 것이다.

2025 국가직 9급

OX 문제

05 ㉠에는 합성어, ㉡에는 접사가 들어가야 한다. O | X

06 ㉠에는 파생어, ㉡에는 어근이 들어가야 한다. O | X

정답 03 × 04 ○ 05 × 06 ○

4 선택지 구성의 원리

지문을 성공적으로 요약하고 분석했다고 해도, 여러 정보가 혼재되어 있는 선택지로 인해 혼란을 겪거나 시간을 낭비하는 경우가 있습니다. 출제자는 지문의 내용을 바탕으로 다양한 방식을 통해 여러 개의 선택지를 구성하는데, 이를 우리가 파악하고 있다면 출제자가 파 놓은 함정을 피하여 독해 점수를 올릴 수 있겠죠.

출제자의 선택지 구성 방식은 다음과 같이 간단히 정리할 수 있어요.

그대로 가져오기	제시문의 내용을 있는 그대로 혹은 유사하게 변형하여 선택지를 구성하는 방식
반대 진술	제시문과 반대되는 내용으로 선택지를 구성하는 방식
비교, 범주, 수치의 오류	수치나 정도, 의도를 제시문의 내용과 다르게 하여 선택지를 구성하는 방식
의도의 오류	특정 사건이나 행위의 결과를 행위자의 의도에 따른 결과로 해석하는 방식
원인과 결과	원인과 결과의 순서를 바꿔 선택지를 구성하는 방식
치환(바꿔 쓰기)	제시문의 내용을 그 의미 범주에 속하는 다른 개념어로 바꿔 선택지를 구성하는 방식
혼용(섞어 쓰기)	제시문의 내용을 섞어서 선택지를 구성하는 방식
제시문에 없음	제시문에 없는 내용을 추가하여 선택지를 구성하는 방식
추론 형식의 적용	가정적 조건문, 형식적 오류, 필요조건과 충분조건 등을 이용하여 선택지를 구성하는 방식

01 그대로 가져오기

제시문의 내용을 그대로 가져와 선택지를 만드는 경우이다. 제시문의 내용을 유사하게 변형하거나 일반화하는 경우도 이 방식에 해당된다. 문제의 난도가 가장 낮기 때문에 이런 문제를 풀 때는 시간을 절약하는 것이 핵심이다.

연출자가 자신의 저작권을 침해당했다고 주장하기 위해서는 우선 그가 유효한 저작권을 소유하고 있어야 한다. 즉 저작권 보호 가능성이 있는 창작물이 필요하다. 다음으로 창작적인 표현을 도용당했는지 밝혀야 하는데, 이것이 쉽지 않다. [중략] 저작권법은 창작자에게 개인적인 인센티브를 제공하여 창작을 장려함과 동시에 일반 공중이 저작물을 원활하게 이용할 수 있도록 해야 하는 두 가지 가치의 균형을 이루는 것이 목표다.

OX 문제

01 무대 연출에 사용된 창작적인 표현의 도용 여부를 밝히기는 쉽지 않다. O | X

02 저작권법의 목표는 창작자의 창작을 장려하고 일반 공중의 저작물 이용을 원활하게 하는 것이다. O | X

정답 01 ○ 02 ○

02 반대 진술

'~이다'의 진술을 '~ 아니다'라는 식으로 바꾸는 것과 같이 제시문의 내용과 반대로 선택지를 만드는 경우이다. 또한 반의어를 사용해 선택지를 구성할 수도 있다. 반대 진술은 주로 긍정과 부정의 대칭성을 지니는데, 이것이 뚜렷하게 보일 경우에는 난도가 낮아진다.

> 현재의 인터넷과 사물 인터넷의 차이를, 혹자는 사람이 개입되는 것은 사물 인터넷이 아니라고 이야기하면서 엄격한 M2M(Machine to Machine)이라는 개념에 근거해 설명한다. 또 혹자는 사물 인터넷이 실현되려면 사람만큼 사물이 판단할 수 있어야 한다고 주장하면서 사물의 지능성을 중요시하는 경우도 있는데, 두 가지 모두 그릇된 것이다. 사물 인터넷을 제대로 이해하려면 기존 인터넷과의 차이점에 주목하기보다는 오히려 공통점을 인식하는 것이 더 중요하다.

OX 문제

03 사물 인터넷은 사람 수준의 지능을 가진 사물들이 네트워크상에서 인간의 개입 없이 서로 소통하는 것으로 정의된다. O | X

03 비교, 범주, 수치의 오류

'일부'와 '전체'를 뒤바꾸거나 '~보다'를 '가장 ~'으로 바꾸거나 비교할 수 없는 대상을 비교하는 등 비교 범주나 수치, 정도를 제시문의 내용과 다르게 구성하여 선택지를 만드는 경우이다. '모두, 어떤' 등의 말이 나오면 표시하면서 읽는 것이 좋다.

> 너무 추운 지역이나 너무 더운 지역에서는 포도주의 품질이 떨어질 수밖에 없다. 추운 지역에서는 포도에 당분이 너무 적어서 그것으로 포도주를 담그면 신맛이 강하게 된다. 반면 VS 너무 더운 지역에서는 섬세한 맛이 부족해서 '흐물거리는' 포도주가 생산된다(그 대신 이를 잘 활용하면 포르토나 셰리처럼 도수를 높인 고급 포도주를 만들 수 있다). 그러므로 고급 포도주 주요 생산지는 보르도나 부르고뉴처럼 너무 덥지도 않고 너무 춥지도 않은 곳이다. 다만 달콤한 백포도주의 경우는 샤토 디켐(Château d'Yquem)처럼 뜨거운 여름 날씨가 지속하는 곳에서 명품이 만들어진다.

OX 문제

04 고급 포도주는 모두 너무 덥지도 춥지도 않은 곳에서 재배된 포도로 만들어진다. O | X

정답 03 × 04 ×

04 의도의 오류

선택지의 옳고 그름을 판단하는 기준은 제시문의 내용에 있다. 어떠한 결과를 의도하였다는 내용이 없는데도 행위자의 의도가 있었다고 유도하는 선택지는 '의도의 오류'이므로 조심해야 한다.

> 《삼국사기》에 따르면, 백제 의자왕 때 궁궐 땅속에서 파낸 거북이 등에 쓰여 있는 '백제는 만월(滿月) 신라는 반달'이라는 글귀를 두고 점술사가 백제는 만월이라서 다음 날부터 쇠퇴하고 신라는 앞으로 크게 발전할 징표라고 해석했다고 한다. 결과적으로 점술가의 예언이 적중했다. 이때부터 반달은 더 나은 미래를 기원하는 뜻으로 쓰이며, 그러한 뜻을 담아 송편도 반달 모양의 떡으로 빚었다고 한다.

OX 문제

05 《삼국사기》에 따르면 점술가의 예언 덕분에 신라가 크게 발전할 수 있었다. O | X

05 원인과 결과

원인과 결과의 순서를 바꿔 선택지를 만드는 경우이다. 즉 '원인 A → 결과 B'가 나온 것을, '원인 B → 결과 A'와 같은 식으로 선택지를 구성하는 것이다. 제시문에서는 결과가 먼저 나오고, 원인이 나중에 나와 헷갈릴 수도 있으므로 글을 읽을 때에 화살표(→)를 통해 무엇이 원인이고 결과인지를 표시하면서 읽는 것이 좋다.

> 중세의 지적 전통에 대한 의구심은 고대의 학문과 예술, 언어에 대한 재평가로 이어졌으며, 이에 따라 신에 대한 무조건적 찬양과 복종 대신 인간에 대한 새로운 관심과 사유가 활발해졌다.
>
> 이러한 움직임은 미술사에서 두드러지게 포착된다. 인간에 대한 관심의 증대에 따라 인체의 아름다움이 재발견되었고, 인체를 묘사하는 다양한 화법도 등장했다. 인체에 대한 관심은 보이는 부분뿐만 아니라 보이지 않는 부분에 대한 관심으로 이어졌다.

OX 문제

06 예술가들이 인체의 아름다움을 재발견함으로써 고대의 학문과 언어에 대한 재평가도 이루어졌다. O | X

정답 05 × 06 ×

06 치환(바꿔 쓰기)

치환이란 제시문에 있는 내용을 다른 개념으로 바꾸어 선택지를 만드는 경우로, 독해에서 오답률이 높은 선택지 구성 방식 중 하나이다. 가령 제시문에서 우리나라의 '특별시, 광역시, 도' 등에 대해 설명한 내용을 선택지에서는 '우리나라의 행정 구역은 ~'으로 바꾸는 것이다. 치환이 된 선택지에서 주의해야 할 점은 어휘의 의미 범주이다. 문맥적 의미에서 지나치게 벗어나게 되면 틀린 선택지가 된다는 점을 항상 주의해야 한다.

가 결정론적 법칙의 지배를 받는 시스템의 중요한 특징은 주어진 조건에 따라 결과가 하나로 고정된다는 점이다. 다시 말해, 이러한 시스템에는 항상 하나의 선택지만 있을 뿐이다. 그런 뜻에서 결정론적 지배를 받는다는 것과 자유 의지를 가진다는 것은 양립할 수 없음이 분명하다. 어떤 선택을 할 때 그것과 다른 선택을 할 수도 있다는 것은 자유 의지의 필요조건이기 때문이다. 결국 결정론적 법칙의 지배를 받는 시스템은 자유 의지를 가지지 않는다.

나 왜 메타 인지 과정이 어려운가는 설명하기 쉽다. 우리의 인지 과정이 제한된 용량 범위 내에서 이루어져야 한다는 것은 이미 상식이다. 우리가 사물을 지각할 때도 제한된 시각 정보만을 받아들일 수밖에 없으며, 즉시 외우려는 숫자도 일곱 개 내외다. 이렇게 제한된 주의와 기억 용량으로 읽고 이해하는 인지 과정과 이것이 잘 이루어지고 있는지를 점검하고 혹 잘못되었으면 고치는 과정이 동시에 수행되는, 말하자면 이중 과제 수행 상황이기 때문이다.

OX 문제

07 가 어떤 선택을 할 때 그것과 다른 선택을 할 수 없는 시스템은 자유 의지를 가지지 않는다. O | X

08 나 메타 인지 과정은 인간의 인지 작용의 복잡성을 보여 준다. O | X

07 혼용(섞어 쓰기)

제시문의 정보를 섞어서 선택지를 구성하는 혼용은 치환과 함께 독해 문제의 오답률을 높이기 위해 자주 사용되는 선택지 구성 방식이다. 일반적으로 정보를 섞는 문장의 거리가 멀수록, 그리고 정보를 섞는 횟수가 많을수록 선택지의 난도가 높아진다. 또한 혼용과 치환이 결합될 경우에도 문제는 어려워진다.

한국 전통 건축은 '겸손의 건축'이다. 자연과 인간은 하나라는 생각을 바탕으로, 자연을 침해하면서까지 건축물을 두드러지게 하지 않는다는 것이 한국 전통 건축의 기본 철학이다. 더 나아가 건축물도 자연의 일부라고 생각해서, 인간이 잠시 그 품에 머물렀다가 사라지는 것이 옳다는 철학도 한국 전통 건축에 반영되어 있다. 그래서 사람들은 처음부터 산과 들을 제압하는 거대한 건축물을 짓지 않으려고 했으며, 그 형태 또한 인위적인 직선을 배제하고 자연계의 곡선을 따르는 것을 즐겼다.

OX 문제

09 한국 전통 건축에서 자연을 압도하는 건축을 추구하지 않은 것은 건축물을 자연의 일부로 여긴 까닭이다. O | X

정답 07 O 08 O 09 O

08 제시문에 없음

제시문에 나오지 않은 내용을 넣어 선택지를 만드는 경우이다. 이때는 선택지의 내용이 제시문의 범위를 벗어나지 않는지 반드시 확인해야 한다. 제시문만으로 알 수 없는 내용을 자의적으로 추론해서는 안 된다.

> 국제기구인 유엔은 영어, 중국어, 러시아어, 프랑스어, 스페인어, 아랍어 등이 공용어로 사용되나 그곳에 근무하는 모든 외교관들이 이 공용어들을 전부 다 잘해야 하는 것은 아니다. [중략]
>
> 마찬가지 논리로 우리가 만일 한국어와 영어를 공용어로 지정한다면 이는 한국에서는 한국어와 영어 중 어느 하나만 알기만 하면 공식 업무상 불편이 없게끔 국가에서 보장한다는 뜻이지 모든 한국인들이 영어를 할 줄 알아야 된다는 뜻은 아니다. 따라서 우리가 영어를 한국어와 함께 공용어로 지정하기만 하면 모든 한국인이 영어를 잘할 수 있게 되리라는 믿음은 공용어의 개념을 제대로 이해하지 못한 데서 오는 망상에 불과하다.

OX 문제

10 한국에서 머지않아 영어가 공용어로 지정될 것이다. O | X

09 추론 형식의 적용

(1) 가정적 조건문

'만약 ~이라면 ~이다'와 같은 가정적 조건문은 선택지로 구성될 확률이 높으니 제시문에서 이러한 문장을 본다면 미리 표시해 두는 것이 좋다. 특히 전건과 후건의 인과적 관계를 잘못 파악하면 잘못된 선후 관계나 인과의 오류를 유도하는 선택지를 고를 수 있으니 조심해야 한다. 가정적 조건문의 전건을 부정하여 후건을 부정한 선택지(전건 부정의 오류), 후건을 긍정하여 전건을 긍정한 선택지(후건 긍정의 오류)는 적절하지 않은 선택지이다.

> 컴퓨터에는 자유 의지가 있을까? 나아가 컴퓨터에 도덕적 의무를 구속시킬 수 있을까? 컴퓨터는 다양한 전기 회로로 구성되어 있고, 물리 법칙, 프로그래밍 방식, 하드웨어의 속성 등에 따라 필연적으로 특정한 초기 상태로부터 다음 상태로 넘어간다. 마찬가지로 두 번째 상태에서 세 번째 상태로 이동하고, 이러한 과정이 계속해서 이어진다. 즉 컴퓨터는 결정론적 법칙의 지배를 받는 시스템이라는 것이다. 그럼 이러한 시스템에는 자유 의지가 있을까?
>
> 결정론적 법칙의 지배를 받는 시스템의 중요한 특징은 주어진 조건에 따라 결과가 하나로 고정된다는 점이다. 다시 말해, 이러한 시스템에는 항상 하나의 선택지만 있을 뿐이다. 그런 뜻에서 결정론적 지배를 받는다는 것과 자유 의지를 가진다는 것은 양립할 수 없음이 분명하다. 어떤 선택을 할 때 그것과 다른 선택을 할 수도 있다는 것은 자유 의지의 필요조건이기 때문이다. 결국 결정론적 법칙의 지배를 받는 시스템은 자유 의지를 가지지 않는다. 또한 자유 의지를 가지지 않는 시스템에 도덕적 의무를 귀속시킬 수 없음은 당연하다.

OX 문제

11 결정론적 법칙의 지배를 받는 시스템이라면 하나의 선택지만을 가진다. O | X

12 자유 의지가 있다면 어떤 선택을 할 때 그것과 다른 선택을 할 수 있다. O | X

13 도덕적 의무를 귀속시킬 수 없는 시스템이라면 결정론적 법칙의 지배를 받는다. O | X

정답 10 × 11 ○ 12 ○ 13 ×

(2) 충분조건과 필요조건

가정적 조건문은 앞에서 학습한 충분조건과 필요조건의 형식으로 선택지에 나오기도 한다. 전건과 후건의 관계를 정확하게 인지하여 표시하는 연습이 필요하다.

• p이면 q이다.

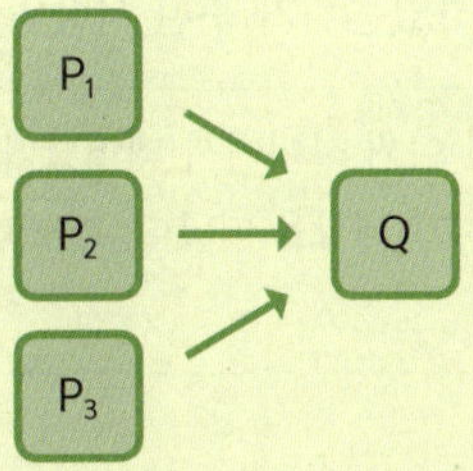

- p는 q이기 위한 충분조건이다.
- q는 p이기 위한 필요조건이다.
- p이기 위해서는 q이어야만 한다.
- q는 p이기 위해 필요하다.
- q가 아니면 p는 아니다.
- q는 p를 위해 {필요하다/필수적 요건이다}.
- q가 성립되지 않으면 p도 성립하지 않는다.

대중[mass]의 어원은 빵을 굽기 위한 보릿가루 반죽을 말하는 고대 그리스어 'maza'이다. 대부분의 학자들이 대중을 집단적 · 육체적으로 집결한 무리로 간주하는 것은 이 어원에 충실한 것으로 보인다. 그러나 가시적 형태의 육체적 집결이나 행동은 필수적 요건이라고 보기 어렵다. 가시적으로 집결하기 전에 흩어진 개인의 차원에서라도 공동의 목표를 지향하는 다양한 사람들 무리라면 대중으로 볼 수 있다. 실제 민족이나 민중, 계급이나 시민 같은 추상적 개념의 무리도 대중으로 간주되어 왔다. 따라서 대중은 '공동의 목표를 지향하며 다양한 계층으로 구성되는 응집된 사람들의 무리'로 규정하는 것이 적절하다. 이때 응집은 가시적 집결만이 아니라 추상적 집결도 포함한다.

군중과 대중의 의미는 구분될 필요가 있다. 대중을 군중과 혼동하는 경우가 잦은데, 그것도 가시적 집결의 형태를 대중의 필수 요건으로 가정하기 때문에 발생하는 오류이다. (추상적 무리까지 포괄하는 대중 개념)과 달리 군중은 가시적 집결의 형태를 띤 대중의 경우만을 지칭한다.

OX 문제

14 공동의 목표를 지향하는 다양한 구성원들의 추상적 집결은 대중이 성립하기 위한 충분조건이다. O | X

15 가시적 형태의 육체적 집결이나 행동은 대중이 성립하기 위한 필요조건이다. O | X

연습 문제 **빈칸에 알맞은 말을 넣으시오.**

01 마찰하면 반드시 열이 발생하게 되지만 마찰하지 않았다 하여 열이 발생하지 않는 것은 아니다. 왜냐하면 열은 마찰 외에 전기, 태양광선, 불 등에 의해 발생할 수 있기 때문이다. 따라서 '마찰'은 '열이 발생'하는 [　　　　]이/가 된다.

02 공부를 잘하지 않는다면 필연적으로 대학에 합격할 수 없다. 하지만 또 공부를 잘했다 하여 꼭 대학에 합격하는 것은 아니다. 따라서 '공부를 잘하는 것'은 '대학에 합격'하기 위한 [　　　　]이/가 된다.

03 '삼각형의 세 각은 같다.'는 '삼각형의 세 변은 같다.'의 [　　　　]이다. 왜냐하면 삼각형의 세 각이 같으면 삼각형의 세 변도 같게 되고, 삼각형의 세 각이 같지 않으면 삼각형의 세 변도 같지 않게 되기 때문이다.

정답 14 ○ 15 ×

정답 01 충분조건 02 필요조건 03 필요충분조건

5 글의 전개 방식

01 서사

서사는 사건의 진행 과정이나 사물의 움직임과 변화를 시간적 추이에 따라 적어 나가는 방법이다. 서사는 일어난 일의 내용, 즉 '무엇이 일어났는가'라는 사건에 중점을 둔다. 즉 행위의 주체가 시간의 흐름에 따라 무슨 사건을 야기하였는지가 주된 서술의 대상이다.

> 신사임당은 1504년에 아버지 신명화와 어머니 용인 이씨 사이에서 태어났다. 1522년 19세에 이원수와 결혼하였는데 결혼 후 몇 달 뒤 아버지가 세상을 떠났다. 1536년에는 아들 이율곡을 낳았다.

02 과정

과정은 어떤 특정의 결말이나 결과를 야기하는 일련의 행동, 변화, 기능, 단계, 작용 등에 초점을 두어 설명하는 방법이다. 과정은 일어난 일의 단계, 즉 '어떻게 하였는가'에 초점을 두며, 전체의 내용이 주로 '~하는 방법'으로 요약된다.

> 비빔국수를 만들기 위해 애호박, 당근, 양파, 오이는 채를 썰어 준비하고, 달걀은 얇게 부친 후 채를 썹니다. 양념장 재료를 잘 섞어 양념장을 만들고, 국수를 삶은 후 찬물에 헹구어 물기를 뺍니다. 준비된 재료를 고루 무쳐서 고명을 얹으면 비빔국수가 완성됩니다.

03 인과

인과는 어떤 결과를 가져오게 한 힘, 또는 이러한 힘에 의해 결과적으로 초래된 현상을 중심으로 설명하는 방법이다. 인과는 사건이 '왜 일어났는가'에 초점을 두며, 전체의 내용이 주로 '~하는 이유(원인)'로 요약된다.

> 산업 혁명 이후에 화석 연료를 많이 사용하게 되면서 문제가 발생했다. 화석 연료를 태우면 막대한 양의 이산화 탄소가 대기 중으로 방출된다. 이산화 탄소는 온실 효과를 일으키는 기체들 중 하나로, 화석 연료 연소 과정에서 이산화 탄소가 많이 배출되면 지구 표면에 더 많은 열이 갇히게 된다. 이것을 인위적으로 '강화된' 온실 효과라고 하는데, 이것 때문에 지구 온난화가 일어난다.

개념 확인

01 다음 글의 전개 방식의 예로 가장 적절한 것은?

> '인과'는 원인과 결과를 서술하는 전개 방식이다. 어떤 현상이나 결과가 나타나게 된 원인이나 힘을 제시하고 그로 말미암아 초래된 결과를 나타내는 서술 방식이다.

① 온실 효과로 지구의 기온이 상승할 때 가장 심각한 영향은 해수면의 상승이다. 이러한 현상은 바다와 육지의 비율을 변화시켜 엄청난 기후 변화를 유발하며, 게다가 섬나라나 저지대는 온통 물에 잠기게 된다.

② 이 사회의 경제는 모두가 제로섬 요소로 구성되어 있다. 제로섬(zero-sum)이란 어떤 수를 합해서 제로가 된다는 뜻이다. 어떤 운동 경기를 한다고 할 때 이기는 사람이 있으면 반드시 지는 사람이 있게 마련이다.

③ 다음 날도 찬호는 학교 담을 따라 돌았다. 그리고 고무신을 벗어 한 손에 한 짝씩 쥐고는 고양이 걸음으로 보초의 뒤를 빠져 팽이처럼 교문 안으로 뛰어들었다.

④ 벼랑 아래는 빽빽한 소나무 숲에 가려 보이지 않았다. 새털구름이 흩어진 하늘 아래 저 멀리 논과 밭, 강을 선물 세트처럼 끼고 들어앉은 소읍의 전경은 적막해 보였다.

정답 ①

04 정의

(1) 정의의 개념

정의는 단어의 의미를 명확히 하여 개념을 한정하는 것으로, 대상의 범위를 규정지어 대상이 지닌 본질적 속성을 해명한다.

인간은	/	생각하는	동물이다.
종개념		종차(種差)	유개념
피정의항		정의항	

낱낱의 종(種)은 무리[類]에 포함되므로, 종(種)개념은 유(類)개념에 포함되어야 한다. 이때 무리 중에서 종(種)만이 지닌 차이를 종차(種差)라 한다.

(2) 정의의 특성

① 정의의 형식에 맞아야 한다.

예 인간은 동물이다.(×) → 정의의 기본 형식에 속한 종차가 없으므로 정의가 아니다.

② 정의항의 유개념은 피정의항의 종개념 바로 위의 것이어야 한다.

예 인간은 생각하는 생물이다.(×) → '인간 – 동물 – 생물'의 관계이므로 부적절하다.

③ 정의항의 종차는 피정의항만이 가지고 있는 본질적 속성을 반영해야 한다.

예 인간은 육식을 하는 동물이다.(×) → '육식을 하는' 것은 인간(종개념)만이 지닌 본질적 속성이 아니다.

④ 피정의항의 용어를 정의항에서 되풀이하지 말아야 한다.

예 사회학자는 사회학을 전공하는 학자이다.(×)
→ 사회학자는 사회의 여러 현상, 구조, 변동의 원리나 법칙을 연구하는 학자이다.(○)

⑤ 비유나 상징 또는 애매한 표현을 쓰지 말아야 한다.

예 문학은 삶을 풍요롭게 하는 귀중한 재산이다.(×)
→ 문학은 가치 있는 체험을 형상화한 언어 예술이다.(○)

⑥ 피정의항이 부정의 개념이 아닌 한, 정의항이 부정적으로 정의되어서는 안 된다.

예 분필은 종이 위에 쓰는 필기도구가 아니다.(×)
→ 분필은 칠판에 글씨를 쓰는 데 사용되는 필기도구이다.(○)

05 지정

지정은 어떤 대상을 손으로 가리키듯 직접 설명하는 방법이다. '그것은 무엇인가?', '그것은 누구인가?'와 같은 질문에 대해 간단명료하게 답을 하는 것으로, 단순한 사실 확인이나 현상적 특징의 해명에 사용된다.

예 • 저 수염이 많은 노인이 우리 마을의 면장님이다.
• 서울은 대한민국의 수도이다.

06 예시

예시는 세부적인 예를 들어 일반적이고 추상적인 진술을 구체화하는 설명 방법이다. 예시는 일반적 진술(주지)을 뒷받침하는 역할을 한다.

개념 확인

01 '정의'의 형식으로 가장 적절한 것은?

① 책이란 지식만을 보존해 두는 것이 아니다.
② 입헌 정치란 헌법에 의하여 행해지는 정치이다.
③ 딸기는 빨갛고 씨가 박혀 있는 달콤한 과일이다.
④ 문학은 언어로 인간의 사상과 감정을 표현한 예술이다.

정답 ④

07 비교와 대조

(1) 비교는 둘 이상의 사물을 공통되는 성질이나 유사성을 중심으로 설명하는 방법이다.

(2) 대조는 둘 이상의 사물의 특성을 그 상대되는 성질이나 차이점을 들어 설명하는 방법이다.

(3) 비교와 대조는 같은 층위의 항목들 사이에서 이루어져야 한다는 점에 주의해야 한다. 즉 비교나 대조의 항목은 동일하거나 비슷한 범주여야 하는 것이다.

예 • 비유법과 역설법(×) → 비유법과 변화법(○)
• 연극과 희곡(×) → 연극과 영화 또는 희곡과 시나리오(○)

08 분류

(1) 분류의 개념

분류는 어떤 대상들이나 생각들을 공통적인 특성에 근거하여 구분 짓는 지적 작용이다. 하위 항목을 상위 항목으로 묶어 가는 것을 '분류', 상위 항목을 하위 항목으로 나누는 것을 '구분'이라 한다.

가 문학은 운문 문학과 산문 문학으로 크게 나누어진다. 운문 문학의 대표적인 형태는 시이다. 산문 문학에는 소설, 수필, 희곡 등이 있다.

나 우리가 쓰는 글에는 여러 가지 종류가 있다. 설명문, 논설문, 보고서, 비평 등은 논리적인 글에 속하며, 시, 소설, 희곡, 수필 등은 예술적인 글에 속한다. 그리고 주문서, 독촉장, 소개장, 광고문 등은 모두 실용적인 글이라고 할 수 있다.

▶ 구분은 상위 항목을 하위 항목으로 나누는 것이고, 분류는 하위 항목을 상위 항목으로 묶어 가는 것이다. 이에 따라 가와 같이 하나의 일정한 기준인 '문학'을 하위 항목으로 나누는 것은 구분이라고 할 수 있고, 나와 같이 하위 항목을 '논리적인 글', '예술적인 글', '실용적인 글'이라는 상위 항목으로 묶은 것은 분류라고 할 수 있다.

(2) 분류의 특성

① 분류의 단계에는 오직 하나의 기준만을 적용해야 한다.

예 소설에는 단편 소설, 장편 소설, 역사 소설, 사회 소설이 있다.(×)
→ 분류의 기준은 단일해야 하는데 분량(단편, 장편)과 내용(역사, 사회)의 두 가지 기준이 적용되었다.

② 하위 항목은 빠짐없이 상위 항목에 포함되어야 한다.

예 문학의 갈래는 시, 소설, 수필로 나눌 수 있다.(×)
→ 하위 항목은 빠짐없이 상위 항목에 포함되어야 하므로, 하위 항목에 '희곡'을 넣어야 한다.

③ 분류된 항목은 서로 대등하며 배타적이어야 한다.

예 • 수사법에는 비유법, 강조법, 도치법이 있다.(×)
→ 분류된 항목은 서로 대등해야 한다. 따라서 '도치법'을 '변화법'으로 바꾸어야 한다.
• 학교에는 초등학교, 중등학교, 고등학교, 대학교가 있다.(×)
→ 분류된 항목은 서로 배타적이어야 한다. '중등학교'는 고등학교를 포함하고 있으므로, '중등학교'를 '중학교'로 고쳐야 한다.

09 분석

분석은 어떤 대상을, 그것을 이루고 있는 구성 요소나 부분으로 나누어 각 부분들의 관계를 설명하는 방법이다. 분류가 대상들을 종류별로 묶거나 나눈다면, 분석은 하나의 대상을 구성 요소로 파헤친다.

예 이 기관의 구성 체계는 언뜻 보면 간단한 것 같지만, 사실은 정교하고도 복잡하다. 먼저 전체를 총괄하여 업무를 배치하는 전략 사무실이 존재한다. 그리고 이를 전체 실무자들에게 전달하는 매개의 구실을 하는 팀이 따로 있다. 이들과 유기적으로 결합하여 실제 업무를 처리하는 실무 팀이 각 조직의 하단에 존재하여 실시간으로 빠르게 민원을 처리하고 있다.

10 묘사

(1) 묘사의 개념

묘사는 대상을 감각적인 인상에 의존하여 그림을 그리듯이 그려 내는 방법이다. 대상의 생김새, 소리, 느낌 등을 언어로 그려 내므로 구체적이고 감각적이다.

(2) 묘사의 종류

① 객관적(설명적, 과학적) 묘사: 대상을 정확하고 사실적 · 객관적으로 그리는 것이다. 정보 전달을 주된 목적으로 하므로, 애매한 표현은 피한다.

예 앞발은 아직도 빈 껍질을 붙들고 있다. 그리고 맨 나중으로 몸 중간에 담겼던 껍질로부터 빠져나온다. 이것으로 매미의 일생에서 가장 중요한 허물 벗는 일은 끝이 난다.

② 주관적(인상적, 문학적) 묘사: 대상에 대한 주관적인 인상이나 느낌을 그리는 것이다. 상징적이고 문학적인 언어를 사용하며 주로 문학 작품에 쓰인다.

예 산허리는 온통 메밀밭이어서 피기 시작한 꽃이 소금을 뿌린 듯이 흐뭇한 달빛에 숨이 막힐 지경이다. 붉은 대궁이 향기같이 애잔하고 나귀들의 걸음도 시원하다. -이효석, 〈메밀꽃 필 무렵〉

11 유추

(1) 유추의 개념

유추는 생소한 개념이나 복잡한 주제를 보다 친숙하고 단순한 것과 비교하여 설명하는 방법이다. 비교는 동일 범주에 속하는 대상들의 공통점을 견주어 보지만, 유추는 서로 다른 범주에 속하는 사물 간의 유사성을 통해 주어진 대상을 추리한다.

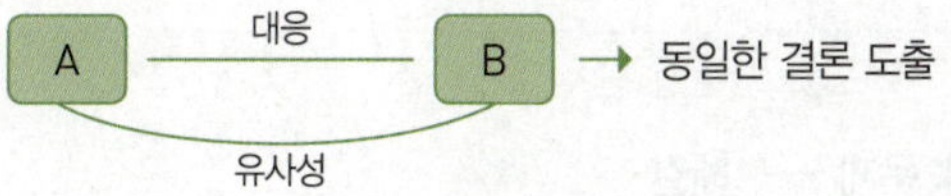

(2) 유추의 특성

① 두 대상 사이에 유사성이 있어야 한다.

② 두 대상의 성질이 1:1로 대응되어야 한다.

③ 이를 바탕으로 동일한 결론을 이끌어 낼 수 있어야 한다.

예 인생은 마라톤과 같다. 마라톤을 할 때는 초반의 스피드보다 지구력과 끈기가 필요하듯이, 우리의 삶도 장기적인 계획을 세워 이에 대비하는 것이 필요하다.

개념 확인

01 유추의 방식이 적용된 것으로 가장 적절한 것은?

① 르네상스 시대의 화가들은 원근법을 사용하여 세상을 향한 창과 같은 사실적인 그림을 그렸다. 현대 회화를 출발시켰다고 평가되는 인상주의자들이 의식적으로 추구한 것도 이러한 사실성이었다.

② 소설을 구성하는 요소는 물론 많지만 그중에서도 인물, 배경, 사건을 들 수 있다. 인물은 사건의 주체, 배경은 인물이 행동을 벌이는 시간과 공간, 분위기 등이고, 사건은 인물이 배경 속에서 벌이는 행동의 세계이다.

③ 목적을 지닌 인생은 의미 있다. 목적 없이 살아가는 사람은 험난한 인생의 노정을 완주하지 못한다. 목적을 갖고 뛰어야 마라톤에서 완주가 가능한 것처럼 우리의 인생에서도 목표를 가지고 꾸준히 노력하는 사람이 성공한다.

④ 신라의 육두품 출신 가운데 학문적으로 출중한 자들이 많았다. 가령 강수, 설총, 녹진, 최치원 같은 사람들은 육두품 출신이었다. 이들은 신분적 한계 때문에 정계보다는 예술과 학문 분야에 일찌감치 몰두하게 되었다.

정답 ③

보충 자료 **주요 정보 표시하기**

1. 접속어나 연결하는 말: 물결표(~~)

'쓰는 문화'가 책의 문화에서 가장 우선이다. 쓰는 이가 없이는 책이 나올 수가 없다. 그러나 지혜를 많이 갖고 있다는 것과 그것을 글로 옮길 줄 아는 것은 별개의 문제이다. 엄격하게 이야기해서 지혜는 어떤 한 가지 일에 지속적으로 매달린 사람이면 누구나 머릿속에 쌓아 두고 있는 것이다. 하지만 그것을 글로 옮기기 위해서는 특별하고도 고통스러운 훈련이 필요하다.

2. 비교 대상 VS 대조 대상: 동그라미(◯)와 세모(△)

우리는 그동안 피땀 어린 노력으로 괄목할 만한 경제 성장을 이룩해 왔다. 그 결실로 국민소득이 2만 달러에 이르렀고 경제 성장률 또한 세계 16위에 있다. 하지만 과연 우리 국민성은 어떠할까. 아직도 차량 문틈 사이로 함부로 담배꽁초를 버리는 사람들이 있는가 하면, 자기 앞에 있는 쓰레기를 줍기는커녕 음식을 먹고 쓰레기를 그대로 두고 가는 사람들이 더 많다.

3. 원인과 결과

- a 때문에 b이다.: 인 → 과
- b이다. 그 이유는 a 때문이다.: 과 ← 인

정보의 가장 기본적인 원천은 인간이 체험하는 감각이다. 돌이 단단하고 물이 부드럽다는 것은 감각을 통해서 알 수 있다. 그러나 감각이 체계적인 지식으로 발전하는 데는 문제가 있다. 그것은 바로 감각이 주관적이어서 사람과 시기에 따라 동일하지 않기 때문이다.
과 ← 인

4. 수식구와 명사구: (~는) 명사

알파벳 언어는 표기 체계에 따라 철자 읽기의 명료성 수준이 달라진다. 철자 읽기가 명료하다는 것은 한 글자에 대응되는 소리가 규칙적이어서 글자와 소리의 대응이 거의 일대일이라는 것을 의미한다. 그 예로 이탈리아어와 스페인어가 있다. 이 두 언어의 사용자는 의미를 전혀 모르는 새로운 단어를 발견하더라도 보자마자 정확한 발음을 할 수 있다. 이에 비해 영어는 철자 읽기의 명료성이 낮은 언어이다. 영어는 발음이 아예 나지 않는 묵음과 같은 예외도 많은 편이고 글자에 대응하는 소리도 매우 다양하다.

5. 문제점과 대책: 문제 → 해결

최근 3년간 주요 국립대 자퇴생의 절반 이상이 이공계 학생이며, 이것은 국가 장래를 위해서도 안타까운 일이다. 이제부터라도 청년들이 이공계 진학을 선호할 만한 환경을 만들어야 한다. 우선 의료 법률 등 서비스 분야의 면허 제도 등 진입 장벽을 완화하고 경쟁을 촉진하여 이들 분야에서 이른바 '지대 추구' 행위가 사라지도록 해야 한다. 둘째, 이공계 학생들에 대한 병역 특례 제도를 확대하고 산학 공동 연구 참여자에 대한 학자금 및 생활비 지원을 강화할 필요가 있다.
문제 → 해결

6. 질문과 답변: Q → A

인공 지능은 비즈니스 패러다임을 획기적으로 바꾸고 있다. [중략] 인공 지능이 사람보다 똑똑해질 수 있을지도 모른다. 인공 지능이 사람보다 똑똑해질 수 있을 가능성은 차치하고, 인공 지능이 사람을 게으르게 만들 수도 있지 않을까? 이 게으름은 우리의 건강과 행복, 그리고 일상생활의 패턴을 바꿔 놓을 수도 있다. Q → A

7. 일반화와 구체화: G ⊃ E, 예시는 전체를 괄호 ( )로 표시할 것

G 역사의 개별성이 특수성으로 이해되는 경우가 있다. 그리고 특수성은 흔히 고유성과 상통하는 것으로 생각되어 왔던 것이다. ⊃E 민족주의 사학의 경우가 그러한 예에 속한다. (가령, 신채호가 한국사의 성쇠를 한국의 고유 사상이었다고 생각한 '낭가 사상'의 성쇠에 의하여 좌우되었다고 이해한 것은 그러한 예가 될 것이다. 또, 최남선이 조선 정신에 의해서 한국사를 이해하려고 한 것도 그러한 예에 들 것이다.)

8. 순서, 과정: 1 → 2 → 3

역사의 경과와 더불어 중세적 사회에서는 비교적 다수의 제사권 참여가 이루어져 종래의 제사 독점에서 오는 1 의례의 신비성도 차차 희박해지고, 기술력의 상승으로 자연의 불규칙성도 어느 정도 극복되어 가면서, 2 의례가 가지는 주술적 효과에 대한 믿음도 흔들리게 된다. 그리고 집단의 의례 자체를 종교적 외포의 대상으로서가 아니라, 3 예술적 감상과 오락의 대상으로 바라보는 여유가 생기게 된다.

9. 단순 열거: 1, 2, 3

문자는 크게 세 가지 종류로 나눌 수 있다. 하나는 그림 문자이고, 다른 하나는 뜻 문자이고, 또 다른 하나는 소리 문자이다. 1 그림 문자란 문자를 그림으로 나타내어 표현한 것이고 그 예로는 상형 문자를 들 수 있다. 2 뜻 문자는 단어를 상징적인 의미의 기호로 표현한 문자로서 한자가 대표적이다. 반면, 3 소리 문자는 알파벳과 같이, 단어의 요소나 소리를 기호로 나타내는 문자이다.

CHAPTER

02 독해와 논증

1 논증 평가

논증 평가란 다른 사람의 논증을 듣고 받아들일 만한 논증인지, 거부해야 할 논증인지 판단하는 것을 말한다. 논증을 평가하기 위해서는 그 논증이 주장하고 있는 바가 무엇이고 그 주장을 위해서 어떤 근거를 제시하고 있는지 정확하게 이해해야 하는데, 이처럼 논증을 정확하게 이해하는 과정을 논증의 분석이라고 한다. 논증을 분석하기 위해서는 제시문 속에서 전제와 결론을 찾고, 그 관계들을 파악해야 한다.

논증 여부 결정
주장에 대한 근거를 제시하고 있는가?

⬇

언어의 명확화
논증에 나온 언어들이 애매하거나 모호하게 쓰인 것은 없는가?

⬇

논증의 분석
전제는 어떤 구조로 결론을 지지하는가?

⬇

논증의 평가
• 논증의 전제들이 받아들일 만한가?
• 논증의 전제들이 결론을 지지하는가?

*** 논증 평가의 순서**

① 결론과 전제를 찾는다.
- 결론 지시어: 따라서, 그러므로, 결국, 결론적으로, 이에 따라 등
- 전제 제시어: 왜냐하면, 그 이유로는, ~을 보건대 등

② 애매한 표현이 아닌, 정확한 표현으로 진술되었는지 확인한다.

③ 전제와 결론 사이의 지지 관계를 파악한다.

2 논증의 강화와 약화

가 귀납 추론 과정에서 경험적 증거가 가설을 잘 뒷받침(지지)하면, "경험적 증거가 가설을 확증한다."라고 한다. 경험적 증거가 가설의 거짓을 뒷받침(지지)하면, "경험적 증거가 가설을 반확증한다."라고 한다. 법학적성시험에서는 전자의 확증을 '강화'로, 후자의 반확증을 '약화'로 표현한다.

– 《법학적성시험 안내서》

나 증거는 가설을 입증하기도 하고 반증하기도 한다. 물론, 어떤 증거는 가설에 중립적이기도 하다. 이렇게 증거와 가설 사이에는 입증 · 반증 · 중립이라는 세 가지 관계만이 성립하며, 이 외의 다른 관계는 성립하지 않는다.

그럼 이런 세 관계는 어떻게 규정될 수 있을까? 몇몇 학자들은 이 관계들을 엄격한 논리적인 방식으로 규정한다. 이 방식에 따르면, 어떤 가설 H가 증거 E를 논리적으로 함축한다면 E는 H를 입증한다. 또한 H가 E의 부정을 논리적으로 함축한다면 E는 H를 반증한다. 물론 H가 E를 함축하지 않고 E의 부정도 함축하지 않는다면, E는 H에 대해서 중립적이다. 이런 증거와 가설 사이의 관계는 '논리적 입증 · 반증 · 중립'이라고 불린다.

– 2017 법학적성시험

귀납 논증의 경우 실험이나 관찰의 결과로부터 가설의 진위에 대한 판단을 추론하는데, 이때 실험이나 관찰의 결과가 가설이 참일 가능성을 높일 경우 가설을 '강화'한다고 하고, 실험이나 관찰의 결과가 가설이 참일 가능성을 낮출 경우 가설을 '약화'한다고 한다. 새로운 정보가 주어진 가설을 강화하거나 약화한다고 평가하는 것은 논증 평가에 해당하며, 그 중요성 때문에 '강화 또는 약화'라는 독립적인 문제 유형으로 분류한다.

강화와 약화 유형의 문제에서는 제시문에 하나 혹은 둘 이상의 주장이나 가설이 주어지고, 새로운 경험적 증거나 가정적으로 새롭게 도입된 정보가 이들 주장이나 가설의 설득력에 미치는 영향을 평가한다. 선택지에는 구체적인 사례, 관찰 또는 실험 결과가 제시되며 이들은 제시문의 견해나 가설을 지지 또는 반박하거나 이와 무관한 관계를 갖는다.

주장 또는 가설

↑ 강화, 약화, 무관(중립)

새로운 정보, 구체적인 실험 결과, 관찰 결과 등

01 논증의 강화

논증을 강화한다는 것은 근거들이 결론을 잘 뒷받침하여 주장의 설득력을 높인다는 의미이다. 논증의 주장과 근거가 다음에 제시된 ①~④의 조건을 갖추면 논증의 설득력은 높아진다. 또한 주장을 뒷받침하여 보강해 주는 사례, 예상되는 반박 주장을 재반박하는 사례 등이 제시되거나 불필요한 근거가 제거될 때 논증은 강화된다.

논증의 주장과 근거가 다음과 같은 사항을 모두 갖추고 있을 때, 논증의 설득력은 강화된다.

① 주장이 명확해야 한다.
② 주장과 근거의 연관성이 분명해야 한다.
③ 주장이 참임을 신뢰할 수 있도록 근거가 충분하고 객관적이어야 한다.
④ 논증에 대하여 예상되는 상대방의 반박이 충분히 검토된 것이어야 한다.

02 논증의 약화

반면 논증을 약화한다는 것은 어떤 주장에 대해 설득력을 갖지 못하게 한다는 것이다. 논증의 설득력을 떨어뜨리려면, 논증에 대한 부당한 근거를 찾거나 반론의 가능성을 판단해야 한다. 일반적으로 논증에서 근거의 맹점을 직접적으로 지적하거나 새로운 사안이 밝혀짐으로써 결론의 근거가 미약해지는 사례 등이 제시될 때 논증은 약화된다.

03 논증의 강화와 약화의 유형

01과 02의 내용을 바탕으로 할 때, '강화'와 '약화'는 다음과 같이 이해할 수 있다.

유형	의미
강화한다	주장을 뒷받침한다, 찬성한다, 내용이 일치한다, 입증한다, 사례 제시 등을 통해 주장을 지지한다, 가설이 증거를 함축한다 등
약화한다	주장을 뒷받침하지 않는다, 반박한다, 반례 제시, 반증한다, 가설이 반례를 함축한다 등
강화하지도 약화하지도 않는다	주장과 무관하다, 입증하지도 반증하지도 않는다, 주장에 대해 중립적이다 등

*** 강화와 약화의 발문 유형**

- 다음 글에 나타난 논지를 강화하는 것은?
- 다음 논증에 대한 평가로 적절한 것만을 〈보기〉에서 모두 고르면?
- A와 B의 견해에 대한 평가로 옳은 것만을 〈보기〉에서 모두 고르면?

흔히 '일곱 빛깔 무지개'라는 말을 한다. 서로 다른 빛깔의 띠 일곱 개가 무지개를 이루고 있다는 뜻이다. 영어나 프랑스어를 비롯해 다른 자연 언어들에도 이와 똑같은 표현이 있는데, 이는 해당 자연 언어가 무지개의 색상에 대응하는 색채 어휘를 일곱 개씩 지녔기 때문이라고 할 수 있다.

언어학자 사피어와 그의 제자 워프는 여기서 어떤 영감을 얻었다. 그들은 서로 다른 언어를 쓰는 아메리카 원주민들에게 무지개의 띠가 몇 개냐고 물었다. 대답은 제각각 달랐다. 사피어와 워프는 이 설문 결과에 기대어, 사람들은 자신의 언어에 얽매인 채 세계를 경험한다고 판단했다. 이 판단으로부터, "우리는 모국어가 그어 놓은 선에 따라 자연 세계를 분단한다."라는 유명한 발언이 나왔다. 이에 따르면 특정 현상과 관련한 단어가 많을수록 해당 언어권의 화자들은 그 현상에 대해 심도 있게 경험하는 것이다. 언어가 의식을, 사고와 세계관을 결정한다는 이 견해는 ㉠ 사피어-워프 가설이라 불리며 언어학과 인지 과학의 논란거리가 되어 왔다.

인혁처 1차 예시 문제

OX 문제

01 눈[雪]을 가리키는 단어를 4개 지니고 있는 이누이트족이 1개 지니고 있는 영어 화자들보다 눈을 넓고 섬세하게 경험한다는 것은 ㉠을 강화한다. O | X

02 색채 어휘가 적은 자연 언어 화자들이 색채 어휘가 많은 자연 언어 화자들에 비해 색채를 구별하는 능력이 뛰어나다는 것은 ㉠을 약화한다. O | X

신석기 시대에 들어 인류는 제대로 된 주거 공간을 만들게 되었다. 인류의 초기 주거 유형은 특히 바닥을 어떻게 만드느냐에 따라 구분된다. 이는 지면을 다지거나 조금 파고 내려가 바닥을 만드는 1 '움집형'과 지면에서 떨어뜨려 바닥을 설치하는 2 '고상(高床)식'으로 나뉜다.

중국의 고대 문헌에 등장하는 '혈거'와 '소거'가 각각 움집형과 고상식 건축이다. 움집이 지붕으로 상부를 막고 아랫부분은 지면을 그대로 활용하는 1 지붕 중심 건축이라면, 고상식 건축은 지면에서 오는 각종 침해에 대비해 바닥을 높이 들어 올린 2 바닥 중심 건축이라 할 수 있다. 인류의 주거 양식은 혈거에서 소거로 진전되었다는 가설이 오랫동안 지배했다. 바닥을 지면보다 높게 만드는 것이 번거롭고 어렵다고 여겼기 때문이다. VS 그런데 1970년대에 중국의 허무두에서 고상식 건축의 유적이 발굴되면서 새로운 ㉠ 주장이 제기되었다. 그것은 혈거와 소거가 기후에 따라 다른 자연환경에 적응해 발생했다는 것이다.

인혁처 2차 예시 문제

OX 문제

03 여름에는 고상식 건축물에서, 겨울에는 움집형 건축물에서 생활한 집단의 유적이 발견되었다면 ㉠은 강화된다. O | X

04 움집형 집과 고상식 집이 공존해 있는 주거 양식을 보여 주는 집단의 유적지가 발견되었다면 ㉠은 강화된다. O | X

정답 01 ○ 02 ○ 03 ○ 04 ×

CHAPTER

03 실전 독해 훈련

정답과 해설 332쪽

01 대비 구조 분석하기

대비 구조 분석하기

풀이 도우미

서로 대비되는 대상이나 내용을 파악하는 문제이다. 차이점에 주목해야 한다.

- 글의 대비 구조를 이해하여 지문을 정확히 분석하는 연습을 한다.
- '~가 아니다', '~지 않다', '~지 못하다', '~가 없다' 등의 부정 진술에 주목하며 독해한다.

대비항: 논증 평가

01 다음 대화를 분석한 내용으로 적절하지 않은 것은? 2025 지방직 9급

> 갑: 언어는 인간의 지각과 사고, 세계관 등을 결정해. 인간 사고의 내용과 구조는 언어에 의해 형성되며, 이 때문에 동일한 언어를 쓰는 민족은 그 언어에 의해 형성된 공통된 세계관을 갖게 되지. 사고가 언어에 영향을 미치는 것이 아니라 실은 그 반대야.
>
> 을: 나는 동의할 수 없어. 언어는 인간의 사고를 표현하는 도구에 불과해서 사고가 언어에 영향을 미친다고 봐야 해. 따라서 사고의 차이가 언어의 차이를 낳지.
>
> 병: 그렇긴 하지. 사고의 깊이가 깊은 사람은 그렇지 않은 사람에 비해 구사하는 언어의 수준이 높아. 하지만 나는 언어가 사고에 영향을 미친다는 것도 동의해. 남미의 어떤 부족은 방향을 표현할 때 '왼쪽'이나 '오른쪽'이 아니라 '북서쪽'과 같이 절대 방위로 표현하는데, 이 언어를 쓰는 사람들의 공간 감각은 이 언어를 쓰지 않는 사람들보다 더 뛰어나다고 하거든.
>
> 갑: 언어가 다르면 세계를 다르게 인식해. 어떤 언어의 화자가 자기 언어의 색채어에 맞추어 색깔을 구별하는 것을 그 사례로 들 수 있어. 이런 점에서 언어가 없다면 인식하고 사고할 수 없다는 말도 성립해.
>
> 을: 언어가 미숙한 유아라든지 언어가 없는 동물들도 자신들이 직면한 문제에 대해서 사고하고 판단하잖아. 이건 언어가 사고에 영향을 미치지 못한다는 증거이지.
>
> 병: 나는 언어와 사고의 관계가 어느 한쪽이 일방적으로 영향을 주는 게 아니라 서로 영향을 주고받으면서 발전한다고 생각해.

① 언어와 사고가 서로 영향을 주고받는 관계라는 점에 대해 갑과 을은 동의하지 않지만 병은 동의한다.
② 사고가 언어에 영향을 미친다는 점에 대해 갑은 동의하지만 을은 동의하지 않는다.
③ 언어가 다르면 세계를 다르게 인식한다는 점에 대해 갑과 병은 동의한다.
④ 사고의 차이가 언어의 차이를 낳는다는 점에 대해 을과 병은 동의한다.

대비항: 내용 일치

02 다음 글에서 알 수 있는 내용으로 적절하지 않은 것은?

> 네덜란드의 실험 사회 심리학자인 마우크 뮐더르는 어느 다국적 기업에서 시행한 설문 조사 결과를 토대로 하여 '권력 거리'라는 개념을 창안하였다. 권력 거리란 부하들이 상관(권력자)에 대해 갖고 있는 감정적인 거리를 의미한다. 그가 조사한 바에 따르면, 100을 지수의 만점으로 할 때 스웨덴의 권력 거리 지수는 31이었고, 프랑스의 권력 거리 지수는 68, 한국의 권력 거리 지수는 72였다.
>
> 권력 거리 지수가 작은 나라에서는 부하 직원이 상사에게 일방적으로 의존하는 정도가 낮으며, 상사와 부하 직원 간의 상호 의존을 선호한다. 또한 상사와 부하 직원 간의 감정적 거리는 비교적 가까운 편이다. 권력 거리 지수가 작으면 상대적으로 권력에 대해 거리감을 덜 느끼고 불평등을 수용하지 않기 때문에 부하 직원은 상사에게 쉽게 접근해서 반대 의견을 낼 수 있다. 반면 권력 거리 지수가 큰 나라에서는 부하 직원이 상사에게 의존하는 정도가 높다. 부하 직원은 그런 의존 관계(가부장적 · 전제적 상사에게 의존하는 관계) 자체를 선호하거나, 아니면 의존을 지나치게 거부하기도 한다. 이런 경우에는 상사와 부하 간의 심리적 거리가 멀고, 부하 직원이 불평등을 쉽게 수용하기 때문에 직접 상사에게 다가가서 반대 의견을 내놓는 일이 좀처럼 드물다.

① 한국에 비해 스웨덴은 부하 직원이 상사의 의견에 반대하는 경우가 많을 것이다.
② 상사와 부하 직원 간의 심리적 거리가 가까우면 부하 직원이 불평등을 쉽게 수용하지 않을 것이다.
③ 스웨덴, 프랑스, 한국 중 스웨덴 기업의 부하 직원이 권력에 대한 거리감을 가장 덜 느끼는 편이다.
④ 권력 거리 지수가 큰 나라와 달리 권력 거리 지수가 작은 나라는 부하 직원이 상사에게 의존하지 않는다.

대비항: 생략된 내용의 추론

03 빈칸에 들어갈 말로 가장 적절한 것은?

> 사물 본연의 핵심적 측면을 중시하는 본질주의자는 본질을 어떤 사물의 불변하는 측면이자 그 사물을 다른 사물과 구별시켜 주는 선천적 특성으로 이해한다. 이들은 책상의 본질적 기능이 책을 놓고 보는 것이라면, 책상에서 밥을 먹는 것은 비본질적 행위이고 이러한 비본질적 행위는 잘못된 것이라고 본다. 하지만 책상 자체가 원래 '책을 놓고 보는 것'이라는 본질을 미리 갖고 있었던 것이 아니라, 인간이 책상에서 책을 보거나 글을 쓰면서, 즉 책상에 대해 인간이 경험적으로 행동을 해 보고 난 후에 책상의 본질을 그렇게 규정한 것으로 볼 수도 있다.
>
> 파이프를 그린 화가 마그리트의 〈이미지의 배반〉이라는 그림을 예로 들어 보자. 마그리트는 파이프를 닮은 형상을 그리고 그 아래에 '이것은 파이프가 아니다.'라고 써 놓았다. 그림을 본 사람들은 처음에는 그동안의 경험에 의해 그림 속 형상을 파이프로 인식할 것이지만, 그림 아래의 글자를 보고 그림 속 형상을 파이프로 인식하지 않게 된다. 이 그림을 본질에 대한 문제와 연결해 보면, 우리가 알고 있는 본질이 [   ] 임을 알 수 있다.

① 불변하면서 사후적 구성에 의해 획득되는 것
② 불변하면서 경험 이전에 선천적으로 존재하는 것
③ 불변하는 것이 아니라 사후적 구성에 의해 획득되는 것
④ 불변하는 것은 아니지만 경험 이전에 선천적으로 존재하는 것

대비항: 대비 구조로 내용 파악하기

04 ㉮와 ㉯에 들어갈 내용을 〈보기〉에서 골라 순서대로 배열한 것은?

세포 내 신호 전달의 일종인 'Wnt 신호 전달'은 배아 발생 과정과 성체 세포의 항상성 유지에 중요한 역할을 한다. Wnt 분비 세포의 주변 세포가 Wnt의 자극을 받지 않을 때, APC 단백질이 들어 있는 단백질 복합체 안에서 GSK3β가 활성화되어 β-카테닌에 인산기를 붙여 주는 인산화 과정이 그 주변 세포 내에서 수행된다. 이렇게 인산화된 β-카테닌은 분해되어 세포 내의 β-카테닌의 농도를 낮게 유지하는 기능을 한다. 이와는 달리, Wnt 분비 세포의 주변에 있는 세포 표면의 Wnt 수용체에 Wnt가 결합하게 되면 GSK3β의 활성이 억제되어 [㉮]. 이러한 β-카테닌은 자신을 분해하는 단백질과 결합할 수 없으므로 β-카테닌이 분해되지 않아 [㉯]. 이렇게 세포 내에 축적된 β-카테닌은 핵 안으로 이동하여 여러 유전자의 발현을 촉진하게 된다. 이런 식으로 유전자 발현이 촉진되면 암이 발생할 수도 있다.

보기

㉠ 세포 내의 β-카테닌의 농도가 높게 유지된다

㉡ β-카테닌을 인산화하는 복합체가 형성된다

㉢ β-카테닌의 인산화가 더 이상 일어나지 않는다

	㉮	㉯		㉮	㉯
①	㉠	㉡	②	㉡	㉠
③	㉡	㉢	④	㉢	㉠

대비항: 반의적 표현이 혼동되는 경우

05 다음 글에서 추론한 내용으로 적절하지 않은 것은?

> 고무는 열을 가하면 수축하고 식히면 늘어난다. 그런데 이 현상은 불가사의하다. 금속을 비롯한 대부분의 물질은 데우면 부피가 증가(열팽창)하기 때문이다. 이 현상은 분자의 성질과 관계가 있다. 고무는 이소플렌(C_5H_8) 등이 나란히 줄지은 사슬 모양의 분자가 모여 이루어진다. 사슬끼리는 황 원자(S)를 중개로 해서 이어져 있으며, 전체적으로는 그물눈 같은 구조를 이룬다. 고무가 늘어난 상태에서는 사슬이 잡아당겨져 분자가 정렬한다. 한편 고무가 쪼그라든 상태에서는 사슬이 느슨해져 무질서한 상태가 된다. 즉 잡아당겨진 고무는 쪼그라든 고무에 비해 무질서도가 줄어 분자 전체가 더 규칙적인 배열이 된다. 이런 원자 분자 집단이 지니는 무질서도를 열역학에서는 엔트로피라는 양으로 나타낸다. 일반적으로 많은 수의 원자 분자로 이루어진 대부분의 물질은 열을 가하면 엔트로피가 늘어나는 방향으로 변화하려는 성질이 있다. 고무는 잡아당겨진 상태보다 쪼그라든 상태 쪽이 엔트로피가 커진다.

① 금속과 달리 고무는 온도가 오르면 부피가 줄어들 것이다.
② 고무의 온도 변화는 고무의 상태 변화를 일으키는 충분조건이다.
③ 대부분의 물질들처럼 고무는 열이 가해지면 엔트로피가 커질 것이다.
④ 고무 분자의 온도가 높아지면 고무의 사슬 분자는 잡아당긴 모양일 것이다.

대비항: 지문 내용이 어려운 경우

06 ㉠에 들어갈 말로 가장 적절한 것은?

> 디지털 기술 이전에도 자료를 개별 항목으로 분류하고 저장하는 원리, 즉 데이터베이스가 구현되어 있었다. 그러나 컴퓨터라는 테크놀로지는 이런 기능을 고도화할 수 있으며, 데이터베이스라는 문화 형식을 보편화하고 있다. 특히 인터넷은 거대한 데이터베이스로, 심지어 웹 페이지 자체도 텍스트 · 이미지 · 실행 파일 · 사운드 등의 모음이라는 점에서 일종의 데이터베이스라 할 수 있다. 데이터베이스는 단순히 기술적 의미만을 갖는 것이 아니라, 신화 · 소설 · 영화 · 텔레비전 프로그램 등 전통적인 내러티브(narrative)나 문화적 형식들과 마찬가지로 세계에 대한 모델을 제공한다. 데이터베이스 역시 인간과 세계에 대한 우리의 경험을 구조화하는 또 다른 방식인 것이다.
>
> 그러나 [㉠]. 데이터베이스와 내러티브 모두 통합체[syntagm]와 계열체[paradigm]라는 두 가지 차원을 갖는다. 내러티브에서 인물, 사건, 배경이라는 이야기의 요소를 조합하여 구성해 낸 것이 통합체라면, 계열체는 인물, 사건, 배경의 각 차원에서 선택이 가능한 대안적인 요소들이다. 통합체가 결합의 원리라면 계열체는 선택의 원리에 기반하는 것이다. 그렇기 때문에 기존의 내러티브에서 통합체가 명시적이고 실재적인 것이라면 계열체는 작가의 머릿속에 존재했던 잠재적이고 상상적인 것이다. 한편, 데이터베이스에서 계열체는 개별 항목들이 실제로 저장되어 노출되어 있다는 점에서 실재적인 것이다. 반면, 통합체는 이용자의 선택에 의해 일시적으로 링크를 통해 드러난다는 점에서 비실재적이고 탈물질화되어 있다.

① 데이터베이스는 내러티브에 비해 명시적으로 정보를 노출한다
② 내러티브는 데이터베이스와 달리 통합의 원리를 기반으로 한다
③ 데이터베이스는 전통적인 내러티브와 반대되는 구조적 속성을 지니고 있다
④ 근래에 와서 데이터베이스와 내러티브의 구분은 점차 무의미해지고 있다

02 논증 평가: 강화 · 약화

논증 평가: 강화·약화

근거가 결론을 잘 뒷받침하여 주장의 설득력을 높이는 경우인지, 아니면 그 반대인지를 파악하는 문제이다.

대표 문제 유형
- 다음 중 글의 내용을 평가한 것으로 적절한 것은?
- 다음 중 글의 주장을 강화하는 경우는?

풀이 도우미
- 내용이 일치하거나 주장을 찬성하거나 사례를 제시하면 강화이고, 주장을 반대하거나 근거를 들어 반박하면 약화이다.

07 다음 글의 논지를 강화하는 것으로 가장 적절한 것은? 2025 국가직 9급

> A국은 도시 이외 지역의 초중고 교사가 부족하다. 이 상황을 심각하게 받아들인 A국 정부는 도시 이외 지역의 교사 충원율을 높이기 위해, 도시 이외 지역의 교사 연봉을 10% 인상하고 교사 양성 프로그램을 확대하는 정책을 제시했다. 하지만 이 정책은 근본적인 해결책이 되기 어렵다. 문제를 해결하기 위해서는, 단기간에 교사의 수를 늘리거나 교사의 연봉을 인상하기보다는 도시 이외의 지역에서 근무할 수 있는 충분한 교육 환경과 사회 기반 시설을 확보하는 것이 급선무이다. 현직 교사들뿐 아니라 교사를 지망하는 대학 졸업 예정자들 다수는 교육 환경과 사회 기반 시설이 열악한 도시 이외의 지역에서 일하기를 꺼리기 때문이다.

① A국은 정부의 교육 예산이 풍부해서 도시 이외 지역의 교육 환경과 도시의 교육 환경에 별 차이가 없다는 것이 밝혀졌다.

② A국에서 도시 이외의 지역에 근무하던 사회 초년생들이 연봉을 낮추어서라도 도시로 이직한 주된 이유는 교통 시설의 부족으로 밝혀졌다.

③ A국과 유사한 상황이었던 B국에서는 교사 연봉을 5% 인상한 후, 도시 이외 지역의 학생 1인당 교사 비율이 크게 증가했다.

④ A국과 유사한 상황이었던 C국에서는 교사 양성 프로그램을 확대한 이후에 도시뿐 아니라 도시 이외의 지역에서 교사의 수가 크게 증가했다.

08 다음 대화에 대한 평가로 적절한 것만을 모두 고르면?

2025 지방직 9급

갑: 친구에게 보내는 감사 메일에 건강하기를 기원하는 의미로 “건강해라.”라고 적었는데, 다른 친구가 그건 잘못된 표현이니까 쓰면 안 된다고 하더라고. 널리 쓰이는 표현인데 왜 쓰면 안 된다는 거야?

을: 문법 규범에 어긋난 표현이 자주 쓰인다는 이유로 문법 규범으로 인정되어서는 안 돼. 문맥상 “건강해라.”는 상대방에게 명령하는 의미를 지니는데 건강한 상태를 명령할 수는 없잖아? 그래서 형용사의 명령형은 문법 규범에 어긋난 거니까 사용하면 안 돼. 마찬가지로 어휘도 사람들이 자주 쓴다고 해서 비표준어가 표준어가 되는 것은 아니잖아.

갑: 문법 규범에 맞게 쓰거나 표준어를 사용하는 것이 권장되어야 하는 것은 옳지만, 문법 규범에 맞지 않거나 비표준어라고 해서 사용하지 말아야 하는 것은 아니라고 생각해. 문법 규범이나 표준어는 공통의 언어 사용을 유도하기 위한 정책으로 제시된 것일 뿐이거든. “건강해라.”는 언중에게 널리 쓰인다는 점에서 사용에 문제가 없어.

ㄱ ‘쓰여지다’, ‘잊혀지다’와 같은 이중 피동은 사람들에게 널리 쓰이는 표현이지만 문법 규범에 맞지 않으니까 사용하지 말아야 한다는 주장은 갑과 을의 입장을 모두 강화한다.

ㄴ 명령문 “행복해라.”가 문법 규범에 맞지 않지만 상대방이 행복하기를 바라는 기원의 의미로 널리 쓰이기 때문에 써도 된다는 주장은 갑의 입장을 약화한다.

ㄷ 언중이 비표준어이던 ‘맨날’을 자주 사용하는 현실에 따라 표준어 ‘만날’과 함께 ‘맨날’도 표준어로 인정되었다는 사실은 을의 입장을 약화한다.

① ㄷ
② ㄱ, ㄴ
③ ㄱ, ㄷ
④ ㄱ, ㄴ, ㄷ

09 다음 글의 논지를 약화하는 것으로 가장 적절한 것은? 2025 지방직 9급

인간이 지닌 대부분의 지적 능력을 상회하는 기능을 발휘하는 인공 지능 컴퓨터 프로그램이나 이 프로그램을 사용해 작동하는 기계 장치를 '인공 일반 지능'이라고 부른다. 이론적으로 인공 일반 지능은 현재까지 개발된 모든 인공 지능 프로그램의 기능을 전부 갖게 될 것이다. 인공 일반 지능의 등장이 인간의 본질적 가치를 훼손할 것이라고 우려하는 사람들이 있다. 그렇다면 인공 일반 지능의 개발은 허용되어야 하는가?

인공 일반 지능의 개발이 허용된다면 머지않아 인공 일반 지능은 개발된다. 이로 인해, 인공 일반 지능은 대부분의 직업 영역에서 인간을 대신해 업무를 수행할 것이고 많은 사람들이 직업을 잃고 소외감을 느낌으로써 인간의 본질적 가치가 훼손된다. 또한 인공 일반 지능이 개발된다면 인간은 더 이상 지구상에서 특별하고 우월한 존재가 아니게 된다. 이는 인간이 지닌 특별하고 우월한 존재론적 지위, 즉 인간의 본질적 가치가 훼손된다는 것이다. 인간의 본질적 가치는 어떠한 경우에도 훼손되어서는 안 되므로 인공 일반 지능의 개발은 허용될 수 없다.

① 인공 일반 지능의 수준에 미치지 못하는 특정 분야에 특화된 인공 지능 프로그램만으로도 많은 사람이 일자리를 잃고 소외감을 느끼고 있다.

② 인공 지능 연구로 노벨 물리학상을 받은 H는 인공 지능 기술이 인간의 존재론적 지위에 위협이 될 것이라며 인공 지능 개발 연구를 멈춰야 한다고 주장한다.

③ 현재 상용화되어 있는 대화형 인공 지능은 마음의 상처를 입은 사람들에게 위안을 주어 사람들이 본질적 가치를 회복하는 데 도움을 주고 있음이 입증되었다.

④ 유관 학회 전문가들을 대상으로 한 설문에서, 인공 일반 지능의 개발이 인간의 본질적 가치를 훼손할 가능성이 높아 개발을 허용해서는 안 된다고 응답한 사람들이 그렇지 않은 사람들보다 압도적으로 많았다.

10 다음 글에 대해 평가한 내용으로 가장 적절한 것은?

인혁처 1차 예시 문제

영국의 유명한 원형 석조물인 스톤헨지는 기원전 3,000년경 신석기 시대에 세워졌다. 1960년대에 천문학자 호일이 스톤헨지가 일종의 연산 장치라는 주장을 하였고, 이후 엔지니어인 톰은 태양과 달을 관찰하기 위한 정교한 기구라고 확신했다. 천문학자 호킨스는 스톤헨지의 모양이 태양과 달의 배열을 나타낸 것이라는 의견을 제시해 관심을 모았다.

그러나 고고학자 앳킨슨은 그들의 생각을 비난했다. 앳킨슨은 스톤헨지를 세운 사람들을 '야만인'으로 묘사하면서, 이들은 호킨스의 주장과 달리 과학적 사고를 할 줄 모른다고 주장했다. 이에 호킨스를 옹호하는 학자들이 진화적 관점에서 앳킨슨을 비판하였다. 이들은 신석기 시대보다 훨씬 이전인 4만 년 전의 사람들도 신체적으로 우리와 동일했으며 지능 또한 우리보다 열등했다고 볼 근거가 없다고 주장했다.

하지만 스톤헨지의 건설자들이 포괄적인 의미에서 현대인과 같은 지능을 가졌다고 해도 과학적 사고와 기술적 지식을 가지지는 못했다. 그들에게는 우리처럼 2,500년에 걸쳐 수학과 천문학의 지식이 보존되고 세대를 거쳐 전승되어 쌓인 방대하고 정교한 문자 기록이 없었다. 선사 시대의 생각과 행동이 우리와 똑같은 식으로 전개되지 않았으리라는 점은 매우 중요하다. 지적 능력을 갖췄다고 해서 누구나 우리와 같은 동기와 관심, 개념적 틀을 가졌으리라고 생각하는 것은 잘못이다.

① 스톤헨지가 제사를 지내는 장소였다는 후대 기록이 발견되면 호킨스의 주장은 강화될 것이다.

② 스톤헨지 건설 당시의 사람들이 숫자를 사용하였다는 증거가 발견되면 호일의 주장은 약화될 것이다.

③ 스톤헨지의 유적지에서 수학과 과학에 관련된 신석기 시대 기록물이 발견되면 글쓴이의 주장은 강화될 것이다.

④ 기원전 3,000년경 인류에게 천문학 지식이 있었다는 증거가 발견되면 앳킨슨의 주장은 약화될 것이다.

11 ㉠과 ㉡에 대한 평가로 올바른 것은?

인혁처 2차 예시 문제

기업의 마케팅 프로젝트를 평가할 때는 유행 지각, 깊은 사고, 협업을 살펴본다. 유행 지각은 유행과 같은 새로운 정보를 반영했느냐, 깊은 사고는 마케팅 데이터의 상관관계를 분석해서 최적의 해결책을 찾아내었느냐, 협업은 일하는 사람들이 해결책을 공유하며 성과를 창출했느냐를 따진다. ㉠ 이 세 요소 모두에서 목표를 달성하는 것은 마케팅 프로젝트가 성공적이기 위해 필수적이다. 하지만 ㉡ 이 세 요소 모두에서 목표를 달성했다고 해서 마케팅 프로젝트가 성공한 것은 아니다.

① 지금까지 성공한 프로젝트가 유행 지각, 깊은 사고 그리고 협업 모두에서 목표를 달성했다면, ㉠은 강화된다.

② 성공하지 못한 프로젝트 중 유행 지각, 깊은 사고 그리고 협업 중 하나 이상에서 목표를 달성하는 데 실패한 사례가 있다면, ㉠은 약화된다.

③ 유행 지각, 깊은 사고 그리고 협업 중 하나 이상에서 목표를 달성하는 데 실패했지만 성공한 프로젝트가 있다면, ㉡은 강화된다.

④ 유행 지각, 깊은 사고 그리고 협업 모두에서 목표를 달성했지만 성공하지 못한 프로젝트가 있다면, ㉡은 약화된다.

12 ㉠과 ㉡의 주장에 대해 평가한 내용으로 가장 적절한 것은?

인혁처 2차 예시 문제

일반적으로 한 나라의 문학, 즉 '국문학'은 "그 나라의 말과 글로 된 문학"을 지칭한다. 그래서 우리나라에서 국문학에 대한 근대적 논의가 처음 시작될 무렵에는 ㉠국문학에서 한문으로 쓰인 문학을 배제하자는 주장이 있었다. 국문학 연구가 점차 전문화되면서, 한문 문학 배제론자와 달리 한문 문학을 배제하는 데 있어 신축성을 두는 절충론자의 입장이 힘을 얻었다. 절충론자들은 국문학의 범위를 획정하는 데 있어 ㉡종래의 국문학의 정의를 기본 전제로 하되, 일부 한문 문학을 국문학으로 인정하자고 주장했다. 즉 한문으로 쓰여진 문학을 국문학에서 완전히 배제하지 않고, 전자 중 일부를 후자의 주변부에 위치시키는 것으로 국문학의 영역을 구성한 것이다. 이에 따라 국문학을 지칭할 때에는 '순(純) 국문학'과 '준(準) 국문학'으로 구별하게 되었다. 작품에 사용된 문자의 범주에 따라서 전자는 '좁은 의미의 국문학', 후자는 '넓은 의미의 국문학'이라고도 칭할 수 있다.

하지만 이런 절충안을 취하더라도 순 국문학과 준 국문학을 구분하는 데에는 논자마다 차이가 있다. 어떤 이는 국문으로 된 것은 전자에, 한문으로 된 것은 후자에 귀속시켰다. 다른 이는 훈민정음 창제 이전과 이후로 나누어 국문학의 영역을 구분하였다. 훈민정음 창제 이전의 문학은 차자 표기건 한문 표기건 모두 국문학으로 인정하고, 창제 이후의 문학은 국문 문학만을 순 국문학으로 규정하고 한문 문학 중 '국문학적 가치'가 있는 것을 준 국문학에 귀속시켰다.

① 국문으로 쓴 작품보다 한문으로 쓴 작품이 해외에서 문학적 가치를 더 인정받는다면 ㉠의 주장은 강화된다.

② 국문학의 정의를 '그 나라 사람들의 사상과 정서를 그 나라 말과 글로 표현한 문학'으로 수정하면 ㉠의 주장은 약화된다.

③ 표기 문자와 상관없이 그 나라의 문화를 잘 표현한 문학을 자국 문학으로 인정하는 것이 보편적인 관례라면 ㉡의 주장은 강화된다.

④ 훈민정음 창제 이후에도 차자 표기로 된 문학 작품이 다수 발견된다면 ㉡의 주장은 약화된다.

13 다음 글을 읽고 〈보기〉에서 적절한 평가를 모두 고른 것은?

지식의 기능은 '구분'이다. 흔히 지식은 뭔가를 알려 주고 가르쳐 주는 것이라고 생각하지만 지식의 더 보편적인 기능은 이것과 저것을 가르는 데 있다. 지식의 구분 기능은 필연적으로 배제를 낳는다. 구분이란 뭔가를 선택하기 위한 전략이다. 그런데 선택은 동시에 배제를 포함한다. A와 B를 구분하고 A를 선택하면 B는 자연히 배제될 수밖에 없다.

이러한 방식에 따라 선택된 것은 동일자가 되고 배제된 것은 타자가 된다. 이 과정이 누적되면 역사에서 들리는 것은 온통 동일자의 목소리뿐이고 타자의 목소리는 침묵하게 된다. 이것이 지금까지의 역사이다. 선택된 것은 드러나 있기 때문에 알기 쉽고 중요한 것으로 느껴지지만, 배제된 것은 숨겨져 눈에 띄지 않는다. 그래서 역사는 선택된 것을 중심으로 진행되고 서술된다. 문제는 그게 마치 역사의 전체인 양 포장된다는 것이다. 그것은 선택되어 드러난 것의 역사일 뿐 역사의 전부가 아니다.

보기

㉠ 제2차 세계 대전에 대해, '반유대주의를 이념적 무기로 내세운 히틀러라는 전쟁광이 일으킨 전쟁이다.'라는 지식을 선택하면서 '자본주의의 경제적 모순이 정치적으로 표출된 전쟁'이라는 해석은 배제되었다는 것은 글쓴이의 견해를 강화한다.

㉡ 고려 가요 중 상당수가 조선 시대에 남녀상열지사라는 이유로 사라졌다. 그러나 역사에서 사라진 평민 문학을 이해해야만 우리의 문학사 전체를 이해할 수 있다는 의견은 글쓴이의 견해를 약화하지 않는다.

㉢ 역사에 남는 것은 진실이 아니라 승리한 자가 선택하고 서술한 기억의 구조물이라는 관점은 글쓴이의 견해를 약화한다.

① ㉠　　② ㉠, ㉡

③ ㉡, ㉢　　④ ㉠, ㉡, ㉢

14 다음 글을 읽고 〈보기〉에서 옳은 평가를 모두 고른 것은?

가치가 우리의 바깥에 실재하는 존재라고 보는 ㉠ 가치 객관주의는 플라톤에서 찾아볼 수 있다. 플라톤은 우리가 알든 모르든 간에 영원불변하는 가치들이 존재하며 그것들은 이데아의 세계 속에 들어 있다고 하였다. 가치 객관주의자인 셸러도 가치는 우리 바깥의 사물 속에 실재적으로 내재하는 성질이라고 본다. 셸러에 따르면 이 세계에 가치 없는 사물은 한 개도 없으며, 가치는 모든 사물 속에 내재되어 있다고 한다. 그와는 반대로 ㉡ 가치 주관주의는 가치가 본래적으로 실재하는 것이 아니라 인간이 만들어 낸 것이라고 주장한다. 즉 가치는 인간 의존적이고 인식 의존적이며 욕구 의존적이라는 것이다. 홉스에 의하면 인간은 자신의 욕구에 따라 자신이 바라는 대상을 선으로 간주하고 혐오하는 대상을 악으로 취급한다. 셸러의 가치론을 수정한 ㉢ 하르트만은 가치 주관주의와 가치 객관주의를 절충하려고 시도한다. 하르트만에 따르면 가치의 존재 그 자체는 플라톤의 이데아처럼 영원불변한 것이지만, 가치에 대한 우리의 느낌과 인식은 시대, 장소, 그리고 개인에 따라 가변적인 것이다. 가치 감각의 변화를 가치 그 자체의 변화로 착각해서는 안 되며, 가치 자체와 가치를 보는 눈은 서로 구분되어야 한다는 것이다. 따라서 그는 가치 자체의 절대성과 가치 안목의 상대성은 서로 정면 대립되는 것이 아니라 양립 가능한 것이라고 보았다.

보기

㉮ 사물이나 사람에게 부여하는 모든 가치는 허상에 불과하다는 주장은 ㉠을 강화한다.

㉯ 다이아몬드가 고귀하다는 가치 판단은 원래 존재하는 것이 아니라 사람들이 다이아몬드를 욕망하게 되면서 생겨났다는 것은 ㉡을 강화한다.

㉰ 천 원짜리 생수는 천 원어치의 가치를 갖지만, 더운 여름날 탈수로 쓰러지기 직전의 상황에서 그 생수는 천만 원보다 더 소중하게 느껴질 수 있다는 것은 ㉢의 견해를 강화한다.

① ㉮ ② ㉯

③ ㉯, ㉰ ④ ㉮, ㉯, ㉰

03 추론 형식의 적용

추론 형식의 적용

논리에서 학습한 추론 형식을 적용하여 지문을 분석하는 문제이다.

대표 문제 유형
- 다음 글에서 추론한 내용으로 가장 적절한 것은?

풀이 도우미
- 조건문이 나오면 인과적 오류나 선후의 오류가 발생하는지 살펴본다.
- 충분조건, 필요조건, 필요충분조건의 개념을 정확히 익힌다.

15 다음 글에서 추론한 내용으로 가장 적절한 것은? 2025 지방직 9급

경제적으로 보면 우리의 삶은 끊임없이 무언가를 소비한다. 의식주 같은 기본 생활에 더해 문화생활과 사회 활동도 소비를 떼어 놓고 생각할 수 없다. 소비되는 것을 흔히 '상품'이라고 부르지만 실은 '재화'라고 해야 하는데, 재화는 소비를 목적으로 하고 상품은 시장에서의 판매를 목적으로 한다는 점에서 구분되기 때문이다. 이렇게 볼 때 재화는 인류 역사상 늘 있었지만, 상품은 자본주의 시대에 이르러 출현하였다.

냉전 시대에는 다음과 같은 말이 있었다. "자본주의에서는 상인이 최고이고, 사회주의에서는 공직자가 최고이다." 자본주의는 자유 경쟁을 기본으로 하기에 물건을 싸게 사서 비싸게 파는 상인이 돈을 가장 많이 벌 수 있으며, 사회주의는 관료제의 폐해로 국가 기관이 부패해서 고위 관료라든가 고급 당원이 배불리 먹고산다는 의미이다.

자본주의의 역사를 볼 때 이 말은 사실에 가깝다. 자본주의는 애초부터 상업의 발달과 밀접한 관계가 있었다. 중세의 상인들이 물건을 시장에 팔아 이윤을 얻기 위해 수공업자들을 조직하여 그들에게 자본과 도구를 빌려주고 물건을 대신 생산하게 한 데에서 자본주의가 출발하였다. 이처럼 자본주의는 상품에 기초한 사회로, 상품은 그것이 판매될 수 있는 시장을 전제로 생산되는 것이기 때문에 시장이 형성되어 있지 않다면 상품도 존재할 수 없다. 목수가 집에서 쓰기 위해 만든 의자와 시장에 팔기 위해 만든 의자는 동일한 의자임에도 재화와 상품의 관점에서 볼 때 서로 다르다.

이와 같이 상품에는 생산과 유통이라는 두 가지 측면이 있다. 자본주의 사회에서 생산되는 물품의 유통을 맡은 사람이 바로 상인이다. "자본주의에서는 상인이 최고이다."라는 말은 만드는 이에 비해서 파는 이가 더 많은 이익을 남긴다는 뜻이다. 자본주의화가 진행될수록 전자와 후자 사이의 차이는 더 커진다. 기술 혁신이 이루어져 상품을 생산하는 과정은 갈수록 단순해지고 상품의 대량 생산은 쉬워지는 반면, 유통의 경우 상품과 최종 소비자 사이의 관계가 갈수록 복잡해지므로 생산에 비해 우회로를 더 많이 거치게 된다. 따라서 자본주의가 성숙할수록 제조업의 이윤은 적어지고 유통업의 이윤은 많아진다.

① 사회주의에서는 유통이 생산보다 중요하다.
② 상품이 존재한다는 것은 시장이 형성되어 있다는 것이다.
③ 자본주의가 성숙할수록 제조업과 유통업의 이윤 차이는 줄어든다.
④ 중세의 상인들은 물건의 생산 단가를 낮추기 위해 시장에 팔 물건을 손수 생산하였다.

16 **다음 글에서 추론한 내용으로 가장 적절한 것은?** 2022 지방직 9급

> 논리 실증주의자들에 따르면, 만약 어떤 것이 과학일 경우 거기에서 사용되는 문장은 유의미하다. 그들은 유의미한 문장의 기준으로 소위 '검증 원리'라는 것을 제안했다. 검증 원리란, 경험을 통해 참이나 거짓을 검증할 수 있는 문장은 유의미하고 그렇지 않은 문장은 유의미하지 않다는 것이다. 다음 두 문장을 예로 생각해 보자.
>
> 가 달의 다른 쪽 표면에 산이 있다.
> 나 절대자는 진화와 진보에 관계하지만, 그 자체는 진화하거나 진보하지 않는다.
>
> 위 두 문장 중 경험을 통해 검증할 수 있는 것은 무엇인가? 비록 현실적으로 큰 비용이 들기는 하지만 가는 분명히 경험을 통해 진위를 밝힐 수 있다. 즉 우리는 가의 진위를 확정하기 위해서 무엇을 경험해야 하는지 알고 있다는 것이다. 이런 점에 근거하여 논리 실증주의자들은 가는 검증할 수 있고, 유의미한 문장이라고 판단한다. 그럼 나는 어떠한가? 우리는 무엇을 경험해야 나의 진위를 확정할 수 있는가? 논리 실증주의자들은 그런 것은 없다고 주장하고, 이에 나는 검증할 수 없고 과학에서 사용될 수 없는 무의미한 문장이라고 말한다.

① 논리 실증주의자들에 따르면 무의미한 문장을 사용하는 것은 과학이 아니다.
② 논리 실증주의자들에 따르면 과학의 문장들만이 유의미하다.
③ 검증 원리에 따르면 아직까지 경험되지 않은 것을 언급한 문장은 무의미하다.
④ 검증 원리에 따르면 거짓인 문장은 무의미하다.

17 **다음 글에서 추론할 수 있는 내용이 아닌 것은?**

흔히 '예외 없는 규칙은 없다.'라는 말을 한다. 정말 그럴까? '모든 총각은 배우자가 없다.' 등은 항상 참이므로 예외가 존재하지 않는 규칙이다. 그러나 예외는 다르다. 규칙을 필요로 한다. 만약 이 세상에 규칙이 없다면 예외도 없게 된다. 모든 예외는 어떤 규칙의 예외인 것이다. 종합해 보면, 예외 없는 규칙은 있을 수 있으나, 규칙이 없이는 예외가 있을 수 없다.

그렇다면 자연 법칙에 있어 예외는 어떨까. '자연 법칙'이란 말이 말 그대로 자연에 성립하는 법칙을 의미한다면 자연 법칙에는 예외가 있을 수 없다. 예외가 있다면 이는 자연에 성립하는 자연 법칙이 아니다. 그러나 과학 법칙은 다르다. 과학 법칙은 자연의 일부를 관찰하고 그 안에서 적용되는 룰을 규칙으로 정의한 것이다. 과학 법칙은 자연의 질서를 인간이 이해한 형태로 정리해 놓은 것으로 인간의 인식 한계 때문에 틀리거나 부정확할 수 있다. 예외가 있을 수 있다는 뜻이다.

① '규칙 없는 예외는 없다.'라는 말은 성립한다.
② 모든 규칙은 항상 참이므로 예외가 존재할 수 없다.
③ 예외의 존재는 규칙의 존재가 성립하기 위한 충분조건이다.
④ 예외가 존재하지 않는 것은 자연 법칙이 성립하기 위한 필요조건이다.

18 ㉠과 ㉡에 들어갈 내용을 추론했을 때 가장 적절한 것은?

> 우리는 "본질적으로 동등한 집단에 속하는 개인들을 동등하게 대우하라."라는 규범을 형식적 정의 및 법치의 요청으로 풀이한다. 흔히 '법 앞의 평등'이라고 할 때는 "어떤 규율에서 정해진 요건을 동일하게 충족하는 개인들을 동일하게 대우하라."라는 규율의 공평한 적용의 요청, 즉 형식적 평등을 떠올린다. 그리고 이 형식적 법치의 요청은 법 규범이 반드시 갖추어야 할 필수적인 요건이며, 법에 본래부터 내장된, 그것이 충족되지 않으면 법이 아니게 되는 법형식이다. 그러나 이러한 법치, 즉 '법에 있어서의 정의'를 "본질적으로 유사한 집단에 속하는 것들은 동등하게 취급하라."라는 형식적 정의 및 법치의 요청으로만 파악하는 태도는, 법치와 정당성 사이의 관계를 매우 [㉠] 뿐이다.
>
> 만일 "모든 인디언을 죽이라."라는 규율이 있을 때 동정심으로 어떤 인디언을 살려 준다면 이 행위는 정의롭지 못한가? 이러한 예는 공평한 규율의 집행이 법치의 [㉡], 또는 '부분적 법치'에 지나지 않는다는, 아주 상식적인 결론에 도달하게 한다. 규율의 공평한 집행이 명백하게 부정의(不正義)를 낳는 경우를 '형식적 정의 및 법치의 역설'이라고 부를 수 있다. 우리는 인디언의 사례에서 "'정의롭지 않은 결과가 반복적으로 초래되는 경우를 제외한다면' 동등한 경우는 동등하게 대우하라."라는 내용을 첨가해야만 이 역설로부터 벗어날 길을 찾을 수 있을 것이다.

① ㉠: 일면적으로만 이해했을
　㉡: 필요조건이기는 하지만 충분조건은 아니라는

② ㉠: 다면적으로 이해했을
　㉡: 필요조건이기는 하지만 충분조건은 아니라는

③ ㉠: 일면적으로만 이해했을
　㉡: 충분조건이기는 하지만 필요조건은 아니라는

④ ㉠: 다면적으로 이해했을
　㉡: 충분조건이기는 하지만 필요조건은 아니라는

04 내용 일치

내용 일치

글의 내용을 정확히 이해하고 있는지 확인하는 문제이다.

대표 문제 유형
- 이 글의 내용과 일치하는 것은?
- 이 글의 내용과 부합하지 않는 것은?

풀이 도우미
- 글 전체의 주제뿐만 아니라 각 문단의 핵심 내용과 주된 정보를 파악한다.
- 선택지에 글의 내용을 확대 · 축소하거나 논리적으로 비약한 내용이 있는지 살핀다.

19 다음 글을 이해한 내용으로 가장 적절한 것은? 2025 국가직 9급

> 20세기에 접어들면서 우리는 새로운 시대의 변화를 다양한 영역에서 확인할 수 있게 되었다. 문학 영역도 마찬가지였다. 이전과 뚜렷이 구별되는 유형과 성격의 문학 작품이 등장하였고, 이에 따라 다양한 독자층이 새롭게 형성되었다. 20세기 초 우리나라의 문학 독자층은 흔히 두 가지로 구분되었다. 하나는 구활자본 고전 소설과 일부 신소설의 독자인 '전통적 독자층'이고, 다른 하나는 이 시기 새롭게 등장하여 유행하기 시작한 대중 소설, 번안 소설, 신문 연재 통속 소설을 즐겨 봤던 '근대적 대중 독자층'이다. 전통적 독자층에는 노동자와 농민, 양반, 부녀자 등이 속하고, 근대적 대중 독자층에는 도시 노동자, 학생, 신여성 등이 속했다.
>
> 그런데 20세기 초 문학 독자층 중에는 전통과 근대의 두 범주에 귀속시키기 어려운 독자층도 존재했다. 이 시기 신문학의 순수 문학 작품, 일본을 비롯한 외국의 순수 문학 소설 등을 향유했던 사람들이 바로 그들이다. 문자를 익숙하게 다루고 외국어를 지속적으로 습득한 지식인층은 근대적 대중 독자층과는 다른 문학적 향유 양상을 보여 주었던 것이다. 이들은 '엘리트 독자층'이라고 부를 수 있다.

① 근대적 대중 독자층에서 엘리트 독자층이 분화되어 나왔다.
② 20세기 초의 문학 독자층을 구분하는 기준은 신분과 학력이었다.
③ 엘리트 독자층에 속한 사람들은 우리나라 문학 작품 외에도 외국 소설을 읽었다.
④ 근대적 대중 독자층에 속한 사람들은 전통적 독자층에 속한 사람들보다 경제적으로 부유했다.

20 다음 글을 이해한 내용으로 적절하지 않은 것은? 2025 지방직 9급

> 천상계와 지상계로 나누어진 영웅 소설의 세계 구조에서 서사적으로 중요한 것은 지상계의 일이지만 인과론적 구도로는 천상계가 우위에 있다. 천상계의 의지나 그 대리자의 개입에 의해서 지상계의 서사가 결정되기 때문이다. 천상계는 지상에서 일어나는 모든 사건의 발생과 귀결을 지배하는 초월적 세계로서, 일시적으로 고난에 빠졌던 주인공이 세상에 창궐한 악을 물리치고 승리하도록 해 주는 근거로 작용한다. 지상의 혼란이나 세계 질서의 모순은 일시적인 것일 뿐 현실의 구체적 갈등에 뿌리를 둔 것이 아니어서 초월적 세계가 이미 설계한 바에 따라 쉽사리 해소된다. 이런 모습의 세계 구조를 '이원적 세계상'이라고 부른다.
>
> 반면에 판소리계 소설의 세계상은 대체로 일원적이고 경험적이다. 판소리계 소설에는 초월적 세계가 지배적 장치로 나타나는 경우가 극히 드물며, 현실의 경험적 인과 관계에 의해 서사가 전개된다. 예컨대 변학도의 횡포로 인한 춘향의 수난, 흥부의 가난과 고난, 심청과 심봉사의 불행, 유혹에 넘어간 토끼의 위기 탈출, 배비장의 욕망과 봉변, 장끼의 죽음 등은 초월적 세계의 의지나 그 대리자의 개입 없이 현실적 삶의 인과에 따라 이루어지는 것이다.

① 영웅 소설은 이원적 세계상을 잘 보여 주는 문학적 갈래이다.
② 판소리계 소설에서 서사의 인과 관계는 경험적 현실에 바탕을 둔 경우가 많다.
③ 천상계의 대리자가 지상계의 서사를 결정하는 작품에서는 이원적 세계상이 발견된다.
④ 영웅 소설에 비해 판소리계 소설에서는 초월적 세계가 현실의 문제를 해결하는 양상이 두드러진다.

21 다음 글을 이해한 내용으로 가장 적절한 것은?

인혁처 1차 예시 문제

이육사의 시에는 시인의 길과 투사의 길을 동시에 걸었던 작가의 면모가 고스란히 담겨 있다. 가령, 〈절정〉은 크게 두 부분으로 나누어지는데, 투사가 처한 냉엄한 현실적 조건이 3개의 연에 걸쳐 먼저 제시된 후, 시인이 품고 있는 인간과 역사에 대한 희망이 마지막 연에 제시된다.

우선, 투사 이육사가 처한 상황은 대단히 위태로워 보인다. 그는 "매운 계절의 채찍에 갈겨 / 마침내 북방으로 휩쓸려" 왔고, "서릿발 칼날진 그 위에 서" 바라본 세상은 "하늘도 그만 지쳐 끝난 고원"이어서 가냘픈 희망을 품는 것조차 불가능해 보인다. 이러한 상황은 "한발 재겨 디딜 곳조차 없다"는 데에 이르러 극한에 도달하게 된다. 여기서 그는 더 이상 피할 수 없는 존재의 위기를 깨닫게 되는데, 이때 시인 이육사가 나서면서 시는 반전의 계기를 마련한다.

마지막 4연에서 시인은 3연까지 치달아 온 극한의 위기를 담담히 대면한 채, "이러매 눈 감아 생각해" 보면서 현실을 새롭게 규정한다. 여기서 눈을 감는 행위는 외면이나 도피가 아니라 피할 수 없는 현실적 조건을 새롭게 반성함으로써 현실의 진정한 면모와 마주하려는 적극적인 행위로 읽힌다. 이는 다음 행, "겨울은 강철로 된 무지갠가 보다"라는 시구로 이어지면서 현실에 대한 새로운 성찰로 마무리된다. 이 마지막 구절은 인간과 역사에 대한 희망을 놓지 않으려는 시인의 안간힘으로 보인다.

① 〈절정〉에는 투사가 처한 극한의 상황이 뚜렷한 계절의 변화로 드러난다.

② 〈절정〉에서 시인은 투사가 처한 현실적 조건을 외면하지 않고 새롭게 인식한다.

③ 〈절정〉은 시의 구성이 두 부분으로 나누어지면서 투사와 시인이 반목과 화해를 거듭한다.

④ 〈절정〉에는 냉엄한 현실에 절망하는 시인의 면모와 인간과 역사에 대한 희망을 놓지 않으려는 투사의 면모가 동시에 담겨 있다.

22 다음 글을 이해한 내용으로 적절하지 않은 것은?

인혁처 1차 예시 문제

> 한국 신화에 보이는 신과 인간의 관계는 다른 나라의 신화와 견주어 볼 때 흥미롭다. 한국 신화에서 신은 인간과의 결합을 통해 결핍을 해소함으로써 완전한 존재가 되고, 인간은 신과의 결합을 통해 혼자 할 수 없었던 존재론적 상승을 이룬다.
>
> 한국 건국 신화에서 주인공인 신은 지상에 내려와 왕이 되고자 한다. 천상적 존재가 지상적 존재가 되기를 바라는 것인데, 인간들의 왕이 된 신은 인간 여성과의 결합을 통해 자식을 낳음으로써 결핍을 메운다. 무속 신화에서는 인간이었던 주인공이 신과의 결합을 통해 신적 존재로 거듭나게 됨으로써 존재론적으로 상승하게 된다. 이처럼 한국 신화에서 신과 인간은 서로의 존재를 필요로 한다는 점에서 상호 의존적이고 호혜적이다.
>
> 다른 나라의 신화들은 신과 인간의 관계가 한국 신화와 달리 위계적이고 종속적이다. 히브리 신화에서 피조물인 인간은 자신을 창조한 유일신에 대해 원초적 부채감을 지니고 있으며, 신이 지상의 모든 일을 관장한다는 점에서 언제나 인간의 우위에 있다. 이러한 양상은 북유럽이나 바빌로니아 등에 퍼져 있는 신체 화생 신화에도 유사하게 나타난다. 신체 화생 신화는 신이 죽음을 맞게 된 후 그 신체가 해체되면서 인간 세계가 만들어지게 된다는 것인데, 신의 희생 덕분에 인간 세계가 만들어질 수 있었다는 점에서 인간은 신에게 철저히 종속되어 있다.

① 히브리 신화에서 신과 인간의 관계는 위계적이다.
② 한국 무속 신화에서 신은 인간을 위해 지상에 내려와 왕이 된다.
③ 한국 건국 신화에서 신은 인간과의 결합을 통해 완전한 존재가 된다.
④ 한국 신화에 보이는 신과 인간의 관계는 신체 화생 신화에 보이는 신과 인간의 관계와 다르다.

내용 추론

글의 정보를 바탕으로 이와 연관된 내용을 추론하는 문제이다.

대표 문제 유형
- 다음 글을 바탕으로 추론한 바로 적절한 것은?
- 다음 글에서 추론한 내용으로 적절하지 않은 것은?

풀이 도우미
- 글을 읽을 때 핵심 단어나 어구의 의미를 정확히 이해하고 넘어간다.
- 글 전체의 입장이나 주제와 관련된 선택지를 고르는 문제에서는 제시문의 주제를 파악하는 것이 중요하다.

23 다음 글에서 추론한 내용으로 적절하지 않은 것은? 2025 지방직 9급

모든 기호에는 정보성, 즉 의미가 있다. 다시 말해 정보성은 기호가 가진 필수 조건이다. 그런데 기호는 정보성뿐 아니라 의사소통의 의도를 가지는 것도 있다. 즉 기호는 정보성만 가진 기호와 정보성도 가진 의사소통적 기호로 구분된다. 가령 개나리가 피는 것은 봄이 왔다는 신호이고 낙엽이 지는 것은 가을이 왔음을 의미한다. 그러나 계절을 알리기 위해 개나리가 피고 낙엽이 지는 것은 아니기 때문에 그러한 자연적 기호들은 의사소통적 기호로 볼 수 없다. 개인의 지문이나 필체 역시 사람을 식별하는 기호가 될 수 있다. 하지만 지문과 필체가 사람을 식별하기 위해 존재하는 것은 아니므로 이들은 정보성을 가진 기호일 뿐이다. 코넌 도일의 소설에서 셜록 홈스는 상대의 손톱, 코트의 소매, 표정 등을 근거로 그 사람의 직업이나 성격을 추리해 낸다. 홈스에게는 이런 것들이 모두 정보를 제공하는 기호들이다. 그러나 이들을 의사소통적 기호라고는 할 수 없다. 반면 인간이 관습적으로 사용하는 기호인 봉화, 교통 신호등, 모스 부호 등은 정보성뿐만 아니라 의사소통의 의도를 명백히 가진다. 모든 기호를 통틀어 인간의 언어는 가장 복잡하고 체계적인 관습적 기호이며 의사소통적 기호이다.

① 전쟁 중에 군대에서 사용하는 암호는 관습적 기호이다.
② 일기예보에서 흐린 날씨를 표시하는 구름 모양의 아이콘은 자연적 기호이다.
③ 특정 질병에 걸렸을 때 나타나는 얼굴색은 정보성만을 가진 기호이다.
④ 이웃 마을과 구별하기 위해 마을의 명칭을 본떠 만든 상징탑은 의사소통적 기호이다.

24 다음 글에서 추론한 내용으로 가장 적절한 것은?

인혁처 2차 예시 문제

방각본 출판은 책을 목판에 새겨 대량으로 찍어 내는 방식이다. 이 경우 소수의 작품으로 많은 판매 부수를 올리는 것이 유리하다. 즉, 하나의 책으로 500부를 파는 것이 세 권의 책으로 합계 500부를 파는 것보다 이윤이 높다. 따라서 방각본 출판업자는 작품의 종류를 늘리기보다는 시장성이 좋은 작품을 집중적으로 출판하였다. 또한 작품의 규모가 커서 분량이 많은 경우에는 생산 비용이 올라가 책값이 비싸지기 때문에 자연스럽게 분량이 적은 작품을 선호하였다. 이에 따라 방각본 출판에서는 규모가 큰 작품을 기피하였으며, 일단 선택된 작품에도 종종 축약적 윤색이 가해지고는 하였다.

일종의 도서 대여업인 세책업은 가능한 한 여러 종류의 작품을 가지고 있는 편이 유리하고, 한 작품의 규모가 큰 것도 환영할 만한 일이었다. 소설을 빌려 보는 독자들은 하나를 읽고 나서 대개 새 작품을 찾았으니, 보유한 작품의 종류가 많을수록 좋았다. 또한 한 작품의 분량이 많아서 여러 책으로 나뉘어 있으면 그만큼 세책료를 더 받을 수 있으니, 세책업자들은 스토리를 재미나게 부연하여 책의 권수를 늘리기도 했다. 따라서 세책업자들은 많은 종류의 작품을 모으는 데에 주력했고, 이 과정에서 원본의 확장 및 개작이 적잖이 이루어졌다.

① 분량이 많은 작품은 책값이 비쌌기 때문에 세책가에서 취급하지 않았다.

② 세책업자는 구비할 책을 선정할 때 시장성이 좋은 작품보다 분량이 적은 작품을 우선하였다.

③ 방각본 출판업자들은 책의 판매 부수를 올리기 위해 원본의 내용을 부연하여 개작하기도 하였다.

④ 한 편의 작품이 여러 권의 책으로 나뉘어 있는 대규모 작품들은 방각본 출판업자들보다 세책업자들이 선호하였다.

25 다음 글에서 추론한 내용으로 가장 적절한 것은? 인혁처 2차 예시 문제

> 《성경》에 따르면 예수는 죽은 지 사흘 만에 부활했다. 사흘이라고 하면 시간상 72시간을 의미하는데, 예수는 금요일 오후에 죽어서 일요일 새벽에 부활했으니 구체적인 시간을 따진다면 48시간이 채 되지 않는다. 그렇다면 《성경》에서 3일이라고 한 것은 예수의 신성성을 부각하기 위한 것일까?
>
> 여기에는 수를 세는 방식의 차이가 개입되어 있다. 구체적으로 말하면 우리가 사용하는 현대의 수에는 '0' 개념이 깔려 있지만, 《성경》이 기록될 당시에는 해당 개념이 없었다. '0' 개념은 13세기가 되어서야 유럽으로 들어왔으니, '0' 개념이 들어오기 전 시간의 길이는 '1'부터 셈했다. 다시 말해 시간의 시작점 역시 '1'로 셈했다는 것인데, 금요일부터 다음 금요일까지는 7일이 되지만, 시작하는 금요일까지 날로 셈해서 다음 금요일은 8일이 되는 식이다.
>
> 이와 같은 셈법의 흔적을 현대 언어에서도 찾을 수 있다. 오늘날 그리스 사람들은 올림픽이 열리는 주기에 해당하는 4년을 'pentaeteris'라고 부르는데, 이 말의 어원은 '5년'을 뜻한다. '2주'를 의미하는 용도로 사용되는 현대 프랑스어 'quinze jours'는 어원을 따지자면 '15일'을 가리키는데, 시간적으로는 동일한 기간이지만 시간을 셈하는 방식에 따라 마지막 날과 해가 달라진 것이다.

① '0' 개념은 13세기에 유럽에서 발명되었다.
②《성경》에서는 예수의 신성성을 부각하기 위해 그의 부활 시점을 활용하였다.
③ 프랑스어 'quinze jours'에는 '0' 개념이 들어오기 전 셈법의 흔적이 남아 있다.
④ 'pentaeteris'라는 말이 생겨났을 때에 비해 오늘날의 올림픽이 열리는 주기는 짧아졌다.

26 다음 글에서 추론한 내용으로 적절하지 않은 것은? 2024 국가직 9급

> 오늘날 인터넷과 디지털 미디어를 통해 '온라인'에서의 '비대면' 접촉에 의한 상호 관계가 급속도로 확장되고 있다. '오프라인'이나 '대면'이라는 용어는 물리적 실체감이 있는 아날로그적 접촉을 가리킨다. 그런데 우리는 온라인과 오프라인을 함께 경험할 수도 있고, 이러한 이분법적인 용어로 명료하게 분리되지 않는 활동들도 많다. 예를 들어 누군가와 만나서 대화하는 중에 문자를 주고받음으로써 대면 상호 작용과 온라인 상호 작용을 동시에 할 수 있다.
>
> 한편 오프라인 대면 상호 작용에서보다 온라인 비대면 상호 작용에서 만난 사람들에게 더 끈끈한 유대감을 느끼기도 한다. 서로 관계를 형성하고 유지할 때 아날로그 상호 작용 수단과 디지털 상호 작용 수단을 동시에 활용할 수도 있다. 이처럼 오늘날과 같은 초연결 사회에서 우리의 경험은 비대면 혹은 대면, 온라인 혹은 오프라인 같은 이분법적 범주로 온전히 분리되지 않는다. 상호 작용 양식들이 서로 겹치거나 교차하는 현상들을 이해하고자 할 때 이분법적인 범주는 심각한 한계를 지닌다.

① 이분법적 시각으로는 상호 작용 양식이 교차하는 양상을 이해하기 어렵다.
② 비대면 온라인 상호 작용으로는 사람들 간에 깊은 유대 관계를 형성할 수 없다.
③ 온라인 비대면 활동과 오프라인 대면 활동이 온전히 분리되어 있는 것은 아니다.
④ 오늘날에는 대면 상호 작용 중에도 디지털 수단에 의한 상호 관계가 이루어질 수 있다.

27 다음 글에서 추론한 내용으로 적절하지 않은 것은? 2023 지방직 9급

한글은 소리를 나타내는 표음 문자여서 한국어 문장을 읽는 데 학습해야 할 글자가 적지만, 한자는 음과 상관없이 일정한 뜻을 나타내는 표의 문자여서 한문을 읽는 데 익혀야 할 글자 수가 훨씬 많다. 이러한 번거로움에도 한글과 달리 한자가 갖는 장점이 있다. 한글에서는 동음이의어, 즉 형태와 음이 같은데 뜻이 다른 단어가 많아 글자만으로 의미를 파악하지 못하는 경우가 많다. 하지만 한자는 그렇지 않다. 예컨대, 한글로 '사고'라고만 쓰면 '뜻밖에 발생한 사건'인지 '생각하고 궁리함.'인지 구별할 수 없다. 한자로 전자는 '事故', 후자는 '思考'로 표기한다. 그런데 한자는 문맥에 따라 같은 글자가 다른 뜻으로 쓰이지는 않지만 다른 문장 성분으로 사용되기도 해 혼란을 야기한다. 가령 '愛人'은 문맥에 따라 '愛'가 '人'을 수식하는 관형어일 때도, '人'을 목적어로 삼는 서술어일 때도 있는 것이다.

① 한문은 한국어 문장보다 문장 성분이 복잡하다.
② '淨水'가 문맥상 '깨끗하게 한 물'일 때 '淨'은 '水'를 수식한다.
③ '愛人'에서 '愛'의 문장 성분이 바뀌더라도 '愛'는 동음이의어가 아니다.
④ '의사'만으로는 '병을 고치는 사람'인지 '의로운 지사'인지 구별할 수 없다.

28 다음 글에서 추론한 내용으로 가장 적절한 것은? 2023 지방직 7급

미셸 교수는 '마시멜로 실험'을 하였다. 아동들에게 마시멜로를 하나씩 주고 15분간 먹지 않으면 하나 더 주겠다고 한 뒤 아이가 못 참고 먹는지 아니면 끝까지 참는지를 관찰하였다. 아이들이 참을성을 발휘한 시간은 평균 2분이었지만, 25%의 아이들은 끝까지 참아 내 마시멜로를 더 먹을 수 있었다. 흥미로운 점은 12년이 지나서 당시 실험에 참가했던 아이들을 추적 조사한 결과이다. 1분 이내에 마시멜로를 먹은 아이들은 학교나 가정에서 문제를 일으키는 경우가 많았지만, 15분간 참을성을 발휘한 아이들은 1분 이내에 마시멜로를 먹은 아이보다 대학 진학 시험 점수 평균이 훨씬 더 높았다. 이 실험 결과는 감정이나 욕망을 조절할 수 있는 자기 통제력이 큰 사람이 미래의 성공 가능성이 더 크다는 것을 보여 준다.

이후 비슷한 실험이 이루어졌다. 그러나 이 실험에서는 마시멜로에 뚜껑을 덮어 두고 기다리게 했다는 점에서 차이가 있었다. 실험 결과 뚜껑이 없이 기다리게 했던 경우보다 뚜껑을 덮었을 때 두 배 가까이 더 아이들이 잘 참을 수 있었다. 뚜껑 하나라는 아주 작은 차이가 아이들의 참을성을 크게 향상시킨 셈이다.

① 자기 통제력이 낮은 아동일수록 주변 환경이 열악하다.
② 자기 통제력은 선천적 요인보다 후천적 요인에 더 영향을 받는다.
③ 자기 통제력을 발휘하는 데에는 환경적 요인이 중요하게 작용한다.
④ 자기 통제력이 높은 아동은 유아기부터 가정과 학교에서 사랑과 관심을 많이 받는다.

06 생략된 정보의 추론

생략된 정보의 추론

글에 나타나 있지 않은 어구 · 문장 · 문단을 추리하는 문제이다.

대표 문제 유형
- 빈칸에 들어갈 내용은?
- 〈보기〉가 들어갈 자리로 적절한 것은?
- 빈칸에 들어갈 결론으로 적절한 것은?

풀이 도우미
- 생략된 정보나 결론은 제시문의 범위를 벗어나지 않는다는 것에 유의한다.
- 〈보기〉가 들어갈 자리를 찾는 문제에서는 핵심 단어의 쓰임에 주목한다. 즉 앞뒤 문맥뿐 아니라, 〈보기〉의 핵심 단어가 선택지에 제시되거나 내용이 연결되는지를 살펴본다.

29 ㉠, ㉡에 들어갈 말을 적절하게 나열한 것은? 2025 지방직 9급

자아 개념이란 자신에 대한 주관적 견해로서 개인이 가지고 있는 능력, 성격, 태도, 느낌 등을 모두 포괄한다. 자아의 형성에 영향을 미치는 요인 중 하나로 타인에게서 듣게 되는 나와 관련된 메시지를 들 수 있다. 물론 타인 중에는 자신이 느끼기에 나에게 관련이 적은 사람도 있고 중요한 사람도 있다. 예를 들어 "너의 글은 인상적이야. 앞으로 좋은 작품을 쓸 수 있을 것 같아."라는 말을 누군가에게 들었을 때, 그 사람이 나에게 중요하다면 그 평가는 자아 개념 형성에 큰 영향을 미칠 수 있다. 그런 범주에 들어갈 수 있는 사람들로는 부모, 친구, 선생님 등이 있을 것이다. 나에게 [㉠]의 말은 기억에 오래 남기 마련이다.

한편, 타인에게 영향을 받는 자아를 설명하는 개념 중에는 [㉡]라는 것도 있다. 이 개념에 따르면 우리는 타인과 상호 작용하는 과정에서 단순히 타인을 모범으로 삼아 따라 하거나 타인의 훈육을 통해 자아를 형성한다기보다는 타인에게 비치는 나의 모습을 상상하고 그 모습에 대한 타인의 판단을 추정한다. 그러한 추정을 통해 자기에게 생겨난 감정을 알아 가는 과정에서 성숙한 자아를 형성해 나간다.

	㉠	㉡
①	관련이 적은 타인	거울에 비친 자아
②	중요한 타인	모범적인 타인을 따르는 자아
③	관련이 적은 타인	모범적인 타인을 따르는 자아
④	중요한 타인	거울에 비친 자아

30 ㉠~㉢에 들어갈 말을 적절하게 나열한 것은?

인혁처 1차 예시 문제

소설과 현실의 관계를 온당하게 살피기 위해서는 세계의 현실성, 문제의 현실성, 해결의 현실성을 구별해야 한다. 우리가 살고 있는 이 입체적인 시공간에서 특히 의미 있는 한 부분을 도려내어 서사의 무대로 삼을 경우 세계의 현실성이 확보된다. 그 세계 안의 인간이 자신을 둘러싼 세계와 고투하면서 당대의 공론장에서 기꺼이 논의해 볼 만한 의제를 산출해 낼 때 문제의 현실성이 확보된다. 한 사회가 완강하게 구조화하고 있는 '가능한 것'과 '불가능한 것'의 좌표를 흔들면서 특정한 선택지를 제출할 때 해결의 현실성이 확보된다.

최인훈의 〈광장〉은 밀실과 광장 사이에서 고뇌하는 주인공의 모습을 통해 '남(南)이냐 북(北)이냐'라는 민감한 주제를 격화된 이념 대립의 공론장에 던짐으로써 [㉠]을 확보하였다. 작품의 시공간으로 당시 남한과 북한을 소설적 세계로 선택함으로써 동서 냉전 시대의 보편성과 한반도 분단 체제의 특수성을 동시에 포괄할 수 있는 [㉡]도 확보하였다. 〈광장〉에서 주인공이 남과 북 모두를 거부하고 자살을 선택하는 결말은 남북으로 상징되는 당대의 이원화된 이데올로기를 근저에서 흔들었다. 이로써 [㉢]을 확보할 수 있었다.

	㉠	㉡	㉢
①	문제의 현실성	세계의 현실성	해결의 현실성
②	문제의 현실성	해결의 현실성	세계의 현실성
③	세계의 현실성	문제의 현실성	해결의 현실성
④	세계의 현실성	해결의 현실성	문제의 현실성

31 빈칸에 들어갈 결론으로 가장 적절한 것은?

인혁처 1차 예시 문제

신경 과학자 아이젠버거는 참가자들을 모집하여 실험을 진행하였다. 이 실험에서 그의 연구 팀은 실험 참가자의 뇌를 'fMRI' 기계를 이용해 촬영하였다. 뇌의 어떤 부위가 활성화되는가를 촬영하여 실험 참가자가 어떤 심리적 상태인가를 파악하려는 것이었다. 아이젠버거는 각 참가자에게 그가 세 사람으로 구성된 그룹의 일원이 될 것이고, 온라인에 각각 접속하여 서로 공을 주고받는 게임을 하게 될 것이라고 알려 주었다. 그런데 이 실험에서 각 그룹의 구성원 중 실제 참가자는 한 명뿐이었고 나머지 둘은 컴퓨터 프로그램이었다. 실험이 시작되면 처음 몇 분 동안 셋이 사이좋게 순서대로 공을 주고받지만, 어느 순간부터 실험 참가자는 공을 받지 못한다. 실험 참가자를 제외한 나머지 둘은 계속 공을 주고받기 때문에, 실험 참가자는 나머지 두 사람이 아무런 설명 없이 자신을 따돌린다고 느끼게 된다. 연구 팀은 실험 참가자가 따돌림을 당할 때 그의 뇌에서 전두엽의 전대상 피질 부위가 활성화된다는 것을 확인했다. 이는 인간이 물리적 폭력을 당할 때 활성화되는 뇌의 부위이다. 연구 팀은 이로부터 [   ]는 결론을 내릴 수 있었다.

① 물리적 폭력은 뇌 전두엽의 전대상 피질 부위를 활성화한다
② 물리적 폭력은 피해자의 개인적 경험을 사회적 문제로 전환한다
③ 따돌림은 피해자에게 물리적 폭력보다 더 심각한 부정적 영향을 미친다
④ 따돌림을 당할 때와 물리적 폭력을 당할 때의 심리적 상태는 서로 다르지 않다

32 빈칸에 들어갈 말로 가장 적절한 것은?

인혁처 2차 예시 문제

로빈 후드는 14세기 후반인 1377년경에 인기를 끈 작품 〈농부 피어즈〉에 최초로 등장한다. 로빈 후드 이야기는 주로 숲을 배경으로 전개된다. 숲에 사는 로빈 후드 무리는 사슴 고기를 중요시하는데 당시 숲은 왕의 영지였고 사슴 밀렵은 범죄였다. 왕의 영지에 있는 사슴에 대한 밀렵을 금지하는 법은 11세기 후반 잉글랜드를 정복한 윌리엄 왕이 제정한 것이므로 아마도 로빈 후드 이야기가 그 이전 시기로까지 거슬러 올라가지는 않을 것이다. 또한 이야기에서 셔우드 숲을 한 바퀴 돌고 로빈 후드를 만났다고 하는 국왕 에드워드는 1307년에 즉위하여 20년간 재위한 2세일 가능성이 있다. 1세에서 3세까지의 에드워드 국왕 가운데 이 지역의 순행 기록이 있는 사람은 에드워드 2세뿐이다. 이러한 근거를 토대로 추론할 때, 로빈 후드 이야기의 시대 배경은 아마도 [   ]일 가능성이 가장 크다.

① 11세기 후반
② 14세기 이전
③ 14세기 전반
④ 14세기 후반

33 ㉠과 ㉡에 들어갈 말로 적절한 것은?

2024 국가직 9급

채식주의자는 고기, 생선, 유제품, 달걀 섭취 여부에 따라 다섯 가지로 나뉜다. 완전 채식주의자는 이들 모두를 섭취하지 않으며, 페스코 채식주의자는 고기는 섭취하지 않지만 생선은 먹으며, 유제품과 달걀은 개인적 선호에 따라 선택적으로 섭취한다. 남은 세 가지 채식주의자는 고기와 생선 모두를 먹지 않되 유제품과 달걀 중 어떤 것을 먹느냐의 여부로 결정된다. 이들의 명칭은 라틴어의 '우유'를 의미하는 '락토(lacto)'와 '달걀'을 의미하는 '오보(ovo)'를 사용해 정해졌는데, 예를 들어, 락토오보 채식주의자는 고기와 생선은 먹지 않으나 유제품과 달걀은 먹는다. 락토 채식주의자는 [㉠] 먹지 않으며, 오보 채식주의자는 [㉡] 먹지 않는다.

① ㉠: 달걀은 먹지만 고기와 생선과 유제품은
㉡: 고기와 생선과 달걀은 먹지만 유제품은
② ㉠: 달걀은 먹지만 고기와 생선과 유제품은
㉡: 유제품은 먹지만 고기와 생선과 달걀은
③ ㉠: 유제품은 먹지만 고기와 생선과 달걀은
㉡: 고기와 생선과 유제품은 먹지만 달걀은
④ ㉠: 유제품은 먹지만 고기와 생선과 달걀은
㉡: 달걀은 먹지만 고기와 생선과 유제품은

34 빈칸에 들어갈 내용으로 가장 적절한 것은?

2024 국가직 9급

독자는 글을 읽을 때 생소하거나 이해하기 어려운 단어에 주시하는데, 이때 특정 단어에 눈동자를 멈추는 '고정'이 나타나며, 고정과 고정 사이에는 '이동', 단어를 건너뛸 때에는 '도약'이 나타난다. 고정이 관찰될 때는 의미를 이해하려는 시도가 이루어지지만, 이동이나 도약이 관찰될 때는 이루어지지 않는다. 이를 바탕으로, K 연구진은 동일한 텍스트를 활용하여 읽기 능력 하위 집단(A)과 읽기 능력 평균 집단(B)의 읽기 특성을 탐색하는 연구를 진행하였다. 독서 횟수는 1회로 제한하되 독서 시간은 제한하지 않았다.

그 결과, 눈동자의 평균 고정 빈도에서 A 집단은 B 집단에 비해 약 2배 많은 수치를 보였다. 그런데 총 고정 시간을 총 고정 빈도로 나눈 평균 고정 시간은 B 집단이 A 집단에 비해 더 높게 나타났다. 읽기 후 독해 검사에서 B 집단은 A 집단보다 평균 점수가 높았고, 독서 과정에서 눈동자가 이전으로 돌아가거나 이전으로 건너뛰는 현상은 모두 관찰되지 않았다. 연구진은 이를 종합하여 읽기 능력이 부족한 독자는 읽기 능력이 평균인 독자에 비해 난해하다고 느끼는 단어들이 [　　　　　　　　　　]는 결론을 내렸다.

① 더 많지만 난해하다고 느끼는 각각의 단어를 이해하는 과정에 들이는 평균 시간은 더 적다
② 더 많고 난해하다고 느끼는 각각의 단어를 이해하는 과정에 들이는 평균 시간도 더 많다
③ 더 적지만 난해하다고 느끼는 각각의 단어를 이해하는 과정에 들이는 평균 시간은 더 많다
④ 더 적고 난해하다고 느끼는 각각의 단어를 이해하는 과정에 들이는 평균 시간도 더 적다

07 중심 내용 파악하기

중심 내용 파악하기

중심 내용이란 글쓴이가 글 속에서 독자에게 궁극적으로 말하고자 하는 핵심 내용이다. 각 문단의 소주제들이 유기적으로 연결되어 글 전체의 중심 내용을 이룬다.

대표 문제 유형
- 다음 글의 제목 · 주제 · 중심 내용으로 적절한 것은?
- 다음 글을 요약한 것으로 알맞은 것은?
- 글쓴이가 궁극적으로 말하고자 하는 바는?

풀이 도우미
- 글을 읽을 때 주지와 뒷받침 내용, 주된 정보와 부차적인 정보를 구별하여 읽는 연습을 한다.
- 글의 화제나 주제와 관련되어 글 속에서 반복되는 핵심어를 찾는다.

35 다음 글의 중심 내용으로 가장 적절한 것은? 2025 국가직 9급

동물이 신체의 내부 온도를 정상 범위 안에서 유지하는 과정을 '체온 조절'이라고 한다. 체온 조절을 위하여 동물은 신체 내부의 물질대사를 통해 열을 발생시키거나 외부 환경에서부터 열을 획득한다. 조류나 포유류는 체내의 물질대사에 의하여 생성된 열로 체온을 유지하기 때문에 '내온 동물'이라고 부른다. 대부분의 내온 동물은 외부 온도가 변화해도 안정적으로 체온을 유지한다. 추운 환경에 노출되어도 내온 동물은 충분한 열을 생성해서 주변보다 더 따뜻하게 체온을 유지할 수 있다.

이와 달리 양서류나 많은 종류의 파충류와 어류는 열을 외부에서부터 획득하기 때문에 '외온 동물'이라고 부른다. 외온 동물은 체온 조절을 위한 충분한 열을 생성하지는 않지만 그늘을 찾거나 햇볕을 쬐는 것과 같은 행동을 통해 체온을 조절한다. 외온 동물은 열을 외부에서 얻기 때문에 체내의 물질대사를 통해 큰 에너지를 생성할 필요가 없어서 동일한 크기의 내온 동물보다 먹이를 적게 섭취한다.

한편 체온의 안정성을 기준으로 동물을 '항온 동물'과 '변온 동물'로 구분하기도 한다. 주위 환경과 관계없이 비교적 일정한 체온을 유지하는 동물을 항온 동물, 주위 환경에 따라서 체온이 변하는 동물을 변온 동물이라고 부른다. 한때는 내온 동물과 외온 동물을 각각 항온 동물과 변온 동물이라고 부르기도 했다.

그런데 체온 조절을 위해 열을 획득하는 방식과 체온의 안정성을 유지하는 것은 별개의 문제이다. 외온 동물에 속하는 많은 종류의 해양 어류는 일정한 온도가 유지되는 물에서 서식하기 때문에 체온이 크게 변하지 않는다. 반대로 어떤 내온 동물은 체온의 변화가 급격하게 일어나기도 한다. 예컨대 박쥐 중에는 겨울잠을 자면서 체온을 40℃나 떨어뜨리는 종류도 있다. 내온 동물과 외온 동물을 구분하는 방식과 항온 동물과 변온 동물을 구분하는 방식 사이에는 어떠한 상관관계도 없다.

① 내온 동물과 외온 동물의 특징을 통해 항온 동물과 변온 동물의 특징을 밝힐 수 있다.
② 체온 조절을 위한 열 획득 방식과 체온의 안정성은 동물을 분류하는 서로 다른 기준이다.
③ 동물을 내온 동물과 외온 동물로 구분하는 기준은 항온 동물과 변온 동물로 구분하는 기준보다 모호하다.
④ 체온 조절을 위한 열 획득 방식보다 체온의 안정성을 유지하는 방식이 동물을 분류하는 더 적합한 기준이 된다.

36 **다음 글의 핵심 논지로 가장 적절한 것은?** 인혁처 2차 예시 문제

> 판타지와 SF의 차별성은 '낯섦'과 '이미 알고 있는 것'이라는 기준을 통해 드러난다. 이 둘은 일반적으로 상반된 의미를 갖는다. 이미 알고 있는 것은 낯설지 않고, 낯선 것은 새로운 것을 의미하기 때문이다.
>
> 판타지와 SF에는 모두 새롭고 낯선 것이 등장하는데, 비근한 예가 현실에 존재하지 않는 괴물의 출현이다. 판타지에서 낯선 괴물이 나오면 사람들은 '저게 뭐지?' 하면서도 그 낯섦을 그대로 받아들인다. 그렇기에 등장인물과 독자 모두 그 괴물을 원래부터 존재했던 것으로 받아들이고, 괴물은 등장하자마자 세계의 일부가 된다. 결국 판타지에서는 이미 알고 있는 것보다 새로운 것이 더 중요한 의미를 갖는다. 이와 달리 SF에서는 '그런 괴물이 어떻게 존재할 수 있지?'라고 의심하고 물어야 한다. SF에서는 인물과 독자들이 작가의 경험적 환경을 공유하기 때문에 괴물은 절대로 자연스럽지 않다. 괴물의 낯섦에 대한 질문은 괴물이 존재하는 세계에 대한 지식, 세계관, 나아가 정체성의 문제로 확장된다. 이처럼 SF에서는 어떤 새로운 것이 등장했을 때 그 낯섦을 인정하면서도 동시에 그것을 자신이 이미 알고 있던 인식의 틀로 끌어들여 재조정하는 과정이 요구된다.

① 판타지와 SF는 모두 새로운 것에 의해 알고 있는 것이 바뀌는 장르이다.
② 판타지와 SF는 모두 알고 있는 것과 새로운 것을 그대로 인정하고 둘 사이의 재조정이 필요한 장르이다.
③ 판타지는 새로운 것보다 알고 있는 것이 더 중요하고, SF는 알고 있는 것보다 새로운 것이 더 중요한 장르이다.
④ 판타지는 알고 있는 것보다 새로운 것이 더 중요하고, SF는 알고 있는 것과 새로운 것 사이의 재조정이 필요한 장르이다.

08 내용 배열

내용 배열

원래 순서와 다르게 배열된 문장이나 문단을, 문맥에 맞게 올바르게 배열하는 문제이다.

대표 문제 유형
- 다음 문장(또는 문단)의 논리적 순서로 적절한 것은?
- 다음 글의 전개 순서로 자연스러운 것은?

풀이 도우미
- 접속어나 지시어의 쓰임으로 논리적 관계를 추론한다.
- 같은 단어나 어구가 쓰인 문장(또는 문단)의 관계를 살핀다.
- 선택지를 고른 후에는 그 순서에 맞게 배열한 후 전체 글의 흐름이 자연스러운지 확인한다.

37 가~라를 맥락에 맞추어 가장 적절하게 나열한 것은? 2025 국가직 9급

가 그 원리를 알려면 LCD와 OLED의 차이를 이해해야 한다. LCD는 다른 조명 장치의 도움을 받아 시각적 효과를 낸다. 다시 말해 스스로 빛을 내지 못한다는 것이다. 따라서 LCD는 화면 뒤에 빛을 공급하는 백라이트가 필요하다는 특성을 갖는다.

나 자유롭게 말았다 펼 수 있는 '롤러블 TV'가 개발되었다. 평소에는 말거나 작게 접어서 간편하게 가지고 다니다가 필요할 때 펴서 사용하는 태블릿이나 노트북이 상용화될 날도 머지않았다. 기존에 우리가 생각하는 텔레비전 화면이나 모니터는 평평하고 딱딱한 것인데, 어떻게 접거나 말 수 있을까?

다 OLED 기술은 자유롭게 변형할 수 있는 모니터 개발을 가능하게 하였다. 딱딱한 유리 대신에 쉽게 휘어지는 특수 유리나 플라스틱을 이용함으로써 둥글게 말았다가 펼 수 있는 화면을 생산할 수 있게 된 것이다.

라 반면 OLED는 화소 단위로 빛의 삼원색을 내는 유기 반도체로 구성되어 있어 스스로 빛을 낼 수 있다. OLED 제품은 화면 뒤에 백라이트를 설치할 필요가 없기 때문에 얇게 만들 수도 있고 특수 유리나 플라스틱으로 제작할 수도 있다.

① 나 - 가 - 다 - 라
② 나 - 가 - 라 - 다
③ 다 - 가 - 라 - 나
④ 다 - 나 - 라 - 가

38 가~라를 맥락에 맞추어 가장 적절하게 나열한 것은? 2025 지방직 9급

가 픽셀 단위로 수치화된 이미지 데이터는 하나의 긴 데이터 형태로 컴퓨터에 저장된다. 초기 컴퓨터의 경우 흑백만 표현할 수 있었기 때문에 이미지는 하나의 픽셀에 대해 흑과 백이 0과 1로 표현되는 1비트로 저장되었다.

나 높은 해상도의 구현은 데이터 저장 용량의 문제를 일으켰고, 용량을 줄이기 위한 여러 방법도 함께 고안되었다. 이를 통해 고해상도의 이미지도 웹사이트를 비롯한 다양한 분야에서 활발하게 사용할 수 있게 되었다.

다 컴퓨터에서 이미지를 처리하기 위해서는 아날로그 영상 신호를 디지털로 변환하는 과정을 거쳐야 한다. 이미지를 디지털로 저장하는 가장 기본적인 방법은 픽셀 단위로 수치화하여 저장하는 것이다.

라 하지만 현재는 컴퓨터 비전 기술이 발달하면서 하나의 픽셀에 여러 색상의 정보를 담게 되었다. 초기 색상 표현은 하나의 픽셀이 흑과 백의 1비트였으나, 최근에는 높은 해상도를 구현하기 위해 픽셀 하나에 32비트까지 사용한다.

① 나 - 가 - 라 - 다　② 나 - 다 - 가 - 라
③ 다 - 가 - 라 - 나　④ 다 - 라 - 가 - 나

39 가~다를 맥락에 맞게 순서대로 나열한 것은? 인혁처 2차 예시 문제

북방에 사는 매는 덩치가 크고 사냥도 잘한다. 그래서 아시아에서는 몽골 고원과 연해주 지역에 사는 매들이 인기가 있었다.

가 조선과 일본의 단절된 관계는 1609년 기유조약이 체결되면서 회복되었다. 하지만 이때는 조선과 일본이 서로를 직접 상대했던 것이 아니라 두 나라 사이에 끼어 있는 대마도를 매개로 했다. 대마도는 막부로부터 조선의 외교 · 무역권을 위임받았고, 조선은 그러한 대마도에 시혜를 베풀어 줌으로써 일본과의 교린 체계를 유지해 나가려고 했다.

나 일본에서 이 북방의 매에 접근할 수 있는 길은 한반도를 통하는 것 외에는 없었다. 그래서 한반도와 일본 간의 교류에 매가 중요한 물품으로 자리 잡았던 것이다. 하지만 임진왜란으로 인하여 교류는 단절되었다.

다 이러한 외교 관계에 매 교역이 자리하고 있었다. 대마도는 조선과의 공식적, 비공식적 무역을 통해서도 상당한 이익을 취했다. 따라서 조선 후기에 이루어진 매 교역은 경제적인 측면과 정치 · 외교적인 성격이 강했다.

① 가 - 다 - 나　② 나 - 가 - 다
③ 나 - 다 - 가　④ 다 - 나 - 가

09 글의 수정

글의 수정

글을 구성하는 단어나 구, 문장이 문맥에 맞게 적절히 쓰였는지를 파악하는 문제이다.

대표 문제 유형
- ㉠~㉣ 중 어색한 곳을 찾아 적절하게 수정한 것은?
- ㉠~㉣을 고쳐 쓴 것으로 적절하지 않은 것은?

풀이 도우미
- '이다/아니다', '있다/없다', '많다/적다' 등의 대립 관계나 반의어 사용에 주목해야 한다.
- ㉠~㉣에 인접한 앞부분이나 뒷부분에 단서가 제공되는 경우가 많다.
- 문맥에 맞게 쓰인 단어인지, 접속어가 앞뒤 문장을 자연스럽게 연결해 주는지, 화제에서 벗어난 내용은 없는지 등 세부 사항에도 집중하며 글을 읽는다.

40 다음 글의 ㉠~㉣ 중 어색한 곳을 찾아 가장 적절하게 수정한 것은? 2025 국가직 9급

소리는 보통 귀로 듣는다고 생각한다. 그렇지만 앰프에서 강력한 저음이 흘러나오는 것을 듣고 몸이 흔들리는 것을 경험할 때, 우리는 소리를 몸으로 느낀다고 생각하기도 한다. 가청 주파수 대역의 하한인 20 Hz보다 낮은 주파수의 진동이 발생하면 ㉠ 우리의 몸은 흔들리지만 귀로는 아무것도 듣지 못한다. 우리는 이 들리지 않는 진동을 '초저주파음'이라고 부른다. ㉡ 귀에 들리지 않는 진동도 소리로 간주할 수 있다는 생각에서이다.

높은 주파수의 영역에서도 귀에 들리지 않는 진동이 있다. ㉢ 사람은 보통 20,000 Hz 이상의 진동이 귀에 도달하면 소리로 인식한다. 가청 주파수 대역의 상한을 넘겨서 더 높은 주파수의 진동이 발생하면 사람의 귀에 들리지 않는 것이다. 이때의 음파를 '초음파'라고 부른다.

사람과 동물은 가청 주파수 대역이 다르다. 그래서 동물은 사람에게 들리지 않는 소리를 들을 수 있다. 예컨대 우리와 가까이 지내는 개의 경우, 가청 주파수 대역의 하한은 사람과 비슷하지만 50,000 Hz의 진동까지 소리로 인식할 수 있다. 그래서 개는 사람이 듣지 못하는 기척을 알아차리기도 한다. 이는 개의 가청 주파수 대역이 ㉣ 사람의 가청 주파수 대역보다 넓기 때문이다.

① ㉠: 우리의 몸이 흔들리지 않을 뿐 귀로는 저음을 들을 수 있다
② ㉡: 귀에 들리지 않는 진동은 소리로 간주할 수 없다는 생각에서이다
③ ㉢: 사람은 보통 20,000 Hz 이상의 진동이 귀에 도달하면 소리로 인식하지 못한다
④ ㉣: 사람의 가청 주파수 대역보다 좁기 때문이다

41 ㉠~㉣ 중 문맥상 어색한 곳을 수정한 것으로 가장 적절한 것은?

2025 지방직 9급

> 면역 반응에는 '자연 면역'과 '획득 면역'이 있다. 먼저, 자연 면역이란 외부 이물질에 대해 내 몸이 태어날 때부터 지니게 된 저항 능력을 가리킨다. 자연 면역에서는 항원과 항체 사이의 ㉠ 직접적인 일대일 반응 관계가 존재하지 않는다. 외부에서 들어온 특정 항원에만 반응하는 유일의 항체가 별도로 존재하지 않는다는 것이다. 자연 면역은 세균과 같은 미생물 등을 외부 이물질로 인식하여 제거한다. 예컨대 코나 폐에는 점막 조직이 발달해 있어 외부 이물질을 걸러 낸다. 세포 차원에서는 대식 세포의 기능이 자연 면역인데, 이 세포는 ㉡ 외부 미생물이 어떤 종류인지에 관계없이 대상을 제거한다.
>
> 특정 항원에만 반응하는 유일의 항체를 생성하는 면역 반응을 획득 면역이라고 한다. 획득 면역에서는 자연 면역과 달리 ㉢ 항원의 종류와 무관하게 특정 항원에 대해 여러 종류의 항체가 반응한다. 일례로 B 림프구의 세포 표면에는 특정 항원을 인식하고 그 특정 항원에 결합하는 부위가 있는데, 이를 '항원 수용체'라고 한다. ㉣ 항원 수용체는 세포 표면에 형성되는 단백질의 일종으로, 항원에 의해 자극된다. 이 수용체가 림프구 세포로부터 떨어져 나와 혈액 안으로 들어간 단백질 단위를 항체라고 부른다.

① ㉠: 직접적인 일대일 반응 관계가 존재한다

② ㉡: 특정한 외부 미생물에 유일하게 반응하며 그 외의 대상은 제거하지 않는다

③ ㉢: 특정 항체가 특정 항원에 대해서만 반응한다

④ ㉣: 항원 수용체는 세포 내부에 형성되는 단백질의 일종으로, 항체에 의해 자극된다

42 다음 글의 ㉠~㉣ 중 어색한 곳을 찾아 가장 적절하게 수정한 것은?

인혁처 1차 예시 문제

> 수명을 늘릴 수 있는 여러 방법 중 가장 좋은 방법은 노화 문제를 해결하는 것이다. 이 방법은 인간이 젊고 건강한 상태로 수명을 연장할 수 있다는 점에서 ㉠ 늙고 병든 상태에서 단순히 죽음의 시간을 지연시킨다는 기존 발상과 근본적으로 다르다. ㉡ 노화가 진행된 상태를 진행되기 전의 상태로 되돌린다거나 노화가 시작되기 전에 노화를 막는 장치가 개발된다면, 젊음을 유지한 채 수명을 늘리는 것은 충분히 가능하다.
>
> 그러나 노화 문제와 관련된 현재까지의 연구는 초라하다. 이는 대부분 연구가 신약 개발의 방식으로만 진행되어 왔기 때문이다. 현재 기준에서는 질병 치료를 목적으로 개발한 신약만 승인받을 수 있는데, 식품 의약국이 노화를 ㉢ 질병으로 본 탓에 노화를 멈추는 약은 승인받을 수 없었다. 노화를 질병으로 보더라도 해당 약들이 상용화되기까지는 아주 오랜 시간이 필요하다.
>
> 그런데 노화 문제는 발전을 거듭하고 있는 인공 지능 덕분에 신약 개발과는 다른 방식으로 극복될 수 있을지 모른다. 일반 사람들에 비해 ㉣ 노화가 더디게 진행되는 사람들의 유전자 자료를 데이터화하면 그들에게서 노화를 지연시키는 생리적 특징을 추출할 수 있는데, 이를 통해 유전자를 조작하는 방식으로 노화를 막을 수 있다.

① ㉠: 늙고 병든 상태에서 담담히 죽음의 시간을 기다린다

② ㉡: 노화가 진행되기 전의 신체를 노화가 진행된 신체

③ ㉢: 질병으로 보지 않은 탓에 노화를 멈추는 약은 승인받을 수 없었다

④ ㉣: 노화가 더디게 진행되는 사람들의 유전자 자료를 데이터화하면 그들에게서 노화를 촉진

43 ㉠~㉣을 문맥에 맞게 수정하는 방안으로 적절한 것은?

2024 지방직 7급

우리말 경어법에서 ㉠ 어떤 인물을 높일지 말지를 결정하는 가장 큰 기준은 '나이'이다. 그런데 나이가 경어법 사용의 중요한 기준이라는 것이 단순히 나이 차이에 따라 경어법을 사용한다는 것만을 의미하는 것은 아니다. 화자와 청자의 절대적인 나이도 경어법 사용에 영향을 미칠 수 있다. 가령, 어려서는 반말을 쓰던 사람들이 ㉡ 어느 정도 나이를 먹은 이후에 서로 존댓말을 쓰기도 하는 것이다.

직장에서는 '직위'가 경어법 결정의 중요한 요인이 된다. 하급자는 상급자에게 존대어를 쓰는 것이 원칙이다. 직장에서 ㉢ 직위와 나이가 갈등을 일으킬 때는 대개 직위가 더 큰 힘을 발휘한다. 상급자도 자기보다 연장자인 하급자에게 나이에 맞는 대우를 해 주지만 그때의 정중함보다는 하급자가 자기보다 나이 어린 상급자를 대하는 정중함의 정도가 더 큰 것이 일반적이기 때문이다.

나이나 직위와 같은 요인 외에도 '유대'도 우리말에서 경어법 결정의 요인이다. 서로 존댓말을 하다가 친해지면 반말하는 사이로 바뀌는 것이 그 예이다. 그러나 우리말에서는 나이, 직위 등과 같은 ㉣ 권세의 영향력이 유대의 영향력보다 작다는 점이 서구어와 다르다. 우리나라에서는 아무리 가까운 사이라도 상급자에게 반말을 허용하지 않는 것이다.

① ㉠: 어떤 인물을 높일지 말지를 결정하는 가장 큰 기준은 나이 차이이다
② ㉡: 어느 정도 나이를 먹은 이후에도 서로 반말을 쓰기도 하는 것이다
③ ㉢: 직위와 나이가 갈등을 일으킬 때는 대개 나이가 더 큰 힘을 발휘한다
④ ㉣: 권세의 영향력이 유대의 영향력보다 크다는 점이 서구어와 다르다

10 말하기 방식 · 대화 분석

말하기 방식 · 대화 분석

	대화 참가자의 말하기 방식을 파악하는 문제이다.
대표 문제 유형	• 다음 대화를 분석한 내용으로 가장 적절한 것은? • 대화 참가자의 말하기 방식으로 적절하지 않은 것은?
풀이 도우미	• 근거 제시, 반박, 인정, 화제 전환 등의 말하기 방식을 묻는 문제가 자주 출제된다. • 내용 일치 유형과 말하기 방식을 혼합해서 물어보는 경우에는 대화 내용까지 꼼꼼하게 파악해야 한다.

44 다음 대화를 분석한 내용으로 적절하지 않은 것은? 2025 국가직 9급

> 보은: 기차가 달리고 있는 선로에 다섯 명의 인부가 일하고 있고, 그들에게 그 기차를 피할 시간적 여유는 없어. 그런데 스위치를 눌러서 선로를 변경하면 다섯 명의 인부 대신 다른 선로에 있는 한 사람이 죽게 돼. 이 선택의 딜레마 상황에서 너희들은 어떻게 할 거야?
>
> 소현: 이런 경우엔 행위에 따른 결과가 선택의 기준이 된다고 생각해. 그래서 나는 스위치를 눌러서 한 명이 죽더라도 다섯 명을 살리는 선택을 할 거야. 그건 결과적으로 봤을 때 불가피한 조치 아니겠어?
>
> 은주: 글쎄, 행위에 따른 결과보다 행위 자체의 도덕성을 기준에 두어야 하는 거 아니야? 행위 자체의 도덕성을 따진다면, 스위치를 눌러서 사람을 '죽이는 것'과 아무것도 하지 않고 '죽게 내버려 두는 것' 중에 당연히 살인에 해당하는 전자가 더 나쁘지.
>
> 보은: 나도 그렇게 생각해. 스위치를 누르면 살인이고, 누르지 않으면 방관일 텐데, 법적인 측면에서 보더라도 전자는 후자보다 무겁게 처벌되잖아. 게다가 생명의 가치는 수량화할 수 없으니 한 사람보다 다섯 사람이 가지는 생명의 가치가 더 크다고 말할 수 없어.
>
> 영민: 생명의 가치를 수량화할 수 없다는 데 원론적으로는 나도 동의해. 하지만 지금처럼 불가피한 선택의 상황에서 무엇보다 우선해야 할 것은 명확한 기준을 세우는 일이야. 나는 이 상황에서 어떻게 하면 죽는 사람의 수를 최소화하는가가 그 기준이 되어야 한다고 생각해.

① 스위치를 누르는 일을 살인으로 본다는 점에 대해 은주는 보은과 견해를 같이한다.

② 생명의 가치를 수량화할 수 없다는 점에 대해 영민은 원론적으로는 보은과 견해를 같이한다.

③ 선택의 딜레마 상황에서 소현은 행위에 따른 결과를, 은주는 행위 자체의 도덕성을 선택의 기준으로 삼는다.

④ 인명 피해가 불가피한 선택의 상황에 놓인다면, 영민은 죽는 사람의 수를 최소화하는 선택을 하고, 소현은 그렇게 하지 않는다.

45 다음 대화를 분석한 내용으로 가장 적절한 것은?

인혁처 1차 예시 문제

갑: 전염병이 창궐했을 때 마스크를 착용하는 것은 당연한 일인데, 그것을 거부하는 사람이 있다니 도대체 이해가 안 돼.

을: 마스크 착용을 거부하는 사람들을 무조건 비난하지 말고 먼저 왜 그러는지 정확하게 이유를 파악하는 것이 필요해.

병: 그 사람들은 개인의 자유가 가장 존중받아야 하는 기본권이라고 생각하기 때문일 거야.

갑: 개인의 자유로운 선택이 타인의 생명을 위협한다면 기본권이라 하더라도 제한하는 것이 보편적 상식 아닐까?

병: 맞아. 개인이 모여 공동체를 이루는데 나의 자유만을 고집하면 결국 사회는 극단적 이기주의에 빠져 붕괴하고 말 거야.

을: 마스크를 쓰지 않는 행위를 윤리적 차원에서만 접근하지 말고, 문화적 차원에서도 고려할 필요가 있어. 어떤 사회에서는 얼굴을 가리는 것이 범죄자의 징표로 인식되기도 해.

① 화제에 대해 남들과 다른 측면에서 탐색하는 사람이 있다.
② 자신의 의견이 반박되자 질문을 던져 화제를 전환하는 사람이 있다.
③ 대화가 진행되면서 논점에 대한 찬반 입장이 바뀌는 사람이 있다.
④ 사례의 공통점을 종합하여 자신의 주장을 강화하는 사람이 있다.

46 다음 대화를 분석한 내용으로 가장 적절한 것은?

2024 국가직 9급

갑: 고대 노예제 사회나 중세 봉건 사회는 타고난 신분에 따라 사회적 지위가 결정되는 계급 사회였지만, 현대 사회는 계급 사회가 아니라고 많이들 말해. 그런데 과연 그런지 의문이야.

을: 현대 사회는 고대나 중세만큼은 아니지만 귀속 지위가 성취 지위를 결정하는 면이 없다고 할 수 없어. 빈부 격차에 따라 계급이 나뉘고 그에 따른 불평등이 엄연히 존재하잖아. '금수저', '흙수저'라는 유행어에서 볼 수 있듯 빈부 격차가 대물림되면서 개인의 계급이 결정되고 있어.

병: 현대 사회가 빈부 격차로 인해 계급이 나누어지는 것처럼 보인다고 해서 계급 사회라고 단정할 수는 없어. 계급 사회라고 말하려면 계급 체계 자체가 인간의 생활을 전적으로 규정할 수 있어야 하는데, 오늘날 각종 문화나 생활 방식 전체를 특정한 계급 논리만으로는 설명할 수 없어. 따라서 현대 사회를 계급 사회로 보기는 어려워.

갑: 현대 사회의 문화가 다양하다는 것은 맞아. 하지만 인간 생활의 근간은 결국 경제 활동이고, 경제적 계급 논리로 현대 사회의 문화를 충분히 설명하고 규정할 수 있어. 또한 현대 사회에서 인간의 사회적 지위는 부모의 경제력과 직결되기 때문에 계급 사회라고 말할 수 있어.

① 갑은 을의 주장 중 일부는 수용하고 일부는 반박한다.
② 을의 주장은 갑의 주장과 대립하지 않는다.
③ 갑과 병은 상이한 전제에서 유사한 결론을 도출하고 있다.
④ 병의 주장은 갑의 주장과는 대립하지 않지만 을의 주장과는 대립한다.

11 개요 · 문서의 작성 및 수정

개요 · 문서의 작성 및 수정

글의 개요를 올바르게 수정했는지를 살피는 문제이다.

대표 문제 유형
- 다음 개요의 빈칸에 들어갈 내용으로 적절하지 않은 것은?
- 〈지침〉에 따라 〈개요〉를 수정한 내용으로 적절하지 않은 것은?

풀이 도우미
- 개요는 위계에 맞게 작성해야 된다는 점을 인지해야 한다. 즉 하위 항목의 내용이 상위 항목에 부합하는지를 확인해야 한다.
- 〈개요〉의 내용이 〈지침〉에서 제시한 내용들을 빠짐없이 지키고 있는지를 확인해야 한다.

47 〈개요〉의 빈칸에 들어갈 내용으로 적절하지 않은 것은? 2025 국가직 9급

〈개요〉

제목: 청소년 아르바이트의 실태와 노동 문제 개선 방안

Ⅰ. 청소년 아르바이트의 실태
1. 열악한 노동 환경 및 복지 혜택 부족
2. 임금 체불 및 최저 임금제 위반
3. 사업장 내의 빈번한 폭언 및 폭행 발생

Ⅱ. 청소년 아르바이트의 노동 문제 발생 원인
1. 청소년의 노동 환경에 대한 실효성 있는 제도 부족
2. 노동 관계법에 관한 청소년 고용 업주의 인식 부족
3. 청소년 노동자의 인권을 존중하지 않는 사회의 통념

Ⅲ. 청소년 아르바이트의 노동 문제 개선 방안

[   ]

① 청소년의 노동 환경 개선을 위한 제도 정비
② 청소년 고용 업주에 대한 노동 관계법 교육과 지도 확대
③ 청소년 노동자의 인권 보호를 위한 사회적 교육 기관 설립
④ 청소년 고용 업체 규모 축소를 위한 정부의 지속적인 감독과 단속

48 〈지침〉에 따라 〈개요〉를 작성할 때 ㉠~㉣에 들어갈 내용으로 적절하지 않은 것은? 2025 지방직 9급

〈지침〉

- 서론은 보고서 작성의 배경과 필요성을 포함할 것
- 본론은 제목에서 밝힌 내용을 2개의 장으로 구성하되, 2장의 하위 항목이 3장의 하위 항목과 서로 대응하도록 할 것
- 결론은 기대 효과와 향후 과제를 순서대로 제시할 것

〈개요〉

제목: 국내 방송 산업의 친환경 제작 현황과 그 확산을 위한 정책 지원 방안

1장 서론

1. 환경 위기에 대응하기 위한 해외 방송 산업의 정책 변화
2. [㉠]

2장 국내 방송 산업의 친환경 제작 현황

1. [㉡]
2. 국내 친환경 방송 제작 관련 전문 인력 부재

3장 국내 방송 산업의 친환경 제작 확산을 위한 정책 지원 방안

1. 국내 방송 산업의 특성을 반영한 친환경 제작 지침의 마련
2. [㉢]

4장 결론

1. [㉣]
2. 현장 적용을 위한 정책 실행의 단계적 평가 및 개선

① ㉠: 국내 방송 산업의 친환경 제작 전략의 필요성

② ㉡: 국내 방송 산업 내 친환경 제작을 위한 지침 부재

③ ㉢: 국내 친환경 방송 제작 관련 전문 인력 채용의 제도화

④ ㉣: 친환경 방송 제작을 위한 세부 지침과 인력 채용 방안 제시

제3편

개념 중심

문법 독해

제 1 장 음운론

제 2 장 형태론

제 3 장 통사론

CHAPTER 01

음운론

1 음운과 음절

지문 읽기

음성이 사람의 발음 기관을 통해 나오는 말소리로 물리적, 구체적, 개별적 소리라면, 음운은 음성에서 공통적인 요소만을 뽑아 머릿속에서 같은 소리로 인식하는 것으로 관념적, 추상적, 심리적 소리이다. 또한 음성은 단어의 뜻을 구별해 주지 못하며 그 수가 무한하지만, 음운은 단어의 뜻을 구별해 주며 그 수가 유한하다. 따라서 음운은 말의 뜻을 구별해 주는 가장 작은 소리의 단위로, 사람들이 머릿속에서 같은 소리라고 인식하는 추상적인 소리이다.

하나의 음운이 달라짐으로써 서로 대립하는 단어들의 쌍을 최소 대립쌍이라고 부른다. 최소 대립쌍으로부터 우리는 국어의 음운을 찾아낼 수 있고, 이렇게 찾아낸 국어의 음운들을 종합하여 정리한 것이 국어의 음운 체계이다. 음운 체계는 국어에 어떤 음운들이 있는지를 알려 주고 음운들의 관계를 보여 주는 일종의 말소리 지도라고 할 수 있다. 예를 들어 '물 – 불'의 자음 'ㅁ – ㅂ', '감 – 곰'의 모음 'ㅏ – ㅗ'와 같이 동일한 환경에서 오직 하나의 요소로 뜻이 구별되는 단어의 짝을 최소 대립쌍이라고 한다. 이때 차이가 나는 한 가지 요소가 음운이다. 따라서 '달'과 '발'은 'ㄷ'과 'ㅂ'의 차이로 뜻이 구별되므로 최소 대립쌍이며 'ㄷ'과 'ㅂ'은 음운이지만, '달'과 '벌'은 'ㄷ'과 'ㅂ', 'ㅏ'와 'ㅓ' 두 개의 요소가 다르므로 최소 대립쌍이 아니다.

음절이란 실제로 발음이 나는 한 뭉치의 소리의 덩어리를 말한다. 즉 음운이 추상적이고 관념적인 소리인 데 반해, 음절은 실제로 발음이 되어 끊어서 들을 수 있는 말의 구체적 단위인 것이다. 이러한 음절의 숫자는 모음의 숫자와 일치한다.

독해 지문 확인 이 글을 바탕으로 할 때, 다음 문장의 내용이 맞으면 ○, 틀리면 ×를 하시오.

01 음운의 수보다 음성의 수가 많다. ○|×

02 최소 대립쌍은 하나의 음운 때문에 서로 뜻이 달라지는 단어의 쌍이다. ○|×

03 음운은 의미를 변별해 주는 최소의 단위로, '시름/주름'에서의 첫째 음절을 예로 들 수 있다. ○|×

정답 01 ○ 02 ○ 03 ×

01 | 음운

음운이란 말의 뜻을 구별해 주는 소리의 최소 단위를 말한다. 즉 음운은 의미를 분화하는 기능을 한다. 음운은 음성에 의해 실현되며, 사람들의 머릿속에서 같은 소리로 인식되는 추상적, 관념적, 심리적인 말소리이다. 음운은 언어마다 다를 수 있으며, 한 언어 내에서의 음운은 그 수효가 한정되어 있다.

음운
말의 뜻을 구별하여 주는 소리의 가장 작은 단위

이러한 음운은 최소 대립쌍을 통해 파악할 수 있다.

최소 대립쌍
의미를 구별하게 하는 음운을 가진 단어들의 쌍. 오직 한 가지 요소에 의해서만 의미가 구별됨.

- 밤 – 잠 → ㅂ과 ㅈ의 차이로 뜻이 구별됨.: **자음**
- 밤 – 봄 → ㅏ와 ㅗ의 차이로 뜻이 구별됨.: **모음**
- 밤 – 밤: → 긴소리와 짧은소리로 뜻이 구별됨.: **소리의 길이**

사람들이 대화를 할 때 다른 소리(음성)일지라도 공통되는 부분에 주목하여 같은 소리(음운)로 인식을 한다. 즉 발음되는 환경에 따라 물리적으로는 다른 소리(음성)일지라도 같은 소리(음운)로 인식하는 것이다. '바보'를 발음할 때 첫 번째 'ㅂ'은 무성음, 두 번째 'ㅂ'은 유성음으로서 서로 다른 음성이지만 우리는 'ㅂ'이라는 같은 음운으로 인식하는 것이 그 예이다.

02 | 음절

음절
실제로 발음이 나는 한 뭉치의 소리의 덩어리

(1) 음절의 개념

음절이란 실제로 발음이 나는 한 뭉치의 소리의 덩어리를 말한다. 즉 음운이 추상적이고 관념적인 소리인 데 반해, 음절은 실제로 발음이 되어 끊어서 들을 수 있는 말의 구체적 단위인 것이다. 음절의 숫자는 모음의 숫자와 일치한다.

예 • **나는 책을 읽었다[나는채글일걷따]**.: 7개의 소리의 덩어리(음절)로 이루어진 문장으로, 음절은 '나, 는, 채, 글, 일, 걷, 따'이다.
• **집 앞으로 맑은 물이 흐른다[지바프로말근무리흐른다]**.: 11개의 음절

(2) 음절의 형성: (자음)+모음+(자음)

국어의 음절이 형성되기 위해서는 반드시 모음이 있어야 한다. 즉 자음은 단독으로 발음되지 못하지만, 모음은 단독으로 발음되는 것이다. 모음은 단독으로 발음되기도 하고, 앞뒤에 자음이 붙어서 음절을 형성하기도 한다.

예 • **모음 단독**: 아, 야, 어, 여
• **자음+모음**: 가, 나, 다
• **모음+자음**: 악, 안, 옷[옫]
• **자음+모음+자음**: 간, 종, 책, 값[갑]

2 국어 음운의 체계

지문 읽기

음운은 말의 뜻을 구별해 주는 소리의 가장 작은 단위이며 분절 음운과 비분절 음운으로 나뉜다. 분절 음운에는 소리를 낼 때 공기의 흐름이 발음 기관에서 장애를 받고 나오는 소리인 자음과, 소리를 낼 때 공기의 흐름이 발음 기관에서 장애를 받지 않고 나오는 소리인 모음이 있다. 비분절 음운에는 소리의 길이와 억양 등이 있다. 현대 국어에서는 음의 길이만 단어의 뜻을 구별하는 역할을 하는데, 예를 들어 '말[言語]'과 '말[馬]'의 발음이 각각 [말:]과 [말]인 데에서 음의 길이가 음운으로 기능함을 알 수 있다.

자음은 장애가 일어나는 자리인 조음 위치와 장애를 만드는 방법인 조음 방법에 따라 여러 가지 소리로 나누어진다.

우선, 조음 위치에 따라 자음은 입술소리, 잇몸소리, 센입천장소리, 여린입천장소리, 목청소리로 나눌 수 있다. 두 입술 사이에서 나는 소리인 입술소리에는 'ㅁ, ㅂ, ㅃ, ㅍ'이 있고, 혀끝과 윗몸이 닿아서 나는 소리인 잇몸소리에는 'ㄷ, ㄸ, ㅌ, ㅅ, ㅆ, ㄴ, ㄹ'이 있다. 또한 센입천장과 혓바닥 사이에서 나는 소리인 센입천장소리에는 'ㅈ, ㅉ, ㅊ'이 있고, 여린입천장과 혀의 뒷부분 사이에서 나는 소리인 여린입천장소리에는 'ㄱ, ㄲ, ㅋ, ㅇ'이 있다. 마지막으로 목청 사이에서 나는 소리인 목청소리에는 'ㅎ'이 있다.

조음 방법에 따라 자음을 파열음, 마찰음, 파찰음, 비음, 유음으로 나눌 수도 있다. 파열음 'ㄱ, ㄲ, ㅋ, ㄷ, ㄸ, ㅌ, ㅂ, ㅃ, ㅍ'은 폐에서 나오는 공기를 막았다가 그 막은 자리를 터뜨리면서 내는 소리이다. 마찰음 'ㅅ, ㅆ, ㅎ'은 폐에서 나오는 공기가 발음 기관의 좁은 틈 사이에서 마찰되어 나는 소리이다. 파찰음 'ㅈ, ㅉ, ㅊ'은 파열음과 마찰음의 성질을 모두 지닌 소리로 발음할 때 공기가 터지는 동시에 마찰이 일어난다. 비음 'ㄴ, ㅁ, ㅇ'은 코로 공기를 내보내면서 내는 소리이며, 유음 'ㄹ'은 혀의 양 옆으로 공기를 흘려보내며 내는 소리이다.

또한, 파열음과 파찰음은 소리의 세기에 따라 예사소리, 된소리, 거센소리로 나뉘고, 마찰음은 예사소리와 된소리로 나뉜다. 비음과 유음은 입안이나 코안에서 울림이 동반되므로 파열음, 파찰음, 마찰음과 달리 울림소리로 분류된다.

독해 지문 확인 이 글을 바탕으로 할 때, 다음 문장의 내용이 맞으면 ○, 틀리면 ×를 하시오.

01 모음과 달리 자음은 소리를 낼 때 공기의 흐름이 발음 기관의 장애를 받는다. ○|×

02 '눈:[雪]'과 '눈[目]'은 비분절 음운으로 서로 뜻이 구별된다. ○|×

03 'ㅁ'과 'ㅂ'은 조음 위치가 같지만, 'ㄱ'과 'ㅇ'은 조음 위치가 다르다. ○|×

정답 01 ○ 02 ○ 03 ×

01 | 자음

(1) 조음 위치에 따른 분류

① 입술소리(양순음): 두 입술 사이에서 나는 소리 → ㅂ, ㅃ, ㅍ, ㅁ

② 잇몸소리(혀끝소리, 치조음): 혀끝과 윗잇몸이 닿아서 나는 소리 → ㄷ, ㄸ, ㅌ, ㅅ, ㅆ, ㄴ, ㄹ

③ 센입천장소리(경구개음): 혓바닥과 센입천장 사이에서 나는 소리 → ㅈ, ㅉ, ㅊ

④ 여린입천장소리(연구개음): 혀의 뒷부분과 여린입천장 사이에서 나는 소리 → ㄱ, ㄲ, ㅋ, ㅇ

⑤ 목청소리(후음): 목청 사이에서 나는 소리 → ㅎ

(2) 조음 방법에 따른 분류

① 울림소리: 입안이나 코안에서 공명을 얻는 소리를 말한다. 모든 모음은 울림소리[有聲音]이며, 자음 중 울림소리는 'ㄴ, ㅁ, ㅇ, ㄹ'의 네 개밖에 없다.

㉠ 비음: 입안의 통로를 막고 코로 공기를 내보내면서 내는 소리 → ㄴ, ㅁ, ㅇ

㉡ 유음: 혀끝을 윗잇몸에 댄 채 공기를 양옆으로 흘려 내보내면서 내는 소리 → ㄹ

② 안울림소리

㉠ 파열음: 공기의 흐름을 일단 막았다가 그 막은 자리를 터뜨리면서 내는 소리 → ㅂ, ㅃ, ㅍ / ㄷ, ㄸ, ㅌ / ㄱ, ㄲ, ㅋ

㉡ 마찰음: 입안이나 목청 사이의 통로를 좁혀서 공기가 그 사이를 비집고 나오면서 마찰하는 소리 → ㅅ, ㅆ, ㅎ

㉢ 파찰음: 파열음과 마찰음의 두 가지 성질을 다 가지는 소리 → ㅈ, ㅉ, ㅊ

목청 떨림에 의한 분류

울림소리	안울림소리
비음 유음	파열음 마찰음 파찰음

울림소리

울림소리(유성음)
- 비음: ㄴ, ㅁ, ㅇ
- 유음: ㄹ

안울림소리

안울림소리(무성음)
- 파열음: ㄱ, ㄲ, ㅋ / ㄷ, ㄸ, ㅌ / ㅂ, ㅃ, ㅍ
- 마찰음: ㅅ, ㅆ, ㅎ
- 파찰음: ㅈ, ㅉ, ㅊ

소리의 세기에 따른 분류

예사소리(평음)	ㄱ, ㄷ, ㅂ, ㅅ, ㅈ (ㅎ)
된소리(경음)	ㄲ, ㄸ, ㅃ, ㅆ, ㅉ
거센소리(격음)	ㅋ, ㅌ, ㅍ, ㅊ

02 | 모음

모음이란 목청을 울려 내는 소리(유성음)로, 장애 없이 순하게 나오는 소리를 말한다.

(1) 단모음: 발음 도중 입술이나 혀가 고정되어 움직이지 않는 모음. 모두 10개이다.

혀의 위치 / 입술의 모양 / 혀의 높이	전설 모음		후설 모음	
	평순 모음	원순 모음	평순 모음	원순 모음
고모음	ㅣ	ㅟ	ㅡ	ㅜ
중모음	ㅔ	ㅚ	ㅓ	ㅗ
저모음	ㅐ		ㅏ	

단모음
발음할 때 혀가 고정되는 모음. 혀의 위치, 혀의 높낮이, 입술의 모양에 따라 나뉜다.

(2) 이중 모음: 발음 도중 입술 모양이나 혀의 위치가 변하는 모음. 이중 모음은 단모음과 반모음이 결합되어 형성되며, 'ㅑ, ㅕ, ㅛ, ㅠ, ㅒ, ㅖ, ㅘ, ㅙ, ㅝ, ㅞ, ㅢ'의 11개가 있다.

이중 모음

단모음 + 반모음

(3) 반모음(半母音): 이중 모음을 형성하는 'ǐ, ǒ/ǔ'를 말한다.

3 국어의 음운 변동

지문 읽기

'신라'는 [실라]와 같이 표기대로 발음하지 않고 'ㄴ'이 'ㄹ'로 바뀌는 변화가 일어난다. 이처럼 어떤 음운이 그 놓이는 음운 환경에 따라 달라지는 현상을 음운 변동이라고 한다. 그런데 이와 같은 음운 변동은 왜 일어나는 것일까? '신라'를 표기된 그대로 발음하면 두 음절을 이어서 발음하기가 쉽지 않음을 느낄 수 있을 것이다. 이렇게 음운이 변동되는 까닭은 대개 발음의 편의를 위한 것이다.

음운 변동은 한 음운이 다른 음운으로 바뀌는 교체, 두 음운이 합쳐져서 하나로 되는 축약, 음운 중 하나가 사라져 소리 나지 않는 탈락, 없던 음운이 추가되는 첨가로 나눌 수 있다.

교체는 어떤 음운이 다른 음운으로 바뀌는 현상으로, 음절의 끝소리에서는 'ㄱ, ㄴ, ㄷ, ㄹ, ㅁ, ㅂ, ㅇ'의 7개의 자음만 발음되는 음절의 끝소리 규칙, 받침 'ㄱ, ㄷ, ㅂ'이 'ㄴ, ㅁ' 앞에서 비음인 [ㅇ, ㄴ, ㅁ]으로 발음되는 비음화, 'ㄴ'이 'ㄹ' 앞이나 뒤에서 유음인 [ㄹ]로 발음되는 현상인 유음화, 끝소리가 'ㄷ, ㅌ'인 형태소가 'ㅣ' 모음 앞에서 구개음인 [ㅈ, ㅊ]으로 발음되는 구개음화 등이 있다. 이어진 두 음운이 합쳐져 새로운 음운 하나로 줄어드는 현상을 축약이라고 한다. 예사소리 'ㄱ, ㄷ, ㅂ, ㅈ'이 'ㅎ'과 만나 거센소리 'ㅋ, ㅌ, ㅍ, ㅊ'으로 바뀌는 현상인 거센소리되기가 이러한 예에 속한다. 또한 이어진 두 음운 중 한 음운이 발음되지 않고 사라지는 현상을 탈락이라고 한다. 이때는 축약과 달리, 두 음운 중 하나의 음운만 남는다. '바느질(바늘+질)'과 같은 자음 탈락과 '기뻐(기쁘-+-어)'와 같은 모음 탈락이 있다. 첨가는 형태소 경쟁에서 두 음운이 만날 때 그 사이에 새로운 음운이 추가되는 현상이다. 앞 단어나 접두사의 끝이 자음이고 뒤 단어나 접미사의 첫음절이 '이, 야, 여, 요, 유'인 경우에는 'ㄴ' 음을 첨가하여 [니, 냐, 녀, 뇨, 뉴]로 발음하는 'ㄴ' 첨가가 대표적인 예이다.

독해 지문 확인 이 글을 바탕으로 할 때, 다음 문장의 내용이 맞으면 ○, 틀리면 ×를 하시오.

01 유음화는 'ㄴ'이 앞이나 뒤에 오는 'ㄹ'의 영향을 받아 'ㄹ'로 동화되는 현상이다. ○ | ×

02 '부엌일'에 일어나는 음운 변동 유형은 '교체'와 '첨가'이다. ○ | ×

03 '식용유'와 '입학생'은 각각 음운 변동 전과 후의 음운 개수가 같다. ○ | ×

정답 01 ○ 02 ○ 03 ×

01 | 음절의 끝소리 규칙

자음이 음절 끝에 올 때 터지지 아니하고 닫힌 상태로 발음되는 현상을 말한다. 이 끝소리는 'ㄱ, ㄴ, ㄷ, ㄹ, ㅁ, ㅂ, ㅇ'의 7개 대표음으로 실현된다. 이러한 현상은 국어의 음절 구조상 첫소리와 끝소리에 하나의 자음만 올 수 있기 때문에 나타난다.

*받침 표기와 발음

받침 표기	끝소리 발음	예
ㄱ, ㄲ, ㅋ	ㄱ	밖 → [박], 부엌 → [부억]
ㄴ	ㄴ	
ㄷ, ㅌ, ㅅ, ㅆ, ㅈ, ㅊ, ㅎ	ㄷ	옷 → [옫], 있고 → [읻꼬], 꽃 → [꼳]
ㄹ	ㄹ	
ㅁ	ㅁ	
ㅂ, ㅍ	ㅂ	잎 → [입], 앞 → [압]
ㅇ	ㅇ	

음운 변동
음운이 놓이는 환경에 따라 다른 음운으로 바뀌는 현상

평파열음화
음절의 끝소리 규칙을 '평파열음화' 현상이라고도 한다. 평파열음은 파열음의 예사소리, 즉 평음인 'ㄱ, ㄷ, ㅂ'을 말한다.

02 | 음운의 동화

동화란 인접한 두 음운이 서로 닮는 현상을 말한다.

(1) 자음 동화

자음과 자음이 만날 때 어느 한쪽이 다른 쪽 자음을 닮아서 비슷한 소리로 발음되는 현상을 말한다. 비음화와 유음화가 있다.

① 비음화: 파열음이나 유음이 비음을 만나 비음(ㄴ, ㅁ, ㅇ)으로 발음되는 현상이다.

㉠ ㅂ, ㄷ, ㄱ + ㄴ, ㅁ → ㅁ, ㄴ, ㅇ

예 밥만 → [밤만], 국물 → [궁물], 부엌문 → [부억문] → [부엉문]

㉡ ㅁ, ㅇ + ㄹ → ㄴ

예 감리 → [감니], 종로 → [종노]

② 유음화: 'ㄴ'이 'ㄹ'의 앞이나 뒤에서 'ㄹ'로 발음되는 현상이다.

예 신라 → [실라], 칼날 → [칼랄], 물난리 → [물랄리], 앓는 → [알른]

비음화
비음화는 조음 위치는 변하지 않고, 조음 방법만 바뀐다.
예 • 밥물 → [밤물]: 입술소리
• 국물 → [궁물]: 여린입천장소리

(2) 구개음화

끝소리가 'ㄷ, ㅌ'인 형태소가 모음 'ㅣ'나 'ㅑ, ㅕ, ㅛ, ㅠ(반모음 [j]가 결합한 모음)'로 시작되는 형식 형태소와 만나면 구개음인 'ㅈ, ㅊ'으로 변하는 현상을 말한다. 실질 형태소와 형식 형태소가 만나는 자리에서 일어나는 역행 동화이다.

예 해돋이 → [해도디] → [해도지], 같이 → [가티] → [가치], 굳히다 → [구티다] → [구치다]

그러나 한 형태소 안에서나 합성어에서는 구개음화가 일어나지 않는다.

예 • 잔디 → [잔지] (×), 티끌 → [치끌] (×) / 느티나무, 마디 ┐→ 구개음화가 일어나지 않음.
• 밭이랑 → [바치랑] (×), [반니랑] (○) ┘

03 | 된소리되기 현상

안울림소리 뒤에 안울림 예사소리가 올 때 뒤의 소리가 된소리로 발음되는 현상이며, 대표적인 유형은 다음과 같다.

ㅂ, ㄷ, ㅈ, ㄱ + ㅂ, ㄷ, ㅈ, ㄱ → [ㅃ, ㄸ, ㅉ, ㄲ]

예 국밥[국빱], 책도[책또], 입고[입꼬], 옷고름[옫꼬름]

된소리되기를 과도하게 적용하면 비표준 발음이 된다는 것을 주의해야 한다. 특히 첫 음절에서 된소리되기는 일어나지 않는다.

예 세다[쎄다](×), 과 사무실[꽈사무실](×), 부러지다[뿌러지다](×)

04 | 음운의 탈락

두 개의 음운이 만날 때 어느 한 음운이 발음되지 않는 것을 말한다. 축약과는 달리 한 음운의 성질이 모두 없어진다.

(1) 자음 탈락

① 자음군 단순화: 음절 끝의 겹받침 가운데 하나가 탈락하고 나머지 하나만 발음되는 현상이다.

앞 자음이 탈락하는 경우	ㄺ, ㄻ, ㄿ → [ㄱ, ㅁ, ㅂ] 예 밝다 → [박따], 젊다 → [점ː따], 읊다 → [읍따]
뒤 자음이 탈락하는 경우	ㄳ, ㄵ, ㄶ, ㄼ, ㄽ, ㄾ, ㅀ, ㅄ → [ㄱ, ㄴ, ㄹ, ㅂ] 예 넋 → [넉], 앉다 → [안따], 얇다 → [얄ː따], 값 → [갑]

ㄹ 탈락

'날다, 갈다, 팔다, 걸다' 등은 〈한글 맞춤법〉 제18항에 따라 준 대로 적어야 한다.
그런데 흔히 '하늘을 날+는'의 형태를 '날으는(×)'으로 발음하고 표기한다. 그러나 이는 잘못된 것으로, '날다'에 '-는'이 연결되면 'ㄹ'이 탈락되므로 '하늘을 나는(○)'으로 표기해야 옳다.

② ㄹ 탈락

용언 어간의 받침 ㄹ 탈락	특정 어미('ㄴ, ㅂ, ㅅ, -오, -ㄹ' 등)와 결합할 때 'ㄹ'이 탈락한다. 예 울+ㄴ → 운, 둥글+ㄴ → 둥근, 날+는 → 나는, 팔+는 → 파는
파생어나 합성어의 ㄹ 탈락	'ㄴ, ㄷ, ㅅ, ㅈ' 앞에서 'ㄹ'이 탈락한다. 예 불+나비 → 부나비, 바늘+질 → 바느질, 솔+나무 → 소나무

(2) 모음 탈락

① ㅡ 탈락: 'ㅡ'가 'ㅏ / ㅓ'로 시작하는 어미 앞에서 탈락하는 현상이다.

예 쓰+어 → 써, 따르+아 → 따라, 우러르+어 → 우러러

② 동음 탈락: 똑같은 모음이 연속될 때는 하나가 탈락된다. 동음 탈락은 특히 어간과 어미의 결합에서 규칙적으로 나타난다.

예 가+아서 → 가서, 서+어도 → 서도, 켜+었고 → 켰고, 건너+어서 → 건너서, 자+아라 → 자라

05 | 음운의 축약

두 개의 음운이 합쳐져서 하나의 음운으로 줄어드는 것을 말한다. 두 음운이 가지고 있던 중요한 성질들이 축약된 음운에 남아 있다.

(1) 자음 축약

'ㅂ, ㄷ, ㅈ, ㄱ'과 'ㅎ'이 만나면 [ㅍ, ㅌ, ㅊ, ㅋ]이 된다.

ㅂ, ㄷ, ㅈ, ㄱ + ㅎ → [ㅍ, ㅌ, ㅊ, ㅋ]

예 잡히다 → [자피다], 앉히고 → [안치고], 낙하 → [나카], 좋고 → [조:코]

(2) 모음 축약

두 형태소가 만날 때 앞뒤 형태소의 두 음절이 한 음절로 줄어드는 현상이다.
학교 문법에서는 단모음이 결합하여 이중 모음으로 변하는 현상을 축약으로 다루어 왔다.

예 오 + 아서 → 와서, 두 + 었다 → 뒀다, 가지 + 어 → 가져, 쓰이다 → 씌:다

'모음 축약'을 '교체'로 보는 견해

이중 모음을 '반모음+단모음'으로 본다면 축약이 아니라, 단모음이 반모음으로 '교체'되는 것으로 보아야 한다는 의견도 있다.

예 어간 '오-'와 어미 '-아'가 결합해 [와]로 발음될 때, 단모음 'ㅗ'가 반모음 'w'로 교체됨.

06 | 음운의 첨가

(1) ㄴ 첨가 현상

합성어와 파생어에서 앞 단어나 접두사의 끝이 자음이고 뒤 단어나 접미사의 첫 음절이 '이, 야, 여, 요, 유'인 경우에 'ㄴ'이 첨가되는 현상이다. 〈표준 발음법〉 제29항에도 설명되어 있다.

예 솜+이불 → 솜이불[솜:니불], 한+여름 → 한여름[한녀름], 맨+입 → 맨입[맨닙]

합성어 파생어	솜	+	이불	→	[솜:니불]
	자음	+	이, 야, 여, 요, 유		[니, 냐, 녀, 뇨, 뉴]

(2) 사잇소리 현상

국어의 단어 중에서 두 개의 형태소 또는 단어가 합쳐져서 합성어가 될 때, 뒤의 예사소리가 된소리로 변하거나 'ㄴ' 소리나 'ㄴㄴ' 소리가 첨가되는 경우가 있다.

명사	+	명사	→	합성 명사	
울림소리	+	• 안울림 예사소리	→ 된소리	예 등+불 → 등불[등뿔]	
		• ㅁ, ㄴ	→ 'ㄴ' 소리 첨가	예 코+날 → 콧날[콘날]	
		• 'ㅣ'나 반모음 [j]	→ 'ㄴㄴ' 소리 첨가	예 예사+일 → 예삿일[예:산닐]	

보충 개념 변이음(變異音)

'변이'란 한 음운 안에서 갈음되는 음성의 목록을 이른다. 음운은 발음하는 환경에 따라 여러 변이음으로 실현된다. 예를 들어 '바보'에서 첫소리의 'ㅂ'은 [p]로, 두 번째 소리의 'ㅂ'은 [b]로 발음되지만, 한국어의 화자는 이를 잘 인식하지 못한다. 이렇듯 같은 음운이 발음되는 자리에 따라 다르게 실현되는 것을 변이음이라고 한다.

예 **'ㄱ'의 변이음:** 고[1]깃[2]국[3]

1. 모음 앞에 놓이면 [k] 2. 모음과 모음 사이에 놓이면 [g] 3. 어말에 놓이면 [k˥]

정답과 해설 340쪽

01 다음 글을 읽고 추론한 내용으로 적절하지 않은 것은?

음성은 사람의 발음 기관을 통해 나오는 말소리로 사람마다 다르고 같은 사람의 음성이라도 때에 따라 다르다. 음운은 음성에서 공통적인 요소만을 뽑아 머릿속에서 같은 소리로 인식하는 것을 가리킨다. 즉, 음성은 구체적이고 물리적인 소리이고 음운은 추상적이고 관념적인 소리라고 할 수 있다.

이러한 음운은 단어의 뜻을 구별해 주는 소리의 가장 작은 단위이다. 예를 들어 '달'과 '말'은 나머지 구성 요소는 같고 오직 'ㄷ'과 'ㅁ'의 차이로 의미 차이가 생기는데, 이때 'ㄷ'과 'ㅁ'을 각각 하나의 음운이라고 한다. 특정 언어에서 어떤 소리가 음운인지 아닌지는 최소 대립쌍을 통해 확인할 수 있다. 최소 대립쌍이란, 위에서 예로 든 '달 – 말'과 같이 단어를 구성하고 있는 요소 중에서 오직 한 가지 요소에 의해서만 의미가 구별되는 단어의 짝을 말한다.

① 최소 대립쌍인 '보리'와 '소리'에서 음운 'ㅂ'과 'ㅅ'을 확인할 수 있다.
② 최소 대립쌍인 '나비'와 '너비'에서 음운 'ㅏ'와 'ㅓ'를 확인할 수 있다.
③ 최소 대립쌍인 '모래'와 '마루'에서 음운 'ㅗ'와 'ㅏ'를 확인할 수 있다.
④ '쌀'과 '물'은 각각 '말'의 최소 대립쌍이 될 수 있다.

선재 쌤's Talk

02 **다음 글을 읽고 〈보기〉에서 최소 대립쌍들을 찾아 음운을 추출한 후, 국어의 단모음 체계에 따라 설명한 것으로 옳지 않은 것은?**

선재 쌤's Talk

> 음운이란 말의 뜻을 구별해 주는 소리의 최소 단위를 말한다. 음운은 언어마다 다를 수 있으며, 한 언어 내에서의 음운은 그 수효가 한정되어 있다. 이러한 음운은 최소 대립쌍을 통해 파악할 수 있다.
>
> 최소 대립쌍이란 의미를 구별하게 하는 음운을 가진 단어들의 쌍을 말하며, 오직 한 가지 요소에 의해서만 의미가 구별된다. 예를 들어 최소 대립쌍 '발'과 '불'은 다른 음운인 'ㅏ', 'ㅜ'에 의해 의미가 달라지는데, 이때의 'ㅏ', 'ㅜ'는 음운의 자격을 얻게 된다.
>
> 단어의 의미를 변별해 주는 역할을 하는 자음과 모음 중 모음의 분류 기준은 예전부터 혀의 위치와 입술의 모양이 중시되었다. 혀의 전후 위치에 따라 혀의 최고점이 앞쪽에 놓이는 전설 모음, 혀의 최고점이 뒤쪽에 놓이는 후설 모음으로 나눌 수 있다. 전설 모음에는 'ㅣ, ㅔ, ㅐ, ㅟ, ㅚ'가 있고, 후설 모음에는 'ㅡ, ㅓ, ㅏ, ㅜ, ㅗ'가 있다.
>
> 또한 혀의 높이에 따라 일반적으로 고모음, 중모음, 저모음의 세 부류로 나누고 있다. 혀의 높이는 입이 벌어지는 정도와 직접적인 관련이 있는데, 혀의 높이가 높을수록 입은 적게 벌어지고 혀의 높이가 낮을수록 입은 많이 벌어지는 것이다. 고모음에는 'ㅣ, ㅟ, ㅡ, ㅜ', 중모음에는 'ㅔ, ㅚ, ㅓ, ㅗ', 저모음에는 'ㅐ, ㅏ'가 있다.
>
> 마지막으로, 모음을 발음할 때 입술을 동그랗게 오므리는 것을 원순 모음이라고 하고 그렇지 않은 것을 평순 모음이라고 한다. 원순 모음에는 'ㅟ, ㅚ, ㅜ, ㅗ'가 있고 평순 모음에는 'ㅣ, ㅔ, ㅐ, ㅡ, ㅓ, ㅏ'가 있다.

보기

> 히죽, 가구, 주소, 자수, 해죽, 주사, 가게

① 추출된 음운들 중에서 3개의 후설 모음을 확인할 수 있다.
② 추출된 음운들 중에서 2개의 고모음을 확인할 수 있다.
③ 추출된 음운들 중에서 2개의 저모음을 확인할 수 있다.
④ 추출된 음운들 중에서 3개의 평순 모음을 확인할 수 있다.

03 다음 글에 대한 이해로 적절하지 않은 것은?

선재 쌤's Talk

> 음운 변동은 한 음운이 일정한 환경에서 변하는 현상을 말하는데, 그 결과에 따라 한 음운이 다른 음운으로 바뀌는 '교체', 원래 있던 음운이 없어지는 '탈락', 두 개의 음운이 합쳐져서 하나로 되는 '축약', 없던 음운이 추가되는 '첨가' 등으로 나누어 볼 수 있다.
>
> 교체에는 '쪽문[쫑문]'처럼 파열음(ㄱ)이나 유음이 비음(ㅁ)을 만나 비음(ㅇ)으로 발음되는 비음화, '물난리[물랄리]'처럼 'ㄴ'이 'ㄹ'의 앞이나 뒤에서 'ㄹ'로 바뀌는 유음화, '해돋이[해도지]', '같이[가치]'처럼 'ㄷ, ㅌ'이 모음 'ㅣ' 앞에서 'ㅈ, ㅊ'으로 바뀌는 구개음화 등이 있다. 탈락에는 '끊을[끄늘]'과 같이 용언의 어간 끝 자음 'ㅎ'이 뒤에 모음으로 시작하는 문법 형태소와 결합하면 탈락하는 현상인 'ㅎ' 탈락 등이 있다. 축약에는 '놓고[노코]'와 같이 'ㅎ'이 'ㄱ'과 만나 'ㅋ'으로 합쳐지는 현상인 자음 축약 등이 있으며, 첨가에는 '담요[담ː뇨]'와 같이 둘 이상의 형태가 결합할 때, 'ㄴ'이 추가되는 현상인 'ㄴ' 첨가 등이 있다.

① '칼날'을 [칼랄]이라고 발음하는 것은 뒤의 음운이 앞의 음운과 동일하게 교체되는 경우에 해당한다.

② '낳은'을 [나은]으로 발음하는 것은 원래 있던 음운이 탈락되는 경우에 해당한다.

③ '한여름'을 [한녀름]이라고 발음하는 것은 음운이 새롭게 첨가되는 경우에 해당한다.

④ '굳이'를 [구지]로 발음하는 것은 두 음운이 하나의 음운으로 줄어드는 경우에 해당한다.

04 다음 글에서 추론한 내용으로 적절하지 않은 것은?

> 국어의 음운 변동에서 탈락은 앞뒤 형태소의 두 음운이 마주칠 때에 그중의 한 음운이 완전히 탈락하는 것으로, 탈락 현상에는 자음군 단순화, 'ㄹ' 탈락, 'ㅎ' 탈락, 모음 탈락이 있다. 자음군 단순화는 '값[갑]', '여덟[여덜]'과 같이 국어의 음절 끝에 겹받침이 오면 두 자음 중 하나가 탈락하는 현상이다. 그리고 'ㄹ' 탈락은 '울-+-는 → 우는'과 같이 용언이 활용을 할 때에 어간의 끝소리 'ㄹ'이 탈락하는 현상을 말한다. 또한 'ㅎ' 탈락은 '좋은[조:은]'처럼 용언 어간의 끝소리 'ㅎ'이 모음으로 시작되는 어미나 접사 앞에서 탈락되는 현상을 말한다. 마지막으로 두 모음이 연결될 때에 '가-+-아서 → 가서'와 같이 어미의 첫 모음 'ㅏ'가 탈락되거나, '쓰-+-어라 → 써라'와 같이 어간의 끝 모음 'ㅡ'가 탈락되는 현상을 모음 탈락이라고 한다.
>
> 한편 축약은 두 음운이 합쳐져서 하나의 음운이 되는 것으로, 국어에서는 자음 축약과 모음 축약이 나타난다. 자음 축약은 '좋고[조:코]'처럼 예사소리 'ㄱ, ㄷ, ㅂ, ㅈ'이 'ㅎ'과 만나 거센소리 'ㅋ, ㅌ, ㅍ, ㅊ'이 되는 현상을 말한다. 모음 축약은 '오-+-아서 → 와서', '가지-+-어 → 가져'처럼 앞뒤 형태소의 두 모음 중에서 한 모음이 반모음으로 변하여 한 음절로 줄어드는 현상을 말한다.

① '끓이다[끄리다]'에서는 음운 1개의 탈락 현상만 나타난다.

② '많다'가 [만:타]로 소리 나는 것은 자음 축약에 해당한다.

③ 어간 '끄-'가 어미 '-어라'와 만나 '꺼라'가 되는 것은 모음 축약에 해당한다.

④ '우는 새'와 '하늘을 나는 새'에서 '우는'과 '나는'에는 동일한 음운 변동이 나타난다.

선재 쌤's Talk

CHAPTER 02

형태론

1 형태소와 단어의 개념

지문 읽기

가 단어는 문장에서 자립할 수 있는 말이나 자립할 수 있는 말에 붙어 쉽게 분리할 수 있는 말을 가리킨다. 단어는 다시 일정한 뜻을 지닌 가장 작은 말의 단위인 형태소로 나뉜다. 예를 들어, '헛기침'은 한 단어이나 '헛-'과 '기침'이라는 두 개의 형태소로 나눌 수 있다.

형태소는 실질적인 의미가 있느냐에 따라 실질 형태소와 형식 형태소로 나뉘고, 자립하여 홀로 쓰일 수 있느냐에 따라 자립 형태소와 의존 형태소로 나뉜다. 가령 '헛기침 소리에 잠에서 깼다.'라는 문장은 '헛-/기침/소리/에/자-/-ㅁ/에서/깨-/-었-/-다'로 형태소를 나눌 수 있는데, 이때 '기침'과 '소리'는 실질적인 의미를 지니고 있으며 문장에서 홀로 쓰일 수 있으므로 실질 형태소이자 자립 형태소이다. 또한 '자-'와 '깨-'는 실질적인 의미를 지니고 있으나 홀로 쓰일 수는 없으므로 실질 형태소이면서 의존 형태소이고, '헛-', '에', '-ㅁ', '에서', '-었-', '-다'는 문법적 의미를 지니며 홀로 쓰일 수 없으므로 형식 형태소이면서 의존 형태소이다.

나 '구름', '새싹', '붓꽃', '날것'과 같이 자립하여 쓸 수 있는 말을 단어라고 한다. 이 외에 '비가 온다.'의 '가'와 같은 조사는 자립할 수 없지만 자립할 수 있는 말에 붙어 쉽게 분리되기 때문에 단어로 본다.

한편 '새싹'은 '새'와 '싹'으로, '붓꽃'은 '붓'과 '꽃'으로, '날것'은 '날-'과 '것'으로 나누어도 나누어진 각 부분이 뜻을 지닌다. 이렇게 뜻을 지닌 가장 작은 말의 단위를 형태소라고 한다. '구름'은 더 작은 단위로 나누면 뜻을 알 수 없게 되므로 '구름'이 하나의 형태소이다.

'하늘이 새파랗다.'라는 문장에서 '하늘'처럼 혼자 쓰일 수 있는 형태소를 자립 형태소, '이', '새-', '파랗-', '-다'처럼 혼자 쓰일 수 없는 형태소를 의존 형태소라고 한다. 또한 '하늘', '파랗-'처럼 실질적인 의미를 지닌 형태소를 실질 형태소, '이', '새-', '-다'처럼 문법적인 의미만을 지닌 형태소를 형식 형태소라고 한다.

독해 지문 확인

이 글을 바탕으로 할 때, 다음 문장의 내용이 맞으면 ○, 틀리면 ×를 하시오.

01 동사의 어간은 스스로 실질적인 단어이므로 명사와 더불어 '자립 형태소'이다. ○|×

02 '저 나뭇잎은 참 빨갛다.'에서 실질 형태소이면서 의존 형태소인 것은 '빨갛-'이다. ○|×

03 '밤하늘에 별이 밝게 빛났다.'를 형태소 단위로 나누면 '밤/하늘/에/별/이/밝/게/빛/났/다'이다. ○|×

정답 01 × 02 ○ 03 ×

01 | 형태소

형태소란 더 이상 분석하면 뜻을 잃어버리는, 뜻을 지닌 가장 작은 말의 단위를 말한다.

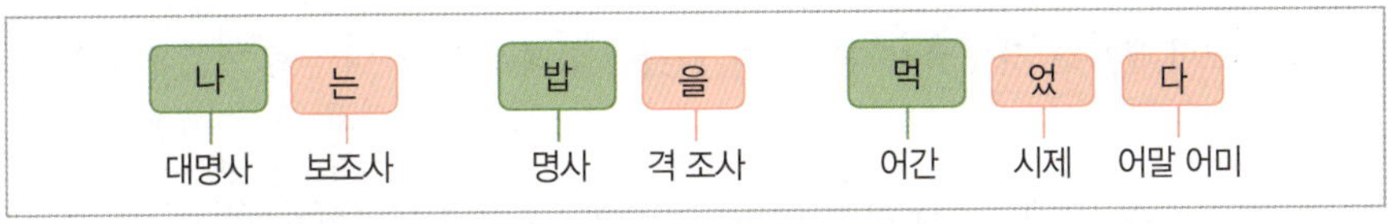

(1) 자립성 유무에 따라

① 자립 형태소: '나', '밥'처럼 홀로 자립하여 쓰일 수 있는 형태소 예 체언, 수식언, 독립언 등

② 의존 형태소: '는', '을', '먹-', '-었-', '-다'처럼 자립하여 쓰일 수 없어 다른 말에 기대어 쓰이는 형태소 예 조사, 용언의 어간과 어미, 접사 등

(2) 실질적 의미의 유무에 따라

① 실질 형태소: '나', '밥', '먹-'처럼 어휘적 의미와 같은 실질적 의미가 있는 형태소 예 자립 형태소, 용언의 어간

② 형식 형태소: '는', '을', '-었-', '-다'처럼 실질 형태소에 붙어서 문법적 기능 등을 나타내는 형태소 예 조사, 용언의 어미, 접사 등

02 | 단어(낱말)

단어란 자립할 수 있거나, 자립 형태소에 붙어서 쉽게 분리가 되는 말을 가리킨다. 다만 조사는 자립성은 없지만 교착어의 특성상 쉽게 분리되므로 단어로 취급한다.

예 **철수가 문을 열었다.**: 조사 '가'와 '을'은 각각 앞의 단어와 쉽게 분리가 되므로 단어로 취급한다. 하지만 용언의 어간 '열-'과 어미 '-었-, -다'는 서로 어울려야 자립할 수 있으므로 단어가 아니다.

03 | 어절

어절이란 문장을 구성하고 있는 도막도막의 말마디로, 현실적인 띄어쓰기 단위이다.

예 **나는 지금 학교에 가고 있다.**: 5개의 어절. 대체로 띄어 쓴 부분과 어절은 일치한다.

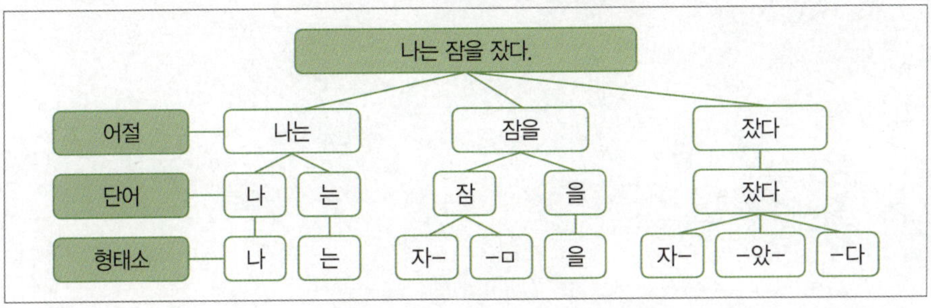

형태소의 분석

	나	는	밥	을	먹	었	다
자립	○		○				
의존		○		○	○	○	○
실질	○		○		○		
형식		○		○		○	○

의존 형태소이면서 실질 형태소인 것: 용언의 어근

- **치솟다**: 치(접사: 의존+형식)+솟(의존+실질)+다(의존+형식)
- **뛰놀다**: 뛰(의존+실질)+놀(의존+실질)+다(의존+형식)

단어의 개수

단어 개수 = 어절 개수+조사 개수

예 **봄비가 내린다.**: 어절(2개) + 조사(1개) = 단어의 개수(3개)

2 단어의 갈래 ①: 명사 · 대명사 · 수사

지문 읽기

단어들을 성질이 공통된 것끼리 모아 분류한 것을 품사라고 한다. 품사는 형태, 기능, 의미의 세 기준에 따라 분류된다.

첫째, 단어는 '형태'가 문장 안에서 변하는지의 여부에 따라 불변어와 가변어로 나뉜다. 가령 '하루가 정말 빠르게 지나간다.'라는 문장에서 '하루', '가', '정말'은 형태가 고정된 불변어이고, '빠르게', '지나간다'는 형태가 변하는 가변어이다. '빠르게'는 '빠르고, 빠르니' 등으로, '지나간다'는 '지나가고, 지나가서' 등으로 문장에서 쓰일 때 그 형태가 변한다.

둘째, 단어는 문장 안에서 어떤 '기능'을 하는지에 따라 체언, 관계언, 용언, 수식언, 독립언으로 나뉜다. 단어는 기능 기준에 따라 '하루'와 같이 문장에서 주로 주어로 쓰이는 체언, '가'와 같이 여러 성분 간의 관계를 나타내는 관계언, '지나가다'와 같이 서술어로 쓰이는 용언, '정말'과 같이 다른 말을 꾸며 주는 수식언, 그리고 독립적으로 쓰이는 독립언으로 나뉜다.

셋째, 단어는 '의미'에 따라 유사한 의미적 특성을 지닌 것끼리 분류된다. 체언은 명사, 대명사, 수사로, 용언은 동사, 형용사로, 수식언은 관형사, 부사로 나뉜다. 관계언에는 조사가 있으며, 독립언에는 감탄사가 있다.

이 중 기능에 따른 분류인 체언을 살펴보자. 체언은 문장에서 주어 자리에 올 수 있는 것인데, 때로는 목적어나 보어 자리에 오기도 한다. 이들은 조사와 결합할 수 있으며 일반적으로 형태에 변화가 없다. 체언은 '나는 민아에게 책 하나를 건넸다.'라는 문장의 '민아', '책'과 같이 대상의 이름을 나타내는 명사, '나'와 같이 대상의 이름을 대신하여 가리키는 대명사, '하나'와 같이 사물의 수량이나 순서를 나타내는 수사로 나뉜다.

독해 지문 확인

이 글을 바탕으로 할 때, 다음 문장의 내용이 맞으면 ○, 틀리면 ×를 하시오.

01 다른 말을 꾸며 주는 수식언은 형태가 변하지 않는 불변어이다. ○|×

02 '나는 민아에게 책 하나를 건넸다.'에서 '나'는 기능에 따라 분류하면 체언이고, 의미에 따라 분류하면 명사를 대신하는 단어이다. ○|×

03 '열을 세어라.'에서 '열'과 '사과 하나만 먹어라.'에서 '하나'의 품사는 같지 않다. ○|×

정답 01 ○ 02 ○ 03 ×

01 | 명사: 의존 명사

명사란 사람이나 사물의 이름을 나타내는 단어로, 구체적인 대상의 이름을 말한다.
이 중 의존 명사는 단어로 인정되지만 자립성이 없어 관형어의 꾸밈을 받는다. 관형어의 수식을 받고, 조사와 결합이 가능하기 때문에 자립성이 없지만 명사로 분류된다.

관형어 + **의존 명사** + (조사) 생략 가능

예 • 아는 만큼 해라.
• 그를 만난 지 오래되었다.
• 그것은 그가 할 따름이죠.
• 사탕 한 개만 주세요.

02 | 대명사

사람이나 사물을 대신 나타내는 단어를 말한다. 사람을 대신 나타내는 인칭 대명사, 사물이나 처소를 대신 나타내는 지시 대명사가 있다.

인칭 대명사 중 재귀 대명사는 문장에서 사용된 3인칭 주어의 반복을 피하기 위해 대신 사용하는 대명사이다. 재귀 대명사는 3인칭이지만, 같은 형태라도 인칭이 다른 대명사가 있다는 점에 유의해야 한다.

예 • 할아버지께서는 생전에 당신의 장서를 소중히 다루셨다. – 재귀 대명사(3인칭)
• 당신은 누구십니까? – 2인칭 대명사

03 | 수사

사물의 수량이나 순서를 나타내는 단어를 말한다. 수사에는 조사가 붙어 격을 나타내는 반면, 수 관형사에는 조사가 붙을 수 없다.

예 • 나는 사과 하나를 먹었다. – 수사
• 사과 한 개를 주세요. – 관형사

또한 차례를 나타내면 수사이지만, 차례를 나타내는 말이 사람을 지칭하면 명사이다.

예 • 시험을 볼 때는 첫째, 실력이 필요하고 둘째, 집중력이 필요하다. – 차례 → 수사
• 첫째는 공무원이고, 둘째는 선생님이다. – 사람을 지칭 → 명사

기능에 따른 품사 분류

- **체언** – 문장의 주체가 되는 자리에 놓이는 말
  명사, 대명사, 수사
- **수식언** – 뜻을 꾸미거나 한정하는 말
  관형사, 부사
- **관계언** – 다른 말과의 문법적 관계를 나타내거나 뜻을 더해 주는 말
  조사
- **용언** – 문장 주체를 서술하는 말
  동사, 형용사
- **독립언** – 다른 단어와 어울리지 않고 독립적으로 쓰이는 말
  감탄사

체언

체언 – 명사 / 대명사 / 수사

① 관형어의 수식을 받는다.
② 뒤에 조사가 결합한다.
③ 형태가 고정되어 있다.

개념 확인

01 밑줄 친 단어가 수사이면 ○를, 그렇지 않으면 ×를 하시오.

(1) 나는 사과 하나를 먹었다. ○ | ×
(2) 사과 한 개를 주세요. ○ | ×
(3) 다섯 사람이 이곳에 있다. ○ | ×
(4) 사과 다섯을 샀다. ○ | ×
(5) 첫째는 공무원이다. ○ | ×
(6) 첫째, 할 일을 하자. ○ | ×

정답 (1) ○ (2) × (3) × (4) ○ (5) × (6) ○

3 단어의 갈래 ②: 동사 · 형용사

지문 읽기

용언이란 문장에서 주어를 서술하는 기능을 하는 단어를 말하는데, 여기에는 동사와 형용사가 있다. 동사는 사람이나 사물의 동작이나 작용을 나타내는 품사이고, 형용사는 사람이나 사물의 성질이나 상태를 나타내는 품사이다. 용언 어간에 다양한 어미가 붙어 형태가 변하는 것을 활용이라고 하는데, 동사와 형용사는 활용 방식에 차이가 있다.

첫째, 동사는 '철수가 밥을 먹는다.'와 같이 현재 시제 선어말 어미 '-는-/-ㄴ-'과 결합될 수 있지만 형용사는 결합될 수 없다. 둘째, 현재 시제 관형사형 어미의 경우, 동사는 '철수가 먹는 밥'과 같이 '-는'이 결합되고 형용사는 '시큼한 귤'과 같이 '-ㄴ/-은'이 결합된다. 셋째, 동사는 '철수가 밥을 먹으러 간다.', '철수가 밥을 먹으려 한다.'와 같이 '의도'를 나타내는 어미 '-(으)러' 또는 목적을 나타내는 어미 '-(으)려'와 결합할 수 있지만 형용사는 그렇지 않다. 주어의 성질이나 상태는 의도나 목적의 대상이 될 수 없기 때문이다. 넷째, 동사는 명령형 어미 그리고 청유형 어미와 결합할 수 있지만 형용사는 그렇지 못하다. 주어의 성질이나 상태에 대해 명령을 하거나 청유를 할 수는 없기 때문이다. 다섯째, 동사는 진행을 나타내는 보조 용언 구성 '-고 있다'가 결합할 수 있지만 형용사는 결합하지 못한다.

이처럼 동사와 형용사는 활용 형태로 구별되는 경우가 많지만, 동사와 형용사로 모두 쓰이는 단어들도 있다. 예를 들어 '크다'는 '오랜만에 만나니 철수의 키가 몰라보게 컸다.'처럼 움직임과 변화의 의미를 지니게 되면 동사로 쓰인 것이지만, '철수의 키가 크다.'처럼 상태를 나타내게 되면 형용사로 쓰인 것이다.

또한 '있다' 역시 '앞으로 사흘만 있으면 추석이다.'처럼 시간의 변화를 나타내면 동사로 쓰인 것이지만, '나는 그와 만난 적이 있다.'처럼 움직임이나 시간의 변화를 나타내지 못하면 형용사로 쓰인 것이다. 따라서 문맥에서의 의미와 활용 형태 등을 고려하여 동사와 형용사를 구별해야 한다.

독해 지문 확인

이 글을 바탕으로 할 때, 다음 문장의 내용이 맞으면 ○, 틀리면 ×를 하시오.

01 동사와 달리 형용사는 현재를 나타내는 선어말 어미와 결합할 수 없다. O|X

02 형용사 '건강하다'는 '건강해라, 건강하자'와 같이 명령형 · 청유형 어미와 결합할 수 있다. O|X

03 '날이 밝는다.'에서 '밝다'는 동사이고, '햇살이 밝다.'에서 '밝다'는 형용사이다. O|X

정답 01 ○ 02 × 03 ○

01 | 동사와 형용사

(1) 개념

동사와 형용사는 문장의 주체를 서술하는 기능을 지닌 용언으로, 활용을 하는 특징을 지닌다. 동사, 형용사는 모두 어간과 어미로 구성되는데, 어간은 혼자 올 수가 없고 반드시 어말 어미를 필요로 한다. 일반적으로 용언의 어미가 변하는 현상을 활용이라고 하는데, 한국어는 활용을 통해 다양한 문법적 기능을 나타낸다.

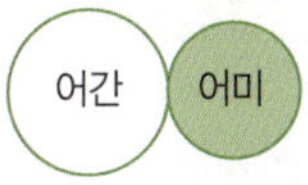

먹 ┬ 다(평서형 종결 어미)
　 ├ 고(대등적 연결 어미)
　 └ 어라(명령형 어미)
→ 어미만 변화: 규칙 활용

짓 ┬ 다(평서형 종결 어미)
　 ├ 고(대등적 연결 어미)
　 └ 어라(명령형 어미)
→ 어간까지 변화: 불규칙 활용

사전에는 용언의 기본형이 등재되어 있다. 기본형이란 어간에 종결 어미 '-다'가 붙은 형태를 말한다. 이때 사동 접미사나 피동 접미사까지 기본형의 어간에 포함된다.

예 • 맑은 물이 흐른다.: 사전에는 기본형인 '맑다'와 '흐르다'가 등재된다.
• 아이에게 우유를 먹이다.: '-이-'는 사동 접사이므로 기본형은 '먹이다'이다.

(2) 동사와 형용사의 구별

동사는 형용사와 달리 활용에 제한이 없다. 따라서 다음의 형태를 취할 수 있다.

① 동사는 현재 관형사형 어미 '-는'을 취할 수 있지만, 형용사는 '-(으)ㄴ'만을 취한다. 또한 동사는 현재 시제 선어말 어미 '-는-/-ㄴ-'을 취하지만 형용사는 이를 취하지 않는다.

예 • 먹다 → 먹는, 먹는다(○): '-는-'을 사용하므로 동사
• 맑다 → 맑는/맑는다(×), 맑은/맑다(○): '-는-'을 쓰지 못하므로 형용사

예외 '없는, 맛있는, 멋있는'은 형용사이다.

② '어간 + 고 있다(진행)', '어간 + 고 싶다(욕구)'를 취하면 동사이다.

예 가고 있다, 가고 싶다(○) → 동사 / 맑고 있다, 맑고 싶다(×) → 형용사

③ 명령형, 청유형을 취하면 동사이다.

예 먹어라, 먹자(○) → 동사 / 맑아라, 맑자(×) → 형용사

보충 자료 **주의해야 하는 동사 · 형용사**

동사	늙다	너 때문에 내가 늙는다.('-는-'을 취하므로 동사)
	조심하다	실수하지 않도록 매사에 조심해라.
	중시하다	전통을 중시하는 사람들이 많다.
형용사	알맞다 / 걸맞다	알맞는 / 걸맞는 답을 고르시오.(×) → 알맞은 / 걸맞은(○)
		알맞지 않는 / 걸맞지 않는(×) → 알맞지 않은 / 걸맞지 않은(○) * '-지 않다'는 앞 용언의 성격에 따라 품사가 결정된다.
	없다	범죄 없는 사회(○) → '없다'는 '없는'의 형태로 활용하지만 형용사이다.
	건강하다	올해도 건강하세요.(×) → 건강하게 지내세요(○)

용언

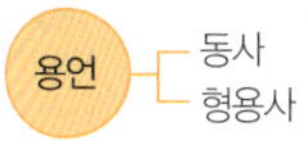

① 어간과 어미로 구성된다.
② 활용을 한다.

어간과 어미

① 어간: 활용할 때 변하지 않는 부분. 의존 형태소이면서 실질 형태소
② 어미: 여러 형태로 활용하면서 문법적 기능을 표시하는 부분

용언의 기본형

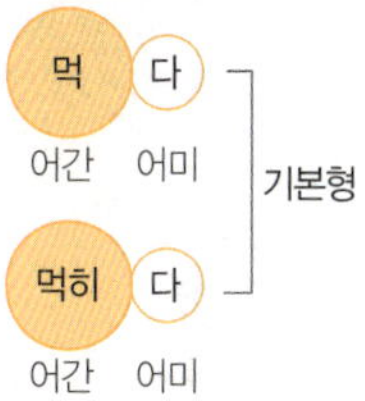

동사와 형용사의 차이점

	동사	형용사
현재 시제 선어말 어미	○	×
명령형	○	×
청유형	○	×
목적 어미 '-러'	○	×
의도 어미 '-려'	○	×

→ 형용사에는 '-는-'을 쓰지 않는다.
• 먹는(○)(현재), 먹은(○)(과거)
맑는(×), 맑은(○)
• 먹는다(○), 맑는다(×)

활용
동사, 형용사, 이다

02 | 용언의 활용

활용이란 용언이 문법적 관계를 표시하기 위하여 어간 또는 어미를 여러 형태로 바꾸는 현상을 말한다.

활용에는 규칙 활용과 불규칙 활용이 있다. **규칙 활용**이란 일반적인 국어 문법으로 설명할 수 있는 변화이고, **불규칙 활용**은 그렇지 않은 변화이다.

용언 \ 어미	자음 어미		모음 어미		규칙/불규칙
	-고	-지	-아/-어	-은	
웃다	웃고	웃지	웃어	웃은	규칙 활용
짓다	짓고	짓지	지어	지은	불규칙 활용

(1) 규칙 활용

일반적인 국어 문법으로 설명할 수 있는 변화로, 자동적 변화에 속한다. 즉 활용할 때 어간과 어미의 형태 변화가 없거나, 형태 변화가 있어도 보편적인 음운 규칙으로 설명되는 활용을 말한다.

예 • **먹다**: 먹어, 먹어라(형태가 바뀌지 않음.)
• **살다**: 사니, 사시오, 삽니다(형태가 바뀌어도 'ㄹ' 탈락으로 설명할 수 있음.)
• **쓰다**: 써, 써라(형태가 바뀌어도 'ㅡ' 탈락으로 설명할 수 있음.)

종류	변화의 양상	예시
'ㄹ' 탈락	어간의 끝소리 'ㄹ'이 'ㄴ, ㅂ, ㅅ, -오, -ㄹ' 앞에서 탈락함.	현재 관형사형 어미: 동사 + -는 / 형용사 + -(으)ㄴ 예 • 하늘을 날+는 → 나는: 동사이므로 '-는'이 옴. 날으는(×) • 물건을 팔+는 → 파는: 동사이므로 '-는'이 옴. 팔으는(×) • 거칠+ㄴ 벌판 → 거친: 형용사이므로 '-ㄴ'이 옴. 거칠은(×)
'ㅡ' 탈락	용언의 어간 'ㅡ'가 어미 '-아'나 '-어' 앞에서 탈락함.	예 • 바쁘+아 → 바빠 • 담그+아 → 담가 • 치르+어 → 치러

① 'ㄹ' 받침으로 끝나는 어간 + '으': 관형사형 어미 '-(으)ㄴ / -(으)ㄹ'이 올 자리에서 매개 모음 '으'가 탈락한다.

예 • 날을 수 있다(×) → 날 수 있다(○) – 매개 모음 '으'와 'ㄹ' 받침이 탈락
• 차를 밀으니 길이 생겼다.(×) → 미니(○)
• 물이 얼으면 얼음이 된다.(×) → 얼면(○)

② 주요 'ㅡ' 탈락 용언: '담그다, 들르다, 잠그다, 치르다, 노느다' 등은 어간에 'ㅡ'가 포함된 용언이므로 어미 '-아/-어' 앞에서 'ㅡ'가 탈락한다.

예 • 국어 시험을 치뤘다.(×) → 치렀다(○)
• 문을 꼭 잠궈라.(×) → 잠가라(○)

(2) 불규칙 활용

일반적인 국어 문법으로 설명이 불가능한 변화를 말한다. 즉 생략된다고 해서 불규칙 활용인 것이 아니라, 생략되는 현상이 국어의 음운 현상으로 설명할 수 없는 경우를 불규칙 활용이라고 한정한다.

예 • **솟다 – 솟고 – 솟으니**: 'ㅅ'이 탈락하지 않음. → 규칙 활용
• **낫다 – 나은 – 나아서**: 'ㅅ'이 모음 앞에서 탈락함. → 불규칙 활용

개념 확인

01 다음 밑줄 친 단어의 기본형을 쓰시오.

(1) 단 음식을 먹고 공부를 했다.
(2) 물에 떠 있는 공을 찼다.
(3) 밥을 지은 후 밥을 펐다.
(4) 바람이 불면 라면이 불어.
(5) 나무가 흔들려서 사람을 불렀다.
(6) 철수는 매우 빨라서 산을 잘 올라.
(7) 집에 들러서 선물을 들려 보냈다.
(8) 고운 꽃의 색깔이 매우 하얘.

정답 (1) 달다, 하다 (2) 뜨다, 차다 (3) 짓다, 푸다 (4) 불다, 붇다 (5) 흔들리다, 부르다 (6) 빠르다, 오르다 (7) 들르다, 들리다 (8) 곱다, 하얗다

① 어간이 바뀌는 불규칙 활용: 'ㅅ, ㄷ, ㅂ, 르, 우' 불규칙

종류	변화의 양상	불규칙 용언		규칙 용언
		동사	형용사	
'ㅅ' 불규칙	어간의 끝소리 'ㅅ'이 모음 앞에서 탈락함. 예 짓+어 → 지어	짓다, 젓다, 붓다, 잇다 등	낫다[勝, 好]	벗다, 빗다, 솟다, 빼앗다 등
'ㄷ' 불규칙	어간의 끝소리 'ㄷ'이 모음 앞에서 'ㄹ'로 바뀜. 예 • 걷+어 → 걸어 • 싣+어 → 실어	싣다, 붇다, 일컫다, 긷다, 묻다[問] 등	없음.	묻다[埋], 돋다, 닫다, 쏟다, 얻다 등
'ㅂ' 불규칙	어간의 끝소리 'ㅂ'이 모음 앞에서 '오/우'로 바뀜. 예 • 곱+아 → 고와 • 돕+아 → 도와	줍다, 눕다, 굽다[燔], 깁다 등	덥다, 사납다, 괴롭다, 무겁다 등	굽다[曲], 뽑다, 잡다, 좁다, 씹다, 입다, 접다 등
'르' 불규칙	어간의 끝소리 'ㅡ'가 탈락하면서 'ㄹ'이 덧생김. 예 흐르+어 → 흘러	부르다, 타오르다, 가르다, 누르다[壓], 오르다 등	이르다[早], 그르다, 무르다, 배부르다 등	치르다(치러), 우러르다(우러러) 등
'우' 불규칙	어간의 끝소리 '우'가 모음 앞에서 탈락함. 예 푸+어 → 퍼	푸다	없음.	주다, 꾸다, 두다, 쑤다 등

② 어미가 바뀌는 불규칙 활용: '여, 러, 오' 불규칙

종류	변화의 양상	불규칙 용언		규칙 용언
		동사	형용사	
'여' 불규칙	어미 '-아'가 '-여'로 바뀜. 예 하+아 → 하여	'-하다'로 끝나는 동사 전부	'-하다'로 끝나는 형용사 전부	사다, 나다, 차다, 파다 등
'러' 불규칙	어미의 첫소리 '-어'가 '-러'로 바뀜. 예 이르+어 → 이르러	이르다[至]	푸르다, 누르다, 노르다[黃]	들르다 등
'오' 불규칙	'달다'의 명령형 어미가 '-오'로 바뀜. 예 달+아라 → 다오	달다	없음.	주다 등

③ 어간과 어미가 함께 바뀌는 불규칙 활용: 'ㅎ' 불규칙

'ㅎ' 불규칙은 용언 어간의 끝음절 받침 'ㅎ'이 'ㄴ'이나 'ㅁ'으로 시작하는 어미나 모음으로 시작하는 어미 앞에서 탈락하거나(어간만 바뀌는 경우), 어미 '-아/-어'와 결합할 때 어간과 어미의 모양이 함께 바뀌는 불규칙 활용을 말한다.

종류	변화의 양상	불규칙 용언		규칙 용언
		동사	형용사	
'ㅎ' 불규칙	어간의 끝 'ㅎ'이 탈락하고 어미 '-아/-어'가 '-애/-에'로 바뀜. 예 파랗+아 → 파래	없음.	누렇다, 빨갛다, 까맣다, 보얗다 등	좋다, 놓다 등

'ㅂ' 불규칙: '와' 형과 '워' 형

'ㅂ' 불규칙 용언이 활용할 때 '오 + 아 → 와' 형으로 변하는 단어는 '곱다, 돕다'밖에 없다. 나머지는 모두 '워' 형이다.

예 • 고와, 도와
• 아름다워, 새로워, 괴로워

'이르다'의 활용

① '이르다'가 '말하다, 빠르다'의 뜻 : '르' 불규칙 활용
예 • 내가 일러 줄 것은 모두 일렀다.: '르' 불규칙
• 포기하기엔 일러.: '르' 불규칙

② '닿다, 도달하다'의 뜻 : '러' 불규칙 활용
예 자정에 이르러서야 집에 돌아왔다.: '러' 불규칙

어간에 '르'가 들어간 용언

- 'ㅡ' 탈락 예 치르다-치러
- '르' 불규칙 예 오르다-올라
- '러' 불규칙 예 이르다[至]-이르러

본용언과 보조 용언에 모두 쓰이는 단어들

본용언과 보조 용언의 기능을 동시에 수행하는 용언이 있다는 점에 주의해야 한다. 의미와 기능을 고려해서 잘 판단하자.

예 • 일을 하다. – 본용언
• 일을 해야 한다. – 본용언 + 보조 용언(당위)
• 일을 하기는 한다. – 본용언 + 보조 용언(시인)
• 일을 하게 하다. – 본용언 + 보조 용언(사동)

개념 확인

01 용언의 종류를 구별하시오.

(1) 선물을 받아 주다. (　　　)
(2) 가방을 책상 위에 올려 두었다. (　　　)
(3) 아이가 울어 쌓는다. (　　　)
(4) 고개를 뒤로 젖히다. (　　　)
(5) 노래를 불러 젖히다. (　　　)

정답 (1) 보조 용언 (2) 보조 용언 (3) 보조 용언 (4) 본용언 (5) 보조 용언

03 | 본용언과 보조 용언

용언의 어간 +	보조적 연결 어미(아/어, 게, 지, 고)	+	보조 동사, 보조 형용사
예 • 먹 +	어	+	보다
• 맑 +	지	+	않다

(1) **본용언:** 뚜렷한 의미와 실질적인 뜻을 지닌, 자립성이 있는 용언을 말한다. 본용언은 단독으로 문장의 서술어가 될 수 있다. 따라서 문장의 종류가 겹문장인지 홑문장인지는 본용언의 개수로 판별한다.

철수는 밥을 먹고 갔다.: 철수는 밥을 먹었다(본용언) + 철수는 갔다(본용언)
↳ 대등적 연결 어미 → 본용언이 두 개이므로 겹문장

철수는 밥을 먹고 봤다.: 철수는 밥을 먹었다(본용언) + 봤다(보조 용언)
↳ 보조적 연결 어미 → 본용언이 한 개이므로 홑문장

(2) **보조 용언:** 본용언과 연결되어 문법적 의미를 보충하는 역할을 한다. 자립성이 희박하여 단독으로 문장의 서술어가 될 수 없다. 보조 용언은 용언이 2개 이상일 때만 적용되는 개념이므로, 서술어가 하나일 때는 항상 본용언으로 봐야 한다.

보조 용언은 한 문장에서 여러 개가 연달아 쓰일 수도 있으며, 본용언과 보조 용언의 사이에 '-아서/-어서'나 다른 문장 성분이 끼어들 수 없다는 특성이 있다.

예 • **이것을 먹어 보아라.**: '이것을 먹다'는 의미가 남아 있지만, '이것을 보다'의 의미는 남아 있지 않다. 따라서 '먹어'는 본용언, '보아라'는 경험, 시도의 뜻을 나타내는 보조 용언이다.
• **진실을 알아 버렸다.**: '진실을 알다'는 의미가 남아 있지만, '진실을 버렸다'는 성립하지 않는다. 따라서 '알아'는 본용언, '버렸다'는 보조 용언이다.
• **네가 그린 그림을 보고 보니 기분이 좋다.**: 이 문장의 실질적인 뜻은 '보고'에 있으며, '보니'는 본용언의 의미를 보충하는 보조 용언이다.
• **기차가 떠나 버리고야 말았다.**: 보조 동사 2개가 쓰였다.

04 | 어미의 종류

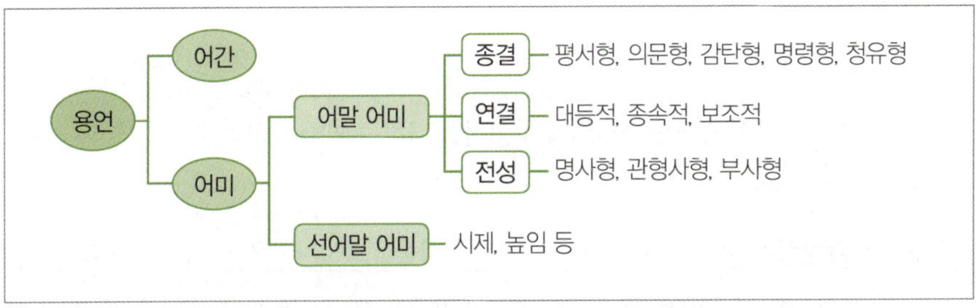

어미란 어간 다음에 위치하여 문법적 기능을 하는 형태소로, 어말 어미와 선어말 어미가 있다. 결합 순서는 '용언의 어간 + 선어말 어미 + 어말 어미'의 순이다.

(1) **선어말 어미:** 어간과 어말 어미 사이에 위치하여 높임, 시제, 공손을 표시하는 어미를 말한다.

예 **아버지께서 오셨다.**: 오-(어간)+-시-(높임 선어말 어미)+-었-(시제 선어말 어미)+-다(어말 어미)

구분	종류
높임 선어말 어미	-시-(주체 높임) 예 할머니께서 책을 읽으신다.
시제 선어말 어미	-는-(현재) 예 책을 읽는다.
	-았-/-었-(과거), -더-(회상) 예 책을 읽었다.(과거)
	-겠-(미래) 예 책을 읽겠다.
공손 선어말 어미	-옵- 예 복을 받으옵소서.

(2) **어말 어미:** 어간이나 선어말 어미 뒤에 오는 어미이다. 문장의 종결이나 연결 시에 반드시 써야 하는 필수적인 요소이다. 종결 어미는 문장을 끝맺는 기능을 하고, 연결 어미는 앞 문장과 뒤 문장을 연결하는 기능을 한다. 전성 어미는 용언의 서술 기능을 다른 기능으로 바꾸어 주는 어미이다.

보충 자료 **전성 어미의 기능**

전성 어미는 용언의 서술 기능을 다른 기능으로 바꾸어 주는 역할을 한다. 즉 문장에서 놓이는 위치에 따라 형태가 달라지는 것이지, 품사는 변하지 않는다. 품사를 변화시키는 것은 어미가 아니라 접사라는 것을 기억하자.

	용언의 어간에 붙어 다른 품사의 기능을 수행하게 하는 어미		
전성 어미	관형사형	-는, -(으)ㄴ, -(으)ㄹ, -던	집에 가는 철수를 봤다.
	명사형	-기, -(으)ㅁ	집에 가기가 무섭다.
	부사형	-게	꽃이 아름답게 피었다.

예 • 학교에 가기가 정말 즐겁다. (명사형 – 품사는 동사)
• 학교에 가는 사람이 바로 철수이다. (관형사형 – 품사는 동사)
• 날이 갈수록 행동이 새롭게 바뀌고 있다. (부사형 – 품사는 형용사)

4 단어의 갈래 ③: 조사

지문 읽기

조사는 주로 체언 뒤에 붙어서 다양한 문법적 관계를 나타내거나 의미를 더하는 역할을 하는데, 그 기능과 의미에 따라 격 조사, 접속 조사, 보조사로 나뉜다.

격 조사는 앞에 오는 체언이 문장 안에서 일정한 문법적 기능을 가지는 성분으로서의 자격을 가지도록 해 준다. 가령 '언니가 집에서 숙제를 한다.'의 '가'는 체언 '언니'가 주어로서의 자격을 가지도록 한다. 이를 주격 조사라고 하는데, 주격 조사에는 '이/가', '께서', '에서' 등이 있다. 이때 '에서'는 선행 체언이 단체일 때 사용되는 주격 조사이다. 형태상으로는 부사격 조사 '에서'와 같지만, '정부에서 담화문을 발표하였다.'에서 '정부에서'를 '정부가'로 대치할 수 있듯이 조사 앞에 오는 체언이 주어의 자격을 가지도록 해 준다.

또한 '너{와/랑/하고} 내가 힘을 합치자.'의 '와/과', '(이)랑', '하고' 등과 같이 접속 조사는 두 단어를 같은 자격으로 이어 주는 구실을 한다. 이때, 접속 조사 '와/과'는 비교 부사격 조사 '와/과'와 구분되어야 한다. 예를 들어, '나는 사과와 배를 좋아한다.'는 '나는 사과를 좋아한다.', '나는 배를 좋아한다.'라는 두 문장이 접속된 것이지만, '사과는 배와 다르다.'는 '사과는 배와 비교할 때 다르다.'라는 의미이므로 비교 부사격 조사 '와'가 결합된 것이다.

한편 '이 방은 깨끗하다.'의 '은'은 앞말에 대조의 뜻을 더해 주는데, 이처럼 앞말에 특별한 뜻을 덧붙여 주는 조사를 보조사라고 한다. 보조사에는 '은/는' 외에도 '만', '도', '요' 등 다양한 조사가 있다.

독해 지문 확인

이 글을 바탕으로 할 때, 다음 문장의 내용이 맞으면 ○, 틀리면 ×를 하시오.

01 '동창회에서 장학금을 모교에 전달했다.'의 '에서'는 주격 조사이지만, '어느 학교 동창회에서 있었던 일이다.'의 '에서'는 부사격 조사이다. ○|×

02 '민주는 엄마와 진학 문제를 의논했다.'의 '와'는 부사격 조사이지만 '엄마와 민주는 민하를 기다렸다.'의 '와'는 접속 조사이다. ○|×

03 '는'은 '그는 학교에 갔다.'의 경우에는 주격 조사이지만 '일을 빨리는 한다.'의 경우에는 보조사이다. ○|×

정답 01 ○ 02 ○ 03 ×

01 | 격 조사: 선행하는 체언에 문법적 자격(문장 성분)을 부여한다.

(1) 주격 조사: 선행 체언에 주어의 자격을 부여하는 조사이다.

예 • 책상이 있다. – 이/가 • 아버지께서 오셨다. – 높임
• 우리 학교에서 우승했다. / 정부에서 구호품을 지급한다. – 단체를 나타내는 명사 뒤
* 에서: 장소를 뜻하는 명사 뒤에 오면 부사격 조사

(2) 서술격 조사: '체언 + 이다'의 형태이며, 활용을 하는 특성을 지닌다.

예 나는 학생이다. – 나는 학생이고 – 나는 학생이니

(3) 목적격 조사: 타동사의 목적어가 되게 하는 조사로, '을/를'이 있다.

예 나는 사과를 좋아한다.

(4) 보격 조사: 선행하는 체언에 보어의 자격을 부여하는 조사를 말한다.

예 그는 의사가 되었다. / 영희는 선생이 아니다.

(5) 부사격 조사: 선행하는 체언에 부사어의 자격을 부여하는 조사이다.

① 에, 에게, (으)로, 한테: 지향, 낙착, 대상 등 예 집에 돌을 던지다. – 지향, 낙착
② (으)로, (으)로써: 재료, 도구, 방법, 경로 등 예 종이로 책을 만들었다. – 재료
③ (으)로, (으)로서: 지위, 신분, 자격 등 예 그는 이 학교 교사로 있다. – 지위, 신분

(6) 관형격 조사: 후행하는 체언을 수식하는 조사로, '의'가 있다. 예 영희의 책 / 나의 조국

(7) 호격 조사: 부름의 자리에 놓여 독립어의 자격을 부여하는 조사이다.

예 하늘이시여 / 임이여 / 주여 / 영철아

02 | 보조사: 선행하는 체언, 부사, 활용 어미 따위에 붙어 특별한 의미를 더해 준다.

(1) 보조사는 격 조사가 오는 자리에 두루 쓰이며, 이에 특별한 의미를 덧붙인다.

예 • 나는 학생이 아니다. – 주격 • 영희는 사과는 좋아한다. – 목적격

(2) 종류: 은/는, 도, 만, 부터, 까지, 조차, 요 등

예 • 은/는(대조): 감은 먹어도 배는 먹지 마라. • 도(동일, 첨가): 철수도 참가한다.
• 만/뿐(단독, 한정): 너만 오면 된다. • 부터(출발점): 부산부터 서울까지

03 | 접속 조사: 둘 이상의 단어나 구 따위를 같은 자격으로 이어 주는 구실을 한다. '와/과, 에, (이)며, (이)랑, 하고' 등이 있다.

예 • 이번 여름에 산과 바다를 모두 갔다. • 떡이며 과일이며 차린 것이 많다.

보충 자료 **형태가 같은 조사의 구별**

① 에서: 주격 조사는 단체를, 부사격 조사는 장소를 나타냄.
예 우리 학교에서(부사격 조사) 열린 이번 대회는 우리 학교에서(주격 조사) 우승을 차지했다.

② 이/가: 주격 조사는 주어 자리에, 보격 조사는 '되다/아니다' 앞에 옴.
예 선생님이(주격 조사) 멋있다고 말하던 철수는 선생님이(보격 조사) 되었다.

③ 와/과: 접속 조사는 앞뒤를 이어 주고, 부사격 조사는 서술어와 연결됨.
예 사과와(접속 조사) 배는 맛있는 과일이고, 참외와(부사격 조사) 닮았다.

관계언

관계언 — 조사

① 형식 형태소이지만 단어에 속한다.
② 생략이 가능하다.

조사의 종류

격 조사	문법적 자격을 부여함.
보조사	특별한 의미를 더해 줌.
접속 조사	같은 자격으로 이어 줌.

조사와 어말 어미의 차이

	조사	어말 어미
생략	○	×
중복	○	×

격 조사의 종류

① 주격 조사: 이/가, 께서, 인원수+서, 단체+에서
② 서술격 조사: 이다
③ 목적격 조사: 을/를
④ 보격 조사: 이/가+되다/아니다
⑤ 부사격 조사: 에(에게, 한테, 에게서 등), 로(로서, 로써), 와/과, 비교(보다, 처럼, 만큼)
⑥ 관형격 조사: 의
⑦ 호격 조사: 야, 여, 이여, 이시여

5 단어의 갈래 ④: 관형사 · 부사 · 감탄사

지문 읽기

수식언은 문장에서 다른 단어를 꾸며 주는 역할을 한다. 수식언에는 '새 옷을 꺼내 입었다.'의 '새'처럼 주로 체언 앞에 놓여 체언을 꾸며 주는 관형사와, '다행히 모두 일찍 도착했다.'의 '다행히'와 '일찍'처럼 주로 문장이나 용언을 꾸며 주는 부사가 있다.

관형사에는 성상 관형사, 지시 관형사, 수 관형사가 있다. 성상 관형사는 '헌 옷'의 '헌'과 같이 사물의 성질이나 상태를 나타낸다. 지시 관형사는 '이 책상'의 '이'와 같이 특정한 대상을 가리키며, 수 관형사는 '두 사람'의 '두'와 같이 사물의 수량이나 순서를 나타낸다. 관형사의 형태론적인 특성으로는 형태 변화를 하지 않는다는 점을 들 수 있다. 또한 격 조사뿐만 아니라 보조사와도 결합하지 않으며, 어미도 취하지 않는다. 따라서 '다른 사람들은 어디 있지?'의 '다른'은 '사람'을 수식하는 관형사이지만, '생각이 다른 사람들은 떠나도 좋소.'의 '다른'은 '다르다'의 관형사형으로 품사는 형용사이다.

부사도 관형사처럼 형태 변화가 없으며 격 조사를 취할 수 없다. 다만 보조사를 취할 수 있다는 점에서는 관형사와 차이가 있다. 또한 부사는 수식 범위에 따라 성분 부사와 문장 부사로 나뉜다. 성분 부사는 '빨리, 잘, 너무'처럼 문장 내의 어느 한 성분만을 수식하는 부사이다. 문장 부사는 '과연, 설마, 그리고, 그러나'처럼 문장 전체를 수식하는 부사로, '과연, 설마'처럼 화자의 태도를 나타내는 양태 부사와 '그리고, 그러나'처럼 앞 문장과 뒤 문장을 이어 주는 접속 부사로 나뉜다.

독해 지문 확인 이 글을 바탕으로 할 때, 다음 문장의 내용이 맞으면 ○, 틀리면 ×를 하시오.

01 '긴 이불'과 '새 이불'에서 밑줄 친 부분의 품사는 같다. ○|×

02 '헌 물건'에서 '헌'은 '물건'의 상태를 드러내 주며 그 형태가 변하지 않는다. ○|×

03 '과연 이 일은 앞으로 어떻게 될 것인가?'에서 '과연'은 문장 전체를 꾸며 준다. ○|×

정답 01 × 02 ○ 03 ○

01 | 관형사

체언 앞에서 체언, 주로 명사를 꾸며 주는 수식어를 말한다.

관형사는 **활용하지 않는 불변어**로, 조사가 붙지 않으며, 수사 앞에는 오지 않는다.

(1) 관형사와 용언의 관형사형의 구별

① 관형사: 형태가 변하지 않고 수식 기능만 한다. 예 새 책 → 관형사

② 형용사 · 동사: 활용을 하며 서술성을 지닌다.

예 • **새로운** 책 → **형용사**: 새롭-+-은 → 형용사의 관형사형(활용이 가능)

• 내가 산 책 → 동사: 사-+-ㄴ→ 동사의 관형사형(활용이 가능)

(2) '다른, 어떤, 그런'의 품사 구별

'다른, 어떤, 그런'은 관형사와 형용사로 모두 쓰인다.

① 관형사: 서술어로 쓰이지 않고, 수식 기능만 한다. 단독형으로 사전에 실려 있다.

예 다른 사람은 오지 않았다. / 어떤 책을 샀니? / 그런 사람이 어디에 있니?

② 형용사: 서술어로 쓰여 서술의 기능을 한다.

예 • 모양이 다른 물건이다. – '다르다'의 활용형

• 생김새가 어떤 사람이니? – '어떻다'의 활용형

• 사정이 그런 걸 어떻게 하겠어요. – '그렇다'의 활용형

(3) 접미사 '–적(的)'이 붙는 말의 품사 구별

① 관형사: -적 + 체언 → 체언 앞에 단독으로 온다. 예 역사적 선거

② 명사: -적 + 조사 → 조사 앞에 위치한다. 예 역사적인 책임

③ 부사: -적 + 용언 → 용언을 수식한다. 예 비교적 느리다. / 가급적 참아 주자.

02 | 부사

용언이나 다른 문장 성분 앞에 놓여 의미를 분명히 해 주는 단어를 말한다. 부사는 용언은 물론 다른 부사나 관형사, 체언을 수식하기도 한다.

예 사람들은 비를 간절히 기다렸다. 다행히 후드득 소리와 함께 비가 쏟아졌다.

(간절히: 용언 수식 / 다행히: 문장 수식 / 후드득: 체언 수식)

03 | 감탄사

화자가 자신의 느낌을 직접적으로 표현하는 말로, 다른 성분에 얽매이지 않는 독립성을 지닌다. 문장 내에서의 위치가 자유로우며, 활용도 하지 않고 조사도 붙을 수 없다. 놀람이나 느낌, 부르거나 대답하는 말은 모두 감탄사이다.

수식언

수식언 ─ 관형사 / 부사

다른 문장 성분이나 문장을 수식하는 기능을 한다.

독립언

독립언 ─ 감탄사

① 활용도 하지 않고 조사도 붙지 않는다.

② 위치가 자유롭다.

6 품사의 통용

지문 읽기

하나의 단어는 보통 하나의 품사에 속하지만 하나의 단어가 여러 가지 품사의 역할을 할 때가 있다. 이런 단어는 사전에서도 두 가지 이상의 품사로 처리된다. 이렇게 하나의 단어가 둘 이상의 품사로 처리되는 경우, 이를 품사의 통용이라고 한다.

품사의 통용은 다양한 유형으로 나누어진다. 예를 들어 '그 아이는 열을 배우면 백을 안다.'의 '열, 백'은 뒤에 조사가 붙은 수사이고, '열 사람이 백 말을 한다.'의 '열, 백'은 체언을 수식하는 관형사이다. 즉 '열, 백'은 수사와 관형사의 두 가지 품사로 쓰인다. 또한 '노력한 만큼 대가를 얻는다.'의 '만큼'은 용언의 관형사형 뒤에 오는 명사이고, '집을 대궐만큼 크게 짓다.'의 '만큼'은 체언 뒤에 쓰인 조사이다. 즉 '만큼'은 명사와 조사의 두 가지 품사로 쓰인다. 또 다른 예로 '그는 비교적인 관점에서 연구하였다.'의 '비교적'은 뒤에 조사가 붙은 명사이고, '한국어와 중국어의 비교적 고찰'의 '비교적'은 체언을 수식하는 관형사이다. 또한 '비교적 쉬운 문제가 출제되었다.'의 '비교적'은 용언을 수식하는 부사이다. 이때 '비교적'은 명사, 관형사, 부사의 세 가지 품사로 쓰인다.

독해 지문 확인 이 글을 바탕으로 할 때, 다음 문장의 내용이 맞으면 ○, 틀리면 ×를 하시오.

01 하나의 단어가 두 가지 이상의 품사로 처리되는 것을 ㉠ 품사의 통용이라고 하는데, '나도 철수만큼 잘할 수 있다.'와 '각자 먹을 만큼 먹어라.'의 '만큼'은 ㉠의 사례로 적절하다. ○|×

02 '그는 하는 시합마다 ㉠ 백이면 백 모두 승리했다.'와 '열 사람이 ㉡ 백 마디의 말을 한다.'에서 ㉠과 ㉡의 품사는 같다. ○|×

03 '비교적 교통이 편리한 곳에 사무실이 있다.'의 '비교적'과 '우리나라의 출산율은 비교적 낮은 편이다.'의 '비교적'은 품사가 같다. ○|×

정답 01 ○ 02 × 03 ○

01 | 의존 명사와 조사

용언의 관형사형 다음에 오면 의존 명사이고, 체언 다음에 오면 조사이다.

예 • 아는 만큼 말해라. – 의존 명사 • 나만큼 해 봐. – 조사

02 | 수사와 명사

차례를 나타내면 수사이고, 그 말이 사람을 지칭하면 명사이다.

예 • 첫째, 부모와 형들의 말을 잘 들어라. – 수사
• 첫째는 선생이고 둘째는 공무원이다. – 명사

03 | 수사와 관형사

조사가 붙으면 수사이고, 직접 체언을 수식하면 관형사이다.

예 • 둘에 셋을 더하면 다섯이다. – 수사 • 여기에 다섯 사람이 모였다. – 관형사

04 | 관형사와 대명사

직접 체언을 수식하면 관형사이고, 조사와 함께 쓰여 문장 성분을 이루면 대명사이다.

예 • ┌ 이 책이 내가 좋아하는 것이다. – 관형사
└ 이는 우리가 본받아야 할 점이다. – 대명사
• ┌ 아무 사람이나 만나서는 안 된다. – 관형사
└ 아직 아무도 안 왔다. / 이 일은 아무라도 할 수 있어. – 대명사

05 | 관형사와 형용사

단순한 수식 기능만 하면 관형사이고, 주어를 서술하는 서술의 기능을 하면 형용사이다.

예 • 다른 사람은 오지 않았다. / 나는 그런 사실을 몰랐다. – 관형사
• 모양이 다른 신발이다. / 사정이 그런 걸 알지 못했다. – 형용사

06 | 부사와 명사 · 대명사

용언이나 다른 부사를 수식하면 부사이고, 조사와 함께 쓰여 시기를 지칭하면 명사 · 대명사이다.

예 • ┌ 오늘 해야 할 일을 다음 날로 미루어서는 안 된다. – 부사
└ 오늘부터 열심히 공부할 것이다. – 명사
• ┌ 설악산은 언제 보아도 아름답다. – 부사
└ 보고서를 언제까지 제출해야 하나요? – 대명사

* 어제, 오늘, 내일, 모레: 날짜나 시기를 지칭하면 명사, 용언이나 다른 부사를 수식하면 부사

예 • ┌ 오늘의 날씨 – 명사
└ 그가 오늘 왔다. – 부사
• ┌ 내일부터 하자. – 명사
└ 내일 다시 시작하자. – 부사

07 | 부사와 형용사

활용을 하지 않으면 부사이고, 어미가 붙어 활용을 하면 형용사이다.

예 • 빨리 집에 가자. – 부사
• 빠르게 뛰면 집에 일찍 도착할 거야. – 형용사

7 단어의 형성

지문 읽기

'밤하늘'은 '밤'과 '하늘'이 결합하여 한 단어를 이루고 있는데, 이처럼 어휘 의미를 띤 요소끼리 결합한 단어를 합성어라고 한다. 합성어는 분류 기준에 따라 여러 방식으로 나눌 수 있다. 합성어의 품사에 따라 합성 명사, 합성 형용사, 합성 부사 등으로 나누기도 하고, 합성의 절차가 국어의 정상적인 단어 배열법을 따르는지의 여부에 따라 통사적 합성어와 비통사적 합성어로 나누기도 하고, 구성 요소 간의 의미 관계에 따라 대등 합성어와 종속 합성어로 나누기도 한다.

합성 명사의 예를 보자. '강산'은 명사(강) + 명사(산)로, '젊은이'는 용언의 관형사형(젊은) + 명사(이)로, '덮밥'은 용언 어간(덮) + 명사(밥)로 구성되어 있다. 명사끼리의 결합, 용언의 관형사형과 명사의 결합은 국어 문장 구성에서 흔히 나타나는 단어 배열법으로, 이들을 통사적 합성어라고 한다. 반면 용언 어간과 명사의 결합은 국어 문장 구성에 없는 단어 배열법인데 이런 유형은 비통사적 합성어에 속한다. '강산'은 두 성분 관계가 대등한 관계를 이루는 대등 합성어인데, '젊은이'나 '덮밥'은 앞 성분이 뒤 성분을 수식하는 종속 합성어이다.

인혁처 1차 예시 문제

독해 지문 확인 이 글을 바탕으로 할 때, 다음 문장의 내용이 맞으면 ○, 틀리면 ×를 하시오.

01 '흰머리'는 용언 어간과 명사가 결합한 합성 명사이다. 인혁처 1차 예시 문제 ○|×

02 '회덮밥'은 파생어 '덮밥'에 새로운 어근 '회'가 결합된 합성어이다. ○|×

03 종속 합성어는 선행 어근이 후행 어근을 수식하는 구조로 이루어져 있다. ○|×

정답 01 × 02 × 03 ○

01 | 단어의 종류

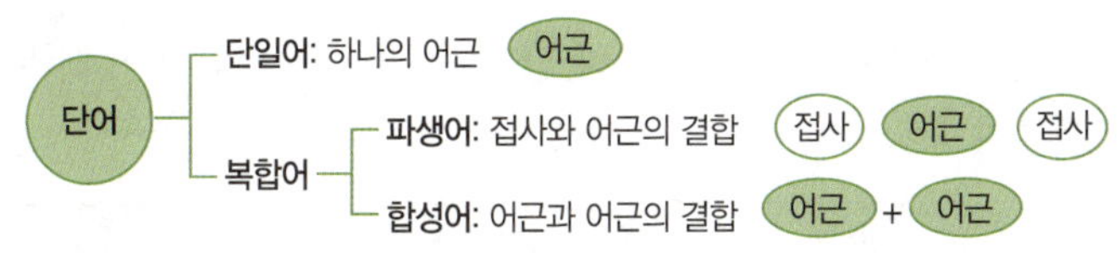

(1) **단일어:** 하나의 실질 형태소 또는 어근으로 이루어진 단어를 말한다.

① 어근 하나로 형성된 경우 예 집, 하늘, 시나브로, 사랑

② 단순한 '어간 + 어미'의 활용형으로 형성된 경우 예 닫다, 닫았다

(2) **복합어:** 둘 이상의 형태소로 이루어진 단어를 말한다. 복합어는 어근에 파생 접사가 붙은 파생어와 둘 이상의 어근이 결합한 합성어로 나뉜다.

① 파생어: 실질 형태소(어근) + 형식 형태소(접사)

② 합성어: 실질 형태소(어근) + 실질 형태소(어근)

보충 자료 **접사의 구별과 단어의 구성**

1. 접사 파악하기

파생어는 접사를 파악해야 구별할 수 있다. 형태가 같다고 해도 어근에 붙어 의미를 한정하거나 품사를 변화시키는 역할을 하면 접사이고, 그렇지 않으면 접사가 아니다.

	접사 ○	접사 ×		접사 ○	접사 ×
개-	개떡, 개꿈	개집	맨-	맨주먹, 맨땅	맨 처음
군-	군식구, 군입	군밤	불-	불개미, 불호령	불장난
날-	날고기, 날계란	날짐승	-하다	공부하다	공부를 하다

2. 직접 구성 성분[Immediate Constituent]

직접 구성 성분이란 단어를 두 조각으로 한 번만 나누어 나온 구성 요소를 말한다. 단어를 이렇게 직접 구성 성분으로 분석해 보면 그 단어가 어떻게 구성되었는지를 판단할 수 있으며, 이것이 단어의 종류를 구별하는 기준이 된다.

예 • **봄비:** '봄 + 비'로 분석될 수 있으므로, 어근과 어근이 결합된 합성어
• **풋사과:** '풋 + 사과'로 분석될 수 있으므로, 접사와 어근이 결합된 파생어

복잡한 구조의 합성어와 파생어를 분석할 때도 직접 구성 성분을 기준으로 구별해야 한다. 예를 들어 '손가락질'은 합성어 '손가락(손 + 가락)'에 접미사 '-질'이 결합한 파생어이고, '손놀림'은 파생어 '놀림(놀리 + ㅁ)'에 어근 '손'이 결합한 합성어이다.

① 합성어에 접사가 결합하여 파생어를 이루는 경우
예 (나 + 들) + 이, (손 + 가락) + 질

② 파생어에 어근이 결합하여 합성어를 이루는 경우
예 통 + 조림(조리 + ㅁ), 돌배(돌 + 배) + 나무, 손 + 놀림(놀리 + ㅁ)

어근과 접사

① **어근:** 단어의 실질적 의미를 나타내는 중심 부분

② **접사:** 어근에 붙어 그 의미를 보충·제한하거나 품사를 바꿔 주는 부분
예 • 풋(접사) + 사과(어근)
• 믿(어근) + 음(접사)

→ '어근[root]'과 '접사[affix]'는 의미의 중심 여부에 따른 분류이고, '어간[stem]'과 '어미[ending]'는 활용 여부에 따른 분류이다.

02 | 파생어의 형성

(1) 접두사에 의한 파생어의 형성

어근의 앞에 붙는 접사를 접두사라고 한다. 접두사는 품사의 변화 없이 뒤에 오는 어근의 뜻만 제한한다.

접두사	예시	접두사	예시
강-	강굴, 강술 / 강기침	시(媤)-	시아버지, 시어머니, 시동생
개-	개떡, 개살구 / 개꿈, 개죽음	올-	올콩, 올벼
군-	군말, 군살, 군침 / 군사람, 군식구	참-	참사랑, 참뜻
날-	날것, 날김치, 날고기 / 날강도	풋-	풋감, 풋고추 / 풋사랑, 풋잠
돌-	돌배, 돌조개	한-	한걱정, 한길, 한시름 / 한가운데, 한겨울
들-	들벌, 들오리, 들국화	헛-	헛걸음, 헛고생, 헛소문, 헛수고
막-	막국수, 막소주 / 막노동, 막말, 막일	짓-	짓누르다, 짓밟다
생(生)-	생김치, 생나물 / 생고생, 생이별	치-	치뜨다, 치닫다, 치솟다
선-	선무당, 선웃음, 선잠	휘-	휘감다, 휘날리다, 휘젓다

(2) 접미사에 의한 파생어의 형성

어근의 뒤에 붙는 접사를 접미사라고 한다. 접미사는 어근에 뜻을 더해 주고(한정적 접사), 품사를 변화시키기도 한다(지배적 접사에 의한 통사적 파생법).

① 어근에 뜻을 더해 주는 한정적 접미사

접미사	예시	접미사	예시
-가(家)	건축가 / 자본가	-새	걸음새, 모양새, 생김새, 쓰임새
-구(口)	통풍구, 출입구 / 비상구, 승강구	-씨	말씨, 마음씨
-꾼	살림꾼, 씨름꾼 / 낚시꾼	-어(語)	한국어, 중국어, 고유어
-님	사장님, 공자님 / 달님, 별님	-인(人)	종교인, 한국인, 감시인

② 품사를 바꾸는 지배적 접미사

종류	접미사	예시
파생 명사	-음/-ㅁ	믿음, 죽음, 웃음, 걸음, 꿈 / 삶, 앎, 잠, 춤, 기쁨, 슬픔
	-이	길이, 먹이, 길잡이, 목걸이, 멍청이, 똑똑이, 딸랑이
	-기	크기, 사재기, 굵기, 달리기, 모내기
파생 동사	-하다	공부하다, 생각하다, 밥하다, 사랑하다, 빨래하다
	-이다	끄덕이다, 망설이다, 반짝이다, 속삭이다, 움직이다, 출렁이다
파생 형용사	-지다	값지다, 기름지다, 세모지다, 멋지다
	-하다	건강하다, 진실하다, 행복하다
	-답다	꽃답다, 정답다, 참답다
	-롭다	명예롭다, 신비롭다, 자유롭다, 풍요롭다, 향기롭다
	-스럽다	복스럽다, 걱정스럽다, 자랑스럽다
파생 부사	-이/-히	많이, 집집이, 나날이 / 조용히, 무사히, 나란히

03 | 합성어의 형성

합성어란 접사 없이 어근과 어근이 결합해서 형성된 단어이다.

(1) 합성어의 종류

① 대등 합성어: 어근이 대등하게 본래의 뜻을 유지하는 합성어

예 손발, 한두, 오가다, 논밭, 여닫다, 앞뒤, 똥오줌

② 종속 합성어: 한쪽의 어근이 다른 한쪽의 어근을 수식하는 합성어

예 손수건, 책가방, 돌다리, 갈아입다, 도시락밥

③ 융합 합성어: 어근들이 완전히 하나로 융합하여 새로운 의미를 나타내는 합성어

예 춘추(春秋), 광음(光陰), 연세(年歲), 빈말, 보릿고개

(2) 합성어의 형성 방법

① 통사적 합성어: 우리말의 일반적인 단어 배열법, 즉 통사적 구성과 일치하는 합성어를 말한다. 예를 들어 명사와 명사가 결합한 경우(집안), 조사가 생략된 경우[힘 + (이) + 들다], 체언 앞에 관형어가 오는 경우(굳 + 은 + 살), 연결 어미로 이어진 경우(뛰 + 어 + 가다) 등은 일반적인 단어 형성법에 맞기 때문에 이를 통사적 합성어라고 한다.

㉠ 명사 + 명사 예 집안, 눈물, 논밭, 이슬비

㉡ 관형어 + 체언 예 새마을, 첫사랑, 새해, 온종일, 군밤, 뭇매, 늙은이, 어린이, 큰형

㉢ 부사 + 부사 예 곧잘, 더욱더, 이리저리

㉣ 부사 + 용언 예 잘나다, 그만두다, 못나다

㉤ 조사가 생략된 경우

예 힘들다, 값싸다, 본받다, 힘쓰다, 선보다, 애쓰다, 꿈같다, 앞서다

㉥ 연결 어미로 이어진 경우(어간 + 연결 어미 + 어간)

예 돌아가다, 알아보다, 뛰어가다, 스며들다, 들어가다, 약아빠지다, 찾아보다, 게을러빠지다

② 비통사적 합성어: 우리말의 일반적 단어 배열법과 일치하지 않는 합성어를 말한다. 예를 들어 우리말은 용언이 체언을 꾸밀 때 관형사형 어미가 필요하다. 그런데 비통사적 합성어의 경우 이러한 우리말의 일반적인 구성 방식과 달리 관형사형 어미가 생략된 채 바로 뒤의 단어와 결합한다. 이러한 방식은 우리말에서 특수한 것으로, 어휘를 만들어 내는 조어력은 낮은 편이라고 할 수 있다.

㉠ 관형사형 어미의 생략(어근 + 명사): 명사를 꾸미는 관형사형 어미가 생략된 경우 예 검버섯, 접칼, 누비옷, 꺾쇠, 덮밥, 곶감, 감발 등

㉡ 연결 어미의 생략: 용언을 이어 주는 연결 어미(-아/-어, -게, -지, -고)가 생략된 경우 예 뛰놀다, 굳세다, 오르내리다, 날뛰다, 돌보다 등

㉢ 부사 + 명사: 부사가 명사를 직접 꾸미는 경우 예 부슬비, 척척박사, 산들바람 등

㉣ 한자어에서 우리말과 어순이 다른 경우

예 독서(讀書), 급수(汲水), 등산(登山), 귀향(歸鄕) 등

한자어의 단어 구성

한자어 중에 '소설가(小說家)', 정치가(政治家)'의 '-家'와 같이 접미사로 사용되는 한자도 있다. 따라서 한자어의 경우는 그것이 실질 형태소로 사용되었는지, 형식 형태소인 접사로 사용되었는지에 따라 합성어와 파생어가 갈린다.

예 고추 장(醬): 합성어

졸업 장(狀): 파생어

신유형 익히기 형태론

정답과 해설 341쪽

01 ㉠에 해당하는 사례로 적절한 것은? 2025 지방직 9급

> 하나의 단어는 하나의 품사에 속하는 것이 일반적이지만 어떤 단어는 두 가지 이상의 품사에 속할 수 있다. 예를 들어 '밝다'의 경우 '날이 밝았다.'에서는 '밤이 지나고 환해지며 새날이 오다.'라는 의미의 동사이지만, '햇살이 밝은 날'에서는 '불빛 따위가 환하다.'라는 의미의 형용사이다. 이렇듯 하나의 단어가 둘 이상의 품사로 사용되는 것을 품사 통용이라고 한다. 품사 통용은 동음이의 현상과 구별된다. 즉 품사 통용은 서로 관련된 두 의미가 같은 형태로 나타난 것인 반면, ㉠ <u>동음이의 현상</u>은 먹는 '배'와 타는 '배'가 구별되는 것과 같이 서로 무관한 두 의미가 우연히 같은 형태로 나타난 것이다.

① 그는 여러 문화를 <u>비교적</u> 관점에서 연구했다. / 삼촌은 교통이 <u>비교적</u> 편리한 곳에 산다.

② 내가 언니보다 키가 더 <u>크다</u>. / 이번 여름에는 비가 많이 와서 마당의 풀이 잘 <u>큰다</u>.

③ <u>오늘</u>이 드디어 기다리던 시험일이다. / 친구는 국립 박물관에 <u>오늘</u> 갈 것이라 한다.

④ 나는 어제 산 모자를 <u>쓰고</u> 나갔다. / 형님은 시를 <u>쓰고</u> 누님은 그림을 그렸다.

선재 쌤's Talk

02 ㉠과 ㉡에 들어갈 말을 적절하게 나열한 것은?

2025 국가직 9급

> 두 개 이상의 형태소로 이루어진 단어를 복합어라 한다. 복합어를 처음 두 개로 쪼갰을 때의 구성 요소를 직접 구성 요소라고 한다. 이 직접 구성 요소를 분석한 결과, 둘 중 어느 하나가 접사이면 파생어이고, 둘 다 어근이면 합성어이다. 즉 합성어는 '어근+어근'의 구성인데, 이는 합성어를 구성하는 두 구성 요소 중 어느 것도 접사가 아니라는 말이다.
>
> 그런데 '쓴웃음'과 같은 단어에는 접사 '-음'이 있으니까 (㉠)가 아니냐고 반문할 수 있다. 그러나 이는 복합어 구분의 기준을 온전히 이해하지 못했기 때문에 나올 수 있는 진술이다. 전술한 바와 같이 복합어가 파생어인지 합성어인지를 결정하는 기준은 처음 두 개로 쪼갰을 때 두 구성 요소의 성격이며, 2차, 3차로 쪼갠 결과는 복합어 구분에 관여하지 않는다. 즉 '쓴웃음'의 두 구성 요소 중의 하나인 '웃음'은 파생어이지만 이 '웃음'이 또 다른 단어 형성에 참여할 때는 (㉡)(으)로 참여하는 것이다.

	㉠	㉡
①	합성어	접사
②	합성어	어근
③	파생어	접사
④	파생어	어근

선재 쌤's Talk

03 다음 글에 대한 이해로 적절하지 않은 것은?

의미를 가지고 언어 표현에 쓰이는 단위를 문법 단위라고 한다. 문법 단위에는 '형태소, 단어, 어절, 구, 절, 문장' 등이 있다. 예를 들어 '꽃 사이로 발자국을 보았다.'라는 문장을 띄어 쓰는 단위인 어절 단위로 분석하면 '꽃/사이로/발자국을/보았다'로 분석할 수 있고, 어절을 더 작은 단위인 단어 단위로 분석하면 '꽃/사이/로/발자국/을/보았다'로 분석할 수 있다. 단어를 다시 더 작은 단위인 형태소 단위로 분석하면 '꽃/사이/로/발/자국/을/보/았/다'로 분석할 수 있다. 이와 같이 의미를 가진 것 가운데 가장 작은 언어의 문법 단위를 형태소라고 한다.

형태소 가운데는 다른 말의 도움 없이 혼자 쓰일 수 있는 자립 형태소도 있고, 반드시 다른 말에 기대어서만 쓰일 수 있는 의존 형태소도 있다. 자립 형태소는 앞뒤에 다른 형태소가 직접 연결되지 않아도 문장에서 쓰일 수 있지만, 의존 형태소는 앞이나 뒤에 적어도 하나의 형태소가 연결되어야만 문장에서 쓰일 수 있다. 체언, 수식언, 독립언으로 분류되는 형태소들은 자립 형태소이고, 용언의 어간과 어미, 조사, 접사로 분류되는 형태소들은 의존 형태소이다.

또한 형태소는 실질적인 의미를 가진 실질 형태소와 문법적인 의미를 가진 형식 형태소로 분류할 수도 있다. 체언, 수식언, 독립언, 용언의 어근으로 분류되는 형태소는 실질 형태소이고, 체언이나 용언에 연결되어 문법적 의미를 표시하는 조사나 어미, 그리고 단어 형성에 참여하는 접사는 형식 형태소이다.

① 형태소는 반드시 앞이나 뒤에 오는 다른 형태소의 도움이 있어야 문장에서 쓰일 수 있다.
② 의존 형태소 중에서 조사는 단어에 속하지만 어미는 단어에 속하지 않는다.
③ '하늘은 높고 땅은 비옥하다.'에서 '은'은 단어의 자격을 가지고 문법적인 의미를 나타낸다.
④ 체언과 수식언은 자립 형태소이면서 실질 형태소이다.

선재 쌤's Talk

04 다음 글을 읽고 추론한 내용으로 적절하지 않은 것은?

선재 쌤's Talk

> 체언에는 '명사', '대명사', '수사'가 있다. 명사에는 '이순신'과 같이 다른 것들과 구별하여 부르는 고유 명사가 존재하는데 이는 특정한 대상을 지시한다는 점에서 '사람'처럼 같은 종류의 모든 사물에 두루 쓰이는 보통 명사와 차이가 있다. 또한 명사 가운데는 '것'과 같이 홀로 쓰이지 못하고 꾸며 주는 말과 함께 쓰여야 하는 의존 명사가 있다. 일반적인 명사들은 홀로 쓰일 수 있으므로 자립 명사라고 한다.
>
> 대명사에는 '나'나 '너'처럼 사람을 가리키는 것과, '이것', '저것'처럼 사물이나 장소를 가리키는 것이 있다. 사람을 가리키는 대명사에는 인칭의 구별이 있어 '나'는 1인칭, '너'는 2인칭으로 구분할 수 있다. 또한 '나'는 '우리', '너'는 '너희'처럼 복수를 나타내는 말이 따로 있다는 특성이 있다. 한편 '당신'은 2인칭으로 주로 쓰이는데, 3인칭 대명사인 '자기'를 높여 이르는 말로 쓰이는 경우에는 3인칭이다.
>
> 수사에는 순서를 나타내는 서수사와 수량을 나타내는 양수사가 있다. 서수사와 양수사는 모두 복수를 나타내는 접미사 '-들'과 결합할 수 없다는 특성이 있다.

① '중요한 것은 첫째, 운동이고, 둘째, 식습관이다.'에서 '첫째'는 명사이다.

② '할머니께서는 당신이 직접 가겠다고 하셨다.'에서 '당신'은 3인칭 대명사이다.

③ '나도 내가 할 만큼은 했어.'에서 '만큼'은 의존 명사이다.

④ '그곳에서 그는 사람 구실을 하고 살았다.'에서 '그곳', '그'는 모두 대명사이다.

05 다음 글을 읽고 '용언의 활용'을 이해한 것으로 적절한 것은?

> 용언이 문법적 관계를 표시하기 위해 어간 또는 어미를 여러 형태로 바꾸는 현상을 활용이라고 한다. '씻다 - 씻어'처럼 활용할 때 어간이나 어미의 기본 형태가 유지되거나, '쓰다 - 써'처럼 활용할 때 기본 형태가 달라진다고 해도 그 현상을 일반적인 음운 규칙으로 설명할 수 있으면 이를 규칙 활용이라고 한다.
>
> 반면 특정한 환경이나 조건에서 불규칙적으로 어간이나 어미의 형태 변화가 일어나는 것을 불규칙 활용이라고 하고, 이러한 불규칙 활용은 세 가지 경우로 구분할 수 있다.
>
> 첫째, 어간이 불규칙하게 바뀌는 경우이다. '싣다 - 실어'와 같이 어간의 끝소리 'ㄷ'이 모음 앞에서 'ㄹ'로 바뀌는 'ㄷ' 불규칙, '젓다 - 저어'와 같이 어간의 끝소리 'ㅅ'이 모음 앞에서 탈락하는 'ㅅ' 불규칙, '돕다 - 도와'와 같이 어간의 끝소리 'ㅂ'이 모음 앞에서 '오/우'로 바뀌는 'ㅂ' 불규칙, '부르다 - 불러'와 같이 어간의 끝음절 '르'가 어미 '-아', '-어' 앞에서 'ㄹㄹ'로 바뀌는 '르' 불규칙이 이에 해당한다.
>
> 둘째, '하다 - 하여'와 같이 어미 '-아'가 '-여'로 바뀌는 '여' 불규칙, '푸르다 - 푸르러'와 같이 어미의 첫소리 '-어'가 '-러'로 바뀌는 '러' 불규칙처럼 어미가 바뀌는 경우도 있다.
>
> 셋째, '파랗다 - 파래'와 같이 어간의 끝 'ㅎ'이 탈락하고 어미 '-아/-어'가 '-애/-에'로 바뀌는 'ㅎ' 불규칙처럼 어간과 어미가 모두 바뀌는 경우가 있다.

① 규칙 활용은 용언이 활용할 때, 어간과 어미가 반드시 변화하지 않는다.
② '(얼굴이) 붓다'는 '부어'로 활용하므로 어간이 바뀌는 불규칙 활용에 해당한다.
③ '(포기하기엔) 이르다'는 '일러'로 활용하므로 어미가 바뀌는 불규칙 활용에 해당한다.
④ '(집에) 들르다'는 '들러'로 활용하므로 어간과 어미가 바뀌는 불규칙 활용에 해당한다.

선재 쌤's Talk

06 다음 글을 읽고 추론한 바로 적절하지 않은 것은?

> 합성어는 첫째, 합성어의 품사를 기준으로 분류할 수 있다. 예를 들어 '불꽃'은 명사와 명사가 결합한 합성 명사이고, '곧잘'은 부사와 부사가 결합한 합성 부사이다.
>
> 둘째, 합성어는 같이 결합하는 어근들의 의미 관계를 기준으로 분류할 수 있다. 대등 합성어는 결합하는 어근들의 의미가 대등한 관계를 이루는 것으로, '앞뒤' 등이 여기에 해당한다. 종속 합성어는 선행 어근이 후행 어근을 수식하는 구조로 되어 있는 합성어이다. '돌다리, 산길' 등이 여기에 해당한다. 한편, 융합 합성어는 어근들이 결합하면서 각 어근이 본래 가지고 있던 의미에서 벗어나 새로운 의미를 갖는 합성어를 말한다. 예를 들어 '춘추(春秋)'는 '봄'과 '가을'이라는 기존의 의미에서 벗어나 '어른의 나이를 높여 이르는 말'로 사용된다.
>
> 셋째, 어근의 결합 방식이 국어의 일반적인 통사적 구성과 일치하는지를 기준으로 통사적 합성어와 비통사적 합성어로 분류할 수 있다. 통사적 합성어는 명사와 명사가 결합한 '산나물', 부사와 부사가 결합한 '실룩샐룩', 연결 어미에 의해 용언의 어간과 어간이 결합한 '뛰어가다' 등과 같이 국어의 일반적인 통사적 구성을 따른 합성어를 말한다. 반면 비통사적 합성어는 용언의 어간과 명사가 결합한 '접칼', 연결 어미 없이 용언의 어간과 어간이 직접 결합한 '굶주리다' 등과 같이 국어의 일반적인 통사적 구성과 일치하지 않는 합성어를 말한다.

① '물걸레'는 선행 어근이 후행 어근을 수식하는 구조로 이루어져 있다.
② '광음(光陰)'은 어근과 어근이 만나 새로운 의미를 갖는 합성어이다.
③ '굳세다'는 어근의 결합 방식이 국어의 통사적 구성과 일치하는 합성어이다.
④ '이리저리'는 합성 부사이자 통사적 합성이이다.

선재 쌤's Talk

CHAPTER 03

통사론

1 문장의 이해

지문 읽기

문장이란 주어와 서술어로 이루어진 진술의 완결 단위를 말한다. 문장이 성립되기 위해서는 의미상 완결된 내용을 갖추고 있어야 하며, 형식상 문장이 끝났음을 나타내는 문법적 표지가 있어야 한다.

문장 성분이란 문장에서 일정한 문법적 기능을 하는 문장의 구성 요소이다. 문장 성분은 크게 주성분, 부속 성분, 독립 성분으로 나뉜다.

문장을 이루는 데 골격이 되는 주성분에는 주어, 서술어, 목적어, 보어가 있다. 주어는 동작이나 작용의 주체, 성질이나 상태를 지닌 대상을 나타내는 문장 성분으로, 체언이나 체언 구실을 하는 구나 절에 주격 조사 '이/가, 께서, 에서'가 붙어 나타난다. 서술어는 주어의 동작이나 작용, 성질이나 상태 등을 나타내는 문장 성분으로, 동사나 형용사, 체언에 서술격 조사 '이다'가 결합하여 나타난다. 또한 목적어는 서술어의 동작이나 작용의 대상이 되는 문장 성분으로, 체언이나 체언 구실을 하는 구나 절에 목적격 조사 '을/를'이 붙어 나타난다. 보어는 '되다'나 '아니다'가 주어 이외에 반드시 필요로 하는 문장 성분으로, 체언이나 체언 구실을 하는 구나 절에 보격 조사 '이/가'가 붙어 나타난다.

주로 주성분을 꾸며 주는 부속 성분에는 관형어와 부사어가 있다. 관형어는 체언을 꾸며 주는 문장 성분이다. 관형사나 체언은 그대로 관형어가 될 수 있고, 체언에 관형격 조사 '의'가 결합된 형태나 용언의 관형사형도 관형어가 된다. 한편 부사어는 주로 용언을 꾸며 주지만 관형사나 다른 부사, 문장 전체를 꾸며 주기도 하는 문장 성분이다. 부사는 그대로 부사어가 될 수 있고, 체언에 부사격 조사가 결합한 형태나 용언의 부사형도 부사어가 된다.

문장에서 다른 성분들과 문법적 관계를 맺지 않는 독립 성분에는 독립어가 있다. 감탄사는 그대로 독립어가 될 수 있고, 체언의 단독 형태나 체언에 호격 조사 '아/야, 이(시)여'가 결합된 형태도 독립어가 된다.

독해 지문 확인

이 글을 바탕으로 할 때, 다음 문장의 내용이 맞으면 O, 틀리면 X를 하시오.

01 '물이 얼음이 되었다.'에서 '얼음이'는 부사어이고, '어머나, 현지가 언제 이렇게 컸지?'에서 '어머나'는 독립어이다. O | X

02 관형어는 체언을 수식하는 문장 성분으로, 체언 단독으로는 관형어가 될 수 없다. O | X

03 부사어는 주로 용언을 꾸며 주는 문장 성분이지만, 관형어나 다른 부사어를 수식하기도 한다. O | X

정답 01 × 02 × 03 ○

01 | 문장 성분의 갈래

주성분	주어	• 문장의 주체가 되는 문장 성분 • 체언+주격 조사, 체언+보조사
	서술어	• 주어의 동작·상태·성질 등을 설명하는 문장 성분 • 동사, 형용사, 체언+서술격 조사(이다) • 서술어의 성격에 따라 문장 성분의 개수가 결정됨(서술어의 자릿수).
	목적어	• 서술어의 대상이 되는 문장 성분 • 체언+목적격 조사, 체언+보조사
	보어	• '되다, 아니다'와 같은 서술어의 필수 성분이 되는 문장 성분 • 체언+보격 조사(이/가), 체언+보조사
부속 성분	관형어	• 체언을 수식하는 문장 성분 • 관형사, 체언+관형격 조사(의), 체언 단독, 용언의 관형사형
	부사어	• 용언, 부사어, 문장 전체 등을 수식하는 문장 성분 • 부사, 체언+부사격 조사, 용언의 부사형
독립 성분	독립어	• 문장의 어느 성분과도 직접적인 관련이 없는 문장 성분 • 감탄사, 체언+호격 조사

(1) 주어

'무엇이 어찌하다/어떠하다/무엇이다'에서 '무엇이'에 해당하는 말로, 주체를 나타내는 문장 성분이다.

① 체언, 명사구, 명사절+주격 조사(이/가, 께서)

예 꽃이 예쁘다. / 예쁜 꽃이 피었다. / 할아버지께서 오셨다.

② 인원수+(이)서

예 혼자서 집에 갔다. / 둘이서 갔다.

③ 단체 무정 명사+에서

예 • 우리 학교에서 우승을 했다. – 주어
• 우리 학교에서 축구를 했다. – 부사어

④ 체언+보조사 예 철수는 국어를 좋아한다. – 주어

(2) 서술어

'무엇이 어찌하다/어떠하다/무엇이다'에서 '무엇이' 다음에 놓인 문장 성분이 서술어이다. 서술어는 주어의 동작, 상태, 성질 등을 설명하는 기능을 한다.

① 동사, 형용사의 종결형과 서술절

예 하늘이 푸르다. / 토끼는 귀가 길다.

② 서술격 조사 '이다'로 끝나는 서술어

예 나는 학생이다. / 신기한 것은 어떻게 도착했는가이다.

③ 본용언+보조 용언

예 그는 음식을 먹어 버렸다. – 하나의 서술어

품사와 문장 성분

품사란 단어들의 종류를 구별한 것이며, 문장 성분이란 문장에서의 기능을 구별한 것이다.

품사	문장 성분
–사(명사 등)	–어(주어 등)
9개	7개
형태론(단어)	통사론(문장)

	하늘	이	파랗다
품사	명사	조사	형용사
문장 성분	주어		서술어

주성분과 부속 성분

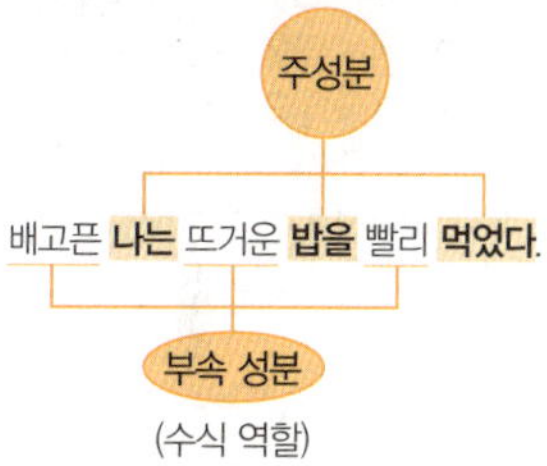

본용언+보조 용언 – 하나의 서술어

예 • 밥을 먹어 버리다. – 본용언+보조 용언 → 서술어 1개(홑문장)
• 밥을 먹고 가다. – 본용언+본용언 → 서술어 2개(겹문장)

(3) 목적어

'무엇을'에 해당하는 말로, 서술어의 대상, 즉 특정한 행위의 대상이 되는 문장 성분이다. 따라서 동사만이 목적어를 취할 수 있다.

① 체언, 명사 상당 어구 + 목적격 조사(을/를)
  예 나는 사과를 먹는다. / 나는 그가 성공하기를 바란다.
② 체언 + 보조사 예 철수는 사과만 먹는다.
③ 체언 + 보조사 + 목적격 조사 예 철수는 사과만을 좋아한다.

(4) 보어

'되다', '아니다'가 반드시 필요로 하는 성분으로, 이러한 서술어를 보충해 주는 말이다.

① 체언 + 보격 조사(이/가) + 되다/아니다
  예 • 영희는 교사가 되었다. – 보어 • 이것은 사실이 아니다. – 보어
② '되다', '아니다' 앞에 놓인 문장 성분은 보어이므로, 이는 서술어가 하나인 홑문장이다. 겹문장 중에서 서술절을 안은 문장과 형태가 비슷하므로 조심해야 한다.
  예 • 구름이 비가 된다. (주어 – 보어 – 서술어 → 홑문장)
  • 코끼리는 코가 길다. (주어 – 주어 – 서술어: 서술절을 안은 문장 → 겹문장)

(5) 관형어

체언을 수식하는 문장 성분을 말한다. 관형어는 부사어와는 달리 단독으로 쓰일 수 없다.

① 관형사 단독 예 새 모자, 헌 옷
② 체언 + 관형격 조사(의) 예 영희의 책
③ 체언 단독 예 철수는 시골 풍경을 좋아한다.
④ 용언의 어간 + 관형사형 어미[-는, -(으)ㄴ, -던, -(으)ㄹ] 예 큰 것보다 작은 것이 더 좋다.

(6) 부사어

주로 용언을 꾸며 주는 성분으로, 부사어나 문장 전체, 때로는 관형어를 수식하기도 한다. 부사어의 종류에는 문장 속의 특정한 성분을 수식하는 성분 부사어와 문장 전체를 수식하는 문장 부사어가 있다. 부사어는 보조사를 취할 수 있으며, 문장에서 생략할 수 있고, 자리 이동이 비교적 자유롭다.

① 부사 단독 예 나는 책을 매우 좋아한다.
② 체언 + 부사격 조사 예 철수는 집에서 지금 출발했다.
③ 부사 + 보조사 예 너 참 빨리도 왔구나.
④ 접속 부사 예 겨울이 되었다. 그리고 눈이 내렸다.
⑤ 부사절 예 바람이 소리도 없이 분다.

(7) 독립어

다른 성분과 직접적인 관계가 없는 말로, 생략해도 문장이 성립한다.

① 감탄사 단독 예 아, 벌써 겨울이구나.
② 체언 + 호격 조사 예 정윤아, 정말 예쁘구나.
③ 문장의 제시어 예 사랑, 듣기만 해도 가슴이 뛰는구나.

보어와 부사어

a. 물이 얼음이 되었다.
b. 물이 얼음은 아니다.
c. 물이 얼음으로 되었다.

보어는 보격 조사인 '이/가'를 취하며(a), 보조사는 이를 대신할 수 있다(b). 그러나 c에는 '으로'라는 부사격 조사가 사용되었으므로 부사어로 처리한다. 따라서 a와 b는 보어이고, c는 부사어이다.

개념 확인

01 밑줄 친 부분의 품사와 문장 성분을 쓰시오.

(1) 새 책이 있다.
(2) 새로운 책이 나왔다.
(3) 책이 새롭게 나왔다.
(4) 책의 내용이 새롭다.

정답

	(1)	(2)	(3)	(4)
품사	관형사	형용사	형용사	형용사
문장 성분	관형어	관형어	부사어	서술어

02 | 서술어의 자릿수

앞에서 문장 성분(주어, 서술어, 목적어, 보어, 관형어, 부사어, 독립어)에 대해 살펴보았다. 하나의 문장이란 이들 중 서술어를 중심으로 하여 문장 성분이 배열된 완결 단위를 말한다. 즉 문장은 서술어에 따라 앞에 오는 문장 성분이 결정된다.

서술어의 자릿수란 서술어가 필요로 하는 필수 성분(주어, 목적어, 보어, 필수 부사어)의 수를 말한다. 즉 서술어의 자릿수는 문장 성분을 배열해서 문장을 구성하는 방식을 보여 주는 것이다.

예 • 철수는 (방금) 갔어. – 필수 성분 1개가 필요함. → 한 자리 서술어
• 철수가 밥을 (맛있게) 먹는다. – 필수 성분 2개가 필요함. → 두 자리 서술어
• 철수가 순이에게 책을 주었다. – 필수 성분 3개가 필요함. → 세 자리 서술어

(1) 서술어의 종류

구분	필요한 성분	서술어의 종류	예시
한 자리 서술어	주어	자동사	• 꽃이 (예쁘게) 피었다.
두 자리 서술어	주어, 목적어	타동사	• 철수는 (지금) 책을 (열심히) 읽는다.
	주어, 보어	되다, 아니다	• 나는 공무원이 되었다.
	주어, (필수) 부사어	대칭 서술어 (마주치다, 부딪치다, 싸우다, 악수하다, 같다 등)	• (이곳의) 기후는 농사에 적합하다. • 이 책은 저 책과 다르다. • 이 책은 수험생들에게 좋다. • 재욱이는 (우연히) 순이와 마주쳤다.
세 자리 서술어	주어, 목적어, 부사어	주다, 드리다, 바치다, 가르치다, 넣다, 얹다, 삼다, 여기다, 간주하다 등	• 할아버지께서 나에게 용돈을 주셨다. • 그는 나를 제자로 삼았다. • 김 노인은 철수를 자식으로 여겼다.

대칭 서술어

주어나 목적어로 나타나는 대상이 반드시 여럿이어야 하는 서술어를 말한다. 대칭 서술어는 필수 부사어가 필요하기 때문에 두 자리 서술어이다.

예 같다, 다르다, 만나다, 마주치다, 닮다, 비슷하다, 이별하다 등

(2) 서술어 자릿수의 변화

서술어의 자릿수는 문맥에 따라 달라질 수 있다.

예 • 아이들이 논다. (한 자리 서술어) – 아이들이 윷을 논다. (두 자리 서술어)
• 달이 밝다. (한 자리 서술어) – 재욱이는 서울 지리에 밝다. (두 자리 서술어)
• 차가 멈추었다. (한 자리 서술어) – 경찰이 차를 멈추었다. (두 자리 서술어)

보충 자료 | **서술어의 자릿수는 사전에 나와 있다**

• **먹다**[2] 「동사」 【…을】 → 두 자리 서술어

「1」 음식 따위를 입을 통하여 배 속에 들여 보내다.
「2」 담배나 아편 따위를 피우다.

• **삼다**[2] 「동사」 【…을 …으로】 → 세 자리 서술어

「1」 어떤 대상과 인연을 맺어 자기와 관계있는 사람으로 만들다.
「2」 무엇을 무엇이 되게 하거나 여기다.

2 문장의 종류

지문 읽기

문장에서 주어와 서술어의 관계가 한 번 나타나면 홑문장, 두 번 이상 나타나면 겹문장이다. 겹문장은 결합 방식에 따라 홑문장과 홑문장이 나란히 이어지는 것을 이어진문장이라고 하고, 홑문장이 다른 문장 안에서 문장 성분으로 쓰이는 것을 안은문장이라고 한다.

이어진문장은 둘 이상의 절이 연결 어미로 이어지는 방식에 따라 대등하게 이어진 문장과 종속적으로 이어진 문장으로 나뉜다. 대등하게 이어진 문장은 앞뒤 절이 '나열(-고), 대조(-지만), 선택(-거나)' 등의 의미 관계에 놓이고, 종속적으로 이어진 문장은 종속된 절이 '원인(-아서/-어서), 조건(-면), 배경(-는데), 양보(-더라도), 의도(-려고)' 등의 의미를 지닌다.

안은문장은 안고 있는 절의 형식에 따라 명사절, 관형사절, 부사절, 서술절, 인용절로 나뉜다. 명사절은 명사형 어미 '-(으)ㅁ', '-기'가 붙어 만들어진다. 명사절은 그 뒤에 '이/가', '을/를', '에' 등이 결합하여 문장에서 주어, 목적어, 부사어 등의 역할을 한다. 관형사절은 관형사형 어미 '-(으)ㄴ', '-는', '-(으)ㄹ', '-던'이 붙어서 만들어지며, 뒤에 오는 명사를 수식하는 관형어의 기능을 한다. 부사절은 절 전체가 서술어를 수식하는 부사어로 기능하는 것으로, '-아서/-어서', '-도록', '-게' 등이 붙어서 만들어진다. 서술절은 절 전체가 서술어의 기능을 하는데, 다른 절들과 달리 절의 표지가 없다. 인용절은 다른 사람의 말이나 글에서 인용한 내용이 절의 형식으로 안긴 것이다. 문장을 직접 인용할 때에는 '라고'가 붙고, 간접 인용할 때에는 '고'가 붙는다.

독해 지문 확인 이 글을 바탕으로 할 때, 다음 문장의 내용이 맞으면 ○, 틀리면 ×를 하시오.

01 '해진이는 울산에 살고 초희는 광주에 산다.'는 종속적으로 이어진 문장이다. ○|×

02 '민경이는 숙소로 돌아가기를 원한다.'에서 '숙소로 돌아가기'는 조사 '를'과 결합하여 안은문장의 목적어로 쓰이고 있다. ○|×

03 '나는 그가 귀국했다고 들었다.'와 '봄이 오면 꽃이 핀다.'는 문장의 결합 방식이 다르다. ○|×

정답 01 × 02 ○ 03 ○

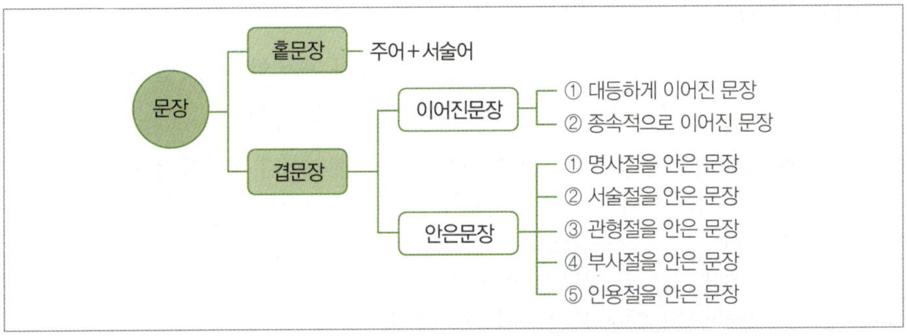

01 | 홑문장

(1) 주어와 서술어의 관계가 한 번만 이루어지는 문장을 말한다. 이때 서술어는 본용언을 의미하므로, 본용언과 보조 용언이 함께 쓰인 문장은 홑문장으로 본다.

예 • 나는 집에서 책을 봤다.: 하나의 서술어 → 홑문장
• 나는 그 책을 읽고 싶다.: 하나의 서술어 → 홑문장

(2) 대칭 서술어가 쓰인 홑문장

대칭 서술어(부딪치다, 만나다, 싸우다, 악수하다, 비슷하다, 다르다, 같다, 닮다 등)가 쓰인 문장에서는 '와/과' 등으로 이어졌다 하더라도 겹문장이 아닌 홑문장으로 본다.

예 • 재욱이와 철수는 영어를 잘한다.: 두 개의 문장으로 분리될 수 있음. → 겹문장
• 재욱이는 철수와 길에서 부딪쳤다.: 두 개의 문장으로 분리될 수 없음. → 홑문장

02 | 겹문장

주어와 서술어가 두 번 이상 나타나는 문장을 말한다. 겹문장에서 두 절에 같은 말이 있으면 다른 말로 대치하거나 생략할 수 있다.

(1) 이어진문장

① 대등하게 이어진 문장: 대등적 연결 어미를 사용하여 문장을 연결한 경우를 말한다. 나열(-고, -며), 대조(-나, -지만), 선택(-든지, -거나) 등을 어미로 사용하여 의미상 대칭 구조를 만든다.

예 • 낮말은 새가 듣고 밤말은 쥐가 듣는다.
• 나는 사과를 좋아하지만 영희는 배를 좋아한다.
• 산으로 가든지 바다로 가든지 어서 결정하자.

② 종속적으로 이어진 문장: 종속적 연결 어미를 사용하여 문장을 연결한 경우이다. 이유(-아서/-어서, -므로, -니까), 조건(-면, -거든, -더라면), 의도(-려고, -고자) 등을 사용하여 종속적인 관계를 표시한다.

예 • 선생님은 인격이 높으시므로, 모든 이에게 존경을 받는다.
• 눈이 오니 날씨가 포근하다.
• 너를 만나지 못하면 가지 않겠다.
• 손님이 오시거든 반갑게 맞이하여라.
• 나는 내일 아침에 여행을 떠나려고 일찍 잠자리에 들었다.

종속적으로 이어진 문장

원인, 조건, 목적, 양보, 시간 관계 등의 뜻을 나타내며, 앞뒤 절의 순서를 바꿀 수 없다.

예 • 형은 공무원이고, 동생은 군인이다.: 동생은 군인이고, 형은 공무원이다.(○) → 대등하게 이어진문장
• 나는 상한 음식을 먹고 탈이 났다.: 원인 → 종속적으로 이어진 문장

명사절로 안긴 문장의 기능

① 밥을 먹기가 어렵다.: 주어 기능
② 밥을 먹기를 좋아한다.: 목적어 기능
③ 밥을 먹기 전에 공부해라.: 관형어 기능
④ 밥을 먹기에 늦은 시간이다.: 부사어 기능

홑문장과의 구별

a. 철수는 의사가 아니다.
: 주어 + 보어 + 서술어 → 홑문장
b. 철수는 키가 작다.
: 주어 + (주어 + 서술어) → 겹문장

서술절을 안은 문장과 보어가 있는 홑문장은 형태가 유사하다. '되다, 아니다' 앞에 위치하면 보어이다.

(2) 안은문장

겹문장 중에서 문장 안에 작은 문장(절)이 들어가 안겨 있는 경우를 말한다. 즉 절이 더 큰 문장 안에서 하나의 문장 성분으로 쓰이는 경우이다.

① **명사절을 안은 문장**: 절이 명사의 역할을 하는 문장이다. 문장에서 주어, 목적어, 관형어, 부사어 등의 기능을 한다. 명사형 어미 '-(으)ㅁ, -기' 등이 붙어 형성된다.

예 • 수진이가 천재임이 밝혀졌다.
• 어린이가 그런 일을 하기란 쉽지 않다.
• 철수는 시험 성적이 잘 나오기만을 바라고 있다.

② **서술절을 안은 문장**: 절이 서술어의 역할을 하는 문장이다. 즉 서술어 자리에 주술 구조의 문장이 들어온 경우이다. 이 문장은 '주어 + (주어 + 서술어)'의 구성을 취한다.

예 • 토끼는 귀가 길다. – 주어 + (주어 + 서술어)
• 나는 우리 동네가 좋다. – 주어 + (주어 + 서술어)
• 이 책은 글씨가 너무 잘다. – 주어 + (주어 + 서술어)

③ **관형절을 안은 문장**: 절이 관형어의 역할을 하는 문장을 말한다. 명사 앞에 위치하며, 관형사형 어미인 '-(으)ㄴ, -는, -(으)ㄹ, -던' 등을 취한다.

예 • 이 책은 내가 읽은 책이다.
• 네가 깜짝 놀랄 일이 생겼다.

㉠ **관계 관형절**: 관형절 내에 생략된 성분이 있는 문장을 말한다.

예 • 넓은 밭에는 보리가 누렇게 익어 간다. – (밭이) 넓다.
• 철수가 그린 그림이 참 멋졌다. – 철수가 (그림을) 그리다.

㉡ **동격 관형절**: 관형절 내에 생략된 성분이 없는 문장을 말한다. 따라서 관형절 자체가 독립된 문장이 될 수 있다.

예 • 낙엽이 지는 광경이 아름답다. – 광경 = 낙엽이 지다.
• 나는 그가 착한 사람이라는 생각이 들었다. – 생각 = 그가 착한 사람이다.

④ **부사절을 안은 문장**: 절이 부사어의 역할을 하는 문장을 말한다. 대체로 '-아서/-어서, -도록, -게, -이' 등이 결합되어 형성된다.

예 • 그는 동생과 달리 마음이 너그럽다.
• 그 집은 벽이 아름답게 장식되어 있었다.
• 눈물이 비 오듯이 흐른다.
• 도로가 눈이 와서 매우 미끄럽다.

⑤ **인용절을 안은 문장**: 화자의 생각, 판단, 또는 남의 말을 인용한 문장이나 의성어, 의태어를 인용의 부사격 조사로 나타낸 문장을 말한다. 즉 문장에서 인용된 부분으로, 인용 조사 '고, 라고'가 붙거나, 인용 조사 없이 '하고'가 붙어 형성된다. 이때 '라고'로 연결된 절을 직접 인용절이라고 하고, '고'로 연결된 절을 간접 인용절이라고 한다.

예 • 주인이 "많이 드세요."라고 권한다.
• 철수는 책을 좋아한다고 나에게 속삭였다.

3 문법 요소 ①: 사동 표현과 피동 표현

지문 읽기

문장은 주어가 스스로 동작을 하는 것을 나타내는 능동문과, 주어가 다른 대상에 의해 동작을 당하거나 영향을 받는 것을 나타내는 피동문으로 나뉜다. 피동문은 피동사로 실현되는데, 피동사는 능동사의 어근에 피동 접미사 '-이-, -히-, -리-, -기-'가 결합하여 만들어진다. 가령 능동문 "고양이가 쥐를 물었다."는 피동문 "쥐가 고양이에게 물렸다."로 쓸 수 있는데, 능동문의 주어는 피동문의 부사어가 되고 능동문의 목적어는 피동문의 주어가 된다. 또한 피동문은 명사에 피동 접미사 '-되다' 등이 결합하거나 용언의 어간에 '-아지다/-어지다' 등이 결합하여 만들어지기도 한다.

또한 주어가 동작을 직접 하는 것을 나타내는 문장을 주동문, 주어가 다른 대상에게 동작을 하도록 시키는 것을 나타내는 문장을 사동문이라고 한다. "아빠가 꽃다발을 안았다."는 주어가 동작을 직접 하고 있으므로 주동문이고, "선주가 아빠에게 꽃다발을 안겼다."는 주어인 '선주'가 '아빠'에게 꽃다발을 안는 동작을 하게 한 것이므로 사동문이다. 이와 같이 사동문은 사동사로 실현되는데, 사동사는 주동사의 어근에 사동 접미사 '-이-, -히-, -리-, -기-, -우-, -구-, -추-'가 결합하여 만들어진다. 이때 주동문의 주어는 사동문의 목적어나 부사어가 되고 사동문에 주어가 새로 추가된다. 또한 사동문은 명사에 사동 접미사 '-시키다'가 결합하거나, 용언의 어간에 '-게 하다'가 결합하여 만들어지기도 한다.

독해 지문 확인 이 글을 바탕으로 할 때, 다음 문장의 내용이 맞으면 ○, 틀리면 ×를 하시오.

01 '경찰이 도둑을 잡다.'를 피동문으로 만들 때에는 능동문의 목적어를 피동문의 주어로 바꾼다. ○|×

02 '마당이 넓다. → 인부들이 마당을 넓히다.'를 통해 주동문의 주어는 사동문에서 다른 문장 성분으로 나타날 수 있음을 알 수 있다. ○|×

03 주어가 다른 대상에 의해 영향을 받는 것을 용언의 어간에 '-게 하다'를 결합하여 나타낼 수 있다. ○|×

정답 01 ○ 02 ○ 03 ×

01 | 사동 표현의 실현

주어가 동작을 직접 하는 것을 **주동(主動)**이라고 하고, 주어가 남에게 동작을 시키는 것을 **사동(使動)**이라고 한다.

(1) 파생적 사동문(단형 사동)

- 용언의 어간+사동 접미사(-이-, -히-, -리-, -기-, -우-, -구-, -추-)
- 명사+접미사 '-시키다'

접사 '-시키다'

① • 교육시키다: 접사
 • 교육을∨시키다: 동사

② 나는 철수를 입원시켰다.(○): '입원하다'는 자동사이므로, 이 문장은 사동의 의미를 넣어 '입원시키다'로 쓸 수 있다.

- 담이(주어) 높다(서술어). (주동) → 민호가(새로운 사동주) 담을 높였다(사동사(높+이+었+다)). (사동)
- 아이가(주어) 우유를(목적어) 먹었다(서술어). (주동) → 어머니가(새로운 사동주) 아이에게(부사어) 우유를 먹였다(사동사(먹+이+었+다)). (사동)

(2) 통사적 사동문(장형 사동): 용언의 어간+보조 용언 '-게 하다'

- 담이(주어) 높다(서술어). (주동) → 민호가(새로운 사동주) 담을(목적어) 높게 하였다(보조 용언). (사동)
- 아이가(주어) 우유를(목적어) 먹었다(서술어). (주동) → 어머니가(새로운 사동주) 아이에게(부사어) 우유를 먹게 하였다(보조 용언). (사동)

02 | 피동 표현의 실현

주어가 동작을 스스로 하는 것을 **능동(能動)**이라고 하고, 주어가 동작을 당하게 되는 것을 **피동(被動)**이라고 한다. 피동문은 일반적으로 능동문의 서술어가 타동사인 경우에만 가능하다.

(1) 파생적 피동문(단형 피동)

- 용언의 어간+피동 접미사(-이-, -히-, -리-, -기-)
- 명사+접미사 '-되다', '-받다', '-당하다'

- 경찰이(주어) 도둑을(목적어) 잡았다(서술어). (능동) → 도둑이(주어) 경찰에게(부사어) 잡혔다(피동사(잡+히+었+다)). (피동)
- 고양이가(주어) 쥐를(목적어) 물었다(서술어). (능동) → 쥐가(주어) 고양이에게(에 의해)(부사어) 물렸다(피동사(물+리+었+다)). (피동)

(2) 통사적 피동문(장형 피동): 용언의 어간+보조 용언 '-어지다, -게 되다'

- 영희에 대한 오해를(목적어) 풀었다(서술어). (능동) → 영희에 대한 오해가(주어) 풀어졌다(풀+어지다(보조 용언)). (피동)
- 글씨를(목적어) 잘 쓴다(서술어). (능동) → 글씨가(주어) 잘 써진다(쓰+어지다(보조 용언)). (피동)

보충 자료 | 사동문과 피동문의 구별

접사 '-이-, -히-, -리-, -기-'는 사동과 피동으로 모두 쓰인다. 이들은 일반적으로 목적어가 있는지를 보고 판단할 수 있다.

예 • 그가 나에게 사진첩을 보였다. (사동) – 벽에 걸려 있는 시계가 보였다. (피동)
• 아이들에게 신문 사설을 읽힌다. (사동) – 이 책은 수많은 사람들에게 읽힌다. (피동)

03 | 사동문과 피동문의 오류

(1) **과도한 사동 접사의 사용:** 의미상 불필요한 경우에 사동 표현을 남발해서는 안 되는데도 사동 접사를 사용하는 경우를 말한다.

예 • 들판을 헤매이며(헤매+이+며) 돌아다니는 사람들(×) → 헤매며(○)
• 오랜만에 그를 보니 가슴이 설레였다(설레+이+었+다).(×) → 설레었다(○)/설렜다(○)
• 활짝 개인(개+이+ㄴ) 날씨를 보니, 기분이 좋다.(×) → 갠(○)
• 함부로 끼여들기(끼+이+어+들+기)를 하면 안 된다.(×) → 끼어들기(○)

(2) **접사 '-시키다'의 경우:** '-시키다'는 자동사를 타동사로 바꾸어 사동의 의미를 더해 주는 역할을 한다. 따라서 '-하다'를 쓸 수 있는 말에 무리하게 '-시키다'를 결합하지 않는다.

예 • 내가 친구 한 명 소개시켜 줄게.(×) → 소개해(○)
• 이 공간을 분리시킬 벽을 설치했다.(×) → 분리할(○)
• 모든 기계를 하루 종일 가동시켜서 기일을 맞추도록 하자.(×) → 가동해서(○)

(3) **이중 피동의 오류:** '-이-, -히-, -리-, -기-+-어지다'의 표현은 사용이 제한된다. 이것은 피동 접사와 통사적 피동문의 표현인 '-어지다'를 중복하여 사용한 것이다.

예 • 내가 합격한 것이 사실인지 믿겨지지(믿+기+어지지) 않았다.(×) → 믿기지(○)/믿어지지(○)
• 앞으로 경제가 좋아질 것으로 보여집니다(보+이+어지다).(×) → 보입니다(○)
• 이 책의 글씨는 잘 읽혀지지(읽+히+어지지) 않아요.(×) → 읽히지(○)
• 이 문제가 잘 풀려지지(풀+리+어지지) 않는다.(×) → 풀리지(○)

(4) '-되어지다', '-지게 되다' 등의 표현은 사용하지 않는다. 이것은 피동문의 표현을 중복하여 사용한 것이다.

예 • 앞으로 이 문제가 잘 풀릴 것이라고 생각되어진다.(×)
• 그는 오랫동안 굴속에 숨어 있었으나 마침내 경찰에게 잡혀지게 되었다.(×)

(5) '불리우다, 잘리우다, 갈리우다, 팔리우다' 등은 잘못된 표기이다.

예 • 그는 훌륭한 가수로 불리웠다.(×) → 불렸다(○)
• 잘리워진 국토의 아픔을 잊지 말자.(×) → 잘린(○)

04 | 주의해야 하는 사동형과 피동형의 표기

(1) 깨치다: 일의 이치 따위를 깨달아 알다. 예 수학의 원리를 깨치다.
깨우치다: 깨달아 알게 하다. 예 나는 한글을 스스로 깨우쳤다.(×) → 깨쳤다(○)

(2) 배다: 스며들거나 스며 나오다. / 냄새가 스며들어 오래도록 남아 있다.
예 표정에 장난기가 배어 있다. / 담배 냄새가 옷에 배었다.
배이다: '배다'의 잘못된 표기이다. 예 담배 냄새가 배입니다.(×) → 뱁니다(○)

(3) 베다: 무엇을 끊거나 자르거나 가르다. 예 낫으로 벼를 벴다.
베이다: '베다'의 피동사 예 면도를 하다가 턱이 벴다.(×) → 베였다(○)

(4) 새다: 날이 밝아 오다. 예 어느덧 날이 새는지 창문이 뿌옇게 밝아 온다.
새우다: (주로 '밤'을 목적어로 하여) 한숨도 자지 아니하고 밤을 지내다.
예 책을 읽느라고 밤을 새우다. / 밤을 꼬박 샜다.(×) → 새웠다(○)

(5) 피다: 구름이나 연기 따위가 커지다. 예 소나기가 오려는지 먹구름이 검게 피었다.
피우다: '피다'의 사동사 예 꽃을 피우다. / 담배를 필 시간도 없다.(×) → 피울(○)

사동 · 피동형의 표기

• 헤매이다(×) → 헤매다(○)
• 목메이다(×) → 목메다(○)
• 설레이다(×) → 설레다(○)
• 붙박히다(×) → 붙박이다(○)
• 개이다(×) → 개다(○)
• 되뇌이다(×) → 되뇌다(○)

이중 피동

-이-, -히-, -리-, -기- + -어지다 → ~~-여지다, -혀지다, -려지다, -겨지다~~

4 문법 요소 ②: 높임 표현

지문 읽기

화자가 어떤 대상이나 상대를 높이거나 낮추는 정도를 언어적으로 구별하여 표현하는 방식을 높임법이라고 한다. 높임법은 높임의 대상에 따라 주체 높임법, 상대 높임법, 객체 높임법으로 나뉜다.

주체 높임법은 서술의 주체인 주어가 가리키는 대상을 높이는 방법이다. "할머니께서 오셨다."와 같이 주체 높임법은 기본적으로 서술어에 선어말 어미 '-(으)시-'가 붙어 실현되고, 주격 조사 '이/가' 대신 '께서'가 쓰이기도 한다. 또한 '계시다', '주무시다', '잡수시다'와 같은 특수 어휘를 사용하기도 한다. 한편 "할아버지께서 주무신다."와 같이 주체를 직접 높이는 것을 직접 높임이라고 하고, "할아버지께서는 귀가 밝으시다."와 같이 주체의 신체 일부나 성품, 소유물 등 주체와 밀접한 관련이 있는 대상을 높임으로써 주체를 간접적으로 높이는 것을 간접 높임이라고 한다.

상대 높임법은 화자가 청자를 높이거나 낮추어 표현하는 방법이다. 상대 높임법은 주로 종결 어미를 사용하여 표현하며, 크게 격식체와 비격식체로 나뉜다. 높임의 순서에 따라 격식체는 하십시오체, 하오체, 하게체, 해라체로, 비격식체는 해요체, 해체로 나뉜다. 격식체는 공적이고 예의를 갖추어야 하는 상황에서 주로 사용하며 심리적 거리감을 나타낸다. 비격식체는 격식을 덜 차리는 상황, 화자와 청자가 긴밀한 상황에서 주로 사용한다.

객체 높임법은 목적어나 부사어가 가리키는 대상, 즉 서술의 객체를 높이는 방법이다. 가령 "나는 할머니를 모시러 갔다."와 같이 주로 '모시다', '드리다', '여쭈다(여쭙다)', '뵈다(뵙다)'와 같은 특수 어휘로 실현되고, 부사격 조사 '에게' 대신 '께'가 쓰이기도 한다.

독해 지문 확인 | 이 글을 바탕으로 할 때, 다음 문장의 내용이 맞으면 ◯, 틀리면 ╳를 하시오.

01 국어의 높임법에는 주체 높임법, 객체 높임법, 상대 높임법이 있다. 이들 높임법이 문장에 나타날 때와 그렇지 않을 때를 '+'와 '−'로 표시한다면, '영희가 할머니께 과자를 드렸다.'는 '− 주체, + 객체, + 상대'로 표시할 수 있다. ◯ | ╳

02 '할아버지께서는 귀가 어두우시다.'에는 주체 높임법과 객체 높임법이 사용되었다. ◯ | ╳

03 '지금부터 회장님의 말씀이 계시겠습니다.'에는 높임 표현이 적절히 쓰였다. ◯ | ╳

정답 01 ◯ 02 ╳ 03 ╳

높임법은 화자가 어떤 대상이나 상대에 대하여 높고 낮음의 정도를 언어적으로 표현하는 방식을 말한다. 높임법은 대상에 따라 주체 높임법, 객체 높임법, 상대 높임법으로 나눌 수 있다.

- 높임법
  - 주체 높임법('-시-' 높임법): 문장의 주체(주어)를 높이는 높임법
  - 객체 높임법: 문장의 객체(부사어, 목적어)를 높이는 높임법
  - 상대 높임법(종결 어미 높임법): 청자를 높이거나 낮추는 높임법. 격식체, 비격식체가 있음.

01 | 주체 높임법

(1) 개념과 실현

문장의 주체, 즉 주어를 선어말 어미 '-시-'나 특수 어휘 등을 사용하여 높이는 표현법이다. 주체 높임법은 주체 높임 선어말 어미 '-시-'를 사용하여 높이는 것이 일반적이지만, 특수 어휘(계시다, 잡수시다, 주무시다 등), '께서' 같은 조사, '-님' 같은 접사를 통해 실현되기도 한다.

예 아버지께서 오신다. / 사장님께서 말씀하셨다. / 할아버지께서 진지를 잡수신다.

(2) 간접 높임

간접 높임이란 문장의 주체와 밀접하게 연관이 있는 주어를 높임으로써 주체를 간접적으로 높이는 표현법을 말한다. 반면 화자가 주체를 직접 높이는 것을 직접 높임이라고 한다.

예를 들어 '선생님의 가방이 무겁다.'라는 문장을 보자. 이때 선생님에 대한 높임을 표현하기 위해 선생님의 소유물인 '가방'에 '-시-'를 붙여, 높임의 궁극적 대상인 '선생님'을 간접적으로 높여 주는 것이 간접 높임법이다(선생님의 가방이 무거우시다.). 따라서 간접 높임은 높임 대상인 주체의 **신체, 소유물, 친분 관계, 성품이나 심리 등에 '-시-'를 붙임**으로써 표현된다.

예 • 우리 할머니께서는 귀가 밝으시다. – '주체'인 할머니의 신체 부위를 높임.
• 선생님, 가방이 무거우시죠? – '주체'인 선생님의 소유물을 높임.

① '있다, 없다'의 경우: '있다, 없다'는 직접 높임과 간접 높임의 형태가 다르다. 직접 높임은 '계시다, 안 계시다'를, 간접 높임은 '있으시다, 없으시다'를 쓴다.

예 • 아버지께서는 집에 계신다. – 주체를 직접 높이는 경우이므로 직접 높임을 쓴다.
• 아버지께서는 고민이 있으시다. – 주체와 연관된 대상을 높이므로 간접 높임을 쓴다.
• 교장 선생님의 말씀이 계시겠습니다.(×) → 있으시겠습니다(○)
– '말씀'은 '교장 선생님'과 연관된 대상이므로 간접 높임을 쓴다.
• 그분은 두 살 된 따님이 계시다.(×) → 있으시다(○)
– '그분'을 높이기 위해 '따님'을 높이는 것이므로 간접 높임을 쓴다.
• 전해 드릴 용건이 계신 분, 있으세요?(×) → 전해 드릴 용건이 있으신 분, 계세요?(○)
– '용건'은 상대방과 연관된 대상이므로 간접 높임을 쓴다.

높임법의 실현

형님, 아버지께서 할머니를 모시고 오셨어요.
(형님: 상대 / 아버지께서: 주체 / 할머니를: 객체 / 오셨어요: 주체(-시-) + 상대 높임(어요))

주체 높임 선어말 어미 '-시-'

㉠ 아버지께서 집에 가시다.
㉡ 아버지께서 진지를 드시다.
㉢ 아버지를 모시고 가다.

㉠ '가 + 시 + 다'이므로, 주체 높임 선어말 어미이다.
㉡ '들 + 시 + 다 → 드시다('ㅅ' 앞에서 'ㄹ' 탈락)'이므로, 주체 높임 선어말 어미이다.
㉢ '모 + 시 + 다'가 아니라, '모시(어간) + 다'로 분석된다. '모시다'는 객체 높임을 나타낸다.

'있다', '없다'의 높임 표현

구분	있다	없다
직접 높임	계시다	안 계시다
간접 높임	있으시다	없으시다

② 간접 높임의 제약: 간접 높임은 높여야 할 대상과 밀접한 관계를 맺고 있는 경우에만 사용한다. 따라서 고객을 존대하려는 의도로 불필요하게 '-시-'를 넣는 것은 잘못된 표현이다. 또한 '사이즈, 포장, 품절'은 청자의 소유물이거나 청자와 밀접한 관계를 맺고 있는 대상이 아니므로 간접 높임의 대상이 되지 않는다.

예 • 주문하신 커피 나오셨습니다.(×) → 나왔습니다(○)
• 문의하신 상품은 품절이십니다.(×) → 품절입니다(○)
• 말씀하신 사이즈가 없으십니다.(×) → 없습니다(○)
• (상점에서) 포장이세요?(×) → 포장해 드릴까요(○)

壓尊法(누를 압, 높을 존, 법도 법)
문장의 주체가 화자보다는 높지만 청자보다는 낮아, 그 주체를 높이지 못하는 어법

(3) 압존법(壓尊法) — 주체 높임의 제약

압존법은 가족이나 사제지간 같은 사적 관계에서, 청자 중심주의가 적용되는 높임법이다. 즉 '화자 - 주체 - 청자' 간의 관계에서 청자를 중심으로 높임법이 결정된다.

예 • 할아버지, 아버지께서 오셨습니다. → 할아버지, 아버지가 왔습니다.
– '청자'인 할아버지가 '주체'인 아버지보다 높다. 따라서 청자 중심주의에 따라 아버지를 높일 필요가 없다.
• 아버지, 할아버지가 왔습니다. → 아버지, 할아버지께서 오셨습니다.
– '청자'인 아버지가 '주체'인 할아버지보다 낮으므로 청자 중심주의에 따라 할아버지를 높인다.

압존법은 사적 관계에서만 적용되므로 직장에서는 사용되지 않는다. 따라서 직장에서 윗사람을 그보다 윗사람에게 지칭하는 경우, 높임 선어말 어미 '-시-'를 넣어 주체를 높여 말해야 한다.

예 (평사원이) 사장님, 이 과장 어디 갔습니까?(×) → 사장님, 이 과장님 어디 가셨습니까?(○)
– 직장에서는 압존법이 적용되지 않으므로 청자인 사장을 중심으로 높임이 결정되지 않는다.

02 | 객체 높임법

(1) 개념과 실현

문장의 객체, 즉 목적어나 부사어를 높이는 방법으로, 현대 국어에서는 쓰임이 한정되어 있다. 특수 어휘(뵙다, 드리다, 모시다, 여쭙다)와 조사 '께' 등을 통해 실현된다.

① 부사격 조사 '께'를 사용하는 경우

예 나는 할머니께 용돈을 드렸다.

② '뵙다', '드리다', '모시다', '여쭙다' 등의 특수 어휘를 사용하는 경우

예 • 제가 선생님을 뵙자고 청한 이유가 있습니다.
• 철수는 아버지를 모시고 백화점에 갔다.
• 나는 할머니께 그 말씀을 여쭈어봤다.

(2) 객체 높임법의 퇴화

객체 높임법은 중세 국어에서는 주체 높임법처럼 활발하게 사용되었지만 현대의 객체 높임법은 매우 제한적으로 사용된다.

03 | 상대 높임법

상대 높임법은 청자에 대하여 높이거나 낮추어 말하는 표현법으로, 주로 종결 어미로 표현된다. 국어의 높임법 중에서 가장 발달한 표현법으로, 격식체와 비격식체가 있다. 격식체란 의례적, 객관적인 높임법으로, 심리적인 거리감이 존재한다. 비격식체란 격식체에 비해 정감 있는 높임법으로, 심리적 거리를 좁혀 친근감을 표시하고자 할 때 사용한다.

격식체와 비격식체

격식체
- 열심히 공부하십시오. – 하십시오체
- 열심히 공부하오. – 하오체
- 열심히 공부하게. – 하게체
- 열심히 공부해라. – 해라체

비격식체
- 열심히 공부해요. – 해요체
- 열심히 공부해. – 해체

04 | 주의해야 하는 높임 표현

* 국립국어원 《표준 언어 예절》에서 발췌

(1) 자신의 성을 말할 경우에는 '○가(哥)' 또는 성 앞에 본관을 넣어 '○○[본관] ○가(哥)'라고 하는 전통적인 관습을 따르는 것이 바람직하고, 남의 성을 말할 때는 '○씨(氏)', '○○[본관] ○씨(氏)'로 하는 것이 바람직하다.

예 선생님, 저는 김해 김씨입니다.(×) → 김해 김가(○)

(2) 자신의 직함을 밝힐 때는 이름 앞에 넣는다. 직함을 이름 다음에 넣으면 높임의 의미를 지닌다.

예 • 저는 노량진에서 근무하는 과장 홍길동입니다. – 자신을 소개할 때
• 이분은 저희 회사 홍길동 과장입니다. – 남을 소개할 때

(3) 부모님의 친구나 부모님의 직장 동료 등 부모님을 아는 사람에게 부모님에 기대어 자신을 소개할 때, 성(姓)에는 '자(字)'를 붙이지 않도록 주의해야 한다.

예 저희 아버지가 김 자 철 자 수 자 쓰십니다.(×) → 김 철 자 수 자(○)

(4) 어른에게는 '수고하다', '당부하다', '야단맞다' 등을 사용하지 않는다.

예 • 아저씨, 수고하세요.(×) → '고맙습니다' 등의 표현으로 고침.
• 아버지에게 야단을 맞았다.(×) → {꾸중을, 꾸지람을, 걱정을} 들었다(○)

(5) 윗사람이나 남에게 말할 때는 자기와 관계된 부분을 낮추어 '저희 가게', '저희 학교', '저희 회사' 등과 같이 '우리' 대신 '저희'를 쓰는 것이 바람직하다. 다만 '나라'에 대해서는 '저희 나라'를 쓰지 않고 '우리나라'를 쓴다.

예 저희 나라의 역사는 반만년에 이릅니다.(×) → 우리나라(○)

신유형 익히기 통사론

정답과 해설 342쪽

01 ㉠의 사례가 포함되어 있지 않은 것은? 인혀처 1차 예시 문제

> 존경 표현에는 주어 명사구를 직접 존경하는 '직접 존경'이 있고, 존경의 대상과 긴밀한 관련을 가지는 인물이나 사물 등을 높이는 ㉠ '간접 존경'도 있다. 전자의 예로 "할머니는 직접 용돈을 마련하신다."를 들 수 있고, 후자의 예로는 "할머니는 용돈이 없으시다."를 들 수 있다. 전자에서 용돈을 마련하는 행위를 하는 주어는 할머니이므로 '마련한다'가 아닌 '마련하신다'로 존경 표현을 한 것이다. 후자에서는 용돈이 주어이지만 할머니와 긴밀한 관련을 가진 사물이라서 '없다'가 아니라 '없으시다'로 존경 표현을 한 것이다.

① 고모는 자식이 다섯이나 있으시다.
② 할머니는 다리가 아프셔서 병원에 다니신다.
③ 언니는 아버지가 너무 건강을 염려하신다고 말했다.
④ 할아버지는 젊었을 때부터 수염이 많으셨다고 들었다.

선재 쌤's Talk

02 다음 글을 이해한 내용으로 적절하지 않은 것은?

> 문장 성분에는 문장을 구성하는 데 골격이 되는 필수적인 주성분과, 주성분의 내용을 수식하는 부속 성분, 다른 문장 성분과는 직접 관련이 없는 독립 성분이 있다.
>
> 주성분에는 주어, 서술어, 목적어, 보어가 있다. 주어는 동작 또는 상태나 성질의 주체가 되는 문장 성분이고 서술어는 주어의 동작이나 상태, 성질 따위를 풀이하는 기능을 하는 문장 성분이다. 즉 '무엇이 어찌한다.', '무엇이 어떠하다.', '무엇이 무엇이다.'에서 '무엇이'에 해당하는 것이 주어이고, '어찌한다(동사), 어떠하다(형용사), 무엇이다(체언 + 서술격 조사)'에 해당하는 것이 서술어이다.
>
> 주어는 대체로 체언에 주격 조사 '이/가'가 붙는데 보조사 '은/는'이 붙는 경우도 있다. 목적어는 서술어의 동작 대상이 되는 문장 성분이고 보어는 주어와 목적어 외에 서술어가 요구하는 필수적인 문장 성분이다. 현행의 학교 문법에서는 서술어 '되다', '아니다' 앞에 오는 문장 성분만을 보어로 인정하고 있다. 목적어는 '나는 바다를 좋아한다.'와 같이 체언에 목적격 조사 '을/를'이 붙고, 보어는 '물이 얼음이 되었다.'의 '얼음이'와 같이 보격 조사 '이/가'가 붙는다.

① 주격 조사 자리에 보조사가 와도 문장 성분은 바뀌지 않는다.
② 서술어는 주성분에 속하지만 필수적인 문장 성분은 아니다.
③ '나는 공무원이 되었다.'에서 '공무원이'는 보어이다.
④ '고래는 물고기가 아니다.'에서 '고래는', '물고기가', '아니다'는 모두 주성분이다.

선재 쌤's Talk

03 다음 글에서 추론한 내용으로 적절하지 않은 것은?

> 문장은 주어와 서술어의 관계가 한 번 나타나는 홑문장과 두 번 이상 나타나는 겹문장으로 나뉘는데, 겹문장에는 이어진문장과 안은문장이 있다.
>
> 한 문장이 하나의 성분처럼 기능하는 다른 문장을 안고 있을 때 그것을 안은문장이라 하고, 이때 하나의 성분처럼 기능하는 문장을 안긴문장이라 한다. 안긴문장에는 명사절, 관형절, 부사절, 서술절, 인용절이 있다. 명사절은 '밥을 먹기가 어렵다.'와 같이 '-(으)ㅁ', '-기'가 붙어 만들어지며 문장 안에서 조사와 결합하여 주어, 목적어, 부사어와 같은 다양한 기능을 한다. 관형절은 '이 책은 내가 읽은 책이다.'와 같이 '-(으)ㄴ', '-는', '-(으)ㄹ' 등이 붙어 뒤의 체언을 꾸민다. 부사어처럼 용언을 수식하는 기능을 하는 부사절은 '비가 소리도 없이 내린다.'와 같이 '-이', '-게', '-도록' 등이 결합하여 이루어진다. 서술절은 절 전체가 서술어의 기능을 하는데, 다른 절들과 달리 절의 표지가 없다. 인용절은 다른 사람의 말이나 글에서 인용한 내용이 절의 형식으로 안긴 것이다.

① '네가 깜짝 놀랄 일이 생겼다.'는 관형절을 안은 문장이다.

② '나는 네가 영원히 행복하기를 바란다.'에서 '네가 영원히 행복하기'는 문장 안에서 목적어의 기능을 한다.

③ '그의 연락을 눈이 빠지도록 기다렸다.'에서 '눈이 빠지도록'은 부사어처럼 사용된다.

④ '뒷마당에 예쁜 장미가 활짝 피었다.'는 주어와 서술어의 관계가 한 번만 나타난다.

선재 쌤's Talk

04 다음 글을 이해한 내용으로 적절한 것은?

서술어의 자릿수란 문장에서 서술어가 필수적으로 요구하는 문장 성분의 개수를 의미한다. 서술어가 주어만을 필요로 하면 '한 자리 서술어', 주어 외에 한 개의 문장 성분을 더 필요로 하면 '두 자리 서술어', 주어 외에 두 개의 문장 성분을 더 필요로 하면 '세 자리 서술어'로 분류한다. 그런데 서술어로 사용되는 용언이 다의어일 때는 각각의 의미에 따라 서술어의 자릿수가 달라지는 경우가 있다. 예를 들어 '멈추다'는 '사물의 움직임이나 동작이 그치다.'의 의미로 사용될 때는 '자동차가 멈추다.'와 같이 한 자리 서술어이지만, '사물의 움직임이나 동작을 그치게 하다.'의 의미로 사용될 때는 '아버지가 자동차를 멈추다.'와 같이 두 자리 서술어이다.

한편, 문장에서 서술어로 쓰이는 용언은 경우에 따라 특정 체언하고만 어울리는 특성을 갖는데 이를 '선택 자질'이라고 한다. 그리고 용언이 선택 자질에 의해 특정 단어를 선택하여 결합하는 현상을 '선택 제약'이라고 한다. 예를 들어 '먹다'가 '음식 따위를 입을 통하여 뱃속에 들여보내다.'라는 의미로 쓰인 경우, 주어와 목적어 자리에 올 수 있는 체언은 한정된다. 즉 주어로는 입과 배라는 신체 기관을 지닌 생물만을, 목적어로는 음식만을 선택하여 결합해야 서술어의 의미가 온전하게 표현된다. 그렇기 때문에 '아이가 밥을 먹다.'는 문법적으로 올바른 문장이지만 '바위가 밥을 먹다.'와 '아이가 바위를 먹다.'는 서술어의 선택 제약을 어겨 문법적으로 올바르지 않은 문장이 된다.

① 하나의 용언이 서술어로 사용되는 경우에는 어떤 문장에 쓰이더라도 서술어의 자릿수가 같다.

② 우리말은 문장에서 서술어로 쓰이는 용언이 모든 종류의 체언과 자유롭게 결합할 수 있는 특성이 있다.

③ '아이의 울음소리가 드디어 멈추었다.'에서 '멈추다'는 두 자리 서술어로 쓰였다.

④ '마시다'가 '물이나 술 따위의 액체를 목구멍으로 넘기다.'의 의미로 사용될 때에는 주어 자리에 올 수 있는 체언이 한정되는 선택 자질을 갖는다.

선재 쌤's Talk

05 다음 글을 이해한 내용으로 적절하지 않은 것은?

현대 국어에서 사동 표현은 주동문의 동사나 형용사 어근에 사동 접미사 '-이-, -히-, -리-, -기-, -우-, -구-, -추-'가 붙거나 '-게 하다'에 의해 만들어진다.

서술어가 형용사나 자동사인 주동문을 사동문으로 바꿀 때, 주동문의 주어가 사동문의 목적어가 되며 사동문의 주어가 새로 도입된다. 또한 서술어의 자릿수에도 변화가 일어난다. 예를 들어 주동문 ㉠ '담이 높다.'를 사동문으로 바꿀 때, ㉡ '민재가 담을 높였다.'와 같이 주동문의 주어인 '담이'는 사동문에서는 목적어 '담을'이 되고, '민재가'라는 사동문의 주어가 새로 도입된다.

한편 서술어가 타동사인 주동문을 사동문으로 바꿀 때, 주동문의 주어는 사동문의 부사어가 되고 주동문의 목적어는 그대로 사동문의 목적어가 되며 사동문의 주어가 새로 도입된다. 예를 들어 주동문 ㉢ '내가 책을 읽었다.'를 사동문으로 바꿀 때, ㉣ '선생님께서 나에게 책을 읽히셨다.'와 같이 주동문의 주어인 '내가'는 사동문에서는 부사어 '나에게'가 되고, '선생님이'라는 사동문의 주어가 새로 도입된다.

① 주동문 ㉠, ㉢의 주어는 사동문 ㉡, ㉣에서 동일한 문장 성분으로 나타난다.

② 주동문 ㉢을 사동문 ㉣로 바꿀 때 목적어는 그대로 유지된다.

③ 주동문을 사동문으로 바꿀 때, 서술어가 필요로 하는 문장 성분의 개수가 늘어난다.

④ 서술어가 형용사인 주동문과 타동사인 주동문 모두 사동문이 될 때 주어가 새로 도입된다.

선재 쌤's Talk

06 ㉠과 ㉡이 모두 사용된 표현은?

화자가 어떤 대상이나 상대에 대하여 높고 낮음의 정도를 언어적으로 표현하는 방식을 높임법이라고 한다. 높임법에는 문장의 주체를 높이는 주체 높임법, 문장의 객체를 높이는 객체 높임법, 청자에 대하여 높이거나 낮추어 말하는 상대 높임법의 세 가지가 있다. 우리말에서 높임법은 일반적으로 선어말 어미, 조사, 접사 등을 통해 실현된다. 또한 특수한 어휘를 통해 실현되기도 한다.

이 중 높임 표현에 쓰이는 어휘들은 다음과 같이 분류할 수 있다.

- 주체를 높이는 어휘
  예 주무시다
- 객체를 높이는 어휘 ………………………………………………………… ㉠
  예 모시다
- 높여야 할 인물과 관련된 것을 높이는 어휘 ……………………………… ㉡
  예 연세

① 그는 선생님께 성함을 여쭈어보았다.
② 할머니께서는 지금 진지를 잡수십니다.
③ 할아버님은 지금 댁에 계실 겁니다.
④ 어버이날을 맞아 부모님께 선물을 드렸다.

선재 쌤's Talk

제4편

공문서

수정하기

CHAPTER 01

올바른 문장 쓰기

01 | 올바른 호응의 선택

다음의 순서로 올바른 문장을 확인하며 문장의 구조를 분석하는 연습을 하자.

(1) 서술어를 중심으로 문장의 호응을 살펴본다.

① 여기서 주의해야 할 점은 일제의 식민지 교육이 민족을 분열시키는 간교한 수단으로 활용되었다. → 주의해야 할 점은 ~ 활용되었다는 것이다

- 주술 호응의 오류. 주어가 '관형어 + 체언'으로 이루어진 경우, 서술어도 이에 맞추는 것이 좋다.

② 아래에 제시된 자료를 살펴보면, 2000년대 이후 복지 정책에 큰 변화가 일어나고 있다. → 살펴보면 ~ 큰 변화가 일어나고 있음을 알 수 있다

- 주술 호응의 오류. '살펴보면'의 주어와 '일어나고 있다'의 주어가 일치하지 않아서 어색한 문장이 되었으므로, 두 절의 주어를 일치시켜야 한다.

(2) 주어, 목적어, 필수 부사어를 확인하여, 과도하게 생략된 성분이 있는지 살펴본다.

① 본격적인 공사가 언제 시작되고 언제 개통될지 모른다. → 도로가 언제 개통될지 모른다

- '개통되다'와 호응하는 주어가 없으므로 적절한 주어를 넣어 주어야 한다.

② 모두 흥에 겨워 춤과 노래를 부르고 있다. → 춤을 추고 노래를 부르고 있다

- '춤'과 호응할 수 있는 적절한 서술어를 넣어 주어야 한다.

(3) 연결되는 문장 구조의 앞뒤를 확인하여, 병렬 관계를 살펴본다.

① 1반 축구팀은 불안한 수비와 문전 처리가 미숙하여 2반 축구팀에 패배하였다. → 수비가 불안하고 문전 처리가 미숙하여

- '와' 앞뒤의 문장 구조를 맞춰 '수비가 불안하고'처럼 고쳐 주는 것이 자연스럽다.

② 그립고 아쉬움에 가슴 조이던 먼 젊음의 뒤안길에서 이제는 돌아온 누님 → 그리움과 아쉬움에

- '명사형+명사형'의 병렬 구조로 고쳐 쓰는 것이 좋다.

③ 우리 팀은 빠른 패스와 조직력이 튼튼해서 이겼다. → 패스가 빠르고 조직력이 튼튼해서

- '와' 앞뒤의 문장 구조를 맞춰 고쳐 쓰는 것이 자연스럽다.

④ 에너지 절약 및 근무 능력을 향상시키는 데 힘써 주십시오. → 에너지를 절약하고 근무 능력을 향상시키는

- 접속 부사 '및' 앞뒤의 문장 구조를 맞춰 고쳐 쓰는 것이 자연스럽다.

개념 확인

01 가장 자연스러운 문장은?

① 그는 이 문제에 대해 가능한 충실히 논의해 왔다.
② 이 물건은 후보 공천 시점에 보낸 것인지도 모른다.
③ 디지털 텔레비전 시대에는 고화질의 화면은 물론 다양한 정보도 손쉽게 얻을 수 있다.
④ 지금까지는 문제를 회피하기만 했지만 이제는 이와 같은 관례를 깨뜨릴 때도 되었다는 생각이다.

정답 ②

02 | 기타 잘못된 문장의 경우

(1) 구조어의 호응

① 너는 모름지기 열심히 공부를 한다. → 너는 모름지기 열심히 공부하여야 한다.

- '모름지기 ~하여야 한다'의 구조이다.

② 철수는 실의에 빠진 나로 하여금 웃었다. → 하여금 웃게 하였다

- '하여금'은 격 조사 '(으)로'와 같이 쓰여 누구를 시킨다는 사동의 의미를 갖는다. 따라서 사동형의 문장이 와야 한다.

(2) 올바른 수식 구조의 사용

① 저희 ○○○는 모든 국민의 삶의 질을 향상시키기 위하여 다음과 같은 정책 과제를 중점 추진하겠습니다. → 중점적으로 추진하겠습니다

- 체언 '중점' 뒤에 '추진하다'라는 용언이 오고 있으므로 '중점적으로'와 같은 부사어의 형태가 오는 것이 자연스럽다.

② 저희는 제반 법률적 · 행정적 조치 기한을 충실하게 준수하되, 가능한 신속히 조사를 마치도록 노력하겠습니다. → 가능한 한 신속히 조사를 마치도록

- '가능한'은 형용사 '가능하다'의 관형사형이므로 뒤에 수식을 받는 말로 체언이 와야 한다. 따라서 '조건'의 뜻을 나타내며 주로 '-는 한' 구성으로 쓰이는 명사 '한'을 넣어 '가능한 한 신속히'의 형태로 고치는 것이 자연스럽다.

(3) 문맥상 비논리적인 문장

① 우리 방범대원들은 주민의 안전을 보호하기 위해 애쓰고 있습니다. → 주민을 안전하게 보호하기 위해

- '보호'는 위험이나 곤란 따위가 미치지 아니하도록 잘 보살펴 돌본다는 의미이므로, '안전을 보호하다'가 아니라 '주민을 보호하다'로 써야 한다.

② 커피 한 잔은 되지만 한 잔 이상 마시면 해롭습니다. → 두 잔 이상

- '한 잔 이상'에는 한 잔이 포함되어 있으므로 비논리적인 문장이다.

(4) 명사화 구성의 오류

① 여름이 되면 수해 방지 대책 마련에 철저를 기해야 한다. → 수해를 방지할 대책을 마련하는 데

② ┌ 철수는 영희가 이번 시험에 합격함을 간절히 원했다. → 합격하기를
└ 그는 이미 싸움에 승산이 없기를 알고 포로를 자청하고 나섰다. → 없음을

(5) 번역 투의 영향을 받은 표현

① 그 사람은 선각자에 다름 아니다. → 선각자나 다름없다 / 선각자라 할 만하다

② 그의 작품은 이러한 주목에 값한다. → 주목할 만하다

③ ┌ 내일 오전 10시에 회의를 갖도록 하자. → 회의하자 / 회의를 하도록 하자
└ 설악산으로 여행 갈 계획이 있습니다. → 계획입니다

어미 '-음'과 '-기'

명사절을 이끄는 어미로는 '-음'과 '-기'가 있다. '-음'의 경우 보통 '알다, 주장하다, 고백하다, 확실하다, 깨닫다, 느끼다' 등 이미 일어난 일을 나타내는 서술어와 잘 어울리는 경향이 있다.
반면 '-기'의 경우는 '약속하다, 계획하다, 결심하다, 좋아하다, 시작하다, 당부하다, 권하다'와 같은 서술어와 어울리는데, 이 단어들은 이미 끝난 일을 서술하는 문맥에는 잘 어울리지 않는다.

개념 확인

01 우리말 어법에 맞고 가장 자연스러운 문장은?

① 그의 하루 일과를 일어나자마자 아침 신문을 읽는 데서 시작한다.
② 저녁노을이 지는 들판에서 농부 내외가 조용히 기도하는 모습이 멀리 보였다.
③ 졸업한 형도 못 푸는 문제인데, 하물며 네가 풀겠다고 덤볐다.
④ 제가 여러분에게 당부하고 싶은 것은 주변 환경을 탓하지 마시기 바랍니다.

정답 ②

연습 문제 1 다음 문장을 올바른 표현으로 고치시오.

01 생선의 신선도는 눈보다 아가미를 보고 고르는 것이 요령이다.

02 향가의 쇠퇴는 고려 중엽으로 볼 수 있다.

03 현재의 복지 정책은 앞으로 손질이 불가피할 전망입니다.

04 문학은 다양한 삶의 체험을 보여 주는 예술의 장르로서 문학을 즐길 예술적 본능을 지닌다.

05 이 난로는 그을음과 열효율을 높이기 위하여 개발되었다.

06 학교에서는 학생들의 건강과 쾌적한 교실 환경을 조성하기 위하여 공기 청정기를 설치하기로 하였다.

07 이 연극에서 배우들과 무대 장치들이 기능을 얼마나 발휘할지 모르겠다.

08 길을 다니거나 놀 때에는 차를 조심해야 한다.

09 회사는 방송 판매를 통해 얻은 수익금 일부를 활용할 방침이다.

10 운전기사와 잡담을 하거나 과속을 금지한다.

11 사고 원인 파악과 재발 방지 대책을 조속히 마련하겠습니다.

12 신록의 계절에 귀하의 건승과 가정에 평안하심을 기원합니다.

13 카메라 기능은 빠지고 문서 작성 기능만 살렸습니다.

정답

01 → 생선의 신선도는 눈보다 아가미를 보면 알 수 있다.

02 → 향가의 쇠퇴 시기는 고려 중엽으로 볼 수 있다.

03 → 현재의 복지 정책은 ~ 불가피할 것으로 전망됩니다.

04 → ~ 인간은 문학을 즐길 예술적 본능을 지닌다.

05 → 그을음을 없애고 열효율을 높이기 위하여

06 → 학생들의 건강을 지키고 쾌적한 교실 환경을 조성하기 위하여

07 → 배우들이 자신의 능력을 얼마나 발휘하고, 무대 장치들이 기능을 얼마나 발휘할지

08 → 길을 다니거나 길에서 놀 때에는

09 → 수익금 일부를 불우 이웃 돕기에 활용할

10 → 운전기사와 잡담을 하거나 운전기사가 과속하는 것을 금지한다.

11 → 사고 원인을 파악하고

12 → 귀하의 건승과 가정의 평안을

13 → 카메라 기능은 빼고

보충 문제

01 어법에 어긋난 문장을 수정하고 설명한 예로 적절하지 않은 것은?

① 유사한 내용의 제안이 접수되었을 때에는 먼저 접수된 것이 우선한다.
→ '접수되었을 때에는'은 사건이나 행위가 완료된 상황을 나타내므로 '접수될 때에는'으로 바꾼다.

② 안내서 및 과업 지시서 교부는 참가 신청자에게만 교부한다.
→ '과업 지시서 교부'와 서술어 '교부한다'는 의미상 중복되며 호응하지 않으므로 앞의 '교부'를 삭제한다.

③ 해안선에서 200미터 이내의 수역을 제외된 상태에서 논의를 진행하겠습니다.
→ 목적어 '수역을'과 서술어 '제외되다'는 호응하지 않으므로 '제외된'은 '제외한'으로 바꾼다.

④ 관련 도서는 해당 부서에 비치하고 관계자에게 열람한다.
→ 서술어 '열람하다'는 부사어 '관계자에게'와 호응하지 않으므로 '열람하게 한다.'와 같이 바꾼다.

02 우리말다운 표현으로 가장 알맞은 것은?

① 철수는 지금 당장 유학을 가려고 했지만, 자신의 경제적 사정을 고려하지 않은 성급한 결정이었다.

② 문화 결손은 교육학에서, 어린이가 자라면서 어떤 문화적인 환경에 접하지 못한 데서 빚어지는 잘못이다.

③ 2년 전 당산의 나무를 건드린 이 마을 사람 하나는 산사태로 목숨을 잃었고, 올해에는 교통사고를 당했다.

④ 보안과 관계된 사항에는 각종 비문뿐만 아니라 부대 위치 및 지휘관의 신상, 활동 등도 포함된다.

03 어법에 맞게 쓰인 것은?

① 한편에서는 올림픽의 상업성과 여성을 상품화한다는 비난이 있지만 비치 발리볼은 이번에도 큰 인기를 누리고 있습니다.

② 혐오 시설인 장례식장의 경우 주변 환경과 미관이 오염될 우려가 높다며 허가를 해 주지 않았습니다.

③ 미세 먼지를 제외한 환경 기준성 오염 물질들은 평년 수준 또는 약간 감소한 것으로 나타났습니다.

④ 시공에 정성을 다하고 최대한 공사 기간을 단축하여 고가 차도 공사를 2020년 12월까지 마치겠습니다.

⑤ 현재의 부동산 정책은 앞으로 손질이 불가피할 전망입니다.

04 우리말의 어법에 맞고, 의미가 정확한 문장은?

① 지하철 공사가 이제 시작됐으니, 언제 개통될지는 불투명하다.

② 수출 증대를 위해서는 이 제품의 장점과 단점을 보완해야 한다.

③ 그 문제를 논의하자면 오후에는 팀원 전체가 모여 회의를 가질 겁니다.

④ 다행히 비상문이 열려져 있어 인명 피해가 크지 않았습니다.

⑤ 선배가 농담으로 한 말이 그에게 큰 상처를 입혔습니다.

정답 01 ① 02 ④ 03 ④ 04 ⑤

연습 문제 2 다음 문장을 올바른 표현으로 고치시오.

정답과 해설 343쪽

1 올바른 조사와 어미의 사용

01 우리 연구부는 기술 개발의 산실로써 그 역할을 다하고 있습니다.

➔ ______

02 시민 단체는 정부 당국에게 건의 사항을 전달했다.

➔ ______

03 서울시는 영유아에게 한하여 무료 검진 서비스를 제공하기로 하였다.

➔ ______

04 설계도에 정한 기준에 따라 건축 면적을 산정해 보아라.

➔ ______

05 A 후보자는 B 후보자의 정책이 옳지 않다라고 토론회에서 강하게 주장하였다.

➔ ______

06 대규모 소요 사태가 일어난 후 A는 "사람들이 매우 흥분해서 상황이 좋지 않았다."고 말했다.

➔ ______

07 콩이 폐경 전 여성에서 유방암 발병을 억제한다고 알려져 있다.

➔ ______

08 그는 절전형 기기 보급 제도가 에너지를 합리적이고 효율적인 이용을 증진한다고 말했다.

➔ ______

09 여러분과 여러분 가정에 행운이 가득하기를 기원하는 것으로 치사에 갈음합니다.

➔ ______

10 정부는 금리를 올리던지 내리던지, 확고한 결단을 내려야 한다.

➔ ______________________________

11 이 일은 고도의 기술이 필요함으로 기존의 인력이 전문 인력으로 대체되었다.

➔ ______________________________

2 사동문과 피동문의 오류

12 기상청은 당분간 하늘이 맑게 개인 포근한 날씨가 계속될 것이라고 예보했다.

➔ ______________________________

13 비가 그친 것이 하늘이 곧 맑아질 것처럼 보여집니다.

➔ ______________________________

14 행정부 관계자는 주요 산업 육성을 위해 좋은 인재가 있으면 소개시켜 달라고 요청했다.

➔ ______________________________

15 요즘 리셋 증후군이 인터넷 중독의 한 유형으로 꼽혀지고 있다.

➔ ______________________________

3 중의적 표현

16 인사 혁신처의 주무관은 국어 출제 담당자와 영어 출제 담당자를 만났다.

➔ ______________________________

17 국민의 안전을 지키는 여러분의 경찰이 될 것입니다.

➔ ______________________________

18 부채 비율 축소나 계열사 정리 등에 여력이 없는 재벌이 당장 투자에 눈을 돌리기는 어려울 것이다.

➔ ______________________________

4 잉여적 표현

19 참석자의 과반수 이상이 그 안건에 찬성하였다.

→ ____________________

20 요즘 들어 여러 가지 제반 문제들이 한국 사회를 힘들게 한다.

→ ____________________

21 우리 부서는 사치 풍조를 완전히 근절하기 위해 노력하는 홍보 행사에 앞장서기로 했다.

→ ____________________

5 올바른 문장 구조

22 가능한 빠른 시일 내에 일을 마무리 짓도록 하세요.

→ ____________________

23 작성 내용의 수정 또는 신청인의 서명이 없는 서류는 무효입니다.

→ ____________________

24 우리가 플라스틱의 사용을 줄인다면 자원의 낭비와 깨끗한 환경을 유지할 수 있다.

→ ____________________

25 여야 간에 대화의 시도는 계속되고 있으나, 불필요한 공방으로 인하여 지연되고 있다.

→ ____________________

26 소외된 이웃에 대한 인식의 변화와 관심이 높아지고 있다.

→ ____________________

6 틀리기 쉬운 용언의 표기

27 경기 침체가 가속화되자 지자체들은 소상공인 지원 행사를 열음으로써 지역 경제를 살리려 했다.

➔ ______________________________

28 정부 관계자는 지금이 경기 부양책을 펴기에 알맞는 시점이라고 발표했다.

➔ ______________________________

29 계속된 중미 무역 분쟁으로 인해 결국 세계 경제는 엄청난 대가를 치뤄야 할 위기에 처했다.

➔ ______________________________

30 우리 정부는 이번 한미 관세 협약에서 만족스런 결과를 얻었다고 발표했다.

➔ ______________________________

7 관형화 · 명사화 구성

31 교통 통제로 인한 전 구간 차량 진행의 더딤을 보이고 있습니다.

➔ ______________________________

32 그는 권장 도서 목록 선정 기준의 알 수 없음에 불만을 터뜨렸다.

➔ ______________________________

8 번역 투의 영향을 받은 표현

33 오늘 오후에 팀 전체가 모여 회의를 갖겠습니다.

➔ ______________________________

34 이번 방학에 외가댁을 방문할 계획을 가지고 있다.

➔ ______________________________

35 이러한 주장은 지역 이기주의에 다름 아니다.

➔ ______________________________

CHAPTER
02 문장 부호 바로 쓰기

01 | 마침표(.)

(1) 서술, 명령, 청유 등을 나타내는 문장의 끝에 쓴다. 예 젊은이는 나라의 기둥입니다.

다만, 제목이나 표어에는 쓰지 않음을 원칙으로 한다. 예 압록강은 흐른다

(2) 아라비아 숫자만으로 연월일을 표시할 때 쓴다. 예 1919. 3. 1. / 10. 1.~10. 12.

(3) 특정한 의미가 있는 날을 표시할 때 월과 일을 나타내는 아라비아 숫자 사이에 쓴다.

예 3.1 운동/8.15 광복

붙임 이때는 마침표 대신 가운뎃점을 쓸 수 있다. 예 3·1 운동/8·15 광복

02 | 물음표(?)

(1) 의문문이나 의문을 나타내는 어구의 끝에 쓴다. 예 이번에 가시면 언제 돌아오세요?

붙임1 한 문장 안에 몇 개의 선택적인 물음이 이어질 때는 맨 끝의 물음에만 쓰고, 각 물음이 독립적일 때는 각 물음의 뒤에 쓴다.

예 • 너는 중학생이냐, 고등학생이냐? • 너는 여기에 언제 왔니? 어디서 왔니? 왜 왔니?

붙임2 의문의 정도가 약할 때는 물음표 대신 마침표를 쓸 수 있다.

다만, 제목이나 표어에는 쓰지 않음을 원칙으로 한다.

예 • 역사란 무엇인가 • 아직도 담배를 피우십니까

(2) 특정한 어구의 내용에 대하여 의심, 빈정거림 등을 표시할 때, 또는 적절한 말을 쓰기 어려울 때 소괄호 안에 쓴다. 예 우리 집 강아지가 가출(?)을 했어요.

03 | 느낌표(!)

(1) 감탄문이나 감탄사의 끝에 쓴다. 예 이거 정말 큰일이 났구나!

붙임 감탄의 정도가 약할 때는 느낌표 대신 쉼표나 마침표를 쓸 수 있다.

(2) 특별히 강한 느낌을 나타내는 어구, 평서문, 명령문, 청유문에 쓴다. 예 지금 즉시 대답해!

04 | 쉼표(,) T

(1) 같은 자격의 어구를 열거할 때 그 사이에 쓴다. 예 근면, 검소, 협동은 우리 겨레의 미덕이다.

(2) 짝을 지어 구별할 때 쓴다. 예 닭과 지네, 개와 고양이는 상극이다.

(3) 바로 다음 말과 직접적인 관계에 있지 않음을 나타낼 때 쓴다.

예 갑돌이는, 울면서 떠나는 갑순이를 배웅했다.

05 | 가운뎃점(·)

(1) 열거할 어구들을 일정한 기준으로 묶어서 나타낼 때 쓴다.

예 민수·영희, 선미·준호가 서로 짝이 되어 윷놀이를 하였다.

(2) 짝을 이루는 어구들 사이에 쓴다. 예 하천 수질의 조사·분석 / 빨강·초록·파랑이 빛의 삼원색이다.

(3) 공통 성분을 줄여서 하나의 어구로 묶을 때 쓴다. 예 상·중·하위권 / 금·은·동메달

TIP 쉼표를 쓰지 않는 경우

① 열거되는 사항임이 쉽게 드러날 때는 쓰지 않을 수 있다.
예 아버지 어머니께서 함께 오셨어요.

② 줄임표 앞에는 쉼표를 쓰지 않는다.
예 광역시: 광주, 대구, 대전……

개념 확인

01 문장 부호의 사용이 옳지 않은 것은?

① '1919년 3월 1일'은 '1919. 3. 1.'로도 쓸 수 있다.
② 놀이공원 입장료는 4,000원/명이다.
③ 그는 최선을 다했다. 그러나 성공할지는.......
④ 저번 동창회의 불참자는 이○○, 박○○ 등 4명이었다.
⑤ 나라들이 무역 장벽을 제거하여 무역을 자유롭게 하는 협정이 자유 무역 협정(FTA)이다.

정답 ⑤

06 | 쌍점(:) T

(1) 표제 다음에 해당 항목을 들거나 설명을 붙일 때 쓴다.

예 • 문방사우: 종이, 붓, 먹, 벼루 • 일시: 2014년 10월 9일 10시

(2) 시와 분, 장과 절 등을 구별할 때 쓴다. 예 오전 10:20(오전 10시 20분)

07 | 빗금(/)

(1) 대비되는 두 개 이상의 어구를 묶어 나타낼 때 그 사이에 쓴다. 예 먹이다/먹히다

(2) 기준 단위당 수량을 표시할 때 해당 수량과 기준 단위 사이에 쓴다. 예 100미터/초

08 | 큰따옴표(" ")

(1) 글 가운데에서 직접 대화를 표시할 때 쓴다. 예 "어머니, 제가 가겠어요."

(2) 말이나 글을 직접 인용할 때 쓴다. 예 나는 "어, 광훈이 아니냐?" 하는 소리에 깜짝 놀랐다.

09 | 작은따옴표(' ')

(1) 인용한 말 안에 있는 인용한 말을 나타낼 때 쓴다.

예 그는 "여러분! '시작이 반이다.'라는 말 들어 보셨죠?"라고 말하며 강연을 시작했다.

(2) 마음속으로 한 말을 적을 때 쓴다. 예 나는 '일이 다 틀렸나 보군.' 하고 생각하였다.

10 | 소괄호(( ))

(1) 주석이나 보충적인 내용을 덧붙일 때 쓴다. 예 니체(독일의 철학자) / 2014. 12. 19.(금)

(2) 우리말 표기와 원어 표기를 아울러 보일 때 쓴다.

예 • 기호(嗜好), 자세(姿勢) • 커피(coffee), 에티켓(étiquette)

11 | 대괄호([ ])

(1) 괄호 안에 또 괄호를 쓸 필요가 있을 때 바깥쪽의 괄호로 쓴다.

예 이번 회의에는 두 명[이혜정(실장), 박철용(과장)]만 빼고 모두 참석했습니다.

(2) 고유어에 대응하는 한자어를 함께 보일 때 쓴다. T

예 나이[年歲]/낱말[單語]/손발[手足]

(3) 원문에 대한 이해를 돕기 위해 덧붙일 때 쓴다.

예 그런 일은 결코 있을 수 없다.[원문에는 '업다'임.]

12 | 겹낫표(『 』)와 겹화살괄호(《 》) T

책의 제목이나 신문 이름 등을 나타낼 때 쓴다. 예 《한성순보》는 우리나라 최초의 근대 신문이다.

13 | 홑낫표(「 」)와 홑화살괄호(〈 〉) T

소제목, 그림이나 노래와 같은 예술 작품의 제목, 상호, 법률, 규정 등을 나타낼 때 쓴다. 예 〈한강〉은 사진집 《아름다운 땅》에 실린 작품이다.

14 | 숨김표(○, ×)

(1) 금기어나 공공연히 쓰기 어려운 비속어임을 나타낼 때, 그 글자의 수효만큼 쓴다.

예 배운 사람 입에서 어찌 ○○○란 말이 나올 수 있느냐?

(2) 비밀을 유지해야 하거나 밝힐 수 없는 사항임을 나타낼 때 쓴다. 예 합격자는 김○영이다.

기타 문장 부호

- 줄표(—)
- 붙임표(-)
- 물결표(~)
- 중괄호({ })
- 드러냄표(˙)와 밑줄(_)
  드러냄표나 밑줄 대신 작은따옴표를 쓸 수 있다.
- 빠짐표(□)
- 줄임표(……)

TIP 쌍점의 띄어쓰기

쌍점의 앞은 붙여 쓰고 뒤는 띄어 쓴다. 다만, (2)에서는 쌍점의 앞뒤를 붙여 쓴다.

TIP 대괄호 (2)

① 고유어에 대응하는 한자어를 한자로 쓰지 않고 한글로 써서 보일 때도 대괄호를 쓴다.

예 나이[연세], 낱말[단어]

② 고유어나 한자어에 대응하는 외래어나 외국어 표기임을 나타낼 때도 이 규정을 준용하여 대괄호를 쓴다.

예 • 낱말[word], 문장[sentence], 책[book], 독일[도이칠란트], 국제 연합[유엔]
• 자유 무역 협정[FTA] / 에프티에이(FTA)
• 국제 연합 교육 과학 문화 기구[UNESCO] / 유네스코(UNESCO)
• 국제 연합[United Nations] / 유엔(United Nations)

TIP 겹낫표나 겹화살괄호 대신 큰따옴표를 쓸 수 있다.

TIP 홑낫표나 홑화살괄호 대신 작은따옴표를 쓸 수 있다.

CHAPTER

03 〈한글 맞춤법〉 바로 쓰기

1 두음 법칙의 표기

지문 읽기

〈한글 맞춤법〉 제10항~제12항은 국어의 두음 법칙에 관한 규정이다. 두음 법칙은 단어의 첫머리에 특정한 소리가 출현하지 못하는 현상을 말한다.

제10항은 한자음 '녀, 뇨, 뉴, 니'가 단어 첫머리에 올 적에는, 두음 법칙에 따라 '여, 요, 유, 이'로 적는다는 규정이다. 단어의 첫머리 이외의 경우에는 본음대로 적지만, '신여성(新女性)'과 같이 접두사처럼 쓰이는 한자가 붙어서 된 말이나 합성어에서는 뒷말의 첫소리가 'ㄴ' 소리로 나더라도 두음 법칙에 따라 적는다.

제11항은 한자음 '랴, 려, 례, 료, 류, 리'가 단어의 첫머리에 올 적에는, 두음 법칙에 따라 '야, 여, 예, 요, 유, 이'로 적는다는 규정이다. 단어의 첫머리 이외의 경우에는 본음대로 적는 것이 원칙이다. 다만, '率'은 모음이나 'ㄴ' 받침 뒤에서는 '이자율(利子率)'처럼 '율'로 적고 그 외의 받침 뒤에서는 '능률(能率)'처럼 '률'로 적는다. 외래어에서도 동일하게 모음이나 'ㄴ' 받침 뒤에서는 '서비스율'처럼 '율'로 적고 그 외의 받침 뒤에서는 '슛률'처럼 '률'로 적는다.

제12항은 한자음 '라, 래, 로, 뢰, 루, 르'가 단어의 첫머리에 올 적에는, 두음 법칙에 따라 '나, 내, 노, 뇌, 누, 느'로 적는다는 규정이다. 단어의 첫머리 이외의 경우에는 본음대로 적지만, '어린이난, 가십(gossip)난'과 같이 고유어나 외래어 뒤에 결합하는 경우에는 한자어 형태소가 하나의 단어로 인식되므로, 두음 법칙이 적용된 형태로 적는다.

독해 지문 확인 이 글을 바탕으로 할 때, 다음 문장의 내용이 맞으면 ○, 틀리면 ×를 하시오.

01 '그는 잡지의 칼럼란에 논문을 기고하였다.'에서 '칼럼란'은 두음 법칙이 적용된 형태인 '칼럼난'으로 적어야 한다. ○|×

02 '○○시가 금연 프로그램을 운영한 결과 ○○시의 흡연률이 절반 가까이 줄었다.'는 〈한글 맞춤법〉에 맞는 문장이다. ○|×

03 '고냉지 배추의 출하 시기가 다가옴에 따라 요즘 산지(産地)에서는 수확양이 크게 증가하고 있다.'에서 밑줄 친 단어의 표기는 모두 옳지 않다. ○|×

정답 01 ○ 02 × 03 ○

01 | 두음 법칙의 적용

녇-리률(年利率) ⟶ 연-이율

(1) 한자음 '녀, 뇨, 뉴, 니'와 'ㄹ' 음을 찾는다.

女	年	念	/	欄	樂	冷	量	聯	老	雷	樓	率	陵	利
녀	년	념		란	락	랭	량	련	로	뢰	루	률	릉	리

(2) 찾은 한자음이 단어의 첫음절이거나, 독립된 단위의 앞에 놓였는지를 확인한다.

- 락뢰(落雷) → 낙뢰 (1 2 → 1)
- 랭랭(冷冷)하다 → 냉랭하다 (1 2 → 1) → 첫 음절만 바뀜.

예
- 남녀(男女), 광한루(廣寒樓), 급랭(急冷), 생로병사(生老病死), 고랭지(高冷地)
- 신-여성(新女性), 중-노동(重勞動), 공-염불(空念佛), 실-낙원(失樂園)
- 남존-여비(男尊女卑), 남부-여대(男負女戴), 사상-누각(沙上樓閣), 회계 연도(會計年度)

(3) 고유어나 외래어가 결합된 합성어의 경우, 한자어의 자리만 확인한다.

예
- 일양(量), 구름양(量), 알칼리양(量), 어머니난(欄), 토픽난(欄) → 한자어의 첫음절임.
- 노동량(勞動量), 작업량(作業量), 가정란(家庭欄), 투고란(投稿欄), 태릉(泰陵) → 첫음절이 아님.

02 | 두음 법칙의 예외

(1) 모음이나 'ㄴ' 받침 뒤에 이어지는 '렬/률'은 '열/율'로 적는다.

예
- 명중률(命中率), 성공률(成功率), 합격률(合格率)
- 백분율(百分率), 선열(先烈), 균열(龜裂)

(2) 의존 명사는 그 의존성을 고려하여 두음 법칙을 적용하지 아니하고 본음대로 적는다.

예
- 국제 평화 협정은 1994년도에 체결되었다.

보충 자료 공문서로 확인하기

전국 매립 시설 설치 운영 실태 조사 결과 및 조치 계획

□ 조사 및 분석 결과

1. 20○○년 말 현재 사용 중인 매립 시설: 220개소

2. 잔여 사용 기간별 분포 현황
   - 15년 이상 사용 가능한 시설은 73개소로서 매립 용량으로는 81.2%이며, 3년 미만 시설은 전체 시설 수의 24.5%인 54개소임.
   - 서울·경기·인천 지역의 앞으로 사용 가능한 ~~년수~~(→ 연수)는 27.5년이며, 잔여 사용 기간이 3년 미만인 ○○광역시는 현재 매립 시설의 신증설을 추진 중임.
   - 220개소의 매립 시설 중 설치 승인을 받은 시설은 220개소이고, 설치 승인을 받지 않은 시설은 모두 사용 종료로 폐쇄됨.

   * 설치, ~~승인률~~(→ 승인율): 19○○년 29.0% → 20○○년 96.6% → 20○○년 100.0%

2 사이시옷의 표기

지문 읽기

〈한글 맞춤법〉 제30항은 사이시옷을 받쳐 적는 조건을 규정하고 있는데, 사이시옷을 받쳐 적으려면 몇 가지 조건을 충족해야 한다.

먼저 사이시옷을 받쳐 적으려면 합성어이면서 다음과 같은 음운론적 현상이 나타나야 한다. '바다+가 → [바다까] → 바닷가'와 같이 뒷말의 첫소리가 된소리로 나거나, '비+물 → [빈물] → 빗물'과 같이 뒷말의 첫소리 'ㄴ, ㅁ' 앞에서 'ㄴ' 소리가 덧나거나, '뒤+일 → [뒨ː닐] → 뒷일'과 같이 뒷말의 첫소리 모음 앞에서 'ㄴㄴ' 소리가 덧나야 한다. 예를 들어 '위'는 '길, 물'과 결합할 때는 사이시옷이 들어가서 '윗길, 윗물'이 되지만 '턱, 쪽'과 결합할 때는 '위턱, 위쪽'으로 쓴다. 뒷말의 첫소리가 된소리로 나거나 'ㄴ' 소리가 덧나는 경우가 아니기 때문이다.

이외에도 합성어를 이루는 구성 요소 중에서 적어도 하나는 고유어여야 하고 구성 요소 중에 외래어도 없어야 한다는 조건이 덧붙는다. 예를 들어 '개수(個數)', '초점(焦點)', '기차간(汽車間)', '전세방(傳貰房)'은 '갯수', '촛점', '기찻간', '전셋방'으로 잘못 쓰는 일이 많지만 여기에는 고유어가 들어 있지 않으므로 사이시옷을 받쳐 적지 않는다. 또한 '오렌지빛, 피자집'과 같은 경우에는 '오렌지', '피자'라는 외래어가 들어 있기 때문에 사이시옷을 받쳐 적지 않는다.

독해 지문 확인 이 글을 바탕으로 할 때, 다음 문장의 내용이 맞으면 ○, 틀리면 ×를 하시오.

01 '머리말'은 [머리말]로 발음하므로 '머릿말'이 아니라 '머리말'로 적어야 한다. ○|×

02 '아랫층', '아랫방'의 표기는 모두 적절하다. ○|×

03 '기차간(汽車間)'과 달리 '기차+길'은 '길'이 고유어이므로 사이시옷을 받쳐 적는다. ○|×

정답 01 ○ 02 × 03 ○

01 | 사이시옷의 적용

(1) 사잇소리가 나는 단어인지 확인한다.

예 **머리말, 머리글, 예사말(例事말), 인사말(人事말), 반대말(反對말):** 사잇소리가 나지 않으므로 사이시옷을 표기하지 않음.

(2) 다음의 세 가지 조건을 확인한다.

① 명사+명사일 것(합성어)

비교 해님, 나라님

② 앞의 명사는 모음으로 끝나고 뒤의 명사는 예사소리일 것

비교 개펄, 나루터, 뒤편, 뒤치다꺼리, 위층 / 위쪽, 뒤뜰

③ 앞뒤 명사 중 최소한 하나는 순우리말일 것

예 • 푸줏간(푸줏間), 고깃간(고깃間) VS 기차간(汽車間), 마구간(馬廏間), 수라간(水剌▽間)
• 개수(個數), 구두점(句讀點), 맥주잔(麥酒盞), 백지장(白紙張), 소주잔(燒酒盞), 이점(利點), 장미과(薔薇科), 전세방(傳貰房), 초점(焦點), 화병(火病)
→ 순우리말이 포함되지 않았으므로 사이시옷을 표기하지 않음.

(3) 다음 한자어는 예외적으로 사이시옷을 표기한다.

예 곳간(庫間), 셋방(貰房), 숫자(數字), 찻간(車間), 툇간(退間), 횟수(回數)

보충 자료 〈한글 맞춤법〉 제30항 원문

1. 순우리말로 된 합성어로서 앞말이 모음으로 끝난 경우

(1) 뒷말의 첫소리가 된소리로 나는 것 예 못자리, 부싯돌, 선짓국

(2) 뒷말의 첫소리 'ㄴ, ㅁ' 앞에서 'ㄴ' 소리가 덧나는 것 예 아랫니, 뒷머리

(3) 뒷말의 첫소리 모음 앞에서 'ㄴㄴ' 소리가 덧나는 것 예 두렛일, 베갯잇

2. 순우리말과 한자어로 된 합성어로서 앞말이 모음으로 끝난 경우

(1) 뒷말의 첫소리가 된소리로 나는 것 예 전셋집(傳貰집), 찻잔(찻盞)

(2) 뒷말의 첫소리 'ㄴ, ㅁ' 앞에서 'ㄴ' 소리가 덧나는 것 예 곗날(契날), 툇마루(退마루)

(3) 뒷말의 첫소리 모음 앞에서 'ㄴㄴ' 소리가 덧나는 것 예 사삿일(私私일), 예삿일(例事일)

3. 두 음절로 된 다음 한자어

곳간(庫間), 셋방(貰房), 숫자(數字), 찻간(車間), 툇간(退間), 횟수(回數)

3 주요 준말의 표기

지문 읽기

〈한글 맞춤법〉 제39항과 제40항은 준말의 표기와 관련된 내용이다.

제39항에서는 어미 '-지' 뒤에 '않-'이 어울려 '-잖-'이 될 적과 '-하지' 뒤에 '않-'이 어울려 '-찮-'이 될 적에는 준 대로 적는다고 규정하고 있다. '가지어'와 '그치어'의 준말을 '가져'와 '그쳐'로 적는 방식(〈한글 맞춤법〉 제36항)에 따른다면 '-지 않-'과 '-치 않-'이 줄어든 말은 '쟎'과 '챦'으로 적어야 한다. 그렇지만 이미 한 단어로 굳어져 원형을 밝혀야 할 필요가 없는 경우에는 소리 나는 대로 '잖', '찮'으로 적는 것이 합리적이다.

제40항에서는 어간의 끝음절 '하'가 줄어들면 줄어드는 대로 적을 것을 규정하고 있다. 그런데 어간의 끝음절 '하'가 줄어드는 방식은 두 가지이다. 첫째, '하'가 통째로 줄지 않고 'ㅎ'이 남아 뒤에 오는 말의 첫소리와 어울려 거센소리가 되는 경우이다. 이럴 때는 '부지런하다 → 부지런타'와 같이 소리 나는 대로 적는다. 둘째, '하'가 통째로 줄어드는 경우이다. 이때도 '익숙하지 못하다 → 익숙지 못하다'와 같이 소리 나는 대로 적는다. '하'가 줄어드는 기준은 '하' 앞에 오는 받침의 소리이다. '하' 앞의 받침의 소리가 [ㄱ, ㄷ, ㅂ]이면 '하'가 통째로 줄고 그 외의 경우에는 'ㅎ'이 남는다.

독해 지문 확인 이 글을 바탕으로 할 때, 다음 문장의 내용이 맞으면 ○, 틀리면 ×를 하시오.

01 '적지 않은 – 적잖은'과 '변변하지 않다 – 변변찮다'는 모두 준말의 표기가 옳지 않다. ○|×

02 '대표 선수는 규정에 따라 딱 세 명만 선발토록 했다.'의 '선발토록'은 어법에 맞는 표현이다. ○|×

03 '생각컨대 그의 보고서는 공정하지 못했다.'의 '생각컨대'는 어법에 맞는 표현이다. ○|×

정답 01 ○ 02 ○ 03 ×

01 | 주요 준말의 표기 원칙

(1) 어간 'ㅚ-'와 어미 '-어'는 'ㅙ'의 형태로 축약된다. (ㅚ + ㅓ → ㅙ)

예 • 볕을 쬐어라. → 쫴라 / 선을 뵈어 드렸다. → 봬
• 그는 훌륭한 사람이 되서 돌아왔다.(×) → 되어서/돼서, 되어/돼
• 나쁜 사람이 돼면 안 되. 그러면 안 돼지. (×) → 나쁜 사람이 되면 안 돼. 그러면 안 되지.

(2) 'ㅏ, ㅗ, ㅜ, ㅡ' 뒤에 '-이어'가 어울려 줄어질 적에는 준 대로 적는다.

예 보이어 → 뵈어, 보여 / 쏘이어 → 쐬어, 쏘여 / 트이어 → 틔어, 트여

(3) '-지 + 않- → -잖-', '-하지 + 않- → -찮-'으로 줄어든다.

예 • 그렇지 않은 → 그렇잖은 / 적지 않은 → 적잖은
• 만만하지 않다 → 만만찮다 / 변변하지 않다 → 변변찮다

(4) 어간의 끝에 '하'가 오는 단어의 경우, 앞에 울림소리가 오면 거센소리로, 앞에 안울림소리가 오면 예사소리로 줄어든다.

예 • 간편하게 → 간편케 / 다정하다 → 다정타 / 연구하도록 → 연구토록
• 거북하지 → 거북지 / 생각하건대 → 생각건대 / 섭섭하지 않다 → 섭섭지 않다

(5) '준말의 어간 + 모음 어미'는 인정하지 않는다.

예 딛다 → 딛어(×) / 머물다 → 머물어(×) / 서툴다 → 서툴어(×)

(6) '명사 + 이에요/이어요', '용언(아니다) + 에요/어요'의 형태로 쓴다.

예 • 그는 공무원이에요(공무원이어요). / 공무원이예요(×)
• 아니에요 – 아녜요(축약), 아니어요 – 아녀요(축약) / 아니예요(×)

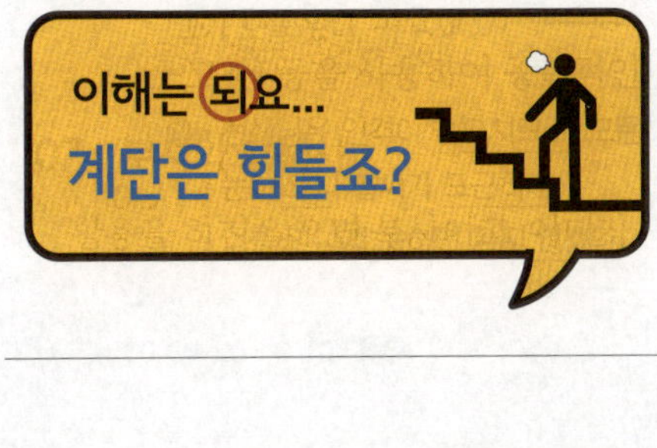

이해는 돼요...
맞춤법은 힘들죠?

'돼요'는 '되 + 어요'가 '되어요 → 돼요'로 축약된 말로, '되어요/돼요'가 바른 표기이다.

4 문법성에 따른 표기 구별하기

지문 읽기

우리말에는 형태가 유사하여 혼동이 되는 말들이 있는데, 실생활에서 잘못 쓰는 일이 많으므로 주의할 필요가 있다. 몇 가지 예를 살펴보자.

'-노라고'는 자기 나름대로 꽤 노력했음을 나타내는 말로 '하노라고 한 것이 이 모양이다.'와 같이 쓰이고, '-느라고'는 앞의 내용이 뒤에 오는 내용의 목적이나 원인이 됨을 나타내는 말로 '공부하느라고 밤을 새웠다.'와 같이 쓰인다.

'-대'는 '사람들이 그러는데 철수가 아주 똑똑하대.'와 같이 직접 경험한 사실이 아니라 남이 말한 내용을 간접적으로 전달할 때 쓰이거나, '왜 이렇게 일이 많대?'와 같이 어떤 사실에 대한 의문이나 못마땅함 등을 나타낼 때 쓰인다. 반면 '-데'는 '어제 보니 그이가 말을 아주 잘하데.'와 같이 화자가 직접 경험한 사실을 나중에 보고하듯이 말할 때 쓰이는 말로 '-더라'와 같은 의미를 전달한다.

'-든(지)'는 선택의 의미를 지닌 말로 '배든지 사과든지 마음대로 먹어라.'와 같이 쓰이고, '-던(지)'는 과거 경험과 관계된 말로 '얼마나 놀랐던지 몰라.'와 같이 쓰인다.

마지막으로 '(으)로서'는 '지위나 신분, 자격'을 나타내는 말로 '사람으로서 그럴 수는 없다.'와 같이 쓰이고, '(으)로써'는 '재료, 수단, 도구' 등을 나타내는 말로 '닭으로써 꿩을 대신했다.'와 같이 쓰인다.

독해 지문 확인

이 글을 바탕으로 할 때, 다음 문장의 내용이 맞으면 ○, 틀리면 ×를 하시오.

01 '내가 옆에 서 봤는데 농구 선수가 크긴 크데.'에서 '크데'는 적절한 표기이다. ○|×

02 '밥을 먹던지 말던지 네 맘대로 해라.'에서 '먹던지 말던지'는 어느 것이든 선택될 수 있음을 나타내도록 '먹든지 말든지'로 바꾸어 쓴다. ○|×

03 '민원이 발생할 경우 매뉴얼대로 대응함으로서 혼란이 생기지 않도록 할 것'에서 '대응함으로서'는 조사의 쓰임이 적절하다. ○|×

정답 01 ○ 02 ○ 03 ×

01 | 문법성에 따른 표기의 구별

1	로서	지위나 신분 또는 자격을 나타내는 격 조사 예 그것은 교사로서 할 일이 아니다.
	로써	재료나 원료, 수단이나 도구를 나타냄. 또는 시간을 셈할 때 한계를 나타냄. 예 쌀로써 떡을 만든다. / 고향을 떠난 지 올해로써 20년이 된다.
2	–대	'–다고 해'의 준말로, 간접 경험을 나타냄. / 어떤 사실에 대한 의문이나 못마땅함 등을 나타냄. 예 • 김 씨는 어렸을 때부터 착했대. / 사람들이 그러는데 진옥이가 예쁘대. • 왜 이렇게 일이 많대?
	–데	'–더라'의 뜻으로, 직접 경험을 나타냄. 예 사진을 보니 옛날에는 참 예뻤데. / 그 아이가 밥을 잘 먹데.
3	–던	과거의 사건을 나타냄. 예 이것은 원시인이 사용하였던 돌칼이다.
	–든	선택의 뜻으로, '–든지'의 준말 예 노래를 부르든 춤을 추든 한 가지는 해야 한다.
4	그러고	'그리하고'가 줄어든 말 예 밥을 먹었다. 그러고 나서 물을 마셨다.
	그리고	단어, 구, 절, 문장 따위를 병렬적으로 연결할 때 쓰는 접속 부사 예 밥을 먹었다. 그리고 물을 마셨다.
5	–(으)므로	까닭이나 근거를 나타내는 연결 어미 예 비가 오므로 외출하지 않았다.
	(–ㅁ, –음)으로(써)	'–는 것으로(써)'라는 수단 또는 방법의 의미 예 담배를 끊음으로써 용돈을 줄이겠다.

보충 자료 형태가 비슷한 조사의 구별

① ┌ 에게: 유정 명사 다음에 씀.
예 외교 문제를 일본 수상에게 항의하였다.
└ 에: 무정 명사 다음에 씀.
예 외교 문제를 일본에 항의하였다.

② ┌ (으)로서: 지위나 신분 또는 자격을 나타내거나 동작이 일어나는 곳을 나타냄.
예 그것은 교사로서 할 일이 아니다. / 이 문제는 너로서 시작되었다.
└ (으)로써: 재료, 수단, 도구 등을 나타내거나 시간을 셈할 때 씀.
예 • 콩으로써 메주를 쑤다. / 말로써 천 냥 빚을 갚는다.
• 고향을 떠난 지 올해로써 20년이 된다.

③ ┌ 라고: 직접 인용에 사용함.
예 주인이 "많이 드세요."라고 권한다.
└ 고: 간접 인용에 사용함.
예 우승하겠다라고 생각한 적이 있습니까?(×) → 우승하겠다고(○)

5 주요 띄어쓰기

지문 읽기

〈한글 맞춤법〉 총칙 제2항은 단어를 기준으로 우리말을 띄어 쓴다는 사실을 규정하고 있다. 자립적 의미를 지닌 단어를 띄어 쓰되 조사를 붙임으로써, 가독성을 높이는 한편 의미의 분절을 쉽게 변별할 수 있도록 한 것이다.

그런데 하나의 단어와 하나의 구를 구별하는 문제는 쉬운 것이 아니다. 하나의 단어는 하나의 자립적인 의미를 지니게 되고, 각각의 단어를 띄어 쓴 구의 경우는 각각의 독립적인 의미를 유지하고 있다.

예를 들어, '큰돈'은 한 단어로 '큰 + 돈'이 하나의 통합적인 의미를 형성한다. 반면 '큰∨돈'은 한 단어가 아닌 구에 해당하며 '크다'와 '돈'의 의미가 각각 유지된다. 이러한 예에서 알 수 있듯이 붙여 쓰는 경우는 하나의 통합적 의미를 지니게 되는 한 단어로 인정되지만, 띄어 쓰는 경우는 단어와 단어가 모인 구로 처리되는 것을 알 수 있다.

그렇다면 한 단어로 규정하는 근거는 무엇일까. 그 기준을 명쾌하게 제시하기는 어렵지만 일반적으로 다음의 두 가지를 고려하여 단어로 규정하게 된다.

첫째, 사용 빈도와 역사가 기준이 된다. 즉 언중들이 자주, 그리고 오래 사용하다 보면 한 단어로 굳어지게 되어 사전에 등재되는 것이다.

둘째, 실질적인 의미의 통합 여부를 들 수 있다. 즉 단어의 구성 요소 전체의 의미가 각각의 의미의 합과 다르다면, 전체를 하나의 단어로 인정하는 경우이다.

이처럼 띄어쓰기는 사용 빈도와 의미의 통합 여부를 고려하여, 한 단어로 인정되는가의 여부를 반드시 살펴봐야 한다. 즉 띄어쓰기를 올바로 하기 위해서는 문장의 문맥적 의미를 파악하는 한편, 주요 단어는 사전에 올라 있는지를 확인해야 한다.

독해 지문 확인 이 글을 바탕으로 할 때, 다음 문장의 내용이 맞으면 ○, 틀리면 ×를 하시오.

01 '한번 실패했더라도 또 도전하면 된다.'와 '노래나 한번 불러 볼까?'에서 '한번'의 띄어쓰기는 모두 옳다. ○|×

02 '교재의∨제∨일장'에서 '제-'는 접두사이므로 뒷말에 붙여 써야 하는데, 띄어 썼으므로 옳지 않다. ○|×

03 '졸지에 부도를 맞았다니 참 안됐어.'의 '안됐어'는 붙여 쓰지만, '그렇게 독선적으로 일을 처리하면 안∨돼.'의 '안∨돼'는 띄어 써야 한다. ○|×

04 '○○개 정보 시스템을 폐기하는데 짧게는 ○개월, 길게는 ○개월이 소요되었다.'에서 '폐기하는데'의 띄어쓰기는 옳다. ○|×

05 '위원회에서는 이동 전화 요금의 감면 정책을 시행한바 있다.'의 '시행한바'는 '시행한∨바'와 같이 띄어 써야 한다. ○|×

정답 01 × 02 ○ 03 ○ 04 × 05 ○

01 | 띄어 쓰는 경우

(1) '대로/만큼/뿐'은 체언 뒤에 오면 붙여 쓰고, 용언의 관형사형 뒤에 오면 띄어 쓴다.

예 • 약속대로 이행하라. VS 약속한 대로 이행하라.
• 당신만큼 일을 했다. VS 애쓴 만큼 얻었다.
• 나뿐만이 아니다. VS 일을 할 뿐만이 아니라 성과도 봤다.

(2) '지/만'은 시간의 경과나 횟수 또는 앞말이 뜻하는 동작 · 행동이 가능하거나 타당한 이유가 있음을 나타낼 때에는 띄어 쓴다.

예 집을 떠난 지 사흘 만에 돌아왔다. / 그가 화를 낼 만도 하다.

(3) '데/바'는 뒤에 조사가 오면, 일반적으로 띄어 쓴다.

예 • 나는 선생님인데, 이 점이 행동하는 데 불편하기도 하다.
• 의지할 데 없는 그를 설득하는 데 며칠이 걸렸다.
• 우리의 나아갈 바는 이미 정해진바 우리는 이제 그에 따를 뿐이다.

(4) '것/줄/수'는 의존 명사일 경우는 띄어 쓰고, 한 단어일 경우는 붙여 쓴다.

예 • 그 책은 내 거다(것이다). VS 아무것이나 전해 줘. / 보잘것없다
• 할 수가 있다. VS 하면 할수록 힘들다.

(5) '차/판/중/간'은 의존 명사일 경우는 띄어 쓰고, 한 단어일 경우는 붙여 쓴다.

예 • **차**: 고향을 갔던 차에 인사를 드렸다. VS 고향에 인사차 들렀다.
• **판**: 바둑 한 판을 두다. VS 노름판이 벌어지다.
• **중**: 근무 중, 회의 중, 수업 중 VS 은연중, 무의식중, 한밤중, 부재중
• **간**: 국가 간의 협의 VS 부부간, 동기간, 형제간, 얼마간 / 사흘간, 며칠간(**-간**: '동안'의 뜻을 더하는 접미사)

(6) 단위를 나타내는 명사는 띄어 쓴다. 다만, 차례를 나타내거나 아라비아 숫자 뒤에 오면 붙여 쓸 수 있다(허용).

예 • 한 개 / 차 한 대 / 금 서 돈 / 꽃 한 송이
• 두시 삼십분 오초 / 제일과 / 삼학년 / 1446년 10월 9일 / 7미터 (둘 다 허용)

(7) 수를 적을 때에는 '만(萬)' 단위로 띄어 쓴다.

예 십이억 삼천사백오십육만

(8) 두 말을 이어 주거나 열거하는 경우는 띄어 쓴다.

예 국장 겸 과장 / 열 내지 스물 / 청군 대 백군 / 책상, 걸상 등

(9) 성과 이름, 성과 호 등은 붙여 쓰고, 이에 덧붙는 호칭어, 관직명 등은 띄어 쓴다. '씨'의 경우, 성씨를 나타낼 때는 붙여 쓴다.

예 • 채영신 씨 / 최치원 선생 / 충무공 이순신 장군
• 김 씨 (호칭) / 우리나라에는 김씨 성이 많다. (성씨)

02 | 붙여 쓰는 경우

(1) 조사는 둘 이상 겹쳐지거나, 어미 뒤에 붙는 경우에도 붙여 쓴다.

예 • 집에서처럼, 학교에서만이라도, 나가면서까지도

(2) 체언+'같이'는 붙여 쓰고, '같은'은 띄어 쓴다. '같이하다'는 한 단어이다.

예 • 공유같이 멋진 배우와 만나다니, 영화 같은 일이다.
• 매일같이 일을 하다니, 이 같은 경우를 봤나.
• 황소 같은 친구와 노비같이 일을 같이했다.

(3) '밖에'가 '오직 그것뿐'을 나타낼 때도 조사이므로 붙여 쓴다.

예 • 너밖에 없어서 일을 할 수밖에 없다.
• 너 밖에도 사람은 많아.

(4) 접사 '제(第)-, -여(餘), -짜리, -어치, -씩, -꼴, -당(當), -백(白)' 등은 붙여 쓴다.

예 제2 차 세계 대전 / 사과 백여 개가 있다. / 얼마짜리니?

03 | 둘 다 허용

(1) 보조 용언은 띄어 씀을 원칙으로 하되, 경우에 따라 붙여 씀도 허용한다.

예 비가 올 듯하다/비가 올듯하다, 할 만하다/할만하다, 아는 척하다/아는척하다

예외 1 앞말에 조사가 붙거나 앞말이 복합어인 경우, 그리고 중간에 조사가 들어갈 적에는 띄어 쓴다.

예 책을 읽어도 보고, 덤벼들어 보아라, 올 듯도 하다

예외 2 보조 용언처럼 보이더라도, 한 단어인 경우는 붙여 써야 한다.

예 **한 단어**: 놀아나다, 돌아보다, 물어보다, 빌려주다, 알아보다, 찾아보다 등

(2) '안'과 '못'은 부정문의 경우는 띄어 쓰되, 한 단어인 경우는 붙여 쓴다.

예 • 노래를 못 하다(하지 못하다). VS 노래를 못하다(잘하지 않다).
• 농사가 안돼 큰일이다. / 공부가 안된다. / 우리 중 안되어도 세 명은 합격한다.
• 그것참, 안됐군. / 얼굴이 안되다.

연습 문제

01 다음 〈안내문〉의 ㉠~㉣을 어법에 맞게 수정하기 위한 방안으로 적절하지 않은 것은?

> **지방 선거 안내문**
>
> ▷ 우리 동네 후보자, 선거 벽보 살펴보기
>
> - 선거 벽보에는 소속 정당명(무소속 후보자는 무소속), 후보자 사진, 기호, 경력, 학력 등이 나와 있습니다.
> - 선거 벽보는 후보자의 ㉠ 기호 순서대로 거리 등 사람이 많이 오가는 곳에 6월 1일까지 부착할 예정입니다.
>
>   ※ 정당한 사유 없이 ㉡ 훼손하거나 철거하면 〈공직 선거법〉에 따라 처벌됩니다.
>
> ▷ 선거 공보 꼼꼼히 살펴보기
>
> - 매 세대에 법정 홍보물인 선거 공보가 ㉢ 발급됩니다. 선거 공보에는 정당과 후보자의 정보가 실려 있습니다.
> - 선거 공보의 두 번째 면에는 '후보자 정보 공개 자료'가 나와 있습니다.
> - 이 자료에는 후보자를 선택할 때 꼭 필요한 ㉣ 후보자의 인적 사항 뿐만 아니라, 재산, 병역, 납세, 전과 기록 등의 정보가 나와 있습니다. 유권자는 이 정보를 참고하여 투표할 후보자를 선택할 수 있습니다.

① '대로'가 의존 명사로 쓰였으므로 ㉠은 '기호∨순서∨대로'로 띄어 쓴다.

② ㉡에는 '훼손하거나' 앞에 생략된 필수 성분인 '선거 벽보를'을 넣어 준다.

③ ㉢은 맥락상 적절하지 못한 단어이므로 '발송됩니다'로 수정한다.

④ '뿐'과 '만'은 모두 조사이므로 ㉣은 '후보자의∨인적∨사항뿐만∨아니라'로 고쳐 쓴다.

정답과 해설

[정답] ①

[출전] 국립국어원, 《한눈에 알아보는 공공 언어 바로 쓰기》, 수정

[해설] '대로'가 체언 뒤에 붙는 경우는 조사이므로 ㉠ '기호 순서대로'는 수정하지 말고 그대로 써야 한다. 참고로, '약속한∨대로 이행하다'와 같이 '대로'가 용언의 관형사형 뒤에 쓰일 경우는 의존 명사이므로 띄어 써야 한다.

[오답 풀이] ② '훼손하다'는 '…을 훼손하다'의 형태로 쓰이고, '철거하다'도 '…을 철거하다'의 형태로 쓰인다. 따라서 ㉡에는 '선거 벽보를 훼손하거나 철거하면'과 같이 생략된 목적어를 넣어 주어야 한다.

③ '발급(發給)되다'는 '신청에 따라 증명서 따위가 발행되어 주어지다'의 의미이므로 홍보물에 쓰이는 것은 어색하다. 따라서 ㉢을 '물건, 편지, 서류 따위가 우편이나 운송 수단을 통해 보내지다'의 의미인 '발송(發送)됩니다'로 수정하는 것은 적절하다.

④ '뿐'이 체언 뒤에 붙어서 한정의 뜻을 나타낼 때에는 보조사이고 '만'도 보조사이다. 조사가 둘 이상 겹쳐지는 경우에는 모두 붙여 쓰므로 ㉣을 '후보자의∨인적∨사항뿐만∨아니라'로 고쳐 쓰는 것은 적절하다.

6 공문서 외래어 바로 쓰기

지문 읽기

〈외래어 표기법〉에서는 받침에는 'ㄱ, ㄴ, ㄹ, ㅁ, ㅂ, ㅅ, ㅇ'만을 쓰는 것을 원칙으로 하고 있다. 현대 국어의 음절 끝소리에는 'ㄱ, ㄴ, ㄷ, ㄹ, ㅁ, ㅂ, ㅇ' 일곱 가지 소리만 실현되는데, 외래어 표기법은 그중 'ㄷ'만 'ㅅ'으로 바꾸어 표기하도록 하였다. 예를 들어 'robot'의 끝음절은 [t]로 소리 나므로 국어의 음절의 끝소리 규칙을 고려하면 'ㄷ'으로 써야 할 것 같지만, 모음으로 된 형식 형태소가 결합할 경우 '로봇이', '로봇을'을 [로보시], [로보슬]과 같이 읽게 된다는 점을 고려하여 '로봇'으로 표기하도록 하였다.

또한 〈외래어 표기법〉은 파열음 표기에는 'ㄲ, ㄸ, ㅃ, ㅆ, ㅉ' 같은 된소리를 쓰지 않는 것을 원칙으로 하고 있다. 무성 파열음 [p, t, k]는 영어, 독일어에서는 'ㅍ, ㅌ, ㅋ'에 가깝게 들리고, 프랑스어, 러시아어, 이탈리아어에서는 'ㅃ, ㄸ, ㄲ'에 가깝게 들린다. 그러나 어떤 경우에는 'ㅃ, ㄸ, ㄲ' 같은 된소리로 적고, 어떤 경우에는 'ㅍ, ㅌ, ㅋ' 같은 거센소리로 적는다면 혼란을 초래할 수 있다. 그래서 파열음 표기에 된소리를 쓰지 않는 것을 원칙으로 하였다. 유성 파열음 [b, d, g]의 경우 된소리로 발음하지만, 표기에서는 'ㅂ, ㄷ, ㄱ'으로 한다. 또 유성 파찰음 [ʤ]와 마찰음 [s]가 들어가는 단어도 표기에서는 된소리를 쓰지 않고 각각 'ㅈ'과 'ㅅ'으로 표기한다.

독해 지문 확인

이 글을 바탕으로 할 때, 다음 문장의 내용이 맞으면 ○, 틀리면 ×를 하시오.

01 '마스터플랜'은 우리말로 다듬어서 '기본 계획'으로 고쳐 쓰는 것이 적절하다. 2025 국가직 9급 ○|×

02 '커피숖'은 〈외래어 표기법〉에 따라 '커피숍'으로 쓰는 것이 바른 표기이다. ○|×

03 'jam'을 '잼'이 아니라 '쨈'으로 표기하는 것은 유성 파찰음 'j[ʤ]'가 된소리로 발음되기 때문이다. ○|×

정답 01 ○ 02 ○ 03 ×

01 | 핵심 외래어 표기

(1) 외래어의 1 음운은 원칙적으로 1 기호로 적는다. 예 환타지(×) → 판타지(○)

(2) 받침에는 'ㄱ, ㄴ, ㄹ, ㅁ, ㅂ, ㅅ, ㅇ'만을 쓴다. 예 커피숖(×) → 커피숍(○)

(3) 파열음 표기에는 된소리를 쓰지 않는 것을 원칙으로 한다.
예 까페(×) → 카페(○), 꼬냑(×) → 코냑(○), 빠리(×) → 파리(○)

(4) '쟈, 져, 죠, 쥬, 챠, 쳐, 쵸, 츄' 등으로 표기하지 않는다.
예 텔레비전, 레저, 레이저, 주니어, 주스, 시추에이션, 스케줄

(5) 짧은 모음 다음의 어말 무성 파열음([p], [t], [k])은 받침으로 적는다.
예 gap 갭, book 북
비교 bulldog 불도그, cake 케이크, flute 플루트 / lobster 로브스터, 랍스터

(6) 어말의 [ʃ]는 '시'로 적고, 자음 앞의 [ʃ]는 '슈'로, 모음 앞의 [ʃ]는 뒤따르는 모음에 따라 '샤', '섀', '셔', '셰', '쇼', '슈', '시'로 적는다.
예 flash[flæʃ] 플래시, shrub[ʃrʌb] 슈러브, shark[ʃaːrk] 샤크, milk shake[ʃeɪk] 밀크셰이크

(7) 장모음의 장음은 따로 표기하지 않는다.
예 news 뉴스, route 루트, tulip 튤립, Denmark 덴마크, Turkey 터키

(8) [ou]는 '오'로 적는다.
예 boat 보트, snow 스노, window 윈도, eye shadow 아이섀도

(9) 어중의 [l]이 모음 앞에 오거나, 모음이 따르지 않는 비음([m], [n]) 앞에 올 때에는 'ㄹㄹ'로 적는다.
예 slide[slaid] 슬라이드, film[film] 필름, glass[glaːs] 글라스

02 | 다듬어서 써야 할 외래어 · 외국어

* 국립국어원, 《한눈에 알아보는 공공 언어 바로 쓰기》의 핵심 내용을 정리한 것입니다.

외래어 · 외국어	다듬은 말	외래어 · 외국어	다듬은 말
거버넌스	민관 협력, 협치, 관리, 정책	싱크탱크	참모진, 참모 집단, 두뇌 집단
니즈	필요, 수요, 바람	아카이브	자료 보관소, 자료 저장소, 자료 전산화, 기록 보관
롤모델	본보기, 본보기상, 모범	액션 플랜	실행 계획
리스크	위험, 손실 우려, 손해 우려	어젠다	의제
마스터플랜 2025 국가직 9급	종합 계획, 기본 계획, 기본 설계	오피니언 리더	여론 주도자, 여론 주도층
매뉴얼	지침, 설명서, 안내서	쿼터	한도량, 할당량
바우처	이용권	태스크포스	특별 팀, 전담 팀, (특별) 전담 조직
스크린 도어	안전문	투 트랙	양면, 두 갈래
스타트업	창업 초기 기업, 새싹 기업	허브	중심, 중심지

7 중의적 표현과 잉여적 표현

01 | 중의적 표현

언어 표현이 두 가지 이상의 의미로 해석될 여지가 있는 것을 중의성이라고 하고, 중의성을 띤 문장을 중의문이라고 한다.

(1) 어휘적 중의성

한 단어가 둘 이상의 의미를 지니는 경우로 동음이의어, 다의어에서 주로 나타난다.

예 저 배를 보십시오. – 복부/선박/과일

(2) 은유적 중의성

은유적 표현이 둘 이상의 의미로 해석되는 경우이다.

예 그 선생님은 호랑이야. ┌ 그 선생님은 호랑이처럼 무섭다.
└ 선생님이 (연극에서) 호랑이 역을 맡았다.

(3) 구조적 중의성

한 문장이 문장 성분의 수식 구조 또는 문법적 성질 때문에 둘 이상의 의미로 해석되는 경우이다. 이러한 중의성은 수식어를 피수식어 바로 앞으로 옮기거나, 보조사를 활용하여 의미를 한정하거나, 쉼표(,)를 이용하여 수식 구조를 명확히 해야 한다. 쉼표는 바로 다음의 말을 꾸미지 않을 때에 쓴다.

예 용감한 그의 아버지는 적군을 향해 돌진했다. – 중의적 문장
→ 용감한, 그의 아버지는 적군을 향해 돌진했다. – 수식 범위를 한정하여 의미가 명확해짐.

구조적 중의성을 해소하는 방법

① 보조사를 활용한다.
예 는, 도, 만
② 쉼표를 붙인다.
③ 읽을 때는 억양이나 휴지, 강세를 사용한다.

02 | 잉여적 표현

의미상 불필요한 말이 사용된 표현으로 의미의 중복, 의미의 중첩이라고도 한다. 우리말의 대부분은 고유어와 한자어로 구성되어 있는데, 고유어는 소리글자의 조합인 반면, 한자어는 뜻글자의 조합이기 때문에 한자어와 고유어가 어울려 쓰이면서 부분적으로 의미가 중첩되는 경우가 많다. 과거에는 이를 모두 잘못된 표현이라 단정했지만, 현재는 판단을 내리기 모호한 경우가 상당히 많다.

보충 자료 | 중의적 문장 & 중복되는 의미의 사용

1. 중의적 문장

(1) 아름다운 그 집의 정원에는 나무가 많다.
- '아름다운'이 수식하는 대상이 '그 집'인지, 아니면 '정원'인지 명확하지 않다.

(2) 사람들이 많은 도시를 다녀 보면 재미있는 일이 많을 것이다.
- 사람들이 여러 도시를 다닌다는 의미인지, (우리가) 사람들이 많이 사는 도시를 다닌다는 의미인지 알 수 없다.

(3) 남편은 나보다 비디오를 더 좋아한다.
- 남편은 나를 좋아하는 것보다 비디오를 더 좋아한다는 것인지, 내가 비디오를 좋아하는 것보다 남편이 더 비디오를 좋아한다는 것인지 알 수 없다.

(4) 그는 영수와 영희를 만났다.

- 그가 영수와 영희 모두를 만났다는 것인지, 그가 영수와 함께 영희를 만났다는 것인지 불분명하다.

(5) 어머니께서 사과와 귤 두 개를 주셨다.

- 어머니께서 사과 두 개와 귤 두 개를 합해 네 개를 주신 것인지, 사과 한 개와 귤 한 개를 합해 두 개를 주신 것인지, 사과 한 개와 귤 두 개를 주신 것인지 알 수 없다.

(6) 아빠가 어제 출시된 게임기를 사 오셨어.

- 아빠가 사 오신 게임기가 어제 출시되었다는 것인지, 그 게임기를 사 오신 날이 어제인지 불분명하다.

(7) 나는 어제 철수를 만나지 않았다.

- '않았다'가 부사 '어제'를 부정하는지, 목적어 '철수를'을 부정하는지, 본용언인 '만나다'를 부정하는지 분명하지 않다.

(8) 생일잔치에 초대한 친구가 다 오지 않았어요.

- 부정 표현에 수량을 나타내는 부사 '다, 모두, 많이' 등이 있으면 중의성을 지니기 쉽다. 이 문장은 '초대한 친구가 한 명도 오지 않았다.'라는 뜻과 '초대한 친구 중 일부만 왔다.'라는 뜻을 지닌 중의적 문장이다.

(9) 나는 아버지의 그림을 할머니께 빌려 왔다.

- 관형격 조사 '의'의 용법은 중의성을 띠는 경우가 많다. 이 문장은 '아버지가 그린 그림'인지, '아버지를 그린 그림'인지, '아버지가 소유한 그림'인지 의미가 명확하지 않다.

(10) 나는 무릎을 꿇었다.

- 구가 지닌 관용적 의미에 따른 중의성이다. '무릎'이 신체의 일부분인지, 아니면 '굴복하다, 항복하다'의 의미인지 모호하다.

(11) 철수는 넥타이를 매고 있다.

- 동작상의 진행상으로서 '현재 매는 행위가 진행되고 있음'을 나타낼 수도 있고, '현재 이미 넥타이를 맨 상태로 있음'을 의미할 수도 있다.

2. 중복되는 의미의 사용

(1) 여성(女性) 자매(姉妹), 역전(驛前) 앞, 남은 여생(餘生), 빈 공간(空間), 근거 없는 낭설(浪說)

(2) 그것은 보는 관점(觀點)에 따라 달라질 수 있습니다.

(3) 겨울에는 공기(空氣)를 자주 환기(換氣)시켜야 한다.

(4) 그것은 과반수(過半數) 이상의 찬성을 얻었다.

(5) 법률을 소급(遡及)하여 올라가 적용하면 안 된다.

(6) 이 토지는 둘로 양분(兩分)할 수 없다.

(7) 그는 자신이 이미 가지고 있던 기존(既存)의 생각을 바꿔야만 했다.

(8) 그 자료를 미리 예비(豫備)하는 것이 필요합니다.

(9) 불필요한 부분은 삭제(削除)하여 빼도록 합시다.

(10) 이번 범죄와의 전쟁을 통해 모든 폭력을 완전히 근절(根絶)해야 합니다.

개념 확인

01 ㉠을 올바르게 수정하시오.

인혁처 예시 문제

제목: 의약품 용어 표준화를 위한 자문 회의 참석 ㉠ 안내 알림

정답 01 안내/알림

실전 공문서 수정 훈련

정답과 해설 345쪽

다음은 국립국어원이 발간한 《한눈에 알아보는 공공 언어 바로 쓰기》와 《쉬운 공문서 쓰기 길잡이》에 있는 자료를 바탕으로 만든 것입니다.

01 〈공공 언어 바로 쓰기 원칙〉에 따라 〈공문서〉의 ㉠~㉣을 수정한 것으로 적절하지 않은 것은? 인혁처 1차 예시 문제

〈공공 언어 바로 쓰기 원칙〉

- 중복되는 표현을 삼갈 것
- 대등한 것끼리 접속할 때는 구조가 같은 표현을 사용할 것
- 주어와 서술어를 호응시킬 것
- 필요한 문장 성분이 생략되지 않도록 할 것

〈공문서〉

한국의약품정보원

수신: 국립국어원

(경유)

제목: 의약품 용어 표준화를 위한 자문 회의 참석 ㉠ 안내 알림

1. ㉡ 표준적인 언어생활의 확립과 일상적인 국어 생활을 향상하기 위해 일하시는 귀 원의 노고에 감사드립니다.
2. 본원은 국내 유일의 의약품 관련 비영리 재단 법인으로서 의약품에 관한 ㉢ 표준 정보가 제공되고 있습니다.
3. 의약품의 표준 용어 체계를 구축하고 ㉣ 일반 국민도 알기 쉬운 표현으로 개선하여 안전한 의약품 사용 환경을 마련하기 위해 자문 회의를 개최하니 귀 원의 연구원이 참석해 주시기를 바랍니다.

① ㉠: 안내
② ㉡: 표준적인 언어생활을 확립하고 일상적인 국어 생활의 향상을 위해
③ ㉢: 표준 정보를 제공하고 있습니다
④ ㉣: 의약품 용어를 일반 국민도 알기 쉬운 표현으로 개선하여

02~07 밑줄 친 부분을 어법에 맞게 수정하고, 지나치게 어려운 표현은 쉽게 고치시오.

02

수 신 자	수신자 참조
(경 유)	
제　　목	우리 부 서식 정비를 위한 행정 규칙 일괄 개정 통보 및 소속 기관 내규 서식 자체 정비 요청

1. ㉠ 개인 정보의 적극적 보호와 서식 간의 통일성 및 일관성을 확보하기 위해 우리 부 행정 규칙을 다음과 같이 일괄 개정하고 ㉡ 소속 기관에 알려 드리오니, 업무에 참고하시기 바랍니다.

2. 아울러, 기업 도시 개발 사업의 원활한 추진을 위해 운영 중인 〈전국 기업 도시 협의회〉 실무자 ㉢ 워크샵을 다음과 같이 개최하오니 참석 가능 여부를 오는 11. 23.까지 통보하여 주시면 감사하겠습니다.

3. 또한 각 소속 기관에서는 내부 규정상 서식 일체를 자체적으로 정비하여 20○○. 11. 30.(월)까지 규제 개혁 법무 담당관실로 정비 결과를 통보하여 주시기 바랍니다.
   ※ 서식이 있는 내규 모두를 개정하고 나서 개정 전문을 보내 주시기 바랍니다.

- 다음 -

- 개정 행정 규칙: 총 25개
  - 훈련 15개, 예규 3개, 고시 7개
- ㉣ 서식 정비 내역
  - 주민 등록 번호를 생년월일로 대체: 11건
  - 서식 제원 표시 등 서식 설계 기준 적용: 167건
- 질의 내용
  - 이 행사를 통해 제공되는 경품이 공정 거래 위원회의 〈경품류 제공에 관한 불공정 거래 행위의 유형 및 기준 지정 고시(제2009-11호)〉에 위반되는지 여부. 끝.

❶ ㉠: 개인 정보의 적극적 보호와 서식 간의 통일성 및 일관성을 확보하기 위해 →

❷ ㉡: 소속 기관에 알려 드리오니 →

❸ ㉢: 워크샵 →

❹ ㉣: 서식 정비 내역 →

03

수 신 자	수신자 참조
(경 유)	
제 목	비영리 사단 법인 동일 명칭 사용 여부 조회 의뢰

1. 우리 부에 비영리 사단 법인 설립 허가를 신청해 옴에 따라 비영리 법인의 동일 명칭 사용 여부를 조회하오니 ㉠ 20○○. 11. 11(수)까지 회신하여 주시기 바라며, 기한 내 회신이 없으면 동일 명칭을 사용한 법인이 없는 것으로 간주하고 업무를 처리할 계획임을 알려 드립니다. 신속한 업무 처리를 위해 ㉡ 가능한 빨리 회신해 주실 것을 부탁드립니다.

2. 최근 독감의 영향으로 어려움을 겪는 ㉢ 관광업계의 경영난과 관광 산업 활성화를 도모하고자 관광 진흥 개발 기금 특별 융자를 시행하오니, 귀 시 · 도의 관광 사업체가 융자 혜택을 받을 수 있도록 관광 관련 단체 · 협회 · 사업자 등에게 널리 알려 주시기 바랍니다.

[붙임] 20○○년 관광 진흥 개발 기금 특별 융자 지원 지침 1부. 끝.

❶ ㉠: 20○○. 11. 11(수)까지 →

❷ ㉡: 가능한 빨리 회신해 주실 것을 →

❸ ㉢: 관광업계의 경영난과 관광 산업 활성화를 도모하고자 →

04

수 신 자	수신자 참조
(경 유)	
제 목	정부 및 공공 기관 정보화 사업 관련 조사 협조 요청

1. 새만금 방조제 개통과 관련, 20○○년 4월 귀 도와 우리 부가 공동으로 추진하기로 한 ㉠ 기념 문화 축제 사업에 예산이 반영되어짐에 따라 이를 귀 도에 이미 통보한 바 있습니다.

2. 또한 ㉡ 소프트웨어 산업의 핵심 자원 정보의 효율적 관리와 소프트웨어 사업 하도급 계약의 현황을 분석하기 위해 〈공공기관 소프트웨어 사업 실적 조사〉 및 〈소프트웨어 사업 하도급 계약 승인 실태 조사〉를 실시하고자 하오니 ㉢ 관련 기관에서는 적극적인 협조하여 주시기 바랍니다.

- 아래 -

가. 조사 내용: 공공 기관 소프트웨어 사업 실적 조사
나. 조사 기간: 20○○. 9. 14.(월)~10. 9.(금)
다. 제출 방법: 전자 우편으로 ㉣ 송부

3. 아울러 〈20○○년 소프트웨어 수요 예보 조사〉 작성 시 현재 시점에서 귀 기관의 내년도 사업 예산이 확정되지 않아 담당자께서는 자료 조사에 어려움이 있겠으나, 이 자료가 국내 중소 소프트웨어 기업들에 매우 유용하게 활용될 수 있는 자료임을 ㉤ 양지하시고 최대한 성실히 작성하여 주시기를 부탁드립니다. 끝.

❶ ㉠: 기념 문화 축제 사업에 예산이 반영되어짐에 따라 →

❷ ㉡: 소프트웨어 산업의 핵심 자원 정보의 효율적 관리와 소프트웨어 사업 하도급 계약의 현황을 분석하기 위해 →

❸ ㉢: 관련 기관에서는 적극적인 협조하여 →

❹ ㉣: 송부 → / ㉤: 양지하시고 →

05

수 신 자	수신자 참조
(경 유)	
제　　목	외부 행사 참석 관련 협조 요청

1. 귀 기관의 무궁한 발전을 기원합니다.

2. 우리 위원회에서 개최 예정인 토론회에 귀 기관의 직원이 참석하여 상시 학습 시간을 인정받을 수 있도록 협조하여 주시기 바랍니다.

3. 아울러, 20○○. 11. 8. 개최 예정이던 가족 걷기 대회는 ㉠ 신종 독감 전염병 위기 단계를 경계에서 최고 단계인 심각으로 격상(11. 3.)됨에 따라 무기한 연기되었음을 알려 드리오니 착오 없으시기 바랍니다.

가. 행사명: 장애인 차별 금지법과 웹 포털 접근성 보장 방안
나. 일시 및 장소: 20○○. 11. 16. 14:00~17:30, 서울 ○○
다. 참석 대상: 기관별 희망자 2명 이내
라. ㉡ 설명회에 참석한 때에는 대중교통을 이용해 주시기 바랍니다. 교육은 공단 실무 책임자가 직접 진행할 예정입니다.
마. 상시 학습 인정 시간: 3시간
바. 행사가 끝나고 나서, ○○○연구소 개소 50주년을 맞이하여 ㉢ 연구소의 경쟁력 강화와 생산성을 향상하는 데에 뛰어난 공적이 있는 직원들에게 장관 표창을 주고자 합니다.

❶ ㉠: 신종 독감 전염병 위기 단계를 경계에서 최고 단계인 심각으로 격상(11. 3.)됨에 따라 →

❷ ㉡: 설명회에 참석한 때에는 →

❸ ㉢: 연구소의 경쟁력 강화와 생산성을 향상하는 데에 뛰어난 공적이 있는 직원들에게 →

06

보 도 자 료

이동 전화 요금 감면 신청 절차 대폭 간소화

- 361만 명 대상, 신분증 하나로 요금 감면 신청 절차 완료 -

○○○○위원회는 8월 11일부터 기초 생활 수급자 등 요금 감면 대상자가 이동 전화 요금 감면을 신청할 때 별도의 증빙 서류 제출 없이 주민 자치 센터, 이동 전화 대리점 등 신청 장소에서 ㉠ 감면 신청과 그 결과를 즉시 확인할 수 있는 일괄 서비스를 제공한다고 밝혔다.

㉡ 그 동안 기초 생활 수급자 등 감면 대상자가 혜택을 받으려면 적격 대상임을 증명하는 서류를 주민 자치 센터(읍면동 주민 센터) 등에서 발급받아 이를 ㉢ 이동 통신사 대리점에 납부해야 하고, ㉣ 매 1년마다 같은 절차로 반복해서 감면 신청을 해야 하는 등 이용자의 불편이 컸다. 그러나 ○○○○부의 적극적인 협조로 절차를 대폭 줄일 수 있게 되었다.

기초 생활 수급자 등 이동 전화 요금 감면 대상자는 앞으로 가정에서 온라인(www.oklife.go.kr)으로도 감면 신청을 할 수 있으며, 신분증만 가지고 가까운 이동 통신사 대리점을 방문하거나 읍면동 주민 센터 등 ㉤ 주민 자치 센터에 가서 신청하고 현장에서 감면 대상임이 확인되면 곧바로 감면 절차를 마칠 수 있다. 이번 절차 간소화 시행으로 361만 명에 달하는 대상자가 서비스를 받을 수 있게 된다.

위원회에서는 지난해 10월부터 저소득층이 소득 대비 통신비 부담이 높은 점을 고려하여, 이동 전화 요금 감면 확대 정책을 ㉥ 시행한바 있고, 20○○년 7월 이동 전화 요금 감면 혜택 대상자는 74만 명으로 지난해 요금 감면 제도의 확대 시행 이전에 비해 5배 가까이 증가한 것으로 나타났다.

❶ ㉠: 감면 신청과 그 결과를 즉시 확인할 수 있는 →

❷ ㉡: 그 동안 → / ㉥: 시행한바 있고 →

❸ ㉢: 이동 통신사 대리점에 납부해야 →

❹ ㉣: 매 1년마다 같은 절차로 반복해서 →

❺ ㉤: 주민 자치 센터에 가서 신청하고 →

07

보 도 자 료

해외 한식당이 싹 바뀐다

- ○○○부, 오는 8월부터 해외 한식당 종사자 교육 실시 -

□ ○○○부는 오는 8월부터 해외 한식당 종사자를 대상으로 경영 및 조리 · 서비스 교육 프로그램을 운영한다.

- 이번 교육은 지난 5월 4일에 발표된 〈한식 세계화 추진 전략〉의 ㉠ '한식 이미지 제고 프로젝트'의 일환으로 추진되는 것이다.

□ 그동안 외국인이 갖고 있는 한식에 대한 이미지는 다소 부정적인 부분이 있었다.

- 예를 들면, 같은 메뉴라도 식당마다 ㉡ 음식 맛의 심한 차이나 종업원이 먹는 방법을 제대로 설명해 주지 않아 외국인들이 한식을 먹어 보려 해도 어려운 점이 있었다.
- 이러한 문제점은 현지 인력 대부분이 한식 교육을 체계적으로 받지 못한 외국인인 경우가 많기 때문인 것으로 보인다.
- 이에 정부는 이러한 문제점을 해결하는 방안 중 하나로 해외 한식당 종사자에게 교육을 하게 되었다.

□ 현지에서 시행되는 이번 교육은 첫해인 올해에는 미국 로스앤젤레스 · 일본 도쿄 · 중국 베이징 등 3개 지역에서 실시된다.

- 이번 교육은 도시별로 경영자 · 조리사 · 종업원 각각 30명씩 2회에 걸쳐 진행되며, ㉢ 실력 있는 강사진이 이들을 직접 교육시킬 예정이다.
- 또한 관계자는 "해외 한식당 교육은 ㉣ 그 대상 지역의 확대와 정례화하는 방향으로 추진하겠다."라며 "외국의 유명 요리 학교와도 ㉤ 이에 대해 협력해 나가고 있다."고 덧붙였다.

❶ ㉠: '한식 이미지 제고 프로젝트'의 일환으로 →

❷ ㉡: 음식 맛의 심한 차이나 종업원이 먹는 방법을 제대로 설명해 주지 않아 →

❸ ㉢: 실력 있는 강사진이 이들을 직접 교육시킬 예정이다 →

❹ ㉣: 그 대상 지역의 확대와 정례화하는 방향으로 →

❺ ㉤: 이에 대해 협력해 나가고 있다."고 덧붙였다 →

08~13 다음 공문서를 읽고 물음에 답하시오.

08

제목: 유원 시설 안전 관리자 교육 관련 질의 회신

1. 유원 시설 업체의 안전 관리자가 ㉠ ㄱ 사업장에서 안전 교육 이수와 ㄴ 사업장으로 이직한 때에는 ㉡ ㄴ 사업장에는 처음 배치한 것이나 법률 해석상 ㉢ 안전 관리자 개인의 안전 교육으로 판단되어 재교육을 받을 필요는 없습니다.

2. 또한 여름철에 한시적으로 운영되는 물놀이 유원 시설 업체 등의 장기간 휴업으로 안전 관리자가 퇴사하고 없을 때에는 ㉣ 포함되지 않는 것이 타당하다고 보며, 다시 영업을 개시할 때에는 안전 관리자 교육을 이수해야 합니다.

❶ ㉠을 어법에 맞게 고치시오.

❷ ㉡을 어법에 맞는 표현으로 고치시오.

❸ ㉢을 주어를 넣어 바르게 고치시오.

❹ ㉣을 생략된 문장 성분을 넣어 바르게 고치시오.

09

제목: 전문가 초청 워크숍 참가 안내

1. 우리 원은 문화 예술 관련 기관 · 단체 소속 실무자 및 예술 교육 ㉠ 담당자를 위한 문화 예술 전문 역량 강화를 위해 다양한 교육 과정을 기획 · 운영하고 있습니다.

2. 이러한 사업의 하나로 ○○ 필하모닉 교육 부서와 연계하여 오는 10월 5일에 '예술 교육 음악으로 다가가기'를 주제로 전문가 초청 워크숍을 개최하오니, 각 기관에서는 최소 1인 이상 참석하여 주시기 바랍니다.

3. 아울러, 정부 중앙 청사에 ㉡ 열린 문화 공간 조성 및 근무 환경을 개선하기 위해 귀 기관으로부터 ㉢ 미술품을 대여하고자 하오니 협조하여 주시기 바랍니다.

❶ ㉠을 자연스러운 표현으로 고치시오.

❷ ㉡과 ㉢을 어법에 맞게 고치시오.

㉡:

㉢:

10

제목: 일반 경쟁 입찰 안내

1. 우리 청에서 시행하는 일반 경쟁 입찰 참가 등록은 ㉠ 등록이 수시로 가능하며, 등록하시기 전에 종합 지원 센터에 비치되어 있는 등록 안내서, 등록 신청서 등을 먼저 열람하시기 바랍니다.
2. 제안서 및 과업 지시서는 입찰 참가 ㉡ 신청자에게 한하여 교부합니다. 입찰자는 사전에 ㉢ 제한 사항 확인 및 입찰 등록 장소에 비치되어 있는 입찰 유의 사항, 계약서 등을 열람한 후 응찰하시기 바라며 ㉣ 확인하지 못한 책임은 입찰자에게 있습니다.

❶ ㉠, ㉡, ㉢을 어법에 맞고 자연스러운 표현으로 고치시오.

㉠:

㉡:

㉢:

❷ ㉣을 생략된 문장 성분을 넣어 바르게 고치시오.

11

제목: 신종 플루 대응 복무 지침 이행 요청

1. 최근 신종 플루 유행 지표의 급격한 증가에 따라, 정부는 20○○년 11월 3일 자로 위기 경보를 '심각 단계'로 ㉠ 조종하는 한편, ○○○○부 내 중앙 재난 대책 본부를 구성 · 가동하여 부처별 조치 상황을 실시간으로 점검하는 등 신종 플루 확산 방지에 전력을 다하고 있습니다.
2. 특히 최근 전국적으로 신종 플루 감염 사망자가 40명을 넘어서고 있으며 항바이러스제 투약 건수 및 집단 발병 사례 등도 빠르게 증가하고 있어, 부내 감염 확산을 막기 위한 선제 조치가 필요합니다.
   ※ ㉡ 최근 독감 의심 환자의 1/2가량은 신종 플루 감염으로 보여짐.
3. 이에 따라, 전 직원은 이미 통보한 우리 부 신종 플루 대응 복무 지침을 철저히 숙지하여 ㉢ 감염 확산 방지에 철저를 기하여 주시기 바라며, 감염 확산의 우려가 있으면 감염 확산 방지를 위해 ㉣ 적의 조치를 취한 후 이를 지체 없이 인사과로 통보하여 주시기 바랍니다. ○○○○부에서는 ㉤ 우리 부 내 감염 원인 파악과 재감염 방지 대책을 조속히 마련하도록 하겠습니다. 끝.

❶ ㉠을 문맥에 맞는 단어로 고치시오.

❷ ㉡과 ㉤을 어법에 맞는 표현으로 고치시오.

㉡:

㉤:

❸ ㉢을 쉬운 문장으로 쓰시오.

❹ ㉣을 순화된 말로 다듬어 쓰시오.

12

제목: 위탁 교육 운영 계약 체결 의뢰

㉠ 최근 통계 자료를 살펴보면, 2000년대 이후 정보화 정책에 상당히 큰 변화가 일어나고 있습니다. 우리 부 직원들의 정보화 능력 향상을 통해 ㉡ 경쟁력 강화와 업무 효율성을 개선하고자 '2025 하반기 부내 정보화 교육'을 추진할 ㉢ 계획인 바, 이 교육의 위탁 운영을 위한 계약 체결을 아래와 같이 의뢰하오니 조치하여 주시기 바랍니다.

- 아래 -

가. 교육 운영 개요

- 교육 내용: 한글, 엑셀, 파워포인트
  - ㉣ 각 기초반및 활용반등 5개 반 운영
- 교육 대상: 본부 및 소속 기관 직원
- 교육 일정: ㉤ 2025. 11~12 중(과정별 2일 14시간)

❶ ㉠을 문장 성분의 호응을 고려하여 바르게 고치시오.

❷ ㉡을 어법에 맞는 표현으로 고치시오.

❸ ㉢과 ㉣을 띄어쓰기를 고려하여 올바르게 고치시오.

㉢:

㉣:

❹ ㉤의 문장 부호를 바르게 고치시오.

13

제목: 공공 기관 지방 이전 계획의 차질 없는 이행 협조 요청

1. ○○부는 〈공공 기관 지방 이전에 따른 혁신 도시 건설에 관한 특별법〉에 따라 수도권에 있는 157개 공공 기관을 지방으로 이전하는 일을 추진하고 있습니다.
2. 최근 ㉠ 혁신 도시 건설 사업의 지연 및 중단될 가능성에 대한 우려가 제기되고 있습니다만, 20○○년 10월 26일 개최된 〈혁신 도시 관계 시 · 도 부지사 회의〉에서 확인된 바와 같이 ○○부는 혁신 도시 건설 및 공공 기관 지방 이전 사업을 최초 계획대로 ㉡ 추진된다는 점을 다시 한번 명확히 밝힙니다.
3. 사업 계획서 사본의 추가 요구 시 사업 신청자는 ㉢ 10부 범위 내에서 접수처에 제출하여야 합니다.

❶ ㉠과 ㉡을 어법에 맞고 자연스러운 표현으로 고치시오.

㉠:

㉡:

❷ ㉢을 생략된 문장 성분을 넣어 바르게 고치시오.

신유형 익히기 실전 문제

정답과 해설 348쪽

01 〈공공 언어 바로 쓰기 원칙〉에 따라 〈공문서〉의 ㉠~㉣을 수정한 것으로 적절하지 않은 것은?

2025 국가직 9급

〈공공 언어 바로 쓰기 원칙〉

- 생소한 외래어나 외국어는 우리말로 다듬을 것
- 주어와 서술어의 관계를 명확하게 표현할 것
- 문맥에 맞는 정확한 어휘를 사용할 것
- 지나친 명사 나열을 피하고 적절한 조사와 어미를 활용하여 문장을 구성할 것

〈공문서〉

□□개발 연구원

수신 수신처 참조

제목 종합 성과 조사 협조 요청

1. 귀 기관의 무궁한 발전을 기원합니다.
2. 본원은 디지털 교육 ㉠ 마스터플랜 수립을 위해 종합 성과 조사를 실시합니다. 본 조사의 대상은 지난 3년간 □□개발 연구원의 주요 사업을 수행한 ㉡ 기업을 대상으로 합니다.
3. 별도의 전문 평가 기관에 조사를 ㉢ 위탁하며, 이 조사 결과를 바탕으로 ㉣ 학교 현장 교수 학습 환경 개선 정책 개발 및 디지털 교육 문화를 정착시키는 데에 기여하고자 합니다. 귀 기관의 협조를 부탁드립니다.

① ㉠: 기본 계획
② ㉡: 기업입니다
③ ㉢: 수주하며
④ ㉣: 학교 현장의 교수 학습 환경을 개선하는 정책을 개발하고

선재 쌤's Talk

02 〈공공 언어 바로 쓰기 원칙〉에 따라 수정한 것으로 적절하지 않은 것은? 2025 지방직 9급

〈공공 언어 바로 쓰기 원칙〉

• 표현의 정확성
ㄱ 의미에 맞는 정확한 단어 쓰기
ㄴ 부적절한 피 · 사동 표현에 유의함.

• 여러 뜻으로 해석되는 표현 삼가기
ㄷ 하나의 뜻으로 해석되는 문장을 사용함.

• 대등한 것끼리 접속
ㄹ '-고', '-(으)며', '와/과' 등으로 접속되는 말에는 구조가 같은 표현을 사용함.

① "납세자의 결정 세액이 기납부 세액보다 적은 경우 그 차이만큼 납세자에게 환급할 예정이다."를 ㉠에 따라 "납세자의 결정 세액이 기납부 세액보다 적은 경우 그 차이만큼 납세자에게 환수할 예정이다."로 수정한다.

② "경제 성장에 방해가 되는 요소를 배제시켜야 한다."를 ㉡에 따라 "경제 성장에 방해가 되는 요소를 배제해야 한다."로 수정한다.

③ "시 의회는 관련 단체와 시민들을 초청하기로 결정하였다."를 ㉢에 따라 "시 의회는 관련 단체와 협의하여 시민들을 초청하기로 결정하였다."로 수정한다.

④ "사업 전체 목표 수립과 세부 사업별 추진 전략을 제시한다."를 ㉣에 따라 "사업 전체 목표를 수립하고 세부 사업별 추진 전략을 제시한다."로 수정한다.

선재 쌤's Talk

03 〈공공 언어 바로 쓰기 원칙〉에 따라 수정한 것으로 적절하지 않은 것은? 인혁처 2차 예시 문제

〈공공 언어 바로 쓰기 원칙〉

- 주어와 서술어의 호응
  - ㉠ 능동과 피동의 관계를 정확하게 사용함.
- 여러 뜻으로 해석되는 표현 삼가기
  - ㉡ 중의적인 문장을 사용하지 않음.
- 명료한 수식 어구 사용
  - ㉢ 수식어와 피수식어의 관계를 분명하게 표현함.
- 대등한 구조를 보여 주는 표현 사용
  - ㉣ '-고', '와/과' 등으로 접속될 때에는 대등한 관계를 사용함.

① "이번 총선에서 국회의원 ○○○명을 선출되었다."를 ㉠에 따라 "이번 총선에서 국회의원 ○○○명이 선출되었다."로 수정한다.

② "시장은 시민의 안전에 관하여 건설업계 관계자들과 논의하였다."를 ㉡에 따라 "시장은 건설업계 관계자들과 시민의 안전에 관하여 논의하였다."로 수정한다.

③ "5킬로그램 정도의 금 보관함"을 ㉢에 따라 "금 5킬로그램 정도를 담은 보관함"으로 수정한다.

④ "음식물의 신선도 유지와 부패를 방지해야 한다."를 ㉣에 따라 "음식물의 신선도를 유지하고, 부패를 방지해야 한다."로 수정한다.

선재 쌤's Talk

04 〈공공 언어 바로 쓰기 원칙〉에 따라 〈보도 자료〉의 ㉠~㉣을 수정한 것으로 적절하지 않은 것은?

선재 쌤's Talk

〈공공 언어 바로 쓰기 원칙〉

- 과도한 피동 표현을 삼갈 것
- 어법에 맞는 정확한 조사를 사용할 것
- 필요한 문장 성분이 생략되지 않도록 할 것
- 대등한 구조를 보여 주는 표현을 사용할 것

〈보도 자료〉

문화 시설 공사 현장 찾아 안전 점검

○○○부 장관은 건립 중인 ㉠ '○○ 센터'의 공사 현장 방문과 안전 관리 상황을 점검하였다.

○○○부 장관은 사고 위험성이 높은 현장을 중심으로 안전 관리 대책을 꼼꼼하게 살피고, 최근 일어난 공사장 ㉡ 화재 사고의 대부분이 준수하지 않아 발생한 것인 만큼 안전 수칙을 지킬 것을 당부하였다.

또한 장관은 "다중 문화 시설은 국민의 생명과 안전에 ㉢ 직결되어지는 만큼 매 순간 긴장감을 가지고 안전사고를 예방해야 한다."라며, 특히 해빙기(2~4월)에 지반 약화로 인한 인명과 재산 피해가 발생하지 않도록 공사 현장의 안전 점검에 최선을 다해 주길 ㉣ 바란다고 말했다.

① ㉠: '○○○ 센터'의 공사 현장을 방문하고 안전 관리 상황을 점검하였다

② ㉡: 화재 사고의 대부분이 안전 수칙을 준수하지 않아

③ ㉢: 직결되는

④ ㉣: 바란다라고

05 다음 안내문의 잘못된 부분을 수정하기 위한 방안으로 적절하지 않은 것은?

> **알고 하자 '화재 대피', 비상구를 알려 주는 유도등 알기**
>
> 화재가 발생하면 짧은 시간에도 막대한 인명 및 재산 피해가 발생할 수 있으며 지역 주민들은 한순간에 ㉠ 생명의 위협과 삶의 터전을 잃을 수 있습니다.
>
> 특히 거동이 불편한 어르신은 화재가 발생했을 때 신속하게 대피하기 어려우므로 2개 이상의 비상구를 미리 알아 두어야 하고, ㉡ 비상구는 늘 열려 있어야 합니다.
>
> • 평상시 화재 요인 점검하기
> - 한 콘센트에 여러 개의 플러그를 꽂아서 ㉢ 문어발식으로 사용하는 것은 삼가해 주십시오.
> - 반려동물이 전기 레인지에 올라가지 못하게 하고 외출할 때에는 전원을 차단합니다.
>
> • 화재 발생 시 유도등 따라 대피하기
> - 방향을 잃어 출입구의 위치를 알 수 없으면 ㉣ 유도등을 따라 대피합니다.
> - 비상구 유도등은 대피할 수 있는 출입구를 표시합니다. 녹색 바탕으로 되어 있고, 바닥에서 1.5m 이상 높은 곳에 설치되어 있습니다. 통로 유도등은 대피 방향을 표시합니다. 백색 바탕에 녹색 화살표가 그려져 있고, 바닥에서 1m 이하 낮은 곳에 설치되어 있습니다.

① ㉠: 대등한 구조를 보이도록 '생명을 위협받고 삶의 터전을 잃을 수 있습니다'로 수정한다.

② ㉡: 피동 표현이 되도록 '열려'는 '열려져'로 수정한다.

③ ㉢: '삼가하다'는 바른 표기가 아니므로 '삼가해 주십시오'는 '삼가 주십시오'로 수정한다.

④ ㉣: '대피하다'가 필요로 하는 필수 문장 성분이 생략되었으므로 '대피합니다' 앞에 부사어 '밖으로'를 넣는다.

선재 쌤's Talk

06 〈공공 언어 바로 쓰기 원칙〉에 따라 수정한 것으로 적절하지 않은 것은?

〈공공 언어 바로 쓰기 원칙〉

㉠ 적절한 조사를 사용할 것
㉡ 필요한 문장 성분이 생략되지 않도록 할 것
㉢ 생소한 외래어나 외국어는 우리말로 다듬을 것
㉣ 대등한 것끼리 접속할 때는 구조가 같은 표현을 사용할 것

① '한국 정부는 독도 영유권 문제에 대하여 일본에 강력히 항의하였다.'는 ㉠에 따라 '한국 정부는 독도 영유권 문제에 대하여 일본에게 강력히 항의하였다.'로 수정한다.

② '최대한 공사 기간을 단축하여 2025년 12월까지 마치겠습니다.'는 ㉡에 따라 '최대한 공사 기간을 단축하여 2025년 12월까지 공사를 마치겠습니다.'로 수정한다.

③ '글로벌 스탠더드에 맞는 보훈 대상 · 보상 체계 선진화 추진'은 ㉢에 따라 '국제 표준에 맞는 보훈 대상 · 보상 체계 선진화 추진'으로 수정한다.

④ '공직자는 사회 현실 직시와 사회적 책임을 다해야 할 것이다.'는 ㉣에 따라 '공직자는 사회 현실을 직시하고 사회적 책임을 다해야 할 것이다.'로 수정한다.

선재 쌤's Talk

07 다음 글을 읽고 추론한 내용으로 가장 적절한 것은?

〈한글 맞춤법〉 제1항인 '한글 맞춤법은 표준어를 소리대로 적되, 어법에 맞도록 함을 원칙으로 한다.'는 한글 맞춤법의 대원칙을 밝히고 있다.

먼저 '표준어를 소리대로 적는다.'라는 말에는 〈한글 맞춤법〉이 표준어를 대상으로 한다는 뜻이 담겨 있다. 그리고 '소리대로' 적는다는 것은 그 표준어를 적을 때 발음에 따라 적는다는 뜻이다. 이를테면 [나무]라고 소리 나는 표준어는 '나무'로 적고, [달리다]라고 소리 나는 표준어는 '달리다'로 적는다.

그런데 표준어를 소리대로 적는다는 원칙만으로 충분하지 않은 경우가 있다. 의미가 같은 하나의 말은 형태를 하나로 고정하여 일관되게 적어야 의미를 파악하기가 쉽다. 즉 '꼬ㅊ, 꼰, 꼳'보다는 '꽃' 하나로 일관되게 적는 것이 의미를 파악하는 데 효과적이다. '어법에 맞도록 한다.'라는 것은 이와 같이 뜻을 파악하기 쉽도록 각 형태소의 본모양을 밝혀 적는다는 말이다. 이에 따라 '꽃'은 [꼬ㅊ], [꼰], [꼳]의 세 가지로 소리 나는 형태소이지만 그 본모양에 따라 '꽃' 한 가지로 적고, [꼬치], [꼰만], [꼳꽈]도 '꽃이, 꽃만, 꽃과'로 적게 된다. 이는 '꽃'과 같은 명사 뒤에 조사가 결합할 때뿐 아니라 '늙-'과 같은 용언의 어간 뒤에 어미가 결합할 때도 동일하게 적용된다.

① '아무도 없는 집'에서 '없는'은 '없이'처럼 어미의 형태가 바뀔 수 있으므로 소리대로 적는 원칙에 따른 것이군.

② '희망의 날개'에서 '희망'의 '희'가 [히]로 소리 나더라도 '희'로 적는 것은 소리대로 적는 원칙에 따른 것이군.

③ '웃음을 터뜨리다.'에서 '웃음'을 '우슴'이라고 적지 않는 것은 어법에 맞도록 한 원칙에 따른 것이군.

④ '막다'에서 파생된 '마감'은 어간의 원형이 나타나 있으므로 어법에 맞도록 한 원칙에 따른 것이군.

선재 쌤's Talk

08 다음 글을 읽고 이해한 내용으로 적절하지 않은 것은?

〈한글 맞춤법〉 제10항~제12항은 국어의 두음 법칙에 대한 규정이다. 그중 제12항에서는 한자음 '라, 래, 로, 뢰, 루, 르'가 단어의 첫머리에 올 적에는 두음 법칙에 따라 '나, 내, 노, 뇌, 누, 느'로 적는다고 하였다. 즉 '樂園, 來日'은 두음 법칙을 적용하여 '락원, 래일'이 아닌 '낙원, 내일'로 적는 것이다.

또한 제12항은 [붙임]의 규정을 두었는데, [붙임 1]에서는 '쾌락(快樂), 거래(去來)'와 같이 단어 첫머리 이외의 경우는 두음 법칙이 적용되지 않으므로 본음대로 적는다고 하였다. '왕릉(王陵)'에 쓰이는 '릉(陵)'이나 '독자란(讀者欄)'에 쓰이는 '란(欄)'은 한 음절 한자어 형태소가 한자어 뒤에 결합한 것으로 이런 경우에는 '릉'과 '란'이 하나의 단어로 인식되지 않는다.

[붙임 2]에서는 '중노동(重勞動)'과 같이 '접두사처럼 쓰이는 한자'가 결합하여 된 단어나, '육체-노동(肉體勞動)'과 같이 두 개 단어가 결합하여 된 합성어(또는 이에 준하는 구조)의 경우에는 두음 법칙이 적용된 형태로 적는다고 하였다. 한편 '표고(標高)가 높고 한랭한 곳'이란 뜻의 '高冷地'는 '고냉지'가 아닌 '고랭지'로 적는다. 발음이 [고랭지]이고 '고랭-지'로 분석되기 때문이다.

① '낙원(樂園)'과 '쾌락(快樂)'을 통해 한자음의 위치가 표기에 영향을 줌을 알 수 있다.
② '태릉(泰陵)'에서 '릉'은 단어의 첫머리에 오는 것이 아니므로 본음대로 적는다.
③ [붙임 1]에 따라 '家庭欄'은 '가정난'이 아니라 '가정란'으로 표기해야 한다.
④ '고랭지(高冷地)'는 [붙임 2]에 따라 두음 법칙을 적용한 형태로 적은 것이다.

선재 쌤's Talk

제 5 편

문맥의 힘
어휘

제 1 장 구별해서 써야 하는 주요 어휘

제 2 장 독해에 필요한 주요 한자 어휘

CHAPTER 01

구별해서 써야 하는 주요 어휘

1 발음이 비슷한 한자어의 쓰임
2 문맥에 맞는 단어의 선택

1 발음이 비슷한 한자어의 쓰임

선재 쌤's Tip

독해력의 바탕이 되는 것은 바로 어휘력입니다. 특히 국어의 어휘 중 50% 이상을 차지하는 한자어의 의미를 정확하게 파악하는 것은 지문의 정보를 바르게 이해하는 밑거름이 됩니다.

여기에 정리된 주요 한자 어휘들은 일상에서 자주 쓰이지만 종종 혼동되어 잘못 사용되는 어휘들입니다. 따라서 문맥에 맞는 표기를 올바르게 선택할 수 있도록 연습하는 것이 필요합니다.

또한 이 한자 어휘들은 공문서에서도 자주 사용되는 단어들이므로, 공문서 수정하기 문제에서도 출제될 수 있습니다. 독해와 공문서 표기 모두에서 중요한 단어들이므로, 정확하게 익혀 두시기 바랍니다.

1	개발(開發)	토지나 천연자원 따위를 유용하게 만들거나 지식이나 재능, 산업이나 경제 따위를 발전하게 함. 예 유전 개발 / 능력 개발 / 산업 개발 / 새로운 물건을 만들거나 새로운 생각을 내어놓음. 예 신제품 개발
	계발(啓發)	슬기나 재능, 사상 따위를 일깨워 줌. 예 상상력 계발 / 외국어 능력의 계발
2	개재(介在)	어떤 것들 사이에 끼여 있음. 예 사적 감정의 개재가 이 일의 변수이다.
	게재(揭載)	글이나 그림 따위를 신문이나 잡지 따위에 실음. 예 논문을 유명 학술지에 게재하였다.
	계제(階梯)	어떤 일을 할 수 있게 된 형편이나 기회 예 이것저것 가릴 계제가 아니다.
3	갱신(更新)	법률관계의 기간이 끝났을 때 그 기간을 연장하는 일 예 계약 갱신 / 비자 갱신
	경신(更新)	기록경기 따위에서, 종전의 기록을 깨뜨림. 예 마라톤 세계 기록 경신 / 종전 최고치나 최저치를 깨뜨림. 예 무더위로 최대 전력 수요 경신이 계속되고 있다.
4	게시(揭示)	여러 사람에게 알리기 위하여 내붙이거나 내걸어 두루 보게 함. 또는 그런 물건 예 행사 일정표의 게시
	계시(啓示)	사람의 지혜로써는 알 수 없는 진리를 신(神)이 가르쳐 알게 함. 예 신의 계시를 받다.
5	결재(決裁)	결정할 권한이 있는 상관이 부하가 제출한 안건을 검토하여 허가하거나 승인함. 예 결재 서류 / 결재가 나다.
	결제(決濟)	일을 처리하여 끝을 내거나 거래 관계를 끝맺는 일 예 결제 자금 / 어음의 결제
6	공포(公布)	일반 대중에게 널리 알림. 예 정부는 한강에 환경 오염이 심하다고 공포했다.
	공표(公表)	여러 사람에게 널리 드러내어 알림. 예 학회는 결정적 증거가 나오기 전까지 새 학설의 공표를 미루기로 결정하였다.

7	구명(究明)	사물의 본질, 원인 따위를 깊이 연구하여 밝힘. 예 그는 그 원리를 구명하는 데에 평생을 바쳤다.
	규명(糾明)	어떤 사실을 자세히 따져서 바로 밝힘. 예 주민들은 사건의 진상 규명을 촉구하였다.
8	구별(區別)	성질이나 종류에 따라 차이가 남. 또는 성질이나 종류에 따라 갈라놓음. 예 신분의 구별 / 공과 사의 구별
	구분(區分)	일정한 기준에 따라 전체를 몇 개로 갈라 나눔. 예 구분을 짓다. / 서정시와 서사시의 구분은 상대적일 뿐이다.
9	기일(期日)	정해진 날짜 예 무슨 일이 있더라도 기일 내에 이 일을 끝마쳐라.
	기한(期限)	미리 한정하여 놓은 시기 예 납품 기한 / 제출 기한 / 기한을 어기다. / 기한을 정하다.
10	내력(來歷)	일정한 과정을 거치면서 이루어진 까닭 예 일의 내력을 살핌. / 조상으로부터 내려오는 유전적인 특성 예 집안 내력
	내역(內譯) T	물품이나 금액 따위의 내용 예 공사비 내역 / 물품 내역 / 사업 내역
11	년도(年度)	「의존 명사」(해를 뜻하는 말 뒤에 쓰여) 일정한 기간 단위로서의 그해 예 1985년도 출생자 / 1970년도 졸업식
	연도(年度)	편의상 구분한 일 년 동안의 기간. 또는 앞의 말에 해당하는 그해 예 졸업 연도 / 제작 연도
12	단합(團合)	많은 사람이 마음과 힘을 한데 뭉침. =단결(團結) 예 우리 팀은 단합이 잘된다.
	담합(談合)	서로 의논하여 합의하거나 미리 입찰 가격이나 낙찰자 따위를 정하는 일 예 그들 사이에 모종의 담합이 있다.
13	막역(莫逆)하다	허물없이 아주 친하다. 예 이 친구와 나는 아주 막역한 사이이다.
	막연(漠然)하다	갈피를 잡을 수 없게 아득하거나 어렴풋하다. 예 앞으로 살아갈 길이 막연하다. / 막연한 기대
14	모사(模寫)	사물을 형체 그대로 그리거나 원본을 베끼어 씀. 예 그는 초상화를 모사에 불과하다고 말했다.
	묘사(描寫)	대상을 언어로 서술하거나 그림을 그려서 표현함. 예 생생한 현장 묘사
15	반증(反證)	반대되는 근거를 들어 증명함. 예 우리에겐 그 사실을 뒤집을 만한 반증이 없다.
	방증(傍證)	주변의 상황을 밝힘으로써 간접적으로 증명에 도움을 줌. 예 선생님의 해박한 지식을 방증하는 듯한 강의
16	보전(補塡)	부족한 부분을 보태어 채움. 예 적자의 보전
	보전(保全)	온전하게 보호하여 유지함. 예 생태계 보전 / 환경 보전 / 보전에 힘쓰다.
	보존(保存)	잘 보호하고 간수하여 남김. 예 보존 창고 / 유물 보존 / 영토 보존
17	부문(部門) T	일정한 기준에 따라 분류하거나 나누어 놓은 낱낱의 범위나 부분 예 중공업 부문 / 자연 과학은 여러 부문으로 나뉜다.
	부분(部分) T	전체를 이루는 작은 범위. 또는 전체를 몇 개로 나눈 것의 하나 예 썩은 부분을 잘라내다. / 그의 진술에서는 이해가 안 되는 부분이 많다.
18	성패(成敗)	성공과 실패를 아울러 이르는 말 예 성패를 가름하다. / 이 일에 회사의 성패가 달려 있다.
	승패(勝敗)	승리와 패배를 아울러 이르는 말 예 승패를 가르다. / 그는 승패에 연연하지 않는다.
19	실재(實在)	실제로 존재함. 예 실재의 인물 / 객관적으로 존재하는 물질세계 / 관념론에서, 사물의 본질적 존재
	실제(實際)	사실의 경우나 형편 예 실제 상황 / 실제와 이론 / 그는 실제 나이보다 젊게 보인다. / 「부사」 =실제로(實際로) 예 그 약은 광고는 거창하나 실제 효과를 보았다는 사람은 별로 없다.

TIP '내역'과 '내용'

'내역'은 그 내용을 더 분명하고 자세하게 하나하나 항목별로 밝혀 놓은 것이고, '내용'은 그릇이나 포장, 사물, 모든 표현 매체 등 그 무엇의 속에 들어 있는 것을 뭉뚱그려 말하는 것이다.

예 제 신용 카드 사용 내용(內容)을 볼 수 있나요?(×) → 내역(內譯)(○)

TIP '부문'과 '부분'

'부문'은 일정한 기준에 따라 분류해 놓은 낱낱의 범위나 분야를 가리킨다. 반면 '부분'은 일정한 기준과 관계없이 전체의 일부를 가리킨다.

예 기술직 부분(部分)에 인력 수요가 많다.(×) → 부문(部門)(○)

20	운영(運營)	조직이나 기구, 사업체 따위를 운용하고 경영함. 예 조직 운영에 대한 책임을 지다. / 어떤 대상을 관리하고 운용하여 나감. 예 대학의 학사 운영
	운용(運用)	무엇을 움직이게 하거나 부리어 씀. 예 자본의 운용 / 법의 운용을 멋대로 하다.
21	유래(由來)	사물이나 일이 생겨남. 또는 그 사물이나 일이 생겨난 바 예 한식의 유래 / 유래가 깊다.
	유례(類例)	같거나 비슷한 예 예 그들의 잔혹한 통치 정책은 세계에서 유례를 찾기 힘든 것이다. / 이전부터 있었던 사례. =전례(前例) 예 역사상 유례가 없는 이변
22	이탈(離脫)	어떤 범위나 대열 따위에서 떨어져 나오거나 떨어져 나감. 예 근무지 이탈
	일탈(逸脫)	정하여진 영역 또는 본디의 목적이나 길, 사상, 규범, 조직 따위로부터 빠져 벗어남. 예 권위와 통제만으로는 조직이나 어떤 사상으로부터 개개인들의 일탈을 막을 수 없다.
23	일절(一切)	아주, 전혀, 절대로의 뜻. 흔히 어떤 일을 하지 않을 때에 쓰는 말 예 출입을 일절 금하다.
	일체(一切)	「명사」 모든 것 예 도난에 대한 일체의 책임을 지다. / 그는 재산 일체를 학교에 기부하였다. / 「부사」 모든 것을 다 예 걱정 근심일랑 일체 털어 버리고 자, 즐겁게 술이나 마시자.
24	임대(賃貸)	돈을 받고 자기의 물건을 남에게 빌려줌. 예 임대 가격이 싸다. / 임대 조건이 좋다.
	임차(賃借)	돈을 내고 남의 물건을 빌려 씀. 예 돈을 빌려 사무실을 임차하였다.
25	자처(自處)	자기를 어떤 사람으로 여겨 그렇게 처신함. 예 애국자를 자처하다.
	자청(自請)	어떤 일에 나서기를 스스로 청함. 예 그는 그 일을 맡겠다고 자청을 하고 나섰다.
26	재고(再考)	어떤 일이나 문제 따위에 대하여 다시 생각함. 예 그 일의 결과는 재고의 여지도 없다.
	제고(提高)	수준이나 정도 따위를 끌어올림. 예 생산성의 제고 / 능률의 제고 / 기업 이미지를 제고하다.
27	지양(止揚)	더 높은 단계로 오르기 위하여 어떠한 것을 하지 아니함. 예 남북 사이의 이질화를 지양하다.
	지향(志向)	어떤 목표로 뜻이 쏠리어 향함. 예 평화 통일 지향 / 출세 지향
28	체계(體系)	일정한 원리에 따라서 짜임새 있게 조직되어 통일된 전체 예 명령 체계 / 교통 신호 체계
	체제(體制)	생기거나 이루어진 틀. 또는 그런 됨됨이. =체재(體裁) / 국가나 사회를 조직하고 유지하는 전체적인 틀 또는 그 상태를 이르는 말 예 냉전 체제 / 체제 개편
29	추돌(追突)	자동차나 기차 따위가 뒤에서 들이받음. 예 앞차와 추돌하다.
	충돌(衝突)	서로 맞부딪치거나 맞섬. 예 자동차 충돌 / 온건파와 개혁파의 충돌
30	혼돈(混沌/渾沌)	마구 뒤섞여 있어 갈피를 잡을 수 없음. 또는 그런 상태 예 외래문화의 무분별한 수입은 가치관의 혼돈을 초래하였다. / 하늘과 땅이 아직 나누어지기 전의 상태
	혼동(混同)	구별하지 못하고 뒤섞어서 생각함. 예 그는 현실과 꿈 사이에서 혼동을 일으켰다. / 서로 뒤섞이어 하나가 됨.

연습 문제 **문맥에 맞는 어휘를 고르시오.**

정답과 해설 349쪽

01 경치가 좋은 곳을 관광지로 개발하려/계발하려 한다.

02 그의 논문이 유명 학회지에 개재되었다/게재되었다.

03 무더위로 최대 전력 수요 갱신/경신이 계속되고 있다.

04 그 회사는 어음을 결재하지/결제하지 못해 부도 처리가 되었다.

05 공과금을 기한 내에 지정 금융 기관에 납부하지/수납하지 않으면 연체료를 내야 한다.

06 검찰은 수사 기록에 나타난 뇌물 수수 내력/내역을 공개하였다.

07 마을 사람들의 친목과 단합/담합을 위하여 마을 회관 앞에서 동제를 벌였다.

08 우리에게는 그의 주장이 거짓임을 입증할 만한 반증/방증이 없다.

09 그는 자기 가족에 관한 이야기를 어느 누구에게도 일절/일체 하지 않았다.

10 환경 보호를 위해 골프장 설립 계획에 대해 재고해/제고해 달라는 요청을 받았다.

11 그는 관련 서류를 구청으로 접수하라는/제출하라는 연락을 받았다.

12 갈등의 지양/지향과 극복을 통해 보다 나은 사회를 건설하자.

2 문맥에 맞는 단어의 선택

(1) 그는 비가 오는 날마다 강수량을 측정한다. → **강우량**

- '강우량'은 '일정 기간 동안 내린 비의 분량'을 말하며, '강수량'은 '비, 눈, 우박, 안개 따위로 일정 기간 동안 내린 물의 총량'을 말한다. 따라서 문맥상 '강우량'을 써야 한다.

TIP '계기'와 '전기'
- 올림픽을 계기(契機)로 하여 사회 체육에 대한 관심이 높아졌다.
- 전운(戰雲)이 유럽을 덮고 바야흐로 역사는 일대 전기(轉機)에 섰다.

(2) 새로운 치료법의 발견으로 암 치료에 계기(契機)가 마련되었다. → **전기(轉機)** T

- '계기'는 '어떤 일이 일어나거나 변화하도록 만드는 결정적인 원인이나 기회'를 뜻하는 말로, 어떤 것을 움직이게 하는 '원인'에 초점을 둔다면, '전기'는 '전환점이 되는 기회나 시기'를 뜻하는 말로 다른 상태로 바뀌는 '시기'에 초점을 둔다.

(3) 출제자들은 이번 시험의 난이도(難易度)가 크게 낮아졌다고 말했다. → **난도(難度)**

- '난이도'는 '어려움과 쉬움의 정도'를 뜻하므로, 이를 동시에 낮게 할 수는 없다.

(4) 요금 인상 폭을 크게 내릴 생각이다. → **줄일**

- '수나 분량이 본디보다 적어지게 하다.'라는 의미로 사용될 때는 '줄이다'를 쓴다.

(5) 이농 현상에 따라 도시 인구가 높아졌다. → **늘어났다, 증가했다**

- '높다'는 보통 길이나 품질, 수치로 나타낼 수 있는 온도나 압력, 값이나 비율, 신분 등에 쓰므로 '인구가 높아지다'는 어색하다. '늘어나다'나 '증가하다' 따위를 쓴다.

(6) 올해 경제 성장률이 드디어 6%를 능가(凌駕)하였다. → **넘었다**

- '능가하다'는 '능력이나 수준 따위가 비교 대상을 훨씬 넘어서다.'의 의미이다. 이 문장에서는 적절한 비교 대상이 없으므로 '넘었다'로 고치는 것이 자연스럽다.

(7) ┌ 내가 거짓말쟁이라니, 나에 대한 너의 판단은 달랐어. → **틀렸어**
└ 형제가 어쩜 그리 성격이 전혀 틀리지? → **다르지**

- '다르다'는 '비교가 되는 두 대상이 서로 같지 아니하다.'의 의미이고, '틀리다'는 '그르다/어긋나다'의 의미이다. 문맥에 따라 구별해서 써야 한다.

(8) 드디어 축하 팡파르로 축제의 대단원(大團圓)의 막을 열게 되었다. → **대단원의 막을 내리게**

- '대단원'이란 '어떤 일의 맨 마지막, 대미'를 나타내는 말이므로 '대단원의 막을 내리다' 등의 표현으로 사용한다.

(9) 그의 시도는 미수(未遂)에 머물고 말았다. → **미수에 그치고**

- '미수'는 '목적한 바를 시도하였으나 이루지 못함.'을 의미하며, 일반적으로 '그치다'와 호응하여 '미수에 그치다 / 미수로 그치다'와 같이 쓰인다.

(10) 고요한 새벽에 어디선가 이상한 발자국 소리가 들렸다. → **발소리**

- '발자국'은 '발로 밟은 자리에 남은 모양' 등을 의미하므로 '소리'와 함께 쓰는 것은 어색하다.

(11) 할머니는 동갑내기 남편의 병(病)치레를 해 오셨다. → **병(病)구완을**

- '병치레'는 '병을 앓아 치러 내는 일'이다. 남편의 병을 돌보는 내용이 들어가야 하므로 '앓는 사람을 돌보아 주는 일'을 뜻하는 '병구완'이 적절하다.

(12) 경기가 끝나자 관객들이 봇(洑)물을 이루며 경기장에서 쏟아져 나왔다. → **봇물 터지듯**

- '봇물'은 '보에 괸 물. 또는 거기서 흘러내리는 물'이라는 뜻인데, 어떤 일이나 현상이 한꺼번에 많이 일어나는 동적(動的)인 상황을 가리키기에는 적절하지 않다.

(13) 우리의 인생에서 경쟁은 불가결(不可缺)한 것이다. → **불가피(不可避)한**

- '불가결하다'는 '없어서는 아니 되다.'의 의미이고, '불가피하다'는 '피할 수 없다.'라는 의미이다. 인생에서 경쟁은 피할 수 없다는 내용이 더 자연스러우므로 '불가피하다'로 바꾸는 것이 적절하다. 예 물은 모든 생명체에게 불가결한 요소이다. / 정치의 개혁이 불가피하다.

(14) 일본 정부는 독도 문제를 국제 사법 재판소에 단독으로라도 고발하는 것을 불사(不辭)하지 않겠다고 밝혔다. → **불사(不辭)하겠다고**

- '불사하다'는 '사양하지 아니하다. 또는 마다하지 아니하다.'의 의미로 '전쟁을 불사하다 / 죽음을 불사하고 불구덩이에 뛰어들다'처럼 쓰인다.

(15) 선수들은 불편부당(不偏不黨)한 판정에 항의했다. → **불편부당(不偏不黨)하지 않은**

- '불편부당하다'는 '아주 공평하여 어느 한쪽으로 치우치지 아니하다.'의 의미로, '무편무당(無偏無黨)하다'와 뜻이 같다. 이 문장은 판정에 항의했다는 내용이므로 '공평하지 않다', 즉 '불편부당하지 않다'로 써야 한다.

(16) ┌ 현대 사회에서 영화가 차지하는 비율(比率)은 아주 크다. → **비중(比重)**
└ 최근 시험에서는 객관식의 비중이 얕아지고 있다. → **낮아지고**

- '비율'은 '다른 수나 양에 대한 어떤 수나 양의 비(比)'를 말하므로 첫 문장에서 '비율'을 쓰는 것은 적절하지 않으며 '다른 것과 비교할 때 차지하는 중요도'의 의미인 '비중'이 들어가는 것이 적절하다. 한편, 비중은 '중요도'를 나타내므로 '길이가 짧게 되다.'의 의미인 '얕아지다'라는 표현과 서로 어울리지 않는다. 보통 '비중'은 '비중이 {높다/크다/낮다/작다}. / 대통령의 특별 담화를 비중 있게 다루다. / 그는 외모에 비중을 두고 친구를 사귄다.'처럼 쓰인다.

(17) 그는 김 선생에게서 직접 창을 사숙(私淑)했다. → **사사(師事)했다**

- '사숙하다'는 '직접 가르침을 받지는 않았으나 마음속으로 그 사람을 본받아서 도나 학문을 닦다.'의 의미이다. 이 문장에서는 직접 배웠다고 했으므로 '스승으로 섬기다. 또는 스승으로 삼고 가르침을 받다.'의 의미인 '사사하다'를 쓰는 것이 좋다. 또한 '…에게 사사받다'처럼 쓰는 경우도 있지만, '사사하다' 자체가 '스승으로 섬기다'라는 의미이므로 그대로 '…을 사사하다' 또는 '…에게(서) …을 사사하다'의 형태로 써야 한다.

(18) 공과금을 기한 내에 은행에 수납(收納)하지 않으면 연체료를 내야 한다. → **납부(納付)** T

- '수납'은 돈이나 물품 따위를 받아 거두어들이는 것이다. 세금을 '내는' 것이므로 세금이나 공과금 따위를 관계 기관에 낸다는 의미의 '납부'를 쓴다.

(19) 대통령은 이번 수해에서 큰 피해를 입은 수재민들의 애환(哀歡)을 위로하였다. → **슬픔**

- '애환'은 '슬픔과 기쁨을 아울러 이르는 말'이다. '기쁨'을 위로할 수는 없으므로 '슬픔을 위로하였다'로 쓰는 것이 자연스럽다.

(20) 그는 신문사에서 편집국장, 주필 등을 연임(連任)하면서 많은 공을 세웠다. → **역임(歷任)**

- 여러 직위를 두루 거친 경우는 '역임'을 쓰고, 한 직위에서 임기가 끝난 후 계속 그 직위에 머무르는 경우에는 '연임'을 쓴다.

(21) 직원들이 조용히 근무하는 와중(渦中)에 갑자기 전화벨이 울렸다. → **도중(途中)**

- '와중'은 '일이나 사건 따위가 시끄럽고 복잡하게 벌어지는 가운데'의 의미이므로 조용히 일을 하고 있다는 내용과는 어울리지 않는다. 이 경우에는 '일이 계속되고 있는 과정이나 일의 중간'의 의미인 '도중'을 쓴다.

예 • 큰물이 온 마을을 덮치는 와중에서도 박 계장은 침착하게 이웃들을 보살폈다.
• 회의 도중에 급한 연락이 왔다.

TIP 주체와 객체의 혼동

'수납 – 납부'와 같이 주체와 객체를 혼동해서 표현하는 경우가 있다.

① **수거 – 배출**
예 각 가정에서는 쓰레기를 분리해서 수거해 주십시오. → 배출
• '수거(收去)'는 '거두어 감.'을 의미하므로 '배출(排出)'로 쓴다.

② **접수 – 신청, 제출**
예 그는 서류를 구청에 접수하였다. → 제출
• '접수(接受)'는 받는 것을 의미하므로 '제출(提出)'로 쓴다.

③ **환급 – 환수**
예 세금 초과 징수분 환수 → 환급
• '환수(還收)'는 '도로 거두어들임.'의 의미이므로, '도로 돌려줌.'을 뜻하는 '환급(還給)'으로 쓴다.

(22) 그는 과로로 쓰러져 운명(殞命)을 달리했다. → **유명(幽明)**

- '유명'은 '어둠과 밝음 / 저승과 이승을 아울러 이르는 말'이다. '유명을 달리하다'는 '죽다'를 완곡하게 표현하는 관용구이다.

(23) 우리 농구 팀은 실력의 월등(越等)한 열세(劣勢)를 극복하지 못하고 상대 팀에 지고 말았다.
→ **현저(顯著)한 열세**

- '월등하다'는 '다른 것과 견주어서 수준이 정도 이상으로 뛰어나다.'라는 긍정적인 의미로 사용되기 때문에 '열세' 같은 부정적 의미의 단어와 어울릴 수 없다.

(24) 그는 친구가 배우가 되어 얻은 유명세(有名稅)[T]를 특히 부러워했다. → **인기(人氣)**

- '유명세'는 '세상에 이름이 널리 알려져 있는 탓으로 당하는 불편이나 곤욕을 속되게 이르는 말'이다. 이런 불편이나 곤욕을 부러워한다는 내용은 자연스럽지 못하므로 '인기'로 고치는 것이 좋다.

(25) 노후 시설 보수 공사를 위해 아파트 입주민(入住民)께서는 차량을 가급적 지하에 주차하시기 바랍니다. → **주민(住民)**

- '입주민'은 '새로 지은 집에 들어와서 사는 사람'을 말한다. 노후 시설 공사라고 했으므로 그냥 '주민'으로 쓰는 것이 적절하다.

(26) 철수는 기술 협력 문제에 대해 나에게 자문(諮問)을 구했다. → **자문했다**

- 우리가 흔히 쓰는 '자문을 구하다'라는 말은 '자문하다'를 잘못 사용하는 것이다.

(27) 자신을 밝히지 않고 남을 도와 왔던 화제의 장본인(張本人)을 소개합니다. → **인물, 주인공**

- '장본인'이란 '어떤 일을 꾀하여 일으킨 바로 그 사람'이라는 뜻으로, 맥락상 긍정적인 상황보다는 부정적인 상황에 더 많이 쓰인다. 긍정적인 상황에는 '인물, 주인공' 등을 쓰는 것이 적절하다.

(28) 그의 사위는 우리 회사의 뛰어난 재원(才媛)이다. → **인재(人才), 재사(才士)[T], 재자(才子)**

- '재원'은 '재주가 뛰어난 젊은 여자'를 말한다.

(29) 그는 관련 서류를 구청에 접수(接受)할 예정이라고 한다. → **제출(提出)**

- '접수'는 '신청이나 신고 따위를 구두(口頭)나 문서로 받음. / 돈이나 물건 따위를 받음.'이라는 뜻이다. 이 경우는 서류를 구청에 내야 하는 것이므로 '제출'을 써야 한다.

(30) 신종 인플루엔자 예방 접종(接種)을 맞아야 한다. → **주사를**

- '접종'은 주사액을 몸에 주입한다는 의미이므로 '맞다'와 의미가 겹친다. 또한 주사를 맞거나 접종을 하는 것이지 접종을 맞을 수는 없으므로, 이는 문장 호응의 오류에도 해당한다.

(31) 그는 과소비는 바람직하지 않다는 인식을 조장(助長)하기 위해 노력했다. → **심어 주기**

- '조장'이란 바람직하지 않은 일을 더 심해지도록 부추기는 것을 말한다. 따라서 '사행심 조장 / 과소비 조장' 등과 같이 쓰이며, 긍정적인 의미를 지닌 문장과는 어울리지 않는다.

(32) ┌ 교통 신호 체제(體制)만 바꾸어도 사고를 줄일 수 있다. → **체계**
└ 소련이 해체되고 나서 냉전 체계(體系)는 종식되었다. → **체제**

- '체제'는 '국가나 사회를 조직하고 유지하는 전체적인 틀 또는 그 상태를 이르는 말'이고, '체계'는 '일정한 원리에 따라서 낱낱의 부분이 짜임새 있게 조직되어 통일된 전체'를 뜻한다.

(33) 고인의 숭고한 삶과 뜻을 추모(追慕)하다. → **기리다**

- '추모'는 '죽은 사람을 그리며 생각함.'의 뜻이므로, '고인을 추모하다'라는 표현은 가능하다. 그러나 '삶을 추모하다 / 뜻을 추모하다'라는 표현은 어색하다. 목적어가 '삶과 뜻'이므로 '기리다'로 쓰는 것이 좋다.

TIP 부정적 어휘와 긍정적 어휘

'날조(捏造), 빌미, 유명세(有名稅), 조장(助長), 탓' 등은 주로 부정적인 의미로 쓰인다.

예 유언비어 날조 / 탄압의 빌미로 삼다. / 유명세를 치르다. / 과소비 조장 / 남의 탓

한편, '덕분(德分), 회자(膾炙)'는 긍정적인 의미를 갖는 어휘이다.

예
- 제가 잘된 것은 모두 형님 덕분입니다.
- 인구에 회자하는 명시(名詩)

TIP 재사·재자·재녀·재자가인

- 재사(才士): 재주가 뛰어난 남자
- 재자(才子): 재주가 뛰어난 젊은 남자
- 재녀(才女): 재주가 있는 여자
- 재자가인(才子佳人): 재주 있는 남자와 아름다운 여자를 아울러 이르는 말

(34) 그의 정년(停年)을 맞이하여, 훈장이 추서(追敍)되었다. → **수여(授與)**

- '추서'는 죽은 뒤에 관등을 올리거나 훈장 따위를 주는 것을 말한다. '정년'이란 공무원이나 직원이 직장에서 물러나도록 정하여져 있는 나이를 말하므로, '수여' 등으로 고치는 것이 좋다.

(35) 나는 그가 사업에 성공한 것을 타산지석(他山之石)으로 삼아 분발했다. → **귀감(龜鑑)**

- '타산지석'은 남의 하찮은 말이나 행동도 자신을 수양하는 데에 도움이 될 수 있다는 말이다. 본이 되는 일이므로 '거울로 삼아 본받을 만한 모범'을 뜻하는 '귀감'이 적절하다.

(36) 축배를 터뜨리며 함께 우승의 기쁨을 나누었다. → **들며**

- '축배'는 '축하하는 뜻으로 마시는 술. 또는 그런 술잔'의 의미이므로 '축배를 터뜨리다'라는 표현은 어색하다. '축배를 들다'와 같이 표현하는 것이 자연스럽다.

(37) ┌ 두 자매는 2년 터울로 이사를 다녔다. → **주기**
└ 옆집 선배와 나는 두 살 터울이다. → **차이**

- '터울'은 '한 어머니로부터 먼저 태어난 아이와 그다음에 태어난 아이와의 나이 차이. 또는 먼저 아이를 낳은 때로부터 다음 아이를 낳은 때까지의 사이'를 뜻한다. 따라서 2년 터울로 이사를 다닌다는 표현은 자연스럽지 않다. 또한 동기간에 쓰는 단어이므로 옆집 선배와의 나이 차이를 나타내는 단어로도 적절하지 않다.

(38) 그는 한문(漢文)으로 자신의 이름을 적어 보여 주었다. → **한자(漢字)로**

- '한문'이란 '중국 고전(古典)의 문장 / 한자(漢字)만으로 쓴 글'을 가리킨다. 따라서 이름을 적었으므로 '한자'로 써야 한다.

(39) 항년 83세를 일기(一期)로 별세하다. → **향년(享年)** TIP

- '항년(×)'은 '행년(行年)'의 잘못된 표기이다. '행년'은 '그해까지 먹은 나이. 또는 현재의 나이'를 이르는 말이고, '향년'은 한평생 살아 누린 나이로 죽을 때의 나이를 말할 때 쓴다. '별세하다'라는 표현이 있으므로 문맥상 '향년'을 써야 한다.

(40) 그들은 오랜 세월이 흐른 뒤 경찰의 주선으로 드디어 해후(邂逅)TIP하게 되었다. → **상봉(相逢)**

- '해후'는 뜻하지 않게 우연히 다시 만난다는 뜻이다. 경찰의 주선으로 만났으므로 우연성을 없앤 표현으로 고쳐야 한다.

(41) 그는 조문객들과 환담(歡談)을 나눈 뒤 상주 자리로 돌아왔다. → **대화(對話)를**

- '환담'은 '정답고 즐겁게 서로 이야기함. 또는 그런 이야기'를 뜻한다. 따라서 '조문객과 환담을 나누다'라는 표현은 적절하지 않다.

(42) 위안부 할머니들의 삶은 끔찍한 일로 회자(膾炙)되고 있다. → **여겨지고**

- '회자되다'는 '칭찬을 받으며 사람의 입에 자주 오르내리게 되다.'라는 의미이므로 앞부분의 '끔찍한 일'과는 맞지 않는다. 문맥에 맞게 '여겨지고' 정도로 바꾸는 것이 좋다.
  예 그 노래는 오늘날까지 많은 사람 사이에 널리 회자되고 있다.

(43) 서민들 사이에는 불교가 흥행(興行)하였다. → **성행(盛行)**

- '흥행'은 연극, 영화, 서커스 따위를 요금을 받고 보여 주는 것이다. 이 문맥에서는 '매우 성하게 유행함.'을 의미하는 '성행'이 자연스럽다.
  예 사실주의는 19세기에 성행하던 예술 양식이다.

TIP 향년

예 우리 할아버지는 향년(享年) 80세 이신데도 정정하시다.(×)
→ '향년'은 죽을 때의 나이를 말하므로, 이 문장 역시 틀린 문장이다.

TIP 해후·조우·상봉

- 해후(邂逅): 오랫동안 헤어졌다가 뜻밖에 다시 만남.
  예 감격적인 해후 / 극적인 해후
- 조우(遭遇): 우연히 서로 만남.
  예 그는 적들과의 조우를 피하여 적진을 멀리 돌아갔다.
- 상봉(相逢): 서로 만남.
  예 이산가족 상봉 / 이제는 고향에 돌아가 그리운 부모와 상봉하게 되었다.

CHAPTER 02

독해에 필요한 주요 한자 어휘

선재 쌤's Tip

다음 글의 ㉠~㉣과 바꿔 쓸 수 있는 유사한 표현으로 적절하지 않은 것은? 2025 국가직 9급

> 동물이 신체의 내부 온도를 정상 범위 안에서 유지하는 과정을 '체온 조절'이라고 한다. 체온 조절을 위하여 동물은 신체 내부의 물질대사를 통해 열을 발생시키거나 외부 환경에서부터 열을 ㉠ 획득한다. [중략] 이와 달리 양서류나 많은 종류의 파충류와 어류는 열을 외부에서부터 획득하기 때문에 '외온 동물'이라고 부른다. 외온 동물은 체온 조절을 위한 충분한 열을 생성하지는 않지만 그늘을 찾거나 햇볕을 쬐는 것과 같은 행동을 통해 체온을 ㉡ 조절한다.
>
> 한편 체온의 안정성을 기준으로 동물을 '항온 동물'과 '변온 동물'로 ㉢ 구분하기도 한다. [중략] 그런데 체온 조절을 위해 열을 획득하는 방식과 체온의 안정성을 유지하는 것은 별개의 문제이다. 외온 동물에 속하는 많은 종류의 해양 어류는 일정한 온도가 유지되는 물에서 ㉣ 서식하기 때문에 체온이 크게 변하지 않는다.

① ㉠: 얻는다
② ㉡: 올린다
③ ㉢: 나누기도
④ ㉣: 살기

학습 전략

독해 복합 문제로 가장 많이 출제되는 유형은 바로 **단어의 문맥적 의미 파악과 유사한 어휘로 바꿔 쓰기**입니다. 이러한 유형의 문제를 대비하기 위해서는 풍부한 어휘력, 그중에서도 한자 어휘 실력을 갖추어야 합니다. 제2장에서는 평소에 자주 쓰지만 정확한 뜻을 잘 모르는 한자 어휘들, 그리고 독해 문제의 지문에 자주 나오는 주요 한자 어휘들을 정리하였습니다. 어휘력은 독해 훈련과 함께할 때 더욱 탄탄한 실력을 기를 수 있습니다. 먼저 이 어휘들의 정확한 뜻과 올바른 사용을 익히고, 이후 지문을 읽으면서 문맥적 의미를 파악하는 훈련을 꾸준히 하기 바랍니다.

정답 ②

001 **각광**

사회적 관심이나 흥미

예 자연 휴양림이 도시민들의 피서지로 각광을 받고 있다.

002 **각축**

경쟁에서 이기려고 서로 다툼.

예 이번 대회에서는 10여 개의 팀이 우승을 놓고 각축을 벌인다.

003 **간과**

큰 관심 없이 대강 보아 넘김.

예 아무리 좋은 일이라고 하여도 그에 따를 부작용이 간과될 수는 없다.

004 **간극**

사물 사이의 틈 / 시간 사이의 틈 / 두 가지 사건, 두 가지 현상 사이의 틈

예 말하기와 글쓰기의 간극을 좁히기란 쉽지 않은 일이다.

005 **간주**

상태, 모양, 성질 따위가 그와 같다고 봄. 또는 그렇다고 여김.

예 그의 행동은 마치 그가 범인인 것처럼 간주될 오해의 소지가 있었다.

006 **개안**

눈을 뜸. / 깨달아 아는 일

예 르네상스는 서구 의식에 대한 개안의 시기였다.

007 **개전**

행실이나 태도의 잘못을 뉘우치고 마음을 바르게 고쳐먹음.

예 학교는 잘못을 저지른 학생들에게 개전의 기회를 주었다.

008 **경도**

기울어 넘어짐. 또는 기울여 넘어뜨림. / 기울여 속에 있는 것을 다 쏟음. / 온 마음을 기울여 사모하거나 열중함.

예 어느 특정한 사관에 경도되면 부작용이 커질 수 있다.

009 **경주**

물 따위를 기울여 붓거나 쏟음. / 힘이나 정신을 한곳에만 기울임. / 강물이 쏜살같이 바다로 흘러 들어감.

예 나라마다 경쟁력을 높이는 데 국력을 경주하고 있다.

010 **경질**

어떤 직위에 있는 사람을 다른 사람으로 바꿈.

예 이번 사고에 대한 문책으로 장관이 전격 경질되었다.

011 **계륵**

닭의 갈비라는 뜻으로, 그다지 큰 소용은 없으나 버리기에는 아까운 것을 이르는 말 / 몸이 몹시 약한 사람을 비유적으로 이르는 말

예 그는 최고의 스타플레이어이지만 경기력이 기대에 미치지 못하는 계륵 같은 존재이다.

012 **계제**

사다리라는 뜻으로, 일이 되어 가는 순서나 절차를 비유적으로 이르는 말 / 어떤 일을 할 수 있게 된 형편이나 기회

예 내 입장에서는 이것저것 가릴 **계제**가 아니다.

013 **고무**

북을 치고 춤을 춤. / 힘을 내도록 격려하여 용기를 북돋움.

예 그는 자기의 처지와 같은 사람들이 많다는 사실에 **고무**되었다.

014 **교두보**

다리를 엄호하기 위하여 쌓은 보루(堡壘) / 상륙·도하(渡河) 작전에서 적군이 점령하고 있는 강기슭이나 해안선의 한 모퉁이를 점거하고 그곳에 마련한 작은 진지 / 어떤 일을 하기 위해 마련한 발판을 비유적으로 이르는 말

예 일제는 한반도를 중국 침략의 **교두보**로 삼았다.

015 **구가**

여러 사람이 입을 모아 칭송하여 노래함. / 행복한 처지나 기쁜 마음 따위를 거리낌 없이 나타냄. 또는 그런 소리

예 우리 회사는 올해 최고 수익을 창출해서 전성기를 **구가**하고 있다.

016 **구두선**

실행이 따르지 않는 실속이 없는 말

예 예산도 없으면서 다리를 건설하겠다는 것은 **구두선**에 지나지 않는다.

017 **국량**

남의 잘못을 이해하고 감싸 주며 일을 능히 처리하는 힘

예 사람이란 누구나 세파에 경험을 쌓아야만 **국량** 배포가 넓어지는 법이거든.

018 **굴지**

무엇을 셀 때, 손가락을 꼽음. / 매우 뛰어나 수많은 가운데서 손꼽힘.

예 국내 **굴지**의 재벌들은 대부분 비행기를 소유하고 있다.

019 **귀감**

거울로 삼아 본받을 만한 모범

예 그의 성실한 자세는 많은 작가들에게 **귀감**이 된다.

020 **금자탑**

길이 후세에 남을 뛰어난 업적을 비유적으로 이르는 말

예 한글은 우리 민족이 세운 찬란한 문화의 **금자탑**이다.

021 **기라성**

밤하늘에 반짝이는 무수한 별이라는 뜻으로, 신분이 높거나 권력이나 명예 따위를 가지고 있는 사람이 모여 있는 것을 비유적으로 이르는 말

예 이번 특집호에는 세계 문학계의 **기라성** 같은 필자들이 대거 참여하고 있다.

022 **기린아**

지혜와 재주가 썩 뛰어난 사람

예 그 작가는 대학생 때부터 문단의 기린아로 평가를 받았다.

023 **기우**

앞일에 대해 쓸데없는 걱정을 함. 또는 그 걱정

예 혹시 일이 잘못되지나 않을까 하는 걱정은 기우에 불과했다.

024 **난마**

어지럽게 얽힌 삼실의 가닥이라는 뜻으로, 갈피를 잡기 어렵게 뒤얽힌 일이나 세태를 비유적으로 이르는 말

예 물가 상승과 증시 붕괴 등 각종 사회 문제는 좀처럼 풀 수 없는 난마처럼 보인다.

025 **난항**

폭풍우와 같은 나쁜 조건으로 배나 항공기가 몹시 어렵게 항행함. / 여러 가지 장애 때문에 일이 순조롭게 진행되지 않음을 비유적으로 이르는 말

예 역세권 개발 사업 협상이 사업자 간 이견으로 난항을 거듭하고 있다.

026 **남상**

양쯔강 같은 큰 하천의 근원도 잔을 띄울 만큼 가늘게 흐르는 시냇물이라는 뜻으로, 사물의 처음이나 기원을 이르는 말

예 개화기는 현대 문학의 남상이라고 할 수 있다.

027 **낭보**

기쁜 기별이나 소식

예 계획대로 일을 완수했다는 낭보를 접하고 모두 환호성을 올렸다.

028 **녹록**

평범하고 보잘것없음. / 만만하고 상대하기 쉬움.

예 그는 그제야 녹록지 않은 상대를 만났다는 걸 알아차린 눈치였다.

029 **농단**

깎아 세운 듯한 높은 언덕 / 이익이나 권리를 독차지함을 이르는 말

예 검찰은 이번 기회에 권력에 기생하는 악덕 상인의 농단을 뿌리 뽑겠다고 다짐하였다.

030 **단말마**

'임종(臨終)'을 달리 이르는 말 / 숨이 끊어질 때의 모진 고통

예 그는 단말마의 비명을 지르며 바닥에 쓰러졌다.

031 **답보**

상태가 나아가지 못하고 한자리에 머무르는 일. 또는 그런 상태

예 대선 후보의 지지도가 기대만큼 상승하지 못하고 최근 답보 상태를 보이고 있다.

032 **답습**

예로부터 해 오던 방식이나 수법을 좇아 그대로 행함.

예 과거의 잘못된 방식을 그대로 답습하는 한 발전은 없다.

033 **도매금**

도매로 파는 가격. =도매가격 / 각각의 차이에도 불구하고 여럿이 같은 무리로 취급받음을 비유적으로 이르는 말

예 잘못한 사람이나 안 한 사람이나 모두 **도매금**으로 욕을 먹었다.

034 **도야**

도기를 만드는 일과 쇠를 주조하는 일. 또는 그런 일을 하는 사람 / 훌륭한 사람이 되도록 몸과 마음을 닦아 기름을 비유적으로 이르는 말

예 학업뿐만이 아니라 인격의 **도야** 역시 중요하다.

035 **도외시**

상관하지 아니하거나 무시함.

예 현실을 **도외시**한 그 정책은 결국 실패로 돌아갔다.

036 **독려**

감독하며 격려함.

예 감독이 선수들을 잘 **독려**하여 경기에서 역전에 성공했다.

037 **동량**

마룻대와 들보를 아울러 이르는 말 / 마룻대와 들보로 쓸 만한 재목이라는 뜻으로, 집안이나 나라를 떠받치는 중대한 일을 맡을 만한 인재를 이르는 말. =동량지재

예 여러분은 장차 나라의 **동량**이 될 어린이들입니다.

038 **등용문**

용문(龍門)에 오른다는 뜻으로, 어려운 관문을 통과하여 크게 출세하게 됨. 또는 그 관문을 이르는 말

예 각 일간지의 신춘문예 공모는 젊은 소설가들의 **등용문**이다.

039 **만연**

식물의 줄기가 널리 뻗는다는 뜻으로, 전염병이나 나쁜 현상이 널리 퍼짐을 비유적으로 이르는 말

예 요즘 범죄가 급증하고 있는 것은 향락 풍조의 **만연** 때문이다.

040 **망라**

물고기나 새를 잡는 그물이라는 뜻으로, 널리 받아들여 모두 포함함을 이르는 말

예 전시품으로는 소품에서 유명 작가의 대작까지 **망라**되어 있었다.

041 **매도**

심하게 욕하며 나무람.

예 사람들은 그를 기회주의자라고 **매도**하였다.

042 **맹점**

미처 생각이 미치지 못한, 모순되는 점이나 틈

예 그들은 법의 **맹점**을 이용해 부당한 이익을 취하였다.

043 **명기**

분명히 밝히어 적음.

예 공지문에서는 회의의 사유를 **명기**하지 않았다.

044 **모순**

어떤 사실의 앞뒤, 또는 두 사실이 이치상 어긋나서 서로 맞지 않음을 이르는 말

예 이 소설은 당대의 구조적 **모순**을 예리하게 비판하였다.

045 **목도**

눈으로 직접 봄. =목격

예 그는 전쟁의 참상을 **목도**하고 큰 충격을 받았다.

046 **묵과**

잘못을 알고도 모르는 체하고 그대로 넘김.

예 이번 일을 도저히 그대로 **묵과**할 수는 없다.

047 **묵수**

제 의견이나 생각, 또는 옛날 습관 따위를 굳게 지킴을 이르는 말

예 민족 문화의 계승이란 단순한 과거의 **묵수**가 아니다.

048 **미봉책**

눈가림만 하는 일시적인 계책(計策). =미봉지책

예 언론에서는 정부의 정책이 **미봉책**에 불과하다고 지적하였다.

049 **미상불**

아닌 게 아니라 과연

예 합격 통지서를 받으니 **미상불** 기분이 좋았다.

050 **미증유**

지금까지 한 번도 있어 본 적이 없음.

예 우리는 6·25라는 **미증유**의 민족적 수난을 겪었다.

051 **반열**

품계나 신분, 등급의 차례

예 그는 드디어 명창의 **반열**에 서게 되었다.

052 **반추**

한번 삼킨 먹이를 다시 게워 내어 씹음. 또는 그런 일 / 어떤 일을 되풀이하여 음미하거나 생각함. 또는 그런 일

예 지나간 50년을 **반추**해 보니 후회되는 일이 많다.

053 **방만**

맺고 끊는 데가 없이 제멋대로 풀어져 있음.

예 그 회사는 **방만**한 경영으로 자금난에 빠졌다.

054 **방조**

형법에서, 남의 범죄 수행에 편의를 주는 모든 행위

예 그는 그 사건을 **방조**한 혐의로 수배 중이다.

055 **배수진** 강이나 바다를 등지고 치는 진 / 어떤 일을 성취하기 위하여 더 이상 물러설 수 없음을 비유적으로 이르는 말

예 이번 경기에서 지면 탈락이 확정되기 때문에 두 팀 모두 **배수진**을 치고 시종일관 공격적인 경기를 펼쳤다.

056 **백미** 흰 눈썹이라는 뜻으로, 여럿 가운데에서 가장 뛰어난 사람이나 훌륭한 물건을 비유적으로 이르는 말

예 이번 연주회의 **백미**는 단연 바이올린 독주였다.

057 **백안시** 남을 업신여기거나 무시하는 태도로 흘겨봄.

예 그는 남들의 **백안시** 때문에 괴로워하고 기를 펴지 못하였다.

058 **백일몽** 대낮에 꿈을 꾼다는 뜻으로, 실현될 수 없는 헛된 공상을 이르는 말

예 그 사업 구상이 얼마나 허망한 **백일몽**인가를 알게 되었다.

059 **백중세** 서로 우열을 가리기 힘든 형세. =백중지세

예 우리나라 축구팀은 유럽의 강호를 맞아 **백중세**의 경기를 펼쳤다.

060 **보루** 적의 침입을 막기 위하여 돌이나 콘크리트 따위로 튼튼하게 쌓은 구축물 / 지켜야 할 대상을 비유적으로 이르는 말

예 그에게는 그의 가정이 인생의 마지막 **보루**였다.

061 **복마전** 마귀가 숨어 있는 집이나 굴 / 비밀리에 나쁜 일을 꾸미는 무리들이 모이거나 활동하는 곳을 비유적으로 이르는 말

예 농촌에서 쌀을 매입하여 도시에 판매하는 미곡 도매업은 **복마전**을 이루고 있었다.

062 **복불복** 사람의 운수를 이르는 말

예 그거야 **복불복**이지 별수 있나.

063 **복안** 겉으로 드러내지 아니하고 마음속으로만 생각함. 또는 그런 생각

예 그 방법을 반대하다니, 무슨 **복안**이라도 있습니까?

064 **분수령** 어떤 사실이나 사태가 발전하는 전환점 또는 어떤 일이 한 단계에서 전혀 다른 단계로 넘어가는 전환점을 비유적으로 이르는 말

예 외국에서 지낸 5년이 그의 인생에 있어 중요한 **분수령**이 되었다.

065 **불야성** 등불 따위가 휘황하게 켜 있어 밤에도 대낮같이 밝은 곳을 이르는 말

예 이 지역은 밤에도 야시장이 **불야성**을 이루고 있다.

066 **불초** 아버지를 닮지 않았다는 뜻으로, 못나고 어리석은 사람을 이르는 말 / 아들이 부모를 상대하여 자기를 낮추어 이르는 일인칭 대명사

예 **불초** 소생 어머니께 인사 올립니다.

067 **불후** 썩지 아니함이라는 뜻으로, 영원토록 변하거나 없어지지 아니함을 비유적으로 이르는 말

예 그는 30대에 요절하였지만 후세에 길이 남을 **불후**의 명작을 남겼다.

068 **비견** 서로 비슷한 위치에서 견줌. 또는 견주어짐.

예 그의 실력은 장인의 실력에 **비견**될 만하다.

069 **비근** 흔히 주위에서 보고 들을 수 있을 만큼 알기 쉽고 실생활에 가까움.

예 물가 상승 속 소비자들은 대안을 찾아 나서기도 했다. **비근**한 예로 과거에 등장한 마트 치킨이 있다.

070 **비조** 한 겨레나 가계의 맨 처음이 되는 조상. =시조 / 어떤 학문이나 기술 따위를 처음으로 연 사람. =시조 / 나중 것의 바탕이 된 맨 처음의 것. =시조

예 이 편지글을 한국 수필의 **비조**라고 할 수 있다.

071 **사자후** 부처의 위엄 있는 설법을, 사자의 울부짖음에 모든 짐승이 두려워하여 굴복하는 것에 비유하여 이르는 말 / 사자의 우렁찬 울부짖음이란 뜻으로, 크게 부르짖어 열변을 토하는 연설을 이르는 말 / 질투심이 강한 아내가 남편에게 암팡스럽게 떠드는 일을 비유적으로 이르는 말

예 그의 열성에 가득 찬 **사자후**에 관중은 뜨거운 박수를 보냈다.

072 **사족** 뱀을 다 그리고 나서 있지도 아니한 발을 덧붙여 그려 넣는다는 뜻으로, 쓸데없는 군짓을 하여 도리어 잘못되게 함을 이르는 말. =화사첨족

예 이 글은 완벽해서 더 이상의 **사족**은 붙일 필요가 없다.

073 **서광** 새벽에 동이 틀 무렵의 빛 / 기대하는 일에 대하여 나타난 희망의 징조를 비유적으로 이르는 말

예 그의 급작스러운 태도 변화로 문제 해결의 **서광**이 비치기 시작하였다.

074 **서식** 생물 따위가 일정한 곳에 자리를 잡고 삶.

예 조사 팀은 ○○강에서 희귀 동물의 **서식**을 확인하였다.

075 **석권** 돗자리를 만다는 뜻으로, 빠른 기세로 영토를 휩쓸거나 세력 범위를 넓힘을 이르는 말

예 선수들은 앞으로 남은 경기 모두를 석권할 수 있다는 자신감을 보였다.

076 **섭렵** 물을 건너 찾아다닌다는 뜻으로, 많은 책을 널리 읽거나 여기저기 찾아다니며 경험함을 이르는 말

예 그는 다양한 책을 섭렵하였다.

077 **소정** 정해진 바

예 당첨되신 분들께는 소정의 상품을 드립니다.

078 **쇄도** 전화, 주문 따위가 한꺼번에 세차게 몰려듦. / 어떤 곳을 향하여 세차게 달려듦.

예 인기 가수에게 인터뷰 요청이 쇄도하였다.

079 **쇄신** 그릇된 것이나 묵은 것을 버리고 새롭게 함.

예 신임 회장은 분위기 쇄신을 위해 모든 간부를 교체하겠다고 공언하였다.

080 **수반** 붙좇아서 따름. / 어떤 일과 더불어 생김.

예 투기는 손해도 볼 수 있는 위험 부담을 수반하기도 한다.

081 **수주** 주문을 받음. 주로 물건을 생산하는 업자가 제품의 주문을 받는 것을 이르는 말

예 국내 건설업체들의 건설 공사 수주가 활기를 띠고 있다.

082 **숙고** 곰곰 잘 생각함. 또는 그런 생각 / 아주 자세히 참고함.

예 그는 결혼 문제에 대해 오랫동안 숙고하였다.

083 **슬하** 무릎의 아래라는 뜻으로, 어버이나 조부모의 보살핌 아래. 주로 부모의 보호를 받는 테두리 안을 이른다.

예 선생님께서는 슬하에 세 명의 자녀를 두셨다고 한다.

084 **시금석** 가치, 능력, 역량 따위를 알아볼 수 있는 기준이 되는 기회나 사물을 비유적으로 이르는 말

예 이번 총선은 민주주의의 발전 정도를 한 단계 높이거나 떨어뜨릴 수 있는 중요한 시금석이다.

085 **식언** 한번 입 밖에 낸 말을 도로 입속에 넣는다는 뜻으로, 약속한 말대로 지키지 아니함을 이르는 말

예 그는 식언이 잦아 친구들 사이에 신의를 잃었다.

086 **신랄** 맛이 아주 쓰고 매움. / 사물의 분석이나 비평 따위가 매우 날카롭고 예리함.

예 이 소설은 정치권의 부정부패를 신랄하게 풍자하고 있다.

087 **신장** 세력이나 권리 따위가 늘어남. 또는 늘어나게 함.

예 국민의 자유와 권리가 크게 신장하였다.

088 **아성** 아주 중요한 근거지를 비유적으로 이르는 말

예 수십 년 쌓아 온 그의 아성을 무너뜨릴 수는 없었다.

089 **알력** 수레바퀴가 삐걱거린다는 뜻으로, 서로 의견이 맞지 아니하여 사이가 안 좋거나 충돌하는 것을 이르는 말

예 그 단체는 파벌 간의 알력이 끊일 날이 없었다.

090 **압권** 여러 책이나 작품 가운데 제일 잘된 책이나 작품 / 하나의 책이나 작품 가운데 가장 잘된 부분 / 여럿 가운데 가장 뛰어난 것

예 그날 행사의 압권은 선생님의 장기 자랑이었다.

091 **야기** 일이나 사건 따위를 끌어 일으킴.

예 오해를 야기하는 행동은 하지 마라.

092 **여반장** 손바닥을 뒤집는 것 같다는 뜻으로, 일이 매우 쉬움을 이르는 말

예 그 정치인은 자신이 한 말을 여반장으로 뒤집는다.

093 **영합** 사사로운 이익을 위하여 아첨하며 좇음. / 서로 뜻이 맞음.

예 그는 세태나 권력에 영합할 줄 모르는 강직한 사람이다.

094 **와해** 기와가 깨진다는 뜻으로, 조직이나 계획 따위가 산산이 무너지고 흩어짐. 또는 조직이나 계획 따위를 산산이 무너뜨리거나 흩어지게 함.

예 검찰의 철저한 수사로 폭력 조직이 와해되었다.

095 **위탁** 남에게 사물이나 사람의 책임을 맡김.

예 우리 회사는 전문가에게 회사의 운영을 위탁하였다.

096 **유기** 내다 버림. / 어떤 사람이 종래의 보호를 거부하여, 그를 보호받지 못하는 상태에 두는 일

예 휴가철인 7~8월에 유기되는 반려견들이 가장 많다.

097 **유명세** 세상에 이름이 널리 알려져 있는 탓으로 당하는 불편이나 곤욕을 속되게 이르는 말

예 그는 이 분야 전문가이기 때문에 유명세를 치를 수밖에 없었다.

098 **은닉** 남의 물건이나 범죄인을 감춤.

예 수배자의 은닉을 도와준 사람은 처벌 대상이 된다.

099 **은폐** 덮어 감추거나 가리어 숨김. / 적에게 관측되지 아니하도록 주변의 지형지물을 이용하여 인원이나 장비, 시설 따위를 숨기는 일

예 그들은 사건을 축소하고 은폐하려 하였다.

100 **인계** 하던 일이나 물품을 넘겨주거나 넘겨받음.

예 그는 장남에게 사업을 인계하고 여생을 한가롭게 보내는 노신사였다.

101 **자충수** 스스로 행한 행동이 결국에 가서는 자신에게 불리한 결과를 가져오게 됨을 비유적으로 이르는 말

예 그는 실언을 해서 자충수를 두는 꼴이 되었다.

102 **장광설** 길고도 세차게 잘하는 말솜씨 / 쓸데없이 장황하게 늘어놓는 말

예 지루한 장광설로 인해 관중들은 하나둘 자리를 뜨기 시작했다.

103 **장사진** 많은 사람이 줄을 지어 길게 늘어선 모양을 이르는 말

예 결승전의 입장권을 구입하려는 사람들이 새벽부터 장사진을 치고 있다.

104 **저의** 겉으로 드러나지 아니한, 속에 품은 생각

예 그가 왜 갑자기 내게 잘해 주는지 그 저의를 모르겠다.

105 **전가** 잘못이나 책임을 다른 사람에게 넘겨씌움.

예 그는 자신의 잘못이 아니라며 동료에게 책임을 전가했다.

106 **전도** 엎어져 넘어지거나 넘어뜨림. / 차례, 위치, 이치, 가치관 따위가 뒤바뀌어 원래와 달리 거꾸로 됨. 또는 그렇게 만듦.

예 지금 상황은 목적이 수단과 전도된 느낌을 준다.

107 **전락** 아래로 굴러떨어짐. / 나쁜 상태나 타락한 상태에 빠짐.

예 그는 사기꾼으로 전락하고 말았다.

108 **전복** 차나 배 따위가 뒤집힘. / 사회 체제가 무너지거나 정권 따위를 뒤집어엎음.

예 그들의 주장은 체제 비판의 차원을 넘어 체제 전복을 지향했다.

109 **전초전** 본격적인 전투를 벌이기 전에 하는 작은 규모의 전투 / 큰일이 본격적으로 벌어지기 전에 그 흐름을 가늠할 수 있는 작은 일을 비유적으로 이르는 말

예 무엇인가 앞으로 닥쳐올 고역의 전초전 같다는 생각이 들었다.

110 **정곡** 과녁의 한가운데가 되는 점 / 가장 중요한 요점 또는 핵심 / 조금도 틀림없이 바로

예 회의 석상에서 그는 정곡을 찌르는 말로 원로 정치인의 면모를 과시하였다.

111 **좌시** 참견하지 아니하고 앉아서 보기만 함.

예 더 이상 상대편의 공세를 좌시할 수만은 없었다.

112 **좌우명** 늘 자리 옆에 갖추어 두고 가르침으로 삼는 말이나 문구

예 '정직'은 그가 마음에 새겨 두고 있는 좌우명이다.

113 **좌천** 낮은 관직이나 지위로 떨어지거나 외직으로 전근됨을 이르는 말

예 그 사람은 업무상의 실수 때문에 국장에서 과장으로 좌천됐다.

114 **준거** 사물의 정도나 성격 따위를 알기 위한 근거나 기준. =표준

예 심사 위원은 뚜렷한 심사의 준거를 제시해야 한다.

115 **증진** 기운이나 세력 따위가 점점 더 늘어 가고 나아감.

예 두 정상은 양국의 우호를 증진하기 위한 방안을 논의했다.

116 **진작** 떨쳐 일어남. 또는 떨쳐 일으킴.

예 선생님께서는 수능을 앞둔 우리의 사기 진작을 위해 간식을 사 주셨다.

117 **질곡** 몹시 속박하여 자유를 가질 수 없는 고통의 상태를 비유적으로 이르는 말

예 그들은 가난의 질곡에서 벗어나기 위해 온갖 노력을 했다.

118 **차치**

내버려 두고 문제 삼지 아니함.

㉠ 주장의 진위 여부는 **차치**하고 그 주장의 제기 방식이 문제이다.

119 **척결**

살을 도려내고 뼈를 발라냄. / 나쁜 부분이나 요소들을 깨끗이 없애 버림.

㉠ 봉건적 잔재를 단호히 **척결**하다.

120 **천착**

구멍을 뚫음. / 어떤 원인이나 내용 따위를 따지고 파고들어 알려고 하거나 연구함. / 억지로 이치에 닿지 아니한 말을 함.

㉠ 그들은 다양한 실험을 통해 우리 것에 대한 **천착**을 계속하였다.

121 **초미**

눈썹에 불이 붙었다는 뜻으로, 매우 급함을 이르는 말

㉠ 노사 양측의 견해차를 어떻게 좁히느냐가 **초미**의 관심사이다.

122 **추인**

지나간 사실을 소급하여 추후에 인정함. / 일단 행하여진 불완전한 법률 행위를 뒤에 보충하여 완전하게 하는 일방적 의사 표시

㉠ 위원회는 합의안을 만장일치로 **추인**하였다.

123 **추호**

가을철에 털갈이하여 새로 돋아난 짐승의 가는 털 / 매우 적거나 조금인 것을 비유적으로 이르는 말

㉠ 당신을 모욕할 생각은 **추호**도 없었습니다.

124 **탁견**

두드러진 의견이나 견해

㉠ 그는 환경 문제에 대해 **탁견**을 가지고 있다.

125 **태두**

태산(泰山)과 북두칠성을 아울러 이르는 말. =태산북두 / 어떤 분야에서 가장 권위가 있는 사람을 비유적으로 이르는 말

㉠ 김 선생님은 한국 물리학계의 **태두**로 알려져 있다.

126 **파경**

깨어진 거울 / 이지러진 달을 비유적으로 이르는 말 / 부부가 헤어지는 것을 비유적으로 이르는 말

㉠ 불화가 끊이지 않던 그 부부는 결국 **파경**에 이르고 말았다.

127 **파락호**

재산이나 세력이 있는 집안의 자손으로서 집안의 재산을 몽땅 털어먹는 난봉꾼을 이르는 말

㉠ 내가 돈 몇 푼에 아주 **파락호**로 떨어질 허약한 위인은 아니다.

128 **파천황**

이전에 아무도 하지 못한 일을 처음으로 해냄을 이르는 말 / 양반이 없는 시골이나 인구수가 적은 성씨에 인재가 나서 본래의 미천한 상태를 벗어남.

㉠ 그것은 아무도 예측하지 못한 **파천황**의 사태였다.

129 **파행** 절뚝거리며 걸음. / 일이나 계획 따위가 순조롭지 못하고 이상하게 진행됨을 비유적으로 이르는 말
예 경기가 갑작스러운 물가 인상과 심한 인플레이션으로 **파행**을 보이고 있다.

130 **편달** 채찍으로 때림. / 종아리나 볼기를 침. / 경계하고 격려함.
예 애정 어린 지도와 **편달**을 부탁드립니다.

131 **편재** 한곳에 치우쳐 있음.
예 문화 시설의 대부분이 서울에 **편재**해 있다.

132 **폄하** 가치를 깎아내림.
예 그의 공적은 정적에 의하여 지나치게 **폄하**되었다.

133 **폄훼** 남을 깎아내려 헐뜯음.
예 그가 죽은 자를 **폄훼**하는 글을 쓸 리는 만무하다.

134 **풍미** 바람에 초목이 쓰러진다는 뜻으로, 어떤 사회적 현상이나 사조 따위가 널리 사회에 퍼짐을 이르는 말
예 사실주의 기법이 세계를 **풍미**하였다.

135 **하마평** 관직의 인사이동이나 관직에 임명될 후보자에 관하여 세상에 떠도는 소문이나 평판
예 새 정부 구성을 앞두고 **하마평**이 무성하다.

136 **할애** 소중한 시간, 돈, 공간 따위를 아깝게 여기지 아니하고 선뜻 내어줌.
예 저에게 시간을 좀 **할애**해 주시겠습니까?

137 **함양** 능력이나 품성 따위를 길러 쌓거나 갖춤.
예 독서는 학생들의 지식과 정서 **함양**에 크게 이바지한다.

138 **합치** 의견이나 주장 따위가 서로 맞아 일치함.
예 모처럼 두 사람의 의견이 **합치**되었다.

139 **향년** 한평생 살아 누린 나이. 죽을 때의 나이를 말할 때 쓴다.
예 우리 할아버지는 **향년** 83세를 일기(一期)로 별세하셨다.

140 **향배**

좇는 것과 등지는 것이라는 뜻으로, 어떤 일이 되어 가는 추세나 어떤 일에 대한 사람들의 태도를 이르는 말

예 각 정당은 민심의 **향배**를 파악하는 데 주력하고 있다.

141 **혜안**

사물을 꿰뚫어 보는 안목과 식견

예 아마도 그는 앞날을 내다볼 줄 아는 **혜안**을 갖고 있었던 것 같았다.

142 **호도**

풀을 바른다는 뜻으로, 명확하게 결말을 내지 않고 일시적으로 감추거나 흐지부지 덮어 버림을 비유적으로 이르는 말

예 그 사람은 사건의 본질을 **호도**하고 있다.

143 **호사가**

일을 벌이기를 좋아하는 사람 / 남의 일에 특별히 흥미를 가지고 말하기 좋아하는 사람

예 그 소문은 남의 말 좋아하는 **호사가**들에 의해 그럴듯하게 꾸며진 이야기에 불과하다.

144 **환급**

도로 돌려줌.

예 과다 징수 된 소득세가 납세자에게 **환급**되었다.

145 **환수**

도로 거두어들임.

예 경제가 어려워지자 기업에 빌려준 돈에 대한 **환수**가 어렵게 되었다.

146 **회자**

회와 구운 고기라는 뜻으로, 칭찬을 받으며 사람의 입에 자주 오르내림을 이르는 말

예 그 노래는 오늘날까지 많은 사람 사이에 **회자**되고 있다.

147 **효시**

예전에, 전쟁 때에 쓰던 화살의 하나 / 어떤 사물이나 현상이 시작되어 나온 맨 처음을 비유적으로 이르는 말

예 〈홍길동전〉은 국문 소설의 **효시**이다.

148 **흉금**

앞가슴의 옷깃 / 마음속 깊이 품은 생각

예 이 문제에 대해 **흉금**을 터놓고 솔직히 말해 보자.

정답과 해설 350쪽

선재 쌤's Talk

01 ㉠~㉣과 바꿔 쓸 수 있는 유사한 표현으로 적절하지 않은 것은? 2025 지방직 9급

> 이광수와 김동인은 한국 근대 문학 초기의 대표적인 소설가로, 이 둘의 작품은 표준어와 사투리의 사용에서 두드러진 차이를 보인다. 이광수의 대표작 〈무정〉에서는 작중 배경과 등장인물의 출신지가 서울이 아닌데도 인물들이 주고받는 대화가 표준어로 되어 있다. 반면 김동인의 대표작 〈배따라기〉에서 인물들의 대화는 출신지와 작중 배경에 ㉠ 맞는 사투리로 이루어진다. 작품의 리얼리티를 얼마나 잘 구현했는가를 기준으로 본다면, 〈무정〉보다 〈배따라기〉가 더 뛰어나다고 볼 수 있다.
>
> 그러나 이광수의 〈무정〉을 리얼리티의 구현 정도를 기준으로 낮잡아 평가하는 것은 곤란하다. [중략] 당대의 지식인들은 표준어가 교양, 문화, 지식, 과학, 공적 영역 등의 근대적 가치를 나타내는 것으로, 사투리는 야만, 비문화, 무지, 비과학, 사적 영역 등의 전근대적인 가치를 ㉡ 나타내는 것으로 인식하였다. 이광수가 계몽주의의 신봉자였음을 ㉢ 떠올리면, 그가 〈무정〉에서 표준어를 사용한 것은 근대적 가치를 실현하기 위한 의도적인 선택이었다.
>
> 이처럼 표준어의 사용은 작가의 의도를 드러내는 기능을 한다. [중략] 박경리의 〈토지〉에서 대부분의 인물들은 경상도나 함경도 사투리를 사용한다. 하지만 주인공 '서희'는 사투리를 구사하지 않는다. 이는 작품의 리얼리티 형성에 방해가 되지만 해당 인물의 고고함과 차가움을 드러내는 데에 더할 수 없이 적절한 기능을 한다. 〈토지〉에 사용된 표준어는 인물의 성격을 ㉣ 뚜렷하게 보여 주는 효과를 지닌다.

① ㉠: 영합(迎合)하는
② ㉡: 표상(表象)하는
③ ㉢: 상기(想起)하면
④ ㉣: 분명(分明)하게

02 ㉠~㉣과 바꾸어 쓸 수 있는 유사한 표현으로 적절하지 않은 것은?

인혁처 1차 예시 문제

> 한국 신화에 보이는 신과 인간의 관계는 다른 나라의 신화와 ㉠ 견주어 볼 때 흥미롭다. 한국 신화에서 신은 인간과의 결합을 통해 결핍을 해소함으로써 완전한 존재가 되고, 인간은 신과의 결합을 통해 혼자 할 수 없었던 존재론적 상승을 이룬다.
>
> 한국 건국 신화에서 주인공인 신은 지상에 내려와 왕이 되고자 한다. 천상적 존재가 지상적 존재가 되기를 ㉡ 바라는 것인데, 인간들의 왕이 된 신은 인간 여성과의 결합을 통해 자식을 낳음으로써 결핍을 메운다. 무속 신화에서는 인간이었던 주인공이 신과의 결합을 통해 신적 존재로 ㉢ 거듭나게 됨으로써 존재론적으로 상승하게 된다. 이처럼 한국 신화에서 신과 인간은 서로의 존재를 필요로 한다는 점에서 상호 의존적이고 호혜적이다. [중략]
>
> 히브리 신화에서 피조물인 인간은 자신을 창조한 유일신에 대해 원초적 부채감을 지니고 있으며, 신이 지상의 모든 일을 관장한다는 점에서 언제나 인간의 우위에 있다. 이러한 양상은 북유럽이나 바빌로니아 등에 ㉣ 퍼져 있는 신체 화생 신화에도 유사하게 나타난다.

① ㉠: 비교해 ② ㉡: 희망하는
③ ㉢: 복귀하게 ④ ㉣: 분포되어

선재 쌤's Talk

03 ㉠~㉣과 바꾸어 쓰기에 적절하지 않은 표현은?

대중성이 정체성 판단의 기준이 되어야 한다는 이야기는 애써 어떤 것을 한국적인 것이라고 보존하는 것이 무의미할 수 있음을 ㉠ 함축한다. 즉 판소리의 맥이 끊어지면 한국 고유의 정신이 사라지게 되므로 이것을 막기 위해서 국가가 지원하고 언론이 후원해야 한다는 생각은 잘못이라는 뜻이다.

우리의 옛것을 ㉡ 발굴하여 소개하는 것은 지금의 문화를 풍요롭게 하므로 환영할 일이다. 더욱 많은 선택지를 갖는 것이 제한된 선택지를 갖는 것보다 낫지 않은가? 옛것이 지금의 취향에 잘 맞지 않을 가능성이 크기 때문에 국가나 공공 기관에서 어느 정도의 후원을 하는 것은 경쟁의 공정함을 지키는 방편이 될 것이다. 문제는 마치 이것이 없어지면, 즉 이것이 ㉢ 계승되지 않으면 한국 문화의 원형을 이루는 중요한 한 부분이 상실되는 것처럼 ㉣ 과장하는 데 있다.

잃어버린 우리의 옛것을 찾아 한국의 전통문화를 우리에게 소개하는 것까지는 아주 바람직한 일이다. 하지만 그것으로 충분하다. 공정한 경쟁이 이루어진 다음에는, 대중성을 확보하는 것이 지배적인 문화, 즉 우리의 것이 된다고 보아야 할 것이다.

① ㉠: 드러낸다
② ㉡: 찾아내어
③ ㉢: 이어지지
④ ㉣: 부풀리는

선재 쌤's Talk

04 **문맥상 ㉠과 바꾸어 쓸 수 있는 것은?**

한강 유역 환경청이 지난 23일 팔당호에서 한강 상수원의 수질 오염 사고 대응 체계를 점검하기 위한 합동 훈련을 실시했다. 이번 훈련은 팔당호 내 경기도 수자원 본부 선착장에 정박된 준설선이 적의 공습으로 파손되어 유류 약 2,000L가 팔당호로 ㉠ <u>흘러 나가는</u> 상황을 가정하여 진행됐다. 훈련에 참가한 각 기관들은 신속하고 정확한 상황 전파, 수습 지휘 체계 유지, 팔당호 상수원 영향 차단, 오염 물질 방제 조치 등 수질 오염 사고 대응 지침(매뉴얼)에 따른 사고 대응 체계를 종합적으로 점검했다.

① 검출되는　　② 도출되는
③ 색출되는　　④ 유출되는

선재 쌤's Talk

05 **㉠과 바꾸어 쓰기에 가장 적절한 것은?**

이른바 〈직장 내 괴롭힘 방지법〉이 2019년 7월에 시행된 후 4년이 경과했다. 이 법으로 인해 작업장에서는 괴롭힘이 많이 줄어들었을까. 쉽게 ㉠ <u>미리 판정을 내릴</u> 수 없다. 실제 직장 내 괴롭힘의 신고 건수가 법 시행 이후에 3배 이상 증가했다는 통계가 있기 때문이다. 다만 괴롭힘 신고의 증가 이유가 회사에서 괴롭힘 피해 사례가 실제로 증가했기 때문인지, 아니면 원래 가해 사례는 일정하게 유지되고 있었는데 법 시행 이후에 신고 자체가 증가한 것인지 알기 어렵다. 이러한 상황에서 최근 고용 노동부 장관이 한 간담회에서 '일터에서의 법치'를 확립하기 위해 직장 내 괴롭힘의 판단 기준을 명확히 하겠다고 밝혔다.

① 예단할　　② 예방할
③ 예산할　　④ 예시할

06 ㉠~㉣과 바꾸어 쓸 수 있는 유사한 표현으로 적절하지 않은 것은?

동물이 같은 종의 구성원에게서 행동을 배우는 것은 비교적 흔한 일이다. 연구에 따르면, 땅벌은 무리의 다른 구성원에게서 퍼즐 상자를 여는 법을 배울 수 있다. 아기 미어캣은 부모에게서 전갈을 안전하게 먹는 법을 배운다. 연구자들은 이러한 종류의 사회적 학습을 일종의 '문화'라고 부르는데, 특정 동물 집단 간에 특정한 행동 추세를 만들어 내기 때문이다. 그런데 일본의 야쿠시마에서 독특한 현상이 발견되었다. 이곳에 ㉠서식하는 일본원숭이들은 사슴들의 등에 기수처럼 올라타 섬을 돌아다니며 부드러운 털을 손질한다. 그러면 사슴들은 원숭이들이 버린 과일을 먹고 밤에 원숭이의 잠자리로 가서 원숭이의 똥을 먹고 효과적으로 원숭이의 집을 청소해 준다. 이에 대해 스트라스부르 대학교의 동물 행동 복잡성 전문가인 세드릭 쉬어 교수는 "그들에게는 일종의 관찰, 사고 또는 통찰력이 있습니다. 저는 그들이 정말로 상호 작용을 하고 서로와의 교류를 통해 이익을 얻으려고 노력하고 있다고 생각합니다."라고 말했다. 쉬어 교수와 그의 동료들은 사회적 학습이 같은 종 사이에 ㉡국한되지 않고 다른 종 사이에서도 ㉢발생할 수 있음을 시사한다고 이론화했다. 그들은 이를 '공동 문화'의 부상이라고 부른다. 그들은 이를 뒷받침하는 다양한 사례를 ㉣발견할 수 있었다. 가령 겨울철 옐로스톤 공원에서 까마귀는 숲에서 먹을 사체를 찾기 위해 회색 늑대를 따라다닌다.

① ㉠: 살고 있는　　② ㉡: 나타나지
③ ㉢: 생겨날　　④ ㉣: 찾아낼

선재 쌤's Talk

정답과 해설

제 1 편 사고의 힘 논리

실전 문제

01

정답 ①

해설 ㉠ '물가가 오른다'가 참이고 '임금이 오른다'가 참일 때, '~물가 → 임금'은 반드시 참이다. 조건문의 전건이 거짓인 경우 조건문은 항상 참이기 때문이다.

㉡ '물가가 오른다'가 참이고 '임금이 오른다'가 거짓일 때, '물가∨임금'은 반드시 참이다. 선언문은 선언지 중 하나만 참이어도 참이기 때문이다.

㉢ '물가가 오른다'가 거짓이고 '임금이 오른다'가 거짓일 때, '~물가 → ~임금'은 반드시 참이다. 조건문의 전건이 참, 후건도 참인 경우 조건문은 참이기 때문이다.

02

정답 ①

해설 "갑이 박람회에 참가한다면, 을도 참가한다"는 '갑 참가 → 을 참가'인 조건문으로 기호화된다. 조건문이 거짓일 때는, 전건이 참이고 후건이 거짓인 경우밖에 없다. 따라서 [갑 참가]는 참이고, [을 참가]는 거짓이다.

㉠

갑 참가∨을 참가

선언문은 선언지 중 하나만 참이어도 참이다. 따라서 [갑 참가]가 참이므로 ㉠은 반드시 참이다.

㉡

~갑 참가 → 을 참가

'A인 경우에만 B'는 'B → A'로 기호화한다. [~갑 참가]가 거짓이고 [을 참가]도 거짓이므로 ㉡은 참이다.

오답 풀이

㉢

갑 참가∧~을 참가

연언문은 연언지 모두가 참이어야 참이 된다. [갑 참가]가 참이고 [~을 참가]도 참이므로, ㉢은 참이다.

03

정답 ④

출전 2013 국가공무원 민경채 PSAT

해설

· 영희

1. 갑 A → 을 B
2. ~을 B

∴ ~갑 A

후건 부정식이 사용된 타당한 논증이다.

· 현주

1. ~갑 A∨(을 C∧병 C)
2. 갑 A

∴ 을 C∧병C

선언지 제거법이 사용된 타당한 논증이다.

오답 풀이

· 철수

1. 갑 A → 을 A
2. 을 A

∴ 갑 A

후건 긍정의 오류를 범한 부당한 논증이다.

04

정답 ④

해설 〈보기〉를 기호화하면 다음과 같다.

1. ~작곡가∨가수
2. 작곡가

∴ 가수

〈보기〉는 선언지 제거법이 활용된 논증이다. ④ 역시 '~사랑∨~운명'에서 [사랑]으로 인해 [~운명]이 결론으로 도출되므로, 〈보기〉와 동일한 논증 형식을 가지고 있다.

오답 풀이 ① [요리]이므로 '요리∨운동'이라고 결론 내리고 있으므로, 선언지 첨가법이 활용된 논증이다.

② '제시문∨토론'에서 [토론]이므로 [~제시문]이라고 결론 내리고 있다. 이는 선언지 긍정의 오류를 범한 논증이다.

③ '기계 → 일자리 잃음'에서 [~일자리 잃음]이므로 [~기계]라고 결론 내리고 있으므로, 후건 부정식이 활용된 논증이다.

05

정답 ④

해설 ㉮ Ⓐ '그는 지하철로 출근하거나 자동차로 출근한다'는 'A이거나 B'의 형식을 가진 복합 명제, 즉 '지하철∨자동차'로 기호화되는 선언문이다. 선언문이 거짓이 되려면 선언지가 모두 거짓이어야 한다. 즉 [~지하철], ㉠ [~자동차]이어야 하므로, 적절한 분석이다.

㉯ Ⓐ '지하철∨자동차'인 선언문이 참인 경우, 선언지 제거의 원리로 인해 [~지하철]이면 선언지가 제거되어 ㉡ [자동차]가 도출된다. 따라서 적절한 분석이다.

㉰ Ⓑ '그는 자동차로 출근하면 지각한다'는 'A이면 B'라는 형식을 가진 문장, 즉 '자동차 → 지각'으로 기호화되는 조건문이다. 조건문이 거짓인 경우는 전건인 [자동차]가 참이고, 후건인 [지각]이 거짓인 경우밖에 없다. 따라서 적절한 분석이다.

06

정답 ①

해설 주어진 진술을 기호화하면 다음과 같다.

1. (친구 ∨ 선생님) → 커피 2. 친구 ∨ 선배 3. ~커피

3으로 인해 1의 후건이 부정되어 '~(친구 ∨ 선생님)'이 도출된다. 이는 드모르간 법칙에 의해 '~친구 ∧ ~선생님'과 동치이고, 여기서 연언지 단순화에 따라 [~친구], [~선생님]이 도출된다. [~친구]로 인해 2의 선언지가 제거되어 [선배]가 도출된다.
따라서 '영희는 선배를 만났다'가 반드시 참이다.

07

정답 ②

해설 ㉠~㉣을 기호화하면 다음과 같다.

㉠ ~은행 ㉡ 병원 → 은행 ㉢ ~병원 → 약국 ㉣ ~경찰서 → ~약국

㉠으로 인해 ㉡의 후건이 부정되어 [~병원]이 도출된다. 이로 인해 ㉢의 전건이 긍정되어 [약국]이 도출되고, 그러면 ㉣의 후건도 부정되어 [경찰서]가 도출된다.
따라서 [~은행], [~병원], [약국], [경찰서]이므로, 문을 연 곳은 '약국, 경찰서'이다.

08

정답 ②

해설 ㉠~㉣을 기호화하면 다음과 같다.

㉠ ~스웨덴 ㉡ 스웨덴 ∨ 네덜란드 ㉢ ~크로아티아 → 벨기에 ㉣ 네덜란드 → ~크로아티아

㉠으로 인해 ㉡에서 선언지가 제거되어 [네덜란드]가 도출된다. 이로 인해 ㉣의 전건이 긍정되어 [~크로아티아]가 도출되고, 그러면 ㉢의 전건도 긍정되어 [벨기에]가 도출된다.
따라서 [~스웨덴], [네덜란드], [~크로아티아], [벨기에]이므로, 김 행정관이 출장을 갈 나라는 '네덜란드, 벨기에'이다.

09

정답 ③

해설 주어진 조건을 기호화하면 다음과 같다.

1. 바흐 2. ~슈베르트 → ~바흐 3. 베토벤 → ~비발디 4. 베토벤 ∨ ~슈베르트

1로 인해 2의 후건이 부정되어 [슈베르트]가 도출된다. 이로 인해 4에서 선언지가 제거되어 [베토벤]이 도출되고, 그러면 3의 전건이 긍정되어 [~비발디]가 도출된다.
따라서 [바흐], [슈베르트], [베토벤], [~비발디]이므로, 연주될 곡의 작곡가는 '바흐, 슈베르트, 베토벤'이다.

10

정답 ②

해설 주어진 진술을 기호화하면 다음과 같다.

1. ~김 사무관 → 이 사무관 2. (이 사무관 ∨ 박 사무관) → ~정 사무관 3. 정 사무관

3으로 인해 2의 후건이 부정되어 '~이 사무관 ∧ ~박 사무관'이 도출된다. 여기서 연언지 단순화로 [~이 사무관], [~박 사무관]이 도출되며, [~이 사무관]으로 인해 1의 후건이 부정되어 [김 사무관]이 도출된다.
따라서 [정 사무관], [~이 사무관], [~박 사무관], [김 사무관]이므로, 회의에 참석하는 사무관은 '2명'이다.

11

정답 ③

해설 ㉠~㉣을 기호화하면 다음과 같다.

㉠ 상철 ∨ 현우 ㉡ ~상철 → 민서 ㉢ 상철 → ~지연 ㉣ 지연

㉣로 인해 ㉢의 후건이 부정되어 [~상철]이 도출된다. 이로 인해 ㉡의 전건이 긍정되어 [민서]가 도출된다. 또한 [~상철]로 인해 ㉠에서 선언지가 제거되어 [현우]도 도출된다.
따라서 [지연], [~상철], [민서], [현우]이므로, 승진하게 되는 사람은 총 '3명'이다.

12

정답 ③

해설 ㉠~㉣을 기호화하면 다음과 같다.

㉠ 주민 체육관 ㉡ ~주차장 ∨ ~주민 체육관 ㉢ 관리 사무소 → 놀이터 ㉣ 주차장 ∨ 관리 사무소

㉠으로 인해 ㉡에서 선언지가 제거되어 [~주차장]이 도출된다. 이로 인해 ㉣에서도 선언지가 제거되어 [관리 사무소]가 도출되고, 그러면 ㉢의 전건이 긍정되어 [놀이터]가 도출된다.
따라서 [주민 체육관], [~주차장], [관리 사무소], [놀이터]이므로, 수리할 공간은 '3곳'이다.

13

정답 ④

해설 제시문을 기호화하면 다음과 같다.

1. ~을 ∨ 병 2. ~을 → 갑 3. 갑 → 을 4. 병 → 갑

풀이 1 1, 2, 4로부터 단순 양도 논법에 의해 [갑]이 도출된다. 그러면 3의 전건이 긍정되어 [을]이 도출되고, 이로 인해 1에서 선언지가 제거되어 [병]이 도출된다.
따라서 '갑, 을, 병'이 유죄이다.
풀이 2 2, 3으로부터 가언 삼단 논법에 의해 '~을 → 을'이 도출된다. 모순적인 결론이 나오므로 귀류법에 의해 전제인 [~을]이 거짓임을 알 수 있다. 즉 [을]이 참이다. 그러면 1에서 선언지가 제거되어 [병]이 도출되고, 이로 인해 4의 전건이 긍정되어 [갑]이 도출된다.
따라서 [갑], [을], [병]이므로, 검사가 유죄라고 판단할 인물은 '갑, 을, 병'이다.

14

정답 ②

해설 영희의 말을 기호화하면 다음과 같다.

1. 흰색 ∨ 동전
2. 흰색 → 가죽
3. ~가죽 → ~동전

1, 2와, 3의 대우인 '동전 → 가죽'으로부터 양도 논법에 의해 '가죽 ∨ 가죽', 즉 [가죽]이 도출된다.
따라서 '가죽 지갑이겠군요'가 ㉠에 들어갈 내용이다.

15

정답 ②

해설 주어진 조건을 기호화하면 다음과 같다.

1. 대전역 → 목포역
2. (서울역 ∨ 광주역) ∧ ~(서울역 ∧ 광주역)
3. ~목포역
4. ~광주역 → 대전역

2는 [서울역]과 [광주역] 중 하나만 참이라는 의미이다. 즉 둘은 배타적 선언 관계이다.
3으로 인해 1의 후건이 부정되어 [~대전역]이 도출된다. 이로 인해 4의 후건이 부정되어 [광주역]이 도출된다. 그런데 [서울역]과 [광주역] 중 하나만 참이므로 자동적으로 [~서울역]이 도출된다.
따라서 [~목포역], [~대전역], [광주역], [~서울역]이므로, 열차가 지나갈 곳은 '광주역'이다.

16

정답 ①

해설 ㉠~㉢을 기호화하면 다음과 같다.

㉠ 펜싱 → 양궁
㉡ 배구 → 테니스
㉢ 펜싱 ∨ 배구

[~펜싱]이면, ㉢에서 선언지가 제거되어 [배구]가 도출된다. 이로 인해 ㉡의 전건이 긍정되어 [테니스]가 도출된다. 그러나 [양궁]의 참·거짓 여부에 대해서는 알 수 없다. '~펜싱 → ~양궁'은 ㉠에서 전건 부정의 오류를 범한 추론이다.
따라서 '펜싱을 관람하지 않으면, 배구와 테니스만 관람한다'는 반드시 참이라고 할 수는 없다.

오답 풀이 ② [~테니스]이면, ㉡의 후건이 부정되어 [~배구]가 도출된다. 이로 인해 ㉢에서 선언지가 제거되어 [펜싱]이 도출되고, 이로 인해 ㉠의 전건이 긍정되어 [양궁]이 도출된다.
③ ㉢에서 [펜싱]이나 [배구] 중 하나는 참임을 알 수 있다. 만약 [펜싱]이 참일 경우 ㉠의 전건이 긍정되어 [양궁]이 도출될 것이다. 만약 [배구]가 참일 경우 ㉡의 전건이 긍정되어 [테니스]가 도출될 것이다. 따라서 어떤 경우이든 적어도 두 종목은 관람하게 된다.
④ [~양궁]이면 ㉠의 후건이 부정되어 [~펜싱]이 도출된다. 이로 인해 ㉢에서 선언지가 제거되어 [배구]가 도출된다. 따라서 반드시 참이다.

17

정답 ③

해설 주어진 대화를 기호화하면 다음과 같다.

1. 공무원 → 공인
2. 공인 → 사명감
3. [㉠]

∴ ~공무원 → ~사명감

1, 2에서 가언 삼단 논법에 의해 '공무원 → 사명감'이 도출된다. 결론인 '~공무원 → ~사명감'은 여기서 전건 부정의 오류를 범한 것이므로, 도출될 수 없다. 그러나 '사명감 → 공무원'이 추가되면, 후건 부정식을 적용하여 '~공무원 → ~사명감'이 타당하게 도출된다.
따라서 '공인으로서의 사명감을 가질 의무가 있는 사람은 모두 공무원이다'가 ㉠에 들어갈 말로 적절하다.
오답 풀이 ① '공인a ∧ ~사명감a'는 2와 모순 관계이므로, 동시에 참일 수 없다. 따라서 ㉠에 들어갈 말로 적절하지 않다.
② '공무원 → ~사명감'은 1, 2에서 도출된 '공무원 → 사명감'과 반대 관계이므로, 동시에 참일 수 없다. 따라서 ㉠에 들어갈 말로 적절하지 않다.
④ '~사명감 → ~공무원'은 1, 2에서 도출된 '공무원 → 사명감'의 대우로, 전제의 동어 반복일 뿐이다.

18

정답 ②

해설 ㉢은 특칭 긍정 명제, ㉣은 특칭 부정 명제이다. 특칭 긍정 명제와 특칭 부정 명제는 소반대 관계이므로, 둘이 동시에 거짓일 수는 없다. 따라서 ㉢이 거짓이라면, ㉣은 반드시 참이다. 그런데 소반대 관계에서 둘이 동시에 참일 수는 있다. 따라서 ㉢이 참이면, ㉣의 참·거짓은 알 수 없다.
오답 풀이 ① ㉠은 전칭 긍정 명제, ㉡은 전칭 부정 명제이다. ㉠과 ㉡은 반대 관계이므로, 둘이 동시에 참일 수는 없지만 동시에 거짓일 수는 있다.
③ ㉡은 전칭 부정 명제, ㉢은 특칭 긍정 명제이다. ㉡과 ㉢은 모순 관계이므로 둘이 동시에 참이거나, 동시에 거짓일 수 없다.
④ ㉠은 전칭 긍정 명제, ㉢은 특칭 긍정 명제이다. ㉠과 ㉢은 함축 관계이므로, ㉠이 참이면 ㉢은 무조건 참이다. 그러나 함축 관계에서 특칭이 참일 때 전칭의 참과 거짓은 판단할 수 없다. 따라서 ㉢이 참일 때 ㉠이 참인지는 알 수 없다.

19

정답 ③

해설 ㉠은 전칭 부정 명제이다. 전칭 부정 명제가 참이라고 가정하고 판단하면 된다.

㉡ 전칭 긍정 명제이다. 전칭 부정 명제와 전칭 긍정 명제는 반대 관계로, 둘은 동시에 참일 수 없다. 따라서 ㉠이 참일 때 ㉡은 반드시 거짓이다.

㉢ 특칭 부정 명제이다. 전칭 부정 명제와 특칭 부정 명제는 함축 관계로, 전칭이 참이면 특칭도 참이다. 따라서 ㉠이 참일 때 ㉢은 반드시 참이다.

20

정답 ④

해설 '~전시회 → ~만남'이며, 이의 대우는 '만남 → 전시회'이다. 따라서 [전시회]는 [만남]의 필요조건일 뿐, 충분조건인지는 알 수 없다.

오답 풀이 ① '승리 → 부적'이지만 '부적 → 승리'는 성립하지 않는다고 했다. 따라서 [부적]이라고 해서 [승리]는 아니라는 것은 옳다.

② '음주 운전 → 교통사고'라고 했다. 이의 대우는 '~교통사고 → ~음주 운전'이므로 [~교통사고]이면 [~음주 운전]이라는 것은 옳다.

③ '기압계 수치 강하 → 흐린 날씨'라고 했으므로 [기압계 수치 강하]이면 [흐린 날씨]라는 것은 옳다.

21

정답 ③

해설 '33도 → 폭염 주의보'이고 '~33도 → ~폭염 주의보'이다. 후자는 대우 규칙에 따라 '폭염 주의보 → 33도'와 동치이다. 즉 [33도]와 [폭염 주의보]는 서로의 충분조건이자 필요조건인 필요충분조건이다. 따라서 [폭염 주의보]가 [33도]의 충분조건이라는 말은 옳다.

오답 풀이 ① [운전면허증]이 [버스 기사]의 필요조건이라는 것은, '버스 기사 → 운전면허증'이라는 것이다. 따라서 '운전면허증 → 버스 기사'는 후건 긍정의 오류를 범한 것이다.

② [자존감]이 [자신감]의 충분조건이라는 것은 '자존감 → 자신감'이라는 것이다. 따라서 '자신감 → 자존감'은 후건 긍정의 오류를 범한 것이다.

④ '자격증 → 원하는 직장'이다. 따라서 [자격증]은 [원하는 직장]의 충분조건이지 필요조건이 아니다.

22

정답 ②

해설 "소비 심리가 위축되지 않으려면 ~ 신성장 전략을 제시해야 한다"는 '~소비 심리 위축 → 신성장 전략 제시'로 기호화된다. 따라서 [신성장 전략 제시]는 [~소비 심리 위축]의 충분조건이 아니라 필요조건이다.

오답 풀이 ①·③·④ "경제가 불확실하면 소비 심리가 위축될 수밖에 없다"는 '경제 불확실 → 소비 심리 위축'으로 기호화된다. 또한 "현재 우리 경제는 ~ 이러한 상황들 각각은 우리 경제를 불확실하게 한다"는 '보호 무역으로 인한 수출 감소 → 경제 불확실', '제조업 공동화 → 경제 불확실', '정치적 불안정 → 경제 불확실'로 기호화된다. 따라서 '경제 불확실 → 소비 심리 위축', '보호 무역으로 인한 수출 감소 → 경제 불확실'에서 가언 삼단 논법에 의해 '보호 무역으로 인한 수출 감소 → 소비 심리 위축'이 도출된다. 또한 '제조업 공동화 → 경제 불확실'의 대우인 '~경제 불확실 → ~제조업 공동화'이므로 적절한 추론이다.

23

정답 ②

해설 제시문을 기호화하면 다음과 같다.

> 가 프랑스어a ∧ ~통역관a
> 나 ~회담 → 통역관
> ∴ [　　　　]

가에서 연언지 단순화로 [프랑스어a], [~통역관a]가 도출된다. [~통역관a]로 인해 나의 후건이 부정되어 [회담a]가 도출되고, 이를 [프랑스어a]와 연언화하면 '프랑스어a ∧ 회담a'가 타당하게 도출된다.
따라서 '프랑스어를 사용하는 어떤 사람은 회담에 참석한 사람이다'가 결론으로 적절하다.

오답 풀이 ① '회담 → ~통역관'은 나에서 전건 부정의 오류를 범한 것이다.

③ 특칭 명제와 전칭 명제로부터 전칭 명제를 결론으로 도출하는 것은 불가능하다.

④ '프랑스어a ∧ 통역관a'에 대한 정보는 주어진 전제에서 알아낼 수 없다.

24

정답 ③

해설 제시문을 기호화하면 다음과 같다.

> 가 논리력 → ~성격 급함
> 나 맞춤법a ∧ 논리력a
> ∴ [　　　　]

나에서 연언지 단순화로 [맞춤법a], [논리력a]가 도출된다. [논리력a]로 인해 가의 전건이 긍정되어 [~성격 급함a]가 도출되고, 이를 [맞춤법a]와 연언화하면 '맞춤법a ∧ ~성격 급함a'가 도출된다.
따라서 '맞춤법을 잘 지키는 어떤 사람은 성격이 급한 사람이 아니다'가 빈칸에 들어갈 결론으로 가장 적절하다.

오답 풀이 ② 전제들로부터 '맞춤법a ∧ ~성격 급함a'가 도출될 뿐, '맞춤법 → ~성격 급함'이 도출되지는 않는다. 일부분에 대한 명제로 전체에 대한 명제가 참인지는 판단할 수 없다.

25

정답 ③

해설 ③을 기호화하면 다음과 같다.

> 1. 어학 → 선발
> 2. ~직무 자격증 → ~선발
> ∴ 어학 → 직무 자격증

1과, 2의 대우인 '선발 → 직무 자격증'으로부터 가언 삼단 논법에 의해 '어학 → 직무 자격증'이 도출된다. 따라서 전제가 참이면 결론이 참인 타당한 논증이다.

오답 풀이

①

> 1. 공직자 → (자신감 ∧ 예의)
> 2. 자신감a ∧ ~공직자a
> ∴ 자신감a ∧ ~예의a

2와 결론에 모두 [자신감a]가 있으므로 '~공직자 → ~예의'인지를 파악하면 된다. 그러나 1로부터 이를 알 수 없으므로 전제가 참일 때 결론이 반드시 참인지는 알 수 없다.

②

1. (갑 ∧ 을) → 싸움
2. ~싸움
∴ ~갑 ∧ ~을

2로 인해 1의 후건이 부정되면 '~갑 ∨ ~을'이 도출된다. 이는 주어진 결론과 다르므로, 적절하지 않다.

④

1. 사회 → 공직
2. 사회 → 봉사 정신
∴ 봉사 정신 → 공직

1과 2는 연결될 수 없으므로, '봉사 정신 → 공직'이 타당한지는 알 수 없다. 또한 [봉사 정신]이라는 소개념이 결론에서만 주연된 소개념 부당 주연의 오류를 범한 논증이다.

26

정답 ③

해설 ③을 기호화하면 다음과 같다.

1. 종교인 → 창조론자
2. 유신론자 → 종교인
∴ 창조론자 → 유신론자

1, 2로부터 가언 삼단 논법에 의해 '유신론자 → 창조론자'가 도출된다. 여기서 '창조론자 → 유신론자'가 참이라고 한다면 후건 긍정의 오류를 범한 것이다. 따라서 부당한 논증이다.

오답 풀이

①

1. 총명 → 분별력
2. 가치a ∧ 총명a
∴ 가치a ∧ 분별력a

2에서 연언지 단순화로 [가치a], [총명a]가 도출된다. [총명a]로 인해 1의 전건이 긍정되어 [분별력a]가 도출되고, 이를 [가치a]와 연언화하면 '가치a ∧ 분별력a'가 도출된다.

②

1. 광물 → 반짝임
2. 광물a ∧ ~금a
∴ 반짝임a ∧ ~금a

2에서 연언지 단순화로 [광물a], [~금a]가 도출된다. [광물a]로 인해 1의 전건이 긍정되어 [반짝임a]가 도출되고, 이를 [~금a]와 연언화하면 '반짝임a ∧ ~금a'가 도출된다.

④

1. 전망 좋음 → 희귀
2. 희귀 → ~싼 값
∴ 싼 값 → ~전망 좋음

1, 2로부터 가언 삼단 논법에 의해 '전망 좋음 → ~싼 값'이 도출된다. 이 명제에 대우 규칙을 적용하면 '싼 값 → ~전망 좋음'이 도출된다.

27

정답 ④

해설 제시문을 기호화하면 다음과 같다.

1. 원화 → 달러
2. 달러 ∨ 파운드
3. 달러 → ~유로
4. ~유로 → ~달러

3, 4로부터 가언 삼단 논법에 의해 '달러 → ~달러'가 도출된다. 그러면 귀류법에 따라 [~달러]가 도출된다. 이로 인해 1의 후건이 부정되어 [~원화]가 도출된다. [~달러]와 [~원화]를 연언화한 '~달러 ∧ ~원화'가 참이므로 '~달러 ∨ ~원화'도 반드시 참이다.
따라서 '달러와 원화 중 적어도 하나는 상승하지 않는다'는 반드시 참이다.

오답 풀이 ① [~유로]가 참인지는 알 수 없다.

② [~달러]는 참이고 [유로]가 참인지는 알 수 없으므로, 반드시 참이라고 할 수 없다.

③ [~달러]로 인해 2에서 선언지가 제거되어 [파운드]가 도출된다. 즉 파운드는 상승한다.

28

정답 ②

해설 주어진 조건을 기호화하면 다음과 같다.

1. 사랑 보호소 ∨ 행복 보호소 (배타적 선언)
2. 사랑 보호소 → 대형견
3. 5세 이상 → 행복 보호소
4. 대형견a ∧ 5세 이상a

4에서 연언지 단순화로 [대형견a], [5세 이상a]가 도출된다. [5세 이상a]로 인해 3의 전건이 긍정되어 [행복 보호소a]가 도출되고, 이를 [대형견a]와 연언화하면 '행복 보호소a ∧ 대형견a'가 도출된다. 그러면 1에 따라 '~사랑 보호소a ∧ 대형견a'가 도출된다.
따라서 '사랑 보호소'에서 보호하지 않는 대형견이 있다'는 반드시 참이다.

오답 풀이 ③ 3에서 후건 긍정의 오류를 범한 추론이다.

④ [~대형견a]이면 2의 후건이 부정되어 [~사랑 보호소a]가 도출되므로, 거짓이다.

29

정답 ③

해설 제시문을 기호화하면 다음과 같다.

1. 한식 ∨ 양식 (배타적 선언)
2. 양식 → 남성
3. (한식 ∧ 서울) → 요리 학교
4. (양식 ∧ 서울) → 결혼
5. (한식 ∨ 양식) ∧ 여성(은우)

2의 대우는 '~남성 → ~양식'이다. 그런데 1에 따르면 [~양식]은 곧 [한식]이다. 5에 따르면 은우는 [여성], 즉 [~남성]이므로, 자연히 은우는 [한식]임을 알 수 있다. 나아가 은우가 [서울]이면 3에 따라 [요리 학교]일 것이다.
따라서 '은우가 서울에 산다면, 은우는 요리 학교를 졸업했다'는 반드시 참이다.

30

정답 ④

해설 ㉠~㉣을 기호화하면 다음과 같다.

㉠ 내근 ∨ 외근 (배타적 명제)
㉡ (외근 ∧ 미혼) → 재테크
㉢ (내근 ∧ 미혼) → 자동차
㉣ 미혼(김 사원)

[~재테크]라면 ㉡의 후건이 부정되어 '~외근 ∨ ~미혼'이 도출된다. 여기서 ㉣로 인해 선언지가 제거되어 [~외근]이 도출된다. 이로 인해 ㉠에 따라 김 사원은 [내근]이다. 그러면 ㉢의 전건이 긍정되어 [자동차]까지 도출된다.
따라서 '김 사원이 재테크를 하지 않는다면, 그는 자동차로 출근한다'는 반드시 참이다.

오답 풀이 ① 김 사원이 [내근]이라면, ㉢의 전건이 긍정되어 [자동차]가 도출될 뿐이다. [~재테크]인지는 알 수 없다.
② 김 사원이 [~자동차]라면, ㉢의 후건이 부정되어 '~내근 ∨ ~미혼'이 도출되고, ㉣로 인해 선언지가 제거되어 [~내근]이 도출된다. 즉 김 사원이 자동차로 출근하지 않는다면, 그는 외근을 한다.
③ ㉡에서 후건 긍정의 오류를 범한 추론이다.

31

정답 ②

해설 제시문을 기호화하면 다음과 같다.

1. (A동 ∨ B동) ∧ ~직장(재호)
2. A동 ∨ B동 (배타적 선언)
3. (A동 ∧ ~직장) → 마트
4. (B동 ∧ ~직장) → ~동호회

4의 대우는 '동호회 → (~B동 ∨ 직장)'이므로, 재호가 [동호회]이면 '~B동 ∨ 직장'이다. 그런데 1에 따르면 재호는 [~직장]이므로 선언지가 제거되어 [~B동]이 도출된다. 이로 인해 2에서도 선언지가 제거되어 재호는 [A동]임을 알 수 있다. 즉 재호는 'A동 ∧ ~직장'이므로 3의 전건이 긍정되어 [마트]가 도출된다.
따라서 '만약 재호가 동호회 활동을 하면, 재호는 단지 내의 마트를 이용한다'는 반드시 참이다.

오답 풀이 ④ 재호가 [B동]이면 1과 4에 따라 [~동호회]이므로, 거짓이다.

32

정답 ①

해설 ㉠~㉢을 기호화하면 다음과 같다.

㉠ ~도시락a ∧ 채식주의자a
㉡ 인사부 → 도시락
㉢ 인사부a ∧ ~채식주의자a

㉠에서 연언지 단순화로 [~도시락a], [채식주의자a]가 도출된다. [~도시락a]로 인해 ㉡의 후건이 부정되어 [~인사부a]가 도출되고, 이를 [채식주의자a]와 연언화하면 '~인사부a ∧ 채식주의자a'가 도출된다.
따라서 '인사부 직원이 아닌 사람 중에 채식주의자가 있다'가 반드시 참이다.

오답 풀이 ② ㉡에서 전건 부정의 오류를 범한 추론이다.
④ 앞에서 도출된 '~인사부a ∧ 채식주의자a'가 참인지는 알 수 있지만, '~인사부 → 채식주의자'가 참인지는 알 수 없다.

33

정답 ④

해설 ㉠~㉣을 기호화하면 다음과 같다.

㉠ 김 주무관 → 윤 주무관
㉡ 윤 주무관 → ~박 주무관
㉢ 김 주무관 ∨ 정 주무관
㉣ ~박 주무관 → ~윤 주무관

㉡, ㉣로부터 가언 삼단 논법에 의해 '윤 주무관 → ~윤 주무관'이 도출되므로 귀류법에 의해 [~윤 주무관]이 도출된다. 이로 인해 1의 후건이 부정되어 [~김 주무관]이 도출된다. [~윤 주무관]과 [~김 주무관]을 연언화한 '~윤 주무관 ∧ ~김 주무관'이 참이므로 '~윤 주무관 ∨ ~김 주무관'도 반드시 참이다.
따라서 '윤 주무관과 김 주무관 중 적어도 한 명은 출장을 가지 않는다'가 반드시 참이다.

오답 풀이 ①·③ [박 주무관]의 참·거짓은 알 수 없다.
② [~김 주무관]으로 인해 ㉢에서 선언지가 제거되어 [정 주무관]이 도출되므로, 반드시 참이 아니다.

34

정답 ①

해설 제시문을 기호화하면 다음과 같다.

1. ~가을
2. 봄 ∨ 여름
3. 봄 ∨ 가을
4. 여름 → 겨울
5. ~봄 ∨ ~여름

2, 5는 [봄]과 [여름] 둘 중 하나만 참이라는 의미이므로, 둘은 배타적 선언 관계이다.
1로 인해 3에서 선언지가 제거되어 [봄]이 도출된다. 그러면 자동적으로 [~여름]이 도출된다. [겨울]의 참·거짓은 알 수 없다.
따라서 이 부장이 반드시 여행할 계절은 '봄'이다.

35

정답 ④

해설 약사의 처방을 기호화하면 다음과 같다.

1. 알레르기 약 → ~코감기 약
2. 해열제 ∨ (코감기 약 ∧ 알레르기 약)
3. 해열제 → (~기침약 ∧ 코감기 약)

1은 단순 함축에 의해 '~(알레르기 약 ∧ 코감기 약)'과 동치이다. 그러면 2에서 선언지가 제거되어 [해열제]가 도출되고, 이로 인해 3의 전건이 긍정되어 '~기침약 ∧ 코감기 약'이 도출되고, 연언지 단순화로 [~기침약]과 [코감기 약]이 도출된다. [코감기 약]으로 인해 1의 후건도 부정되어 [~알레르기 약]이 도출된다.

따라서 [해열제], [~기침약], [코감기 약], [~알레르기 약]이므로, '코감기 약, 해열제'를 복용해야 한다.

36

정답 ③

해설 주어진 대화를 기호화하면 다음과 같다.

1. 셋째 주 목요일 ∨ 넷째 주 목요일
2. ☐
3. 셋째 주 목요일 → 홍보 포스터

∴ 홍보 포스터

주어진 결론인 [홍보 포스터]를 도출하려면, 3의 전건이 긍정되어야 하므로 [셋째 주 목요일]이 필요하다. [셋째 주 목요일]은 1에서 선언지인 [넷째 주 목요일]을 제거하면 도출할 수 있다.

따라서 [~넷째 주 목요일], 즉 '다음 달 넷째 주 목요일에 개최할 수 없습니다'가 빈칸에 들어갈 말로 가장 적절하다.

오답 풀이 ① [넷째 주 목요일]이 추가되면 1에서 선언지를 제거할 수 없으므로 주어진 결론을 도출할 수 없다.

② [~셋째 주 목요일]이 추가되면 1에서 선언지가 제거되어 [넷째 주 목요일]이 도출될 뿐이다. 이는 주어진 결론과 다르다.

④ '넷째 주 목요일 → ~홍보 포스터'가 추가되면 1, 3과 연결되어 '홍보 포스터 ∨ ~홍보 포스터'가 도출될 뿐이다. 이는 주어진 결론과 다르다.

37

정답 ②

해설 제시문을 기호화하면 다음과 같다.

1. 마라톤 → (식단 조절 ∨ 근력 운동)
2. 근력 운동 → 건강
3. ☐

∴ 마라톤 → 건강

풀이 1 2와, '식단 조절 → 건강'을 1에 적용하면 '마라톤 → [(식단 조절 → 건강) ∨ (근력 운동 → 건강)]', 즉 '마라톤 → (건강 ∨ 건강)이 도출된다. 이는 주어진 결론인 '마라톤 → 건강'과 동치이다.

따라서 '식단을 조절하는 사람은 모두 건강하다'를 추가해야 한다.

풀이 2 1과 결론의 전건이 모두 [마라톤]이므로, '(식단 조절 ∨ 근력 운동)'과 [건강]을 이어 주면 된다. 즉 '(식단 조절 ∨ 근력 운동) → 건강'이 추가되면 1과 가언 삼단 논법에 의해 결론인 '마라톤 → 건강'이 도출된다. 그런데 '(식단 조절 ∨ 근력 운동) → 건강'은 '(식단 조절 → 건강) ∧ (근력 운동 → 건강)'과 동치이다. 여기서 연언지 단순화로 '식단 조절 → 건강'과 '근력 운동 → 건강'이 도출되는데, 후자는 이미 2에 있으므로 '식단 조절 → 건강'을 추가하면 된다.

따라서 '식단을 조절하는 사람은 모두 건강하다'가 추가되어야 한다.

오답 풀이 ① '건강 → 식단 조절'이 추가되면 2와 가언 삼단 논법에 의해 '근력 운동 → 식단 조절'이 도출된다. 이를 1에 적용하면 '마라톤 → (식단 조절 ∨ 식단 조절)' 즉 '마라톤 → 식단 조절'이 도출된다. 이는 주어진 결론과 다르다.

③ '식단을 조절하는 사람 중에 근력 운동을 하는 사람은 없다'는 '식단 조절 → ~근력 운동'으로 기호화된다. 그러면 1, 2에서 '마라톤 → (~근력 운동 ∨ 건강)'이 도출된다. 이는 주어진 결론과 다르다.

④ '(식단 조절a ∧ 근력 운동a) → 건강'은 1과 가언 삼단 논법으로 연결되지 않는다. 1의 후건은 선언문이고 '식단 조절a ∧ 근력 운동a'는 연언문으로, 둘은 서로 같지 않기 때문이다.

38

정답 ②

해설 콜롬보의 진술을 기호화하면 다음과 같다.

1. ~범행 → 친구
2. ~(친구 ∧ ~집)
3. ☐ ㉠

∴ 범행

결론인 [범행]을 도출하기 위해서는 1의 후건이 부정되어야 하므로 [~친구]가 필요하다. 2는 드모르간 법칙에 의해 '~친구 ∨ 집'인데, 여기서 선언지가 제거되면 [~친구]가 도출되므로, [~집]이 필요하다.

따라서 '당신이 어제 집에 있지 않았다는'이 ㉠에 들어가야 적절하다.

오답 풀이 ④ '친구 ∧ ~집'은 2와 모순되는 진술이다.

39

정답 ②

해설 주어진 대화를 기호화하면 다음과 같다.

1. ~재활용 → 창고
2. 창고 ∨ 옷장 (배타적 선언)
3. 베란다 → 옷장
4. ☐

∴ 재활용

결론인 [재활용]을 도출하려면, 1의 후건이 부정되어야 하므로 [~창고]가 필요하다. 2에 따라 [옷장]이면 [~창고]가 도출된다. [옷장]을 도출하려면 3의 전건이 긍정되어야 하므로 [베란다]가 필요하다.

따라서 '베란다 청소를 해야 해'가 빈칸에 들어가야 적절하다.

오답 풀이 ① [~옷장]이면 3의 후건이 부정되어 [~베란다]가 도출되고, 2에서 선언지가 제거되어 [창고]가 도출될 뿐이다. 이는 주어진 결론과 다르다.

40

정답 ③

해설 제시문을 기호화하면 다음과 같다.

1. 수학 → ~국어
2. 국어a ∧ ~영어a
3. [   ]

∴ 영어a ∧ ~수학a

1의 대우인 '국어 → ~수학'과 결론에 모두 [~수학a]가 있으므로, [국어a]와 [영어a]를 연결해 주면 된다. '국어a ∧ 영어a'가 있으면 1의 대우와 연결되어 '~수학a ∧ 영어a'를 도출할 수 있다.

따라서 '국어 수업을 듣는 어떤 사람은 영어 수업을 듣는 사람이다'를 추가해야 한다.

41

정답 ①

해설 제시문을 기호화하면 다음과 같다.

전제 1. [   ]
전제 2. 인구 많음 → ~대기질 깨끗

∴ 인구 많음 → ~교통사고 적음

2와 결론이 모두 전칭 명제이므로, 1에도 전칭 명제가 들어가야 한다. 2와 1의 전건이 모두 [인구 많음]이므로 가언 삼단 논법을 적용하여 결론이 도출될 수 있다. 즉 '~대기질 깨끗 → ~교통사고 적음'이 필요하다. 선택지에는 이의 대우인 '교통사고 적음 → 대기질 깨끗'이 있다.

따라서 '교통사고 발생 건수가 적은 곳은 모두 대기질이 깨끗한 곳이다'가 전제 1에 들어가야 적절하다.

42

정답 ④

해설 제시문을 기호화하면 다음과 같다.

1. 건강 중요 → ~흡연자
2. [   ]

∴ 운동 자주 → ~흡연자

전제와 결론이 모두 전칭 명제이므로, 빈칸에 들어갈 명제도 전칭 명제여야 한다. 전제와 결론에 모두 [~흡연자]가 있으니 [건강 중요]와 [운동 자주]를 연결해 주어야 한다. 그런데 결론의 전건이 [운동 자주]이므로, 추가될 전제는 [운동 자주]를 전건으로 하는 '운동 자주 → 건강 중요'여야 한다.

따라서 '운동을 자주 하는 사람은 모두 건강을 중요시한다'가 추가되어야 할 전제이다.

오답 풀이 ①·③ 결론이 전칭 명제이므로, 전제는 특칭 명제가 될 수 없다.

43

정답 ④

해설 제시문을 기호화하면 다음과 같다.

1. ~취업a ∧ 혼자a
2. [   ]

∴ 혼자a ∧ 만 20세a

[혼자a]는 1과 결론에 모두 있으므로, [~취업a]와 [만 20세a]를 연결하면 된다. 1과 결론이 모두 특칭 명제이므로 추가될 전제는 반드시 전칭 명제이어야 한다. 즉 '~취업 → 만 20세'라는 전제가 빈칸에 들어가야 한다.

따라서 '회사에 취업하지 않은 사람은 모두 만 20세 이하 청년들이다'가 빈칸에 들어갈 말로 가장 적절하다.

오답 풀이 ① '혼자 → 만 20세'가 추가되면, 1과 연결되어 '~취업a ∧ 만 20세a'라는 아예 다른 결론이 나올 뿐이다.

② '~만 20세 → ~취업'이 들어가면 [~취업]과 [만 20세]를 연결할 수 없다.

44

정답 ①

해설 제시문을 기호화하면 다음과 같다.

1. 월요일a ∧ 수요일a
2. 화요일 → 목요일
3. [   ]

∴ 월요일a ∧ 목요일a

1과 결론에 모두 [월요일a]가 있으므로 [수요일a]와 [목요일a]를 연결해 주면 된다. 따라서 '수요일 → 목요일'이 있어야 한다. 그런데 2가 '화요일 → 목요일'이므로 '수요일 → 화요일'을 추가하면 주어진 결론이 나온다. 그런데 선택지에는 이 명제의 대우인 '~화요일 → ~수요일'이 있다.

따라서 '화요일에 출근하지 않는 직원은 아무도 수요일에 출근하지 않는다'가 추가해야 할 전제이다.

45

정답 ①

해설 주어진 대화를 기호화하면 다음과 같다.

1. 위치a ∧ 가격a
2. [   ]

∴ 가격a ∧ ~구조a

1과 결론이 둘 다 특칭 명제이므로 추가될 전제는 전칭 명제여야 한다. 1에서 결론을 이끌어 내려면 [가격a]에서 [~구조a]를 이끌어 내거나, [위치a]에서 [~구조a]를 이끌어 내 줄 전제가 필요하다. 즉 '가격 → ~구조'나 '위치 → ~구조'가 필요하다. 이때 '위치와 구조 둘 다 만족스러운 집은 없었어'는 '위치가 만족스러운 집은 모두 구조가 만족스럽지 않았다'는 뜻과 같다. 특칭 긍정 명제의 부정은 전칭 부정 명제이기 때문이다.

따라서 '위치와 구조 둘 다 만족스러운 집은 없었어'가 빈칸에 들어가야 한다.

오답 풀이 ② '구조 → 위치'는 1과 연결되지 못한다.

③ 특칭 명제이므로 1과 연결되지 못한다.

④ '위치 → 구조'가 추가되면 1과 연결되어 '구조a ∧ 가격a'가 도출된다. 이는 주어진 결론과는 다르다.

46

정답 ②

해설 주어진 대화를 기호화하면 다음과 같다.

> 1. 인사부a ∧ 마라톤a
> 2. 축구 → 인사부
> 3. [   ]
>
> ∴ 축구a ∧ 마라톤a

1, 2는 연결되지 않는다. 그런데 1과 결론에 모두 [마라톤a]가 있으므로, 이때 [인사부a]에서 [축구a]를 이끌어 내 줄 전제가 필요하다. 즉 '인사부 → 축구'가 전제로 추가되면 주어진 결론을 도출할 수 있다.
따라서 '인사부 직원은 모두 축구 동호회 소속이다'가 추가되어야 한다.

오답 풀이 ① '축구a ∧ 인사부a'가 추가되면, 2와 연결되어 '인사부a ∧ 인사부a', 즉 [인사부a]가 도출될 뿐이다.

③ '마라톤a ∧ 인사부a'는 교환 법칙에 따라 1과 동치인 명제이다.

④ '~축구 → 마라톤'은 2와 가언 삼단 논법으로 연결되어 '~마라톤 → 인사부'를 도출할 뿐이다. 이는 주어진 결론과 다르다.

47

정답 ③

해설 주어진 대화를 기호화하면 다음과 같다.

> 1. ~(선별적a ∧ 보편적a)
> 2. 선별적a ∧ ~세금 인상a
> 3. [㉠]
>
> ∴ 세금 인상a ∧ ~선별적a

1은 단순 함축에 의해 '선별적 → ~보편적'과 동치이며, 이의 대우는 '보편적 → ~선별적'이다. 결론과 동일하게 [~선별적a]라는 요소가 있으므로, [보편적a]와 [세금 인상a]를 연결해 주면 된다.
따라서 '보편적a ∧ 세금 인상a'인 '보편적 복지를 지지하는 어떤 정치인은 세금 인상도 지지한다'가 ㉠으로 적절하다.

오답 풀이 ① '~세금 인상 → 보편적'은 2와 연결되어 '선별적a ∧ 보편적a'를 도출한다. 이는 1과 모순이며, 주어진 결론과도 다르다.

② '세금 인상a ∧ 선별적a'는 1과 연결되어 '세금 인상a ∧ ~보편적a'를 도출한다. 이는 주어진 결론과 다르다.

④ '~선별적a ∧ ~보편적a'는 1, 2 어떤 것과도 연결되지 못한다. 결론 도출이 불가능하다.

제2편 추론 강화 독해

03 실전 독해 훈련

01

정답 ②

해설 갑은 인간 사고의 내용과 구조는 언어에 의해 형성된다고 말하면서, 언어가 사고에 영향을 미친다고 주장하고 있다. 반면 을은 사고가 언어에 영향을 미친다고 주장하고 있다. 따라서 ②는 갑과 을을 서로 바꾸어 말한 것이므로, 적절하지 않다.

오답 풀이 ① 병은 언어와 사고는 서로 영향을 주고받으면서 발전한다고 주장하고 있다. 따라서 언어와 사고가 서로 영향을 주고받는 관계라는 점에 대해 병은 동의하지만, 갑과 을은 동의하지 않을 것이다.

③ 언어가 다르면 세계를 다르게 인식한다는 것은, 언어가 사고에 영향을 미친다는 갑의 견해이다. 병 역시 이 견해에 동의하므로, 적절한 내용이다.

④ 사고의 차이가 언어의 차이를 낳는다는 것은, 사고가 언어에 영향을 미친다는 을의 견해이다. 병 역시 이 견해에 동의하므로, 적절한 내용이다.

02

정답 ④

출전 **헤이르트 호프스테더, 〈평등 문화와 불평등 문화〉, 수정**

해설 권력 거리 지수가 큰 나라에서는 부하 직원이 상사에게 의존하는 정도가 높다. 반면 권력 거리 지수가 작은 나라에서는 부하 직원이 상사에게 일방적으로 의존하는 정도가 낮고, 상사와 부하 직원 간 상호 의존을 선호한다. 즉 권력 거리 지수가 작은 나라에서도 부하 직원이 상사에게 의존하지 않는 것은 아니다.

오답 풀이 ① 권력 거리 지수가 작으면 부하 직원은 상사에게 쉽게 반대 의견을 낼 수 있고, 권력 거리 지수가 크면 부하 직원이 상사에게 반대 의견을 내놓는 일이 좀처럼 드물다. 스웨덴의 권력 지수는 31이고, 한국의 권력 거리 지수는 72이므로 한국에 비해 스웨덴에서 부하 직원이 상사의 의견에 반대하는 경우가 많다고 볼 수 있다.

② 상사와 부하 직원 간의 심리적 거리가 가깝다는 것은 권력 거리 지수가 작음을 의미한다. 권력 거리 지수가 작으면 불평등을 수용하지 않는다.

③ 권력 거리 지수는 스웨덴, 프랑스, 한국 중 스웨덴이 제일 작으며, 권력 거리 지수가 작으면 권력에 대해 거리감을 덜 느낀다는 내용에서 알 수 있다.

03

정답 ③

출전 **2013학년도 7월 고3 전국연합학력평가, 수정**

해설 1문단에 따르면, 본질이란 어떤 사물의 불변하는 측면이자 다른 사물과 구분시켜 주는 선천적 특성일 수도 있고, 인간이 경험 이후에 규정한 것으로도 이해할 수 있다. 그런데 2문단에 따르면, 마그리트의 그림을 본 사람들은 처음에는 경험을 통해 그림 속 형상을 파이프로 이해하지만, 그림 아래의 글자를 본 뒤에는 그림 속 형상을 파이프로 인식하지 않는다. 이는 파이프라는 본질이 인간의 경험에 따라 사후적으로 변화할 수 있다는 것이므로, 빈칸에는 '불변하는 것이 아니라 사후적 구성에 의해 획득되는 것'이 들어가야 적절하다.

04

정답 ④

출전 2017년도 법학적성시험, 지문 발췌

해설 ㉮ 앞의 'GSK3β가 활성화되어 β-카테닌에 인산기를 붙여 주는 인산화 과정이 그 주변 세포 내에서 수행된다'라는 말을 통해 GSK3β가 활성화되어 β-카테닌의 인산화가 이루어진다는 것을 알 수 있다. 이와 달리 GSK3β의 활성이 억제된다고 했으므로 ㉮에는 ㉢ 'β-카테닌의 인산화가 더 이상 일어나지 않는다'가 들어가야 적절하다.

㉯ 앞에서 인산화된 β-카테닌은 분해되어 β-카테닌의 농도를 낮게 유지한다고 하였다. 이와 달리 β-카테닌이 분해되지 않는다고 했으므로 ㉯에는 ㉠ '세포 내의 β-카테닌의 농도가 높게 유지된다'가 들어가야 적절하다.

05

정답 ④

출전 〈금속은 뜨거워지면 늘어나는데 고무 분자는 쪼그라든다. 그 이유는 '엔트로피'〉, 《NEWTON》(2023. 12.), 수정

해설 고무 분자의 온도가 높아지면, 즉 고무에 열을 가하면 고무는 수축한다. 따라서 이때 고무의 사슬 분자는 잡아당긴 모양이 아니라 느슨한 모양일 것이다.

오답 풀이 ① 금속은 데우면 부피가 증가하고, 고무는 열을 가하면 쪼그라들어 수축한다는 사실에서 추론할 수 있다.

② "고무는 열을 가하면 수축하고 식히면 늘어난다"는 '고무의 온도가 변하면(p이면) → 고무의 상태가 변한다(q이다)'의 조건문으로 기호화할 수 있다. 조건문에서 전건인 p는 q이기 위한 충분조건이다. 따라서 고무의 온도 변화(p)는 고무의 상태 변화(q)의 충분조건이다.

③ 일반적으로 대부분의 물질은 열을 가하면 엔트로피가 늘어나는 방향으로 변화하는데, 고무도 열을 가해 쪼그라든 상태 쪽이 엔트로피가 커진다는 내용에서 추론할 수 있다.

06

정답 ③

출전 전경란, 〈디지털 컨버전스 시대 다큐멘터리의 진화〉, 《애니메이션 연구》(2016)

해설 2문단에 따르면, 데이터베이스와 내러티브 모두 통합체와 계열체라는 두 가지 차원을 갖는다. 그런데 전통적인 내러티브에서 통합체가 명시적이고 실재적인 것이라면 계열체는 잠재적이고 상상적인 것이다. 반면 데이터베이스에서 계열체는 실재적인 것이고 통합체는 비실재적인 것이다. 따라서 데이터베이스와 전통적인 내러티브는 서로 반대되는 구조적 속성을 지니고 있다는 내용이 ㉠에 들어갈 말로 적절하다.

07

정답 ②

해설 A국의 현직 교사 및 교사 지망생이 열악한 교육 환경과 사회 기반 시설이 없는, 도시 이외 지역을 꺼린다는 점을 근거로 들어 도시 이외 지역의 초중고 교사 부족 문제를 해결하기 위해서는 '충분한 교육 환경과 사회 시설 기반을 확보'해야 한다는 것이 이 글의 논지이다. 따라서 A국의 사회 초년생들이 도시 이외 지역에서 도시로 이직한 이유가 교통 시설과 같은 사회 시설 기반이 충분하지 않기 때문이라는 사례는 이 글의 논지를 뒷받침하므로, 이 글의 논지를 강화한다.

오답 풀이 ① A국의 도시 이외 지역의 교육 환경과 도시의 교육 환경에 차이가 없다는 것은, 이 글의 논지를 반박하므로, 이 글의 논지를 강화하지 않는다.

③ 교사 연봉 인상이 도시 이외 지역의 초중고 교사를 늘리기 위한 근본적인 해결책이 아니라는 것이 이 글의 논지이다. 교사 연봉으로 인해 도시 이외 지역의 교사 비율이 늘어난 사례는 이 글의 논지를 반박한다. 따라서 이 글의 논지를 강화하지 않는다.

④ 이 글에서는 교사 양성 프로그램 확대가 도시 이외 지역의 초중고 교사 부족 문제를 해결하는 근본적 대책이 아니라고 주장한다. 따라서 교사 양성 프로그램으로 도시 이외 지역의 교사 수가 증가한 사례는 이 글의 논지를 강화하지 않는다.

08

정답 ①

해설 ㉢ 사람들이 자주 쓴다고 해서 비표준어가 표준어로 인정되어서는 안 된다는 것이 을의 입장이다. 사람들이 자주 사용한다는 이유로 비표준어였던 '맨날'이 표준어로 인정되었다는 사실은 을의 입장을 반박하는 것이므로, 을의 입장을 약화한다.

오답 풀이 ㉠ 문법 규범에 맞지 않거나 비표준어라고 해서 사용하지 말아야 하는 것은 아니라는 것이 갑의 입장이다. 이중 피동은 문법 규범에 맞지 않으니까 사용하지 말아야 한다는 주장은 을의 입장에 부합하지만, 갑의 입장에는 부합하지 않는다. 따라서 이 주장은 을의 입장을 강화하지만, 갑의 입장은 강화하지 않는다.

㉡ '행복해라'가 문법 규범에 맞지 않지만 널리 쓰이기 때문에 써도 된다는 주장은 갑의 입장에 부합한다. 따라서 갑의 입장을 약화하지 않는다.

09

정답 ③

해설 인공 일반 지능이 개발되면 인간의 본질적 가치가 훼손된다는 것이 이 글의 주된 논지이다. 대화형 인공 지능이 사람의 본질적 가치를 회복하는 데 도움을 준다는 것은 이 글의 논지를 반박한다. 따라서 이 글의 논지는 약화된다.

오답 풀이 ① 인공 일반 지능이 개발되면 많은 사람들이 직업을 잃고 소외감을 느낀다는 것이 이 글의 논지이다. 인공 일반 지능의 수준에 미치지 못한 인공 지능 프로그램만으로 많은 사람이 일자리를 잃고 소외감을 느낀다는 것은 이 글의 논지를 지지하는 근거이므로, 이 글의 논지를 약화하지 않는다.

② 인공 지능 기술이 인간의 존재론적 지위에 위협이 된다는 H의 견해는 이 글의 논지를 지지하는 근거이므로, 이 글의 논지를 약화하지 않는다.

④ 인간의 본질적 가치를 훼손하기 때문에 인공 일반 지능의 개발을 허용해서는 안 된다는 응답이 압도적으로 많았다는 설문 결과는, 이 글의 논지를 지지하는 근거이다. 따라서 이 글의 논지를 약화하지 않는다.

10 정답 ④

해설 2문단에 따르면, 앳킨슨은 기원전 3,000년경에 세워진 스톤헨지를 세운 사람들이 과학적 사고를 할 줄 모른다고 주장한다. 따라서 기원전 3,000년경 인류에게 천문학적 지식이 있었다는 증거가 발견되면 앳킨슨의 주장이 반박되므로 앳킨슨의 주장은 약화될 것이다.

오답 풀이 ① 스톤헨지가 제사를 지내는 장소였다는 기록은 스톤헨지의 모양이 태양과 달의 배열을 나타낸 것이라는 호킨스의 견해와 무관하다. 따라서 호킨스의 주장은 강화되지 않을 것이다.

② 호일은 스톤헨지가 일종의 연산 장치라고 주장한다. 따라서 스톤헨지 건설 당시의 사람들이 숫자를 사용했다는 증거가 발견되면, 호일의 견해는 약화되지 않을 것이다.

③ 마지막 문단에서 글쓴이는, 스톤헨지가 건설되던 시기에는 정교한 문자 기록이 없어서 그들이 현대인과 같은 지능을 가졌더라도 수학과 천문학의 지식이 보존될 수 없었을 것이라고 주장한다. 따라서 스톤헨지의 유적지에서 수학과 과학과 관련된 기록물이 발견되면, 글쓴이의 견해는 강화되지 않을 것이다.

11 정답 ①

해설 ㉠의 내용을 기호화하면 '마케팅 프로젝트의 성공 → 세 요소에서의 목표 달성'으로 나타낼 수 있으므로, '세 요소에서의 목표 달성'은 '마케팅 프로젝트의 성공'을 위한 필요조건이다. ㉡은 '세 요소에서의 목표 달성'이 '마케팅 프로젝트의 성공'을 위한 충분조건은 아니라는 의미이다.

지금까지 성공한 프로젝트가 세 가지 요소 모두에서 목표를 달성했다는 것은 ㉠에 부합하는 사례이므로 ㉠을 강화한다.

오답 풀이 ② ㉠의 대우는 '~세 요소에서의 목표 달성 → ~마케팅 프로젝트의 성공'이다. ②는 '~마케팅 프로젝트의 성공a∧~세 요소에서의 목표 달성a'로 기호화되고, 이는 교환 법칙에 의해 '~세 요소에서의 목표 달성a∧~마케팅 프로젝트의 성공a'와 동치이다. 함축 관계에 따라 전칭 명제가 참이면 특칭 명제도 참이므로, ②는 ㉠을 뒷받침한다. 따라서 ㉠은 약화되지 않는다.

③ 세 요소에서의 목표 달성이 실패했는데 프로젝트가 성공한 사례는 ㉡과 무관하므로, ㉡을 강화하지 않는다.

④ 세 요소의 목표가 달성되었지만 프로젝트가 성공하지 못했다는 것은 ㉡에 부합하므로, ㉡은 약화되지 않는다.

12 정답 ③

해설 ㉡의 주장은 우리의 글이 아닌 한문으로 쓰인 일부 문학도 국문학으로 인정하자는 것이다. 자국 문학의 정의에 문자의 제한을 두지 않는 것이 보편적 관례라는 것은 ㉡의 주장을 뒷받침하는 근거가 되므로, ㉡을 강화한다.

오답 풀이 ① 해외에서 한문으로 쓴 작품이 국문으로 쓴 작품보다 더 인정을 받는다는 것은 ㉠의 주장과 무관하므로, ㉠의 주장은 강화되지 않는다.

② '그 나라 사람들의 사상과 정서를'이라는 조건이 붙고 '그 나라의 말과 글로 된 문학'이라는 국문학의 정의가 변하지 않았다. 이는 ㉠이 주장하는 국문학의 성격을 더 강조한 것이므로, ㉠의 주장은 약화되지 않는다.

④ 마지막 문단에 절충안인 ㉢과 관련된 논의들이 나온다. 이 중 훈민정음 창제를 기준으로 순 국문학과 준 국문학을 구분하는 사람의 경우, 훈민정음 창제 이후의 문학은 국문 문학만을 순 국문학으로, 가치가 있는 한문 문학을 준 국문학으로 귀속시켜야 한다고 주장한다. 여기서 차자 표기로 된 문학 작품은 국문학의 범주로 언급된 바가 아니므로 차자 표기로 된 문학 작품이 다수 발견되더라도 이는 ㉢의 주장과 무관하다. 따라서 ㉢의 주장은 약화되지 않는다.

13 정답 ②

출전 남경태, 〈철학―미완성의 포스트〉

해설 ㉠ 역사에 대한 해석에서 일부를 선택하면서 그는 동일자가 되고 그 밖의 것들은 타자가 되어 배제된다는 것의 근거가 되는 예이므로 글쓴이의 견해를 강화한다.

㉡ 역사는 선택된 것만을 중심으로 진행되고 서술되는데 그것이 역사의 전부가 아니라고 제시문에서 말하고 있다. 따라서 배제된 평민 문학(고려 가요)을 이해해야만 우리 문학사 전부를 이해할 수 있다는 의견은 글쓴이의 견해를 약화하지 않는다.

오답 풀이 ㉢ 역사는 선택된 것을 중심으로 서술되지만, 선택되어 드러난 것이 역사의 전부가 아니라는 글쓴이의 견해에 부합하는 관점이다. 따라서 글쓴이의 견해를 약화하지 않는다.

14 정답 ③

출전 조정옥, 〈가치론〉, 《알기 쉬운 철학의 세계》

해설 ㉯ ㉡ '가치 주관주의'는 가치가 본래적으로 실재하는 것이 아니라 인간이 만들어 낸 것이며 욕구 의존적이라고 주장한다. 따라서 다이아몬드에 대한 가치 판단이 이전에 존재한 것이 아니라 나중에 만들어진 것이라는 생각은 ㉡을 강화한다.

㉰ 가치의 절대성과 상대성은 양립한다는 것이 ㉢ '하르트만'의 견해이다. 따라서 생수가 지닌 본래적 가치를 인정하면서, 그에 대한 가변적 가치도 인정하는 것은 ㉢의 견해를 강화한다.

오답 풀이 ㉮ 모든 가치가 허상에 불과하다는 주장은 영원불변한 가치들이 존재하며 모든 존재는 가치를 지닌다는 ㉠의 견해와 배치되므로 ㉠을 강화하지 않는다.

15 정답 ②

해설 3문단에 따르면, 시장이 형성되어 있지 않다면 상품도 존재할 수 없다. 이는 '~시장 형성 → ~상품 존재'로 기호화할 수 있고, 이는 대우 규칙에 의해 '상품 존재 → 시장 형성'과 동치이다. 즉 상품이 존재한다는 것은 시장이 형성되어 있다는 것이라고 추론할 수 있다.

오답 풀이 ① 사회주의에서 유통과 생산 중 무엇이 더 중요한지는 추론할 수 없다.

③ 마지막 문단에 따르면, 자본주의가 성숙할수록 제조업의 이윤은 적어지고 유통업의 이윤은 많아진다. 따라서 자본주의가 성숙할수록 제조업과 유통업의 이윤 차이는 커진다.

④ 3문단에 따르면, 중세의 상인들은 시장에 물건을 팔아 이윤을 얻기 위해 수공업자들을 조직하여 물건을 대신 생산하게 했다. 중세의 상인들이 시장에 팔 물건을 손수 생산했다는 것은 추론할 수 없다.

16

정답 ①

해설 '논리 실증주의자들에 따르면, 만약 어떤 것이 과학일 경우 거기에서 사용되는 문장은 유의미하다'는 '어떤 것이 과학일 경우(p이면) → 그것에 사용되는 문장은 유의미하다(q이다)'의 조건문으로 나타낼 수 있다. 'p → q'는 대우 규칙에 따라 '~q → ~p'와 동치이다. 따라서 '무의미한 문장을 사용한 것이면(~q이면) → 과학이 아니다(~p이다)'는 적절한 추론이다.

오답 풀이 ② 논리 실증주의자들에 따르면, '어떤 것이 과학이면(p이면) 거기에서 사용되는 문장은 유의미하다(q이다)'. 그런데 '과학의 문장들만이 유의미하다'는 '어떤 문장이 유의미하다면(q이면) 그 문장은 과학의 문장이다(p이다)'로 후건을 긍정하여 전건을 긍정한, 후건 긍정의 오류를 범한 것이다. 따라서 적절하지 않다.

③ 검증 원리란 '경험을 통해 참이나 거짓을 검증할 수 있는 문장은 유의미하고 그렇지 않은 문장은 유의미하지 않다'는 것이다. 즉 '아직까지 경험되지 않은 것'이라 하더라도 경험을 통해 참, 거짓을 검증할 수 있다면 유의미하다.

④ 검증 원리에 따르면, 경험을 통해 거짓을 검증할 수 있는 문장이라면 유의미하다.

17

정답 ②

출전 **김연희, 〈정말 '예외 없는 규칙'은 없을까?〉, 《더 사이언스 타임즈》(2015. 8. 19.), 수정**

해설 예외 없는 규칙은 있을 수 있다. 이 말은 규칙은 예외가 없을 수도 있고, 있을 수도 있다는 의미이다. 즉 규칙 중에는 거짓인 것도 있으며, 예외도 존재할 수 있다.

오답 풀이 ① 1문단에 따르면, 규칙이 없이는 예외가 있을 수 없으므로 '규칙 없는 예외는 없다'는 성립한다.

③ 모든 예외는 규칙이 있어야만 한다. 즉 예외가 있다면 규칙은 존재한다는 것이다. 'p이면 q이다'인 조건문에서 전건인 p는 후건인 q가 성립하기 위한 충분조건이다. 따라서 예외의 존재는 규칙이 성립하기 위한 충분조건이다.

④ 2문단에 따르면, 자연 법칙에는 예외가 있을 수 없다. 이는 '자연 법칙 → ~예외'로 기호화되므로, 예외가 존재하지 않는 것은 자연 법칙이 성립하기 위한 필요조건이다.

18

정답 ①

출전 **김도균, 《법치주의의 기초: 역사와 이념》, 수정**

해설 ㉠ 앞의, '본질적으로 유사한 집단에 속하는 것들은 동등하게 취급하라'라는 형식적 법치의 요청만으로 법치를 파악하는 태도에 대한 평가가 들어가야 한다. 따라서 ㉠에는 '일면적으로만 이해했을'이 들어가는 것이 적절하다.

㉡ 1문단에 따르면, 형식적 법치의 요청인 규율의 공평한 적용은 법치의 필수적인 요건이다. 즉 '법치라면(p이면) → 규율을 공평하게 적용한다(q이다)'의 조건문이 성립되어, 규율의 공평한 적용은 법치의 필요조건이 된다. 그런데 2문단에 제시된 사례는 규율을 공평하게 적용해야만 법치, 즉 법의 정의를 지키는 것은 아니라는 내용을 말하고 있다. 이는 규율의 공평한 적용이 법치의 충분조건이 아니라는 것이다. 따라서 ㉡에는 '필요조건이기는 하지만 충분조건은 아니라는'이 들어가는 것이 적절하다.

19

정답 ③

해설 2문단에 따르면, 엘리트 독자층은 신문학의 순수 문학 작품과 일본을 비롯한 외국의 순수 문학 소설 등을 향유했다. 따라서 엘리트 독자층에 속한 사람들은 우리나라 문학 작품 외에도 외국 소설을 읽은 것이다.

오답 풀이 ① 2문단에 따르면, 엘리트 독자층은 전통과 근대의 두 범주에 귀속시키기 어려운 독자층이다. 따라서 근대적 대중 독자층에서 엘리트 독자층이 분화되어 나온 것은 아니다.

② 1문단에 따르면, 독자들이 즐겨 봤던 문학 작품을 기준으로 20세기 초 우리나라의 문학 독자층을 구분하였다. 각각의 독자층을 이루는 사람들의 신분과 학력은 부차적으로 언급된 내용으로, 신분과 학력 자체가 구분 기준이 된 것은 아니다.

④ 근대적 대중 독자층에 속한 사람들이 전통적 독자층에 속한 사람들보다 경제적으로 부유했다는 내용은 제시문에 나오지 않는다.

20

정답 ④

해설 영웅 소설은 천상계의 의지나 그 대리자의 개입에 의해 지상의 혼란이나 세계 질서의 모순이 해소된다. 반면 판소리계 소설은 초월적 세계가 지배적 장치로 나타나는 경우가 극히 드물며, 현실의 고난과 불행이 현실적 삶의 인과에 따라 전개된다. ④는 이러한 설명을 뒤바꾼 것이므로 적절하지 않다.

오답 풀이 ① 1문단의, 영웅 소설은 지상의 혼란이나 세계 질서의 모순이 초월적 세계가 이미 설계한 바에 따라 쉽사리 해소되는 이원적 세계상을 보여 준다는 내용에서 알 수 있다.

② 2문단의, "판소리계 소설에는 ~ 현실의 경험적 인과 관계에 의해 서사가 전개된다"에서 알 수 있다.

③ '천상계의 대리자가 지상계의 서사를 결정하는 작품'은 천상계와 지상계가 나누어진 영웅 소설을 의미한다. 영웅 소설은 이원적 세계상이 나타난다.

21

정답 ②

해설 마지막 문단의, 시인 이육사가 마지막 연에서 극한의 위기를 담담히 대면하고 "겨울은 강철로 된 무지갠가 보다"라며 현실을 새롭게 성찰하고 있다는 내용에서 알 수 있다.

오답 풀이 ① '겨울'이라는 계절을 배경으로 투사가 처한 극한의 상황이 드러나지만, 그것이 계절의 변화로 드러나지는 않는다.

③ 시의 구성이 두 부분으로 나누어지지만, 투사와 시인이 반목과 화해를 거듭하는 것은 아니다. 〈절정〉은, 투사가 처한 냉엄한 현실적 조건이 제시되는 1~3연과, 시인이 품고 있는 인간과 역사에 대한 희망이 제시되는 마지막 연으로 나누어진다.

④ 1~3연에 투사가 처한 냉엄한 현실적 조건이 나오지만 시인이 절망하는 모습은 나오지 않는다. 또한 마지막 연은 인간과 역사에 대한 희망을 놓지 않으려는 면모를 담고 있지만, 이것은 투사의 면모가 아니라 시인의 면모이다.

22

정답 ②

해설 한국 무속 신화에서 신이 인간을 위해 지상에 내려와 왕이 되는지는 알 수 없다. 한국 무속 신화에서는 인간이었던 주인공이 신과 결합하여 신적 존재로 거듭난다는 사실만 알 수 있다.

오답 풀이 ① 마지막 문단의, 히브리 신화에서 신은 지상의 모든 일을 관장한다는 점에서 언제나 인간의 우위에 있다는 내용에서 알 수 있다.

③ 1~2문단에 따르면, 한국 신화에서 신은 인간과의 결합을 통해 결핍을 해소함으로써 완전한 존재가 된다. 그리고 한국 건국 신화에서 인간들의 왕이 된 신은 인간 여성과의 결합을 통해 결핍을 해소한다.

④ 한국 신화에서 신과 인간은 상호 의존적이고 호혜적인 관계이다. 반면 신체 화생 신화는 신의 희생 덕분에 인간 세계가 만들어질 수 있었으므로 인간과 신의 관계는 위계적이고 종속적이다.

23

정답 ②

해설 의사소통적 기호는 그것을 통해 무언가를 알 수 있고, 그 기호 역시 무언가를 알리기 위한 의도를 가진다. 구름 모양의 아이콘은 날씨가 흐리다는 것을 알리기 위한 의도로 만들어졌고, 그 아이콘을 보고 우리는 날씨가 흐리다는 것을 알 수 있으므로 정보성만을 가진 자연적 기호가 아니라, 정보성과 의도를 가진 의사소통적 기호이다.

오답 풀이 ① 인간이 관습적으로 사용하는 기호인 봉화, 모스 부호 등은 의사소통의 의도를 명백히 가진다. 따라서 전쟁 중에 군대에서 사용하는 암호는 의사소통의 의도를 가진 관습적 기호라고 추론할 수 있다.

③ 얼굴색은 특정 질병을 알리는 신호가 되지만, 특정 질병을 알리기 위한 의도로 얼굴색이 나타나는 것은 아니므로, 정보성만을 가진 기호이다.

④ 상징탑을 통해 마을을 구별할 수 있고, 상징탑은 마을을 구별하기 위한 의도로 만들어졌다. 따라서 상징탑은 의사소통적 기호이다.

24

정답 ④

해설 방각본 출판에서는 규모가 큰 작품을 기피했지만, 세책업자들은 세책료를 더 받을 수 있으므로 분량이 많아 여러 책으로 나뉜 작품들을 좋아했다는 내용에서 추론할 수 있다.

오답 풀이 ① 2문단의, 세책업자는 분량이 많은 작품을 좋아했다는 내용과 배치된다.

② 2문단에 따르면, 세책업자는 분량이 많은 작품을 좋아했다. 그리고 세책업자가 시장성이 좋은 작품에 대해 어떻게 생각했는지는 알 수 없다.

③ 2문단에 따르면, 원본의 내용을 부연하여 개작한 것은 세책업자들이다.

25

정답 ③

해설 마지막 문단에 따르면, 프랑스어 'quinze jours'의 어원은 '15일'을 가리키지만, 2주를 의미하는 용도로 사용된다. 이는 '0' 개념이 들어오기 전 '1'부터 셈했던 흔적이 반영된 것이다.

오답 풀이 ① 2문단에 따르면, '0' 개념은 13세기가 되어서야 유럽에 들어왔다. 이는 유럽이 아닌 다른 곳에서 유럽으로 들어왔다는 것을 의미하지, 13세기에 유럽이 '0' 개념을 발명했다는 의미는 아니다.

② 1문단의 '《성경》에서 3일이라고 ~ 위한 것일까?'는 '0' 개념이 없어서 오늘날과 시간을 셈하는 방식이 달랐다는 이야기를 전개하기 위한 도입부의 질문일 뿐 사실에 대한 언급은 아니다.

④ 마지막 문단에 따르면, 'pentaeteris'는 '0' 개념이 없어서 '1'부터 셈해 '5년'을 뜻하는 것일 뿐 시간적으로는 '4년'이라는 동일한 기간을 가리킨다. 따라서 오늘날의 올림픽 개최 주기가 과거에 비해 짧아졌다고 볼 수 없다.

26

정답 ②

해설 2문단의 '오프라인 대면 상호 작용에서보다 온라인 비대면 상호 작용에서 만난 사람들에게 더 끈끈한 유대감을 느끼기도 한다'에 따르면, 비대면 오프라인 상호 작용으로도 사람들 간에 깊은 유대 관계를 형성할 수 있다.

오답 풀이 ① 2문단의 "상호 작용 양식들이 ~ 한계를 지닌다"에서 알 수 있다.

③ 2문단의 '오늘날과 같은 ~ 이분법적 범주로 온전히 분리되지 않는다'에서 알 수 있다.

④ 1문단에 제시된 사례에 따르면, 오늘날에는 누군가와 만나서 대화하는 중에 문자를 주고받을 수 있다. 즉 오프라인 대면 상호 작용 중 문자라는 디지털 수단에 의해 상호 작용이 나타날 수 있는 것이다.

27

정답 ①

해설 한문이 한국어 문장보다 문장 성분이 복잡하다는 것을 추론할 수 있는 내용은 제시문에 나오지 않는다.

오답 풀이 ② 한자는 문맥에 따라 같은 글자가 다른 문장 성분으로 사용되기도 한다고 했다. 따라서 '淨水'가 문맥상 '깨끗하게 한 물'이라면, '淨'은 '水'를 수식한다.

③ 한자는 문맥에 따라 같은 글자가 다른 뜻으로 쓰이지는 않지만(동음이의어가 아니지만) 다른 문장 성분으로 사용되기도 한다고 했다. 따라서 '愛人'에서 '愛'가 동음이의어는 아니지만 '愛'의 문장 성분이 바뀔 수는 있는 것이다.

④ 한글은 동음이의어가 많아 문맥이 없이 단어만 주어지면 의미를 파악하지 못할 수 있다고 했다. 따라서 문맥이 주어지지 않을 경우에, 동음이의어인 '의사'는 '병을 고치는 사람[醫師]'인지, '의로운 지사[義士]'인지 구별할 수 없다.

28

정답 ③

해설 마시멜로를 아동들에게 노출한 실험보다 '뚜껑'을 덮어 가린 실험에서 더 많은 아이들이 자기 통제력을 발휘하였다. 이것은 환경적 요인을 개입시켜 자기 통제력에 변화를 일으킨 것이므로, 환경적 요인이 자기 통제력을 발휘하는 데에 중요하게 작용한다는 것을 추론할 수 있다.

오답 풀이 ①·②·④ 자기 통제력이 높거나 낮은 아이들에 대한 환경적 요인에 대한 정보는 나오지 않으므로 추론할 수 없는 내용들이다.

29

정답 ④

해설 ㉠ 1문단에 따르면, 나에게 중요한 사람의 평가는 자아 개념 형성에 큰 영향을 미칠 수 있다. 따라서 ㉠에는 기억에 오래 남을 말을 해 주는 사람인 '중요한 타인'이 들어가야 적절하다.

㉡ 2문단에 따르면, 우리는 타인에게 비치는 나의 모습을 상상하고 그 모습에 대한 타인의 판단을 추정하면서 자아를 형성한다. 따라서 이러한 내용에 부합하는 '거울에 비친 자아'가 ㉡에 들어가야 적절하다.

오답 풀이 ② 2문단의, '우리는 단순히 타인을 모범으로 삼아 따라 하기보다는'으로 보아 '모범적인 타인을 따르는 자아'는 ㉡에 들어가기에 적절하지 않다.

30

정답 ①

해설 ㉠ 최인훈의 〈광장〉은 자신을 둘러싼 밀실과 광장에서 고뇌하는 주인공의 모습을 통해 '남이냐 북이냐'라는, 당대의 공론장에서 기꺼이 논의해 볼 의제를 꺼냈다. 이러한 점에서 〈광장〉은 1문단의 "그 세계 안의 ~ 문제의 현실성이 확보된다"에 부합하므로, '문제의 현실성'을 확보한 것이다.

㉡ 〈광장〉은 냉전 시대의 보편성과 한반도 분단 체제의 특수성을 동시에 포괄하는 당시의 남한과 북한을 소설의 시공간으로 선택하였다. 이러한 점에서 〈광장〉은 1문단의 "우리가 살고 있는 ~ 세계의 현실성이 확보된다"에 부합하므로, '세계의 현실성'을 확보한 것이다.

㉢ 〈광장〉의 주인공은 남과 북 모두를 거부하고 자살이라는 선택지를 고르는데, 이러한 결말은 남북으로 상징되는 당대의 이원화된 이데올로기를 근저에서 흔들었다. 이러한 점에서 〈광장〉은 1문단의 "한 사회가 완강하게 ~ 해결의 현실성이 확보된다"에 부합하므로, '해결의 현실성'을 확보한 것이다.

31

정답 ④

해설 아이젠버거의 실험에 따르면, 참가자가 따돌림을 당한다고 느낄 때 그의 뇌에서 전두엽의 전대상 피질 부위가 활성화되었다. 그런데 이 부위는 인간이 물리적 폭력을 당할 때 활성화되는 부위이다. 이를 통해 따돌림을 당할 때의 심리적 상태와 물리적 폭력을 당할 때의 심리적 상태가 유사하다는 것을 결론으로 추리해 낼 수 있다.

오답 풀이 ① 제시문의 내용을 반복한 것일 뿐이다.

② 제시문의 실험은 물리적 폭력이 아니라 심리적 폭력에 대한 것이다.

③ 따돌림과 물리적 폭력의 영향 중 어느 것이 더 큰 것인지를 추론할 수 있는 내용은 제시문에 나오지 않는다.

32

정답 ③

해설 로빈 후드 이야기에서 로빈 후드와 만난 국왕 에드워드는 1307년에 즉위하여 20년간 재위한 에드워드 2세일 가능성이 크다고 했다. 따라서 로빈 후드 이야기의 시대 배경은 '14세기 전반'이라고 추론할 수 있다.

오답 풀이 ①·② 로빈 후드 이야기의 시대 배경이 11세기 후반, 14세기 이전일 경우, 로빈 후드 이야기에 '셔우드 숲을 한 바퀴 돌고 로빈 후드를 만났다고 하는 국왕 에드워드'가 나타날 수 없다.

④ 로빈 후드 이야기의 시대 배경이 14세기 후반이라면, 14세기 전반에 즉위하여 재위한 에드워드 2세가 국왕으로서 로빈 후드와 만날 수 없다. 또한 14세기 후반은 로빈 후드가 등장하는 작품이 인기를 끈 시기이다. 이 문제에서 묻고 있는 것은 로빈 후드 이야기의 시간적 배경이므로 적절하지 않다.

33

정답 ④

해설 락토오보·락토·오보 채식주의자는 공통적으로 고기와 생선 모두를 먹지 않되, 유제품과 달걀 중 어떤 것을 먹는지에 따라 구분된다. '락토'는 우유를 의미하며 '오보'는 달걀을 의미하는데, 이 두 가지 이름이 모두 들어간 락토오보 채식주의자는 유제품과 달걀을 모두 먹는다. 이를 통해 해당 식품의 이름이 들어간 채식주의자는 그 식품은 먹되 다른 식품은 먹지 않는다는 것을 알 수 있다. 따라서 락토 채식주의자는 유제품은 먹되 고기와 생선, 달걀은 먹지 않으며(㉠), 오보 채식주의자는 달걀은 먹되 고기와 생선, 그리고 유제품은 먹지 않을 것이다(㉡).

	고기	생선	유제품	달걀
락토오보	×	×	○	○
락토	×	×	○	×
오보	×	×	×	○

34

정답 ①

해설 이 글은 두 집단의 눈동자의 평균 고정 빈도와 평균 고정 시간의 차이를 바탕으로 하여 대조적으로 읽어야 한다.

A 집단은 읽기 능력 하위 집단이며, B 집단은 읽기 능력 평균 집단이다. '고정'은 독자가 글을 읽을 때 이해하기 어려운 단어에 눈동자를 멈출 때 나타난다. 따라서 A 집단이 B 집단보다 평균 고정 빈도가 더 많았다는 것은, 난해하다고 느끼는 단어들의 수가 B 집단에 비해 A 집단이 더 많았다는 의미이다.

그런데 평균 고정 시간은 B 집단이 A 집단에 비해 더 높게 나타났다. 이것은 A 집단이 B 집단보다 각각의 단어를 이해하는 데 평균 시간을 더 적게 들였다는 의미이다. 따라서 ①이 빈칸에 들어갈 내용으로 가장 적절하다.

	A 집단 (읽기 능력 하위)	B 집단 (읽기 능력 평균)
평균 고정 빈도	↑	↓
평균 고정 시간	↓	↑

35

정답 ②

해설 체온 조절을 위해 열을 획득하는 방식과 체온의 안정성을 기준으로 동물을 구분하는 방식에 대해 설명한 뒤, 이 두 방식 사이에는 어떤 상관관계도 없다고 결론 내리고 있다. 따라서 '체온 조절을 위한 열 획득 방식과 체온의 안정성은 동물을 분류하는 서로 다른 기준이다'가 중심 내용으로 가장 적절하다.

오답 풀이 ① 동물을 구분하는 두 방식이 서로 관련되어 있다는 것이므로, 제시문의 내용과 배치된다.

③·④ 동물 구분의 두 방식 중 무엇이 더 모호하고 적합한지에 대한 내용은 제시문에 나오지 않는다.

36

정답 ④

해설 2문단에 따르면, 판타지에서는 알고 있는 것보다 새로운 것이 더 중요한 의미를 갖는다. 또한 SF에서는 새로운 것을 인정하면서도 그것을 이미 알고 있던 인식의 틀로 끌어들여 재조정하는 과정이 요구된다.

오답 풀이 ① 판타지에서 새로운 것인 '괴물'은 등장인물과 독자에게 있는 그대로 받아들여져 세계의 일부가 된다. 한편 SF에서는 새로운 것인 '괴물'과 이미 알고 있던 인식의 틀 사이의 재조정이 일어난다.

② 새로운 것을 그대로 인정하는 것은 판타지이고, 알고 있는 것과 새로운 것 사이의 재조정이 필요한 것은 SF이다. ②는 이 내용을 잘못 혼용한 것이다.

37

정답 ②

해설 롤러블 TV 개발을 가능하게 한 OLED 기술의 원리를 설명한 글이다.

> 나 롤러블 TV의 개발은 어떻게 가능하게 되었는가? → 가 그 원리를 알기 위해 LCD와 OLED의 차이를 이해해야 한다. LCD는 백라이트가 필요하다. → 라 반면 OLED는 백라이트가 필요하지 않아 얇게도 만들 수 있고 특수 유리나 플라스틱으로 제작할 수도 있다. → 다 OLED 기술 덕분에 자유롭게 변형할 수 있는 모니터 개발이 가능하게 된 것이다.

38

정답 ③

해설 이미지 디지털화의 발달 과정을 설명한 글이다.

> 다 이미지를 디지털로 저장할 때는 픽셀 단위로 수치화하여 저장한다. → 가 픽셀 단위로 수치화된 이미지 데이터는 초기 컴퓨터의 경우 하나의 픽셀에 1비트로 저장되었다. → 라 하지만 현재의 컴퓨터에서는 하나의 픽셀에 32비트까지 사용된다. → 나 고해상도의 이미지가 다양한 분야에서 활발하게 사용되고 있다.

39

정답 ②

해설 조선과 일본의 외교 관계에서 매 교역의 의미를 설명한 글이다.

> 아시아에서는 북방에 사는 매들이 인기가 있었다. → 나 일본에서 이 북방의 매에 접근하려면 한반도를 통해야만 하는데, 임진왜란으로 인해 교류가 단절되었다. → 가 조선과 일본의 단절된 관계는 기유조약 체결로 회복되었으나 조선은 일본을 직접 상대하지 않고 대마도를 매개로 했다. → 다 이러한 외교 관계에 매 교역이 자리하고 있었다. 조선 후기의 매 교역은 정치·외교적 성격이 강했던 것이다.

40

정답 ③

해설 사람의 가청 주파수 대역의 상한을 넘긴 진동은 귀에 들리지 않는다는 문맥이다. 따라서 ⓒ을 (가청 주파수 대역의 상한인) 20,000 Hz 이상의 진동이 귀에 도달하면 소리로 인식하지 못한다는 내용으로 수정하는 것은 적절하다.

오답 풀이 ①·② 진동은 있지만 들리지 않는 '음', 즉 소리가 있다는 문맥이다. 따라서 귀에 들리지 않지만 몸을 흔들리게 하는 진동도 소리로 간주할 수 있다는 내용의 ㉠과 ㉡은 그대로 두어야 한다.

④ 개는 사람과 가청 주파수 대역의 하한은 비슷하지만 상한은 훨씬 높다는 문맥이다. 따라서 개의 가청 주파수 대역이 사람의 가청 주파수 대역보다 넓다는 ㉣은 그대로 두어야 한다.

41

정답 ③

해설 ⓒ의 앞 내용에 따르면, 획득 면역은 '특정 항원에만 반응하는 유일의 항체를 생성하는 면역 반응'이다. 따라서 ⓒ을 '특정 항체가 특정 항원에 대해서만 반응한다'로 수정하는 것은 적절하다.

오답 풀이 ① ㉠ 뒤에, 외부에서 들어온 특정 항원에만 반응하는 유일의 항체가 별도로 존재하지 않는다는 내용이 나온다. 이는 특정 항원에 특정 항체가 일대일로 반응하지 않는다는 것이므로, ㉠은 그대로 두어야 한다.

② 대식 세포는 자연 면역의 사례로 제시된 것이므로 대식 세포도 다양한 외부 미생물을 제거한다. 따라서 ㉡은 그대로 두어야 한다.

④ 항원 수용체는 B 림프구의 세포 표면에서 특정 항원을 인식하고 그 특정 항원에 결합하는 부위이다. 즉 항원 수용체는 '세포 표면'에서 '특정 항원'에 의해 자극된다. 따라서 ㉣은 그대로 두어야 한다.

42

정답 ③

해설 대부분의 노화 연구는 신약 개발의 방식으로만 진행되었고, 현재 기준에서 질병 치료를 목적으로 개발한 신약만 승인받을 수 있다. 이에 따라 노화를 질병으로 보면, 신약이 승인받았을 것이다. 하지만 ⓒ에서는 '노화를 멈추는 약은 승인받을 수 없다'라고 했으므로 ⓒ을 '노화를 질병으로 보지 않은 탓에 노화를 멈추는 약은 승인받을 수 없었다'로 수정하는 것은 적절하다.

오답 풀이 ① ㉠이 수식하는 '기존 발상'은 수명을 늘리는 발상에 해당한다. '늙고 병든 상태에서 담담히 죽음의 시간을 기다린다'는 수명을 늘리는 발상과 무관하므로 ㉠은 그대로 두어야 한다.

② '노화가 진행되기 전의 신체를 노화가 진행된 신체'로 되돌린다는 것은 노화를 유지하겠다는 의미이다. ㉡ 뒤에서 '젊음을 유지한 채 수명을 늘리는 것'이라고 했으므로 ㉡은 그대로 두어야 한다.

④ ㉣은 노화를 막을 수 있는 방법과 어울리는 내용이어야 한다. 따라서 ㉣을 '~ 노화를 촉진'으로 수정하는 것은 어울리지 않는다. ㉣은 그대로 두어야 한다.

43

정답 ④

해설 ㉣ 뒤에, 우리나라에서는 아무리 가까운 사이라도 상급자에게 반말을 허용하지 않는다는 내용이 나온다. 따라서 ㉣을, 우리말은 서구어와 달리, 권세의 영향력이 유대의 영향력보다 더 크다는 내용으로 수정하는 것은 적절하다.

오답 풀이 ① 뒤에, 나이가 경어법 사용의 중요한 기준이라는 것이 단순히 나이 차이에 따라 경어법을 사용한다는 것만을 의미하지는 않는다는 내용이 나온다. 이를 통해 경어법에서 가장 큰 기준은 '나이 차이'가 아니라 '나이' 그 자체임을 알 수 있으므로, ㉠은 그대로 두어야 한다.

② 화자와 청자의 절대적인 나이도 경어법 사용에 영향을 미칠 수 있다는 내용으로 보아, ㉡에는 어려서는 반말을 썼다는 것과 상반되는 내용이 들어가야 한다. 따라서 나이가 들어서는 서로 존댓말을 쓰기도 한다는 ㉡의 내용은 그대로 두어야 한다.

③ 뒤에, 직장에서 상급자가 자기보다 연장자인 하급자를 대하는 정중함보다는 하급자가 자기보다 나이 어린 상급자를 대하는 정중함이 더 크다는 내용이 나온다. 이는 직위와 나이가 갈등을 일으킬 때는 직위가 더 큰 힘을 발휘한다는 것을 뒷받침하는 내용이므로, ㉢은 그대로 두어야 한다.

44

정답 ④

해설 영민은 불가피한 선택 상황에서 '죽는 사람의 수를 최소화'하는 것이 그 선택의 기준이라고 주장한다. 또한 소현도 '한 명이 죽더라도 다섯 명을 살리는 선택'을 할 거라고 주장한다. 이는 소현도 영민과 같이 죽는 사람의 수를 최소화하는 선택을 한 것이다.

오답 풀이 ① 은주는 스위치를 눌러서 사람을 '죽이는 것'이 살인에 해당하므로 아무것도 하지 않고 '죽게 내버려 두는 것'보다 나쁘다고 주장한다. 보은 또한 여기에 동의하며, 스위치를 누르면 살인이라고 주장한다.

② 보은이 '생명의 가치는 수량화할 수 없으니~'라고 한 것에 대해 영민이 생명의 가치를 수량화할 수 없다는 데 원론적으로는 동의한다고 말한 데에서 알 수 있다.

③ 선로 위의 다섯 명을 구하는 것과 스위치를 눌러 다른 선로의 한 사람을 죽이는 선택적 딜레마 상황에서 소현은 '행위에 따른 결과가 선택의 기준이 된다'라고 말하고 있다. 반면 은주는 '행위 자체의 도덕성을 기준에 두어야' 옳다고 말하고 있다.

45

정답 ①

해설 감염병 예방을 위한 마스크 착용을 윤리적 차원으로 바라본 갑, 병과 달리 을은 "마스크를 쓰지 않는 행위를 ~ 문화적 차원에서도 고려할 필요가 있어"라고 문화적 측면에서 탐색하고 있다.

오답 풀이 ② 갑이 전염병 예방을 위한 마스크 착용을 거부한 사람을 비판하자, 을은 '무조건 비난하지 말고'라며 반박하고 있다. 그러자 갑은 "개인의 자유로운 ~ 보편적 상식 아닐까?"에서 질문의 형식을 통해 자신의 견해를 다시 강조하고 있다. '마스크를 쓰지 않는 행위'라는 화제를 전환하는 것은 아니다.

③ 갑, 을, 병은 전염병이 창궐했을 때 마스크를 쓰지 않는 행위에 관한 각자의 입장을 고수하고 있다. 찬반 입장을 바꾸는 사람은 없다.

④ "어떤 사회에서는 ~ 인식되기도 해"에서 을은 마스크 착용을 문화적 차원으로 바라본 사례를 제시하여 '마스크 착용을 거부하는 사람들을 무조건 비난할 수는 없다'라는 자신의 주장을 강화하고 있다. 그러나 사례의 공통점을 종합하고 있지는 않다.

46

정답 ②

해설 을은 빈부 격차에 따라 계급이 나뉘고 이것이 대물림되면서 개인의 계급이 결정된다는 점을 근거로 현대 사회가 계급 사회라고 주장하고 있다. 마찬가지로 갑도 부모의 경제력에 의해 사회적 지위가 결정되는 현대 사회는 계급 사회라고 주장하고 있다. 따라서 을의 주장과 갑의 주장은 서로 대립하지 않는다.

오답 풀이 ① 갑과 을 모두 현대 사회가 계급 사회라고 주장한다. 따라서 갑은 을의 주장을 수용한 것이며, 갑이 을의 주장 중 일부를 반박한 부분은 없다.

③ 갑은 '경제적 계급 논리로 현대 사회의 문화를 충분히 설명하고 규정할 수 있다. 따라서 현대 사회는 계급 사회이다'라는 결론을 내리고 있다. 반면 병은 '특정한 계급 논리만으로 오늘날 각종 문화나 생활 방식 전체를 설명할 수 없다. 따라서 현대 사회는 계급 사회가 아니다'라는 결론을 내리고 있다. 따라서 갑과 병은 상이한 전제에서 유사한 결론을 도출하고 있지 않다.

④ 현대 사회를 계급 사회로 보기 어렵다는 병의 주장은 현대 사회를 계급 사회로 보는 갑과 을 모두의 주장과 대립한다.

47

정답 ④

해설 Ⅰ-1~3과 Ⅱ-1~3은 각 하위 항목이 일대일로 대응하고 있다. 그런데 '청소년 고용 업체 규모 축소를 위한 정부의 감독과 단속'을 개선 방안으로 이끌어 낼 수 있는 실태와 문제 발생 원인은 제시문에 나오지 않는다.

오답 풀이 ① '청소년 아르바이트의 실태'는 청소년 아르바이트의 노동 문제에 해당한다. 이러한 노동 문제를 발생시키는 원인을 해소하는 방안이 빈칸에 들어가야 한다. 따라서 노동 환경 개선을 위한 제도 정비는 Ⅱ-1을 개선할 방안이므로 적절하다.

② 청소년 고용 업주에 대해 노동 관계법을 교육하고 지도를 확대하는 것은 Ⅱ-2를 개선할 방안이므로 적절하다.

③ 청소년 노동자의 인권을 보호하기 위하여 사회적 교육 기관을 설립하는 것은 Ⅱ-3을 개선할 방안이므로 적절하다.

48

정답 ④

해설 〈지침〉에 따라 4장의 '2'에 향후 과제가 제시되었으므로, ㉣에는 기대 효과가 들어가야 한다. 그런데 '친환경 방송 제작을 위한 세부 지침과 인력 채용 방안 제시'는 국내 방송 산업의 친환경 제작 확산을 위한 정책 지원 방안이지, 기대 효과가 아니다. 따라서 ㉣에 들어갈 내용으로 적절하지 않다.

오답 풀이 ① 1장의 '1'에 보고서 작성의 배경이 나오므로, ㉠에는 보고서 작성의 필요성이 들어가야 한다. 따라서 '국내 방송 산업의 친환경 제작 전략의 필요성'은 ㉠에 들어갈 내용으로 적절하다.

② 〈지침〉에 따라 ㉡은 3장의 '1'과 대응한다. 국내 방송 산업의 특성을 반영한 친환경 제작 지침의 마련이 지원 방안일 수 있는 이유는, 그러한 지침이 없기 때문이다. 따라서 '국내 방송 산업 내 친환경 제작을 위한 지침 부재'는 ㉡에 들어갈 내용으로 적절하다.

③ 〈지침〉에 따라 ㉢은 2장의 '2'와 대응한다. 국내 친환경 방송 제작 관련 전문 인력이 부재한 상황은 그러한 전문 인력을 채용함으로써 해결될 수 있다. 따라서 '국내 친환경 방송 제작 관련 전문 인력 채용의 제도화'는 ㉢에 들어갈 내용으로 적절하다.

제3편 개념 중심 문법 독해

[지문 읽기 참고 서적]

- 구본관 외, 《한국어 문법 총론 I》
- 임지룡 외, 《학교 문법과 문법 교육》
- 서혁 외, 고등학교 《화법과 언어》 교과서, 지학사
- 양정호 외, 고등학교 《화법과 언어》 교과서, 동아출판
- 이관규 외, 고등학교 《언어와 매체》 교과서, 비상교육
- 이삼형 외, 고등학교 《국어》 교과서, 지학사
- 전은주 외, 고등학교 《화법과 언어》 교과서, 천재교과서
- 최형용 외, 고등학교 《화법과 언어》 교과서, 창비교육
- 한철우 외, 고등학교 《국어 I》 교과서, 비상교육

01 음운론

01

정답 ③

출전 이삼형, 고등학교 《언어와 매체》 교과서, 지학사, 수정

해설 '모래'와 '마루'는 'ㅗ'와 'ㅏ'도 다르고, 'ㅐ'와 'ㅜ'도 다르다. 따라서 오직 한 가지 요소에 의해서만 의미가 구별되는 최소 대립쌍이 아니다.

오답 풀이 ① '보리'와 '소리'는 'ㅂ'과 'ㅅ'의 차이에 의해서만 의미 차이가 생기므로 최소 대립쌍이며, 이때 음운 'ㅂ'과 'ㅅ'을 추출할 수 있다.

② '나비'와 '너비'는 'ㅏ'와 'ㅓ'의 차이에 의해서만 의미 차이가 생기므로 최소 대립쌍이며, 이때 음운 'ㅏ'와 'ㅓ'를 추출할 수 있다.

④ '쌀'과 '말'은 'ㅆ'과 'ㅁ'의 차이에 의해서만 의미가 구별되고, '물'과 '말'은 'ㅜ'와 'ㅏ'의 차이에 의해서만 의미가 구별된다. 따라서 '쌀'과 '물'은 각각 '말'의 최소 대립쌍이 될 수 있다.

02

정답 ④

출전 구본관 외, 《한국어 문법 총론 I》, 수정

해설 <보기>에서 최소 대립쌍을 찾으면, '히죽 - 해죽'에서 'ㅣ/ㅐ', '가구 - 가게'에서 'ㅜ/ㅔ', '주소 - 주사'에서 'ㅗ/ㅏ'를 추출할 수 있다. 여기서 추출된 6개의 모음을 국어의 단모음 체계에 따라 분류할 때, 평순 모음은 'ㅏ/ㅣ/ㅐ/ㅔ'로 총 4개이므로 ④의 설명이 적절하지 않다. 나머지 모음 'ㅗ/ㅜ'는 원순 모음이다.

오답 풀이 ① 전설 모음: ㅣ/ㅐ/ㅔ, 후설 모음: ㅏ/ㅗ/ㅜ

②·③ 고모음: ㅜ/ㅣ, 중모음: ㅗ/ㅔ, 저모음: ㅏ/ㅐ

03

정답 ④

출전 임지룡 외, 《학교 문법과 문법 교육》, 수정

해설 2문단의 '해돋이[해도지]'와 마찬가지로, '굳이'를 [구지]로 발음하는 것은 'ㄷ'이 모음 'ㅣ' 앞에서 'ㅈ'으로 바뀌는 구개음화 현상에 해당한다. 따라서 두 음운이 하나의 음운으로 줄어드는 경우에 해당한다는 설명은 적절하지 않다.

오답 풀이 ① 2문단의 '물난리[물랄리]'와 마찬가지로, '칼날'을 [칼랄]로 발음하는 것은 'ㄴ'이 'ㄹ'의 앞이나 뒤에서 'ㄹ'로 바뀌는 유음화에 해당한다. 따라서 뒤의 음운이 앞의 음운과 동일하게 교체되었다는 설명은 적절하다.

② 2문단의 '끓을[끄늘]'과 마찬가지로, '낳은'을 [나은]으로 발음하는 것은 용언의 어간 끝 자음 'ㅎ'이 뒤에 모음으로 시작하는 문법 형태소와 결합하면 탈락하는 'ㅎ' 탈락에 해당한다. 따라서 원래 있던 음운이 탈락되었다는 설명은 적절하다.

③ 2문단의 '담요[담:뇨]'와 마찬가지로, '한여름'을 [한녀름]으로 발음하는 것은 둘 이상의 형태가 결합할 때 'ㄴ'이 추가되는 'ㄴ' 첨가에 해당한다. 따라서 음운이 새롭게 첨가되었다는 설명은 적절하다. 참고로, 합성어 및 파생어에서, 앞 단어나 접두사의 끝이 자음이고 뒤 단어나 접미사의 첫음절이 '이, 야, 여, 요, 유'인 경우에는, 'ㄴ'음을 첨가하여 [니, 냐, 녀, 뇨, 뉴]로 발음한다.

04

정답 ③

출전 고등학교 《독서와 문법》 교과서, 교학사

해설 어간 '끄-'가 어미 '-어라'와 만나 '꺼라'가 되는 것은, 1문단의 '쓰-+-어라 → 써라'의 경우와 마찬가지로 어간의 끝 모음 'ㅡ'가 탈락되는 현상이므로 모음 탈락에 해당한다.

오답 풀이 ① '끓이다[끄리다]'는, 1문단의 '좋은[조:은]'의 경우와 마찬가지로 용언의 끝소리 'ㅎ'이 모음으로 시작되는 어미나 접사 앞에서 탈락한 것이므로 'ㅎ' 탈락이라는 1개의 탈락 현상만 나타난다.

② '많다[만:타]'는, 2문단의 '좋고[조:코]'의 경우처럼 예사소리가 'ㅎ'과 만나 거센소리가 된 것이므로, 자음 축약에 해당한다.

④ 1문단에 따르면, '우는 새'의 '우는'은 'ㄹ' 탈락 현상이 나타난 것이다. '하늘을 나는 새'의 '나는'도 '날-+-는'에서 어간의 끝소리 'ㄹ'이 탈락한 것이므로 'ㄹ' 탈락 현상이 나타난 것이다

02 형태론

01

정답 ④

해설 제시문에 따르면, ㉠ '동음이의 현상'은 서로 무관한 두 의미가 우연히 같은 형태로 나타난 것이다. '모자를 쓰고'의 '쓰다'는 '모자 따위를 머리에 얹어 덮다'의 의미로, '시를 쓰고'의 '쓰다'는 '머릿속의 생각을 종이 혹은 이와 유사한 대상 따위에 글로 나타내다'의 의미로 쓰였다. 각각 '쓰다[2]'와 '쓰다[1]'의 의미로 쓰인 것이므로 ㉠의 사례로 적절하다. 나머지 ①·②·③은 모두 하나의 단어가 둘 이상의 품사로 사용되는 품사 통용의 사례에 해당한다.

오답 풀이 ① '비교적'은 명사로도, 관형사로도, 부사로도 쓰인다.

- **비교적 관점**: 뒤에 오는 체언을 수식하고 있으므로 관형사이다.
- **비교적 편리한**: 뒤에 오는 용언을 수식하고 있으므로 부사이다.

② '크다'는 형용사로도, 동사로도 쓰인다.

- **언니보다 키가 크다**: '사람이나 사물의 외형적 길이, 넓이, 높이, 부피 따위가 보통 정도를 넘다'의 의미로 쓰인 형용사이다.
- **풀이 큰다**: '동식물이 몸의 길이가 자라다'의 의미로 쓰인 동사이다.

③ '오늘'은 명사로도, 부사로도 쓰인다.

- **오늘이**: 뒤에 조사가 붙었으므로 명사이다.
- **오늘 갈 것이라**: 뒤에 오는 용언을 수식하고 있으므로 부사이다.

02

정답 ④

해설 ㉠ 1문단에 따르면, 직접 구성 요소를 분석한 결과, 둘 중 하나가 접사이면 파생어이다. '쓴웃음'에는 접사 '-음'이 있으니까 ㉠이 아니냐는 문맥이므로, ㉠에는 '파생어'가 들어가야 한다.

㉡ '웃음'은 파생어이지만 '쓴웃음'이라는 단어 형성에 참여할 때는 ㉡으로 참여하기 때문에 '쓴웃음'이 파생어가 아니라는 문맥이다. 1문단에 따르면, 합성어는 '어근+어근'의 구성이므로, ㉡에는 '어근'이 들어가야 한다.

03

정답 ①

출전 이삼형, 고등학교 《언어와 매체》 교과서, 지학사

해설 2문단에 따르면, 자립 형태소는 앞뒤에 다른 형태소가 직접 연결되지 않아도 문장에서 쓰일 수 있다.

오답 풀이 ② 2문단에 따르면, 용언의 어미, 조사는 앞이나 뒤에 적어도 하나의 형태소가 연결되어 쓰이는 의존 형태소이다. 그리고 1문단에 따르면, 조사인 '로'와 '을'은 단어 단위로 분석되지만 어미인 '-았-/-다'는 단어 단위로 분석되지 않는다.

③ 1문단에 따르면, 조사인 '로'와 '을'은 단어 단위로 분석된다. '하늘은'과 '땅은'의 '은'은 조사이므로 단어의 자격을 가진다고 볼 수 있다. 또한 마지막 문단에 따르면, 조사는 문법적인 의미를 나타내는 형식 형태소이다.

④ 2문단의, '체언, 수식언, 독립언으로 분류되는 형태소들은 자립 형태소'와, 마지막 문단의, '체언, 수식언, 독립언, 용언의 어근으로 분류되는 형태소는 실질 형태소'라는 내용에서 알 수 있다.

04

정답 ①

출전 강영준 외, 고등학교 《언어와 매체》 교과서, 창비교육

해설 마지막 문단에 따르면, 순서를 나타내는 말은 서수사이다. ①의 '첫째'는 순서를 나타내므로 서수사이다. 참고로, '첫째'는 차례를 나타내면 수사이고, 직접 체언을 수식하면 관형사이다. 또한 '첫째는 공무원이다'와 같이 사람을 지칭하면 명사이다.

오답 풀이 ② 2문단에 따르면, '당신'이 '자기'를 높여 이르는 말로 쓰이는 경우에는 3인칭이다. 따라서 ②의 '당신'은 '할머니'를 가리키는 3인칭 대명사로 쓰였음을 알 수 있다.

③ 1문단에 따르면, 홀로 쓰이지 못하고 꾸며 주는 말과 함께 쓰여야 하는 명사를 의존 명사라고 한다. ③의 '만큼'은 홀로 쓰이지 못하고 '내가 할'의 수식을 받으므로 의존 명사임을 알 수 있다.

④ 2문단에 따르면, 대명사에는 사람을 가리키는 것과 장소를 가리키는 것이 있다. ④의 '그곳'은 장소를 가리키는 대명사이고, '그'는 사람을 가리키는 대명사이다.

05

정답 ②

출전 2019학년도 7월 고3 전국연합학력평가, 수정

해설 '(얼굴이) 붓다'는 '부어 – 부으니 – 붓는'과 같이 어간의 끝소리 'ㅅ'이 모음 앞에서 탈락하는 'ㅅ' 불규칙 활용을 한다. 3문단에 따르면, 'ㅅ' 불규칙 활용은 어간이 바뀌는 경우에 해당한다.

오답 풀이 ① 1문단에 따르면, 어간과 어미의 기본 형태가 유지되거나 어간과 어미의 형태가 달라지더라도 그 현상을 일반적인 음운 규칙으로 설명할 수 있으면 규칙 활용이라고 한다.

③ '(포기하기엔) 이르다'는 '일러 – 이르니'와 같이 어간의 끝음절 '르'가 어미 '-아', '-어' 앞에서 'ㄹㄹ'로 바뀌는 '르' 불규칙 활용을 한다. '르' 불규칙 활용은 어간이 바뀌는 경우에 해당한다.

④ '(집에) 들르다'는 '들러 – 들르니'와 같이 용언의 어간 'ㅡ'가 어미 '-아'나 '-어' 앞에서 탈락하는 규칙 활용을 한다.

06

정답 ③

출전 2018학년도 11월 고2 전국연합학력평가, 수정

해설 '굳세다'는 '굳다'와 '세다'가 결합할 때 연결 어미가 생략되고 어간과 어간이 직접 결합한 형태이다. 즉 어근의 결합 방식이 국어의 일반적인 통사적 구성과 일치하지 않는 비통사적 합성어이다.

오답 풀이 ① '물걸레'는 선행 어근이 후행 어근을 수식하는 구조로 이루어진 종속 합성어이다.

② '광음'은 어근과 어근이 만나 '시간이나 세월'이라는 새로운 의미를 갖게 된 융합 합성어이다.

④ '이리저리'는 부사와 부사가 결합한 합성 부사이자 어근의 결합 방식이 국어의 일반적인 통사적 구성과 일치하는 통사적 합성어이다.

03 통사론

01
정답 ③

해설 ㉠ '간접 존경'은 주체 높임법 중 간접 높임을 말한다. 문장의 주체와 밀접하게 연관이 있는 주어를 높임으로써 주체를 간접적으로 높이는 표현법이다. '아버지가 건강을 너무 염려하신다'에서 주어는 '아버지'이고 서술어인 '염려하시다'는 '염려하다'에 주체 높임 선어말 어미 '-시-'가 쓰인 것이다. 따라서 ㉠ '간접 존경'이 아니라 주어를 직접 존경하는 직접 존경이 쓰인 것이다. 나머지 ①·②·④는 모두 ㉠의 사례에 해당한다.

오답 풀이 ① **고모는 자식이 ~ 있으시다**: '자식'이 주어이지만 존경의 대상인 '고모'와 긴밀한 관련을 가지는 인물이므로 '있다'가 아니라 '있으시다'로 간접 존경 표현을 했다.

② **할머니는 다리가 아프셔서**: '다리'가 주어이지만 존경의 대상인 '할머니'와 긴밀한 관련을 가지는 신체 부위이므로 '아프다'가 아니라 '아프시다'로 간접 존경 표현을 했다.

④ **할아버지는 수염이 ~ 많으셨다고**: '수염'이 주어이지만 존경의 대상인 '할아버지'와 긴밀한 관련을 가지는 신체 부위이므로 '많다'가 아니라 '많으시다'로 간접 존경 표현을 했다.

02
정답 ②

출전 **임지룡 외, 《학교 문법과 문법 교육》, 수정**

해설 1~2 문단에 따르면, 서술어는 주성분에 속하는데, 주성분은 문장을 구성하는 데 골격이 되는 필수 성분이다.

오답 풀이 ① 마지막 문단에 따르면, 주어는 주로 체언에 주격 조사가 붙지만 보조사가 붙는 경우도 있다. 따라서 주격 조사 자리에 보조사가 와도 문장 성분이 바뀌지는 않는다.

③ 마지막 문단에 따르면 보어는 '되다', '아니다' 앞에 오는 문장 성분이다. 따라서 '공무원이'는 '되다' 앞에 쓰인 보어임을 알 수 있다.

④ '고래는'은 '무엇이'에 해당하는 주어이고, '아니다'는 '어떠하다'에 해당하는 서술어이다. '물고기가'는 서술어인 '아니다' 앞에 오는 문장 성분인 보어이다. 주어, 서술어, 보어는 모두 주성분에 속한다.

03
정답 ④

출전 **2018학년도 4월 고3 전국연합학력평가, 수정**

해설 '예쁜'은 '예쁘다'의 어간 '예쁘-'에 '-ㄴ'이 붙어 뒤의 체언인 '장미'를 꾸미는 관형절로 안긴 문장이다. 따라서 주어와 서술어의 관계가 두 번 나타난다.

오답 풀이 ① '네가 깜짝 놀랄'은 '-ㄹ'이 붙어 뒤의 체언인 '일'을 꾸미는 관형절이므로 '네가 깜짝 놀랄 일이 생겼다'는 관형절을 안은 문장이다.

② '네가 영원히 행복하기'는 '-기'가 붙은 명사절이 목적격 조사 '를'과 결합하여 목적어의 기능을 한다.

③ '눈이 빠지도록'은 '-도록'이 결합하여 용언을 수식하는 부사어 자리에 쓰였다.

04
정답 ④

출전 **2022학년도 11월 고2 전국연합학력평가, 수정**

해설 '마시다'가 '물이나 술 따위의 액체를 목구멍으로 넘기다'의 의미로 사용될 경우에는, 2문단의 '먹다'와 마찬가지로 주어의 자리에 목구멍이라는 신체 기관을 지닌 생물만이 올 수 있다. 따라서 '마시다'는 주어 자리에 올 수 있는 체언이 한정되는 선택 자질을 갖는다.

오답 풀이 ① 1문단에 따르면, 서술어로 사용되는 용언이 다의어일 때는 각각의 의미에 따라 서술어의 자릿수가 달라질 수 있다.

② 2문단에 따르면, 서술어로 쓰이는 용언은 경우에 따라 특정 체언하고만 어울리는 특성을 지닌다. 따라서 모든 체언과 자유롭게 결합하는 특성이 있다는 이해는 적절하지 않다.

③ 1문단에 따르면, '멈추다'가 '사물의 움직임이나 동작이 그치다'의 의미로 쓰일 때에는 한 자리 서술어이다. '아이의 울음소리가 드디어 멈추었다'의 '멈추다'도 같은 의미로 쓰였으므로 한 자리 서술어임을 알 수 있다.

05
정답 ①

출전 **2017학년도 10월 고3 전국연합학력평가, 수정**

해설 주동문 ㉠의 주어인 '담이'는 사동문 ㉡에서 목적어인 '담을'로 나타나지만, 주동문 ㉢의 주어인 '내가'는 사동문 ㉣에서 부사어인 '나에게'로 나타난다. 따라서 주동문 ㉠, ㉢의 주어가 사동문 ㉡, ㉣에서 동일한 문장 성분으로 나타나는 것은 아니다.

오답 풀이 ② 주동문인 ㉢ '내가 책을 읽었다'를 사동문으로 바꾸면 ㉣ '선생님께서 나에게 책을 읽히셨다'가 된다. 즉 주동문의 목적어인 '책을'은 그대로 사동문의 목적어가 된다.

③ 주동문인 ㉠의 '높다'는 주어만 필요로 하는 한 자리 서술어이지만, 사동문인 ㉡의 '높이다'는 주어와 목적어를 필요로 하는 두 자리 서술어이다. 또한 주동문인 ㉢의 '읽다'는 주어와 목적어를 필요로 하는 두 자리 서술어이지만, 사동문인 ㉣의 '읽히다'는 주어와 부사어, 목적어를 필요로 하는 세 자리 서술어이다. 즉 주동문을 사동문으로 바꿀 때, 서술어가 필요로 하는 문장 성분의 개수는 늘어난다.

④ 2문단의, 서술어가 형용사나 자동사인 주동문을 사동문으로 바꿀 때, 사동문의 주어가 새로 도입된다는 내용과, 마지막 문단의, 서술어가 타동사인 주동문을 사동문으로 바꿀 때도 사동문의 주어가 새로 도입된다는 내용에서 알 수 있다.

06
정답 ①

해설 '여쭈어보다'는 객체인 선생님을 높이는 특수 어휘로 ㉠의 예에 해당하고, '성함(姓銜)'은 '성명(姓名)'의 높임말로 ㉡의 예에 해당한다.

오답 풀이 ② '밥'의 높임말인 '진지'는 ㉡의 예에 해당하지만, ㉠은 쓰이지 않았다. '잡수시다'는 주체인 할머니를 높이는 말이다.

③ '댁'은 '집'을 높이는 말로 ㉡의 예에 해당하지만, ㉠은 쓰이지 않았다. '계시다'는 주체인 할아버님을 높이는 말이다.

④ '드리다'는 객체인 부모님을 높이는 말로 ㉠의 예에 해당한다. 그러나 ㉡은 쓰이지 않았다.

제4편 공문서 수정하기

01 올바른 문장 쓰기

01

정답 우리 연구부는 기술 개발의 산실로서 그 역할을 다하고 있습니다.

해설 '로써'는 재료, 수단, 도구 등을 나타내는 격 조사이다. 이 문장에서는 지위나 신분 또는 자격을 나타내는 격 조사 '로서'를 써야 한다.

02

정답 시민 단체는 정부 당국에 건의 사항을 전달했다.

해설 무정 명사에는 조사 '에'를 쓴다.

03

정답 서울시는 영유아에 한하여 무료 검진 서비스를 제공하기로 하였다.

해설 '어떤 조건, 범위에 제한되거나 국한되다'는 의미인 '한하다'는 '…에 한하다'의 형태로 쓰인다. 국립국어원에서는 '에'와 '에게'는 유정 명사와 무정 명사로 구분하는 것이 일반적이지만, 우리말에서 서술어의 문형 구조가 표현의 기준이 된다는 점에서 '…에게 한하다'보다 '…에 한하다'로 표현해야 한다고 보고 있다.

04

정답 설계도에서 정한 기준에 따라 건축 면적을 산정해 보아라.

해설 근거 등의 뜻을 나타내는 부사격 조사는 '에서'이다.

05

정답 A 후보자는 B 후보자의 정책이 옳지 않다고 토론회에서 강하게 주장하였다.

해설 앞말이 간접 인용 되는 말임을 나타내는 격 조사는 '고'이다.

06

정답 대규모 소요 사태가 일어난 후 A는 "사람들이 매우 흥분해서 상황이 좋지 않았다."라고 말했다.

해설 앞말이 직접 인용 되는 말임을 나타내는 격 조사는 '라고'이다.

07

정답 콩이 폐경 전 여성의 유방암 발병을 억제한다고 알려져 있다.

해설 '유방암'을 수식하기 위해 관형격 조사 '의'를 쓴다.

08

정답 그는 절전형 기기 보급 제도가 에너지의 합리적이고 효율적인 이용을 증진한다고 말했다.

해설 '에너지를'을 목적어 '이용을'을 수식하는 '에너지의'의 형태로 고치는 것이 적절하다.

09

정답 여러분과 여러분 가정에 행운이 가득하기를 기원하는 것으로 치사를 갈음합니다.

해설 '갈음하다'는 '…을 …으로 갈음하다'의 형태로 쓰인다.

10

정답 정부는 금리를 올리든지 내리든지, 확고한 결단을 내려야 한다.

해설 물건이나 일의 내용을 가리지 아니한다는 뜻을 나타내는 어미는 '-든지'이다.

11

정답 이 일은 고도의 기술이 필요하므로 기존의 인력이 전문 인력으로 대체되었다.

해설 까닭이나 근거를 나타내는 연결 어미는 '-므로'이다.

Tip '-므로'는 '-기 때문에'란 까닭의 의미를 나타내고, '-ㅁ으로(써)'는 '-는 것으로(써)'란 수단 또는 방법의 의미를 나타낸다. '-므로'는 '-므로써'가 되지 않지만 '-ㅁ으로'는 "우리 선조들은 민요를 부름으로써 노동의 고단함을 이겨 나갔다"처럼 '-ㅁ으로써'가 가능하다.

12

정답 기상청은 당분간 하늘이 맑게 갠 포근한 날씨가 계속될 것이라고 예보했다.

해설 '개이다(×)'는 비표준어이므로, '갠'을 '개인(×)'으로 쓰지 않는다.

13

정답 비가 그친 것이 하늘이 곧 맑아질 것처럼 보입니다.

해설 '보여집니다(×)'는 '보+이(피동 접사)+어지(피동문의 표현)+ㅂ니다'로 이중 피동의 오류를 보이는 표현이다.

14

정답 행정부 관계자는 주요 산업 육성을 위해 좋은 인재가 있으면 소개해 달라고 요청했다.

해설 '-시키다'를 '-하다'로 바꾸어도 의미의 변화가 없으면 과도한 사동 표현으로 본다. '소개하다'는 '-하다'를 그대로 써도 의미의 변화가 없으므로 무리하게 '-시키다'를 결합하지 않는다.

15

정답 요즘 리셋 증후군이 인터넷 중독의 한 유형으로 꼽히고 있다.

해설 '꼽혀지다(×)'는 피동 접사 '-히'-에 다시 통사적 피동문의 표현인 '-어지다'가 결합한 것으로, 불필요한 이중 피동 표현으로 볼 수 있다.

16

정답 인사 혁신처의 주무관은 국어 출제 담당자와 함께 영어 출제 담당자를 만났다.

해설 인사 혁신처의 주무관이 국어 출제 담당자와 함께 영어 출제 담당자를 만난 것인지, 주무관이 국어 출제 담당자와 영어 출제 담당자 둘 다를 같이 만난 것인지, 따로따로 만난 것인지 분명하지 않은 중의적 문장이다. 중의성을 해소하기 위해 '함께'와 같은 적절한 부사어를 넣어 주어야 한다.

17

정답 국민의 안전을 지키는, 여러분의 경찰이 될 것입니다.

해설 국민의 안전을 지키는 사람이 '여러분'인지 '경찰'인지 모호한 문장이므로, 쉼표를 사용하여 '국민의 안전을 지키는'이 '경찰'을 수식하는 것임을 명확하게 해야 한다. 구조적 중의성을 보이는 문장은 '는, 도, 만'과 같은 보조사를 활용하거나, 쉼표(,)를 붙여 중의성을 해소할 수 있다.

18

정답 부채 비율 축소나 계열사 정리 등으로 여력이 없는 재벌이 당장 투자에 눈을 돌리기는 어려울 것이다.

해설 문장은 뜻을 명확하게 전달해야 하는데 '계열사 정리 등에 여력이 없는'이라는 말은 계열사 정리를 하기 위한 여력이 없다는 것인지 계열사 정리를 하느라고 여력이 없다는 것인지 불분명하다. 문맥상 '계열사 정리 등으로 여력이 없는'으로 명확히 바꾸어 써야 한다.

19

정답 참석자의 과반수가 그 안건에 찬성하였다. / 참석자의 반수 이상이 그 안건에 찬성하였다.

해설 '과반수(過半數)'는 '절반이 넘는 수'를 뜻하고, '이상(以上)'은 '수량이나 정도가 일정한 기준보다 더 많거나 나음'을 의미한다. 따라서 과반수'에 '이상'의 의미가 포함되어 '과반수 이상'은 의미가 중복된 표현으로 볼 수 있다. 의미 중복을 피하기 위해서는 '과반수' 또는 '반수 이상'으로 고쳐야 한다.

20

정답 요즘 들어 여러 가지 문제들이 한국 사회를 힘들게 한다. / 요즘 들어 제반 문제들이 한국 사회를 힘들게 한다.

해설 '여러 가지'와 '제반(諸般)'의 의미가 중복되었다. 둘 중 하나만 쓴다.

21

정답 우리 부서는 사치 풍조를 근절하기 위해 노력하는 홍보 행사에 앞장서기로 했다.

해설 '완전히'와 '근절(根絕)'의 의미가 중복되었다.

22

정답 가능한 한 빠른 시일 내에 일을 마무리 짓도록 하세요.

해설 '가능한'은 형용사의 관형사형이므로 뒤에 수식할 수 있는 체언이 와야 한다. 따라서 명사 '한'을 넣어 '가능한 한'의 형태로 고쳐 써야 한다.

23

정답 작성 내용의 수정이 있거나 신청인의 서명이 없는 서류는 무효입니다.

해설 '수정'과 호응하는 적절한 서술어를 넣어 주어야 한다.

24

정답 우리가 플라스틱의 사용을 줄인다면 자원의 낭비를 막고 깨끗한 환경을 유지할 수 있다.

해설 '자원의 낭비'와 호응하는 적절한 서술어를 넣어 주어야 한다.

25

정답 여야 간에 대화의 시도는 계속되고 있으나, 불필요한 공방으로 인하여 협상이 지연되고 있다.

해설 뒤 문장의 서술어인 '지연되고 있다'와 호응하는 주어가 없으므로 '협상이'와 같은 적절한 주어를 넣어 주어야 한다.

26

정답 소외된 이웃에 대한 인식이 변화되고 관심이 높아지고 있다.

해설 앞뒤의 문장 구조를 맞추어 '인식이 변화되고 관심이 높아지고 있다'와 같이 수정해야 한다.

27

정답 경기 침체가 가속화되자 지자체들은 소상공인 지원 행사를 엶으로써 지역 경제를 살리려 했다.

해설 '열다'와 같은 'ㄹ' 받침 용언은 명사형을 만들 때, 'ㄹ' 받침을 생략하지 않도록 주의해야 한다. 어간의 받침 'ㄹ'이 'ㄴ, ㅂ, ㅅ'과 '-오, -ㄹ' 앞에서만 탈락되므로, '열-+-ㅁ → 엶'이 바른 표기이다.

28

정답 정부 관계자는 지금이 경기 부양책을 펴기에 알맞은 시점이라고 발표했다.

해설 '알맞다'는 형용사이므로 관형사형 어미 '-는'을 쓸 수 없다. 관형사형 어미 '-은'과 결합하여 '알맞은'으로 표기해야 한다.

29

정답 계속된 중미 무역 분쟁으로 인해 결국 세계 경제는 엄청난 대가를 치러야 할 위기에 처했다.

해설 기본형은 '치르다'로, '치러 - 치르니' 등으로 활용하는 'ㅡ' 탈락 용언이다.

30

정답 우리 정부는 이번 한미 관세 협약에서 만족스러운 결과를 얻었다고 발표했다.

해설 기본형인 '만족스럽다'는 'ㅂ' 불규칙 용언으로, 모음으로 시작하는 어미가 결합할 때 음이 탈락되지 않는다.

31

정답 교통 통제로 인하여 전 구간 차량의 진행이 더딥니다. / 교통 통제로 인하여 전 구간 차량이 더디게 진행하고 있습니다.

해설 '-ㄴ'은 앞말이 관형어의 구실을 하게 만드는 어미로 문맥에 맞지 않는다. 까닭이나 근거 따위를 나타내는 어미인 '-여'를 쓰는 것이 적절하다. 또한 '차량 진행의 더딤'은 과도한 명사화 구성으로 어색한 문장이 되었다. 적절하게 풀어 써야 한다.

32

정답 그는 권장 도서 목록의 선정 기준을 알 수 없다고 불만을 터뜨렸다.

해설 과도한 관형화와 명사화 구성으로 어색한 문장이 되었다. 적절하게 풀어 써야 한다.

33

정답 오늘 오후에 팀 전체가 모여 회의하겠습니다. / 오늘 오후에 팀 전체가 모여 회의를 하도록 하겠습니다.

해설 '회의를 갖겠습니다'는 'have a meeting'을 직역한 번역 투의 표현이다.

34

정답 이번 방학에 외가댁을 방문할 계획이다.

해설 '계획을 가지고 있다'는 'have a plan'을 직역한 번역 투의 표현이다.

35

정답 이러한 주장은 지역 이기주의나 다름없다. / 이러한 주장은 지역 이기주의라 할 만하다.

해설 '…에 다름 아니다'는 일본어 번역 투의 표현이다.

실전 공문서 수정 훈련

01

정답 ②

해설 대등한 것끼리 접속할 때에는 구조가 같은 표현을 사용해야 한다. 따라서 '표준적인 언어생활을 확립하고 일상적인 국어 생활을 향상하기 위해'와 같이 앞뒤의 문장 구조를 맞추는 것이 적절하다.

오답 풀이 ① 안내 알림(×) → 안내(○)/알림(○): 중복되는 표현은 삼가야 한다. '안내'는 '어떤 내용을 소개하여 알려 줌. 또는 그런 일'을 뜻하고, '알림'은 '알게 하는 일. 또는 그 내용'을 뜻한다. '안내'와 '알림'이 비슷한 뜻이므로 둘 중 하나만 쓴다.

③ 주어와 서술어를 호응시켜야 한다. 따라서 주어인 '본원은'과 호응할 수 있도록 ⓒ을 '표준 정보를 제공하고 있습니다'로 수정한 것은 적절하다.

④ 필요한 문장 성분이 생략되지 않도록 해야 한다. '개선하다'는 '…을 개선하다'의 형태로 쓰이므로 ⓔ에 '의약품 용어를 ~ 알기 쉬운 표현으로 개선하여'와 같이 목적어를 넣어 수정한 것은 적절하다.

02

❶ **개인 정보를 적극적으로 보호하고, 서식 간의 통일성 및 일관성을 확보하기 위해**

대등하게 연결되는 문장 구조의 앞뒤를 확인하여, 병렬 관계를 살펴보아야 한다. 따라서 앞뒤의 문장 구조를 맞추어 수정하는 것이 적절하다.

❷ **소속 기관에 이를 알려 드리오니**

'알리다'는 '…에/에게 …을 알리다 / …에/에게 -고 알리다'의 형태로 쓰이므로 '이를'과 같이 적절한 목적어를 넣어 주어야 한다.

❸ **워크샵(×) → 워크숍(○)**

❹ **서식 정비 내역(×) → 내용(○)**

'내역'은 '물품이나 금액 따위의 내용'을 뜻하는 말이므로 '내용'으로 수정하는 것이 적절하다.

03

❶ **20○○. 11. 11.(수)까지**

아라비아 숫자만으로 연월일을 표시할 때에는 마지막에도 '일'을 나타내는 마침표(.)를 찍는다.

❷ **가능한 한 빨리 회신해 주실 것을**

'가능한'은 형용사의 관형사형이므로 뒤에 수식할 수 있는 체언이 와야 한다. 따라서 명사 '한'을 넣어 '가능한 한'의 형태로 수정해야 한다.

❸ **관광업계의 경영난을 해소하고 관광 산업 활성화를 도모하고자**

'경영난을 도모하고자'로 해석될 수 있으므로 '경영난을 해소하고'와 같이 문맥에 맞는 서술어를 넣어 주어야 한다.

04

❶ ~ 예산이 반영됨에 따라
'반영되어지다'(×)는 피동문의 표현을 중복하여 사용한 것이므로 '반영됨'으로 수정하는 것이 적절하다.

❷ 소프트웨어 산업의 핵심 자원 정보를 효율적으로 관리하고 소프트웨어 사업 ~
대등하게 연결되는 문장 구조의 앞뒤를 확인하여, 병렬 관계를 살펴보아야 한다. 또한 앞 문장은 과도한 명사화 구성으로 어색한 문장이 되었다. 따라서 앞뒤의 문장 구조를 맞추고 명사화 구성은 적절하게 풀어 써야 한다.

❸ ~ 적극/적극적으로 협조하여
뒤에 오는 용언을 수식하기 위해서는 '적극' 또는 '적극적으로'와 같이 부사어를 써야 한다.

❹ ㉣: 송부 → 보냄
'송부(送付)'는 '보냄, 물건 보냄'으로 다듬을 수 있다.
㉤: 양지하시고 → 이해하시고
'양지(諒知)하다'는 '살피다, 그리 알다, 이해하다' 등으로 다듬을 수 있다.

05

❶ 신종 독감 전염병 위기 단계를 경계에서 최고 단계인 심각으로 격상(11. 3.)함에 따라
목적어인 '단계를'과 서술어인 '격상됨'이 호응을 이루지 못하므로 '격상함'으로 수정하는 것이 적절하다.

❷ 설명회에 참석할 때에는
관형사형 어미 '-ㄴ'은 '앞말이 관형어 구실을 하게 하고, 사건이나 행위가 과거 또는 말하는 이가 상정한 기준 시점보다 과거에 일어남을 나타내는 어미 / 앞말이 관형어 구실을 하게 하고 사건이나 행위가 완료되어 그 상태가 유지되고 있음을 나타내는 어미 / 앞말이 관형어 구실을 하게 하고 현재의 상태를 나타내는 어미'이다. 설명회에 참석하는 것은 미래의 행위이므로 '설명회에 참석할'로 고치는 것이 적절하다.

❸ 연구소의 경쟁력을 강화하고 생산성을 향상하는 데에 ~
대등하게 연결되는 문장 구조의 앞뒤를 확인하여, 병렬 관계를 살펴보아야 한다. 따라서 앞뒤의 문장 구조를 맞추어 수정하는 것이 적절하다.

06

❶ 감면을 신청하고 그 결과를 즉시 확인할 수 있는
대등하게 연결되는 문장 구조의 앞뒤를 확인하여, 병렬 관계를 살펴보아야 한다. 따라서 앞뒤의 문장 구조를 맞추어 수정하는 것이 적절하다.

❷ ㉡: 그∨동안(×) → 그동안(○)
'그동안'은 한 단어이므로 붙여 쓴다.
㉥: 시행한바∨있고(×) → 시행한∨바∨있고(○)
'바'는 '앞에서 말한 내용 그 자체나 일 따위를 나타내는 말'인 의존 명사이므로 앞말과 띄어 쓴다.

❸ 이동 통신사 대리점에 납부해야(×) → 제출해야(○)
'납부(納付/納附)하다'는 '세금이나 공과금 따위를 관계 기관에 내다'의 의미이다. 서류를 관계 기관에 내는 것이므로 '문안(文案)이나 의견, 법안(法案) 따위를 내다'의 의미인 '제출(提出)하다'를 쓰는 것이 적절하다.

❹ 매 1년마다 같은 절차로 반복해서(×) → 1년마다/매년/해마다(○)
'하나하나의 모든. 또는 각각의'를 뜻하는 '매'와 '낱낱이 모두'의 뜻을 나타내는 보조사인 '마다'의 의미가 중복되었으므로 둘 중에서 하나만 쓰도록 한다.

❺ 주민 자치 센터에 가서 요금 감면을 신청하고
'신청하다'는 '…에/에게 …을 신청하다'의 형태로 쓰이므로 적절한 목적어를 넣어 주어야 한다.

07

❶ '한식 이미지 제고 프로젝트'의 일환으로(×) → '한식 이미지 제고 사업'의 하나로(○)
외래어와 어려운 한자어는 쉬운 우리말로 바꾸어 쓰는 것이 좋다. '프로젝트'는 '(연구) 과제/사업'으로, '일환(一環)'은 '하나'로 다듬을 수 있다.

❷ 음식 맛이 심하게 차이 나거나 종업원이 ~
'음식 맛의 심한 차이를 ~ 설명해 주다'는 어색하므로 적절한 서술어를 넣어 '음식 맛이 심하게 차이 나거나'로 수정하는 것이 자연스럽다.

❸ ~ 이들을 직접 교육시킬 예정이다(×) → 교육할(○)
'-시키다'를 '-하다'로 바꾸어도 의미의 변화가 없으면 과도한 사동 표현으로 본다.

❹ 그 대상 지역을 확대하고 정례화하는 방향으로
대등하게 연결되는 문장 구조의 앞뒤를 확인하여, 병렬 관계를 살펴보아야 한다. 따라서 앞뒤의 문장 구조를 맞추어 수정하는 것이 적절하다.

❺ ~ 협력해 나가고 있다."고(×) → 있다."라고(○)
직접 인용을 나타내는 조사는 '라고'이다.

08

❶ ㄱ 사업장에서 안전 교육을 이수하고 ~ 이직한 때에는
대등하게 연결되는 문장 구조의 앞뒤를 확인하여, 병렬 관계를 살펴보아야 한다. 따라서 앞뒤의 문장 구조를 맞추어 '안전 교육을 이수하고'로 고쳐 쓴다.

❷ ㄴ 사업장에는 처음 배치한 것이나(×) → 배치된(○)
문맥상 '배치되다'로 고치는 것이 적절하다.

❸ 안전 관리자가 안전 교육을 받은 것으로 판단되어
'안전 관리자'를 주어로 하고 뜻이 바르게 전달될 수 있도록 문장을 고치는 것이 자연스럽다.

④ 교육 대상자에 포함되지 않는 것이
'포함되다'는 '…에 포함되다'의 형태로 쓰인다. 이 문장에서는 문맥상 '교육 대상자에 포함되지 않는 것이'로 고치는 것이 자연스럽다.

09

① 담당자의 문화 예술 전문 역량을 강화하고자
'~ 위한 ~ 위해 ~' 구성이어서 자연스럽지 않으므로 '담당자를 위한'을 '담당자의'로 고치고 명사구를 다듬는다.

② ㉡: 열린 문화 공간을 조성하고 근무 환경을 개선하기 위해
대등하게 연결되는 문장 구조의 앞뒤를 확인하여, 병렬 관계를 살펴보아야 한다. 따라서 앞뒤의 문장 구조를 맞추어 '열린 문화 공간을 조성하고'로 고쳐 쓴다.

㉢: 미술품을 대여하고자(×) → 대여받고자(○)
'대여하다'는 '빌려주는' 것이므로 이 문장에서는 '대여받다'로 써야 한다.

10

① ㉠: 수시로 가능하며(할 수 있으며)
'참가 등록은 ㉠ 등록이 수시로 가능하며'는 주어가 불필요하게 중복된 표현이므로 '등록이'는 생략하는 것이 자연스럽다.

㉡: 신청자에게 한하여 교부합니다(×) → 신청자에(○)
'어떤 조건, 범위에 제한되거나 국한되다'의 의미인 '한하다'는 '…에 한하다'의 형태로 쓰인다.

㉢: 제한 사항을 확인하고 ~ 계약서 등을 열람한 후
앞뒤의 문장 구조를 맞추어 '제한 사항을 확인하고'로 수정한다.

② 이를 확인하지 못한 책임은 ~
'확인하다'는 '…을 확인하다'의 형태로 쓰인다. 따라서 '이를'과 같이 적절한 목적어를 넣어 주어야 한다.

11

① 조종하는(×) → 조정하는(○)
'조종(操縱)하다'는 '비행기나 선박, 자동차 따위의 기계를 다루어 부리다 / 다른 사람을 자기 마음대로 다루어 부리다'의 의미이므로 문맥에 맞지 않는다. '어떤 기준이나 실정에 맞게 정돈하다'의 의미인 '조정(調整)하다'를 쓰는 것이 적절하다.

② ㉡: ~ 신종 플루 감염으로 보여짐(×) → 보임(○)
'보여지다(×)'는 피동 접사와 통사적 피동문의 표현인 '-어지다'를 중복하여 사용한 이중 피동 표현이므로 '보임'으로 고치는 것이 적절하다.

㉤: 우리 부 내 감염 원인을 파악하고 ~ 대책을 조속히 마련하도록 하겠습니다
대등하게 연결되는 문장 구조의 앞뒤를 확인하여, 병렬 관계를 살펴보아야 한다. 따라서 앞뒤의 문장 구조를 맞춰 '감염 원인을 파악하고'로 고치는 것이 적절하다.

③ 감염 확산 방지를 철저히 해 주시기 바라며 / 감염이 확산되지 않도록 철저히 방지해 주시기 바라며
어렵고 상투적인 표현을 쉬운 표현으로 다듬어 쓴다. '기(期)하다'는 '이루어지도록 노력하다'의 의미이다.

④ 적절한 조치를
'적의 조치(適宜措置)'는 '알맞게 처리, 적절한 조치'로 다듬을 수 있다.

12

① 최근 통계 자료를 살펴보면, 2000년대 이후 정보화 정책에 상당히 큰 변화가 일어나고 있음을 알 수 있습니다
'살펴보면'의 주어와 '일어나고 있습니다'의 주어가 일치하지 않아서 어색한 문장이 되었으므로, '통계 자료를 살펴보면 ~ 일어나고 있음을 알 수 있습니다' 정도로 고치는 것이 자연스럽다.

② 경쟁력을 강화하고 업무 효율성을 개선하고자
대등하게 연결되는 문장 구조의 앞뒤를 확인하여, 병렬 관계를 살펴보아야 한다. 따라서 앞뒤의 문장 구조를 맞추어 '경쟁력을 강화하고'로 수정하는 것이 적절하다.

③ ㉢: 계획인∨바(×) → 계획인바(○)
뒤 절에서 어떤 사실을 말하기 위하여 그 사실이 있게 된 것과 관련된 상황을 제시하는 데 쓰는 연결 어미인 '-ㄴ바'는 앞말에 붙여 쓴다.

㉣: 각∨기초반및∨활용반등(×) → 각∨기초반∨및∨활용반∨등(○)
문장에서 같은 종류의 성분을 연결할 때 쓰는 말인 '및'과 그 밖에도 같은 종류의 것이 더 있음을 나타내는 말인 '등'은 모두 앞말과 띄어 쓴다.

④ 2025. 11~12 중(×) → 2025. 11.~12. 중(○)
'월'이나 '일'만 나타낼 때는 글자 대신 마침표(.)를 쓸 수 있다. 기간을 표시하면서 중복되는 부분은 생략할 수 있다.

13

① ㉠: 혁신 도시 건설 사업이 지연되거나 중단될
앞뒤의 문장 구조를 맞추어 '혁신 도시 건설 사업이 지연되거나 중단될'로 고치는 것이 자연스럽다.

㉡: 추진한다는 점을 다시 한번 명확히 밝힙니다
주어가 'OO부'이므로 주술 호응에 맞게 'OO부는 ~ 추진한다는 점을 다시 한번 명확히 밝힙니다'로 쓴다.

② 이를 10부 범위 내에서 접수처에 제출하여야
'제출하다'는 '…을 …에/에게 제출하다'의 형태로 쓰이므로 '이를 10부 범위 내에서 접수처에 제출하여야'와 같이 적절한 목적어를 넣어 주어야 한다.

실전 문제

01
정답 ③

해설 '위탁(委託)하다'는 '남에게 사물이나 사람의 책임을 맡기다'라는 뜻이고, '수주(受注)하다'는 '주문을 받다'라는 뜻이다. 문맥상 평가 기관에 조사를 맡기는 것이므로, ㉢ '위탁하며'를 고치지 않고 그대로 두어야 한다.

오답 풀이 ① 생소한 외래어나 외국어는 우리말로 다듬어야 하므로, ㉠ '마스터플랜'을 '기본 계획'으로 수정한 것은 적절하다.

② ㉡ '기업을 대상으로 합니다'와 호응하는 주어가 '본 조사의 대상은'이므로, 주어와 서술어의 관계를 명확하게 표현하여 ㉡을 '기업입니다'로 수정한 것은 적절하다.

④ ㉣은 명사만 나열하여 표현이 부자연스럽고 의미를 정확하게 파악하기 어렵다. 따라서 적절한 조사와 어미를 사용하여, ㉣을 '학교 현장의 교수 학습 환경을 개선하는 정책을 개발하고'와 같이 수정한 것은 적절하다.

02
정답 ①

해설 '환수(還收)하다'가 '도로 거두어들이다'라는 뜻이므로 문맥에 맞지 않는다. ㉠에 따라 '도로 돌려주다'의 의미인 '환급(還給)하다'를 고치지 않고 그대로 쓰는 것이 적절하다.

오답 풀이 ② '-하다'를 쓸 수 있는 말에 무리하게 '-시키다'를 결합하지 않는다. ㉡에 따라 '배제시켜야'를 '배제해야'로 수정한 것은 적절하다.

③ 수정 전 문장은 시 의회가 [관련 단체와 시민들]을 초청하기로 결정한 것인지, 시 의회가 관련 단체와 함께 [시민들]을 초청하기로 결정한 것인지 명확하지 않다. ㉢에 따라 '시 의회는 관련 단체와 협의하여 시민들을 초청하기로 결정하였다'로 수정한 것은 적절하다.

④ 대등한 것끼리 접속할 때는 구조가 같은 표현을 사용해야 하므로, ㉣에 따라 '사업 전체 목표를 수립하고 세부 사업별 추진 전략을 제시한다'와 같이 앞뒤의 문장 구조를 맞추어 수정한 것은 적절하다.

03
정답 ②

해설 중의적 문장이란 여러 가지 뜻으로 해석될 수 있는 문장을 말한다. ②에서 ㉡에 따라 수정한 문장은, 시장이 [건설업계 관계자들과 시민 모두의 안전]에 관하여 논의한 것인지, 건설업계 관계자들과 함께 [시민의 안전]에 관하여 논의한 것인지 명확하지 않다. 따라서 ②는 원래의 문장이 중의적으로 해석되지 않고 자연스러운 문장이므로 고치지 않고 그대로 두어야 한다.

오답 풀이 ① 능동과 피동의 관계를 정확하게 사용하여 주어와 서술어의 관계를 명확하게 표현해야 한다. 따라서 ㉠에 따라 '~ ○○○명이 선출되었다'로 수정한 것은 적절하다. '~ ○○○명을 선출하였다'로 고칠 수도 있다.

③ 수식 어구가 무엇을 수식하는지를 분명히 알 수 있는 표현을 사용해야 한다. 따라서 '5킬로그램 정도'가 수식하는 것이 명확하도록 ㉢에 따라 '금 5킬로그램 정도를 담은 보관함'으로 수정한 것은 적절하다. 의미하는 바에 따라 '금을 담은 5킬로그램 정도의 금 보관함'으로 고칠 수도 있다.

④ 대등한 구조를 보여 주는 표현을 사용해야 한다. 따라서 ㉣에 따라 '음식물의 신선도를 유지하고, 부패를 방지해야 한다'와 같이 앞뒤의 문장 구조를 맞추어 수정한 것은 적절하다.

04
정답 ④

출전 **문화체육관광부, 〈문화 시설 건축 공사장 현장 찾아 안전 관리 점검〉, 수정**

해설 **바란다고(○)/바란다라고(×)**: 앞말이 간접 인용 되는 말임을 나타내는 격 조사는 '고'이므로 ㉣은 수정하지 않고 그대로 쓰는 것이 적절하다. '라고'는 앞말이 직접 인용 되는 말임을 나타낸다.

오답 풀이 ① ㉠은 '공사 현장 방문'과 '안전 관리 상황'이 모두 '점검하였다'와 호응하고 있는데, 문맥상 '공사 현장 방문을 점검하다'는 어색하다. 대등한 것끼리 접속할 때에는 구조가 같은 표현을 사용해야 하므로, ㉠을 "○○ 센터'의 공사 현장을 방문하고 안전 관리 상황을 점검하였다'와 같이 앞뒤의 문장 구조를 맞추어 수정한 것은 적절하다.

② '준수하다'는 '…을 준수하다'의 형태로 쓰인다. ㉡에는 목적어가 생략되어 있으므로 '안전 수칙을'과 같은 적절한 목적어를 넣어 주어야 한다.

③ '직결되어지다(×)'는 피동문의 표현을 중복하여 사용한 것이다. 과도한 피동 표현을 삼가야 하므로 ㉢을 '직결되는'으로 수정한 것은 적절하다.

05
정답 ②

출전 **국립국어원, 《한눈에 알아보는 공공 언어 바로 쓰기》, 수정**

해설 '열려져'는 피동 접사인 '-리-'와 통사적 피동문의 표현인 '-어지다'가 중복된 이중 피동 표현이다. ㉡의 '열려'는 피동 접사만을 사용한 표현이므로 고치지 않고 그대로 써야 한다.

오답 풀이 ① '생명의 위협'과 '삶의 터전'이 모두 '잃을'과 호응하고 있는데 '생명의 위협을 잃다'는 어색하다. 대등한 것끼리 접속할 때는 구조가 같은 표현을 사용해야 하므로, ㉠을 '생명을 위협받고 삶의 터전을 잃을 수 있습니다'로 수정한 것은 적절하다.

③ '삼가다'가 표준어이고 '삼가하다(×)'가 비표준어이다. 따라서 ㉢의 '삼가해 주십시오'를 '삼가 주십시오'로 수정한 것은 적절하다.

④ '대피하다'는 '…에 대피하다 / …으로 대피하다'의 형태로 쓰이므로 ㉣에는 '밖으로'와 같은 적절한 부사어를 넣어 주어야 한다.

06
정답 ①

해설 무정 명사에는 조사 '에'를, 유정 명사에는 조사 '에게'를 쓴다. 따라서 '일본에'는 고치지 말고 그대로 두어야 한다.

오답 풀이 ② '마치다'는 '…을 마치다'의 형태로 쓰이므로 '공사를'과 같은 적절한 목적어를 넣어 주어야 한다.

③ 생소한 외래어나 외국어 대신 쉬운 우리말을 사용하는 것이 좋다. '글로벌 스탠더드'는 '국제 표준' 또는 '세계적 표준'으로 바꾸어 쓸 수 있다.

④ 목적어인 '사회 현실 직시'와 서술어 '다하다'의 호응이 자연스럽지 않다. '사회 현실을 직시하고 사회적 책임을 다해야 할 것이다'와 같이 앞뒤의 문장 구조를 맞추어 수정한 것은 적절하다.

07 정답 ③

출전 국립국어원, 〈한글 맞춤법〉 제1항 해설, 수정

해설 '웃음'은 '웃다'의 어간 '웃-'에 명사를 만드는 접미사 '-음'이 붙은 것이다. 즉 뜻을 파악하기 쉽도록 어법에 맞도록 한다는 원칙에 따라 용언의 어간을 밝혀 적은 것임을 추론할 수 있다.

오답 풀이 ① '없는'의 '없'은 '없는[엄:는], 없이[업:씨], 없고[업:꼬]'와 같이 여러 가지로 소리 나는 형태소이지만 뜻을 파악하기 쉽도록 어법에 맞도록 한다는 원칙에 따라 용언의 어간을 밝혀 적은 것임을 추론할 수 있다.

② 자음을 첫소리로 가지고 있는 음절의 'ㅢ'는 'ㅣ'로 소리 나는 경우가 있더라도 'ㅢ'로 적기 때문에, '희망'의 '희'가 [히]로 소리 나더라도 '희'로 적었다. 이는 어법에 맞게 적는다는 원칙에 따라 적은 것임을 추론할 수 있다.

④ '마감'은 '막다'에 '-암'이 결합한 말이지만 '막암'으로 적지 않고 '마감'으로 적는다. 즉 소리 나는 대로 적는다는 원칙에 따른 것임을 추론할 수 있다. 참고로 이는 어간에 '-이'나 '-음' 이외의 모음으로 시작된 접미사가 붙어서 다른 품사로 바뀐 것은 그 어간의 원형을 밝혀 적지 않는다는 규정(〈한글 맞춤법〉 제19항)에 따른 것이다.

08 정답 ④

해설 마지막 문단에 따르면, '高冷地'는 발음이 [고랭지]이고 '고랭-지'로 분석되므로 '고냉지(×)'가 아니라 '고랭지'로 적는다. 즉 [붙임 2]에 따라 두음 법칙을 적용한 형태로 적는 경우에 해당하지 않는다.

오답 풀이 ① 1~2문단에 따르면 한자음 '락'이 단어의 첫머리에 올 적에는 두음 법칙에 따라 '낙'으로 적고, 단어 첫머리 이외의 경우는 본음대로 적는다. '낙원(樂園)'에서는 '樂'이 단어의 첫머리에 와서 '낙'으로 적고, '쾌락(快樂)'에서는 단어의 첫머리가 아니므로 '락'으로 적었음을 알 수 있다. 즉 한자음의 위치가 표기에 영향을 준 것이다.

② 2문단에 따르면, '왕릉(王陵)'에 쓰이는 '릉(陵)'은 한 음절 한자어 형태소가 한자어 뒤에 결합한 것으로 하나의 단어로 인식되지 않는다. 즉 '릉'이 단어의 첫머리 이외에 온 경우에 해당하므로 본음대로 적는 것이다. '태릉(泰陵)'도 이와 마찬가지로 표기에 두음 법칙을 적용하지 않는다.

③ 2문단에 따르면, '독자란(讀者欄)'에 쓰이는 '란(欄)'에는 두음 법칙을 적용하지 않고 본음대로 적는다. '가정란(家庭欄)'도 이와 마찬가지이므로 [붙임 1]에 따라 '가정란'으로 표기해야 한다는 설명은 적절하다.

제 5 편 문맥의 힘 어휘

01 구별해서 써야 하는 주요 어휘

01 경치가 좋은 곳을 관광지로 개발하려/계발하려 한다.

- **개발(開發)하다**: 토지나 천연자원 따위를 유용하게 만들다. / 지식이나 재능 따위를 발달하게 하다. / 산업이나 경제 따위를 발전하게 하다. / 새로운 물건을 만들거나 새로운 생각을 내어놓다.
- **계발(啓發)하다**: 슬기나 재능, 사상 따위를 일깨워 주다.

02 그의 논문이 유명 학회지에 개재되었다/게재되었다.

- **개재(介在)되다**: 어떤 것들 사이에 끼여 있다.
- **게재(揭載)되다**: 글이나 그림 따위가 신문이나 잡지 따위에 실리다.

03 무더위로 최대 전력 수요 갱신/경신이 계속되고 있다.

- **갱신(更新)**: 이미 있던 것을 고쳐 새롭게 함. / 법률관계의 존속 기간이 끝났을 때 그 기간을 연장하는 일
- **경신(更新)**: 이미 있던 것을 고쳐 새롭게 함. / 기록경기 따위에서, 종전의 기록을 깨뜨림. / 어떤 분야의 종전 최고치나 최저치를 깨뜨림.

04 그 회사는 어음을 결재하지/결제하지 못해 부도 처리가 되었다.

- **결재(決裁)하다**: 결정할 권한이 있는 상관이 부하가 제출한 안건을 검토하여 허가하거나 승인하다.
- **결제(決濟)하다**: 일을 처리하여 끝을 내다. / 증권 또는 대금을 주고받아 매매 당사자 사이의 거래 관계를 끝맺다.

05 공과금을 기한 내에 지정 금융 기관에 납부하지/수납하지 않으면 연체료를 내야 한다.

- **납부(納付/納附)하다**: 세금이나 공과금 따위를 관계 기관에 내다.
- **수납(收納)하다**: 돈이나 물품 따위를 받아 거두어들이다.

06 검찰은 수사 기록에 나타난 뇌물 수수 내력/내역을 공개하였다.

- **내력(來歷)**: 지금까지 지내 온 경로나 경력 / 일정한 과정을 거치면서 이루어진 까닭 / 부모나 조상으로부터 내려오는 유전적인 특성
- **내역(內譯)**: 물품이나 금액 따위의 내용

07 마을 사람들의 친목과 단합/담합을 위하여 마을 회관 앞에서 동제를 벌였다.

- **단합(團合)**: 많은 사람이 마음과 힘을 한데 뭉침.
- **담합(談合)**: 서로 의논하여 합의함. / 경쟁 입찰을 할 때에 입찰 참가자가 서로 의논하여 미리 입찰 가격이나 낙찰자 따위를 정하는 일

08 우리에게는 그의 주장이 거짓임을 입증할 만한 반증/방증이 없다.

- **반증(反證)**: 어떤 사실이나 주장이 옳지 아니함을 그에 반대되는 근거를 들어 증명함. 또는 그런 증거 / 어떤 사실과 모순되는 것 같지만, 거꾸로 그 사실을 증명하는 것
- **방증(傍證)**: 사실을 직접 증명할 수 있는 증거가 되지는 않지만, 주변의 상황을 밝힘으로써 간접적으로 증명에 도움을 줌. 또는 그 증거

09 그는 자기 가족에 관한 이야기를 어느 누구에게도 일절/일체 하지 않았다.

- **일절(一切)**: 아주, 전혀, 절대로의 뜻으로, 흔히 행위를 그치게 하거나 어떤 일을 하지 않을 때에 쓰는 말
- **일체(一切)**: 모든 것 / '전부' 또는 '완전히'의 뜻을 나타내는 말

10 환경 보호를 위해 골프장 설립 계획에 대해 재고해/제고해 달라는 요청을 받았다.

- **재고(再考)하다**: 어떤 일이나 문제 따위에 대하여 다시 생각하다.
- **제고(提高)하다**: 수준이나 정도 따위를 끌어올리다.

11 그는 관련 서류를 구청으로 접수하라는/제출하라는 연락을 받았다.

- **접수(接受)하다**: 신청이나 신고 따위를 구두(口頭)나 문서로 받다. / 돈이나 물건 따위를 받다.
- **제출(提出)하다**: 문안(文案)이나 의견, 법안(法案) 따위를 내다.

12 갈등의 지양/지향과 극복을 통해 보다 나은 사회를 건설하자.

- **지양(止揚)**: 더 높은 단계로 오르기 위하여 어떠한 것을 하지 아니함.
- **지향(志向)**: 어떤 목표로 뜻이 쏠리어 향함. 또는 그 방향이나 그 쪽으로 쏠리는 의지

실전 문제

01

정답 ①

해설 '영합(迎合)하다'는 '사사로운 이익을 위하여 아첨하며 좇다 / 서로 뜻이 맞다'라는 뜻이다. 따라서 ㉠ '맞는'을 '영합하는'으로 바꾸어 쓰는 것은 적절하지 않다.

오답 풀이 ② '표상(表象)하다'는 '추상적이거나 드러나지 아니한 것을 구체적인 형상으로 드러내어 나타내다'라는 뜻이다. 따라서 ㉡ '나타내는'은 '표상하는'으로 바꾸어 쓸 수 있다.

③ '상기(想起)하다'는 '지난 일을 돌이켜 생각하여 내다'라는 뜻이다. 따라서 ㉢ '떠올리면'은 '상기하면'으로 바꾸어 쓸 수 있다.

④ '분명(分明)하다'는 '모습이나 소리 따위가 흐릿함이 없이 똑똑하고 뚜렷하다 / 태도나 목표 따위가 흐릿하지 않고 확실하다'라는 뜻이다. 따라서 ㉣ '뚜렷하게'는 '분명하게'로 바꾸어 쓸 수 있다.

02

정답 ③

해설 ㉢ '거듭나다'는 '원죄 때문에 죽었던 영이 예수를 믿음으로 해서 영적으로 다시 새사람이 되다 / 지금까지의 방식이나 태도를 버리고 새롭게 시작하다'의 의미이다. 따라서 ㉢ '거듭나게'를 '본디의 자리나 상태로 되돌아가다'의 의미인 '복귀(復歸)하게'로 바꾸어 쓰는 것은 적절하지 않다.

오답 풀이 ① '견주다'는 '둘 이상의 사물을 질(質)이나 양(量) 따위에서 어떠한 차이가 있는지 알기 위하여 서로 대어 보다'의 의미이므로, ㉠ '견주어'는 '비교해'로 바꾸어 쓸 수 있다.

② '바라다'는 '생각이나 바람대로 어떤 일이나 상태가 이루어지거나 그렇게 되었으면 하고 생각하다 / 원하는 사물을 얻거나 가졌으면 하고 생각하다 / 어떤 것을 향하여 보다'의 의미이다 따라서 ㉡ '바라는'은 '희망(希望)하는'으로 바꾸어 쓸 수 있다.

④ '퍼지다'에는 '어떤 물질이나 현상 따위가 넓은 범위에 미치다'의 의미가 포함되어 있다. 따라서 ㉣ '퍼져'는 '일정한 범위에 흩어져 퍼져 있다'의 의미인 '분포(分布)되어'로 바꾸어 쓸 수 있다.

03

정답 ①

해설 '함축(含蓄)하다'는 '겉으로 드러내지 아니하고 속에 간직하다 / 말이나 글이 많은 뜻을 담고 있다'라는 뜻이다. 따라서 ㉠ '함축한다'를 '드러낸다'로 바꾸어 쓰는 것은 적절하지 않다.

오답 풀이 ② '발굴(發掘)하다'는 '세상에 널리 알려지지 않거나 뛰어난 것을 찾아 밝혀내다'의 의미로 쓰였으므로, ㉡ '발굴하여'를 '찾아내어'로 바꾸어 쓸 수 있다.

③ '계승(繼承)되다'는 '조상의 전통이나 문화유산, 업적 따위가 이어져 나아가다'의 의미로 쓰였으므로, ㉢ '계승되지'는 '이어지지'로 바꾸어 쓸 수 있다.

④ '과장(誇張)하다'는 '사실보다 지나치게 불려서 나타내다'라는 의미이다. 따라서 ㉣ '과장하는'은 '어떤 일을 실제보다 과장되게 하다'를 뜻하는 '부풀리는'으로 바꾸어 쓸 수 있다.

04

정답 ④

출전 **정영석, 〈한강 유역 환경청, 수질 오염 사고 대응 합동 훈련 실시〉, 《경인매일》(2023. 8. 25.), 수정**

해설 준설선에 실린 유류가 외부로 흘러 나간다는 의미로 쓰인 것이므로 ㉠은 '밖으로 흘러 나가다'의 뜻인 '유출(流出)되다'로 바꾸어 쓰는 것이 가장 적절하다.

오답 풀이 ① **검출(檢出)되다**: 화학 분석에서, 물질 속에 어떤 화학 성분이나 미생물이 있는지가 검사되어 확인되다.

② **도출(導出)되다**: 판단이나 결론 따위가 이끌려 나오다.

③ **색출(索出)되다**: 샅샅이 뒤져져서 찾아내어지다.

05

정답 ①

출전 **양지훈, 〈직장 내 괴롭힘 판단의 어려움〉, 《머니투데이》(2023. 11. 8.)**

해설 ㉠ '미리 판정을 내리다'와 의미가 가장 가까운 것은 '미리 판단하다'를 뜻하는 '예단(豫斷)하다'이다.

오답 풀이 ② **예방(豫防)하다**: 질병이나 재해 따위가 일어나기 전에 미리 대처하여 막다.

③ **예산(豫算)하다**: 필요한 비용을 미리 헤아려 계산하다. / 진작부터 마음에 두어 작정을 하다.

④ **예시(豫示)하다**: 미리 보이거나 알리다.

06

정답 ②

해설 '국한(局限)되다'는 '범위가 일정한 부분에 한정되다'라는 뜻이다. 따라서 ㉡ '국한되지'를 '나타나지'로 바꾸어 쓰는 것은 적절하지 않다.

오답 풀이 ① '서식(棲息)하다'는 '생물 따위가 일정한 곳에 자리를 잡고 살다'라는 뜻이다. 따라서 ㉠ '서식하는'은 '살고 있는'으로 바꾸어 쓸 수 있다.

③ '발생(發生)하다'는 '어떤 일이나 사물이 생겨나다'라는 뜻이다. 따라서 ㉢ '발생할'은 '생겨날'로 바꾸어 쓸 수 있다.

④ '발견(發見)하다'는 '미처 찾아내지 못하였거나 아직 알려지지 아니한 사물이나 현상, 사실 따위를 찾아내다'라는 뜻이다. 따라서 ㉣ '발견할'은 '찾아낼'로 바꾸어 쓸 수 있다.